审判实践与探索

静安法院 2024 年度调研成果精粹

上海市静安区人民法院 编
孙静 主编　　董礼洁 副主编

上海人民出版社

目　录

精选课题

理论前沿

典型案例

改革经验

新业态下规范与发展平台经济相关法律问题实证研究

孙　静　陈树森　韩　毅
林　彬　梁诗园　张静淑　李欣彤　范子豪*

平台经济是以互联网平台为主要载体，以数据为关键生产要素，以新一代信息技术为核心驱动力、以网络信息基础设施为重要支撑的新型经济形态。① 平台经济作为数字经济的重要组成部分，不仅带动了大量共生中小微企业的发展，便利消费者、解决灵活就业，而且对于带动传统产业数字化转型、迈向产业互联网具有重要价值。2023 年政府工作报告指出“大力发展数字经济，提升常态化监管水平，支持平台经济发展”。当前，平台经济已成为提高全社会资源配置效率、贯通国民经济循环各环节、提高国家治理体系和治理能力现代化水平的重要推动力量。2023 年中共中央政治局会议提出，“要推动平台企业规范健康发展，鼓励头部平台企业探索创新”。平台经济拥有大数据资源和智能算法的加持，具有多边主体协同共创的创新特征，通过整合生产、流通、服务和消费等各个环节，推动线上线下资源的高度融合，创新业态不断涌现，平台跨界、混业特征日益突出，合作模式愈发多样。无论是平台与平台用户、平台与平台内经营者，还是平台与平台从业者之间的法律

* 孙静，法律硕士，上海市静安区人民法院党组书记、院长。陈树森，法学博士，上海市高级人民法院综合处处长。韩毅，法律硕士，上海市杨浦区人民法院政治部主任。林彬，法学硕士，上海市静安区人民法院商事审判庭副庭长。梁诗园，法律硕士，上海市静安区人民法院商事审判庭审判员。张静淑，法学学士，上海市静安区人民法院民事审判庭审判员。李欣彤，法学硕士，上海市静安区人民法院商事审判庭法官助理。范子豪，法学硕士，上海市静安区人民法院商事审判庭法官助理。本文获最高人民法院 2023 年度全国法院司法统计分析重点课题优秀奖。

① 《关于推动平台经济规范健康持续发展的若干意见》(发改技〔2021〕1872 号)。

关系都日益纷繁复杂，随之衍生出诸多新型法律问题和挑战，亟待解决。如何推动平台经济规范健康持续发展成为我国经济社会发展的重要课题。

一、背景概述

（一）平台经济发展的市场样态

新经济是新一轮科技革命背景下所产生的以新兴科技为基础，以知识创新为内核，兼具发展可持续性的新经济形态，通过新技术、新产业、新模式和新业态作用于消费主体、消费客体、消费方式和消费环境，从多个维度改变消费系统的输入元素，催生出新型平台经济模式，推动社会整体消费水平提高与消费结构升级。②

1．平台经济的崛起——从初创探索到百花齐放

我国平台企业自20世纪90年代末开始兴起，平台经济的发展过程主要历经六个阶段：1994—1997年探索阶段，1998—2007年平台起步阶段，2008—2015年高速增长阶段，2016—2019年竞争加剧阶段，2020年新冠疫情冲击特殊阶段，2021年至今全面治理阶段。其中尤具代表性的事件包括1998年搜狐创始人入选《时代》杂志评选的“全球数字精英50人”；1999年电子商务品牌1688.com创立；2003年“非典”疫情后推出电商平台淘宝；2004年京东平台正式上线。2020年新冠疫情对全球经济造成重大影响，线下活动受限的同时加速了平台经济的创新与发展，催生出诸多线上活动，例如线上购物、直播带货、在线教育、远程问诊、云看展、有声博物馆，乃至全流程网上办案体系的推广等，同时平台经济对于支持疫情期间的日常生活与生产也发挥了重要作用。以百度、腾讯和阿里巴巴为例，2020年第一季度三家企业总利润在显著减少后迅速反弹，第四季度利润同比增长约100%，市值从疫情前2019年的280亿美元增长至2020年的480亿美元。③2022年腾讯金融科技与企业服务业务表现稳健，年收入规模达1771亿新高，百度人工

② 参照任保平、宋雪纯：《中国新经济发展的综合评价及其路径选择》，载《中南大学学报（社会科学版）》2020年第1期。

③ 参照黄益平主编、北京大学平台经济创新与治理课题组著：《平台经济创新、治理与繁荣》，中信出版集团股份有限公司2022年版，第7—8页。

智能业务和云业务相关部分收入同比增长 22%。饿了么兼职骑手的注册量在 2022 年四个季度同比分别增长 4%、16%、12%、35%，2022 年美团新注册 624 万骑手，较 2021 年净增 97 万。

我国平台经济经历了二十多年的发展，受益于中国经济高速增长、良好的创新环境、数字基础建设、庞大的人口红利和市场规模等因素，实现了从追赶到创新的跨越式发展，建立起一批可以与国际领先水平比肩的平台企业。国家大力支持和鼓励平台企业在创造就业、拓展消费、引领创新、国际竞争中大显身手。平台经济进一步发挥自身优势，提升信息匹配效率，拓展至电商、文娱、社交、搜索、服务、物流、数字金融、共享经济、网约车等多业务领域，呈现出场景化、行业化、商业化、智能化等新趋势。

2．平台经济的特征——或升级迭代或创新变革

近年来，平台经济快速发展，其作为新经济的重要内容，在经济社会发展全局中的地位和作用日益凸显。平台经济一方面是对传统经济组织的升级迭代，因此存在与传统平台类似但又更为突出的特征（如双边市场和网络外部性）；另一方面又是对传统经济形态的创新变革，因此具有与传统平台相比独特又差异化的特征（如规模经济和数据要素），主要表现在以下几个方面。

一是典型的双边市场特征。平台一边面对消费者，一边面对商家。平台运营商通过聚合社会资源、合作伙伴、交易项目等，扩大用户规模，使参与双方受益，达到平台价值、客户价值和服务价值最大化。而一方参与者加入平台的收益取决于另一方参与者加入平台的数量，平台对于双方的价值相互促进。但是，平台也可能利用在双边市场中的优势地位，产生垄断定价、捆绑销售等行为。

二是显著的网络外部性特征。平台用户越多，人均使用价值越高，也即平台用户数量的增长会带来用户总所得效用的几何式增长。网络外部性特征在日常生活中可以直观感受，例如某个平台的用户数量越多，产品或服务的品种可能越丰富，提供的服务质量可能越周到。

三是较强的规模经济性特征。某一平台企业率先进入一个领域，或者由于技术、营销优势占据较大市场份额时，因为交叉网络外部效应和锚定效应的存在，会出现强者愈强的局面。平台建立后扩大业务规模的边际成本几乎为零。同时，市场集中度高有利于降低商家和消费者交易成本。

四是重要的数据要素特征。平台经济根植于互联网，是在信息技术高速发展的基础上、以数据作为生产要素或有价值的资产进行资源配置的一种新型经济模式，其运行的同时也会产生大量数据。平台价值和平台竞争力越来越多表现为数据资源与算力算法的竞争。④

3．平台经济的挑战——从传统单一到深度融合

在互联网经济发展的“上半场”，平台经历“资本加持流量，流量吸引资本”的早期积累过程，以平台的核心业务为主，不断扩围，发挥规模效应。在互联网发展的“下半场”，平台脱离单纯依赖资本和规模扩张的模式，流量红利达到上限，多数平台陷入发展模式的瓶颈。传统的平台业务大多存在较强的同质性，导致经营者需要通过更好的服务或者更低的价格来获取用户，进而激发在自身平台上的网络外部性，提高用户黏性。但更好的服务或者更低的价格带来的是经营者利润的下降，因此平台开始向纵向和横向产品差异化转移。

在纵向差异化层面，针对在同类产品上具有不同支付意愿和消费层级的用户，向市场投放差异化的产品和服务。例如拼多多凭借拼团、低价的商业模式，在网络零售行业获得一席之地。在横向差异化层面，将外部的商品或者服务内化为平台生态系统的一部分，出现了高度集中的聚合型平台，这些平台不断吸收互补品，跨市场衍生到其他领域，平台尝试进行多市场的布局，例如美团平台，在最初的餐饮服务点评和外卖业务基础上，扩展至零售、交通、旅游等生活服务领域，实现了产品线和服务线的多市场布局，通过差异化获得明显的市场优势。平台不再单纯满足特定群体的单一化需求，而是呈现出多样化、系统化的运行特征，从单一的服务提供型，逐步发展到“平台+”复合型深度合作模式，包括“平台+资金”“平台+经营”“平台+人员”“平台+业务”等。平台在资金、经营、人员、业务等方面提供全方位支持。例如：爱享到平台预先提供资金给商户，购买线上可享受优惠的虚拟消费金额，商户可将资金用于采购、运营等；平台为商户提供线上营销，商户需完成平台会员卡的销售指标，并确保为平台会员提供最低折扣优惠；消费

④ 曾铮：《平台经济发展如何严监管补短板》，载《经济日报》2021年8月26日。

者到商户处线下消费，买单时扫描平台二维码，使用平台此前购买的虚拟消费金额，商户可使用平台小程序、App 及结算系统。伴随平台经济新业态的产生，劳动管理与算法技术深度结合，平台新型用工模式不断涌现，区别于传统用工模式，平台用工的地点、时间和工资支付形式更具灵活性、多样性，对从业者的直接管理约束方式逐渐弱化，转为平台以算法为媒介的间接管理，从业者的主体自主性更加明显，使得平台与从业者之间的法律关系愈加错综复杂。

互联网平台具有强大的跨行业、跨领域、跨地域资源整合能力，深度融合的合作模式能够渗透到经济生活的各个重要节点，实现前所未有的用户黏性和规模效应。保持持续的创新能力，是平台经济快速发展的重要保证，但创新的同时也会带来诸多挑战，因此必须关注平台经济的创新之处、发展趋势，及时给予正向规制和引导。

（二）平台经济发展的法律规范

1. 国内立法现状

最初关于互联网平台的法律规定相对粗线条和简单化，基于传统侵权责任理论中“平台是技术中立的介质属性”的定位，⑤更多围绕“避风港原则”展开，呈现鲜明工具理性定位的样态特征。⑥“避风港原则”源于美国 1998 年《数字千年版权法案》（Digital Millennium Copyright Act），我国最早在 2000 年发布的《最高人民法院关于审理涉及计算机网络著作权纠纷案件适用法律若干问题的解释》中借鉴，并以“明知 / 警告 + 移除”的原则确立了网络服务提供者共同侵权责任。其后在 2006 年施行的《信息网络传播权保护条例》中又以行政立法的形式明确和细化了这一原则。2009 年《中华人民共和国侵权责任法》（以下简称原《侵权责任法》）正式将该原则在法律层面予以确立，第三十六条规定了网络平台侵权责任的一般规则。该条第二款规定，网络服务提供者接到被侵权人通知后未及时采取必要措施的，对损害的扩大部分与该网络用户承担连带责任。该条第三款规定，网络服务提供者知道网

⑤ 参见杨乐：《网络平台法律责任探究》，电子工业出版社 2020 年版，第 144—146 页。
⑥ 参见张新平：《网络平台治理立法的反思与完善》，载《中国法学》2023 年第 3 期。

络用户利用其网络服务侵害他人民事权益，未采取必要措施的，与该网络用户承担连带责任。后最高人民法院通过制定司法解释的方式，确立了网络平台在侵犯人身权益领域的民事责任适用规则，对原《侵权责任法》第三十六条第二款中规定的网络服务提供者采取的必要措施，以及第三十六条第三款中认定网络服务提供者是否“知道”的标准作出进一步明确。⑦2013年《消费者权益保护法》的修订为互联网平台确定了其在消费者权益保护领域的民事责任规则，第四十四条规定网络交易平台提供者不能提供销售者或者服务者的真实名称、地址和有效联系方式的，消费者也可以向网络交易平台提供者要求赔偿；网络交易平台提供者明知或者应知销售者或者服务者利用其平台侵害消费者合法权益，未采取必要措施的，依法与该销售者或者服务者承担连带责任。2016年颁布的《中华人民共和国网络安全法》对包括互联网平台在内的网络运营者规定了多项法律义务，其大多数条款均为公法性质的管制性条款，但该法第七十四条作出了一条概括性规定，即“违反本法规定，给他人造成损害的，依法承担民事责任”，该条规定为互联网平台的民事责任设定了一个入口。

2018年我国出台《中华人民共和国电子商务法》(以下简称《电子商务法》)，对电子商务平台经营者、平台内经营者的相关权利义务及经营行为进行界定与规制，鼓励发展电子商务新业态，创新商业模式，实现了关于互联网平台治理专门性立法从无到有的历史性跨越。2019年国家市场监督管理总局发布的《禁止滥用市场支配地位行为暂行规定》增加了在认定互联网等新经济业态领域及两个以上的经营者具有市场支配地位时需要考虑的因素。2020年颁布的《中华人民共和国民法典》(以下简称《民法典》)第一千一百九十五条再次明确了“通知—删除”规则、第一千一百九十六条规定了“反通知”规则，第一千一百九十七条明确了“知道”规则。2021年2月国务院反垄断委员会发布《关于平台经济领域的反垄断指南》，更加聚焦数据行为动态过程对平台市场力量评估的影响。2021年9月施行的《中华人民共和国数据安全法》，对“数据处理”和“数据安全”进行定义，强调数据安

⑦ 2014年10月10日施行的《最高人民法院关于审理利用信息网络侵害人身权益民事纠纷案件适用法律若干问题的规定》第六条、第九条。

全应当是动态、持续、多环节的。2021 年 11 月施行的《中华人民共和国个人信息保护法》对个人信息处理者利用个人信息提出具体要求，不得基于个人信息给予差别待遇，禁止“大数据杀熟”。2021 年 12 月，国家发改委等部门联合发布《关于推动平台经济规范健康持续发展的若干意见》，为优化平台经济健康发展路径提出宏观思路和顶层设计。平台立法开始强调通过多元治理主体、多种治理方式和包容审慎监管等，达至网络平台治理之效率与公平、自由与秩序、安全与开放、公益与私权等诸多价值的并重和平衡，立法也因此呈现出鲜明的寻求多目标协调平权、当前与长远等诸多价值的并重和平衡的样态特征。⑧

与平台治理的实际需求相比，现有的法律制度供给仍存在匹配性、协调性、平衡性不强的问题。一方面，现有制度因更多关注热点，存在内容碎片化、泛化等弊病；⑨另一方面，平台治理立法存在缺失缺位现象，现有法律主要基于平台经济发展初期单一性平台出现的问题，难以预防和规范当前聚合型互联网平台产生的新型法律风险。关于平台治理立法应如何优化完善，学界有不同观点。有的认为“平台法”已列入国家立法规划，“其任务远非电子商务法可以承担”，主张根据国内外平台经济治理最新发展，制定一部专门的“数字平台法”。⑩有的则认为平台类型多样，通过提取公因式“制定一部一般性的平台立法并非解决问题的灵丹妙药”，主张基于具体问题指向进行“更加灵活的专项立法”。⑪

2．比较法研究

当前，国外互联网发展较为发达的国家在网络平台治理上也处于新法形成时期，大多数国家立法历史都不足二十年。

（1）美国

美国作为全球互联网第一大国，互联网法律体系在整体上达到相当的成熟性，保持了治理上巨大的领先优势，特别是在民事领域，构建了独立的互

⑧ 参见张守文：《数字经济与经济法的理论拓展》，载《地方立法研究》2021 年第 1 期。
⑨ 参见周汉华：《网络法治的强度、灰度与维度》，载《法制与社会发展》2019 年第 6 期。
⑩ 参见周汉华：《论平台经济反垄断与监管的二元分治》，载《中国法学》2023 年第 1 期。
⑪ 参见薛军：《〈电子商务法〉平台责任的内涵及其适用模式》，载《法律科学》2023 年第 1 期。

联网平台责任基本准则。1996年，美国国会为促进互联网行业自由发展和自由竞争，出台了《通讯规范法》（Communication Decency Act）第二百三十条。该条c款第一项规定，互动式计算机服务的提供者或者使用者，不应当被看作其他信息内容提供者所提供的信息的出版者或者发布者。[12] 同时，根据该条c款第二项，服务提供者基于善意而自愿地对网络上不健康的信息内容采取的限制措施，将不承担民事责任。[13] 第二百三十条是一项免责条款，免除了平台对于平台用户发布违法内容的法律责任，但如果平台是违法内容的制作者，则不能基于该条而免责，以此促使平台主动进行自我监督，主动参与净化网络环境，避免遭受源源不断的诉讼打击。美国司法实践显示，第二百三十条的适用范围非常广泛，不仅适用于名誉权或隐私权案件，也适用于民权保护和反歧视等类型案件。近年来，关于第二百三十条的争议越来越大，一些人认为该条对平台的限制太少导致互联网成为充斥仇恨言论的“垃圾场”，还有一些人认为该条放任平台根据自己的政治偏见压制和审查言论，限制了言论自由。但不可否认的是，第二百三十条的颁布给美国互联网行业的高速发展创造了宽容的监管环境，更为社交媒体的兴起铺平了道路。

1998年，美国国会正式通过《数字千年版权法》，第五百一十二条首次创立“避风港”原则。其中最引人注目的就是针对提供网络存储功能和信息搜索功能的网络平台的免责条款，又称“通知—删除”条款，即平台不知道也没有意识到侵权行为发生的事实或情况，或在收到合理的侵权通知后，必须迅速撤下侵权内容或阻止对侵权内容的访问。这一规则使网络服务商在符合一系列条件的情况下得以免除对版权人的侵权责任，从而平衡权利人和互联网产业的发展。包括我国在内的大多数国家也随后通过成文法建立了类似的“避风港”原则。

（2）德国

德国作为欧盟成员国之一，电子商务领域的立法受到欧盟法律体系的影响。为促进欧盟统一市场的建立，在电子商务领域确保信息的自由流动，

[12] 47 U.S.C. § 230(c)(1): No provider or user of an interactive computer service shall be treated as the publisher or speaker of any information provided by another information content provider.

[13] 参见周学峰、李平主编：《网络平台治理与法律责任》，中国法制出版社2018年版。

2000年6月欧盟颁布《电子商务指令》(Electronic Commerce Directive，以下简称欧盟指令)，为成员国电子商务立法设定了一般性框架。欧盟指令从技术角度区分网络服务提供者的法律责任。包括网络平台、服务器商在内的中间服务提供者对利用其寄存或托管服务的接受者所开展的网络活动或发布的信息，原则上不承担法律责任，但是如果中间服务提供者明知或应当知道其服务中涉及违法网络活动或信息，则不得享有豁免权。基于此，指令第十二至十五条为中间服务提供者设定了“避风港”原则，即服务提供者有义务在知晓相关违法活动或者信息时，立即移除信息或阻止他人获取此信息，即“通知+移除”模式，成为欧盟领域内的立法标杆。早在欧盟指令之前，德国法就在《电信服务法》(TDG)和各州签署的《媒体服务国家协议》(MDStV)中对网络服务提供者的责任进行限制。但在欧盟指令生效后，这些规定已经不符合要求，故由2007年生效的德国《电信媒体法》(Telemediengesetz，以下简称TMG)取代之前的法律规定。TMG第七至十条的责任豁免规则又被称为“横截面规定”(Querschnittsregelung)，广泛适用于名誉权等民事领域、知识产权领域，甚至刑事领域，但不能适用于平台与用户之间基于合同的违约责任。

(3)英国

2002年，作为欧盟成员国的英国颁布《2002年电子商务条例》(以下简称2002年条例)，从而将欧盟指令转化为英国国内法。2002年条例是关于网络平台法律责任的一般性规定，适用于民事责任、行政责任和刑事责任。在名誉权侵权方面，英国传统法律有着非常完备的规定，当网络用户实施侵害他人名誉权的行为时，平台往往成为被告，2002年条例从反面规定了平台的免责条件，而《2013年名誉权法案》及相关条例则细化了平台在处理网络名誉权纠纷事件中的义务——需要对受害者的投诉及时作出符合法律要求的回应，在提供用户身份信息时还需遵守法律规定的程序。特别值得注意的是，英国法非常注重保护网络用户的身份信息，网络平台不得因他人投诉某一网络用户的言论而披露用户的注册身份信息，即使向法院提出请求，法院的判决也较为谨慎保守。在商业模式的驱动下，网络平台不可避免地收集、储存、处理大量个人数据，同时也加重了网络平台的法律责任，为此英国颁布《1998年数据保护法》，第十三条明确规定个人因数据管理者的违法行为而遭受的损害可以要求损害赔偿，但对精神损害赔偿进行了限制。

（4）日本

关于网络平台的民事责任，日本于2001年11月颁布《特定电信服务提供商损害赔偿责任限制及发送者信息披露相关法律》（以下简称《电信服务提供商赔偿责任限制法》）作为网络平台承担民事责任的一般规则，概括适用于知识产权、名誉权、隐私权等全部民事领域。《电信服务提供商赔偿责任限制法》的适用对象为特定电信服务提供商，不仅包括网络平台等网络服务提供商，还包括电信设备提供商。《电信服务提供商赔偿责任限制法》强调，网络平台承担责任的基础在于其对用户发送侵权信息的不作为，而这种不作为是以负有法律上作为义务和技术上作为的可能性为前提的。⑭ 与美国和欧盟规则不同，日本法的“通知—删除”规则对于权利人发出侵权通知和删除请求，除非明显构成侵权，否则不要求平台立即执行删除义务。平台可转发给信息发送者征求意见，如果发送者拒绝删除，则由平台判断是否删除信息；对于明显构成侵权的信息，即便发送者反对，平台也有权删除信息。如果平台不当删除信息，应对用户承担违约责任；如果应删除而未删除，则需向权利人承担侵权责任，对于平台而言无论是否删除都存在法律风险，为此日本电信服务行业协会专门制定了指导方针，为其会员企业提供操作指引。2021年4月，《电信服务提供商赔偿责任限制法》进行了部分修正，设立了可以在法院的非诉讼程序中要求披露发布者信息的发布者信息披露命令制度，以便于被侵权方采取民事上的损害赔偿请求和刑事起诉等措施。⑮ 在国际竞争大环境下，互联网竞争更多时候体现为法律制度的竞争，从这个意义上来说，亟须加强网络平台治理的法律研究。

⑭《特定电信服务提供商损害赔偿责任限制及发送者信息披露相关法律》第三条第一款：特定电信服务提供者对于用户利用其服务而发送的信息造成他人权利受损的，特定电信服务提供者如果能够从技术上阻止向不特定对象传输侵权信息的，那么，除非符合下列情形之一，否则将对该损害不承担赔偿责任：（1）特定电信服务提供者知道用户使用其服务进行信息传输，并知道他人权利因该传输受损；（2）特定电信服务提供者知道用户使用其服务进行信息传输，并且有足够的理由认定特定电信服务提供者知道他人权利因该传输受损。

⑮ 高崎慎太郎：《网络服务供应商责任限制法的修改》，载明伦国际律师事务所网站 https://www.meilin-law.jp/zh/category/cate01/，2023年12月1日访问。

（三）平台经济发展的监管进程

平台经济在连接双边市场、打破时间与物理空间距离限制、提升生产效率、加速商品流通、促进社会生产力发展等方面起到了重要作用，但也带来了损害消费者权益、妨害公平竞争、违规套利、发展失衡等深层次问题，平台自治和政府监管是当前平台治理最主要的两大路径。

1. 平台自治与行业自律的现状

国家在互联网经济发展早期保持审慎的立法态度，既给平台经济的发展创造良好的制度空间，也给平台企业加强行业自律提供自主空间。与司法规制相比，平台自治更具灵活性、主动性和及时性，能够根据市场发展变化及行业发展情况及时调整，更具预防性和有效性，能够通过内部规制和内部管理手段直接规制自身以及平台内经营者和用户的行为，此种规制更符合其所在的行业及平台自身的特点和内在要求。

鉴于互联网平台兼具网络空间的公共属性，互联网平台需增强法治意识和自律能力，设置更为公平有效的平台规则。互联网平台不仅是规则的制定者，同时也是规则的执行者，平台经济的创新发展和规范运营，关键在于平台能够根据自身的经营策略、发展特点不断制定和完善相关规则，平台规则是平台运行过程中的重要组成部分，它的制定和执行需要纳入平台成长和创新的全过程。平台规则构成用户、第三方商品或服务提供者以及平台企业之间具有约束力的规范。平台用户可以依照平台规则维护自己的合法权益，平台企业也可以利用平台规则治理平台用户不规范的交易行为，而第三方商品或服务提供者也要遵守平台规则规范自己的经营行为。平台规则是平台经济兴起的“软法”，构成平台治理制度的重要资源。

2. 现行监管模式与监管困境

平台自治具有技术和管理上的优势，但缺乏强制执行力，加之平台维护内部市场秩序的私利性质以及平台活动的强大外部性，使得政府对平台经济的监管必不可少。

目前我国对平台经济的监管采用行业监管和跨部门联合监管两种模式。在很大程度上延续了产业监管的框架，依据不同的产业链条而进行监管权限划分，同时存在一般性的社会经济秩序监管、重大产业政策监管和国有资产特定监管部门的共同监管。由于新型互联网平台经营模式跨越了不同产业、不同领域、交错融合，难以具体划分至特定产业，发挥产业监管作用，导致原有的监管机制失灵。又或者同一平台可能受多部门交叉监管，易造成资源浪费、权责不明等问题，例如在产业监管部门与反垄断部门之间缺乏明确的界限。在监管机制方面，针对新经济、共享经济、互联网+、平台经济，采取了诸多政策性改进的放松监管导向，监管机制存在不完备的特点。关于市场准入机制，有如《第三方电子商务交易平台服务规范》⑯《互联网信息服务管理办法》(2011年修订)《中华人民共和国电信条例》《互联网信息服务管理办法》《网络商品交易及有关服务行为管理暂行办法》《电子认证服务管理办法》等规定。但关于市场退出，尚未建立制度化的退出机制。在监管方式方面，互联网平台依靠充足的投资投入和较高的技术水平，在数据的收集、处理等方面具备独特优势，更容易避开常规化的监管。相较于传统线下行业，对平台经济的监管更为困难，难以锁定不确定的交易方在平台上的违规交易行为，难以确定平台是否存在帮助或放任第三方销售伪劣产品的行为，难以判断平台是否利用用户数据进行不正当的价格补贴和垄断，或者是否将平台规则发展为一种信息垄断的规则，并与消费者的公共利益相冲突等，而这些问题的解决无法依赖传统的监管思维。

二、新业态下涉平台经济案件实证研究

诉讼往往是反映经济发展和行业风险的晴雨表，在研究平台经济相关法律问题时，有必要回归司法实践，追本溯源，以探究问题所在。本课题以中国裁判文书网公开的2021年至2023年期间全国法院生效民事裁判文书为样本，对具有行业代表性的平台数据进行梳理分析，发现大型平台涉诉数量总体呈现下降趋势，而中小平台纠纷数量不断攀升，呈现纵向递增趋势。涉诉

⑯ 第三方电子商务交易平台的设立应当符合下列条件：（1）有与从事的业务和规模相适应的硬件设施；（2）有保障交易正常运营的计算机信息系统和安全环境；（3）有与交易平台经营规模相适应的管理人员、技术人员和客户服务人员；（4）符合《中华人民共和国电信条例》《互联网信息服务管理办法》《网络商品交易及有关服务行为管理暂行办法》《电子认证服务管理办法》等法律、法规和规章规定的其他条件。平台经营者应当依法办理工商登记注册；涉及行政许可的，应当取得主管部门的行政许可。

案件的发展趋势与近年来传统互联网平台从初期步入成熟期、新兴互联网平台不断涌现的转变过程是相辅相成的。

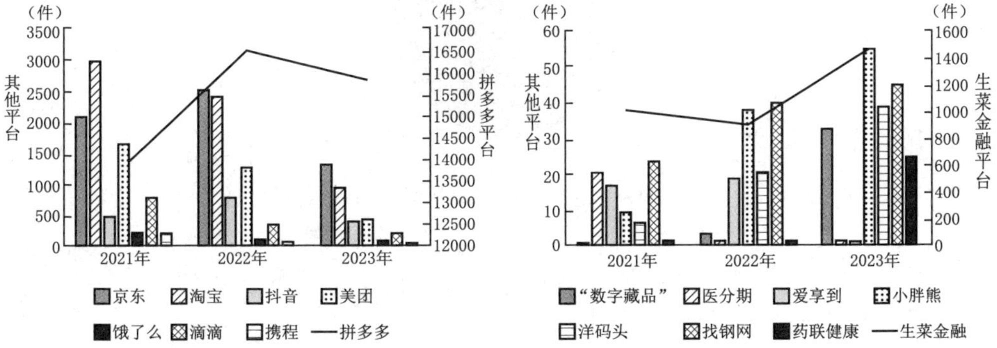

近三年大型平台案件数量变化趋势图　　近三年中小平台案件数量变化趋势图

图 1　2021—2023 年各平台案件数量变化趋势图

下文将从平台与平台用户、平台与平台内经营者、平台与平台从业者三类主要法律关系分别展开实证研究和详细论述。

（一）平台与平台用户纠纷的实际样态

1．案件审理情况梳理

（1）大型平台纠纷类型化较明显

大型平台与用户之间的纠纷案由分布较广，几乎涵盖了各类合同纠纷、侵权纠纷和知识产权纠纷，涉诉数量较多的纠纷集中在信息网络买卖合同纠纷、人格权纠纷、产品责任纠纷和网络服务合同纠纷几类案由。其中信息网络买卖合同纠纷和产品责任纠纷高发于电商平台，原告为用户，亦即消费者，市场帮助型平台一般与平台内经营者一起作为共同被告，参与经营型平台则大多数情况下作为唯一被告被起诉。原告起诉的原因多为商品质量问题，要求平台内经营者承担假一赔三或假一赔十的责任，平台对此承担连带责任。人格权纠纷高发于内容发布类平台，原告多为用户，被告为平台内经营者和平台，原告诉请要求经营者发布赔礼道歉声明并赔偿精神损害抚慰金，平台承担连带责任。《民法典》施行后，个人信息保护类案件开始出现，并呈现逐年递增趋势。网络服务合同纠纷高发于社交通信类平台，大多为用户起诉平台要求解除对其账号采取的各类限制措施。

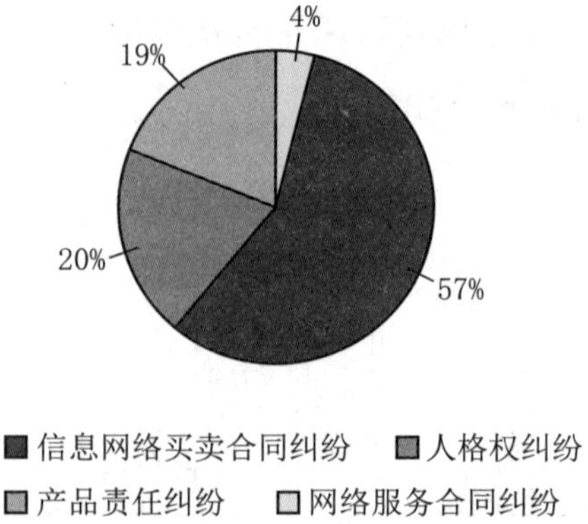

图 2　平台与用户纠纷案由分布

（2）中小平台泛金融化特征显现

中小平台与用户之间的纠纷类型，与大型平台截然不同。中小平台作为新兴平台的主力军，广泛涉足新业态、新领域，泛金融化趋势显现，逐渐成为风险隐患高地，涉诉案件增速明显。部分平台无牌或者超出许可范围直接从事金融业务，更多的平台则是通过债权转让、合作经营、假借名义等方式变相间接从事金融业务，经营模式的行为特征和实质特征分离。2021 年至 2023 年该类案件数量持续攀升，2022 年同比增长 36.68%，2023 年同比增长 24.72%。

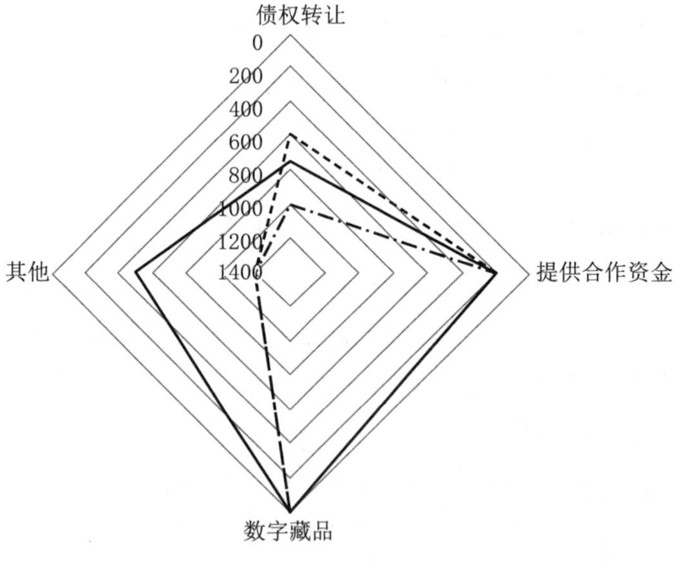

图 3　中小平台从事金融业务的经营模式行为特征图

在平台直接从事金融业务的案件中，较为普遍的经营模式为平台通过放大、重复使用或虚构债权，包装成理财产品，向线上、线下不特定投资人发售，并设立多家关联公司支配控制资金池，通过借新还旧掩盖信贷资产的真实情况，当平台停止批量债转则难以偿还投资人款项。该类案件中构成刑事犯罪的占比高达67.65%，犯罪数额平均107.94亿元，给投资人造成重大损失。平台间接从事金融业务的案件中呈现出多种业态新模式，如部分平台假借中介之名，通过债权转让等方式行金融业务之实；部分平台以提供合作资金支持为名行借贷之实。近年来，随着数字藏品市场的繁荣发展，因数字藏品的版权归属、来源真实性、作品著作权人与发行人的归属、平台关停数字藏品消失后消费者维权等引发的纠纷逐步显现。[17]还有部分平台借数字藏品之名，开展“金融化”“证券化”的创新业务，将平台异化为投机工具，行集资、洗钱、传销之实，[18]引发涉众型金融风险。

（3）违约与侵权责任竞合化

在网络买卖关系中，作为消费者的用户大多要求平台内经营者承担违约责任，平台承担连带责任，仅有约13%的用户选择要求平台内经营者及平台承担侵权责任。但事实上用户要求平台承担连带责任的法律基础以及法院审查的标准均为侵权责任的构成要件，[19]也就是说，若平台承担责任，该责任性质实为单独侵权致同一损害的连带责任。除非在平台自营商品出现问题时，会有用户以合同纠纷为由起诉平台。在网约车平台所涉纠纷中，大多用户以侵权关系为请求权基础起诉平台，仅有约7%的用户选择以合同关系为请求权基础。尽管大多数平台与用户协议中都明确约定平台需保护用户个人信息及其他人格权不被侵犯，但在用户肖像权或名誉权被侵犯时，提起的均为侵权之诉。

（4）案件争议焦点较为集中

通过分析大型平台的样本数据，电商平台所涉纠纷主要是平台被诉要求

⑰ 参见（2023）沪0107民初18761号唐某宏与吃票鸟数藏（上海）科技有限公司等买卖合同纠纷案民事判决书。

⑱ 参见（2023）沪02刑终1033号曹某芳组织、领导传销活动罪民事判决书。

⑲ 《民法典》第一千一百九十七条：“网络服务提供者知道或者应当知道网络用户利用其网络服务侵害他人民事权益，未采取必要措施的，与该网络用户承担连带责任。”

为售卖商品的平台内经营者承担连带责任；网约车平台所涉纠纷主要是平台被诉要求承担承运人责任或为提供事故车辆的平台内经营者承担连带责任；外卖平台所涉纠纷主要是平台被诉要求依约发放优惠券或为贩卖食品的平台内经营者承担连带责任。究其本质，大多是由于平台内商品或服务出现瑕疵，继而要求平台承担相应责任。最终在认定平台是否需要承担责任时，争议焦点主要集中在平台能否提供平台内经营者的真实名称、地址和有效联系方式，平台是否知道或者应当知道侵权行为，以及“通知—删除”规则中平台是否采取了必要措施。对中小平台而言，主要争议焦点在于平台经营模式名实不符情况下法律关系的认定和款项性质的确认。

2. 平台与用户法律关系辨析

（1）技术支持型平台与用户的关系——网络服务关系

技术支持型平台是指为用户提供储存空间或网络链接等服务，不参与直接或间接的经营服务，亦不创造内容的平台。用户注册时，平台会以弹窗的方式提供用户服务协议供用户阅览，平台与用户之间构成单纯的网络服务合同关系。该类平台包括信息资讯类、计算应用类、即时通信类平台，如百度、迅雷、搜狐、微信等。以微信平台为例，服务协议包括协议范围、服务内容、软件使用、用户个人信息保护、用户行为规范等。平台企业的义务主要集中在用户个人信息保护，大篇幅的用户行为规范则约定了用户的义务。用户与技术支持类平台的纠纷主要在于以下两个方面：一是平台因用户使用账号不规范而采取封禁等措施，用户起诉要求解除封禁；二是用户因平台提供的链接或展示的内容侵犯其人格权或知识产权而提起诉讼。以微信为例，2021—2023 年，其所涉合同纠纷为 6 起因账号封禁引发的网络服务合同纠纷，人格权纠纷 26 起，且两种纠纷的数量均呈逐年下降趋势。

（2）市场帮助型平台与用户的关系——网络服务关系

常见的市场帮助型平台主要为各大电商平台，平台提供虚拟的交易空间，通过会员、用户等形式为众多卖家和买家构筑一个电子网络交易市场，交易双方在虚拟的网络平台上进行现实的商品或服务交易。[20] 这些平台实质上提供的是信息网络服务，交易平台的用户既可以在这个空间内通过平台提供的

[20] 高富平主编：《电子商务立法研究报告》，法律出版社 2004 年版，第 104 页。

链接挑选商品，也可以通过平台购买商品。也就是说，电商平台不仅为买卖双方提供交易场所，同时还扮演交易中介的角色。由于电商平台为作为买方的用户提供的服务一般是免费的，因此用户服务协议中平台的义务往往仅限于保证平台内经营者身份真实以及保护用户个人信息。从电商平台的性质来看（除自营商品外），其与用户形成的是网络服务合同关系。但在司法实践中，用户因商品质量等问题起诉平台内经营者时，电商平台常被列为共同被告，用户要求电商平台对经营者承担连带责任。

以拼多多平台为例，2021—2023 年间，平台所涉信息网络买卖合同纠纷共计 232 件，其中平台企业作为共同被告的案件 209 件，比例高达 90%。平台所涉网络服务合同纠纷 178 件，原告均为平台内经营者，没有用户。此外，用户因商品质量提起侵权责任纠纷共计 854 件，平台企业作为共同被告的案件比例为 21%。可见，用户以网络服务关系为请求权基础起诉平台的情况很少。同样，在涉滴滴出行平台的案件中，由于平台在出租车业务则仅起到发布交易信息并促成交易的中介作用，[21]并不从中抽取利润，因此，不能在该等业务中对滴滴平台课以运输合同中承运人的严苛责任。2021—2023 年期间，以运输合同关系为请求权基础起诉的出租车交通事故案件均以驳回起诉结案。

（3）参与经营型平台与用户的关系——网络服务合同与买卖合同关系

参与经营型平台是指直接作为商品销售者或服务提供者参与到网络经营中的平台。与市场帮助型平台不同的是，用户完成注册，与平台形成网络服务合同关系后，在平台上购买商品或服务时，又与平台形成了信息网络买卖合同关系。京东平台的自营业务板块即为该类平台的典型代表，其经营模式为，平台自生产商或一级销售商处采购商品后，在各大品牌的京东自营店铺上架销售，平台直接作为与用户签订买卖合同的卖方，此时不存在平台内经营者。2021—2023 年期间，京东平台涉及信息网络买卖合同纠纷案件 73 件，其中 63% 的案件被告仅有平台，其余 27 起案件均是非自营店铺相关的纠纷。京东平台涉及网络服务合同纠纷的案件共计 61 件，其中仅有 2 件是因自营店

[21] 毛海波、吴慧琼、梁春霞：《网络交易纠纷中电商平台法律性质的类型化分析》，载《上海法学研究》集刊 2022 年第 4 卷。

购物而引起的纠纷，均未支持用户的诉请。

（4）聚合型平台与用户的关系——复合型法律关系

新业态下聚合型平台已然出现，平台业务板块的延伸以及经营方式的更新使得其拥有多重属性。如滴滴出行，该平台对滴滴专车和滴滴快车业务每单抽成，《网络预约出租汽车经营服务管理暂行办法》第十六条规定平台在网约车业务中承担承运人责任，直接对用户承担安全保障义务，[22] 故在涉滴滴专车和快车的机动车交通事故案件中，约六分之一的事故受害人选择以运输合同为案由起诉平台企业。但在出租车业务中，平台仍然扮演中介的角色，故无法作为直接承运人承担法律责任。还有部分新兴中小平台，从平台经营的实质内容分析，平台和用户之间或涉及服务合同、借款合同、债权转让、追偿权等多种法律关系。

用户与网络平台的纠纷类型因平台在网络交易中扮演的角色不同而有所差异，在司法实践中，需根据平台性质及其业务类型综合判断，这直接关系到用户请求权基础以及平台责任的确定。

（二）平台与平台内经营者纠纷的司法分析

1. 案件审理情况分析

（1）平台纠纷类型出现差异化趋势

大型平台和平台内经营者之间的纠纷以网络服务合同为主，多为平台内经营者作为原告，对平台采取的冻结账号、扣除店铺分数、没收保证金、删除链接、同意用户退款、限制提现等措施存在异议，要求平台解除相关限制措施，抑或同时诉请要求解除和平台之间的协议；还有少部分网络侵权责任纠纷，系平台内经营者起诉要求平台删除用户评价、赔偿经济损失。而中小平台和平台内经营者之间的纠纷类型完全不同，涵盖服务合同、委托合同、借款合同、联营合同、其他合同、合伙等多种案由，既有平台作为原告，要求解除合同以及平台内经营者支付服务费、合作款、承担违约责任、归还借款等情形，也有平台内经营者起诉平台要求确认合同无效并退还已支付的入

[22] 《网络预约出租汽车经营服务管理暂行办法》第十六条："网约车平台公司承担承运人责任，应当保证运营安全，保障乘客合法权益。"

驻费、服务费，或支付货款、分成款、众筹款等情况。可见，各类平台和平台内经营者的纠纷类型出现较大的差异化。

（2）案件调撤比例逐步呈现趋同态势

根据样本数据统计，大型平台和平台内经营者之间的纠纷调撤比例总体较高，平均高达 68.36%，而中小平台的情况则恰恰相反，调撤比例普遍较低，仅有约 46.35%。但从纵向时间轴上看，大型平台的调撤率较为平稳，均维持在 65% 以上，中小平台的调撤率持续上升，和大型平台之间的调解比例差从 2021 年的 37.1%，缩小到 2023 年的 10%，并呈现不断趋同之势。

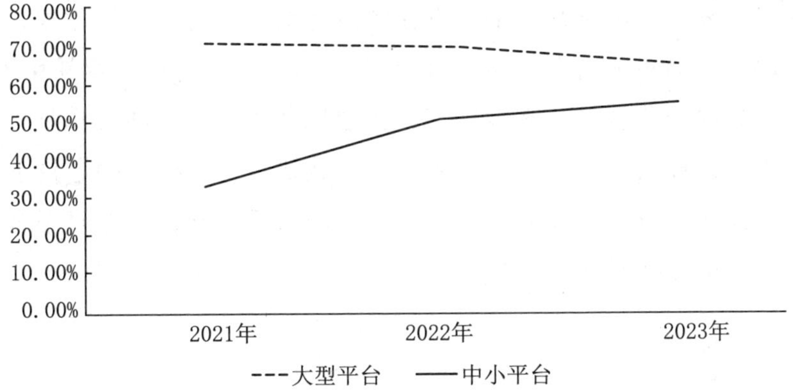

图 4　2021—2023 年平台与平台内经营者纠纷调撤比例趋势图

（3）刑民交叉情况凸显

平台经济不断探索行业创新，逐步成为新经济创新发展的重要动力源，但在某些领域不断成熟的同时，又会在一些新领域引发不确定性。例如，部分平台巧立名目，以入驻费、服务费、管理费等名义收取平台内经营者款项，波及人数众多，金额较大，但平台最终未按约提供服务，涉嫌刑事犯罪还是仅属于合同违约，承担相应民事责任，难以区分；部分平台以合法化外衣吸收公众资金，并将资金以合作款的方式提供给平台内经营者，通过引流消费的方式回笼资金，平台和平台内经营者之间是商业合作行为，还是属于未依法取得放贷资格的出借人，以盈利为目的向社会不特定对象提供借款，有待明确；还有的平台上进行交易的商品、提供的服务或者交易行为涉嫌犯罪，平台是否需要承担刑事责任，有待探讨。

（4）案件争议焦点发生转变

平台与平台内经营者涉诉案件的争议焦点从平台处罚措施的适当性、款项应否支付，逐步向诉讼主体资格、合同解除权的行使、合同效力等内容转变，并且该趋势在新兴中小平台领域更为突出。实践中，平台为提高效率、保障自身权益，预先制定能够重复使用的格式合同，约定包括平台分类制裁和处罚措施等内容，一旦触发条款，平台便会对平台内经营者采取相应措施。平台措施的适当性是当前传统大型平台面临的主要问题。并且，平台方一般存在众多关联公司，有的平台协议中未载明平台方主体信息，未明确平台关联公司的范围以及实际提供商品或服务的主体，导致各方对责任主体产生争议。此外，大多平台协议约定平台方在特定情况下享有单方解除权，但鲜有约定平台内经营者的解除权，体现了较为强烈的利己特征，容易引发争议。而平台与平台内经营者的往来款项时常被冠以各种名目，如合作款、会员充值、手续费、服务费、抽成费、加盟费、入驻费等，在纷繁的名目下很容易忽略款项的性质、双方之间的真实法律关系。一旦涉讼，双方对于合同的性质、效力、款项支付等争议较大。

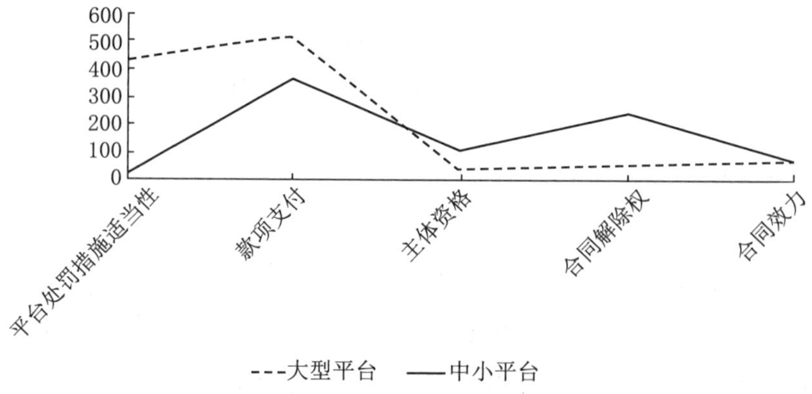

图 5　2021—2023 年平台与平台内经营者纠纷主要争议焦点分布图

2．“平台 +”新型经营模式解析

平台纠纷类型的差异化、案件争议焦点的转变、刑民交叉等问题的凸显，均与平台经营模式的发展息息相关。平台在原有功能的基础上不断拓展升级，区别于传统作为信息或服务提供者的角色，平台既可能基于利益最大化考量，与平台内经营者进行资源共享、优势互补，实现更加深度合作的经营模式；

平台也可能亲自下场，直接以自营业务的形式参与经营；又或者以关联公司的名义实现各项功能的拓展，以规避直接参与所需面临的法律风险。

由此产生“平台＋资金”“平台＋业务”“平台＋人员”“平台＋技术”等更为紧密的深度合作模式，体现出平台功能边界不断扩张的趋势。例如，平台向平台内经营者提供资金支持，但并非以投资款或者借款的形式，而是以运营资金的方式提供，并获取在经营者处一定溢出额度的预付卡金。平台和平台内经营者共同吸引客流购买套餐，至线下店铺消费，使用平台绑定方式付款，帮助平台消耗预付卡金，回笼资金。其中平台通过线上吸引用户注册的方式为经营者推广，并以积分返利的方式增加用户黏性。经营者则通过线下向消费者展示平台收款码并推荐注册会员的方式为平台推广。合作过程中，

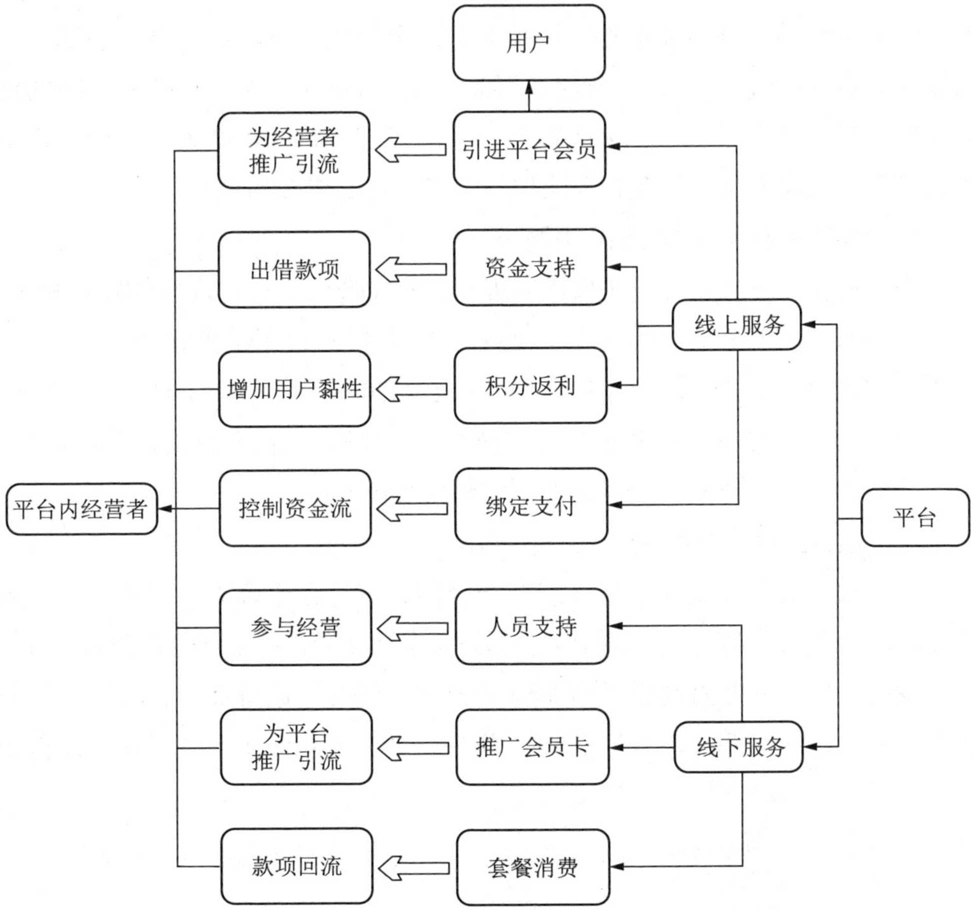

图 6　平台＋深度合作模式流程图

平台会派驻人员至线下店铺参与日常经营和财务管理，并提供技术指导与培训，帮助经营者开展线上买单、优惠活动，协助处理线下到店消费过程中遇到的问题，并且负责与平台之间的沟通联系。

伴随网络平台新型合作模式的发展，平台功能复合化，更容易通过所谓的创新合作模式逃避责任承担；平台内经营者义务多重化，权利义务的不匹配易导致权利救济失衡；线上线下合作的交错融合，使得平台责任呈现多种样态。

（三）平台与平台从业者纠纷的现实情况

新就业形态是指从业者通过线上接受互联网平台根据用户需求发布的配送、出行、运输、家政服务等工作任务，按照平台要求提供平台网约服务并获取劳动报酬的一种就业形态。根据第九次全国职工队伍状况调查表明，全国职工总数 4.02 亿人左右，新就业形态劳动者 8400 万人。新就业形态的蓬勃发展，吸纳了大量就业，大幅提升了我国经济运行的承载力，但同时也暴露出平台用工规范化和从业者合法权益保障方面的诸多问题。

1. 典型平台用工关系司法概况

为掌握新业态从业者的典型用工现状，本文选取具有代表性的外卖配送、网约车和直播三类行业的新业态从业者作为典型平台用工关系的研究对象，并以中国裁判文书网公开 2021 年 1 月 1 日至 2023 年 12 月 31 日期间全国法院生效劳动争议类裁判文书作为研究样本，以提取关键词的方式对涉诉数量排名前列的平台数据进行梳理分析，发现如下特征：

（1）被告主体多非平台

平台常见的用工模式包括签订劳动合同、签订合作合同、劳务派遣、业务外包、[23]众包[24]等。但实践中平台与新业态从业者直接签订劳动合同的情形非常少见，导致从业者起诉平台企业的劳动争议案件数量极少，将平台企业作为唯一被告的案件占比不足 0.5%，将平台企业与合作企业或者业务外包企

㉓ 业务外包，指平台企业将特定业务外包给第三方公司，并联合第三方公司对从业者的劳动过程进行共同管理和监督的新型用工模式。

㉔ 众包，指平台企业通过数字技术将工作任务发送给广泛的个体化零工，以解决内部劳动力不足问题的新型用工模式。

业列为共同被告的案件比例也不超过 0.1%，绝大部分案件的被告为平台的合作企业或者业务外包企业。

（2）诉讼请求复合多元

劳动争议案件中，平台从业者的诉讼请求复合多元，涉及确认劳动关系、支付工资、提成、加班工资、未休年休假折算工资、经济补偿金、违法解除劳动关系赔偿金等方面，且包含两项以上诉讼请求的案件比例为 83.27%。

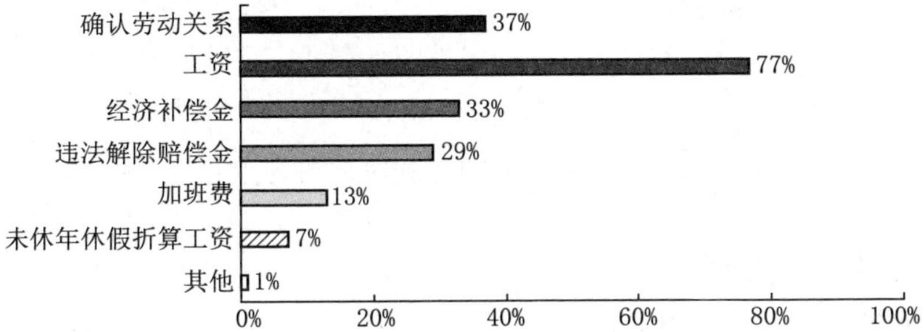

图 7　劳动争议案件诉讼请求分布图

（3）判决确认劳动关系的案件较少

司法实务中，几乎未见法院判决确认从业者与平台企业存在劳动关系的案件，确认从业者与平台外包企业或合作企业存在劳动关系的案件比例亦不高。以外卖行业为例，确认与“饿了么”平台合作企业或业务外包企业存在劳动关系的案件共 106 件，占该平台劳动争议案件总数的 39.85%；确认与“美团”平台合作企业或业务外包企业存在劳动关系的案件共 128 件，占该平台劳动争议案件总数的 27.12%。以网约车行业为例，确认与“曹操出行”平台的关联企业或业务外包企业存在劳动关系的案件共 31 件，占该平台案件总数的 81.57%，且所涉从业者基本均为专车司机；几乎未见确认与“滴滴出行”平台的合作企业或业务外包企业存在劳动关系的案件。以直播行业为例，确认与“抖音”平台的合作企业或业务外包企业存在劳动关系的案件共 16 件；几乎未见确认与“虎牙”平台的合作企业或业务外包企业存在劳动关系的案件。

（4）外卖骑手因受伤提起诉讼的案件较多

外卖骑手因受伤提起诉讼的案件占比较高，以市场规模最大的两家外卖平台“饿了么”和“美团”为例，外卖骑手因受伤提起劳动争议诉讼的案件占其平台案件总数的 40% 左右。这也从侧面说明，外卖配送行业的职业风险保障不够健全，难以通过非讼争议解决方式或劳动仲裁前置程序化解，从业者维权成本较高。

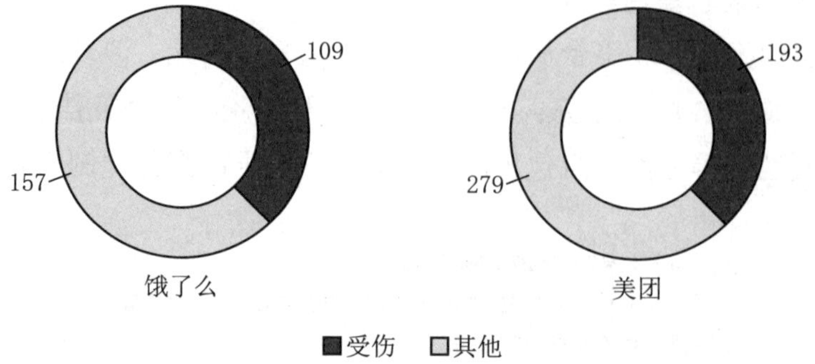

图 8　外卖平台因骑手受伤涉诉案件占比图

2．案件特征梳理

（1）劳动关系认定难

随着平台经济新业态的发展，平台企业选择直接与从业者签订劳动合同或者通过劳务派遣用工的情况逐渐减少，签订合作协议、外包模式和众包模式逐渐成为平台企业用工的主要模式，但该三种模式的劳动关系认定争议较大，主要体现在：第一，用工主体认定难。平台将业务外包给第三方企业后，第三方企业往往会将业务再次转包或分包，用工主体多元，用工结构复杂，用工链条被人为拉长，导致实际用工主体难以确定。第二，劳动者身份认定难。在签订合作协议和众包模式下，平台企业为规避用工责任，往往要求从业者以个体工商户形式与平台签订协议，将从业者的身份转化为“经营者”，导致从业者丧失劳动者的外观。第三，从属性弱且隐蔽性强。合作协议和众包模式用工过程中，通过算法技术分配工作任务、把控劳动过程，弱化了雇主对从业者的直接指挥和控制；依据接单量、客户评价等方式对从业者进行奖惩的规制，将报酬转化为“合作分成”，使劳动规章制度的遵守隐蔽化；劳动力与生产资料的结合方式发生较大改变，从而增加了法律关系的识别难度。

（2）平台责任界定难

平台因用工法律关系的不同所承担的责任亦不相同。平台为降低用工成本、获取更高经营利润，常通过多种途径试图“去劳动关系化”，从业者在提供劳动过程中实际享受的劳动保护及社会保险权益与传统行业从业人员差别较大。如一些平台与从业者签订掺杂劳动合同、劳务合同、居间合同等不同性质条款的“合作协议”，双方权利义务的约定明显不对等，给从业者劳动权益保护带来极大不确定性。又如从业者的薪酬除按照计件、在线时长、接单量等计算外，还要考虑好评率、超时扣费、观众打赏、投诉等因素，一些平台的薪酬算法不合理，导致从业者的收入较不稳定，且缺少最低工资保障。再如一些平台未对从业者的最长工作时间加以限制，即便从业者对工作时间有一定的自主决定权，为获得更多收益大都超负荷工作，休息休假权难以保障。我国目前尚未就平台企业承担的用工责任、责任标准如何确定等问题进行专门规定，以致平台企业极易利用法律滞后性和法律漏洞规避责任承担。

（3）从业者社会权益保障难

在社会权益保障方面，平台企业或其合作企业与从业者签订劳动合同的比例较低，再加上部分企业采用模糊化的处理方式，规避用工责任的承担，使从业者很难享受劳动关系下的社会保障待遇。2022 年 7 月新就业形态群体职业伤害保障试点启动以来，很多新业态从业者因此受益，但试点仅涵盖七个省市、四个行业、七家平台企业，覆盖面仍相对有限。如果未被覆盖地区的从业者发生伤害，其医疗费用、维权成本及其他保障待遇的实现难度较大，极易因高额医疗费用返贫。

（4）关键证据举证难

法院在认定从业者与平台企业或其合作企业之间是否存在劳动关系时，要求从业者提供劳动合同、考勤记录表等相关工作证据，然而从业者普遍为农民工、城市无业或失业人员，往往通过熟人介绍或者广告宣传等方式成为外卖骑手、网约车司机，法律意识薄弱，并不注重劳动合同的签订，离职后往往无法重新登录平台账号获取考勤记录等数据，因此难以承担证明存在劳动关系的举证责任，其合法的劳动关系难以得到保护。

三、新业态下涉平台经济纠纷的法律困境

（一）平台与平台用户纠纷的相关问题分析

1．平台责任的相关立法缺乏体系性

目前我国关于平台民事责任的立法，主要散见于《电子商务法》及《消费

者权益保护法》第四十四条、《民法典》第一千一百九十五条（“通知—删除”规则）、第一千一百九十六条（反通知规则）、第一千一百九十七条（知道规则）、《最高人民法院关于审理利用信息网络侵害人身权益民事纠纷案件适用法律若干问题的规定》，并未制定针对网络平台的专项法律，分散的法条之间也未形成协调统一的规则体系。《电子商务法》虽然自成体系，但其规制范围限定于电商平台，亦未明确电商平台经营者安全保障义务的适用场景，导致法律适用困难，部分法条沦为僵尸条款，仍需制定司法解释加以补充说明。

此外，立法上的交叉分散一定程度上导致法律适用上的分歧和裁判尺度的差异。如对同类电商平台的类似案件中，部分法院的裁判依据为《消费者权益保护法》第四十四条及《民法典》第一千一百九十七条，但也有部分法院适用的是《消费者权益保护法》第四十四条与《电子商务法》第三十八条。《电子商务法》第三十八条是原《侵权责任法》第三十六、三十七条在电商平台语境下的特别规定，《民法典》第一千一百九十七条则是依据原《侵权责任法》第三十六条对网络服务提供者的责任规制，二者的责任内容有重合，区别在于：电商平台是网络服务提供者的一种类型，其法律责任较一般网络服务提供者更重，重在若消费者的生命健康受到损害，电商平台经营者须承担安全保障义务，但司法实践中则更注重关于平台审查义务的履行。㉕

2．应对新业态的准入退出机制缺位

新兴平台的经营模式不断翻新，部分平台逐渐转向数字藏品等准入门槛较低、监管规则薄弱的新兴领域。目前我国对平台尚未设立专门的准入制度，开设平台只需要取得电信业务经营许可证、区块链备案和公安网络安全备案，而开展具体经营活动所需取得的各类经营资质并非设立平台的必备条件，很多平台企业缺乏经营资质，却能以低廉的价格搭建平台，行业鱼龙混杂，易发生交易风险。同时，对于网络平台的区块链算法应用、用户个人信息和交易产生的数据，缺乏具体的监管部门和监管规则，存在一定的数据安全风险。另一方面，我国目前对平台退出关停缺乏具体规制措施，部分新兴平台缺乏

㉕ 如司法实践中仅审查平台经营者有无尽到审查义务，而不会检视其有无尽到《电子商务法》第三十八条第二款规定的安全保障义务。参见浙江省高级人民法院（2019）浙民终863号民事判决书。

合规意识，在平台发展显露疲软态势，经营乏力或遇到合规风险后直接选择关停退出，用户在平台账户上预存的钱款、购买的虚拟财产等随之消失。对于这一损失，绝大多数平台选择以“打折清退”的方式解决，无法全额退还。有数据统计，数字藏品平台的退款比例多集中在用户持仓藏品首发价的30%以下，用户损失无法完全得到弥补，由此引发大批量的消费者维权问题。

3．平台审查义务的适用流于形式

（1）未要求平台提供实质有效的经营者信息

如前所述，由于大多数用户与平台纠纷中，法院较为注重平台是否尽到审查义务的查明，而平台审查义务的法律依据之一多引用《消费者权益保护法》第四十四条，即网络交易平台企业应当能够提供销售者或者服务者的真实名称、地址和有效联系方式。实践中各平台基本已经依据该条规定形成审查工作的范式并留痕，故判决平台因此承担责任的案件数量较少。在统计的样本文书中，信息网络买卖合同纠纷共计1990件，其中仅有1件因平台未能提供经营者真实名称、地址和有效联系方式，而判决平台承担连带责任。对于《消费者权益保护法》第四十四条规定的“有效联系方式”，未有明确的定义。在司法实践中，往往只要平台方提供了经营者的真实信息（如经营者身份证号）以及预留的联系方式，则无需承担责任，而无论能否实际联系到经营者。而关于电商平台的审查义务，《电子商务法》第二十七条规定，电商平台应当对平台内经营者的身份、地址、联系方式、行政许可等真实信息定期核验更新，以确保信息的时效性和准确性。未来是否可以将此要求拓展至所有类型的平台，把对于经营者的审核义务理解为实质审查，即平台应提供确实可联系到经营者的联系方式，值得进一步探讨。

（2）“通知—删除”规则下平台事前审查定式化

《民法典》第一千一百六十五条将侵权行为的客体扩大到“民事权益”，同时又将“通知—删除”规则㉖列为第一千一百九十五条，该原则的适用范围从信息网络传播权扩大到所有民事权益。当下，无论是平台所涉的信息网络传播权纠纷，电商平台的产品责任纠纷，还是其他种类知识产权纠纷，甚

㉖ 网络服务提供者的免责条款之一：在构成知道侵权事实存在或侵权事实十分明显的情况下，及时删除、断开侵权内容的链接。

至部分人格权纠纷，都在运用“通知—删除”规则进行规制，“通知—删除”规则已然成为简便的判断平台侵权与否的标准之一。[27]但实践中该条规则的适用存在以下问题：首先，由于通知数量庞大，有些平台企业已经应用人工智能技术通过识别、对比关键词的方式进行检测并决定是否删除，但该种技术并不成熟，检测和判断的过程机械，可能导致滥用“通知—删除”规则的问题出现；[28]其次，若通知人并非权利人，其错误举报、恶意举报使得内容发布者遭受了损失或者扩大了损失，依照法律规定通知人应承担赔偿责任，而并未将根据通知进行错误处理的平台列为责任承担者。相反，若平台接到通知后，未及时采取必要措施的，需对损害的扩大部分与用户承担连带责任。实践中，往往只要平台举证证明根据通知内容采取了删除等措施后，便可不承担任何责任，通知所主张的侵权行为最终是否成立，删除是否合理，与平台无关。这样的结果显然不符合该条规则设立之初平衡权利人、平台、平台内经营者三者关系的立法目的。如何保障网络平台不会为追求自己的商业利益或避免自身承担责任而滥用此规则，是面临的问题。

4.“知道”规则下用户举证困难

“知道”规则下对于平台的过错描述由“明知”变为“知道”再变为“知道或应当知道”的立法过程，可以看到立法者对网络平台提出了更高的要求。司法结果本应遵循立法目的所体现的价值观，但现实的裁判结果却是多因用户无法举证证明平台知道或应当知道侵权行为，而未认定平台需要承担责任。但对于用户需要提供何种证据完成举证责任没有明确的标准，认定较为形式化。实际上，平台为平台内各种主体之间的交互，提供类似于居间服务的同时，还能够借助其掌握的数据和算法对经营者施加控制，[29]此外平台还为在其建构和运营的网络空间中活动的各类主体，制定各种具有约束力的行为规范（服务协议与交易规则或网络社区规范等），并通过奖励遵守规则者、制裁

[27] 姜梦婷、张丽霞：《电商平台侵权的民法典规制探析》，载《中国电信业》2022年第10期。

[28] 参见何炼红：《论算法时代网络著作权侵权中的通知规则》，载《法商研究》2021年第4期。

[29] 张凌寒：《权力之治：人工智能时代的算法规制》，上海人民出版社2021年版，第19页。

违规者来确保相关的规范得到遵守和落实。㉚ 因此，平台理应对其内上架产品的质量以及上传信息的内容有所把握，尤其是对重复实施的侵权行为是否属于平台应当知道的范畴，在司法实践中亦存在争议。

5．平台责任形式界定不清

通常情况下，实施侵权行为、发布侵权信息的主体为平台用户，而非网络平台，网络平台本身并未直接实施侵权行为或者发布侵权信息。在该种情况下，应当以何种依据来要求网络平台承担责任，并且要求网络平台承担何种性质的责任，是有待探讨的问题。原《侵权责任法》第三十六条和《民法典》第一千一百九十七条规定了网络平台与网络用户的连带责任。对于此种责任的性质，理论界存在不同的认识。一部分学者主张应按照部分连带责任的理论进行解释。㉛ 当然更多的学者仍然从传统侵权法理论出发对此问题进行分析，部分学者认为网络平台与网络用户之间构成共同侵权，㉜ 还有学者则认为，两者之间并非构成共同侵权，而是基于公共政策考量而规定的连带责任。㉝

（二）平台与平台内经营者纠纷的裁判难点

1．新型合作模式下法律关系认定难

传统经营模式下，平台与平台内经营者之间一般构成服务合同关系。同时，《电子商务法》第三十七条明确了平台在开展自营业务时具有与平台内经营者相当的法律地位，应依法承担商品销售者或服务提供者的民事责任，并且第八十一条第三款规定了未以显著方式区分标记自营业务和平台内经营者业务所需面临的行政处罚措施。但是当平台不再作为单一的服务或产品提供者，平台逐步转化为负有向平台内经营者提供资金、业务乃至人员技术等多种功能复合叠加的主体，基于平台与平台内经营者错综复杂的合作模式，准

㉚ ［美］劳伦斯·莱斯格：《代码 2.0：网络空间中的法律》，李旭、沈伟伟译，清华大学出版社 2018 年版，第 43 页。

㉛ 参见最高人民法院研究室编：《中华人民共和国侵权责任法条文理解与适用》，人民法院出版社 2010 年版，第 265 页。

㉜ 参见吴汉东：《论网络服务提供者的著作权侵权责任》，载《中国法学》2011 年第 2 期。

㉝ 参见杨立新：《〈侵权责任法〉规定的网络侵权责任的理解与解释》，载《国家检察官学院学报》2010 年第 2 期。

确认定两者之间的法律关系并非易事。反映到司法实践中，平台与平台内经营者纠纷的案由分布广泛，且其中有较大比例为其他合同纠纷，往往某一法律关系下难以涵盖其所有的法律特征。

2．平台协议的“利己性”易导致权利义务失衡

从签订过程看，平台协议是平台单方制作的格式文本，排除了平台内经营者参与磋商和谈判修改的可能性，只有全盘接受或者完全退出两种选择。平台基于减轻经营者疑虑和审阅文本负担、便于平台快速高效地形式审核、尽可能促进协议达成等因素考量，缺乏在经营者入驻平台前一次性向其告知全部权利义务内容的动力，一般仅含糊载明签订入驻协议视作对全部平台规则的认可，并说明平台发布的规则包括但不限于审核流程、操作教程、处罚措施等内容。因此，在入驻前，经营者对于平台协议和平台规则的全部内容可能获知有限。此外，平台规则处在不断变化中，《电子商务法》明确规定平台有权对协议和交易规则进行单方修改，只需在实施前七日公示即可。从约定内容看，大多平台规则中均有关于平台内经营者应遵循的合同义务，以及违反时应承担的处罚措施，处罚措施标准可能远高于造成的实际损失。例如有的电子商务平台规则规定，商家如销售假冒商品，平台有权要求商家支付该店铺全部累计销售额十倍的金额作为违约金。

3．平台协议的处罚性条款效力存在争议

面对传统法律规范在网络平台领域的不足和滞后，为营造良好的平台秩序，妥善处理平台相关主体的权利义务关系，由平台单边指定、平台内经营者同意的平台规则应运而生。一旦同意入驻平台，就必须遵守平台规则，否则平台可依规进行处罚。实践中，平台规则常因裹挟平台私利而遭受质疑。平台协议中处罚措施条款的效力、措施的适当性成为争议焦点。如部分平台的“仅退款”条款，在未确定货物状态及货物质量的情况下，先行赔付用户货款，但不要求用户寄回诉争货物，然后再依据协议自平台内经营者的保证金账户中直接扣除相应货款。为避免过度干预商事主体的正常经营行为，以及考虑到合同无效或者部分无效后的严重法律后果，目前司法实践对于认定合同效力的态度较为审慎。基于商业主体应当对自身商业行为的后果具有符合理性的认知水平，当经营者与平台建立合同关系时，则表明其自愿认可平台的规则，不仅接受平台提供的服务也接受可能存在相应处罚的心理预期。

因此，即便平台依据协议对平台内经营者进行较重的处罚，司法裁判中鲜少认定平台协议无效，往往根据个案具体情况在数额上予以调整，而非对协议条款的效力作出直接认定。

4．平台与平台内经营者内部责任边界划分难

消费者因商品质量问题起诉平台内经营者与平台的案件，多为信息网络买卖合同纠纷和产品责任纠纷。在信息网络买卖合同纠纷中，消费者对平台内经营者的请求权基础是买卖合同法律关系，对平台的请求权基础则为侵权法律关系。在产品责任纠纷中，消费者要求平台内经营者和平台承担的均为侵权责任。由于平台承担责任的法律依据主要是《民法典》第一千一百九十七条，因此消费者多要求平台承担连带责任。依据该条法律规定确认平台承担连带责任的基础为共同侵权行为，对此学界有“共同关系说”[34]和“间接侵权行为说”[35]等不同观点。在该类纠纷中若平台被认定需对消费者承担连带责任，平台承担责任后，可否向平台内经营者追偿、以何种比例追偿均是有待讨论的问题。

（三）平台与平台从业者纠纷亟待解决的问题

1．现有劳动关系认定标准无法适应多元的用工形式

我国劳动立法并未就劳动关系的认定标准作出明确规定，司法实践中一般将从属性作为劳动关系认定的最重要标准，该标准来源于原劳动和社会保障部颁布的《关于确立劳动关系有关事项的通知》（劳社部发〔2005〕12号，以下简称《通知》）第一条的规定，即用人单位招用劳动者未订立书面劳动合同，但同时具备下列情形的，劳动关系成立：（1）用人单位和劳动者符合法律、法规规定的主体资格；（2）用人单位依法制定的各项劳动规章制度适用于劳动者，劳动者受用人单位的劳动管理，从事用人单位安排的有报酬的劳动；（3）劳动者提供的劳动是用人单位业务的组成部分。据此可知，从属性包括人格从属性、经济从属性和组织从属性，司法实务中在认定劳动关系

㉞ 即平台在网络侵权中与平台内经营者的关系是侵权行为实行人与帮助人之间的共同关系。

㉟ 即平台虽没有直接侵权，但其不作为应解释为间接的侵权行为，平台内经营者的行为是直接的侵权行为，直接侵权与间接侵权共同造成损害后果，平台与平台内经营者应当承担连带责任。

时大多要求兼具三个从属性要素，而平台依据互联网创设远程交易路径，并通过算法发布工作任务、跟踪工作过程、进行工作评估，这种算法效用在外观上呈现出类似劳动关系的管理控制与从属性特征，但又区别于传统劳动关系中的用工方式和用工形态。新型多元的平台用工形式使这一标准得到重新审视。

（1）人格从属性是劳动关系的本质特征，其核心是劳动者接受用人单位的劳动管理，遵守用人单位的规章制度

传统用工模式强调对劳动者工作时间和工作地点的严格控制，而新型用工模式对从业者的工作时间和工作地点给予一定自主权，也不进行考勤，似乎日常管理较为松散，但实际上平台企业运用数字技术对从业者的劳动过程进行全程跟踪把控，并通过客户评价体系对从业者的服务过程进行质量评估，内在严格控制的管理模式使司法实践中对新型用工模式下人格从属性的认定存在争议。

（2）经济从属性是指劳动者从事用人单位安排的有报酬的劳动

传统用工模式下，生产工具或设备一般由用人单位提供，劳动者的工资金额及发放周期较为稳定，用人单位发放工资具有持续性和稳定性，亦强调工资是劳动者的主要生活来源。而新型用工模式中，平台运用数字技术打破了传统的计薪方式，从业者的报酬一般按平台规则计算，且多以计件工资为主，发放周期不稳定，实时获取报酬也很常见，该种方式使经济从属性减弱。

（3）组织从属性是指劳动者提供的劳动是用人单位业务的组成部分

实践中，网约车司机、外卖骑手或者其他从业者，即使不穿着印有平台标识的服装，也会以平台企业的名义为顾客提供服务，这使得从业者认为自己是平台企业的员工，但平台提供的业务是市场供需信息撮合的技术服务，还是提供出行、配送等终端市场的消费者服务，目前尚无定论。

平台算法带来了管理双重化和隐蔽化、薪酬计算数字化等特点，如果简单适用构成要件式的从属性标准，势必影响新型用工关系的正确认定，也不利于统筹保护从业者的合法权益和平台经济的规范发展。

2．不完全劳动关系缺乏认定标准和规制依据

存在劳动关系是享受劳动法律保障的前提，但随着新技术、新产业、新业态、新模式的快速发展，平台经营模式不断变化，由此导致平台用工的模式多元复杂化，各模式下用工方式多样化，新业态下劳动关系特征逐步淡化。在此背景下，人力资源和社会保障部（以下简称人社部）等八部门于2021年7月联合印发的《关于维护新就业形态劳动者劳动保障权益的指导意见》（人社部发〔2021〕56号，以下简称“56号文”）首次提出不完全符合确立劳动关系情形但企业对劳动者进行劳动管理的，指导企业与劳动者订立书面协议，合理确定企业与劳动者的权利义务，将传统的“民事关系—劳动关系”的“二分法”框架转变为“民事关系—不完全劳动关系—劳动关系”的三分法框架。随后，人社部印发《新就业形态劳动者劳动合同和书面协议订立指引（试行）》，对书面协议的订立提供样本。2024年2月人社部发布《新就业形态劳动者休息和劳动报酬权益保障指引》《新就业形态劳动者劳动规则公示指引》《新就业形态劳动者权益维护服务指南》，进一步细化56号文中有关最低工资保障、休息权、民主管理和集体协商方面的内容。但是，上述文件都是以部颁规范性文件的形式发布的，法律层级较低，法律效力不高，新就业形态劳动者权益保护仍然主要依靠政府行政指导和企业自律行为，存在立法短板。司法实践中亦尚无认定不完全劳动关系的案例。由于缺乏具体法律规范，“三分法”未能根本解决新就业形态劳动者的权益保障问题，还可能造成负外部影响，甚至给平台用工创造政策套利机会。

3．司法实践亟需统一的裁判尺度

鉴于平台用工的形式和多样性，对于确认劳动关系有难度的平台从业者，其用工关系的认定需要结合不同行业的用工形式差异性，从平台业务范围、报酬支付规则、从业者对工作任务的自主程度等用工事实进行详细审查，司法实践中争议较大，一定范围内出现了“同案不同判”的情况，亟须统一裁判尺度。

以涉“饿了么”平台外卖骑手起诉确认劳动关系的两起案件为例：被告是“饿了么”平台在当地的区域承包商，原告（骑手）通过被告提供的蜂鸟团队版App注册为团队骑手，注册时，原告进行了人脸识别并根据提示讲出“我要成为个体工商户”方才注册成功，此外，原告按照第三人要求，通过电子签章方式完成《个人工作室注册协议》的签订和个体工商户的注册手续。

之后，原告按照被告安排的工作时间开始外卖配送，订单由蜂鸟团队版 App 派发，工资由案外第三方公司发放。最终，一起案件确认双方存在劳动关系，另一起案件确认双方不存在劳动关系。

在认定双方存在劳动关系的案件中，法院的裁判理由为：骑手从事的外卖派送服务属于平台的主营业务。骑手在被告站点注册，通过平台接单，根据劳动表现获取薪酬；被告对骑手进行了日常管理，且为骑手购买了雇主责任险；虽将薪资发放这一操作委托给了第三方公司，实际仍是由原、被告结算薪资。承包企业引导骑手通过签订电子格式合同的方式注册成为个体工商户，以建立所谓平等主体之间合作关系的形式规避用人单位责任，无法认定骑手具有以个体工商户身份从事外卖业务的真实意愿，故认定双方存在劳动关系。

在认定双方不存在劳动关系的案件中，法院的裁判理由为：骑手从事日常送餐工作时，收到的订单内容系由“饿了么”平台发布，其劳动报酬由计件工资加提成构成，骑手未证明其工资由被告支付，不能证明接受被告管理，由被告安排工作，故认定双方不存在劳动关系。

综上，我国传统的劳动关系认定标准很难完全适用于平台从业者这一新型用工形态。在立法层面尚未出台进一步规定之前，司法实践对新型用工模式的认定也没有达成一致的判断意见，无法形成统一的裁判路径，这对平台合法利益的维护和从业者劳动权益的保护均造成了极大阻碍。

四、新业态平台经济相关法律关系的基本考量

（一）平台与平台用户法律关系的规制路径

现行法律体系中虽然存在关于网络侵权、消费者保护、电商平台责任等规定，但尚不足以覆盖新业态下平台与用户纠纷存在的新问题。随着新业态下平台功能的复合性、公共性日益增强，需要在明确现行法律适用并更新部分规范的层面去解决，具体而言，需要从以下方面入手：

1．确定平台的法律性质

平台是伴随着信息技术的发展而出现的一种全新的组织架构，平台组织了新的生产力，掌控着海量关键生产要素，有着新的盈利模式，明显不同于

传统市场经营者，兼具市场主体与市场组织者、管理者的二元属性。㊱同时，新业态下的平台已不再是单纯的信息中介，其可筛选信息，选择展示，不具备中立的工具性和非参与性。平台通过保护竞争、管制价格、监控质量、披露信息等方式，事实上承担了维护网络市场秩序、保障用户权益的公共职能，其公共性日益凸显。㊲如平台可设立用户和经营者的使用规则、实施具体管制措施、在线解决纠纷，行使“准立法权”“准行政权”和“准司法权”，但这不意味着平台拥有公权力，因为其权力源于平台与用户之间基于商业行为的合意，而非“政治让渡”。互联网新业态在资本力量的推动下，依靠技术资源、平台资源和信息资源优势，获取了影响私人权益的强大力量。㊳平台滥用私权力将导致平台公共性无法良好实现，必须寻求合理途径加以规制。

新业态下平台功能的聚合意味着不能再用“全有”或“全无”的视角来判断平台地位。将平台以业务类型为基础划分板块来确认其在不同业务中应该承担的责任是符合逻辑的做法，亦即不再将平台视为一个整体，而是根据其在诉讼中涉及的业务类型，适用相应的法律规定。如抖音平台，其若因开放网络直播推广服务经营者入驻功能、为经营者提供直播服务、为买卖各方提供网络交易场所或中介服务等而涉诉，应对其课以《电子商务法》规定的电商平台义务；若为经营者提供付费导流等服务，构成商业广告的，应按照《中华人民共和国广告法》规定履行广告发布者或广告经营者的责任和义务；其余形式的服务致诉，则应根据平台是否参与运营、分佣、平台对用户的控制力等情形，确定适用相应的法律规定。㊴平台因电商业务与用户产生的纠纷应适用《电子商务法》，类电商平台或类电商业务，则可根据个案情况类推适用《电子商务法》的部分规定，平台仅作为网络服务提供者适用《民法典》侵权责任编的一般规定以及《消费者权益保护法》，平台实际开展金融业务

㊱ 陈永伟:《平台反垄断问题再思考:“企业—市场二重性”视角的分析》，载《竞争政策研究》2018 年第 5 期。

㊲ Jean Tirole, Economics for the Common Good, translated by Steven Rendall, Princeton and Oxford: Princeton University Press, 2017, pp. 379—392.

㊳ 马长山:《智慧社会建设中的“众创”式制度变革——基于“网约车”合法化进程的法理学分析》，载《中国社会科学》2019 年第 4 期。

㊴ 参见国家市场监管总局《关于加强网络直播营销活动监管的指导意见》(国市监广〔2020〕175 号)。

的，则需审查平台是否持有金融牌照，将所有金融活动纳入监管范围。

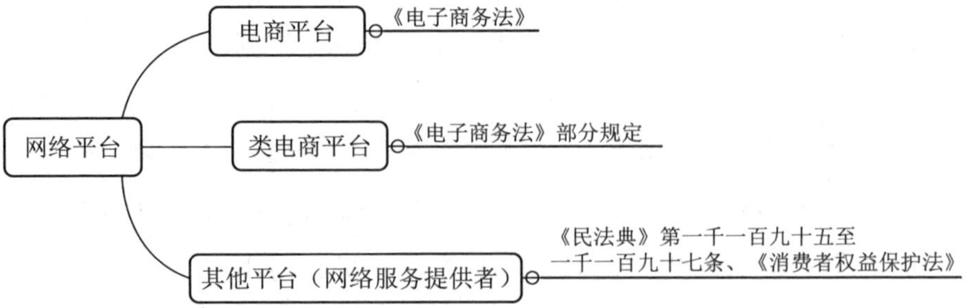

图 9　法律适用分类图

2．明确平台的责任形式

《电子商务法》第三十八条规定了平台承担责任的两种形式，其中第一款同《民法典》第一千一百九十七条，规定了平台“知道或应知”情况下的连带责任；第二款则更进一步，规定对关系生命健康的商品或者服务，平台若未尽到对平台内经营者的资质资格审核义务，或者对用户未尽到安全保障义务，依法承担相应的责任。该条规定提供了判断平台是否“知道或应知”的新思路——应该着重审查平台事前审核义务和安全保障义务的履行情况。此外，《电子商务法》“相应的责任”这一措辞也为认定平台的责任承担方式留有一定空间。实践中应根据个案情况，根据电商平台未尽法定事前审查义务的过错程度以及损害后果之间的因果关系程度，来确定平台是承担连带责任、按份责任还是补充责任。而对于其余非电商平台应承担的责任，现有的《民法典》侵权责任编大多规定的是在损害发生以后的救济手段，如能通过对平台日常运行中的义务加以规制，一定程度上可以从根源上减少纠纷的发生。

3．平台侵权的归责原则及构成要件

平台与平台内实施侵权行为的用户一般没有事前串通的共同故意，平台经营者的侵权行为是提供技术支持的帮助行为，与用户的侵权行为不具有同一性，即其为单独侵权。针对单独侵权致同一损害的情形，依据单独侵权是否足以致全部损害的标准，《民法典》第一千一百七十一条规定足以致全部损害时适用连带责任，第一千一百七十二条规定不足以致全部损害时适用按份责任。关于单独侵权不足以致全部损害时，《民法典》第一千一百七十二条规定的按份责任是一般规则，在侵权责任编责任主体的特殊规定章节中规定的

"网络服务提供者承担连带责任"，应属一般规则的例外。由此形成的单独侵权不足以致同一损害的责任承担方式为：按份责任为一般规则，连带责任为例外。在适用连带责任还是按份责任上体现着不同的价值取向，连带责任以保护受害人为中心，受害人不承担部分侵权人清偿不能的风险，更易获得完全赔偿；按份责任则防止过错比例较小的侵权人承担过重的责任，避免其向其他侵权人追偿不能的风险。[40] 对网络平台而言，适用连带责任可督促平台更加谨慎行事，鼓励平台积极审查传播内容、规范网络用户行为。而平台的相关权利可以在平台向受害人承担责任后向用户追偿时予以体现。

（二）平台与平台内经营者法律关系的规制路径

1. 确定平台的功能定位

（1）传统业态中网络平台具有明确的身份边界

在传统的平台经营模式中平台属性较为明确，根据《关于审理涉电子商务平台知识产权民事案件的指导意见》第二条及《电子商务法》第九条的定义可知，中立性是平台最显著、最本质的特性，平台应当独立于商品交易或履行服务的双方，以确保平台能居中有效发挥沟通协调、促进交易、监督管理等作用。同时，平台的营利模式系通过平台内经营者的生产经营活动，间接从用户手中获取收益，因此具有间接性特征，这实际上也是平台中立性的延伸。而平台一旦突破了这种间接性，直接从用户处获取利益，则可能因过度干预而丧失中立身份，并成为实质的经营主体，需承担合同相对方主体的责任。与之相对，平台内经营者则具有一定的依附，其虽可能同时在多个平台上经营业务，但需要依附各平台主体开展线上业务，既要遵守相关的法律法规，也要遵守平台规则。

（2）新业态中网络平台的身份边界模糊化、复合化

当平台开始为平台内经营者提供超出交易撮合、信息服务以外，包括但不限于资金、原材料、业务、人员、技术等几近平台内经营者所需的全部生产要素时，平台的身份定位模糊化，存在交叉聚合的情况。在"平台+"深度合作模式中，平台可能既是线上交易场所的提供者，又是平台内经营者的

[40] 董春华：《论单独侵权致同一损害适用按份责任的例外》，载《法商研究》2022年第1期。

合作方，就部分业务与平台内经营者共担风险共享收益，同时平台出借资金给平台内经营者，系借款合同的出借方。可见，平台存在多重身份。在认定平台与平台内经营者之间的法律关系时，最关键的基础是平台的实质运营模式，应当围绕最具典型特征的经营要素，或者说根据平台在与平台内经营者的关系中所发挥的作用来判断。

2．平台规则效力的认定

由于所有经营活动围绕平台开展，平台的这一核心地位决定了平台制定规则的主导权不会轻易改变。但平台在被赋予制定规则主导权的同时，也匹配了相应义务，即通过平台自治规则的前置程序积极促进相关主体之间的纠纷妥善解决。换言之，平台规则的构建路径本应指向纠纷解决，而非风险转嫁。因此，在转移风险的经营模式长期形成并不断加剧、平台自身缺乏改变的内动力的情况下，以司法审查条款效力的路径推动平台完善规则具有必要性。对于平台规则效力的审查，目前主要有格式条款、竞争法和电子商务法等三种路径。

（1）格式条款解释路径存在局限性

鉴于平台规则系平台单方面制定，具有重复使用、不允许更改、签署双方地位悬殊等特点，格式条款说成为一种主流观点。实务中基于《民法典》第四百九十七条提起格式条款无效之诉，也是平台内经营者寻求救济方式中相对简单快捷的路径。

但司法实践中，对平台规则的公平性、实质合理性提出质疑，且在平台内经营者本身不存在违法行为的情况下，鲜少有法院支持平台内经营者的案件。究其原因，一是多数平台规则并未达到违反效力性强制性规定的程度，二是是否需要采用“合理性”标准存在争议。大多裁判文书认为平台规则系平台经营管理所必需，审查平台规则采用合法性标准即可，无需进行合理性审查。仅有极少数案件开展合理性审查，判定平台保留的单方变更权系合同自由，但行使单方变更权应受到公平原则限制，以不损害用户权益为前提。即便积极适用公平原则否定，判决的效力也只及于提起诉讼的平台内经营者，而非适用于所有平台内经营者，因此收效甚微。

（2）竞争法路径存在受阻因素

根据《中华人民共和国反不正当竞争法》第十七条、第二十四条和《最高人民法院关于审理因垄断行为引发的民事纠纷案件应用法律若干问题的规定》第二条的规定，平台内经营者可以通过直接提起诉讼或执法机关进行前置调查后再起诉的方式寻求救济。但是，基于反垄断法提起滥用市场支配地位之诉极为困难，在相关市场和市场支配地位的传统界定方法受到互联网行业高度动态化的价格、商品和竞争形态冲击的背景下，就平台反垄断标准尚未达成共识。司法实践中，一般不会贸然认定网络平台占有市场支配地位。除符合《中华人民共和国反垄断法》第十九条推定具备市场支配地位的情形外，平台内经营者很难举证证明网络平台的市场支配地位。虽然反不正当竞争法的适用难度和成本相对较低，但尚不存在将压榨平台内经营者的行为解释为以扩张为目标的不正当竞争的空间。

（3）电子商务法的适用进路不足

《电子商务法》第三十五条对平台利用服务协议、交易规则对平台内经营者在交易、交易价格以及与其他经营者的交易等进行不合理规制或者附加不合理条件的情况作出限制，曾因其行为要件上的普适性和规定的笼统性，被认为可能引发滥用风险和导致规范冲突的可能，但事实与之相悖，司法裁判中的适用较少。该条款本身属于只规定了构成要件的不完全条款，对于违反的结果，仅有第八十二条规定了责令限期改正和罚款的行政处罚效果。

综上所述，由于法律规定的模糊性及各自适用条件的局限性，部分情况下平台内经营者的权利难以获得有效救济。而平台和平台内经营者的关系，从早期互相需要的平衡对等状态逐步转变为平台内经营者对平台依赖性极强的权利失衡状态。平台内经营者之于平台所处的弱势地位，虽然不及消费者之于经营者、劳动者之于用人单位那样明显，但需要引起注意的是，平台的优势地位在网络自增强效应下在不断强化，平台内经营者与平台生态圈之间的能力差不断拉大，在此情况下，对平台内经营者的权益保护应引起足够重视。关注平台经济中实质公平的实现情况，对平台规则通过设计配套的附带审查制度，准确认定平台规则的效力，以实现平台、平台内经营者关系的拟制平衡。[41]

---

[41] 袁康、刘汉广：《平台内经营者权益保护的法律困境与破解——回归相对优势地位理论的视角》，载《学习与探索》2022年第10期。

3．平台责任与平台内经营者责任的分担

在用户诉平台内经营者的纠纷中，平台作为共同被告被判决承担连带责任的情况下，平台与平台内经营者两方的侵权行为造成同一个损害结果，平台内经营者行为是造成损害的全部原因，平台行为只是造成损害的部分原因。原《侵权责任法》遵循原因力规则，结合《民法典》关于“公平原则”的规定，原因力重合部分的损害由全体行为人承担连带责任，原因力不重合部分的损害由特定行为人承担单独责任，也就是适用部分连带责任。适用到平台和平台内经营者作为共同被告的案件中，平台应仅对其与经营者行为原因力重合导致的用户损害部分承担连带责任，亦即，若平台先行赔付用户全部损失，其有权向经营者追偿原因力不重合部分对应的损失金额。原因力规则在平台与经营者内部追偿的适用，为依据《民法典》第五百一十九条确定连带责任人之间的责任份额提供了一个参考标准，同时也避免了对损害原因力较小的平台承担过多责任的不公平后果。如此，既符合当前立法出于公共政策考量对平台加以连带责任的规定，也能纠偏原因力部分重合的多数人侵权行为造成损害在分担责任时适用一般规则出现的不公平结果，从而实现多数人侵权行为分担赔偿责任的矫正正义。

（三）平台与平台从业者的法律关系调整思路

1．雇佣关系与劳动关系的共识与分歧

平台经济的蓬勃发展，使用工模式更加灵活、多元，也使用工关系框架内的定位亟需明确，而雇佣关系与劳动关系的共识与分歧是各界持续探讨的重点，不管是从历史的纵向维度，还是比较法的横向维度，两者之间的历史逻辑也值得关注。

（1）雇佣关系与劳动关系的基本共识

雇佣关系是因雇佣所形成的社会关系，各国在立法上均未对雇佣关系的概念作出明确界定。那何为“雇佣”呢？1804年的《法国民法典》规定，雇佣是指劳动与服务的租赁；而劳动的租赁，是指一方为他方承担完成某种事务的义务并由他方支付约定报酬的契约。1896年《德国民法典》规定，基于雇佣契约，一方负有提供约定劳务的义务，另一方负有给予约定报酬的义务。也就是说，按照当时的理念，雇佣关系属于双务有偿的民事关系，以雇员提

供劳动、雇主支付报酬为成立条件。但随着近代资本主义的发展和工业时代的到来，资本家的优势地位愈发明显，为保护弱势群体的基本权利，国家陆续制定了各种劳动保护法规，使雇主承担公法上的义务，以保护劳动者，而由劳动法律调整的雇佣关系就被称为劳动关系。这也是学界对两者关系的最基本共识，即劳动关系来源于雇佣关系，是对雇佣关系的进一步发展。

（2）雇佣关系与劳动关系的学术分歧

如前所述，我国立法没有对雇佣关系的概念作出明确规定，雇佣合同也属于无名合同，适用《民法典》的一般规定，司法实践中对雇佣关系和劳动关系的裁判规则也尚未统一，故两者一直是学界讨论的热点问题，并基本形成“同质说”和“异质说”两类观点。

“同质说”认为，雇佣关系和劳动关系的性质相同，[42]两者兼有人身关系和财产关系；两种关系所涉的合同类型属于同一范畴，[43]只不过劳动合同是基于劳动法律框架下雇佣合同的特别形态，故没有必要作逻辑上的区分。

“异质说”认为，雇佣关系到劳动关系体现了传统私法向社会法的历史跨越，[44]两者差异明显，主要体现在以下方面：首先，受公权力干预程度不同。雇佣关系受民法体系调整，属于私法范畴，更尊重平等主体的意思自治；而劳动关系受劳动法律体系调整，属于社会法范畴，公权力的干预程度较高，对劳动者基本权益进行保护。其次，主体范围不同。对于雇佣关系的主体，法律并未作出特殊限制；但劳动关系的主体明确，一方为自然人，且对年龄、精神状态、受教育程度等有一定要求，另一方为符合法律规定的用人单位。最后，从属性要求不一。雇佣关系没有明确的从属性要求，虽然雇主对雇员进行管理，但也未至依附性的程度；而劳动关系则需兼具人格从属性、经济从属性和组织从属性。

2．平台用工法律关系的调整路径

（1）以“从属性＋要素式”为标准认定平台用工关系

如前所述，“56号文”的发布将传统的“民事关系—劳动关系”的“二

[42] 参见姜颖：《劳动合同法论》，法律出版社2006年版，第21页。

[43] 参见黎建飞：《从雇佣契约到劳动契约的法理和制度变迁》，载《中国法学》2012年第3期。

[44] 参见郑尚元：《雇佣关系调整的法律分界——民法与劳动法调整雇佣类合同关系的制度与理念》，载《中国法学》2005年第3期。

分法”框架转变成“民事关系—不完全劳动关系—劳动关系”的“三分法”框架，确定真实用工法律关系亦应按照框架内不同法律关系的特征分步骤进行，而劳动关系的准确甄别是厘清用工关系的关键点。

劳动关系的认定应以“从属性＋要素式”为标准。平台用工既有基于算法技术的共同特征，又有不同行业的类型特点，确认是否存在劳动关系应以用工事实为基础，根据行业特征确定从属性的权重和位序，同时结合行业的个性化要素综合判断。比如网约车司机，平台的运行方式一般为通过定位向服务需求点附近的司机派单，规划行程路线并进行全程监控，客户将费用支付至平台，司机根据平台规则获取其报酬。该模式下，人格从属性的考察侧重点为从业者对上线时间、是否接单有无自主决定权，是否需要遵守行为准则和奖惩办法，工作是否具有持续性，客户评价与司机获取订单的频次质量和报酬比例的关联度等方面；经济从属性的考察侧重点为司机能否决定或改变交易价格，报酬的获取规则，是否承担经营风险；组织从属性的考察侧重点为司机提供的劳务是否为平台业务不可或缺的一环。该种综合审查判断的方式可以有效地将劳动关系与框架内其他法律关系区别开来。

不完全劳动关系应在把握经济从属性的基础上审慎认定。在无明确立法的情况下，确认不完全劳动关系是在保障从业者的基本权利和平台的规范发展之间寻求平衡，其判断重点有二：一是人格从属性较弱，即平台对从业者进行一定的管理，而该管理的控制强度较弱；二是经济从属性较强，即从业者的报酬来源于平台，且具有较强的依赖性，但是不承担经营风险。

其他民事关系的分辨应以其典型特征为基础。比如常见的承揽关系，其主要特征为交付工作成果，且劳动过程自主化；中介关系的主要特征为客户与平台从业者协商确定劳务内容、报酬金额及结算方式等，平台仅提供信息，不参与协商，从业者提供的劳务也不包含在平台业务范围内。

（2）确立“事实优先”的认定原则

合同是民事主体意思自治的体现，但是合同名称与合同主体之间真正的法律关系并不画等号。实践中，许多平台或相关企业会与从业者签订《服务协议》《合作协议》《承揽协议》《劳务协议》等合同，当一方提出双方关系与合同外观不符或双方系劳动关系时，应从实际履行入手进行实质性审查。即便在从业者已经取得个体工商户资格的情况下，也不必然否定劳动关系的存在。根据《促进个体工商户发展条例》的规定，个体工商户的性质是经营者，与劳动者存在概念上的互斥。但实践中，从业者被要求注册成为个体工商户的情况屡见不鲜，应注意审查其实际是否以个体工商户的身份从业经营活动，如果不是，应按照前述的用工关系审查标准进行综合判断，谨防被“隐秘的面纱”所蒙蔽。

五、多方合力共促平台经济健康有序发展

我国平台经济快速发展，既是技术进步的产物，也是产业结构演变的体现，更是市场化改革的重大成就。平台经济在取得巨大成绩的同时，也出现不少问题，一些平台利用其强大的市场规模实施反竞争的商业策略引发广泛争议，部分“零工”就业条件较差等现象受到社会普遍关注。正如习近平总书记在中共中央政治局第三十四次集体学习时的讲话中指出“要坚持促进发展和监管规范两手抓、两手都要硬，在发展中规范、在规范中发展”，现阶段亟须加强平台经济的法治化治理，促使网络平台更好发挥其积极作用，实现平台经济健康有序发展。

（一）规范平台经济发展的基本原则

互联网兴起之初便承载了许多群体的不同价值观和利益考量，从而引发许多冲突，如表达自由与保护私人名誉权和隐私权之间的冲突；获取知识信息的权利与保护知识产权的冲突；保护未成年人免受不良信息侵害的需要与成年人用户获取信息的自由之间的冲突；政府对网络信息的管制与网络中立性之间的冲突；保护个人数据与以收集数据为基础的互联网企业商业模式之间的冲突；等等。网络平台不仅是各种网络信息、服务的聚集之处，更是各种矛盾冲突的汇集地。如何协调多方利益主体之间、多元价值之间的冲突，是规范平台经济发展、实现良好治理需要解决的首要问题。

1．多方利益主体协同共治原则

网络平台治理涉及多方利益主体，包括平台企业、平台内经营者、平台用户、知识产权人、数据收集与分析机构、消费者、普通公民等。应承认多方利益主体的不同利益诉求，在制定和实施网络治理的规则时，给予各方利益主体一定的发言权和参与权，并对其所表达的意见赋予一定的权重，通过

协调机制使得网络平台的治理规则能够体现出各方主体的共同利益。基于权利和义务对等的原则，各方利益主体在参与治理规则的制定并享有一定权利的同时，也应在实施过程中各司其职、各担其责。平台不得将其商业活动所带来的社会治理成本全部转移给政府，政府更不可将应由其承担的公共管理和监管责任转嫁给平台，各方应共同致力于建设健康而有活力的网络空间。

2．规则治理、技术治理与市场约束互补原则

规则治理、技术治理和市场约束是对网络平台进行治理的三种手段，共同作用于网络平台治理，三种治理手段相互补充、相互制约。就规则治理和技术治理的关系而言，技术治理应在规则治理的框架下进行，平台企业所采取的技术措施应当接受行政执法部门的监管，技术措施的选择和应用以不突破法律法规为底线；同时，立法机构在制定法律法规时，应当考虑在技术上的可行性。就规则治理和市场约束的关系而言，政府应致力于营造有利于各网络平台公平竞争的市场环境，通过市场和网络平台自律能够解决的问题，政府不宜强行介入干预。就技术治理和市场约束而言，应禁止平台企业以技术治理的名义行不正当竞争之事，同时还应防止具有市场支配地位的平台企业滥用市场优势阻碍技术革新。

3．公开透明原则

无论是国家机关制定的法律规则，还是平台企业、行业协会等制定的自律规范、采取的技术治理措施，都应当做到公开、透明。平台对网络信息的审查政策和过滤机制直接决定了用户及社会公众能够获取何种信息，用户协议和平台公约直接对平台用户的行为产生约束。因此，网络平台治理规则公开透明既是平台履行社会责任的需要，也是获得用户和社会公众信任的需要。

4．鼓励创新原则

治理是手段而非目的，当今网络世界仍处于高速发展的过程中，新技术不断涌现，商业模式不断更新，网络平台的形态亦处于不断演化中。因此，对于网络平台治理应保持一定的开放性和自由度，立法机构、监管部门以及司法裁判在对网络平台进行规制和评价时应秉持审慎态度，对于新技术的应用和新商业模式的运作不宜片面地作出否定性评价。

（二）搭建平台治理规则体系

在网络平台日益渗透社会生活、平台治理规范不断扩充以及我国从网络大国迈向网络强国的背景下，建立科学完备的网络平台治理规则体系是推进中国式法治现代化的题中应有之义。

1．完善立法体系与细化规则构建

一是健全平台安全保护法律体系。网络安全是关系国家安全和发展以及人民切身利益的重大问题，也是网络平台治理的基本价值追求。可以通过立法明确平台基础性设施设备、安全专用产品以及其他硬件产品与服务的国家标准、参数等，实现平台硬件设施的安全保护。规范平台收集、加工、使用及管理个人数据信息的边界范围，建立健全跨境数据流动和平台算法安全等制度，保障平台数据信息安全。

二是建立平台发展促进法律体系。平台企业是互联网技术的所有者、掌控者和创新推动者，无论提供产品或服务都需要通过程序算法、编程代码等计算机技术实现。制定平台经济专项法律有利于激发平台企业的发展潜力、活力与能力，充分释放法治的引导、激励和保障效用，保障平台经济健康稳步高质量发展。

三是完善平台规范管理法律体系。平台扩张的同时会诱发网络黑灰产乱象，引起算法黑箱、权力异化及其他潜在风险。应建立健全规范平台行为的法律法规及相关配套制度，特别是对各类新兴互联网平台，可根据行业特点及其与上下游产业合作模式进行类型化区分；对上位法进行细化，实现关联法律条文之间的衔接和互补，避免出现无法可依的情况。

2．科学把握平台属性与落实平台责任

由于技术和功能的复杂性，网络平台往往扮演多重角色，承担多重权利和义务，传统的“主体—行为—责任”思路难以应对网络平台日新月异的发展变化。平台内部存在多主体的相互嵌套和交叉影响，监管主体与客体身份在平台内部甚至可以相互转化，事实上承担了部分社会公共管理职能。在传统的法律构建中，公共领域与私权领域是相互区分的，公权力主体和私权利主体分别适用不同的法律，承担不同的义务和责任。如果将网络平台与公权力主体相同对待，就意味着网络平台也应遵守行政法上关于行政程序的严格要求并接受司法审查，其民事行为也会受到限制，这显然不符合互联网时代鼓励创新的发展要求。

因此，落实平台责任应注意以下边界：首先，网络平台承担的法律义务应具有技术上的可行性，不应要求网络平台去达成技术上无法实现的目标，或要求平台承担技术上无法完成的信息监控义务。其次，网络平台承担的法律义务应具有商业上的可行性，大多数平台企业都是民营企业，商业上的可行性至关重要，过高的实施成本将促使平台向用户及平台内经营者转移成本。再次，网络平台类型多样，规模大小不一，商业模式各不相同，对平台内经营者、用户行为的控制力不同，在社会中发挥的作用、影响力不一，承担的责任大小应当加以区别。最后，应注意社会语境中平台责任这一概念本身内含的复合性，从而精准界定平台责任的法律属性与社会责任属性，以避免平台责任的泛化和内涵的虚化。

3．综合考量平台、用户与平台内经营者的利益

网络平台与用户、经营者之间法律关系的基础是平台规则，行业惯例是由平台企业单方面制定平台规则，并以用户协议的方式发布，用户、经营者接入平台则必须以点击同意的方式签署双方之间的协议。这种单方性和不可协商性类似于格式条款，但远比格式条款复杂。平台规则调整的不仅是用户与平台、经营者与平台的权利义务，还涉及用户及经营者之间的权利义务，网络平台成为平台企业借由一系列随时可更新迭代的交易规则管理的空间，平台规则“统治着”平台上的交易各方，对交易各方的交易模式、利益分配等均有实质上的影响。[45]因此，平台企业制定平台规则应当遵守法律法规的要求，平台的公共性还要求平台规则应当符合政策文件自然正义的要求。如果对网络平台施加的法律义务会对公民基本权利与自由产生影响，应符合比例原则，对目标的正当性、干涉的必要性及对相关权益所产生的影响等因素进行权衡。

4．架构平台用工“弹性保护”机制

数字技术和共享经济催生的网络平台新型契约劳动关系是劳动弹性化的产物，如何在平台契约劳动关系的调整中较好地平衡灵活性和安全性，是平

㊺ 参见杜林晓：《平台企业的公共属性及其法律规制》，上海财经大学硕士学位论文2021年。

台新型契约劳动制度调整的核心。首先，在立法上应适当降低法律规范的刚性，针对不同类别的从业者给予不同的保护。如零工就业模式的平台雇佣，工作呈现出外部化、组织形式碎片化、经济随意性等特点，带有自雇劳动的大部分特征，使得传统劳动关系中的从属性认定标准已然不能完全适用。为避免权责纠纷，降低法律模糊界定的影响，可借鉴其他国家的经验做法，将零工就业式的平台从业者认定为“自雇者”，赋予其相对独立的法律主体地位。其次，建立平台从业者替代性社会保险方案。现行法律规范下，虽然平台从业者可以灵活就业人员的身份参保，但没有失业保险、工伤保险等劳动者职业保险项目设置。虽然部分平台或其代理商为旗下平台从业者购买了商业保险，但商业保险保护力度较弱。因此，扩大灵活就业人员的社会保险范围具有必要性。同时，应兼顾网络平台与平台从业者之间的利益平衡，设计平台从业者为多个平台提供服务情况下的多平台用工社会保险方案以及可移动的个人保险账户方案。[46]最后，构建平台从业者替代性纠纷解决机制。在我国现行的劳动仲裁和民事诉讼程序框架下，对于不能纳入劳动仲裁、民事诉讼等司法救济程序的平台从业者的集体权利争议，以公平、效率为原则建立替代性的冲突解决机制。

（三）构筑“环环相扣”的网络平台监管体系

数字技术是平台企业发展的驱动力，为平台带来全新的能力升级、服务升级和价值升级。飞速发展的同时也需要常态化监管充当“稳定器”，保障平台经济行稳致远。2019 年，国务院办公厅发布《关于促进平台经济规范健康发展的指导意见》，指出：“应创新监管理念和方式，落实和完善包容审慎的监管要求，打造适用于平台经济发展的监管机制，着力营造公平竞争市场环境。”

1．明确监管主体与职责

网络平台的监管主要体现在两个层面，一是对网络平台内用户及平台内经营者的监管，二是对网络平台自身的监管。对网络平台内用户及平台内经

[46] 参见张勇敏、郭颖华：《共享经济背景下网络平台契约劳动的法律规制研究》，浙江大学出版社 2021 年版。

营者的行为，网络平台和行政执法部门均负有监管职责，对于双方的监管职责应当进行更加清晰和明确的划分。网络平台作为信息传播的渠道，需要履行信息内容监管的主体责任，对平台用户和平台内经营者账户管理、内容发布与版面页面审查、跟帖评论等环节进行监督管理。对于涉及国家安全、社会公共秩序、市场经济秩序、消费者权益保护、个人数据信息、财产权利等范畴应属行政执法部门的监管范围，不应转嫁由平台承担。对网络平台的监管，包括市场监管和行业监管两类，国家市场监督管理总局承担反垄断执法的市场监管职能；证监会、银保监会、国家网信办、交通运输部等行业监管部门负责对网络平台数据、资金、信息等方面的安全风险加强预测、防控及化解。可探索建立统筹全国平台经济发展的职能部门或专业委员会，对各监管部门的监管权限、层级、范围加以明确，梳理形成规范有序的监管体系，以避免出现监管冲突或者监管空白。

2．多部门监管的统筹与协调

在监管执法实践中，针对网络平台“一行业多市场”“一市场多行业”的新趋势，市场监管与行业监管容易引发冲突，可能会扭曲市场配置、滋生垄断、妨碍市场竞争。[47]可构建网络平台监管常态化协调机制，统一市场、财政、科技、工业、商务等部门监管标准，优化不同层级、不同部门监管之间的衔接，避免重复监管并增强协调性。政府监管具备绝对权威和公信力，且在传统监管体系上建构起来的平台监管体系架构也更为成熟，但缺乏灵活性和相关知识与技术的支持；平台自治监管具有手段灵活、程序简便的优点，在算法技术、信息资源和知识方面占据独特优势，但其公信力和有效性易遭受质疑。应将政府监管、平台自律、行业自治甚至社会监管进行整合，打破多个监管主体之间的治理破碎形态，形成由政府监管为基础、以平台自律和行业自治为关键、社会监督为补充的全景式、全流程、多层次的多元协同监管格局。

3．发展监管科技与监管机制

网络平台同时与多种实体产业融合，呈现出较为复杂的商业生态。由政

---

[47] 参见杨学敏、梅宏、郑跃平：《互联网平台协同监管模式构建：从单一化到整体性——基于复杂适应性系统理论》，载《电子政务》2023年第3期。

府主导、大企业参与的治理模式存在风险规制不足、监管措施分散、人工成本无法控制等问题，难以在较长时间和较大空间范围内进行有效监管，政府缺乏对平台企业发展状态的有效评估手段。[48]需构筑由多主体共建的智慧监管模式，对监管流程、监管措施、监管方法等进行技术赋能，形成“互联网+监管”的新格局。建设一体化智慧监管平台，推进线上线下监管有效衔接，跨地区、跨部门、跨层级协同监管，实现监管对象全覆盖、监管过程全纪录。建立自动化监管系统，将法律法规和平台规则代码化，一旦触发制约条件，便自动运作进行处置决定，提高监管的准度和效率。建立大数据评估系统，依托监管系统实时采集、保存和识别平台风险信息，全方位统计分析数据，定期输出精准可靠的大数据报告，帮助监管部门及时获取市场需求和变化，为平台企业提供更有针对性的政策和支持。

（四）构建平台经济多元治理体系

平台经济的治理仅靠法律规制和监管规制等外部规制手段是远远不够的。党的二十大报告提出要“健全网络综合治理体系，推动形成良好网络生态”。平台经济是一个由网络平台、用户、平台内经营者与社会组织所形成的复杂生态系统，它的良好运行需要平台自身内部系统与外部环境，以及各利益主体等多种因素共同驱动，促使平台经济健康发展。通过构建平台经济多元治理体系，激活平台自律的内驱动力。

1．健全经营者守信激励和失信惩戒机制

2022年3月20日，中共中央办公厅、国务院办公厅印发《关于推进社会信用体系建设高质量发展促进形成新发展格局的意见》，指出要“扎实推进信用理念、信用制度、信用手段与国民经济体系各方面各环节深度融合，进一步发挥信用对提高资源配置效率、降低制度性交易成本、防范化解风险的重要作用”。社会信用体系在网络空间的不断延伸，发展至今已经取得一定成效，如大众点评和饿了么等消费者对经营者的信用评价机制已经较为成熟，但是关于经营者与平台之间的信用评价机制，当前仍存在信息不对称、平台评价的主观性较强、各大平台之间尚未形成统一标准等问题。建立健全以信

[48] 吴姝静、叶芳：《平台经济如何行稳致远》，载《团结报》2024年3月9日第2版。

用评价为基础的守信激励和失信惩戒机制，首先，需要实现贯穿各大平台的信用认证及连接机制，使经营者的信用评价能够在各大平台之间实现信息互通，各大平台的信用评价结果能够及时向社会公示。其次，建立健全信用档案，对经营者在平台中的经营行为及评价信息整合进行总体的信用评价，对平台违法做出的制裁行为给予信用评价与评估，并建档留存。再次，积极发挥平台规则的能动性，通过降低信用评分、封号等措施加大对刷单炒信行为的惩治力度，通过流量扶持等优惠政策加大对诚信经营者的鼓励，实现平台环境良性运行。最后，进一步依托数字网络加强社会信用体系建设，通过整合各类互联网平台及商户的信用数据，对互联网领域中扰乱金融秩序的数字化货币、隐藏性网络借贷进行协同监管，净化电子商务环境，促进各类新型经济市场有序健康发展。

2．完善用户多元消费维权机制

涉平台纠纷多发于平台内经营者和用户之间，平台企业作为网络服务提供者，与平台内经营者、用户均存在着紧密的商业合作关系，更加清楚经营者主体资格和经营行为，因此在涉平台纠纷化解中享有天然的优势。平台企业应积极发挥争议解决作用，为用户消费维权提供多元化非讼纠纷化解渠道。一是完善事先过滤机制，加大对平台内经营者主体身份和相关资质的审核，入驻时应核验经营范围和行政许可事项，入驻后不定期抽查检验，以防登记或许可事项发生变更。对于直播带货商品，特别是食品、药品类商品应做到播前备案，从源头上减少纠纷发生。二是在平台内建立替代性纠纷解决机制，在消费者维权纠纷发生后，积极应对消费者投诉，加强对被投诉经营者的应对指导，妥善组织当事方沟通，为双方沟通协商化解争议提供平台。三是探索平台自治评审机制，鼓励“闲鱼法庭”“大众评审”等自治机制的应用和推广，加强内部优质用户共同参与维权投诉的审查和评判，推动自治评审规则不断优化，实现简单纠纷的高效处理。

3．健全新业态用工综合治理机制

加强新就业形态劳动者权益保护，需要推动健全新业态用工综合治理机制，既要维护相关市场主体依法经营管理的自主权，又要维护广大新就业形态从业人员的合法权益；既要确保平台企业健康有序地高质量发展，也要确保新业态劳动者实现更有保障的就业。一是注重立法和前置引导，对网约配送、移动出行、网络直播等新业态及早制定用工指引类的相关条例和办法，使得相关市场主体有法可循、有规可依；制定劳动基准规范、规章管理制度、劳资沟通机制，通过事前的规则释明和行业指导进行源头治理。二是规范妥适执法，对平台企业及其运营管理进行严格监管的同时，秉承一定的容错立场，督促平台企业采取更为合理的方式保障劳动者的正当权益。三是彰显司法担当，适时制定司法政策，发布典型案例，统一裁判标准，发挥个案裁判和司法政策引领作用，保障新就业形态劳动者合法劳动权。四是强化行业自律，支持用人单位依法依规灵活用工，引导平台企业与劳动者建立制度化、常态化沟通协调，鼓励新业态劳动者通过组织工会等合法方式与企业进行集体协商，达成和谐劳动关系。[49]

4．完善行业监督保障机制

行业协会作为政府与企业的沟通桥梁，在助推网络平台自律方面具有重要作用。目前，互联网领域设立有中国互联网协会、中国网络社会组织联合会等行业组织，制定了一系列团体标准和自律公约，引导平台企业自觉遵守法律规定、国家政策。应进一步健全行业监督机制，赋予行业协会一定的监督管理职能，参与对平台企业的常态化监管，充分发挥行业协会对平台自律的助推作用。加强政府机构与行业协会的合作，积极推动网络平台企业完善自律公约，通过倡导行业规范和公约，督促和引导平台增强社会责任履行意识和行为，积极响应政府政策引导，倡导和促进政府制定自律标准。行业协会应完善服务功能，不断改善在专业知识培训、信息提供、数据共享、行业洞察、榜样示范和行业指导方面的服务模式和效率，通过组织平台自律交流活动和第三方组织信用评价，为平台提高自律水平提供切实的支持和指导。[50]强化法院与行业协会、商会等行业组织的沟通对接，建立由商会、行业协会共同参与的多元解纷机制，为涉网络平台纠纷提供专业性指导，促进网络平台行业健康有序发展。

---

[49] 参见王桦宇、齐祥雨：《推动健全新业态用工综合治理机制》，载《检察风云》2023年第14期。

[50] 参见李文鹣、杨孟妍、修勤绪、鲁铮：《共生视角下网络平台自律的多元驱动机制研究》，载《管理学刊》2024年第1期。

5. 积极发挥司法机关审判与延伸职能

一是借助司法审查，合理规制平台发展。司法为立法探路，司法审判中发现的新问题和新风险点，应及时通过信息专报方式反馈给政府部门，协同政府部门完善法律规则和监管措施，形成助力平台经济健康发展的合力。这一目标的实现有赖于适度司法审查机制的建立完善。实践中，基于网络平台的优势地位，用户和平台内经营者往往受限于格式条款、保密条款的约束，权利受到严格限制，义务内容负担过重，积极的司法审查机制介入具有重要作用，特别是将违反强制性法律规定和通过合同形式规避法律、税收政策等行为纳入司法审查范围之内，以遏制平台私权利的滥用。

二是加强适法统一，准确认定法律关系。司法实践中对网络平台与商户之间纠纷的定性从服务合同、买卖合同等到其他合同，抑或是笼统的合同纠纷，认定标准不明、认定结论不一，对于双方权利义务的划分、费用标准的限制以及违约与否的认定均会产生较大影响。该类案件中双方的合作形式多样，合作模式纷繁复杂，需拨开表象，对其实质内容进行剖析。对于以合作为名，向商户提供资金，约定到期后保本并收取固定回报的，应以双方之间实际存在的借款关系作为真实的法律关系。而对于平台虽向商户提供资金，但同时进行人员指导、共同推广、参与经营的合作模式，双方并未约定商户需向平台支付固定收益等相关内容，不宜直接认定为借款关系。双方之间是否存在合伙或者联营关系，需要结合个案根据合作方式、盈亏分担等内容认定。对于平台掌控商户的收付款渠道、钱包等或者有代收代付款行为的，需要结合双方的协议约定、交易方式认定是否存在委托合同关系。司法实践中还应加强适法统一，增强各方主体对法律效果的可预期性，从而更好地规范合作、规范经营。

三是彰显司法担当，积极开展源头解决。通过司法裁判切实维护当事人合法权益的同时，也应积极发挥延伸功能，及时发现总结审判工作中遇到的各类新型问题、突出矛盾，密切关注创新行业发展，以客观敏锐的视角捕捉引发行业风险的不稳定因素，通过定期发布典型案例、有针对性地发出司法建议等方式，提示相关部门、行业协会、平台充分重视潜在的法律风险，尽早制定有效的防范措施，构建科学规范的管理制度。通过问题的提示、举措的落实、监管的加强，将风险扼杀在萌芽之中，避免矛盾激化和诉讼频发，优化法治化营商环境，合力促进新兴产业健康有序发展。

六、结语

近年来，我国平台经济进入深化、提升、发展的新阶段，面临前沿技术创新、商业模式创新等挑战，平台经营模式从服务提供型逐步发展到资金、人员、技术、业务等多维深度合作的全新业态模式。在平台经济快速发展的同时，一系列与发展相伴而生的矛盾和困难也越来越凸显，平台自律与内部治理、数据安全与隐私损害、消费者与劳动者权益保护等诸多难点堵点问题亟待研究破解。为了更好地发挥司法服务保障平台经济的作用，有必要关注并稳慎处理好各类涉平台经济案件。

由于平台业态飞速更新迭代，平台法律性质多变，故而在处理涉平台经济纠纷之时，出现相关立法滞后、法律适用冲突等问题，进而导致平台、平台内经营者及平台用户之间利益平衡不均，第三方从业者与平台之间的不完全劳动关系难以认定等结果。对此，需要进行规范层面的更新及司法适用的统一。具体而言，平台经济的新业态源于其特殊的商业结构，凭借算法技术的优势，对商业生态具有实质性影响，对消费者的自由决策产生扭曲影响，产生外部性问题，立法机关需要回应信息化平台经济资源配置的意义，保障平台主体自由分享数字经济带来的红利。司法机关要树立系统性的裁判思维，进行体系性思考，注意法律解释方法的运用，避免向一般条款逃逸，对解释结论的妥当性进行利益衡量。只有立法引领司法，司法协同立法，共筑保障红线，才能通过良法善治为平台新业态的发展提供正确航向。

笔者在深入分析平台经济纠纷的司法实践以及调研平台经济相关法律问题的基础上，通过与平台企业座谈，问需于企业，问效于社会，探讨交流当前平台企业发展的瓶颈、新兴合作模式的风险点、纠纷集聚的原因，就实践探索发现的平台经济发展中的新型法律问题，与各行政部门、司法部门、高校、专家学者、平台企业代表联合召开专题研讨会，多方合力寻求解决机制。同时通过发布白皮书、公布典型案例的方式，积极发挥司法审判与延伸职能，就审判中发现的行业风险，向有关平台企业发送司法建议，督促平台自律，加强诉源治理。加强与行政机关的沟通交流，就审判中发现的监管薄弱环节建立数字模型，向有关部门提供数助决策报告，形成常态化信息交流机制。

随着网络平台在经济社会发展全局中的地位和作用日益凸显，习近平总书记从构筑国家竞争新优势的战略高度出发，深刻指出当前我国平台经济发展正处在关键时期，要着眼长远，兼顾当前，补齐短板，强化弱项，营造创新环境，解决突出矛盾和问题，推动平台经济规范健康持续发展。未来，应进一步完善平台责任立法体系，促进平台纠纷适法统一，构建内外联动工作机制，促进制度共建、问题共治、信息共享，以推进平台经济平稳运行。

数字应用场景建设加强审判监督管理研究

——以审判权全流程监管（预警）与考核系统建设为例

孙　静　沈　立　沈　烨　向　阳*

进入数字时代，谁掌握了大数据，谁就掌握了主动权。习近平总书记深刻地指出，“推动大数据、人工智能等科技创新成果同司法工作深度融合”。① 最高人民法院院长张军也提出要以数字法院助力提质增效，加快推进审判工作现代化。随着信息技术的飞速发展和数字中国建设的深入实施，数字技术在经济社会高质量发展中发挥着愈加重要的作用，也逐步应用于人民法院的各类司法实务场景中。数字时代对审判监督管理而言既是机遇又是挑战，如何全面准确落实司法责任制、确保审判权规范高效运行，如何运用数字应用场景加强对审判权的监督管理，这些都是新时代人民法院推进审判管理现代化的重要命题。

一、“数助监督”应用场景建设的多维动因

审判监督管理工作的变革与科学技术的迭代升级密切相关。在工业化时代，审判监督管理呈现出盯人盯案、纸面留痕、事后追责的传统模式，长期以来产生的监管漏洞难以彻底解决。随着司法体制综合配套改革的深入，当前信息化、数字化的发展以及人民群众的司法需求日益多元化，审判权的运

* 孙静，法律硕士，上海市静安区人民法院党组书记、院长。沈立，法律硕士，上海市静安区人民法院党组成员、副院长。沈烨，法学硕士，上海市静安区人民法院审判监督庭庭长。向阳，法学硕士，上海市静安区人民法院审判监督庭法官助理。本文系中国上海司法智库2024年度“数字法院建设理论研究”专项课题的成果。

① 习近平：《维护政治安全、社会安定、人民安宁》，载《论坚持全面依法治国》中央文献出版社2020年版，第248页。

行方式、架构和规律也在发生深刻变化，审判监督管理的方式和理念也在发生深刻改变。

（一）司法责任制对现代化审判管理的目标和要求

党的二十大报告指出，要“深化司法体制综合配套改革，全面准确落实司法责任制”，还要“强化对司法活动的制约监督”，对新时代加强审判权运行的监督、管理提供了根本遵循，指明了前进方向。党的二十届三中全会又进一步强调“完善和落实司法责任制”，既体现了对司法活动规律认识的进一步深化，又明确了继续深入推进司法改革的重点任务。

审判监督管理作为落实司法责任制的重要一环，也应当紧紧围绕“全面”和“准确”两大目标，为审判权规范运行提供有力保障。有学者从“审判管理”和“审判监督”的概念和含义出发，指出目前“审判监督管理”已作为一个统称，是指人民法院为完成审判任务，保障司法公正和效率，对审判活动实施指导监督和事务管理的活动，没有明确区分的必要。从制度沿革上看，我国法院的审判监管制度经历了初创、强化和调整转型的三大阶段，如今司法责任制改革又对审判监督管理提出了新的目标和要求。②

1. 审判监督管理的全面性

（1）监管对象全面。权力行使与制度落实都要依靠特定组织或人员，持续推进院庭长依法监管、合议庭规范运行与员额法官依法办案是实现司法责任制的前提基础。司法责任制下的审判权运行主体主要是承办法官，此外还包括参与审判辅助事务的法官助理和书记员，故而审判员、法官助理、书记员的组合应当作为一个整体发挥作用，也应当将三者全部纳入监管和考核的范畴中。（2）监管方式和手段全面。传统模式下通过台账留痕、卷宗审查实现监管职能，数字时代下要通过事前预警提示、全程自动留痕、后台智能监控等多重方式展开监管，不断完善监管手段才能将权力关进数据的铁笼。（3）监管的内容全面。新时代新形势下对审判权运行的监管提出新的要求，不仅要求对审判质效指标的考核，还要考核政治表现、纪律作风、调研信息法宣、参与社会治理等内容，不仅要全面反映案件审理的质量、效率和效果，

② 龙宗智、孙海龙：《加强和改善审判监督管理》，载《现代法学》2019 年第 2 期。

还要全面反映审判人员的政治业绩、办案业绩和调研业绩等。

2．审判监督管理的准确性

“准确”二字意在要求准确发现已有问题，准确分析问题的原因，准确把握司法规律并有效解决问题。（1）准确把握放权与监督的尺度。放权要充分、监督要到位，要按照司法责任制的要求对审判权力运行进行充分而有效的制约监督，切实把审判权关进制度的笼子。（2）准确把握公正与效率的平衡。严格公正司法，就是要坚持案件质量至上，进一步精准细化办案质量终身负责制和错案责任倒查问责制，确保案件质量经得起人民群众评判。同时，还要注重提升司法效率。要力求以最优的司法资源配置组合、最低的司法成本、最小的司法代价、最高的司法效能，为人民群众提供优质高效司法服务和公正司法裁决，切实减轻人民群众诉累。（3）准确识别监管的对象和内容。以院庭长阅核为例，当前的重难点是如何加强对“四类案件”等重点案件的阅核，而目前案件阅核的范围认定仍然不够清晰，需要“人工＋平台”等多种方式予以准确识别。（4）准确考核全员实绩。张军院长提出要实现“全员全面全时”的考核，但是人民法院目前实行人员分类管理，各部门各条线众多，法官和法官助理的工作内容和工作量如何认定和测算，如何准确考核各条线各部门的工作实绩，充分调动审判人员、审判辅助人员以及司法行政人员的工作积极性和主动性，仍然是当前审判监督管理工作的难题。

（二）数字时代下传统审判监管模式的问题与挑战

随着数字技术的不断发展，权力行使的方式和手段、人民群众的司法需求等都在发生变化，传统的审判监督管理方式已经难以应对当前社会生活的发展变化，在司法实践中面临许多新问题和新挑战。

1．系统分散建设易造成数据壁垒

大数据的最大优势在于发挥数据的互通共享作用，而传统信息系统分散建设的特点，则不利于发挥上述作用。以上海法院为例，目前已经开发建设的有：（1）审判业务一体化支持平台，具有“办案流程、业绩展示、类案推送、关联案件提示、专业法官会议提醒”等兼具办案与监管的功能；（2）法官业绩档案系统，包括办案、调研、综合管理、培训等工作业绩等评估体系；（3）审判执行监督预警分析系统，针对可能存在廉政风险的关键环节实行全程监控和实时预警；等等。从系统运行来看，各项数据分散在不同的系统中，数据不能互联互通，与系统集成的要求还有一定差距。

2．传统审判监督带有一定滞后性

传统监管模式多为事后监管，仅能针对已经发生严重后果的案件进行卷宗审查，无法在审判权力行使时进行预警监督。例如重点敏感案件可能存在信访舆情等执法办案风险，难以第一时间将其纳入监管范围；对于审理期限即将到期或超过 12 个月的案件，没有对应的激励和考核机制；对于卷宗归档即将超期等情况，还不具备提前预警的功能。针对上述权力行使不规范的情形，传统监管没有及时便捷的方式进行提示。

3．审判质效评价标准仍较为单一

在传统质效考核中，主要统计结案数、结案率、调解率、发改率、简易程序适用率等基础办案数据，相对缺乏关于办案效率和效果的考核，如是否造成“程序空转、一事多案”、是否实质解决矛盾纠纷，容易造成“干多干少一个样”“干好干坏一个样”的现象。

4．法院各类人员考核标准难量化

目前法院人员考核主要包括平时考核和审判人员绩效考核。平时考核是每月评定为“好”和“较好”两档，审判人员绩效考核则是每季度评定为 A、B、C 三档，评价内容和对象多有交叉重叠，缺乏客观量化的评定标准，多以全员轮换和主观判断为主，难以起到对所有人员的激励作用。

5．考核业绩的呈现方式较为分散

由于数据收集不集中、系统分散建设等原因，法官业绩隐藏在每个案件的信息里，不具备自动录入信息的功能，对于无法自动同步的信息也没有手动录入的途径，没有统一集中的呈现形态，难以建立直观、统一的法官业绩档案。

6．监管与考核标准难以及时调整

现有的监管标准较为封闭，没有根据人民群众多样化的司法需求进行动态调整，也未能体现现代化的审判理念。如根据旧的考核标准，部分法官为片面追求案件调撤率位居部门前列，但可能导致一事多案、“程序空转”等现象，这就与当前“抓前端、治未病”、多赢双赢共赢等现代化审判理念相悖。

（三）数字应用场景在审判监管领域的特点与应用

1. 数字法院建设与法院信息化建设的主要区别

相较于传统的信息化建设，数字化的监督管理具有明显优势，让审判权力运行可视化、可溯化、智能化，通过自动采集数据、自动预警提醒、全程留痕备查、动态整改评估的方式，实现法院对案件审判过程、法官审判行为和法院审判工作全方位、深层次的自我监督管理。可以说，对执法司法的数据监控，是大数据、人工智能时代铸造的权力监督利器，是一种以科技制约权力的新型监督模式。③

表 1　数字法院建设与法院信息化建设区别

异同点	法院信息化建设	数字法院建设
基本含义	利用信息技术研发、搭建各类诉讼服务和审判辅助系统，为传统业务流程提质增效	围绕司法公正与效率，把数字化、一体化、现代化贯穿到法院工作的全过程各方面，使法院工作从根本上实现高质量发展、实现人民法院工作现代化
本质特征	技术赋能，提供辅助性、服务性、事务性的工作手段（“器”）	数字赋能，推动新时代法院工作基础性、全局性和根本性变革的总抓手（“道”）
监管方式	事后监管，被动纠错，个案跟踪	依托大数据全面数字赋能、全程预警监测、保障适法统一、提升司法质效
技术依托	计算机、互联网技术	大数据、人工智能、区块链
实际成效	将立案、审判、管理等工作由线下转为线上，让业务流程能被数据记录下来，减轻人工的负担，实现“业务数据化”，但是法院工作流程、机制、方式本身没有发生根本变化，实际上是一种工具的改进	综合运用大数据思维，用之前积累下来的海量司法数据来引领、反哺、优化、创新现有的工作方式，从而实现法院传统的业务流程、组织架构和体制机制的系统性重塑

2. 数字赋能审判监督管理的特点

当前，数字法院建设已经进入“3.0”时代，数字赋能审判监督管理呈现出一系列新特点。

一是相关顶层设计初具规模。2021 年 6 月 18 日，最高人民法院发布《人

③　黄文艺：《权力监督哲学与执法司法制约监督体系建设》，载《法律科学（西北政法大学学报）》2021 年第 2 期。

民法院在线诉讼规则》，为大规模开展在线诉讼工作提供根本依据。2023 年 4 月，上海市高级人民法院也印发《上海“数字法院”建设方案》，数字赋能审判监督管理。上述基础文件与制度，为数字法院建设提供了制度基础。

二是海量司法数据较为可观。经过多年信息化建设的发展，人民法院各类平台记录了海量的身份、行为、关系、财产等司法大数据信息，对大数据进行梳理分析，可以将其作为发现违法线索、规范权力行使的重要依据。

三是数字应用场景深入人心。随着中国移动互联网与智能终端的普及，公众在积极参与诉讼的过程中逐渐熟悉“指尖立案”、线上诉讼等互联网方式。尤其是 2020 年以来，人民法院加快数字化建设的步伐，整体社会公众的数字认知有了全面的提升，为全面推进数字法院建设奠定了良好的社会基础。

3．数字赋能审判监督管理的应用

为顺应数字化改革的趋势，上海市高级人民法院印发《上海“数字法院”建设方案》和《上海“数字法院”建设规划意见（2023—2025）》，明确数字法院建设是推动法院工作质量、效率、动力变革，实现法院工作现代化的必由路径。关于“数助监督”着重提出要“建设上海法院数字赋能审判监督管理平台，打造从诉前调解立案到审判执行信访的‘一站式’全链条、全周期、可视化、智能化的审判监督管理大格局，加快形成‘责任明确、过程留痕、动态监督、预警提醒、同步督办、整改评估’的监管体系闭环”。

有研究指出，在大数据时代，以完善的制度机制为支撑、以科技为推手，可实现对审判权力全面、实时、精准制约监督的转型升级，具体来说体现在三个方面：一是由结果干预向过程管控转变，推动监督管理流程化；二是由微观管理向系统防控转变，推动监管体系化；三是由单向监督向双向制约转变，推动监管智能化。④ 有的研究设想未来基于“全域数字法院”的“平台＋智能”建设，可实现监督管理的智能化。借助数据统计分析研判，借助数据留痕实现全程可视、可追溯，借助数据汇集精准预判风险。⑤

为全面准确落实司法责任制目标的达成，着力解决上述司法实践中监管

④ 俞小海、刘建：《完善全流程网上办案视域下审判监督管理体系的思考》，载陈昶主编：《上海审判实践（2022 年第 3 辑）》，上海人民出版社 2022 年版。

⑤ 李占国：《“全域数字法院”的构建与实现》，载《中外法学》2022 年第 1 期。

的突出问题，上海市静安区人民法院依托已有的数字法院建设基础与优势，通过广泛调研、多轮论证，努力推动建设审判权运行监管（预警）和考核系统，以数字手段赋能审判监督管理工作。该系统建设工程整体遵循“目标—问题—路径”的调研思路，以“大场景、小切口”为建设理念，锚定全面准确落实司法责任制、做实全员考核、加强审判权监督管理为总体目标，重点聚焦司法实践中风险预警意识不足、监督管理抓手不够、质效评价内容不全、考核责任落实不力等难点堵点问题，以审判权运行全流程监管（预警）和考核系统建设作为数字应用场景建设的实例，设计系统运行的“四梁八柱”，细化体系建设的具体步骤，从而不断深化数字改革赋能在审判监督管理中的实践探索，全面重塑审判监督管理的理念、模式及方法。

二、“数助监督”应用场景建设的价值理念

建设数字化应用场景赋能审判监督管理，关键是依托大数据推进审判监督管理模式的重塑性变革，实现“事后监督”向“事前监督”转变、从“被动纠错”向“主动纠错”转变、从“个案纠错”向“系统防错”转变。上述对业务流程、组织架构和体制机制的系统重塑，须秉持一定的建设理念压茬推进。

（一）功能聚合：“监督—管理—考核”，全方位打破数据壁垒

历经多年发展，现有信息系统分类完整、内容全面，蕴含海量司法数据，但各类数据分散嵌入在办案、执行、信访、审判监督管理、业绩评价等诸多子系统之中，由于各系统分头运作、各类信息分布零散易形成数据壁垒。以上海法院信息系统为例，办案相关数据散见于审判办案、案款管理、司法委托、司法鉴定、公告管理等十余个子模块，监管相关数据散见于审判权力制约监督、立案诉服信访大数据平台等多个子模块，队伍考核相关数据散见于干部业绩档案、书记员文员业绩档案、人事信息管理等数个子模块，院庭长面对分散的数据平台、庞大的数据量，开展查询管理工作较为繁琐。

为更精准科学、高效便捷地释放数字要素作用，此次信息系统构建以全方位打破数据壁垒为要旨，围绕事前预警、事中监管、事后考核的重点案件类型、关键程序节点、核心评价指标进行数据的系统集成及分类运用，以底

层逻辑、运作机理的系统性、整体性、协同性有效推动信息系统由“界面集成”向“运用集成”跨越发展，从而确保审判权规范高效运行。

1．自动推送预警提示，强化事前监督

数字系统采取界面飘窗、案件标注等技术手段，将重点敏感案件、可能引发舆情以及疑似违规操作等预警信息分别推送提醒院庭长及法官，有效强化院庭长对司法审判的有效监督，切实促进审判权力规范行使，有效防范风险隐患。

2．分类设置导向清单，体现事中管理

对照推动市域社会治理、优化法治化营商环境、治理“程序空转”、落实群众来信来访“有信必复”、申报防止干预司法“三个规定”等重点工作要求，设置正、负面导向清单，引导法官围绕中心服务大局开展审判工作。如将法官积极参与社会治理工作的若干具体情形列为正面清单，予以正向激励；又如将产生“一事多案”的若干具体情形列为负面清单，予以负面评价。

3．汇总梳理工作业绩，实现事后考核

数字系统建设除了推送预警信息、设置监管清单外，还能够实现量化考核。将系统预警的反馈结果、监管清单的落实情况、案件质效的赋分排名等信息自动汇总梳理，作为人员考核的重要依据，做到既评价办案质效又考核人员实绩。

（二）流程贯通：“审理—判决—执行”，全流程监管案件质效

与以往“重结果、轻过程”的案件质效考核导向不同，审判权监管和考核体系建设覆盖案件审判的全流程和各阶段。遵循“以审判权运行流程为主线、以法官为主体、以高质量司法为导向”的系统研发路径，将每个案件在立审执各环节予以智能化、持续性、穿透式监管。既注重监管节点的前后拓展，从诉前调解到判后执行（信访），各环节、全领域均纳入监管范围；又注重监管内容的主次分明，围绕“案—件比”“案—访比”等新指标体系中核心指标的内涵要求，重点监管撤诉后再次起诉、上诉后改判或发回重审、抗诉再审、判决后信访等情况，更大力度、更深层次防范“程序空转”。

案件录入办案系统后，系统自动导入案件类型（简易程序或普通程序、独任制或合议制）、特殊情形（涉外、涉老、涉少、“四类案件”）等信息，自

动标注重点案件，提醒相关审判人员密切关注。对于系统不能自动识别的，通过人工录入相关信息，确保第一时间将审判权置于监督范围内，例如立案后发现存在信访矛盾隐患的，及时会商研判，加强监控预警。

审理阶段，将案件的开庭（陪审情况、开庭次数、宣判情况）、全流程网上办案（电子送达、庭审记录改革、在线庭审、庭审直播）、审限管理（审理天数、延长次数）、讨论请示（提交专业法官会议讨论情况、提交审判委员会讨论情况）等案件审判的多个维度一体纳入监管范围。

判决阶段，重点关注结案方式（判决、调解、撤诉、裁定驳回起诉、裁定移送、不予受理），结案后纠纷化解情况（撤诉后再起诉、上诉改判或发回重审、申诉裁定再审、抗诉再审、再审改判），结案后归档情况（期满前15天未归档、超期未归档），坚决避免案结事了异化为“结案了事”。

执行阶段，对结案后自动履行情况、申请执行情况、执行到位情况、执行终本情况等设置监控点，切实增强执行的效果指标，有效避免消极执行、监督不足、考核评价不够科学的问题。通过系统自动导入和人工手动录入相结合的方式，把审判权运行监管和考核贯穿到案件立案、审判、执行始终，确保监管不留死角、考核立体全面。

（三）目标集成：“质量—效率—效果”，全要素抓取案件指标

集成“质量—效率—效果”三类要素，全维度考核个人业绩。利用数字系统完善绩效考核工作，不能简单以数量作为衡量工作实绩的唯一标尺，还要衡量质量、效率和效果，打通办案与其他延伸工作，同时贯穿监管的各个环节。

打破现有信息系统壁垒，以审判权运行流程为主线、以法官为主体、以高质量司法为导向，从各专项化子系统中动态自动抓取反映法官办理的每件案件质量、效率、效果、作风等若干种情形的考核核心要素，并明确监管方式和监管部门。

1．案件审判质量要素

“快必须以好为基础。”案件质量是法院工作的生命线，案件质量没有保障，审判效率再快也无济于事。系统抓取案件撤诉后再起诉、上诉维持、上诉后改判或发回重审、申诉驳回、申诉裁定再审、抗诉再审、上级法院再审

后发回重审、再审维持、再审改判等反映“一事多案”“程序空转”的要素，体现出要求法官案结事了、定分止争的考核导向。此外，还对案件质量进行评查，将案件区分为优秀案件、合格案件、一般瑕疵案件、重大瑕疵案件，体现出对案件质量的高标准严要求。

2．案件审判效率要素

诉讼效率关系到人民群众的合法权益能否及时实现。传统的诉讼效率监管方式存在非常规化、可视化程度低的缺点。数字系统可直观呈现案件办理时间轴，智能化监督管理各项诉讼程序启动、推进、延长、终结的耗时。⑥系统抓取审限内审结率，延长审限次数，12 个月、18 个月、24 个月以上老案，当庭宣判，庭后 7 日内宣判，结案后超期归档等要素，紧扣审判各时间节点，体现出促进审判效率全方位提升的考核导向。

3．案件审判效果要素

“程序空转”现象造成群众诉累、法官忙累，导致结案数量上升而问题没有实际解决，严重影响案件效果。系统抓取群众表扬（来信表扬、上门感谢）、案件获奖（从院级到全国级）、制发司法建议的社会反馈等要素，全面反映司法服务的群众满意度、社会治理的参与度等审判效果，有效强化法官“如我在诉”的意识，自觉追求在审判中实现“三个效果”有机统一。通过剖析案件“多快好省”的各项数据，能够全面反映审判质效的不同侧面，全面评价员额法官执法办案的综合能力，有效破除“唯数据论”“掺水分”等不良现象。

（四）成效提升：“他律—规律—自律”，全周期运用监管数据

实现“他律—规律—自律”三阶目标，全周期释放系统潜能。数字系统的生命力不仅体现在通过分值和数据实现“他律”，更在于能够遵循审判监督管理规律形成激励约束机制，最终实现人人自我监督和自我管理的“自律”。

1．强化他律：通过分值数据推动精准评价

围绕核心监管指标设置基础分、加分项、减分项，同步自动生成法官专

⑥ 贾宇：《论数字法院》，载《法学研究》2024 年第 4 期。

项系统中的办案质效分值、通用系统的他项工作分值，汇总形成法官业绩表格，并同步实现工作业绩自动排名，以此作为开展日常绩效考核的依据。通过持续强化数据的“他律”价值，可公平、公正地衡量每位法官、法官助理的工作实绩，进而作为人才培养、奖惩考核的规则和依据。

2．遵循规律：通过激励约束形成良性机制

在量化考核评价的基础上，遵循审判权运行规律和审判监督管理的规律，充分发挥自由选择、优胜劣汰的激励约束机制作用，由法官、法官助理、书记员根据自身工作特点和业务专长，自主搭建合作团队、自愿选择办案类型，推动形成法官、法官助理、书记员自由组合、自主择岗的工作格局。

3．促成自律：通过自觉主动促进监督管理

随着系统运行的不断成熟、指标数据的不断调整、竞争机制的不断优化，法官、法官助理和书记员逐渐适应系统的监管与考核，逐步建立改进工作作风、提升工作能力的主动性和积极性，就能有效激发自我监督和自我管理的意识，达到“不待扬鞭自奋蹄”的“自律”效果。

三、“数助监督”应用场景建设的方法路径

以上述数字法院建设的四重维度为设计理念，在具体操作步骤中可针对性地解决司法实践中的监管问题，让这一应用场景充分发挥实效。

（一）“导向式”设置监管内容，促进规范行权

审判工作现代化，最关键的是审判理念现代化，要以现代化审判理念为统领，促推审判工作现代化。在监管内容设置上对标对表上级法院治理“程序空转”、落实“有信必复”、推动社会治理、申报“三个规定”等重点工作要求，精准体现监管考核的导向和重心，通过设置正、负面清单，力促法官规范高效行权。

1．以案结事了、实质解纷为导向，重点治理“程序空转”

该现象主要是指在民商事案件中部分法官盲目追求结案数量，偏重对于案件进行程序性处理，相对忽略事实的查明和矛盾纠纷的实质化解，导致当事人历经多次诉讼难以解决争议。“程序空转”的常见类型主要有：基于同

一事实的多重起诉、涉多个法律关系或多重利益、证据突袭或缺席审理造成诉争事实发生变化、系列案件不当拆案等，但院庭长难以在传统监督模式下发现及纠正。以治理“程序空转”、实质解纷为导向，系统详细列举“一事多案”的具体情形。例如撤诉后再次起诉、上诉后改判或发回重审、检察机关提出抗诉等。

2．以助力社会治理为导向，重点关注司法建议工作

制发司法建议、发布审判白皮书等工作是人民法院充分发挥审判职能作用，积极参与社会治理的重要途径。在当前数字法院建设特别是“数助监督”的大背景下，“数助建议”尤为必要且十分可行。系统详细列举法官助力社会治理的具体情形，并对问题的采纳和反馈情况更为关注。例如制作综合治理类司法建议书，制作个案司法建议书或类案司法建议书，司法建议得到被建议单位全部采纳、部分采纳，司法建议内容被法律、行政法规、地方性法规、地方政府规章等采纳的，等等。

（二）“要素式”抓取指标数据，有效便捷监管

以最高人民法院修订的《人民法院审判质量管理指标体系》为指引，充分发挥现有数字法院建设成果作用，对核心指标数据进行要素化。

1．自动抓取要素

基于数据的互联互通，从各专项化子系统中动态自动抓取反映法官办理的每件案件质量、效率、效果、作风等多种情形的核心评价要素，大大减轻管理者的工作负担。

2．手动抓取要素

同时，由政治部、立案庭、审监庭等职能部门定时将锻造精品案例、制发司法建议、推进社会治理、涉诉信访、群众表扬等情况数据人工录入系统，更为有效地促进落实“抓前端、治未病”、双赢多赢共赢、案结事了政通人和等司法工作理念。

需要指出的是，抓取指标数据，是客观反映审判工作的“体检表”，而非评判办案绩效优劣的“成绩单”。这一数字系统的建设，将会引导干警树立正确的政绩观，系统、整体、全面地看待各项指标，努力营造真抓实干、担当作为的干事创业氛围。

（三）“自动式”推送预警案件，强化权力监督

在全流程监管中发现重点敏感案件、审限即将到期以及卷宗归档即将超期等具体情况事项，采取飘窗方式分层、分类提醒院庭长及法官，以自动推送重点监管内容的方式有效强化各级主体责任，切实加强监管、促进规范、提升质效。通过科学设定预警案件类型，促使案件阅核制在基层司法实践中落地落实。

通过数字化、自动化提醒的方式，改变以往人盯人、人盯案的传统模式，提升反应处置的速度，提前监管介入的阶段，让法官善于在一案一事中排摸风险、防患未然。

1．监控点设置

从结案方式看，主要监控以判决、裁定移送、不予受理、裁定驳回起诉为结案方式的案件；从结案后实际履行情况看，主要监控申请执行后执行到位及执行终结情况。一旦发现异常则预警提醒院庭长和承办法官，提前加强研判，随时注意案件动向。

2．预警点设置

针对标的额超过1000万元、3000万元的“四类案件”，审理天数超12个月、18个月、24个月的长期未结案件，归档超期的案件，被评估为存在涉诉信访风险的案件等进行“亮灯”预警提示。

（四）“分值式”统计案件质效，推动精准评价

积分制是现代社会管理趋于精细化的管理制度，最初应用于企业员工管理。⑦运用加分和扣分的方式，对员工的个人能力、行为业绩进行全方位的量化考核，按照名次与各种福利和资源挂钩，可有效调动人的积极性和主动性。⑧在不加重法院干警工作负担的前提下，可科学借鉴积分制科学量化案件质效，并围绕核心监管指标设置分值，同步自动生成法官办理每件案件的

⑦ 黄鹏进、王学梦：《乡村积分制治理：内涵、效用及其困境》，载《公共治理研究》2022年第4期。

⑧ 李荣、张广科：《积分制管理概论》，清华大学出版社2017年版，第3页。

分值，形成“一案一表”。

在分值设定上，在充分运用既有案件权重测算成果的基础上，根据案件质效评估指标及审判实际需求，合理、精确设定分值，做到守正与创新相结合。根据案由确定案件的基础分值（权重系数），针对诉前调解、全流程网上办案、制发司法建议等内容，设置若干加分项；针对审限执行、案件质量评查、涉诉信访等内容，设置若干减分项。

加分项方面：有对特殊情形、重点案件予以重点关注，例如审理涉外案件、涉老案件、“四类案件”等加分；有对积极运用数字化手段办案的正向激励，例如运用电子送达、庭审记录改革、庭审直播、在线庭审等方式加分；有对打造精品案件的正面评价，例如案件获评院级、区级、市级乃至国家级，予以加分。

扣分项方面：有对长期未结老案的警示督办，例如审理天数超12个月、18个月以及24个月的，予以扣分；有对效果不佳的案件予以负面评价，例如案件引发一般信访、闹访甚至群体性事件、极端事件的，予以扣分。

通过对不同情形进行加减赋分，可以作为执法办案的“指挥棒”，精准体现监管考核的导向和重心，从而有效引导法官行权规范高效。

（五）“表格式”集成工作业绩，评案考人贯通

张军院长指出，要“做实全员绩效考核，把评案与考人贯通起来”，“着力解决干与不干、干多干少、干好干差一个样的问题”。⑨将专项系统“一案一表”中的办案质效分值、通用系统的它项工作综合分值进行系统集成，形成法官业绩档案并同步实现工作业绩自动排名，以此作为开展日常绩效考核的依据。

在此基础上，继续做好法官、法官助理双向选择、自由组合，审判团队专业化建设等“后半篇”文章，通过制度调控替代科层管理，追求实现充分尊重法官审判主体地位、充分激发办案团队内在潜力、充分促进司法责任制全面准确落实的效果。

---

⑨ 张军：《深入学习贯彻习近平法治思想 加快推进审判工作现代化》，载《法律适用》2024年第1期。

“表格式”管理通过对管理对象政治素质、业务素质和职业道德素质的全方位、全流程细化量化，使整体态势清晰呈现，便于院庭长宏观把握，更好地实现标准化管理。⑩通过加强对“人、案、事”的数据耦合共享，抓取干部政治表现、履职经历、擅长领域、司法业绩、廉政表现、个性特点等数据，运算呈现干警的“政治画像”“业务画像”“廉洁画像”等为一体的“数字画像”。⑪

（六）“动态式”调整系统内容，及时主动应变

系统的诊断和改进，是对后期评估、延伸及总结，是保证考核体系推动法院整体工作向好发展的重要步骤。以办案质效专项系统、通用类考核系统为基座的数字平台兼具周延性及开放性，既要防止子系统分类繁杂再次造成数据壁垒，又要防止系统内容固化无法适应新形势新任务新要求。

为此，可根据上级法院要求、审判质效监管需求和本院重点工作安排，对数据、分值等进行合理调整，打造既动态开放，又缜密闭环的监管考核系统。2024 年，根据最高人民法院修订的《人民法院审判质量管理指标体系》，对系统内的核心指标进行合并、调整和撤销，并就业务口径、适用场景、区间参考值等进行相应调整，确保与最高人民法院的审判管理要求保持一致。

同时，通过考核数据校验法官个体塑造及法院整体运行偏离度。⑫法官和审判管理者在每个考核周期结束前将个人考核积分和全院考核档案与各部门汇总情况进行核对，校验考核系统的偏离度，如果偏离度较高，反馈至系统运维人员进行针对性调整。

四、“数助监督”应用场景建设的发展方向

当前，“数助监督”的发展方兴未艾，未来可期。未来，借助数字化技术，审判监督管理类应用场景将朝着更为系统化、智能化和精准化的方向不

---

⑩ 王永前：《审判管理体系中清单式管理的融入探究》，载《山东法官培训学院学报》2024 年第 1 期。

⑪ 谭滨：《数字赋能法院队伍建设现代化的实践与思考》，载《数字法治》2023 年第 6 期。

⑫ 张星磊：《审判管理现代化视域下绩效考核体系实践探索——以基层法院积分制管理实践为样本》，载《山东法官培训学院学报》2024 年第 1 期。

断迈进。

（一）提升“数助监督”应用场景的系统化水平

1．从个案纠错小场景拓展至复杂监督大场景

由于数字法院建设是一项没有先例可循的开创性工作，需要通过开发个案纠错的小模型，先行先试、不断试错。未来，随着建设经验的积累及“小切口”场景的聚合，在条件成熟时逐步向建设复杂监督大场景的目标“升级优化”。

目前，上海法院正在积极推进同类型小场景整合为大场景嵌入系统，推动“小切口”场景“串联合并”为“系统性”大场景，发挥小场景集聚后的叠加效能。同时，加大改判高发点等监督型复杂大场景建设，研发更多优质、好用、管用的“数助监督”类应用场景。复杂大场景建设是未来“数助监督”场景建设的重要内容，也是数字法院能否实现高质量发展的关键。

未来，“数助监督”类复杂大场景将朝着全面、系统、综合的目标不断迈进。通过建设复杂监督大场景，可对案件产生的同类型差错、瑕疵实现全面排查，使得审判监督管理更具体系化。在全流程监管方面，通过构建案件办理时间轴，全面覆盖立审执各环节涉及的案件要素，强化对案件节点的实时管控，统筹事实要素、证据要素、裁判结果分析等功能，实现案件全流程可视化管理。有机集成小模型的大场景，既有综合性的全域数据，又有个案数据，既可实现对重点案件、重要环节的静态评查，又可实现滚动式常态化评查。

与此同时，复杂监督大场景还会具有更为智能、精细、自动的优势和特点，将会自动分析审判执行的案件态势，动态发现审判实践中的突出问题，为重大决策、举措出台提供智力支持；实时监测办案数据，对数据异常波动情况进行预警提示，对长期未结案件、多发易发案件、超期未结案件等予以全面监督管理。

2．从分散式监管到一体化监管的转型

传统的多类型平台各自为政的格局已经无法满足新时期审判监督管理的需要。数字时代下，人民法院监督管理模式正经历从分散独立向集成协同的深刻转型。通过数字技术，集成各平台既有数据与功能，通过深度整合与智能分析，打造统一的监督管理平台，构建配套完善、衔接到位的监督管理体系，提高司法决策的效率及智能化水平，成为时代所需。一个行之有效的数

字法院审判监督管理大平台，需要集成数据、算法、算力、模型等要素，形成以数据计算分析、审判信息集成运用为核心，遍布审判工作全流程的综合智能化系统，实现从个案审判到类案监督的体系化变革。

相较传统功能各异的分散平台，全流程、数字化转型后的平台首先是数据平台，审判以及监督管理过程中形成的数据都汇集于统一平台，便于实现“一站式”数据检索与运用；其次是功能平台，一方面发挥执法办案功能，另一方面行使审判监督管理职能；再次是模型平台，数据碰撞、运算与建立模型均在该平台完成，可实现对审判工作全方位、全流程治理。最终，通过体系化集成联动，形成以数据为基础、以平台为支撑，将算法、算力运用于审判及审判监督管理各流程节点的大审判监督管理格局。

（二）增强“数助监督”应用场景的智能化效果

1．实现监督数据的深度管理与研判

“数助监督”功能的释放，不仅依赖于对监管数据进行深度管理，还需要对监管数据进行深度研判。

监督数据标识的数字化、智能化是实现数助监督智能化水平的基础。数据标注是对原生性司法数据进行分类、梳理、统计，标识数据的属性和特征，以便各类数字应用场景利用数据进行深度分析，其在“数助监督”中具有基础性、战略性的重要意义。目前，司法数据标注面临诸多困境。一方面，司法数据标注需要专业背景的人员进行操作，标注成本高企对数字法院建设带来较大压力；另一方面，司法数据标注具有较高的保密性要求，如若一律通过购买第三方服务的方式进行标注，将对数据安全带来威胁。

审判监督数据是监督管理的基础，可以全面、客观、真实反映法官工作瑕疵和审判工作态势。目前各类数据还没有发挥出最大功效，尚未实现对监督数据的深度分析研判，难以适应新时代“数助监督”的要求。目前，对简单的司法数据可以实现智能识别、标注，例如时间、金额、名称等要素可通过应用场景抓取；对复杂司法数据目前还无法实现自动标注，例如“四类案件”的标准无法量化，需要人工判断，数字应用场景只能通过案由、标的金额进行粗略划定，再由人工进一步确认、标注。这就要求司法人员在立案时、审理中以及裁判前录入更全面的数据要素，尽量包含更多的案件信息，为后

续数据标注设置检索关键词汇提供便利。由于监督数据是在诉讼活动的不同环节、不同平台、不同阶段生成，建立流动互通的数据中台尤为必要。同时，动态采集和汇聚不同来源、不同构成的数据，实现综合数据的处理、加工、分析，为后续深度监督管理提供关键支撑。

未来，应遵循审判规律、审判管理规律以及科学的统计方法，对监管模型输出的数据从多维度进行分析提取，提升问题分析的深度和精度；加强不同部门之间的沟通协作，提高数据的统一性和匹配度；善于借助“智库”“外脑”，邀请第三方参与案件质量评查等工作，运用专业的咨询意见解决专业难题。⑬

2．构建人机交互驱动的监督模式

数字技术兴起之初，就伴随着技术与监督的关系处理问题。为避免审判监督管理对数字技术的路径依赖，发展超智能化的类人仿生或者人机耦合的交互，必然是未来的发展方向之一。⑭

（1）坚持监督管理者的主导地位

根据最高人民法院2022年发布的《关于规范和加强人工智能司法应用的意见》，无论技术发展到何种程度，人工智能都不得代替法官裁判。同样，大数据、人工智能、区块链等数字技术均应作为人的辅助，应在监督过程中坚持人的决策主体地位。审判监督者身上还携带许多大数据所不具备的“隐形价值”，例如生活常识、内部习惯、社会经验等，在架构设计上秉持人文主义的理念，将人类的心理、道德、情感等独特能力嵌入监管系统中。⑮此外，审判管理者与法官共同身处法律共同体之中，共同接受法学教育和法律实践，他们对法律的理解一般不会超出整个法律共同体的理解，在价值判断方面审判管理者与法官更为一致，数字技术却不具有这种理念、价值。

（2）合理配置数字技术辅助监督管理的权重

在“数助监督”方面，人机监督的各自权重配置仍然需要研究。在技术

⑬ 参见李郁军：《多维入手提升数据分析研判的针对性时效性》，载“数字检察”微信公众号，2024年5月10日发布。

⑭ 贾宇：《论数字法院》，载《法学研究》2024年第4期。

⑮ 参见张凌寒：《智慧司法中技术依赖的隐忧及应对》，载《法制及社会发展》2022年第4期。

权重较小情况下，监督模型可以向法官发出提示、预警等信号，法官可以参考，但是未必重视监督的结论和建议；在技术较大权重情况下，如果监督的效果不够明确，则会对审判人员及其监督人员带来极大的困扰。

对这一问题，应认真落实监督数据的反馈核验工作，根据结果的准确率和审判人员的反馈情况合理配置数字技术在监督模式中权重，让监管者与技术各司其职。同时，可将经过符号化、数据化的法律概念和逻辑运用于计算机系统，实现标准化、算法化、自动化的监督结果输出。

（3）加强数字系统与监管主体、监管对象的互动

由于算法解释对普通人而言有较大理解难度，“算法黑箱”会带来各种问题，故监管者或系统运营者应对监管理念、规则进行说明解释，而非对算法运行的内在逻辑进行解释。在监管的核心规则上，审判监督应用场景的建立还应当由专业的法律专家参与审核，以确保其模型设计符合法律共同体的预期。如果通过监管模型产生了错误的结论、造成了严重的后果，还应当考虑数字技术的可问责性，将系统研发、设计、运营、维护人员共同纳入问责体系，明确数字技术与监管者共同的司法问责，避免出现无责任的权力和无代价的技术。

五、结语

随着案多人少的矛盾日益突出，人民群众对司法需求日益多元化，引入数字技术对现代司法的发展愈加重要，运用数字化技术加强审判权力监督管理，将成为数字法院建设的重要场景，而随之而来的机遇与挑战将会对传统监管模式产生颠覆性影响。审判权运行全流程监管（预警）和考核系统作为一项系统性、综合性、全面性的数字化应用场景，以“落实和完善司法责任制”为建设目标，着眼于审判监督管理中的难点堵点痛点问题，通过运行稳定的数字系统和成熟配套的规章制度予以深度对接、协同运作，建立健全全员、全面和全时考核，是数字法院建设中数助监督领域的创新尝试和探索，具有重要的理论和实践意义。随着数字技术的升级迭代、数字系统的运行校正以及数字法院理论研究的推进，“数助监督”场景的应用广度、深度和精度将不断深化，“数助监督”应用场景也将为人民法院审判工作现代化发挥更为重要的作用。

“智能”与“信赖”的有序平衡：普惠金融服务中算法推荐的法律责任规制

孙　静　倪　强　刘　婷　张方圆　刘强生　陈绍玲*

一、算法推荐服务在普惠金融领域中的“下沉式”运用概况

在人民群众以及经营类法人等主体选择信贷产品、保险产品和投资类产品的需求与热情不断提升的场景下，金融知识在人民群众中不断普及，数字普惠金融产品应运而生。算法推荐服务除了在常见的数字消费平台运用之外，也越来越多地运用于数字普惠金融场景，例如金融信贷、智能投顾、投资决策等领域。算法推荐服务在金融领域中的运用满足了普惠金融对拓宽融资渠道、普及健康保险、金融养老体系建设以及满足多元化资产管理等迫切需求，是实现数字普惠金融的坚实助力。但要通过算法推荐服务建立健全健康的数字普惠金融体系，尚有许多问题需要解决，如不能得到解决，势必威胁到算法推荐服务在普惠金融领域的发展和金融市场的稳定。

（一）“百花齐放”：金融算法推荐主要应用场景

1. 金融信贷：信用评级

在风控领域与合规领域，算法模型能够显著提升效率，通过大数据历史

* 孙静，法律硕士，上海市静安区人民法院党组书记、院长。倪强，法学学士，上海市静安区人民法院金融审判庭庭长。刘婷，法学硕士，上海市静安区人民法院金融审判庭审判员。张方圆，法学硕士，上海市静安区人民法院金融审判庭法官助理。刘强生，法学硕士，上海市静安区人民法院金融审判庭法官助理。陈绍玲，法学博士，华东政法大学教授。本文系2024年度上海市司法智库课题结项成果。

消费记录对金融消费者进行欺诈检测和信用评级，从而形成数字化信贷审批。目前，算法模型在征信调查与信用评级上的运用已经遍及多层次的普惠金融机构组织体系。例如兴业银行等传统银行在“兴闪贷”等电子签约信用贷款产品即是通过系统算法对信用贷借款人进行放贷审批。又如互联网金融平台京东金融旗下的京东蓝鲸征信平台，① 为官方备案的企业征信资格三级等保资质认证，具有企业关系图谱资料收集、风险监控等功能，还推出“Mini 尽调”的新功能，对比传统尽调手段大大提升效率。

2．智能投顾：精准营销

在投顾领域，算法模型在普惠金融领域探索不同中小投资者群体特征，通过大数据聚合金融消费者个体的投资习惯，形成用户画像，构架分类模型，依据保障和收益的需求倾斜个性化推荐投资项目和保险产品。例如蚂蚁宝、腾讯微保等互联网科技公司提供的保险服务平台，利用其贯穿投保前、中、后三个环节的集成式平台服务体系的特点，运用大数据分析用户在线理赔趋势，通过算法模型智能推荐高发呼吸道疾病保险和重症疾病保险，告知人均理赔金额，实现普惠型的人身保险民生保障作用。

3．投资决策：深度学习

在投资决策领域，算法模型通过自然语言识别能力对新闻和社交媒体等影响决策的信息指标及财务数据进行分析，运用大数据进行预训练从而减少对人工数据标记的依赖，模拟交易环境分析市场走势并进行交易策略开发，从而生成智能人投资顾问。例如东方财富信息股份有限公司通过其东方财富自然语言合成算法、东方财富虚拟主播数字人合成算法、东方财富公告内容提取算法、东方财富图片生成算法等一系列算法形成从深度学习到决策形成的算法服务路径；又例如国泰君安证券股份有限公司的君弘灵犀内容生成算法广泛运用于旗下 App、小程序和网页中。

（二）“数字赋能”：算法推荐服务对比传统金融服务的优势

1．时间和空间层面的高自由度

普惠金融服务对象包括小微经营主体、乡村经营主体、民生领域金融以及

① 载京东蓝鲸征信平台 https://icredit.jd.com，2024 年 9 月 30 日访问。

绿色低碳发展，其中助力乡村振兴是普惠金融的重点领域，但相比城市，乡村缺乏足够的金融机构和金融领域专业人员。金融领域的算法推荐服务相比传统金融服务为金融消费者提供无论何时、无论何地的高自由度服务，人们可以无时间限制、无空间限制地进行金融交易，大力提升了金融交易的活跃度。②

2．对于数据分析、金融产品推荐的去情绪化

由于算法本身是一段计算机指令序列，在进行数据分析和对金融消费者进行产品推荐、信用评级等服务时，能够最高程度地隔绝传统金融模式中客户经理或数据分析师主观因素对金融服务的影响。

3．应用于任何拥有智能设备的金融消费者的高普及度

算法推荐服务在打开普惠金融服务在时间和空间上的高自由度的同时，也使得金融消费者不需要主动寻找金融机构获取服务，反而是金融机构通过算法推荐服务向每一个拥有智能设备的金融消费者推荐金融服务。算法推荐服务也使普惠金融高普及度的需求得以实现。

4．比传统客户经理或投资顾问低廉许多的人力成本

算法推荐服务虽然需要大量开发成本和运营维护成本，但基于其高普及度，相应成本可以分摊至更多的金融消费者身上。因此，相比于仅由个人承担的传统客户经理、投资顾问的人力成本，金融领域的算法推荐服务更加符合普惠金融对服务更多金融消费者的低成本需求。

（三）“背后隐患”：现阶段金融领域算法推荐服务存在的问题

如果说科技是一把“双刃剑”，代入到算法推荐服务领域也可以说恰得其所。纵然有上述甚至其余诸多突破传统金融服务界限的优势，算法推荐服务在带来便利的同时也带来了技术风险，容易形成各种社会问题，更是对现有法律规则带来挑战。

1．主体角度产生的算法推荐服务法律界限模糊

目前法律学界对人工智能法律主体地位存在不同学说，在金融领域算法推荐服务中，算法本身是否具有法律人格，责任的承担问题也尚属于人工智

② 参见程雪军：《算法社会下金融消费者信息权的法律治理研究》，载《河南社会科学》2022年第7期。

能法律主体地位的研究范畴。即便不考虑人工智能算法本身是否有法律人格，算法推荐服务也有其特殊性，并非传统金融服务简单的由金融机构作为唯一责任主体。因为算法本身技术的复杂性，所以在其构建阶段和服务阶段的后续维护都需要科技公司的参与。在国家互联网信息办公室发布的《境内深度合成服务算法备案清单》中，算法主体分为服务提供者和服务技术支持者两个角色。然而，对于算法推荐服务中各主体的法律关系以及出现侵害金融消费者后果的法律责任尚无系统化研究以及明确的法律规制。

2．技术角度产生的算法缺陷

算法本身的风险来源于设计之初，设计本身的失范使得算法设计的目的或目标难以实现。这种失范可能来源于算法所依赖的数据或是基础信息出现缺失或偏差，那样即便算法设计的本身并没有太多的不合理性，也可能导致算法偏离设计目标。③ 抑或是算法设计者的主观偏见或恶意嵌入了算法的设计之中，导致算法并没有满足服务提供者和金融消费者的需求，从目前的研究观点来看，算法的缺陷中比较有代表性的有算法“黑箱”和算法“歧视”等。

（1）算法“黑箱”。算法“黑箱”是指接受算法推荐服务的消费者对算法的目的和手段处于未知的“黑箱”状态。首先是算法本身具有保密性质，不论是算法的服务技术支持者出于自身技术的保密考虑抑或是服务提供者出于自身利益的保密考虑，都抑制了他们将算法信息对外披露的意愿，具体到金融领域，算法设计的逻辑涉及算法服务提供者也即金融机构商业策略和自身经验，不愿对外公开。其次是金融交易本身需要较高的专业知识，而金融领域算法的设计过程往往由大量的代码和逻辑构成，这使得即便予以披露，专业知识上的壁垒也使得普惠金融消费者难以对算法的逻辑明了，最终还是落到服务提供者自己的解释上。最后是部分算法属于人工智能的一种，其通过获取数据信息的增加和深度学习带来的自身“思考”，导致算法本身日益复杂，可能会致使算法的设计者都难以解释的局面。④

③ 参见苏宇：《算法规制的谱系》，载《中国法学》2020 年第 3 期。

④ 参见李欣、曹艺萱：《我国算法风险及其治理研究综述》，载《信息安全研究》2024 年第 2 期。

（2）算法“歧视”。算法“歧视”的概念与一般的歧视并无太大的不同，但由于普惠金融领域算法本身具有的高普遍性，算法“歧视”对特定群体的不公正对待会及于更多的金融消费者。雪上加霜的是，由于算法“黑箱”的存在，受到不公正对待的特定群体可能都不知道自己受到了“歧视”。而算法歧视的成因，除了算法本身存在的固有性缺陷、算法设计者的主观偏见之外，金融机构作为算法服务提供者利用算法“黑箱”的信息壁垒带来的便利，也有可能出于利益考量人为地设置算法对特定群体的不公正对待。⑤

3．金融消费者权益角度产生的保护弱化

算法由于本身的技术缺陷和算法服务提供者出于自身利益的考量而对算法的不当应用，时常对消费者的信息权、隐私权、自主选择权等造成侵害。金融领域算法在信息与数据收集的过程中，将搜集到的金融消费者的敏感信息和隐私信息，特别是涉及财产信息的隐私信息用于算法学习，即构成对隐私权的侵犯；而除了隐私和敏感信息之外，未经金融消费者允许，对个人信息私自收集，或是在注册的过程中，未设置“跳过”或“拒绝”等不同意提交相关信息情况下的登录方式，亦有可能构成对金融消费者信息权的侵犯；此外，算法推荐服务基于生成的用户画像所推荐的金融产品亦有可能因算法的上述缺陷而与用户的需求产生偏差甚至大相径庭，或是在金融消费者不知情的情况，仅是下载App或进入某一程序后便被提供了算法推荐服务，即构成对自主选择权的侵害。由于算法信息壁垒的存在，算法基于数据分析、信息处理，最终通过算法运算，得出适合金融消费者的金融产品，但金融消费者最终仅是获得了一个推荐服务的结果，对于如何得出结果的过程却不得而知，则消费者在自由选择权被侵犯时，同样被侵犯知情权。而在遭受侵害后，算法的信息壁垒也会造成金融消费者的举证困难，从而在后续可能的诉讼阶段使得金融消费者处于天生不利地位。比如算法推荐领域的首个司法判例——赵某某与浙江某网络公司网络服务合同纠纷一案中，原告赵某某在被告浙江某网络公司的某购物平台对自己想要购买的商品进行搜索时，平台依据原告赵某某提供的关键字运用算法向其推荐商品，原告对平台的推荐结果

⑤ 参见朱桂林：《互联网时代算法歧视问题成因及民法规制》，载《哈尔滨学院学报》2023年第12期。

不满意，认为被告浙江某网络公司作为算法服务提供者向其推荐的产品不是其所要购买的品牌的产品，其算法涉嫌对特定品牌或特定商品歧视。故向杭州互联网法院提起诉讼，请求判令被告浙江某网络公司停止违约行为，并支付违约金。杭州互联网法院充分考虑了推荐系统的功能定位、推荐该行为在整个合同的服务占比及人工智能的发展阶段等因素，最终综合判定服务者不构成违约，驳回原告的诉请。该院认为，原告与被告之间在提供算法推荐服务之前订立的协议未对检索服务的标准进行明确的约定；另外由于本案中算法推荐服务起到的作用为消费推荐，而购物平台的产品搜索为精准的搜索，两者存在本质差异，原告在搜索过程中发现搜索结果与自身的预期不符，不能认定为算法推荐服务提供者的违约。该案对金融产品中算法推荐的责任认定具有深远的借鉴意义，虽然对推荐类算法进行了一定的保护，但也并非完全限制用户的自主选择权，体现了保护消费者选择权与尊重电商平台自主经营权的平衡。⑥

综上可见，金融领域在算法推荐服务层面存在诸多风险，法律主体的划分和规则尚未形成体系，而对金融消费者的保护也不曾跟上算法推荐服务对普惠金融的推进脚步。为实现算法推荐服务对普惠金融的推进作用，应当从明确算法推荐服务所涉金融主体的法律性质、完善金融算法推荐技术服务规范以规避风险以及从算法推荐的立法、监管、司法等方面对金融消费者权益保护体系进行正向重构。

二、由“谁”负责：算法推荐服务所涉金融主体的法律性质厘定

由于算法推荐服务具有相当复杂的法律关系，因此当算法推荐服务构成侵权时，对于侵权主体的认定和侵权责任的划分很难予以确定，从而使得涉算法推荐服务的主体在侵害发生后得以互相推卸责任。对于构建健康透明的数字普惠金融生态和健全普惠金融消费者保护体系的需求而言，对算法推荐服务所涉主体的法律性质的厘定非常重要，只有厘清了各法律主体，才能进行后续的责任分配。

⑥ 杭州互联网法院（2020）浙 0192 民初 2295 号民事判决书。

（一）人工智能的法律人格

在我国的法律体系下常见的法律主体包括自然人和法人，作为正当的法律主体，享有法律赋予的权利，承担法律规定的义务和责任。而目前的人工智能算法相比上述法律主体，虽然具备一定的思考能力，但其意志是由算法设计者给予，并不具备独立的思维。⑦ 即便经过科技的发展，未来的人工智能算法生成独立的思维和意志，不再为人类的意志所左右，就目前的立法与社会实践而言，人工智能算法也没有独立承担法律责任的能力。综合来看，目前的立法尚未跨出赋予人工智能算法法律主体地位的一步。

那么，赋予人工智能算法法律主体地位是否具有必要性？目前学界存在以下学说：一是人工智能算法不能具有独立的法律主体地位的法律人格否定说；二是认可人工智能算法在发展到一定程度后，应当赋予法律主体地位的法律人格肯定说；三是以人工智能算法是否经过登记为要件，区分是否服务法人资格的有限法律人格说。⑧ 上述学说中，我国比较主流的观点是法律人格否定说与有限法律人格说，欧盟国家则更推崇法律人格肯定说，欧盟委员会在 2016 年提交动议，提出人工智能“电子人”身份一说。⑨ 总体来看，我国学界更加推崇人工智能的法律人格否定说。本文仅从普惠金融的算法推荐服务视角进行分析，在普惠金融领域也更应当适用法律人格否定说。一方面，即便经过科技发展进入强人工智能时代，人工智能算法产生了独立思维和意志，但并不代表其行为可以脱离为自然人和法人等法律主体所制定的法规框架，人工智能算法应当在接受法律赋予的义务的前提下提供算法推荐服务。然而，即便如同法律人格肯定说，赋予人工智能算法独立的人格和提供注册资金以给予其独立承担法律责任的能力，金融领域的服务提供者也即金

⑦ 仅以目前弱人工智能时代而论。

⑧ 参见陈晶：《人工智能法律主体地位研究》，载 2023 年《第六届智慧教育与人工智能发展国际学术会议论文集》。

⑨ 参见陈晶：《人工智能法律主体地位研究》，载 2023 年《第六届智慧教育与人工智能发展国际学术会议论文集》。电子人论认为可以设立一个专门为人工智能注册登记的机构（类似公司工商登记），当人工智能被制造或者被交付使用时，由制造者或使用者将一定财产交付该机构（类似公司注册资本），作为人工智能承担责任的财产基础，一旦其行为造成过错（如缔约过失或侵权），相对方可以直接向登记机构要求以人工智能的财产进行赔偿。

融机构显然具有更强的责任承担能力。从另一方面来看，法人的有限责任是对于法人这一法律主体的保护，而人工智能算法即便作为一种拟制主体，也没有赋予和自然人或法人同等保护地位的必要，若人类与人工智能算法之间发生权力冲突需要进行价值判断，首先应保障人类的合法权益，智能机器只是“为人所用之物”，权利不可超越人类。[⑩] 因此，通过注入类似法人的注册资本，从而让人工智能算法的拟制主体承担有限的法律责任反而不利于保护权利受到侵害的金融消费者。

综上所述，即便经过科技发展后的强人工智能算法，不赋予其独立法律人格，由其他责任主体即算法服务提供者或算法服务技术支持者承担法律责任，可能是更利于普惠金融情境下的归责方式。因此对算法及其责任制度的构建，将围绕算法服务提供者与算法服务技术支持者展开。

（二）金融算法推荐服务所涉及的法律关系

1．金融算法服务提供者与算法服务技术支持者存在主体分离的情况

常见的金融算法服务提供者与算法服务技术支持者分离的情况多体现在传统金融机构作为算法服务提供者为金融消费者提供算法推荐服务，而计算机科技公司作为算法服务技术支持者研发和维护应用于金融产品销售领域的算法。此外，也存在仅发生在服务提供者与服务技术支持者之间的运用于自身经营使用的算法研发委托关系。

（1）销售端金融服务提供者与金融消费者之间的算法推荐服务合同关系：金融机构向金融消费者提供算法推荐服务的最终目的是与金融消费者之间订立各类金融产品的合同关系。在最终订立金融产品合同的过程中，算法推荐服务起到“桥梁”的作用。有时这座“桥梁”是可视的，比如在金融消费者获得算法推荐服务前对服务内容予以告知，在获取金融消费者用户信息前对是否同意获取信息予以询问，在收到“知晓”和“同意”的意思表示后再进行的算法推荐服务，这样，“可视的桥梁”关系可以视为服务提供者和金融消费者对于算法推荐服务达成了合意，在事实上形成了合同关系。虽然是拟制

⑩ 参见刘宪权：《人工智能时代机器人行为道德伦理与刑法规制》，载《比较法研究》2018年第4期。

合同关系，未对算法权利义务进行约定，但可以依照法律关系厘定进行权责划分。而有时“桥梁”是不可视的，有时金融消费者仅是下载App或进入小程序，就因为需要注册的强制前置程序被要求提供个人信息或被推荐不需要的金融产品。李某某诉北京某移动科技有限公司网络侵权责任纠纷一案对上述情况具有参考意义。在该案中，被告北京某移动科技有限公司在提供“金山毒霸”的下载服务中，将包括“软件管家”和“猎豹护眼大师”等软件采取捆绑下载的方式安装至原告电脑中。原告认为被告的捆绑下载并安装的行为侵犯了原告的知情权和自主选择权，遂将被告诉至上海市长宁区人民法院，要求被告立即停止侵权行为，将原告电脑中捆绑下载并安装的软件删除，并另行赔偿原告500元。法院一审判决被告北京某移动科技有限公司赔偿原告李某某500元，并驳回了原告的其余诉求。在本案中，被告所提供的“金山毒霸”“软件管家”和“猎豹护眼大师”均为各自独立的软件，对它们的下载和安装可以视为被告提供各自独立的业务服务，原告在被告的网站下载“金山毒霸”时捆绑了另外两款软件的安装，构成捆绑销售，该捆绑销售行为确实侵害了原告的知情权和自主选择权。因此法院认可原告500元的诉讼请求。此外，因“软件管家”和“猎豹护眼大师”系原告可以自行卸载的软件，故法院没有支持原告的其他诉讼请求。上诉期间，因被告已取消强制捆绑，双方在二审中达成调解协议，由被告北京某移动科技有限公司赔付原告李某700元。该案虽然与普惠金融领域的算法推荐服务无关，但该案的侵权情形可以类比至上文提到的算法服务提供者和金融消费者对于算法推荐服务未达成合意的情形。金融算法服务提供者在自己旗下App或网站中设置这些未经合意的算法推荐服务，在后续未得到追认的情况下，金融算法服务提供者很可能构成对金融消费者知情权和自主选择权的侵害。[11]

（2）技术端算法服务提供者与算法服务技术支持者之间的技术研发委托关系：传统金融机构作为算法服务提供者时，自身缺乏对算法的底层研发能力，需要计算机科技公司或互联网科技公司提供技术研发支持。鉴于行业特殊性，金融领域的算法服务提供者在进行研发委托时，提出的需求需要符合

⑪ 上海市长宁区人民法院（2020）沪0105民初4669号民事判决书、上海市第一中级人民法院（2020）沪01民终7264号民事调解书。

相应金融行业的监管规则，也要符合金融领域算法推荐的行业标准。在算法服务技术支持者产出的算法存在缺陷、不符合金融行业监管规则或行业标准的情况下，算法服务提供者与算法服务技术支持者的责任追究应区分有无合同约定。因为金融领域算法服务的高要求，金融机构在委托研发算法时可对算法的底层逻辑和后续生成内容是否符合金融行业监管要求和算法行业标准约定违约责任。在发生因算法本身不符合约定标准的情况下对服务提供者造成的损失可以按照合同约定主张违约责任。但若无相应的约定，算法服务提供者和算法服务技术支持者之间毕竟存在技术研发委托关系，基于此关系，因算法缺陷造成算法服务提供者的损失也可视过错程度进行责任的划分和向算法服务技术支持者主张。

（3）责任端算法服务技术支持者与金融消费者之间突破合同相对性的责任规制：算法服务技术支持者与金融消费者之间并不存在合同关系，但与此同时金融消费者有向算法服务技术支持者主张侵权责任的救济途径。但向算法服务技术支持者主张侵权责任的依据是侵权结果的发生与算法本身存在的缺陷存在因果关系，即作为算法缔造者的算法服务技术支持者是过错责任方。这需要对因果关系进行举证证明。从实践上看，金融消费者在传统金融服务产生的纠纷中本就存在举证困难的困境，在诉讼救济过程中处于弱势地位。而具体到金融服务推荐领域，主张救济的金融消费者不仅面临金融领域的专业性举证壁垒，更面临算法庞杂巨量的指令程序带来的技术性举证壁垒以及算法“黑箱”带来的信息性举证壁垒。此外，算法服务技术支持者多为科技公司，相比服务提供者即持牌金融机构，金融消费者在监管层面的非诉讼救济渠道上有着明显的不足和无力。金融机构作为服务提供者，本身就与金融消费者有着合同关系，是合同相对方。从权利救济渠道上看，金融监管部门对金融机构的监管系强监管，金融消费者从非诉讼渠道相对更容易取得救济；从诉讼救济渠道而言，《九民会议纪要》明确要求金融机构对其收集的金融消费者信息承担举证责任，从一定程度上降低了金融消费者在信息权遭受侵犯时的举证难度。⑫

⑫ 参见谢文哲、刘东：《我国金融消费者保护中的诉讼机制及其完善》，载《山东青年政治学院学报》2012 年第 5 期。

综上所述，虽然金融消费者有突破合同相对性向算法服务技术支持者主张责任的途径，但除非具有明确证据证明算法服务技术支持者就权利的侵害存在过错责任，向算法服务技术支持者主张责任的难度高、成本高。而向服务提供者主张责任的难度相对较小，成本相对较低。对于金融消费者而言，在金融领域算法推荐服务中遭受权利侵害后，辨别责任方的难度实属过高。从普惠金融健全金融消费者权益保护体系的立意出发，即便服务提供者即金融机构可以举证责任在算法服务技术支持者一方，在金融消费者向其主张责任时，仍可以参考保险公司在侵权事件中承担保险责任后获得保险人代位求偿权，即服务提供者在承担责任后，获得代替金融消费者向责任方主张责任的权利。

2. 金融算法服务提供者与算法推荐技术支持者存在主体混合的情况

在金融领域，算法服务提供者与算法推荐技术支持者主体混合的情况最多出现在互联网金融大厂旗下的持牌金融主体，背靠集团力量对自身算法推荐服务进行技术支持，并直接向金融消费者匹配推荐并销售金融产品。比较具有代表性的例如京东科技控股股份有限公司旗下京东金融、阿里巴巴旗下蚂蚁金服等。此外混合主体还时常利用自身算法推荐服务平台与传统金融机构以及符合资管新规可以利用智能投资顾问进行服务的主体[13]达成合作关系，利用自身大数据系统收集、分析客户信息，定向化研发信贷产品匹配推荐系统。

上述混合主体系持牌金融机构，在金融领域的算法推荐服务中，虽为混合主体，但以服务提供者的身份为主导。除此之外，有些互联网科技公司并非持牌金融机构，但也从事非资产管理类算法推荐服务，例如荐股软件将依靠自身算法的内容产出作为依据向中小投资者推荐股票的行为。

上述金融算法服务提供者与算法推荐技术支持者存在主体混合的情况，其责任划分相对分离的情况显得明了简洁，即由同一主体承担对金融消费者的侵权责任。

[13]《关于规范金融机构资产管理业务的指导意见》第二条，资产管理业务是指银行、信托、证券、基金、期货、保险资产管理机构、金融资产投资公司等金融机构接受投资者委托，对受托的投资者财产进行投资和管理的金融服务。

三、金融算法推荐技术服务规范及完善

（一）国内外涉及算法推荐服务法律规范

1．金融算法推荐服务主体的“准入”：算法备案清单机制

金融主体受严格监管，有着严格的准入机制。上文提到，对于人工智能算法本身的法律主体地位，不赋予法律人格，但需遵守相应的法律义务，并且由其他责任主体承担法律责任为宜。因此对于算法推荐服务的上线投入使用，建立一定的准入机制显属必要。国家互联网信息办公室发布深度合成服务算法备案信息的公告，要求算法服务提供者向网信办履行备案和变更、注销备案手续，并由网信办分批出具《境内深度合成服务算法备案清单》。备案清单首先对算法的名称和登记主体的名称进行登记，并列明登记主体在该算法服务中的地位是服务提供者还是服务技术支持者。此外，备案清单还列明每个算法的主要用途以及应用于什么产品之上。最后，对每一个履行备案的算法都会赋予备案编号。

值得注意的是，由网信办备案并公示的上述备案清单中，对于算法主要用途的公示信息往往相对简洁，不同登记主体间底层逻辑相似的算法，其在主要用途处的描述文字可能相同，使得查看该公示信息的人对不同算法的深度用途很难做到区分。此外，对于应用产品的介绍仅限于列明使用的App名称和网站名称。可见，我国目前对于算法推荐服务的准入为备案的开放式准入机制。而具体到金融领域，尚未形成由金融监管主导或与国家互联网信息办公室协作的金融领域算法推荐服务准入机制。

2．金融算法推荐技术标准的“搭建”：算法行业标准及金融监管规范性文件

为加快补齐数字普惠金融相关监管规则和监管短板，减少因算法本身的缺陷和算法“黑箱”导致的金融消费者权利侵害，针对金融领域的算法推荐服务，中国人民银行通过出具《人工智能算法金融应用评价规范》(以下简称《评价规范》）和《人工智能算法金融应用信息披露指南》(以下简称《信息披露指南》）的行业标准做出系统评价框架。

其中，《评价规范》主要针对服务技术支持者从安全性、可解释性、精准

性和性能方面提出要求。值得注意的是从打破算法“信息壁垒”的角度和后续监管的需要，该《评价规范》在安全性方面对算法的数据可追溯性提出要求，就训练数据的可追溯性、建模过程的可追溯性和算法部署的可追溯性分别拟定了评价内容。另外，为穿透算法“黑箱”，该《评价规范》还建立了算法可解释性评价体系，对算法建模准备、建模过程、建模应用提出基本要求、评价方法与判定准则等。

《信息披露指南》则是针对人工智能算法在信息披露过程中的披露原则、披露形式和披露内容等要素进行了明确。值得注意的是，目前该《信息披露指南》要求算法服务提供者采取企业自我声明、信息披露报告、产品服务说明书等方式，自行在官网等线上渠道进行信息披露。

除上述中国人民银行制定的针对算法的行业规则之外，中国证监会于2020年发布《关于加强对利用“荐股软件”从事证券投资咨询业务监管的暂行规定》，其所针对的“荐股软件”系具备证券投资咨询服务功能的软件产品、软件工具或者终端设备。⑭算法推荐服务在证券领域的应用场景自然也包括从事证券投资咨询服务。因此依照该《暂行规定》，算法服务提供者应当经中国证监会许可，取得证券投资咨询业务资格，应当公平对待客户，杜绝算法“歧视”情形，对营销和服务过程的全程留痕，记录应当归档保存不少于五年的时间。

中国人民银行、中国银行保险监督管理委员会、中国证券监督管理委员会、国家外汇管理局于2018年发布《关于规范金融机构资产管理业务的指导意见》，俗称《资管新规》。其对运用人工智能技术开展投资顾问业务制定了准入、报备、风控、赔偿责任、预案制定、人工干预和强制退出等相应规定。⑮

⑭ 具备的投资咨询服务功能包括：（1）提供涉及具体证券投资品种的投资分析意见，或者预测具体证券投资品种的价格走势；（2）提供具体证券投资品种选择建议；（3）提供具体证券投资品种的买卖时机建议；（4）提供其他证券投资分析、预测或者建议。

⑮《关于规范金融机构资产管理业务的指导意见》第二十三条：运用人工智能技术开展投资顾问业务应当取得投资顾问资质，非金融机构不得借助智能投资顾问超范围经营或者变相开展资产管理业务。

金融机构运用人工智能技术开展资产管理业务应当严格遵守本意见有关投资者适当性、投资范围、信息披露、风险隔离等一般性规定，不得借助人工智能业务夸（转下页）

3．算法推荐服务“整合化”规则

为建立健康健全的算法推荐服务体系，助力健全数字普惠金融体系，制定算法推荐服务配套法律法规是亟待解决的问题。目前国家互联网信息办公室、工业和信息化部、公安部以及国家市场监督管理总局共同颁布的《互联网信息服务算法推荐管理规定》，系对算法推荐服务的“整合化”规则，制定信息服务规范，设置用户权益保护措施，并厘定了监督管理要求和法律责任。值得注意的是该《管理规定》设置了消费者信息公开、未成年及老年用户的保护、禁止差别对待的公平交易等条款。除此之外，网信办还联合其他诸多部委发表《关于加强互联网信息服务算法综合治理的指导意见》，该《指导意见》作为原则性的规范文件，从健全算法安全治理机制、构建算法安全监管体系、促进算法生态规范发展等方面提出了总则性要求。

4．域外算法推荐服务相关法律规制

从欧美对于算法推荐服务的相关立法来看，立法的思路也是首先针对算法本身的构成要素厘清具体评估要求，然后责令算法运营主体进行信息披露，最后由相应主体进行算法问责。

美国在2019年、2022年和2023年先后三次提出《算法责任法案》（Algorithmic Accountability Act），该法案首先限定接受该法案的主体需要具备一定规模，[16]因为该类主体在构建和使用算法时具有搜集大量用户信息，服务大量客户的特点，极有可能造成大规模用户风险。此外，针对“算法歧视”问题中常见的用户的种族、性别、年龄、社会经济状况等问题，用户的隐私

（接上页）大宣传资产管理产品或者误导投资者。金融机构应当向金融监督管理部门报备人工智能模型的主要参数以及资产配置的主要逻辑，为投资者单独设立智能管理账户，充分提示人工智能算法的固有缺陷和使用风险，明晰交易流程，强化留痕管理，严格监控智能管理账户的交易头寸、风险限额、交易种类、价格权限等。金融机构因违法违规或者管理不当造成投资者损失的，应当依法承担损害赔偿责任。

金融机构应当根据不同产品投资策略研发对应的人工智能算法或者程序化交易，避免算法同质化加剧投资行为的顺周期性，并针对由此可能引发的市场波动风险制定应对预案。因算法同质化、编程设计错误、对数据利用深度不够等人工智能算法模型缺陷或者系统异常，导致羊群效应、影响金融市场稳定运行的，金融机构应当及时采取人工干预措施，强制调整或者终止人工智能业务。

⑯ 最近三个财年的应税期间，平均年总收入超5000万美元或拥有超2.5亿美元股权的，以及以拥有、管理、分析等方式使用超100万名用户或消费设备识别信息的，是受该法案强制性约束的对象。

权、知情权、自主选择权等消费者权益，该法案均将这些作为评估要素制定了相应要求。对于算法作出决策所需要的所有信息，都应对消费者进行披露。监管层面，该法案在联邦贸易委员会（Federal Trade Commission）设立了一个公共存储库来管理这些系统，并为该委员会增加了75名工作人员来执行该法律。⑰发生侵权行为后，该法案还规定了代表民事诉讼制度。虽然该法案尚未在联邦层面获得通过，但从中可以管中窥豹，了解美国对算法推荐服务立法的主要精神。

欧盟《人工智能法案》则采用基于风险制定规则的方法，力图成为人工智能监管的全球黄金标准。⑱该法案以总则性的方式，从主体和适用范围出发，对人工智能领域的各类定义进行明确，从严到松罗列了"禁止行为""高风险的AI系统""有限风险与最低风险"等风险行为。其中，《人工智能法案》首先罗列了八种"禁止行为"，值得注意的是对年龄、残疾、经济状况不佳等弱势群体以及对特定种族、宗教信仰、政治倾向等群体的歧视行为和通过大数据对特定个体的社会行为进行评估并打分的行为作出了明令禁止。此外，该法案还针对高风险AI系统制定例如风险管理制度、数据和数据治理、记录保存等要求，即"高风险的AI系统"需要承担更高标准的算法数据保存与信息披露义务，并提出高风险人工智能系统的提供者和使用者以及其他各方的义务。该法案已经在2024年5月获得欧盟国家的批准，并于2024年8月正式实施。

（二）金融领域算法服务提供者的技术缺陷填补义务

1. 服务提供者对服务技术支持者的"培训"义务

算法推荐服务在金融领域中起到传统金融服务中客户经理、投资顾问、数据分析师等专业金融从业人员的作用，是服务提供者与金融消费者之间的

---

⑰ Lawmakers Reintroduce Bill to Regulate Use of AI Systems, Government technology, https://www.govtech.com/artificial-intelligence/lawmakers-reintroduce-bill-to-regulate-use-of-ai-systems.

⑱ Adam Williams, What Could Horizontal AI Legislation Look Like In the US? Exploring the US Algorithmic Accountability Act, https://www.holisticai.com/blog/us-algorithmic-accountability-act.

桥梁。金融机构对资产管理从业人员具有资格认定、培训、考核和问责的义务，在算法推荐服务逐渐取代传统金融从业人员作用的今天，金融机构作为服务提供者，对于金融从业人员的培训应当通过对算法服务技术支持者的“培训”得以实现。

首先是资格认定，电子认证服务同样是数字化普惠金融体系建成中的重要组成一环，工业和信息化部出具了许可的电子认证服务机构名单。算法推荐服务可以参照电子认证服务，由工信部或金融监管机构出具资格认定名单，选择有资质的科技公司作为金融领域的算法服务技术支持者。

其次是培训，金融机构在委托科技公司进行算法的构建时，应当将上述《评价规范》等行业规范的要求结合自身建立算法的根本目的，以在研发委托的过程中予以培训或在订立合同时引入智能合约以明确研发要求。⑲

最后是考核，金融机构作为算法服务提供者，对提供的算法服务对外承担责任。因此对于算法本身是否存在缺陷的考核，自然应当由金融机构自行实施。鉴于《评价规范》已经就安全性、可解释性、精准性和性能评价制定了规范，金融机构应当依据《评价规范》结合自身要求对算法服务技术支持者的算法产品进行自我考核。

2．服务提供者的算法数据保存与信息披露义务

上文所述《关于加强对利用“荐股软件”从事证券投资咨询业务监管的暂行规定》中规定，荐股软件的运营主体需要将营销服务过程记录留痕并归档处理，相关业务档案的保存期限自相关协议终止之日起不得少于五年。证券投资推荐作为普惠金融算法推荐服务的一环，相应的数据保存规则有理由推广至其余的金融领域算法中。算法推荐服务中的数据提取、流转、运行等应全程留痕并在合理时间内予以保留，以便于后续金融机构考核和监管部门的监管。与此同时保存的数据也是金融算法服务提供者履行信息披露义务的必要条件，金融机构的算法披露义务应依照人民银行《信息披露指南》的规范进行。

3．混合主体中推荐平台对多层交易主体的示明义务

金融算法推荐服务混合主体中，存在混合主体搭建平台，与多家金融机

⑲ 程雪军：《金融科技公司算法风险的体系化治理：欧美比较治理视角》，载《经济社会体制比较》2023年第6期。

构合作，建立综合算法推荐服务平台。由于建立平台的混合主体中，有不少为互联网大厂旗下持牌金融机构，背靠身后的高知名度母公司，能够比较容易吸引大量金融消费者购买算法推荐服务以及其推荐的金融产品。这种类似于代销机构的行为容易导致缺乏金融产品购买经验的消费者基于对平台的信任而购买不值得其信任的底层金融产品。因此，此类金融领域算法混合主体必须在销售算法推荐服务的同时，对其背后的多层交易主体进行释明。不同于算法推荐服务的定期信息披露与重大变动不定期信息披露，对多层交易主体的释明应当发生在缔约过程当中，以确保金融消费者做出真实意思表示，并在之后可能发生的侵权事件后，确定实际应当承担责任的算法服务提供者。

4．服务推荐者对算法推荐合理合规的自我审查义务

国内首例算法推荐侵权案件：北京A科技有限公司诉北京B科技有限公司信息网络传播权一案中，北京市海淀区人民法院经过审理，认为被告B公司运营的“今日头条”App中的算法推荐技术，将由其他视频制作者制作的当时在爱奇艺视频平台热播的“延禧攻略”电视剧截取片段的短视频推荐给使用该“今日头条”App的用户，导致原告A公司的信息网络传播权受到侵害，因此判决被告B公司向原告A公司赔偿150万元和诉讼合理开支50万元。法院在论证中，将B公司未尽到“注意义务”作为认定侵权的因素之一，尽管该案涉及的侵权行为是对影视作品的信息网络传播权的侵害，但可以看出，在目前的司法实践中，算法推荐的内容不合理不合规，会导致算法服务提供者承担侵权的法律责任。[20]

由于算法推荐服务归根到底属于为服务提供者创造营收和获取利益的工具，因此对其推荐的内容，作为受益方的服务提供者理应对算法推荐的内容进行合理性和合规性的审核。具体到金融领域，由于金融领域的监管本身已经淘汰了诸多不合规的金融产品，因此算法服务推荐者对其算法推荐的金融产品在合规性的审查外，更应当注意合理性的审查，以免造成对金融消费者自由选择权的侵害。

⑳ （2018）京0108民初49421号民事判决书。

四、算法推荐对金融消费者权益保护体系的正向重构

作为尚处在初级阶段的新兴产业，算法推荐服务在很多方面有可能对使用算法服务的金融消费者权益造成侵害。而在《消费者权益保护法》《个人信息保护法》等法律和规范性文件的现有保护基础上，针对金融领域算法推荐服务的金融权益保护的重点在以下几个方面。

（一）知情权保护：以监管部门为平台的定期信息披露机制

目前算法推荐服务的监管部门以网信办、工信部等出具相应监管规范性文件的监管部门为主，对于信息披露的要求中对披露平台的规定多为在公司网站进行披露。例如中国人民银行在《信息披露指南》中要求金融机构在官方网站等线上渠道披露，[21]中国证监会在《关于加强对利用“荐股软件”从事证券投资咨询业务监管的暂行规定》中规定证券投资咨询机构利用“荐股软件”从事证券投资咨询业务，应当通过公司网站公示产品分类、具体功能、产品价格、服务收费标准和收费方式等信息。通过自身网站的公示信息得不到监管部门的第一时间审核，存在虚假、不完全、滞后披露的可能性，不利于保护金融消费者的知情权。

金融领域的算法推荐服务受到专门且专业的监管部门监管，对信息披露的监管已经存在一些监管规则。比如中国证监会在《上市公司信息披露管理办法》中就作了信息集中披露的规定，披露的信息应当面向全体投资者。为平衡越来越大的算法服务提供者与金融消费者之间的“信息落差”，算法推荐服务的信息披露也当遵循集中披露、定期披露和更新临时披露等原则。在监管部门制定的类似于证券交易所网站的集中平台依照人民银行的《信息披露指南》的要求进行披露。此外鉴于算法推荐服务具有针对智能设备的高普及性，算法推荐服务提供者完全可以在集中向监管部门披露以获得相应监督的同时，通过 App 推送、网站弹窗的形式向所有使用该算法推荐服务的金融消

[21] 《人工智能算法金融应用信息披露指南》第五条第二款：金融机构信息披露可采取企业自我声明、信息披露报告、产品服务说明书等方式，通过官方网站等线上渠道披露人工智能算法金融应用相关信息。

费者进行披露。

（二）信息权保护：算法对金融消费者个人信息侵害的司法救济

算法推荐服务的监管规定主要集中于算法发布的内容，对于算法收集信息阶段的管理规定相对较少。特定到对于金融消费者个人信息的保护规定，除了依照《个人信息保护法》的法律规定，其余的规定分散于部门规章等规范性文件中。[22]比较有代表性的有《中国人民银行金融消费者权益保护实施办法》中对于银行和支付机构对消费者信息保护的规定，给予金融消费者选择是否向上述机构提供个人信息的选择权。银行或支付机构必须在金融消费者同意的情况下才可将其个人信息用于营销、市场调查等目的。虽然算法推荐服务天生就需要收集客户个人信息，且这些信息可能是金融消费者在无意识的期间产生，并在不知情的情况下被算法收集用于学习与分析，从现实来看，这一过程无法找到让金融消费者来对自身信息收集进行许可的时机。[23]金融消费者获悉自己的信息被算法或服务提供者收集并用于营利目的时，他们自然而然地获得了表达是否同意的时机。对于这种既定事实能否达成合意的规制，靠先行的监管难以做到，而需要后续的司法途径予以救济。尤其是提供算法推荐服务时，如果并不以收集具体到个体消费者的信息作为必要或唯一的前提的，且收集行为没有得到金融消费者的同意，而是发生在不知情或登录时强制要求提供的情况下，个人信息的提供应当认定是在金融消费者不自由或不自愿的情况下，强迫或变相强迫地作出，不能被认定为有效同意，人民法院可以对侵权的事实予以认定。北京互联网法院公布的数据算法十大典型案件之“在用户登录过程收集用户画像信息时未设置跳转选项侵害用户个人信息权益——罗某诉深圳某科技公司侵害个人信息纠纷案”一案中，原告罗某诉称被告深圳某科技公司在没有告知原告采集信息的相应隐私政策的前提下，强制原告提供个人信息以形成用户画像，并且在该App的注册界面中，原告必须填写诸如“职业”“学习目的”“英语水平”等信息，没

[22] 参见金志华：《第三方支付金融科技领域金融消费者个人信息保护研究》，载《中国市场》2023年第31期。

[23] 参见程雪军：《算法社会下金融消费者信息权的法律治理研究》，载《河南社会科学》2022年第7期。

有设置“跳过”或拒绝等可以不用填写个人信息即可完成注册的选项或路径，构成对原告的侵权。因此，原告要求法院判令被告向原告提供个人信息副本、停止侵权、删除个人信息、赔礼道歉并赔偿损失。法院经审理认为，被告收集原告个人信息的行为是否构成订立履行合同所必需的行为和被告获取原告信息是否取得原告的“知情和同意”是认定被告的行为是否构成信息权侵犯的要点。被告收集原告个人信息的行为不管是从相关行业标准和惯例来看，抑或从 App 注册的功能设置本身来看，都不具有必要；该行为也显然没有获得原告的知情和同意。最终，法院认定被告深圳某科技公司采集原告相关信息的行为构成对原告的侵权，裁判结果为被告深圳某科技公司向原告罗某提供个人信息副本、停止侵权、删除个人信息、赔礼道歉并赔偿损失 2900 元。

（三）自主选择权保护：算法推荐领域形成行业规范问卷调查

上文所述，金融领域的算法推荐服务是金融消费者与金融机构签订金融产品销售合同的过渡过程，起到了“桥梁”的作用，而这一“桥梁”有时是可见的，即金融消费者清楚自己在选择金融产品时获得了算法运算后得出的产品推荐，或金融消费者主动选择获得算法服务提供者提供的算法服务，这种运用算法进行精准营销的关系形成后，却由于算法透明度的问题，使得接受推荐服务的金融消费者无法在获得推荐的同时，对于推荐的逻辑和理由像传统金融服务那般直接从客户经理处获得，从而对推荐产品的结果做出干预。尽管算法推荐服务相对于传统金融服务成本相对更为低廉，但并不代表金融机构可以运用算法推荐服务的信息差在不透明的情况下进行精准营销，从而侵犯金融消费者的自主选择权。因此，在算法服务提供者和金融消费者对运用算法推荐服务达成合意的情况下，可以参考投资领域，以问卷调查作为前置要件。在算法推荐服务中，通过嵌入调查问卷的方式，对消费者的投资意愿进行充分调查的情况下做出用户画像，减少算法缺陷导致的选择偏差，以充分保障当事人的自主选择权。对于调查问卷的设置，在部分行业中，可以参照保险条款的设置，以行业协会为单位制定行业规范调查问卷，统一金融消费者询问的标准。这也是行业自治在普惠金融领域算法推荐服务的体现。

（四）综合权益保护：推动完善人工智能领域立法体系

不论是监管部门主导的定期信息披露机制、人民法院依职权履行的司法救济保障，还是行业内部自发形成的对消费者自主选择的保护，在保护金融消费者权益上都具有局限性，同时缺乏上位法的司法依据、缺乏制定翔实的监管规则，难以起到全面且有效的保护。与此同时，监管部门的过分介入、法院对金融消费者的裁判倾斜都可能对算法推荐服务在普惠金融领域的发展起到消极的作用。可见，无论是出于消费者权益保护的需要，或是算法推荐服务的健康发展，都亟待人工智能领域立法体系的完善。本段重在阐述消费者权益的保护需要如何完善算法推荐立法体系。

1．推动完善人工智能领域上位法体系

当前国内人工智能领域法律体系存在碎片化、片面化的特征。碎片化体现在需要从多部法律和部门规章中提取，片面化体现在目前的立法中心还是在信息安全和消费者个人信息保护的方面。目前人工智能领域上位法体系的构成主要以《民法典》人格权编中的隐私与个人信息保护为基础，辅以《网络安全法》《数据安全法》《个人信息保护法》，形成“1+3”模式顶层法律格局。在部门规章领域，2023 年正式实施的《生成式人工智能服务管理暂行办法》为我国出台正式的综合的《人工智能法》奠定了一定的基础。基于科技的快速发展特点，人工智能领域的科技立法相对于传统法律部门创设具有更强的时效性，因此对于我国《人工智能法》的推动可以通过灵活的形式载体，以灵活式、点阵式、快速式立法过渡至全面构造上位法体系。考虑到欧盟在制定《人工智能法案》时对全部类型人工智能进行风险度划分，对不同风险程度的人工智能采取禁止、严格管控和自由发展的不同措施，也预见了人工智能作为新兴科学技术具有的快速发展特点，从而没有以不同的技术、不同的领域来区分制定规则，而是以可能造成风险的等级不同区分制定规则。因此可以想见我国在制定人工智能上位立法时，同样并不一定会针对具体领域例如金融领域或是具体技术例如算法推荐技术来区分制定规则。因此，普惠金融领域的算法推荐服务想要形成完善立法体系，需要呈现高位阶法律搭建框架、低位阶规章制定具体规则的系统性立法规制。

2．构造算法推荐领域内的系统性立法规制

从技术维度看，算法技术是与大数据、人工智能等相结合的技术链上一环。算法规制是人工智能领域的主要法律问题。当前涉及算法的法律文件包括法律法规、标准指南、行业自治三个层次，其中《网络信息内容生态治理规定》《互联网信息服务算法推荐管理规定》对互联网信息服务、广告等算法推荐作出了详细规范。但构建人工智能法律不能仅针对生成何种服务来进行区分规制，更应针对算法技术本身制定相应规则，而针对技术本身进行规制显然并不适合用简单的条文进行规定，可能会造成除了掌握技术的专业人士之外的人难以看懂的局面。且算法技术标准的统一涉及多个行业和领域，不同的行业和算法应用，难以制定统一的技术标准。因此，建议通过高位阶的立法针对算法推荐领域进行整体大框架性的规制协调，并且明确到各自相应领域和行业的监管部门，制定本行业的算法技术标准。在金融领域，已经存在《评价规范》和《信息披露指南》的行业标准，下一步就是通过与高位阶立法形成结合，形成上位法确定责任，具体标准细化规范，监管同步落实的普惠金融领域算法规制体系。

3．加快推动金融行业内算法推荐的细化规范及监管准则

当前算法推荐服务越来越多地运用于数字普惠金融场景，例如金融信贷、智能投顾、投资决策等领域。建议加快推动金融机构算法推荐的行业规范和监管准则，助力建立健全健康的数字普惠金融体系。

（1）明晰金融算法推荐服务主体的准入规范。当前对于算法推荐服务的准入以备案的开放式准入机制为主导，而具体到金融领域，尚未形成由金融监管主导或与国家互联网信息办公室协作的金融领域算法推荐服务准入机制。因此，建议加快构建由金融监管为主导的金融算法推荐服务准入机制。以智能投顾这一金融算法推荐主要应用场景为例，可以适当出台相应的监管规定，细化金融机构向监管部门报备算法核心参数的逻辑、形式、内容，金融机构在提供智能投顾服务中能否人为干预以及干预的程度界定。

（2）在《消费者权益保护法》《个人信息保护法》等法律和规范性文件的现有保护基础上，建议在金融算法推荐监管层面厘清和明确监管主体和职责，细化和健全技术标准、重大违法违规行为的类型化标准认定和责任认定。参考《互联网信息服务算法推荐管理规定》提出的算法影响评估及制度，可以将算法模型纳入金融风险的评估体系，既要明确金融算法推荐服务提供者定期审核、评估、验证算法数据、模型、结果的义务，也要对算法评估的时间、路径和范围作相应的具体规定，以提高监管的精准度。此外，算法公开也是有效避免算法歧视等算法逻辑问题的有效方式，参考《征信业务管理办法》要求征信公司必须公开个人信用评分卡的算法模型，建议在金融监管规定中要求金融机构对推荐算法应公开尽公开，切实提升算法可解释性，尽可能让算法被金融用户知晓，助力对金融消费者知情权的保护。

五、结语

智能算法推荐服务从成本和普及性等方向考虑都是符合普惠金融发展需求的重要技术推进手段。对算法推荐服务的治理也是提升普惠金融科技水平，打造健康的数字普惠金融生态的必经之路。本文通过分析现阶段金融领域算法推荐存在的问题，对确定责任主体、补充法律规制和聚焦金融消费者侵权视角，从上层立法、监管、司法、行业自治多角度完善金融消费者权益保护等方面提出建议。对算法推荐服务的体系化治理，既需要顶层法律规制搭建框架，厘定主体性质、划分责任归属、提供司法依据；也需要监管部门担负监管责任、制定行业标准、主导信息披露、受理消费者投诉；又需要人民法院在算法推荐服务的消费者权益受到侵害时判定违约责任、认定侵权过错、提供司法救济、依法判决解纷；还需要行业协会积极履行行业自治、自拟行业规范、保护客户权益、推进算法推荐进步。统合上述措施，形成完善的法律规制，推进算法推荐服务在普惠金融这篇金融大文章中形成坚实的助力。

全面准确落实司法责任制背景下阅核制实践考察研究

孙 静 陆 罡 沈 烨 陆维溪 周 颖*

党的二十大报告指出，坚持全面依法治国，需要“深化司法体制综合配套改革，全面准确落实司法责任制”，①这一表述与党的十九大报告相比，多了“准确”二字。全面准确落实司法责任制，必然要求提升审判权的运行质效，以保证严格公正司法。改革实施以来，我国的审判权运行在优化机制运行、推动审判工作现代化方面获得了显著成效。具体到审判权的运行，院庭长是审判管理和监督的领导者和组织者，对审判质效的提升和案件质量的把关起着举足轻重的作用。院庭长作为我国审判权运行中的“关键少数”，担负着行政管理权、审判权、审判相关事务管理权和审判监督权在内的四项权能，但同时院庭长也是对法官裁判思维进行监督指导，进而法院内部法律适用统一的重要手段。质言之，强化落实“关键少数”的审判管理、监督职责，②是提升审判质效、推动审判工作现代化的重要“抓手”。

一、全面准确落实司法责任制背景下阅核制的逻辑展开

我国作为成文法国家，对于司法见解的把控，在宏观层面主要依赖司法

* 孙静，法律硕士，上海市静安区人民法院党组书记、院长。陆罡，法律硕士，上海市静安区人民法院党组成员、副院长。沈烨，上海市静安区人民法院审判监督庭庭长。陆维溪，上海市静安区人民法院民事审判庭副庭长。周颖，上海市静安区人民法院民事审判庭法官助理。本文系2024年上海法院重点调研课题。

① 《习近平著作选读》(第一卷)，人民出版社2023年版，第34页。

② 参见乔文心:《让“关键少数”切实引领审判工作现代化》，载《人民法院报》2024年9月30日第1版。

解释，中观层面主要依赖审级监督，微观层面则主要依赖院庭长监督。③ 自司法责任制改革以来，随着审判权力下放，法官办案的独立性和积极性得以明显提高，但法官办案自主权约束不足，法官个体裁判的差异难以被发觉，院庭长法定职责也由“直接”转型为“间接”，监管制约难以落实，出现了“不愿管、不敢管、不会管”等问题，④ 成为影响改革整体成效进一步深化、可持续的因素之一。既往实践也表明这样一种逻辑，“院庭长的参与——或者更为直接说是院庭长行使审判监督权和管理权，对于审判质量的提升，起着至关重要的作用”，而“一放就乱”的现象反复出现，以及由此带来的裁判不统一、审判质效低、文书低级错误等问题，屡屡受到诟病。

（一）以“审批制”为代表的强监管阶段

案件“审批制”，是指在案件审理过程中，独任审判员或者合议庭将裁判意见逐级向审判业务庭的庭长、分管院长请示汇报，相关的庭长、院长对该裁判意见进行审查、核实、监督并作出批示的一项制度。⑤ “审批制”是院庭长对案件实施审判管理和审判监督的最直接方式，主要体现在裁判文书签发以前，院庭长要听取合议庭意见、把控诉讼流程和审核裁判文书。1978 年人民法院司法审判制度恢复重建以后，法院的内设机构在重构和完善的同时，“审批制”作为当时重要的审判运行机制得以确立。在改革开放初期至 2010 年的这一阶段，法官的素养处于快速提升期，但早期法官业务能力良莠不齐，“审批制”在规范司法权运行方式、监督法官依法有效行使审判权方面，发挥了重要的作用。

从本质上来看，“审批制”是一种行政化的办案模式，与审判权的司法化属性有所冲突。典型的就是在“审批制”下，“先定后审”的问题较为突出。在 2000 年以前，几乎所有裁判文书都必须通过庭长、院长的审批签发才能公

③ 参见顾培东：《我国成文法体制下不同属性判例的功能定位》，载《中国法学》2021 年第 4 期。

④ 参见刘庆伟：《院庭长阅核制度的实践与展开》，载《山东法官培训学院学报》2024 年第 3 期。

⑤ 吴高庆、董琪：《谁审谁判：案件审批制度的改革路径》，载《山东科技大学学报（社会科学版）》2016 年第 3 期。

布，这引起了学界的极大争议，自20世纪80年代开始，“审批制”该何去何从就引发学界的大讨论。⑥通过梳理也不难看出，“审批制”在对审判权进行监督管理的过程中，以“控权”为绝对核心，其在流程上不仅赋予院庭长对裁判文书进行文字化修改的权力，还可以对事实认定、证据分析、法律适用、裁判结果等实质性内容进行修改（见图1），行政化烙印的过于凸显成为“审批制”被批判的重要原因。

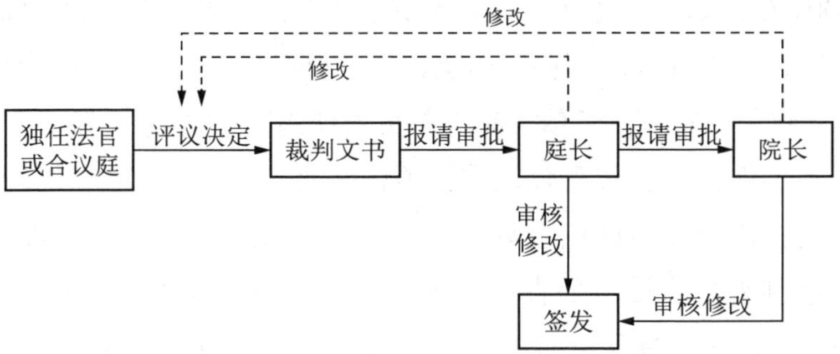

图1 “审批制”案件监管流程图

（二）以“放权化”为代表的弱监管阶段

“审批制”办案模式下，除“先定后审”问题较为突出外，“审而不判、判而不审”的问题也十分明显，最高人民法院第一个五年改革纲要将“强化合议庭和法官职责，建立符合审判工作特点和规律的审判管理机制”作为目标之一，开始了以“放权化”为代表的弱监管阶段。

1．高度放权阶段（2000—2003年）

我国自2000年至2003年确立了以合议庭和审判长为核心的“高度放权”模式，这一时期的审判权运行方式改革，主要围绕审判权回归至合议庭和审判长来进行，即大部分案件的签发可以由合议庭或审判长进行，但是仍然保

⑥ 主张取消该制度的观点，参见刘春茂：《对法院院长、庭长审批案件制度的探讨》，载《法学杂志》1980年第2期；贺伦麟：《对院庭长审批案件制度的看法和意见》，载《法学杂志》1981年第3期；罗德银：《院长批案不可续》，载《法学杂志》1981年第2期。主张保留该制度的观点，参见孙常立：《法院院庭长审批案件是完全合法的》，载《法学杂志》1981年第3期；文实：《人民法院院长、庭长审批案件并不违法》，载《法学杂志》1981年第2期。

留了院庭长的部分审批权。但这种高度放权给合议庭或审判长的做法，并未突破改革的既有“瓶颈”，并且缺乏相关配套举措的跟进，虽然在形式上符合司法规律的要求，但在实际运行过程中，出现了“审判管理弱化、裁判结果不统一、部分案件质量下降、司法腐败等问题，在一定程度上影响了该模式在司法实践中取得的实际效果”。⑦

2．有限放权阶段（2004—2014年）

自2004年开始，在总结“一五改革纲要”以来经验教训的基础之上，最高人民法院在“二五改革纲要”中提出要“强化院长、副院长、庭长、副庭长的审判职责”，“建立法官依法独立判案责任制”，并要求“院长、庭长参加合议庭审理案件，逐步实现合议庭、独任法官负责制”。2013年发布的《关于审判权运行机制改革试点方案》（以下简称2013年《方案》）进一步明确：院庭长和审判委员会委员要直接编入合议庭办案。此外，按照2013年《方案》的规定，对于院庭长未实际参加审理的案件，院庭长不能直接签发，而是可以要求独任法官或合议庭进行“复议”。这一改革从表面上看，似乎代表着案件“审批制”模式的恢复，但仍然保留了部分案件签发权的“下放”，⑧因此称之为“有限放权”。经过比较后不难看出，“有限放权”模式下院庭长虽仍旧拥有对具体案件的审批权，但这种审批建立在亲历审批或监督指导的

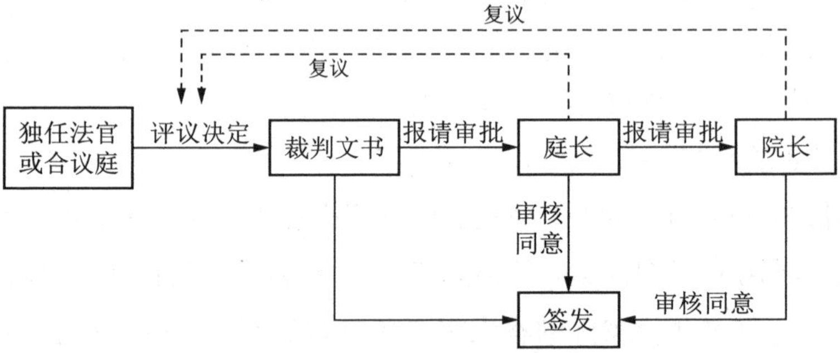

图2 “放权化”案件监管流程图

⑦ 参见刘家琛、钱锋：《司法职权配置的探索与实践》，法律出版社2011年版，第112—113页。

⑧ 如重庆地区某些法院规定：民事案件撤诉、调解结案的，适用普通程序审理案件的法律文书，合议庭意见一致，由审判长直接签发。参见重庆市第一中级人民法院课题组：《合议庭职责和院庭长裁判文书签发权限制度的完善》，载《西南政法大学学报》2008年第3期。

基础之上，此种审批权的重心更加偏向于院庭长的监督指导权，因而也更符合审判权的运行规律（见图 2）。

（三）以"阅核制"为核心的科学监管阶段

我国自 2015 年开始进行以司法责任制为核心的司法体制改革，原有的"审批制"逐步过渡为"审核制"，直至 2023 年最高人民法院院长张军提出"阅核制"，这就意味着院庭长监管案件进入科学监管时期。

1．"四类案件"审核制阶段（2013—2022 年）

为进一步强化司法责任制的落实，最高人民法院于 2015 年出台《关于完善人民法院司法责任制的若干意见》（以下简称 2015 年《若干意见》），一方面规定院庭长对未亲历审判的案件不再审核签发，另一方面则强调独任法官可以直接签发裁判文书。⑨ 与此同时，2015 年《若干意见》首次提出何为"四类案件"，以及院庭长对于"四类案件"的监督管理职责和流程等。⑩2018 年最高人民法院出台《关于进一步全面落实司法责任制的实施意见》（以下简称 2018 年《实施意见》），再次强调"让审理者裁判"和"让裁判者负责"两大原则，在此基础之上细化落实了院庭长的审判监督管理权责清单。与此同时，针对实践中对于"四类案件"适用率低、识别标准不明等问题，2018 年《实施意见》提出要进一步完善"四类案件"的甄别和监管，确立了由"立案部门→承办法官→院庭长"的三级阅核流程。考虑到实践中"案多人少"的矛盾十分突出，2018 年《实施意见》探索对"四类案件"的自动化识别和智

⑨ 2015 年《若干意见》第六条规定，独任法官审理案件形成的裁判文书，由独任法官直接签署。合议庭审理案件形成的裁判文书，由承办法官、合议庭其他成员、审判长依次签署；审判长作为承办法官的，由审判长最后签署。审判组织的法官依次签署完毕后，裁判文书即可印发。除审判委员会讨论决定的案件以外，院长、副院长、庭长对其未直接参加审理案件的裁判文书不再进行审核签发。

⑩ 2015 年《若干意见》第二十四条规定，对于有下列情形之一的案件，院长、副院长、庭长有权要求独任法官或者合议庭报告案件进展和评议结果：（1）涉及群体性纠纷，可能影响社会稳定的；（2）疑难、复杂且在社会上有重大影响的；（3）与本院或者上级法院的类案判决可能发生冲突的；（4）有关单位或者个人反映法官有违法审判行为的。院长、副院长、庭长对上述案件的审理过程或者评议结果有异议的，不得直接改变合议庭的意见，但可以决定将案件提交专业法官会议、审判委员会进行讨论。院长、副院长、庭长针对上述案件监督建议的时间、内容、处理结果等应当在案卷和办公平台上全程留痕。

能化监测，对于“应报未报”“应交未交”的“四类案件”，探索信息化、现代化的监测、阅核流程。在2015年《若干意见》和2018年《实施意见》付诸实施的基础之上，2021年最高人民法院印发《关于进一步完善“四类案件”监督管理工作机制的指导意见》(以下简称2021年《指导意见》)，对“四类案件”的界定标准进行了细化明确，强化了对“四类案件”阅核的可操作性，对于立案阶段识别标注的“四类案件”，在后续程序中强化了院庭长的监管，并可根据案件审理的实际情况，调整独任法官或合议庭的组成，必要的时候由院庭长亲自担任审判长。⑪ 但在听取报告后，院庭长对审理过程或者评议结果有异议的，不得直接变更，可以要求合议庭复议并报告复议结果，也可以决定将案件提交专业法官会议、审判委员会进行讨论，还可以决定按程序报请上一级人民法院审理。⑫

2.“阅核制”阶段：四类案件及其扩大（2023年至今）

2023年9月8日，在国家法官学院2023年秋季开学典礼暨“人民法院大讲堂”上，最高人民法院党组书记、院长张军就如何加强审判管理，提升审判质效提出，要以“阅核制”为抓手，落实院庭长监督管理责任，严把案件裁判质量，并亲自讲解了“阅核制”根本区别于“审批制”的概念。“阅核制”是一项既强调审判权有效运行，也强调院庭长监督的全新概念，可以界定为，人民法院、院庭长依据审判监管权力和责任清单对合议庭、独任法官作出的裁判文书，从程序、事实认定、法律适用、裁判结果、文书格式、文书质量等方面进行审查的内部监督管理机制，是最近、最快、最直接、最便捷、程序成本最低的内部监督、纠错方式。⑬ 透过现象看本质，阅核制改革的逻辑思路在于：院庭长监督管理职责的有效落实是实现“放权不放任”，提

⑪ 2021年《指导意见》第九条规定，立案阶段识别标注的“四类案件”，可以指定分案。审理“四类案件”，应当依法组成合议庭，一般由院庭长担任审判长，并根据案件所涉情形、复杂程度等因素，综合确定合议庭组成人员和人数。案件进入审理阶段后被识别标注为“四类案件”的，院庭长可以根据案件所涉情形、进展情况，按权限决定作出下述调整，调整结果应当及时通知当事人，并在办案平台注明原因：（1）由独任审理转为合议庭审理；（2）调整承办法官；（3）调整合议庭组成人员或者人数；（4）决定由自己担任审判长。

⑫ 樊传明：《院庭长审判监管权的机制与动因》，载《法学家》2024年第4期。

⑬ 参见魏涛：《阅核制是强化责任监督的一道“关口”》，载《人民法院报》2023年10月29日第2版。

高司法公信力的重要“关口”。⑭

事实上，在“阅核制”正式提出以前，法院内部构建的以“四类案件”监管为核心案件管理机制，已经具备全面“阅核”的雏形，2021年《指导意见》中也已经就“四类案件”的认定标准、监管流程、监管方法、法律责任等内容作出了详细的规定，经过两年的实践检验，监管后的“四类案件”在降低上诉率、减少文书错误、推动“案结事了”等方面取得了显著的效果。“阅核制”的提出，将院庭长监督案件的范围予以扩大，一定程度上打破了“四类案件”和“非四类案件”的固有界分。但在行权重心和行权方式上，“阅核制”进一步明确了“以结果监督为主、以过程监督为辅”的原则，明确了“阅核制”和违反规定干预过问案件存在本质区别，为院庭长大胆放心地进行“阅核”解除了后顾之忧。不过，无论是“四类案件”的监管，还是对“非四类案件”的阅核，在本质上都已经摒弃了个案审批制下院庭长决定案件结果的做法，⑮ 即使院庭长与承办法官或合议庭的办案意见不相一致，院庭长也不应直接改变承办法官或合议庭的办案意见，而是应当将案件提交至专业法官会议、审判委员会讨论、决定，专业法官会议、审判委员会讨论决定后

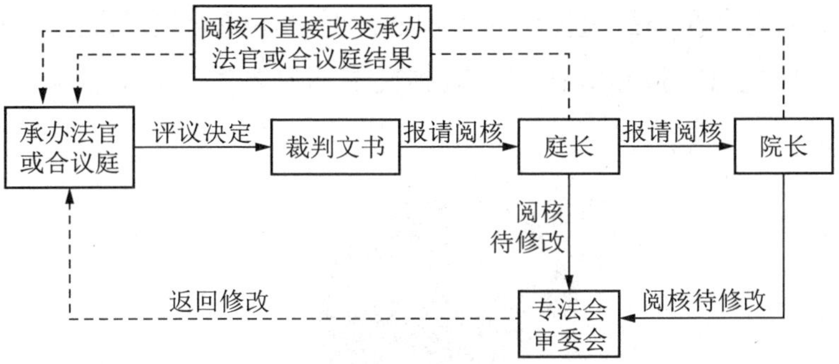

图3 “阅核制”案件监管流程图

⑭ 《最高人民法院关于完善人民法院司法责任制的若干意见》第二十四条明确规定：院庭长仅对“特定四类案件”直接行使监督管理权；不同意法官或合议庭的意见时，不得直接改变，可以决定将案件提交专业法官会议或审判委员会。而大法官研讨会上所提出的阅核制规定，庭长原则上要对“四类案件”之外的其他案件进行“阅核”，院领导要对重大案件“阅核”。院庭长的监督管理方式增加了“可以建议复议”这一方式。参见孙航：《一堂课，把“审判管理现代化”讲明白》，载《人民法院报》2023年9月10日第1版。

⑮ 参见万毅：《阅核制述评》，载《法学》2024年第3期。

认为需要进行变更或修改的，再由承办法官或合议庭参照上述意见进行修改（见图3）。

二、全面准确落实司法责任制背景下阅核制的实践考察

自司法责任制改革以来，随着审判权力下放，法官办案的独立性和积极性得以明显提高，但法官办案自主权约束不足，法官个体裁判的差异难以被发觉，院庭长法定职责也由“直接”转型为“间接”，监管制约难以落实，成为影响改革整体成效进一步深化、可持续的阻力之一。由此带来的裁判不统一、审判质效低、文书低级错误等问题，屡屡受到诟病。

（一）裁判文书说理不充分的问题日益凸显

现代法律制度具有高度的复杂性、专业性和抽象性，对多数普通人来说已十分陌生，这就导致或许法律的内在可靠性有显著提升，但公众难以有效获知这种进步，令多数人成了知识层面的“法盲”，使社会整体很难建立对法律的理性认知。[16]在这种情况下，裁判文书成为一种具有象征性的符号，一头连接着渴望公平正义的公众，一头连接着深居简出的法官，充分说理、透彻分析的裁判文书在降低这种认知负担的同时，还能起到提升公众法治水平、促进社会治理能力的提高等作用。裁判文书不仅要告诉公众结果，还应当告

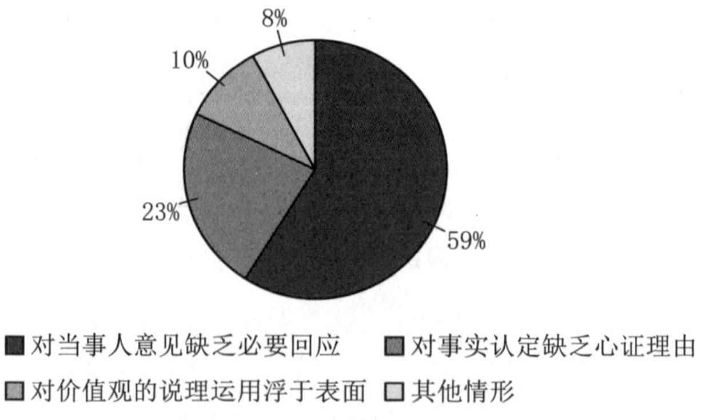

图4　对111份“说理不充分”裁判文书的分析

⑯ 参见王泽山：《刑事裁判文书证据认证说理问题研究》，载《中国政法大学学报》2024年第1期。

诉公众这种结果产生的理据，“既要阐释其然，也要阐释其所以然”，否则就可能沦为缺少司法权威的“单纯的暴力”。[17] 但自裁判文书改革以来，“判案不说理”的问题便一直如影随形。笔者以中国裁判文书网为依托，以“说理”为关键词，检索了 2023 年上海地区公布的 111 份裁判文书，其中存在说理争议的主要是对当事人的意见缺乏必要的回应、对事实认定缺乏心证理由、对价值观的说理运用浮于表面等（见图 4）。

（二）裁判文书“出错”易引发舆情

除说理不充分的情况外，裁判文书“出错”的问题也一直存在。早在 2007 年北京市大兴区人民法院对郭某某诽谤师父杨某某案作出的一审判决书中，记者便发现错别字高达十余处，不仅将原告代理律师的姓名写错，甚至将《中华人民共和国刑事诉讼法》误写为《中华人民共和国刑事诉讼刑法》。[18] 人民日报客户端曾发文《“带病”判决书何以层出不穷》披露：仅 2015 年到 2019 年，被曝光的低级错误判决书至少有 11 起，相关判决书涉及民事案件、刑事案件和行政案件，其中就包括人名、公司名称、日期、涉案金额错误，错别字、漏写字等各种“笔误”。如果说笔误是难以避免，偶有几处可能还情有可原，那么一份裁判文书中出现上百处的错误，则显得匪夷所思。某省高级人民法院 2014 年审理的一起国有土地使用权转让合同纠纷案，在最高法二审期间，原告公司发现判决书存在 317 处笔误。除了标点符号、病句等低级错误外，机构名称、涉案金额等内容也出现错误，特别是“60 多亩土地”变成“20 万亩”、涉案金额“38891407 元”写成“38891407 万元”。[19] 一字之差，谬以千里，类似这种出现“低级错误”的判决书瑕疵事件，往往会迅速获得媒体的关注，从而形成舆情事件。如浙江诸暨法院出现“判决书 110 处错误”的事件被媒体曝光后，不仅引发全网的关注，还有网友评论认为这是“葫芦僧断葫芦案”的体现。裁判文书是司法公信力的象征，应

---

⑰ 参见孙万怀：《公开固然重要，说理更显公正——“公开三大平台”中刑事裁判文书公开之局限》，载《现代法学》2014 年第 2 期。

⑱ 傅达林：《判决书出错有损法律尊严》，载《中国改革》2007 年第 6 期。

⑲ 《湖南省高院回应“判决书中现 317 处笔误”：已严肃处理相关法官》，载 https://www.peopleapp.com/column/30036679623-500001722906，2024 年 5 月 5 日访问。

当“一字千金”，而这些乱象的出现，恰恰说明了“放权”背景下院庭长对法官文书签发的制约失灵。

（三）瑕疵补正程序的扩大化适用

裁判文书不是一般意义的文书，原裁判文书一旦出现错误，就需要作出新的补正裁定。然而，实践中裁判文书瑕疵补正也可谓乱象丛生，如原判决作出2937天后作出补正裁定、同一天同一合议庭作出61份补正裁定等乱象，引发裁判文书瑕疵补正程序被泛用甚至滥用的现实忧虑。[20]笔者在中国裁判文书网，以“特此补充裁定如下”为关键词检索裁定书发现瑕疵补正程序的适用呈现扩大化、常态化趋向，整体呈现以下特点：第一，瑕疵补正程序持续高位运行，2015年短暂出现适用低谷后，2016年至2020年瑕疵补正程序适用情形逐年攀升，2021年以后虽然出现逐年下跌，但2021年仍然维持在2000件以上的高位，2022年后裁判文书上网率下降，因而瑕疵补正裁定书上网量也受到影响（见图5）；第二，瑕疵补正程序的适用在审级分布上呈现“金字塔”形状，这也就意味着，一审、二审和再审中均可能出现裁判文书的瑕疵、错误，且越往一审来看，出现的数量越大，这也是由于一审法院承担着审判主要职能，当然，此种情形也提示阅核制的重心应

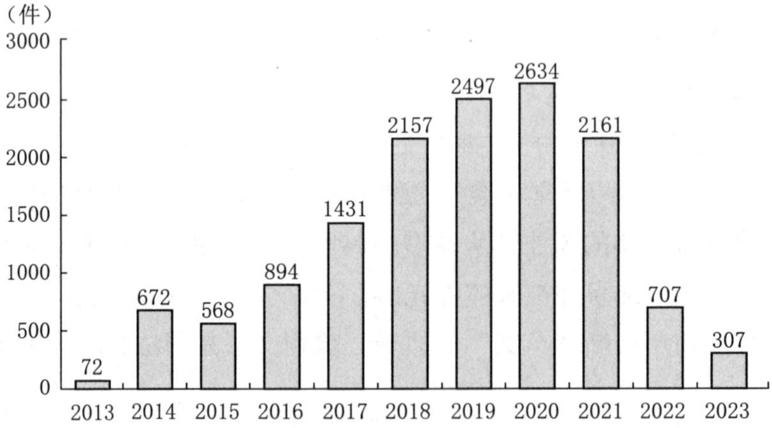

图5 2013—2023年瑕疵补正裁定适用趋势

[20] 赵凌峰、孙琦：《刑事裁判文书瑕疵补正程序的逻辑与进路——以1244份刑事裁判文书为分析样本》，载《上海法学研究》2023年第4卷。

当置于一审法院，尤其是基层法院（见图6）；第三，实践中存在补正裁定出现瑕疵的“一错再错”，严重影响司法公信力的提升，此种情况存在于个案，如杨某某等破坏易燃易爆设备罪案，补正裁定书中瑕疵内容与更正内容相同，可能因“复制”问题未纠正原裁判文书瑕疵，㉑ 又如针对之前的裁判文书错误，有法院出具了两份内容完全相同的补充裁定，但落款日期却不是同一天。㉒

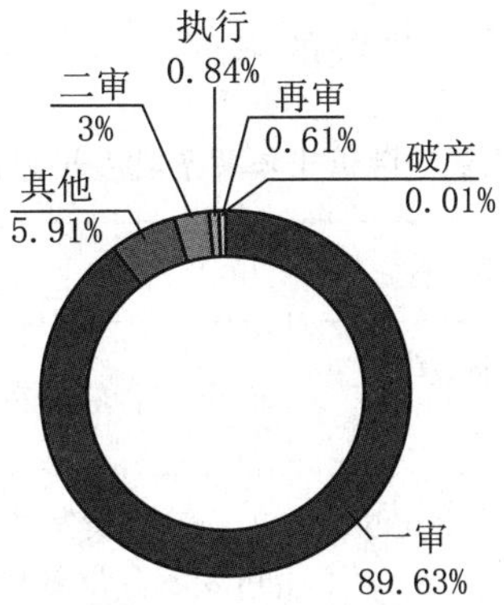

图6　瑕疵补正程序适用的审级体现

三、全面准确落实司法责任制背景下阅核制的正当性依据

“阅核制”是审判权内部运行机制改革的关键节点，其产生的正当性根据不仅在于院庭长审判监督专门规范的应然缺失，还在于院庭长审判监督职能运行的实然缺位。

（一）院庭长审判监督专门规范的应然缺失

近十年来，随着以“去行政化”为主线的司法改革的推进，法院内部对承办法官或合议庭开始了越来越多以“放权”为导向的改革，与之相适应，实行经年的院庭长文书签发制也被废止，“除审判委员会讨论决定的案件以外，院长、副院长、庭长对其未直接参加审理案件的裁判文书不再进行审核

㉑　参见河北省高级人民法院（2020）冀10刑终17号刑事裁定书。

㉒　参见河南省许昌市中级人民法院（2020）豫10刑更1515号—1号刑事裁定书。

签发”。[23] 然而，正是由于改革将目光聚焦于对承办法官或合议庭的“放权”问题上，却并未出台优化院庭长审判监督的规范性文件，导致很多院庭长对审判监督清单不明了、操作标准不明确，只能对法官和合议庭办案监督“一放了之”。以最高人民法院近十年出台的院庭长审判监督的规定来看，基本上散见于审判管理部门拟订的审判管理规定或者政治部出台的绩效考核管理办法中（见表1），指导基层法院院庭长进行审判监督的直接操作性不强，而结合前文笔者所作的分析，接近90%的瑕疵补正案件出现在一审法院，这也就导致“最急需的地方最缺失”现象的出现。

表1　最高人民法院近十年关于院庭长审判监督的规定

颁布时间	规定或会议名称	主　要　内　容
2015年2月26日	《人民法院第四个五年改革纲要》	健全院、庭长审判监督管理机制。
2015年9月21日	《关于完善人民法院司法责任制的若干意见》	对于“四类案件”，[24] 院庭长负有监督管理职责，可要求合议庭报告案件进展和评议结果。
2017年5月1日	《关于落实司法责任制完善审判监管管理机制的意见》	院庭长根据个案监督工作需要，提出分案建议。院庭长对四类重点案件的监管细化，并可以进行类案监督。
2019年1月1日	《人民法院第五个五年改革纲要》	明确院庭长审判监督管理清单，并要求全程留痕。
2019年10月1日	《中华人民共和国法官法》	并未直接规定院庭长的审判监督职责，而是要求院庭长应当履行与其职务相适应的职责。
2021年11月4日	《关于进一步完善“四类案件”监督管理工作机制的指导意见》	明确院庭长对“四类案件”的监督范围、内容、方法和程序。
2023年9月8日	2023年秋季开学典礼暨“人民法院大讲堂”	张军院长提出院庭长“阅核制”，并指出其并非“审批制”的恢复。

㉓ 参见2015年9月21日最高人民法院发布的《关于完善人民法院司法责任制的若干意见》。

㉔ 所谓“四类案件”，是指：（1）涉及群体性纠纷，可能影响社会稳定的；（2）疑难、复杂且在社会上有重大影响的；（3）与本院或者上级法院的类案判决可能发生冲突的；（4）有关单位或者个人反映法官有违法审判行为的。

（二）院庭长审判监督职能运行的实然困境

除了院庭长审判监督专门规范在指导层面的缺失以外，造成院庭长科学监督缺位的原因还在于院庭长“三不”现象的产生，㉕部分原因在于未能正确领会防止干预司法“三项规定”的精神，㉖出现“不管不会出错”“管了说不定就会出错”等“明哲保身”的做法。尽管2015年起最高人民法院要求对“四类案件”加强监管，但一来“四类案件”本身案件量少、占比较低，有地方统计只有2%左右，㉗二来有的“四类案件”虽然得到监管，但却走的是线下流程，使监管没有“全程留痕”。

福建某法院曾就此问题对107名法官进行问卷调查，结果发现，有的院庭长对应当履职监督的“四类案件”也倾向于不行使审判监督权能，未及时要求法官或者合议庭汇报案件的进展，甚至出现案件被改判或是信访情况的发生，导致“一案生多案”，㉘其原因在于“怕被扣上干预司法的帽子”；有的院庭长为了“明哲保身”，对于一些涉及法律适用的问题含糊其辞，以“案件由承办人主审为由”推脱院庭长法律示范的责任；㉙有的案件中，需要采用普通程序审理的情况，院庭长发挥带头审判作用的较少，而是由审判员进行审理，合议制成为延长审理期限的审判技巧；有些类案监督也流于形式，当出现了类案未能类判情况时，院庭长也未能形成有效的监督管理体系，未能促进科学审判机制的形成。㉚

㉕ “三不”即院庭长对法官或合议庭办理的案件“不愿管、不敢管、不善管”。

㉖ 防止干预司法“三项规定”即2015年中央办公厅、国务院办公厅印发的《领导干部干预司法活动、插手具体案件处理的记录、通报和责任追究规定》、中央政法委印发的《司法机关内部人员过问案件的记录和责任追究规定》和最高人民法院、最高人民检察院、公安部、国家安全部、司法部联合印发的《关于进一步规范司法人员与当事人、律师、特殊关系人、中介组织解除交往行为的若干规定》。

㉗ 参见万毅：《阅核制述评》，载《法学》2024年第3期。

㉘ 参见马超：《法院院庭长该如何监督法官判案？》，载《法治日报》2023年11月23日第4版。

㉙ 实践中，有的院长、庭长认为司法责任制即为法官责任制，尤其对于个案的监管即为对案件的行政干预，而不愿履行或怠于履行监督管理职责。参见陈瑛洁：《司法责任制背景下“四类案件”监管机制完善研究——以审判权与审判监督管理权之界分为中心》，载刘贵祥主编：《审判体系和审判能力现代化与行政法律适用问题研究——全国法院第32届学术讨论会获奖论文集（上）》，人民法院出版社2021年版，第306页。

㉚ 陈丽平、梁源：《论基层法院院庭长的审判监管模式转型路径》，载《上海法学研究》2023年第1卷。

（三）应然与实然之间：院庭长审判监督之惑

造成权责匹配冲突的根源在于在去行政化过程中对权力关系的简单化处理，导致法院外部压力型任务注入与内部平权式治理之间的矛盾，法院功能的超载化，扩充了法院管理的范围。[31]长期以来，如何平衡审判权与审判监管权之间的关系，成为审判监督管理的一大难题，一方面，为了落实“让审理者裁判、由裁判者负责”的审判责任制，必须放权给法官或合议庭；但另一方面，有的法官或合议庭缺少“如我在诉”的意识，只是就案办案，很难实现社会效果和法律效果的双统一。且个体法官甚至合议庭仅从个案出发，难以发现一些典型性案例的共性问题，不仅会产生类案难以类判、法律适用不统一的问题，还难以使人民群众在个案中感受公平正义。[32]由此来看，“放权＋监管”成为平衡审判权与审判监管权的折中点，但问题在于，究竟该如何达到这个平衡点，对于院庭长履行审判监督职能来说，也并不好掌握。为解开上述应然与实然之惑，“阅核制”的命题应运而生。质言之，之所以提出“阅核制”是审判权内部运行机制改革的关键节点问题，主要是在于这一命题的提出，有助于平衡好院庭长管理监督和独任法官或合议庭办案之间的关系。

四、全面准确落实司法责任制背景下阅核制的优势价值

审判权高质效运行与审判监督管理权规范行使是公正审判的一体两

[31] 参见侯华北、宗少凯：《基层法院庭长权责匹配冲突与耦合》，载《时代法院》2020年第1期。

[32] 个案中法官很容易产生“隧道视觉”。如2021年4月15日，太原某地居民刘某驾驶机动车发生车祸。刘某修车后将保险公司起诉至法院要求进行赔偿。县法院因在判决中没有对车辆废旧零件的归属进行认定，保险公司上诉后该案被发还重审。县法院法官自评后交审委会进行了初评，认为一审判决没有问题，遂报太原中院审委会终评。2021年9月14日，太原中院举行案件质量评查会，中院审委会委员、一审、二审法官共同参会，面对面进行了案件质量评查。经过案件质量评查，明确了此类案件审理时应认定车辆废旧零件归属为保险公司的裁判标准。随后，全市各基层法院按照统一的裁判标准，在此类保险纠纷案件审理中，均对损坏车辆零件的归属作出了明确认定。类似的360余起一审案件无一上诉，避免了因裁判标准不统一而引起的上诉、重审等多案，有效解决了一案生多案的问题。参见马超：《法院院庭长该如何监督法官判案？》，载《法治日报》2023年11月23日第4版。

面，[33] 两者在全面准确落实司法责任制方面有着目标一致性。而“阅核制”在提升审判权运行质效方面具有“鲶鱼效应”，同时还能够填补“从强监管到弱监管”所产生的监督管理空白。

（一）提升审判权运行质效的“鲶鱼效应”

审判权依法独立行使的内在含义在于审判权独立、公正、高效地行使，但在具体的审判实践中，审判权独立行使虽有助于落实承办法官的司法责任制，但法官个体进行裁量的局限性会被放大，同时由于法官素养的参差不齐、法律适用的难以统一等现象仍然时有发生，“审判独立”有朝“审判孤立”方向发展的趋势，“对审判监管的去行政化实践为去管理化，法官审判权独立便是海上的孤舟，无法形成强大的合力”。[34] 院庭长“阅核制”工作的重心是搭建司法审判管理中的“免疫系统”或“防火墙”，院庭长的“阅核”有助于实现法律上的统一适用，避免因理解偏差产生潜在风险。而院庭长“阅核制”所蕴含的监督功能，能够产生对承办法官或合议庭办案的“鲶鱼效应”——从一方面来看，实施院庭长“阅核制”之后不可能对每一件个案都会展开监督，但从另一方面来看，这种“鲶鱼效应”正是通过个案监督、类案监督、

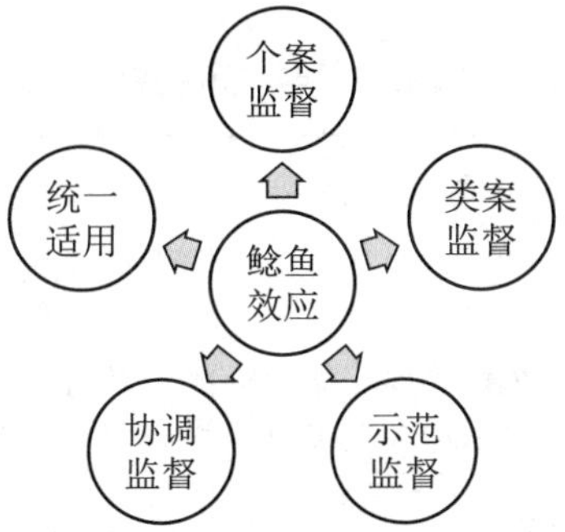

图 7　院庭长“阅核制”对审判权质效提升的“鲶鱼效应”价值体现

[33] 陈瑛洁：《司法责任制背景下“四类案件”监管机制完善研究——以审判权与审判监督管理权之界分为中心》，载刘贵祥主编：《审判体系和审判能力现代化与行政法律适用问题研究——全国法院第 32 届学术讨论会获奖论文集（上）》，人民法院出版社 2021 年版，第 316 页。

[34] 陈丽平、梁源：《论基层法院院庭长的审判监管模式转型路径》，载《上海法学研究》2023 年第 1 卷。

示范监督、协调监督、统一适用等体现出来（见图 7）。

（二）填补“从强监管到弱监管”的监督管理空白

随着审判体制改革的深入推进，院庭长的职责经历了从“强行政化”到“去行政化”的发展变化，[35]然而这一转变之大，仿佛是在要求院庭长一夜之间适应一种新的“从高度监督到不监督”模式，不仅没有经验可循，破除既有思维的影响也并非须臾之间即可完成，极易导致院庭长监督管理权能的极端化。而院庭长“阅核制”是一种不同于旧“审批制”的监督管理模式（“阅核制”与“审批制”之区别可见表 2），这关系到谨慎有度行使阅核权，切实尊重合议庭、独任法官的办案主体地位，防止把阅核变相异化为案件审批。院庭长“阅核制”在客观层面不否认承办法官或合议庭独立办案的科学性、合理性以及必要性，并划定了院庭长监督职能行使和行政权力行使的边界，在主观层面排斥院庭长利用行政权力干预过问案件之故意，若出现院庭长干预过问案件的情况，也应当全程留痕。因此，在客观描述“阅核制”与“审批制”区别之后，便不难看出，院庭长“阅核制”是一种介乎于司法办案规律和我国审判现实之间相对合理的选择，有助于填补“从高度监督到不监督”的监督空白。

表 2 “阅核制”与“审批制”之区别

区分标准	阅核制	审批制
性质层面	监督管理	行政管理
主观层面	院庭长积极履行监督责任、法律责任和政治责任，一般不存在干预过问案件之故意	院庭长履行行政权力和监督职能混同，容易产生干预过问案件的故意，承办法官请示汇报较为普遍
客观表现	院庭长按“阅核清单”进行监督	院庭长行政权力行使边界模糊
审判影响	法官独立办案不受影响	法官独立办案受限

㉟ 参见孙海龙：《深化审判管理》，人民法院出版社 2013 年版，第 14 页。

五、全面准确落实司法责任制背景下阅核制的全面构建

审判权的高质效运行，核心在于发挥“关键少数”的监督管理责任，在“四类案件”的阅核中，其制度优势也在数据中得以凸显，[36]而全面构建“阅核制”也成为亟待建设的审判管理新路。

（一）“阅核制”的责任主体

“阅核制”的责任主体，即人民法院庭长以上且具有员额法官身份的分管、主管领导，具体包括院长、副院长、审判委员会专职委员、其他院领导以及审判执行业务庭的庭长，也即人民法院的“关键少数”。然而，从客观情况来看，全面准确落实司法责任制以来，以院庭长为代表的“关键少数”所负担的责任及义务一直处于“只增未减”的状态，由此也有学者提出担心，“强调院庭长带头办案，办案任务的加重牵扯了院庭长的大部分精力，在审判监管上投入的时间、精力必定会相应减少”，与之相应，“强调院庭长在审判监督上花费大量精力和时间，那么院庭长在亲历办案方面所花的时间就会减少”，进而提出，“从经验上看，在目前基层法院负案量较大的背景下，所谓的‘全阅全核’，几乎是一项‘不可能的任务’”。[37]

因此，在构建思路是应当坚持“制度分化”，[38]实践中的案件虽然千差万别，但对其分型后有“应当阅核”和“可以阅核”两种基本情况，或者可以区分为“原则”和“例外”两种情况，在具体的操作层面，院庭长也可以根据案件的繁简程度进行“繁简分流”，即“繁案精阅、简案简阅”。这种制度分化，

---

[36] 2024年7月，全国大法官研讨班上，浙江省高级人民法院院长李占国对依托办案办公平台上线阅核模块带来的变化进行了介绍，他提到，2024年上半年，浙江省全省法院阅核结案23.2万件，阅核案件上诉率5.3%，明显低于同期8.8%的平均上诉率。参见乔文心：《让“关键少数”切实引领审判工作现代化》，载《人民法院报》2024年9月30日第1版。

[37] 参见万毅：《阅核制述评》，载《法学》2024年第3期。

[38] 对于“制度分化”的思路，最高人民法院院长张军指出，“承办法官的能力素质、经历经验有差别，办案质量也不同，这就决定了院庭长不必要、也不可能对所有法官办理的案件都按一个模式、标准‘阅核’。具体如何落实‘阅核’的要求，把院庭长监督管理的责任压实，大家应该结合实际探索、规范”。参见白龙飞：《传统文化与创新思路相融合，促进提升审判质效》，载最高人民法院官网https://www.court.gov.cn/zixun/xiangqing/412332.html，2024年10月3日访问。

一方面可以适当减轻院庭长作为“关键少数”集多重事务于一身的工作量和压力，另一方面也有助于从深层次破解“阅核制”改革本身的内在困境。

（二）“阅核制”的对象及其二元分类

“阅核制”是一道凝聚了中国司法元素的崭新命题，院庭长“阅核制”的推行，当前尚存一些争议的声音。如在员额制背景下，院庭长也是员额法官，也应当承担一定的办案任务，“阅核制”全面实施后，院庭长势必要花大量的时间、精力阅核别的承办法官或合议庭办理的案件，这可能会成为院庭长除履行员额法官办案职能外的一项繁重任务。[39] 不遑多论，明确院庭长审判监督的重点要素，有助于厘清院庭长“阅核”的边界，从而推动院庭长“阅核制”的有效实施。在考察全国数据的基础之上，结合上海法院系统阅核案件的整体态势，按照“刚性＋弹性”的二元要素分类方法，已经确立包括“四类案件”、经审判委员会讨论决定的、拟宣告被告人无罪的等19种案件为刚性“阅核”范围，将上诉率、发改率、申诉率、抗诉率、“案—件比”较高和执行异常等质效不佳的案件调整纳入弹性“阅核”的案件范围。在此基础之上，结合典型案例，形成类案阅核方法、阅核规则等（见表3）。

表3 院庭长“刚性＋弹性”二元分类

	识别要素	主要情形
刚性“阅核”	以案件类型为划分要素	（1）“四类案件”；（2）经审判委员会讨论决定的；（3）经专业法官会议讨论，不采纳或部分采纳专业法官会议意见的；（4）拟宣告被告人无罪的；（5）拟在法定刑以下判处刑罚或者免予刑事处罚的；（6）适用刑事普通程序，且被告人不认罪的；（7）拟判处缓刑的；（8）拟决定暂予监外执行的；（9）根据《执法办案矛盾风险评估、预警、化解工作实施办法》，案件被确定为一般风险及以上的；（10）上级人民法院主动指定管辖的；（11）上级人民法院发回重审或者指令继续审理的；（12）上级人民法院指令再审或者指定再审的；（13）拟报请提级管辖的；（14）驳回起诉的；（15）适用第三人撤销之诉程序的；（16）检察机关提出抗诉或者检察建议的；（17）适用行政普通程序的；（18）适用民事普通程序的，但是因公告送达适用该程序的除外；（19）其他有必要纳入阅核范围的。

[39] 参见龙宗智：《法院“阅核制”应当慎行——兼论审判监督管理的合理限度》，载《比较法研究》2024年第2期。

续表

	识别要素	主要情形
刚性“阅核”	以人员分类为划分要素	（1）初任法官不满1年的；（2）离开审判岗位超过2年，返岗不满6个月的；（3）交流到专业差异较大的岗位任职，办理现审判领域案件不满6个月的；（4）近一年承办案件上诉率、发改率、申诉率、申请再审率、抗诉率、瑕疵率在所在部门位居前20%的或者经质量评查，承办案件被认定为重大瑕疵的；（5）存在其他可能影响司法公正或者案件质量的情形，承办案件有必要纳入阅核范围的。
弹性“阅核”	以随机抽核为划分要素	（1）根据《关于加强“四类案件”监督管理的实施细则(试行)》，参照“四类案件”监督管理的；（2）审理天数超12个月以上的；（3）拟认定合同无效的；（4）拟适用情势变更原则的；（5）涉及诉讼时效认定的；（6）涉及审计、评估、鉴定、检测、价格认证和审价程序启动的；（7）其他有必要纳入随机抽核范围的。
	以人员分类为划分要素	（1）初任法官已满1年，不满2年的；（2）离开审判岗位超过2年，返岗已满6个月，不满1年的；（3）交流到专业差异较大的岗位任职，办理现审判领域案件已满6个月，不满1年的；（4）近一年承办案件上诉率、发改率、申诉率、申请再审率、抗诉率、瑕疵率在所在部门位居前20%—40%之间的或者经质量评查，承办案件被认定为一般瑕疵的；（5）存在其他可能影响司法公正或者案件质量的情形，承办案件有必要纳入随机抽核范围的。

（三）“阅核制”的流程及时间节点

当前院庭长“阅核制”的推行并没有明确的时间节点，这不利于制度的具体实施。笔者结合自身办案实际，认为1个月、3个月、6个月分别为院庭长“阅核制”实施节点，较为可行，且笔者所在法院已经采用“1+3+6”节点数据分析的方法，总结出来路径清晰、系统集成、规范高效的“阅核制”实施机制。以时间节点规范“阅核”流程，从阅核主体、阅核范围、阅核方式、阅核原则、阅核监督、案卷评查、责任追究等方面，强化院庭长监督管理职责，明确阅核制度就是院庭长履行监督管理职责的一种方式，通过制度明晰监管范围与边界，规定院庭长应严守监督责任但不得干涉裁判结果的基本原则，强调院庭长监督既是权利更是责任，优化监督管理方式，要求阅核人建立台账，相互监督。

在具体流程方面，案件阅核应当实行层报制，院庭长根据案件繁简程度、影响大小、有无意见分歧、有无裁判规则意义等因素，分级分层履行阅核职责。对于案情相对简单、内部意见一致的“非四类案件”，一般由庭长或者庭长授权的副庭长阅核，授权阅核的具体案件范围由各业务部门根据各自实际自行确定，并报审判管理部门备案。

除上述情形外，还需考虑“阅核制”的例外情况，对于“阅核制”的例外情况主要考虑通过审级监督、案件评查等方式开展监督。具体可涵盖以下类型的案件：常见、多发，已有典型案例可供参考，审理难度不大的；通过专业化审判、要素式审理、智能化辅助和典型案例参考等机制，裁判尺度已相对统一、争议不大的；同系列案件中已存在示范性判决，其他可以参照办理的；适用民事特别程序、督促程序或者公示催告程序的；适用小额诉讼程序的；以调解方式结案，且不属于批量案件的；以撤诉方式结案的；根据审判实际，其他可以不提请阅核的案件。

（四）借助科技优势，提升“阅核”效率

院庭长“阅核制”实施的根本目的，在于打造一支高素质的法院干部队伍，最终推动审判工作现代化。院庭长作为“阅核”履责的主体，通过“阅核制”能够强化队伍监督和建设，但面对大量的裁判文书等待“阅核”，必定要求提高效率予以应对。因此，可考虑借助信息化优势，院庭长优先采取在线阅核文书，做到法官案件汇报和院庭长监管意见在线交互呈现、数字留痕。当前，上海部分法院已经探索构建院庭长“阅核制”应用场景模块，利用审判管理数据化、智能化的契机，综合运用大数据思维，用海量司法数据来引领、反哺、优化、创新“阅核制”应用，不断丰富“阅核制”应用的实践内涵，实现法院传统的业务流程、组织架构和体制机制的系统性重塑，经初步探索，拟通过可视化配置的形式，将“阅核制”应用场景模型规则嵌入立案、排期、庭审等全流程网上办案 40 多个节点中，并通过实现在案件流转至指定程序节点时触发模型规则，实现实时预警与同步“阅核”。下一步，笔者认为，应当以审判管理的数据化、智能化为契机，结合前期获取的数据，发挥智慧审判监督管理一体化在数据支持、知识挖掘、应用系统、服务对象方面的优势，将预警监管、全程监管、节点控制、全程留痕、信息回填、自动检索、统计查询、决策参考等信息化模块嵌入院庭长“阅核制”系统，为院庭

长“阅核”提供更完善服务的同时，也提升审判监督管理的广度和深度。进而言之，可考虑利用上海市法院系统“数字法院”的构建契机，着眼于实现从办案到治理的转变，将“数助决策”列为院庭长“阅核制”体系的重要平台，当前上海市法院系统已经开发并应用决策参考报告类、司法数据推送类和司法数据查询类三种形态，运用大数据分析方法，充分挖掘院庭长“阅核制”可能存在的重点突出类问题以及薄弱环节，实现院庭长“阅核制”的数字治理之路。

执前督促机制的刚性回归
——以执行前财产保全程序为视角

沈　立　周广元　时克飞*

“案多人少”与“执行难”一直是全国各地基层法院面临的难题。大量民商事诉讼案件涌入法院，执行案件数量也呈逐年上涨的趋势。与2012年相比，2023年执行收案增长281.01%，结案增长295.78%。① “案件量长期保持高位运行态势，办案压力不断增大，一定程度上超出了人民法院可承受之重，甚至可以说不堪重负。” ② 执行案件积压不仅耗费了有限的司法资源，也造成失信人员增加，对社会风气造成不良影响。为此，多地法院曾借助执前督促手段，尝试解决执源增加问题。

A法院以信用卡纠纷、小额金融借款合同纠纷等批量案件为例，运用执行前财产保全程序，实行执行案件的繁简分流，进而提高执行质效。2024年2月至8月间，A法院在两家金融机构作为申请执行人的案件为试点中，将9264份生效法律文书引入执行前财产保全程序中，采取每50份生效法律文书合并为1件财产保全案件的方式。执行前财产保全共计立案186件。累计冻结金额96177.5万元。在执行前财产保全程序阶段，义务人主动履行的案件为22件，发出“无财产可供执行告知书”7666份，最终进入执行立案1543件。

* 沈立，法律硕士，上海市静安区人民法院党组成员、副院长。周广元，法律硕士，上海市静安区人民法院执行局副局长。时克飞，法学硕士，上海市静安区人民法院执行局法官助理。本文获2024年上海法院报批调研课题优秀奖。

① 《法院交叉执行到位金额已近400亿，最高法期待发挥“鲶鱼效应”》，载新京报网https://m.bjnews.com.cn/detail/1719998368129722.html，2024年7月17日访问。

② 黄文俊、王富博、刘永存、盛强：《新时代人民法院“执源治理”问题研究》，载《中国应用法学》2023年第6期。

一、现状与困境：执前督促机制的实践意义与柔性障碍

（一）执前督促机制的实践概况

各地执行法院在面对执行案件积压问题时，以不同手段创设执前督促的“新举措”，力图通过“法官督促、劝导”的方式将纠纷解决在执行立案前。例如，江苏省苏州市吴中区人民法院为维护营商环境，减少执行活动对被执行企业的不利影响，由执行局指派专人与审判法官对接，通过审执联动共同开展执前督促工作，督促涉案某生态农业公司自觉履行义务。③ 四川省成都市青羊区人民法院在执行一起强制腾退案件中，创新执前督促方式，“采用 AI 智能化线上督促 + 公证督促员线下调解”的方式从源头化解矛盾纠纷，使得被执行人公司在执行立案阶段就主动将涉案医疗器械彻底搬离。④ 另外，浙江省三门县人民法院组建“诚信履行工作室”，在执行立案阶段，通过先行调查义务人的还款意愿、债务、财产等情况，对于具备履行能力的义务人，由工作室向该义务人送达《执行督促履行告知书》。有效化解矛盾，简化了执行办案程序。⑤ 上述三家法院在运用执前督促机制上，侧重于“执前通知督促”，本质上为法院在执行立案前劝导、教育义务人，使其主动履行。义务人的履行意愿直接决定了该种执前督促机制的运行效果。因此传统意义上的执前督促机制一般指执前通知督促，即在执行立案前，对于经济状况良好的被告，经法院书面或口头说服教育，由被告主动履行。具体为：第一，设立激励机制。对于被告主动履行的，法院可免收执行费并向其开具“主动履行证明书”。第二，告知不履行后果。对于经执前督促仍不履行的被告，法院可向其释明不履行后果，如收取执行费，被列为限制高消费、失信人员等。执前督促机制对提升执行效率，减少当事人讼累，修复诚信社会关系具有一定意义。

---

③ 张羽馨、吴中萱：《审执联动 + 执前督促——吴中法院执源治理促自动履行》，载《江苏法治报》2024 年 2 月 20 日第 2 版。

④ 杨景城、赵诗柯：《成都市青羊区法院强化执行案件源头治理——创新执前督促方式，共促诚信社会建设》，载《四川法治报》2022 年 12 月 29 日第 6 版。

⑤ 梅丹、吴梦毅：《引入执前督促，提升执行质效——三门法院创设诚信履行工作室》，载《台州日报》2021 年 5 月 28 日第 2 版。

（二）执前督促机制的实践意义

1. 加速义务方履行

由于我国实行立、审、执分离，以及执行立案审查制度。权利人申请执行后，案卷材料在立案部门与执行部门间流转需要时日。再者，执行法院第一次作出查封、冻结行为的一般在执行通知书发出后满七日（情况紧急的，也可在执行通知书发出后同时作出）。对于有履行意愿且具备履行能力的义务人，烦琐的执行立案、分案过程反而拖延了执行案件办理进展。通过执前督促，由法院直接督促义务人履行。义务人主动快速主动履行，避免执行案件立案积压。

2. 减少权利人讼累

生效法律文书作出后，权利人申请执行前，若义务人在执前督促阶段主动履行的，将会直接减少权利人讼累。执行立案审查制模式下，权利人在履行期限届满后向法院申请执行，往往需借助互联网终端或通过线下立案窗口填写"申请执行表"，并提交生效法律文书、身份证明等材料。另外，在赡养费、抚养费、扶养费等分期支付的案件中，往往出现权利人按月申请执行，一年累计立案12起的现象。通过执前督促，由法院"早告知""早提醒""早督促"的形式通知义务人及时履行，将直接减少权利人"讼累"。

3. 修复诚信社会关系

执行实践中，部分义务人对法院判决认识不到位，对自身"不履行行为"的性质有误解。笔者在承办执行案件中发现，少部分义务人因"心中的一口气在"，故意不履行判决，甚至未意识到"拒不履行判决的行为可能构成刑事犯罪"的严重后果。尽管该类义务人通常具备一定的履行能力。但由于诸多观念问题导致其履行不积极、不及时，最终被执行法院采取限制高消费、失信被执行人措施。作为人口大国，大量民商事案件涌入执行，势必会造成限制消费、失信人员数量增加，不利于诚信社会的建设。在执前督促机制下，法院鼓励当事人自觉履行裁判义务，不收取执行费，不仅降低执行成本、有效提升执行效率，也有利于化解当事人之间的矛盾，修复社会关系。

（三）执前通知督促的柔性障碍

在执前通知督促阶段，法院发起督促主要适用于法律文书生效后履行期限尚未届满的情形。经权利人书面申请，法院向义务人发出“执前督促履行通知书”，载明应履行的内容及不履行后进入强制执行的后果。该阶段，由于法律文书履行期限尚未届满，法院只能进行“柔性”地劝。“执前督促履行通知书”仅起劝导作用，在义务人未履行时无法触发否定性法律后果。上述青羊区、三门县、吴中区等法院对执前督促机制的运用基本停留在通知督促阶段。这也是我国多数基层法院运用执前督促机制的实践概况。无论是“审执联动”还是“创设诚信履行工作室”或是“借助AI智能化督促模式”，在面对有能力履行却执意拒绝履行甚至转移、隐匿财产的义务人时将捉襟见肘。归根结底，通知督促的“柔性”特征明显。该阶段承担通知督促责任的法官往往在“苦口婆心”地劝导义务人自觉履行。

1．执前通知督促无法解决执行立案前的“时间差”难题

实践中，权利人可能出于各种原因未能在诉前或诉中对义务人的财产作出保全措施（特别是老年权利人群体以及其他未获得律师代理的权利人）。在获得生效法律文书后，履行期限届满前，权利人即使发现义务人转移财产或抽逃出资的均无计可施。再者，生效法律文书规定的履行期限一般为十日。从生效法律文书作出，到执行立案存在“时间差”。而传统执前通知督促机制下，法官仅能书面或口头“柔性”地劝导义务人。面对不诚信或存在侥幸心理的义务人时，此种执前督促缺少“刚性”保障，难以实现督促之根本目的。如：原告甲公司与被告乙公司、丙公司、丁某等买卖合同纠纷一案。经审理，法院于2023年7月10日判令三被告共同向原告偿还四百余万元。被告在收到判决书后随即向上级法院提出上诉，后因被告未缴纳诉讼费，被法院视为撤回上诉。2023年11月21日，一审判决生效。被告乙公司于判决规定的履行期限内为其名下某套房产设置了两项抵押权。由于履行期限尚未届满，原告甲公司无法申请执行，也未向法院申请执行前财产保全。乙公司新设抵押权的行为直接减损了原告甲公司的胜诉权益。

2．“执前督促履行通知书”缺少强制力

如三门县人民法院在创设诚信履行工作室中，运用“执前督促履行通知书”，以期劝导义务人，使其自觉履行。但就法律效果而言，执行立案前发出的“执前督促履行通知书”并不具备执行立案后的“执行通知书、报告财产令”的法律效力。执行实务中，被执行人收到“执行通知书、报告财产令”后若未主动履行又未如实申报财产的，执行法院可对该被执行人采取司法拘留十五日的强制措施。

在执前督促履行期限内或执行立案前，法院制作“执前履行通知书”向义务人送达。“执前履行通知书”一般载明义务人应支付的本金、利息、案件受理费及不履行后承担迟延履行期间的债务利息、执行费等法律后果。与执行立案后的法律文书相比，“执前督促履行通知书”劝导、教育作用明显。该阶段，义务人收到“执前督促履行通知书”后可选择及时履行也可不予理会。若义务人未履行，法院并无直接对义务人采取相关强制措施的可能。还需进入执行立案，由执行法官采取相应的执行措施。

3．执前督促存在通知不到义务人的情形

送达是民事诉讼法程序的重要阶段，直接关系到程序正义能否被实现。近年，我国经济高速发展，社会人口流动快。“送达难”是民事诉讼实务的突出问题。

而“公告送达”是穷尽其他送达方式后的一种保障措施。⑥ 面对通知不到被告或被告始终不到庭的，法院可借助“公告送达”方式向其送达诉讼活动全阶段的法律文书。尽管公告送达与其他送达方式具有相同程序效力，但一旦用于执前督促阶段，难以实现督促目的。执行督促本身是劝导、教育过程，而且为法院与义务人间的双向沟通过程。若义务人在判决或调解作出后下落不明，或整个诉讼过程均未现身的，法官很难向其传达督促内容。

二、刚性回归：执行前保全督促的理解与运用

狭义上的执前督促机制一般指执前通知督促，即法院通过口头或书面的方式：第一，督促义务人尽快履行；第二，提醒不履行的法律后果；第三，告知履行后的奖励，如发出“自动履行证明书”。而广义上的执前督促机制应

⑥ 唐太飞：《民事诉讼公告送达之透视——以〈民事诉讼法〉司法解释为视角》，载《中北大学学报（社会科学版）》2018 年第 6 期。

包括执前通知督促与执前保全督促。生效法律文书作出后，执行立案前，法院的各种通知督促手段对义务人进行劝导归根结底仅起到“通知”的作用。义务人履行生效法律文书的“自觉性”直接关系到该阶段督促目的是否能实现。因此执前通知督促缺少“刚性”特征。在大量民商事案件特别是信用卡纠纷、小额金融借款合同纠纷等批量案件涌入基层法院的背景下，基于执源治理目的，执行前保全督促势必是执前督促机制刚性回归的重要手段。

（一）执行前财产保全程序的立法历程

执行前财产保全与诉前财产保全、诉中财产保全共同实现了民事诉讼活动财产保全制度的“全覆盖”，进一步完善了我国财产保全规范体系。⑦民事诉讼中的财产保全是权利人在胜诉后获得清偿可能的重要手段。实务中，对义务人的保全可涵盖其名下银行存款、第三方支付余额（微信、支付宝、网银）、房产、车辆、股权等财产。

我国执前财产保全程序最早可追溯到2005年1月1日起实施的《关于人民法院执行中查封、扣押、冻结财产的规定》（以下简称《查封、扣押、冻结规定》）。其第三条规定：“作为执行依据的法律文书生效后至申请执行前，债权人可以向有执行管辖权的人民法院申请保全债务人的财产。人民法院可以参照民事诉讼法第九十二条的规定作出保全裁定，保全裁定应当立即执行。”2008年，经修改后的《查封、扣押、冻结规定》第三条中保留了对执行前财产保全程序的规定。2015年2月4日起实施的《最高人民法院关于适用〈中华人民共和国民事诉讼法〉的解释》（以下简称《民诉法解释》）第一百六十三条规定正式确立了执行前的财产保全制度，并沿用至今。⑧然而，2020年修正的《查封、扣押、冻结规定》却删除了关于执行前财产保全程序的规定。

⑦ 王杏飞：《论执行前财产保全制度的再完善》，载《人民法院报》2016年4月27日第8版。

⑧《最高人民法院关于适用〈中华人民共和国民事诉讼法〉的解释》第一百六十三条规定：“法律文书生效后，进入执行程序前，债权人因对方当事人转移财产等紧急情况，不申请保全将可能导致生效法律文书不能执行或难以执行的，可以向执行法院申请采取保全措施。债权人在法律文书规定的履行期间届满后五日内不申请执行的，人民法院应当解除保全。”

《民诉法解释》第一百六十三条的规定将财产保全程序从审判阶段延伸至执行阶段，意图构建“全方位”的保全体系，维护生效法律文书权威。

（二）执前保全督促的优势

相较于“执前督促履行通知书”而言，执前保全程序突显“刚性”特征，并不以义务人“自愿”为前提。执行前的保全措施可固定义务人财产，有效避免不诚信或存在侥幸心理的义务人在履行期阶段随意处分自身财产的问题。另外，执行前保全程序一般以书面裁定方式启动。保全执行裁定书对义务人而言更具威慑力。而且在执前保全督促阶段，义务人并不存在相应的复议权或异议权。法律文书经作出生效后，义务人的救济权应在再审程序中处理。值得注意的是，执行前保全督促对于义务人名下的银行存款及第三方支付余额（微信、支付宝）的控制最为迅速。如今随着数字法院的建设，财产保全办案系统已能较为准确、及时地显示义务人名下的存款类财产的情况。

一旦义务人的财产被成功冻结，义务人只能配合法院及时履行义务，否则执行法院可在执行程序中予以强制扣划。况且进入执行程序后产生的执行费还需被执行人承担。被足额冻结的义务人往往经权衡利弊，会在执行立案前主动向权利人清偿。若权利人经足额受偿的，便不再申请强制执行。法院在法律文书生效后，执行立案前决定运用执前督促机制的，在向义务人发出“执前督促履行通知书”时应当同时制作“执行前财产保全裁定书”并送达义务人。只有通知督促与保全督促相结合，才能发挥执前督促机制的“刚性”作用，并为破解执行难、督促义务人履行义务提供制度保障。

（三）执行前财产保全的程序定位

执行前财产保全程序与诉前、诉中两项财产保全程序共同构建我国民事诉讼活动的保全规范体系。尽管执行前财产保全与诉前、诉中财产保全的手段类似，均为冻结、查封、扣押义务人的财产。但应在程序定位上将执行前财产保全与诉前、诉中财产保全相区分。诉前、诉中保全的作用侧重于保障法院即将作出的生效法律文书可获清偿，而执行前财产保全在此作用的基础上应延伸出将纠纷解决在执行立案前的作用，以期实现“执源治理”。

然而执行前财产保全程序发挥的作用远远不及前面两项保全程序。在传统观念里，面对履行期限届满仍不履行的义务人，权利人一般选择向有管辖权的法院申请强制执行。执行法院也不会主动在执行前主动采取财产保全程序去控制义务人名下的财产。这就导致执行前财产保全程序运用率较低，使其成为执行实务中的“纸面”程序。究其原因有二：第一，权利人难以举证证明义务人存在转移财产的行为；第二，不申请执行前财产保全与执行不能的因果关系难以认定。尽管《民诉法解释》以“紧急情况”为权利人做“兜底”。但何为“紧急情况”，“紧急情况”认定标准在谁等问题尚待明确。现行法律框架内，权利人需证明“义务人存在转移财产”，导致“执行不能”，从而才能向法院申请启动执行前的财产保全程序。该种限制条件直接导致执行前财产保全程序的运用捉襟见肘。金融机构或者其他具备优势地位的权利人可能会通过先前发生纠纷的关联账户掌握到义务人转移财产的迹象，但除此之外的自然人权利人往往难以分辨义务人的转移财产的行为。为顺应“执源治理”的需要，执行前财产保全程序必须在立法上作出相应的调整，以及时弥补“法律文书生效后，权利人申请执行前”的时间空白。为执前督促机制赋予“刚性”色彩。

在执行案件不断积压的新形势下，执行前财产保全程序势必要再造自身程序设计，重新找准程序定位，为“执源治理”工作提供新的思路。A法院在试点解决基层法院批量执行案件过于冗杂的过程中，将执行前财产保全程序作为执前督促机制的“刚性手段”，不仅起到执行立案繁简分流的作用，也及时保全到部分案款，维护了权利人合法权益。

三、程序再造：执行前财产保全的具体构建

现行《民诉法解释》第一百六十三条是对执行前保全程序作出较为具体规定的规范性文件。其一，《民诉法解释》严格限制执行前财产保全程序的适用条件，仅在债权人因对方当事人转移财产等情急情况下才能申请财产保全。实际上，庭审时原被告“针锋相对”，双方之间缺乏信任与沟通，原告很难判断义务人是否可能出现转移财产的情形。其二，“不申请保全可能导致生效法律文书不能执行”的举证、说明责任在原告，但原告往往很难提供相关证据来说明不适用执行前财产保全可能导致判决难以执行。其三，《民诉法解释》在具体操作层面未对执行前财产保全的申请方式、受理部门、财

产线索、费用、担保以及与执行立案的衔接等问题作出明确规定。追溯到上位法中，《民事诉讼法》第一百零三条则是对保全程序的概况规定，[⑨]也未严格在程序定位上区分执行前财产保全与诉前财产保全、诉中财产保全。关于执行前财产保全程序的立法多是参考诉前、诉中保全程序。执行前财产保全程序与诉前、诉中保全程序的混淆，导致长期以来执行前财产保全程序成为执行实务中的“隐藏程序”或“纸面程序”。法院运用这项程序的积极性较低。

在“执源治理”的新形势下，执行前财产保全程序应充分发挥其自身优势，解决“生效法律作出后，执行立案前的时间差”“通知督促缺乏强制力”“通知督促可能无法送达”等问题。

（一）申请方式

《民事诉讼法》关于保全程序启动方式采“二元制”。一般情况下以当事人的申请为前提，必要时法院也可根据案情直接裁定采取保全措施。而《民诉法解释》第一百六十三条则要求，对于进入执行前的保全申请需权利人提出申请。权利人在申请执行前财产保全应递交的材料一般包括，执行前财产保全申请书；作为执行依据的法律文书复印件（原件交法院核对）及生效证明；保全财产的线索及相关证明材料（若财产为个人银行存款的，申请人应提供开户银行名称、地址、储户姓名、身份证号码及账号）。[⑩]A法院在推动执前督促机制试点工作中，也明确执前督促程序以权利人的书面申请为启动方式。以信用卡纠纷、小额金融借款合同纠纷等批量案件为例，权利人可提交“执前财产保全并案申请书”，并附上案件清单与相应的判决书、调解书等执行依据。由于“不申请保全可能导致生效法律文书不能执行”缺少明确的证明标准，试点中，权利人无需在执行前财产保全申请书中对此类问题作出

⑨ 《中华人民共和国民事诉讼法（2023年修正）》第一百零三条规定：“人民法院对于可能因当事人一方的行为或其他原因，使判决难以执行或者造成当事人其他损害的案件，根据对方当事人的申请，可以裁定对其财产进行保全、责令其作出一定行为或者禁止其作出一定行为；当事人没有提出申请的，人民法院在必要时也可以裁定采取保全措施。”

⑩ 《民事执行前财产保全申请指南》，载中国法院网 https://www.chinacourt.org/article/detail/2013/05/id/953979.shtml, 2024年7月19日访问。

说明。

值得注意的是，对于生效法律文书规定按月支付的“抚养费、赡养费”案件或其他分期履行的借贷类案件，如义务人拒绝主动履行的，权利人往往按月、按季度向法院申请强制执行。这可能导致一份执行依据会因义务人拒不配合，被持续执行立案几十次的后果。为避免这类案件的积压问题，法院可依职权运用执行前财产保全程序。不经执行立案，直接查控义务人财产。

概而言之，执行前财产保全程序的启动方式也应采“二元制”方式，以权利人书面申请为主，法院可根据个案情况自行裁量决定是否运用这项程序。

（二）受理部门

关于执行前财产保全程序由何部门受理的问题，《民诉法解释》对此未作出明确规定，其在第一百六十三条仅指出对执行前财产保全程序有管辖权的法院是执行法院，即《民事诉讼法》第二百三十五条中的一审法院或与一审法院同级的被执行财产所在地法院。[11] 在诉讼阶段，权利人申请财产保全的，由法院的立案部门受理。与诉前财产保全、诉中财产保全不同，执行前财产保全发生在判决、调解等法律文书生效后，原审判程序已结束。作为执前督促机制“刚性回归”的重要手段，执行前财产保全程序的运用也将意味着执前督促机制的启动。执前督促机制运作的结果直接关系到涉案纠纷是否需要执行立案。因此执行部门直接受理执行前财产保全的申请更为适宜。权利人向执行部门提交“执行前财产保全申请书”，写明义务人姓名、联系地址、电话、保全金额等信息。需要注意的是，执行部门在收到申请后，可自行制作“执前督促履行通知书”直接向义务人送达。但“执行前财产保全裁定书”不仅要向义务人送达，还应交由立案部门处理，由立案部门立执行前财产保全案件。立、审、执分离的体系下，执行部门一般无法直接在“办案系统”中未经执行立案即拥有查控权限。

---

[11] 《中华人民共和国民事诉讼法（2023 年修正）》第二百三十五条规定：“发生法律效力的民事判决、裁定，以及刑事判决、裁定中的财产部分，由第一审人民法院或者与第一审人民法院同级的被执行的财产所在地人民法院执行。”

概言之，在执前通知督促与执行前保全督促相融合的执前督促机制中，法院的执行部门与立案部门应共同承担程序之启动、运行的责任。

（三）财产线索

实务中，对于权利人提起财产保全申请的，人民法院一般要求权利人提供具体的财产信息或财产线索。如义务人名下存款所在银行的名称、卡号，不动产地址或动产的具体信息。在诉前、诉中财产保全中，由于双方当事人未获得实体的裁判，双方的债权债务情况还未明晰，法院并不会直接概括式地通过办案系统查询义务人名下所有银行账户、股权、车辆、房产等财产。因此，权利人提交具体的财产信息或线索是启动诉前、诉中财产保全的必要条件。如最高人民法院在《关于人民法院办理财产保全案件若干问题的规定》（以下简称《财产保全规定》）第一条规定："当事人、利害关系人申请财产保全，应当向人民法院提交申请书，并提供相关证据材料……（四）明确的被保全财产信息或者具体的被保全财产线索……"

关于权利人是否必须提供明确财产线索以启动执行前财产保全程序的问题，应从这项程序的目的出发而考虑。执行前财产保全程序的运用之目的有二：一为弥补法律文书作出后权利人申请执行前的"时间空白"，避免义务人在履行期限内转移或隐匿财产。二为实现执行立案的"繁简分流"。明确的财产线索不应成为执行前财产保全程序启动的必要条件。原则上权利人在履行期限内填写保全申请书的可以提供相应的财产线索，以便执行、立案部门准确快速地查控财产。但当财产线索不明确甚至无财产线索时，执行、立案部门也应当根据个案情况（如案由、案件标的金额）裁量决定在启动执前督促机制时是否同时运用执行前财产保全程序。另外，对于小额金融借款合同纠纷、信用卡纠纷等批量案件的，可在执前督促阶段立执行前财产保全案件查询义务人的财产状况，且为概括式的财产查询，如详细查询义务人在全国范围内的银行、互联网支付平台的开户及存款情况。

（四）费用及担保

权利人向执行部门申请执行前财产保全是否应缴纳费用或提供担保则是《民诉法解释》第一百六十三条未细化规定的另外两个问题。而《财产保全规定》第九条则将执行前财产保全是否需要担保的问题交由法官裁量决定。[12]与诉前、诉中两种保全程序不同，执行前财产保全程序本质上是将执行中的冻结、查封等强制措施提前至执行立案之前，其目的是督促义务人及时履行生效法律文书，也起到为执行立案繁简分流之作用。实际上，保全部门对义务人的名下银行存款、证券、网络资金、不动产、保险、车辆等进行系统查询、控制等措施与执行中的查控措施一致。若执行前财产保全阶段冻结或查封到财产，义务人仍拒绝主动履行的，对于已查控财产的处置、变现还应在执行程序中解决。因此，权利人不应在执行前财产保全程序中额外缴费或提供担保。

四、繁简分流：执行前财产保全的程序走向

执前通知督促具有“柔性劝”的特征，而执前保全督促更具“刚性”色彩。执前通知督促与执前保全相融合的执前督促机制则与“刚柔并济”的执行理念相融合。执行法院启动执前督促的，可同时发出“执前督促履行通知书”和“执行前财产保全裁定书”。进入保全督促的案件则会面临两种情形。

（一）冻结到义务人名下的现金存款

立案部门新立执行前财产保全案件后，经系统查询，义务人名下若有现金存款的，法院可直接发起冻结。此种情形多出现在民间借贷合同纠纷、租赁合同纠纷、小额金融借款合同纠纷、信用卡纠纷等权利义务关系明确且标的金额小的案件。

1．义务人主动履行，解除执行前财产保全

这种情形下，义务人在收到“执前督促履行通知书”后，决定主动配合法院在履行期限内向权利人履行。义务人履行后，执行部门应向其出具“主动履行证明书”以作激励。此时保全的原因已消失，为保障当事人的合法权

[12] 最高人民法院《关于人民法院办理财产保全案件若干问题的规定》第九条规定：“当事人在诉讼中申请财产保全，有下列情形之一的，人民法院可以不要求提供担保：（一）追索赡养费、扶养费、抚育费、抚恤金、医疗费用、劳动报酬、工伤赔偿、交通事故人身损害赔偿的……法律文书生效后，进入执行程序前，债权人申请财产保全的，人民法院可以不要求提供担保。”

益，执行部门应及时制作解除保全裁定书向保全部门发出。由保全部门在保全案件办案系统中解除对该类义务人的冻结、查封措施。执行立案前，通过财产保全程序“督促”义务人主动履行，避免纠纷进入执行立案，具有一定的繁简分流之效。

2．义务人未主动履行或无法通知，移送执行立案

此种情形涉及保全部门能否在执行前直接扣划义务人名下存款的问题。执行前财产保全程序在内核上与诉前、诉中两种保全程序一样，核心都在于禁止义务人处分被保全到的财产。三种保全程序自身并无对财产的处分、变价权。

保全部门概况查询义务人名下银行存款、互联网支付平台余额。尽管在发现钱款时可径行冻结并告知义务人。但当义务人明确知道已被采取保全措却拒不履行，或者根本无法通知到义务人的，保全部门不可越俎代庖扣划已冻结的钱款，应将执前保全案件的材料尽数移交给立案部门予以执行立案，再由执行部门在执行阶段处理已冻结到的钱款。概言之，保全部门仅作出冻结、查封之措施。财产扣划、变现还需在执行立案后处理。

（二）未查到义务人名下有任何财产，此关于“无财产可供执行告知书”的刍议

保全部门可在执行前财产保全阶段概况查询义务人名下银行存款、互联网支付平台余额、理财、房产、车辆、股权等财产。若控制到财产，义务人仍不履行的则交由执行部门在执行案件中处理，此即为执行前财产保全程序与执行程序的常规衔接。然而实务中不乏穷尽各种送达方式仍未在诉讼中“露面”的义务人，这种人群往往伴随经概况式查询无任何财产信息的结果。

此次A法院试点通知督促与保全督促相结合的执前督促机制，对于经执行前保全程序概况查询而任何财产信息的案件，制作“无财产可供执行告知书”并向权利人发放。2024年2月至5月，对于试点的两家金融机构涉5279份执行依据中，A法院共计作出4410份“无财产可供执行告知书”。告知书中载明权利人、义务人信息，案由类型，生效法律文书的案号及概况式财产查询结果。

在“无财产可供执行告知书”中，执行法院可建议权利人以执行前财产

保全查询结果为准延缓申请执行。诸如信用卡纠纷、小额金融借款合同纠纷这类案件法律关系清楚，事实明确。执行前财产保全程序已对该类案件义务人名下财产先行查询。为防止执行立案后的程序空转，这类案件经先行查询无任何结果的，可暂时不再执行立案。需要注意的是，“无财产可供执行告知书”对权利人仅有建议的效果，并不“剥夺”申请执行权。权利人可根据实际查控结果，自主决定是否申请执行立案。

综上，无论是经保全督促控制到财产后义务人主动履行的，还是经概况式查询发现无财产信息后延缓执行立案的，均在一定程度上可缓解执行案件积压的难题。

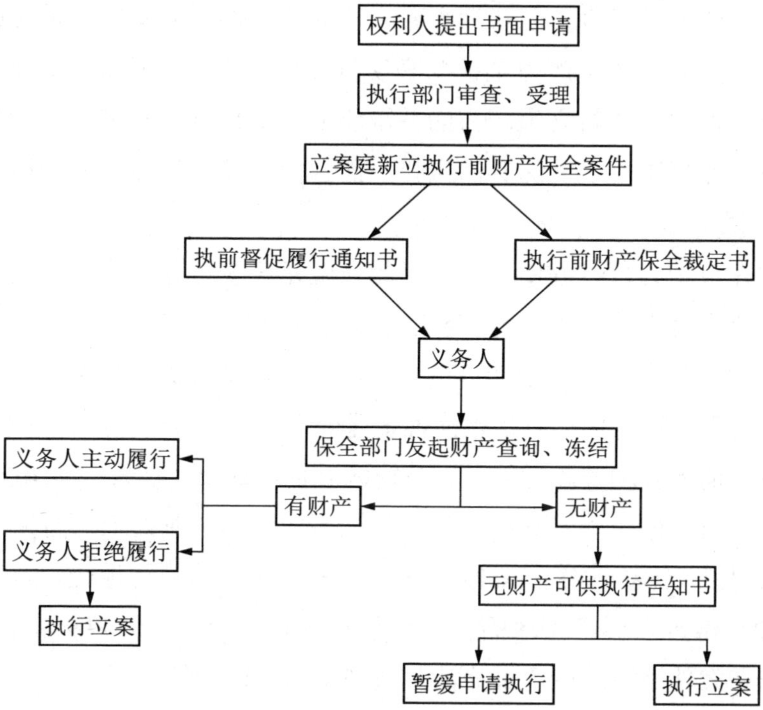

图1　执前督促流程

新质生产力背景下企业涉诉信息全流程分级公开机制的可行性研究

傅朱钢　吴晓婕　戴志洲*

新质生产力是以科技创新为主导、实现关键性、颠覆性技术突破而产生的生产力。发展新质生产力是推动高质量发展的内在要求和重要着力点。① 营商环境是推动形成新质生产力的关键要素，优化营商环境时是全面深化改革，实现企业高质量发展的必然选择；而营商环境的好坏，作为市场主体的企业最有发言权。

企业在市场经营过程中，其经营的风险是千变万化，当企业发展到一定体量之后往往难以避免涉诉。企业在涉诉的过程，根据涉诉主体的身份地位，可以划分为积极主动型涉诉信息、消极型被动涉诉信息、中立型涉诉信息。积极主动型涉诉信息，是指涉诉企业处于"原告""申请人""执行人"等身份地位。消极被动型涉诉信息，是指涉诉企业处于"被告""被申请人""被执行人"等身份地位。中立型涉诉信息，是指涉诉企业处于"担保人""勘验人""鉴定人""专家证人""无独立请求权第三人"等身份地位。当企业不论是以何种身份进入诉讼程序后，审判信息都将会公开，并根据案件的情况，有的企业在案件生效之后还可能涉及裁判文书、执行信息等。

企业的涉诉信息源于法院依据规定在中国审判流程信息公开网、中国庭审公开网、中国裁判文书网、中国执行信息公开网、全国企业破产重整案件

* 傅朱钢，法律硕士，上海市静安区人民法院党组成员、副院长。吴晓婕，法学学士，上海市静安区人民法院商事审判庭审判员。戴志洲，法学硕士，上海市静安区人民法院商事审判庭法官助理。本文获 2024 年上海法院报批调研课题优秀奖。

① 《习近平在中共中央政治局第十一次集体学习时强调：加快发展新质生产力扎实推进高质量发展》，载《人民日报》2024 年 2 月 2 日。

信息网平台上进行公开的信息。后随着科技的不断发展催生出类似启信宝、企查查、天眼查等企业工商信息查询平台，这些第三方平台对已公开的诉讼信息进行搜集、整理、归纳等，形成关于被收集企业的法律诉讼信息包括司法案件信息、诉前调解信息、立案信息、开庭信息、公告信息、裁判文书、执行信息等，并对企业进行风险级别认定等。实践中，不论是人民法院公开的审判流程、庭审活动、裁判文书、执行信息等涉诉信息还是第三方企业信息查询机构搜集分类的涉诉信息，虽然保障了公众的知情权、参与权、表达权和监督权，但是因无差别化的一律公开包括流程、庭审、文书（除了涉及国家秘密、商业秘密、个人隐私等），在一定程度上产生了一些负面影响，应当引起关注。

一、问题的提出

（一）企业经营困难

在互联网经济时代，信息高度发达，企业的涉诉信息很容易就能被获取，不论是金融机构、潜在客户、合作伙伴、投资者等都会对企业的信用、资质和经营状况进行评估审查，但若是因为法院公开的一些过程性的法律文书抑或是无实质性纠纷的诉讼信息所羁绊，进而制约企业的发展，则一定程度上影响了营商环境的建设。因为涉诉信息无差异化的被公开，不仅影响到企业的商誉，还影响到企业的经营，更有甚者因诉讼纠纷给企业恢复正常经营造成了壁垒进一步扩大企业恢复经营的困境，如融资贷款受阻、商业合作困难、市场拓展受阻、难以参与招投标等。诚然，若仅是因为过程性的法律文书抑或是无实质性纠纷的诉讼信息而影响企业的融资贷款受阻等，一方面可能存在金融机构等对信用风险的不合理评估，但另一方面作为公布企业诉讼信息的主体即人民法院是否也存在完善的空间，值得考量。

案例 1：原告上海某科技公司诉被告上海某酒店管理公司侵害作品信息网络传播权纠纷一案中，[②] 该案双方协商后达成和解，最后以原告申请撤诉的方式结案，法院根据原告的撤诉申请作出准许撤诉的民事裁定书，并将该撤

② 参见上海市静安区人民法院（2023）沪 0106 民初 38716 号民事裁定书。

诉文书予以公开。后被告向法院申请撤回该文书的公开，理由为因该案的民事撤诉裁定书公开在中国裁判文书网上，致使被告在向某金融机构申请融资时被拒绝，该文书被金融机构检索到，使得该公司被金融机构标记为经营风险信用不良，公司在申请贷款时被扣除相应分值导致无法及时融资，导致经营困难，故要求法院撤回该裁定书的上网公示。

（二）引发民事纠纷

第三方企业信息查询机构通过已公开的企业涉诉信息进行采集、整理、保存、加工等，无可厚非有相应的社会需求和积极的社会意义，一是可以使交易主体能及时了解交易对方的信用状况，防范交易风险，二是可以使具有良好信用的企业获得更多的交易机会。但是，实践中存在因第三方企业信息查询机构对企业涉诉信息进行收集加工时候，存在信息错误披露和标记、信息更新不及时、信息搜集不完整、说明不明晰、风险未及时更新等原因，频繁引发民事纠纷。

案例 2：原告乌鲁木齐某实业公司诉被告上海某科技公司网络侵权责任纠纷一案中，③ 原告诉称，被告作为国内领先的企业信用信息公示查询平台，错误将三起案件登记至被告名下，错误披露原告为被执行人、实行被执行人，并将原告标注为“高风险”，导致原告的社会评价降低，错失商业机会造成经济损失，要求赔偿经济损失 30 余万元。后法院查明，该案中被告确实有一起案件因案号相似导致错误登记的情况。

（三）滋生违法犯罪

有的个人或者商业公司利用技术手段抓取公开的涉诉信息后，进行信息倒卖，以信息修复为由，以非法占有他人钱财为目的，虚构事实，大量实施诈骗，不仅侵害了被害人的财产权，还扰乱了社会秩序，损害了司法公信力。更有甚者，催生了违法犯罪产业链，成立征信服务公司，从收集涉诉信息，到谎称教授信用修复技术，再到信用修复进行诈骗，以非法占有为目的，虚构事实，骗取他人财物，构成诈骗罪。

③ 参见上海市静安区人民法院（2023）沪 0106 民初 33296 号民事判决书。

案例 3：黄某钤、杨某东等诈骗罪一案中，[④] 被告人共有 11 人，被告人黄某钤成立公司并安排员工对外宣称其公司有专业团队及渠道可以修复征信，前后共计诈骗 115 人，累计诈骗金额 276 余万元。数额巨大，严重侵害公私财产安全，扰乱社会秩序。最后被法院判处犯诈骗罪，刑期 3 年至 11 年不等。

案例 4：赵某、李某诈骗罪一案中，[⑤] 被告人赵某成立征信公司，对外谎称可以教授他人合理合法的信用修复技术，虚构事实，向他人收取报名培训费。最后被法院判处犯诈骗罪，刑期 6 个月。

（四）诱发舆论风险

如前所述，一方面，部分企业因为过程性的法律文书抑或是无实质性纠纷的诉讼信息而影响企业的融资贷款受阻等原因；另一方面，部分企业因第三方企业信息查询机构披露的信息错误、更新不及时等原因，实践中，存在部分当事人不向法院申请撤回该诉讼信息或是要求法院出具澄清说明等，抑或是不向第三方企业信息查询机构要求修正更新信息等情况，而是直接采用不恰当的网络传播方式，以期通过舆论压力要求法院消除因涉诉信息的公开而产生的影响。采取该方式，不仅不能达到消除涉诉信息公开带来的负面影响的目的，还会损害法院的司法公信力。有的学者也提出，不恰当公开的裁判文书可能会对当事人权益、司法公信力等造成不可逆转的负面影响。[⑥]

案例 5：四川某文化公司与上海某食品公司一案中，[⑦] 原告诉至法院后，未缴纳诉讼费用，且无正当理由拒不到庭，法院依法裁定该案按原告撤诉处理。案件生效后，被告通过多渠道反映情况信访，称天某查平台抓取到该案件的涉诉信息（开庭信息），要求法院撤回涉诉信息。

---

④ 参见湖北省宜昌市夷陵区人民法院（2021）鄂 0506 刑初 7 号刑事判决书。

⑤ 参见河南省郑州市金水区人民法院（2021）豫 0105 刑初 66 号刑事判决书。

⑥ 徐文进、姚竞燕：《被遗忘权范式下裁判文书上网后撤回机制的检视与优化水平——基于 131 份撤回文书及〈个人信息保护法〉的定向分析》，载《法治研究》2022 年第 1 期。

⑦ 参见上海市静安区人民法院（2021）沪 0106 民初 16851 号民事裁定书。

二、企业涉诉信息分级公开的必要性

（一）优化营商环境的迫切需求

司法治理作为营商环境建设的必要组成部分，人民法院扮演着不可或缺的角色，在保障市场主体合法权益、维护公正稳定的市场秩序中发挥着重要的作用。营商环境好不好，经营主体最有发言权，在诉讼进程中全流程保障涉诉企业，通过一定程度上的限制企业涉诉信息的公开，有利于优化营商环境建设。

首先，持续性建设市场化、法治化、国际化一流营商环境，为的就是让市场经营者主体实干兴业没有后顾之忧，让企业更有获得感。其次，限制企业涉诉信息的公开，一定程度上有助于减少诉讼增量，压缩部分民事纠纷产生的空间，让企业集中力量办生产经营，而非疲于应付诉讼。再次，大数据时代，法院作为公布涉诉信息的源头，一定程度上限制企业涉诉信息的公开，将过程性的法律文书抑或是无实质性纠纷的诉讼信息予以“隐藏”，降低企业因此而导致商誉影响或融资受阻的可能性。最后，针对涉诉企业的涉诉信息进行客观说明或者予以澄清，优化法治化营商环境建设。

（二）发展新质生产力的题中之义

数字经济的发展离不开数据，进入数字时代，人工智能、大数据等数字技术加速创新，大数据作为新质生产力的新的劳动对象，已广泛渗透到各行各业，数据作为关键生产要素的价值凸显，法院公布的企业涉诉信息等作为大数据对象，更应审慎，只有进行适当的限制，才能深度契合和赋能劳动者、劳动资料、劳动对象等基本要素，为新质生产力的形成和发展奠定重要基础。原因有以下两个方面：一方面，从微观角度上看，新质生产力融入数据等新型生产要素，对于科技产业的“创新性”，主要体现在产业自身对于劳动资料高新科技化、劳动对象高新科技化、劳动者高新科技化等方面。⑧ 而以企业信息等为构成要素的大数据因劳动对象的范围和领域的不断扩大已成为新的

⑧ 谢加书、王宇星：《准确把握新质生产力的科学内涵和基本特征》，载《南方日报》2023年10月9日。

劳动对象，使得劳动对象的科技化程度不断提升，所以人民法院作为企业涉诉信息的公布主体，更应审慎衡量。另一方面，从宏观的角度上看，通过对企业涉诉信息分级公开，营造良好的营商环境护航企业高质量，为发展新质生产力培植沃土。

（三）企业信用修复的有效路径

随着社会信用体系建设的不断推进，社会诚信意识和氛围得到显著改善。一是，企业信用体系的“上半篇文章”，即企业涉诉信息分级公开。从源头上减少部分涉诉信息公开，适当缓解因过度公开而可能导致的恢复良好信用动机的企业几乎失去了继续经营的可能。因为在公开之后，即便涉诉企业进行失信行为纠正或是履行相关义务，仍然可能因惩戒措施而直接影响企业融资、经济交易和社会活动，企业在经济生活中将寸步难行。二是，企业信用体系的“下半篇文章”，即企业依法进行信用信息修复。失信惩戒的目的不在于抛弃失信主体，而在于鞭策改过自新，主动纠正失信行为，更好地营造实施氛围，使企业强化守信观念、提高社会责任意识和自律意识，从漠视、消极、被动应付向重视、积极、主动应对方向转变，重塑信用，整体提高社会信用水平。

三、企业涉诉信息分级公开的理论依据

（一）信息保护

随着大数据时代迈入鼎盛时期，海量的数据被抓取、整合、分析、画像，有关平台收集上述信息后在社会公开，目的是方便民众确认企业信息是否真实有效并让企业接受社会监督。让信用信息公之于众，有助于社会公众掌握交易主体的信用情况，更加准确地评估交易风险，从而在自愿平等的基础上选择是否与其进行交易。[9] 但是，信息的过度公开可能经过社会群体加工产生制度之外的后果，造成信息失控，不但不能对市场主体的决策带来帮助，还会造成市场主体的恐慌情绪，并损害企业的市场利益。所以，数据的控制者和处理者应尽到采取合法、公平和透明的技术和组织措施保护数据权益的

⑨ 虞李辉：《论被遗忘权融入社会信用体系》，载《法治研究》2022 年第 2 期。

义务，避免因公示涉诉信息而加剧涉诉企业的负担。从社会整体角度而言，如果一个企业作出对消费者利益几乎没有损害的轻微违法行为，这种违法行为的信息公示后，若经由复杂的社会机制的作用形成社会的过度反应，从而使企业利益受到严重损害。这不仅会扭曲市场竞争，给企业造成不公，也不利于社会资源的最佳配置。⑩在诉讼过程中，不论是企业法人还是个人都属于当事人，对于企业的涉诉信息保护可参照类推适用个人信息保护，即信息主体的“默示同意”和基于公共利益等法定事由。

（二）被遗忘权

信息带有明显的时间特征和经济特征，用户需要根据取得的信息，结合自己的知识、经验与科学的分析方法，对事件的未来进展作出判断、推测或假想，进而作出决策，任何一项信息的利用都需要一个分析、研究、筛选的过程，因此信息的经济价值取决于获得信息的超前时间价值。⑪信息在不同的时间具有不同的价值，信息的时效性决定了其可靠性。为有效规范和促进我国征信行业发展，《征信业管理条例》第十六条规定：“不良信息的保存期限，即自不良行为或者事件终止之日起为五年；超过五年的，应当予以删除。”在当前大数据时代，被遗忘权已成为个人信息保护的重要方式。我国《网络安全法》、⑫《个人信息保护法》⑬都规定了删除权；深圳市人民政府发布

⑩ 段礼乐：《羞辱性执法的信息经济学阐释——以企业负面信息发布制度为分析对象》，载《政法论丛》2018年第1期。

⑪ 陈蓉、唐彩霞：《论企业破产重整信息披露时间节点的规范与细化》，载《行政与法》2021年第2期。

⑫ 《中华人民共和国网络安全法》第四十三条：“个人发现网络运营者违反法律、行政法规的规定或者双方的约定收集、使用其个人信息的，有权要求网络运营者删除其个人信息；发现网络运营者收集、存储的其个人信息有错误的，有权要求网络运营者予以更正。网络运营者应当采取措施予以删除或者更正。”

⑬ 《中华人民共和国个人信息保护法》第四十七条：“有下列情形之一的，个人信息处理者应当主动删除个人信息；个人信息处理者未删除的，个人有权请求删除：（一）处理目的已实现、无法实现或者为实现处理目的不再必要；（二）个人信息处理者停止提供产品或者服务，或者保存期限已届满；（三）个人撤回同意；（四）个人信息处理者违反法律、行政法规或者违反约定处理个人信息；（五）法律、行政法规规定的其他情形。法律、行政法规规定的保存期限未届满，或者删除个人信息从技术上难以实现的，个人信息处理者应当停止除存储和采取必要的安全保护措施之外的处理。”

的《深圳市新一代人工智能发展行动计划（2019—2023年）》中还直接明确规定被遗忘权。⑭ 根据法律解释和推理的方法，民事主体中的个人的不良信息在一定时间之后，都能获得“被遗忘”，同为民事主体的“企业法人”也应当获得同样的“待遇”。企业信息的被遗忘权体现在两个方面：一是企业信用修复，在修复之后，先前的失信等行为应当获得“遗忘”，不应再被登记；二是企业信息已过信息保存期间，也应当参照对于个人信息保护的规定，获得“被遗忘”的权利。

（三）价值理论和激励理论

价值理性理论，也称为实质理性，是人类对价值和价值追求的一种自觉意识，本质上属于一种价值理想和价值判断，⑮ 是以人的动机和选择作为实现目标的决定因素。⑯ 司法审判的过程实际上就是多元价值冲突、博弈、妥协的过程，完善的司法应当平衡多方的利益诉求，使得社会秩序达到相对稳定的状态。⑰ 司法公开的价值不应挤压、侵入其他价值范畴，企业涉诉信息与企业的信用状况相关，但过度的公开，会增加交易相对人的负担，所以应当在价值选择过程中予以平衡，对于企业涉诉信息进行适当的限制。

激励理论，是关于如何满足人的各种需要、调动人的积极性的原则和方法的概括总结，目的在于激发人的正确行为动机，调动人的积极性和创造性，以充分发挥人的智力效应，做出最大成绩。企业涉诉信息分级公开，即时通过企业的行为进行动态调整，最大限度激励企业进行信用体系建设。通过信用修复机制进行激励，一方面，引导和鼓励违法失信企业改过自新、重塑信用；另一方面，为社会信用体系建设补缺，提高经济效率。

---

⑭ 《深圳市新一代人工智能发展行动计划（2019—2023年）》规定：企业在开展业务时重视数据主体同意权、访问权、更正权、被遗忘权、限制处理权、拒绝权及自动化自决权等数据权利和自由。

⑮ 曲婧：《依法行政：工具理性和价值理性的分析》，载《社会科学战线》2012年第2期。

⑯ 李丹：《算法歧视消费者：行为机制、损益界定与协同规制》，载《上海财经大学学报》2021年第2期。

⑰ 左卫民：《反思庭审直播——以司法公开为视角》，载《政治与法律》2020年第9期。

四、企业涉诉信息分级公开的可行性

（一）客观条件

在新质生产力背景下企业涉诉信息全流程公开确定分级制，首先需要了解目前企业涉诉信息公开相关情况，其中主要分为审判机关有关涉诉信息的公开与非官方企业数据服务提供平台。

1．审判机关有关企业涉诉信息公开的官方平台

2009年12月8日最高人民法院发布《关于司法公开的六项规定》，该规定明确为了进一步落实公开审判的宪法原则，扩大司法公开范围，拓宽司法公开渠道，保障人民群众对人民法院工作的知情权、参与权、表达权和监督权，维护当事人的合法权益，提高司法民主水平，规范司法行为，促进司法公正，制定该规定，该规定明确司法公开的六个内容：立案公开、庭审公开、执行公开、听证公开、文书公开、审务公开。为落实该规定，最高人民法院先后开通相关平台，具体如下：

（1）中国执行信息公开网，最高人民法院从2009年3月30日起向社会开通该平台，社会各界通过该平台可查询全国法院（不包括军事法院）2007年1月1日以后新收及此前未结的执行案件的被执行人信息。该平台信息被执行人信息由执行法院录入和审核，对于失信被执行人、限制消费人员予以公布。

（2）中国裁判文书网，最高人民法院于2013年7月1日开通该平台，次日，最高人民法院审议通过《最高人民法院裁判文书上网公布暂行办法》，明确除法律有特殊规定的以外，生效裁判文书将全部在中国裁判文书网予以公布。公众在注册登录后可以输入案号、案件类型等关键字检索全国法院公开的民事、刑事、行政、执行等案件的法律文书。截至2023年11月28日，中国裁判文书网发布的各类文书总量为143065993篇。

（3）中国审判流程信息公开网，最高人民法院于2014年8月1日正式面向社会公众运行，该平台公布法院机构设置，司法解释、诉讼指南及案例，涉及具体案件的公开信息为开庭公告，案件当事人可以查询本人或本单位为当事人的全国法院受理的案件审判流程信息。

（4）中国庭审公开网，最高人民法院于 2016 年 9 月 27 日开通该平台，通过该平台公众可以观看法院公开的庭审视频。截至 2024 年 10 月 21 日，该平台已经公开庭审案件数为 22980680 件。

（5）全国企业破产重整案件信息网，最高人民法院于 2016 年 8 月 1 日开通开平台，该平台是全国企业破产重整案件信息互联网组成部分之一，负责对破产案件各类信息分级进行发布，债权人、债务人、出资人等案件相关主体可以通过该平台依法行使破产法规定的相关权利。

2．非官方企业数据服务提供平台

新质生产力背景下对企业数据经营过程中各类数据信息的需求日益强烈，亦成为市场营销、企业背调和风险识别的必要资讯，由此催生了各种商业信息查询平台及企业数据服务供应商平台，这些平台基于各类公开信息，使用大数据、人工智能、爬虫等技术手段、整合各种数据源和工具，提供涵盖企业工商信息、司法信息、经营信息、风险信息、知识产权信息等企业相关的资讯。目前影响较大的这类数据服务平台主要有企查查、启信宝、爱企查、天眼查等。

以“企查查”为例，系全国企业信用查询系统官方备案企业征信机构，可以提供“查老板”“司法大数据”“查商标”“司法大数据”等与企业有关的信用查询服务，其中“司法大数据”可以输入案号、当事人或者案由等关键词查询企业涉诉信息，其数据材料基于裁判文书、执行信息、法院公告等公开司法信息。当检索到具体企业信息时候，包括基本工商信息，股东信息等；法律诉讼板块包括司法案件、失信被执行人、被追刑人、限制高消费、终本案件、裁判文书、立案信息、开庭公告、法院公告、送达公告、破产重整、股权冻结、司法拍卖等具体信息。其中开庭公告信息包含具体案号、案由、案件身份、审理法院及开庭时间。以检索“上海某羡网络科技有限公司”为例，在法律诉讼板块，显示司法案件 52 件，失信被执行人信息 2 条，裁判文书 49 个，立案信息 27 条，开庭公告 56 条，法院公告 9 条，送达公告 20 条；其中司法案件及裁判文书均需购买会员才能查阅具体内容，内容包括案号、案由、原告、被告、审理法院、开庭信息、裁判文书等信息。

从上述企业涉诉信息公开的官方渠道及非官方的数据汇可以看出，企业的涉诉信息均来源于最高人民法院司法公开的各个平台，官方公开渠道的多端口及不完整性，加之非官方渠道的营利性等原因，导致企业涉诉信息的公开存在下述几个方面问题：

（1）官方渠道各司其职。中国审判流程信息公开网对公众公开的仅为开庭信息，中国裁判文书网仅公开各类裁判文书，中国庭审公开网公开的为各级法院上传的庭审视频，从数据可以看出，三个平台公开的案件数量大小关系为：中国审判流程信息公开网 > 中国裁判文书网 > 中国庭审公开网，故通过上述几大平台，并不能完整公示企业涉诉的整个流程，信息不对称可能会带来的负面影响。

（2）数据抓取平台未做精准筛抓取，信息更新滞后。因为多渠道的企业涉诉信息来源，一定存在数据整合难度增加的问题，还会存在数据格式不统一无法整合的问题，更存在数据更新不及时的困境；仅从官方现有平台抓取信息，除存在抓取的精准度的问题外，缺乏对具体案件的准确分析。比如案件处理结果均为撤诉，是当事人自行和解后撤诉，还是原告自行撤诉，抑或是原告未到庭法院按撤诉处理，对于被诉企业来说其所承担的诉讼风险及信贷风险完全不同。数据平台简单粗暴的数据抓取给被诉企业带来的问题需合理有序地公开源头数据。

根据上述分析，正是因为企业涉诉信息公开的无序，对照世行指标体系及各指标评价，我国营商环境的短板指标，即获得信贷指标、中小投资者保护指标、破产退出指标，均与企业涉诉信息的公示不科学存在一定关系，基于以科技创新为主导的新质生产力的背景下，对涉诉信息进行有序整合，对企业涉诉信息全流程分级公开成为必须及可能。

（二）数字法院建设助力涉诉信息分级公开

企业涉诉信息分级评定构想的现实可能性需要也必须依托上海法院领先全国的数字法院建设，数字赋能法院审判工作现代化，数字赋能法院参与社会治理的范围，数字赋能法院在保护企业合法权益及市场有序经营的积极作用。将上述评分细则，依托上海法院信息系统审判平台，在立案、排期、开庭结果、法定事由、审理结果的系统输入时直接匹配相应分值，进行简单计算，系统自动匹配公开等级。对内部来说，根据不同的分值给案件承办人员予以提示，审理中关注案件的审理效果；对外部来说，系统直接确定案件公开等级，给需要企业涉诉企业的机构最直观的数据，给企业的涉诉风险最科学的评定，保护营商环境的有序。

（三）与司法公开并不相悖

18世纪，意大利C.B.贝尔里亚在《论罪犯与刑法》一书中提出“审判应当是公开的”，“以便社会舆论能够制止暴力和私欲”。基于前述论证，企业涉诉信息必须公开，在公开与保护之间的平衡器就是设立企业涉诉信息全流程分级公开机制。

司法公开指在法官审判过程中允许社会公众到法庭参与庭审过程，作为一种社会公开，司法公开有其边界性和限制性。[18]在大数据背景下，信息被收集、利用后可能衍生出更多能够识别特定企业的信息，在这种情况下，绝对化的保护近乎奢望。本文所要论述的是对企业涉诉信息有限制地公开，而非无差别地公开。对企业涉诉信息予以适当的限制，避免不了要讨论其是否和司法公开相冲突。笔者认为并不冲突，主要理由有以下两个方面：一方面，因为企业的该种涉诉信息对于企业资质、信用等并没有实质影响，比如其中过程性文书仅是审判构成中的程序性要求，无实质影响是企业已调解或和解或执行完毕，并未有影响企业信用和资质的负面信息，对该类信息予以公开无价值性。另一方面，司法公开的企业涉诉信息，若无限制、重复性、持续性地一直在网络上公示，展示在社会公众面前，则可能将企业的涉诉情况进一步扩散，进而可能引发不必要的负面效应，且如前所述引发民事纠纷和刑事风险，从而扭曲司法公开的原初价值。

五、企业涉诉信息全流程分级公开机制的构建设想

（一）企业涉诉信息全流程分级公开机制的基本原则

1. 坚持依法公开、及时公开、全面公开的原则

加强司法公开是落实宪法法律原则，保障人民群众参与司法的重大举措，是深化司法体制综合配套改革、健全司法权利运行机制的重要内容，是推进

⑱ 左卫民：《反思庭审直播——以司法公开为视角》，载《政治与法律》2020年第9期。

全面依法治国、建设社会主义法治国家的必然要求，故对企业涉诉信息当然也必须坚持司法公开的总原则。

2．兼顾科学公开、尊重合意、保障保护权益的原则

尊重合意，民事活动应当遵循当事人自愿原则，自愿原则是民法调整的财产关系和人身关系特征的突出的反映。因此可以说意思自治是民法的核心原则，保障权益是对权益的维护和确保，企业的涉诉信息是企业的权益，全部公开或者不科学地公开都是对这种权益的伤害。

3．落实科学评定、动态跟踪、及时修复的原则

动态的变更是科学的内容，在公开过程中应根据案件情况及评分标准的走向随时进行标签调整，对于公开的、登记的调整应随时发生随时变更，及时修复，不能因涉诉信息的公开影响企业的正常经营活动。

（二）企业涉诉信息全流程分级公开机制的配套措施

1．设立组织架构及人员配置

企业涉诉信息分级公开办公室及管理人员，对本院涉诉企业案件的公开等级进行跟踪监督管理，统筹协调落实企业涉诉案件的分级公开动态管理机制，对于各个审判条线的涉企业案件信息公开工作进行统筹安排和监督管理。通过定期召开办公例会，通报企业涉诉公开工作的情况，梳理存在的问题，对评分系统进行评定，提出修改意见，总结工作经验，完善企业涉诉信息分级公开工作机制。

2．建立高效的信息反馈机制

设立企业涉诉信息反馈专线，预防因系统故障而引发的差错，保证涉诉信息数据的准确性。设立信息反馈专线，确保涉诉企业与人民法院沟通顺畅，问题及时解决，避免拖延和滞后；该专线主要负责数据汇总以及企业反馈的差错信息及时确认并更新等。

3．建立常态化跟踪机制

对于区域内的企业，定期开展回访跟踪，及时了解沟通，深化企业涉诉信息公开的理论研究探索，通过深入企业园区、商会等现有机制，共同探索企业涉诉信息公开及机制的动态调整，推动企业涉诉信息公开科学化、规范化，更好平衡企业保护和司法公开的作用。

（三）企业涉诉信息全流程分级公开机制的实施意见

1．基本思路

对企业涉诉信息的公开在诉讼过程中各阶段予以明确，对企业涉诉信息采取积分制分级公开，并根据各个公开考核因素进行评分量化，根据积分予以判断公开的范围及信息。

2．机制适用案件范围

（1）案件类型因素：在审理过程中的一审阶段、二审阶段、再审阶段的民商事案件，破产清算重组案件。

（2）当事人因素：原告、被告、上诉人、被上诉人、再审申请人、再审被申请人有一方为企业法人的案件，以及破产清算重组案件的各方当事人。

3．分级项目及评分总则

根据案件评分细则，对各级法院审理的上述范围内的案件分为五级并用不同颜色标注公开等级，即不公开案件（黑色标签）、一级公开案件（绿色标签）、二级公开案件（黄色标签）、三级公开案件（红色标签）及全流程公开案件（蓝色标签），对应每个公开等级需公开企业涉诉信息的内容不同，并应根据案件的审判流程在不同等级之间进行动态变化。

（1）不公开案件（黑色标签）。根据《中华人民共和国民事诉讼法》第一百三十七条规定：人民法院审理民事案件，除涉及国家秘密、个人隐私或者法律另有规定的以外，应当公开进行。离婚案件，涉及商业秘密的案件，当事人申请不公开审理的，可以不公开审理。根据该规定，故对于不公开的案件，分为两种情况，一种为涉及国家秘密及个人隐私的案件，由立案庭在受理案件时就直接标注为不公开案件，对于该类案件诉讼过程中除公开宣告判决外，其余信息均不予以公开；另一种为可以不公开案件，与企业有关的案件例如涉及商业秘密的案件，在受理案件时，当事人径直申请不公开，由立案庭予以审核是否标注不公开，且这类案件在审理过程中，如发现公开与否情况有变化的，应及时由涉诉信息公开等级管理人进行变更。

（2）全流程公开的案件（蓝色标签），具体包括破产案件、强制清算案件等。2016年7月26日，最高人民法院《关于企业破产案件信息公开的规定（试行）》第一条明确，最高人民法院设立全国企业破产重整案件信息网，破产案件（包括破产重整、破产清算、破产和解案件）审判流程信息以及公告、法律文书、债务人信息等与破产程序有关的信息统一在破产重整案件信息网公布。该规定第三条明确人民法院依法公开破产案件的审判流程节点信息，破产程序中人民法院发布的各类公告，人民法院制作的破产程序法律文书以及人民法院认为应当公开的其他信息。因破产案案件不仅关系到破产企业债权人及债务人的合法权益，还关系到企业职工合法权益，故除涉及国家秘密、个人隐私的信息均应依法公开，另外涉及商业秘密的债务人信息，在不损害债权人和债务人合法权益的情况下，破产管理人可以通过与重整投资人的协议向重整投资人公开。

（3）一级、二级、三级案件的评分细则。除不公开案件及全程公开案件以外的案件，按照量化等级分三级，具体为一级公开案件（绿色标签），二级公开案件（黄色标签），三级公开案件（红色标签），对应评分分值为一级为0—30分，二级为31—60分，三级为60分以上。

评分在0—30分之间的案件，其对于标注一级公开案件，公开内容：开庭信息，具体为案由、原告、被告、审理法院及开庭时间，标注绿色标签，因类案件或因案件标的较小，或原告起诉后短时间即为撤诉等原因，意味着该诉讼对于企业的信用评分、正常经营或招投标等均无影响。

评分在31—60分之间的案件，其对于标注二级公开案件，公开内容：审判流程节点信息及审理过程中法院发布的各类公告。此类案件对企业经营有一定影响，其审理结果对于企业的信用评分及招投标有一定程度的限制，故需要对企业的涉诉信息给予一定的披露，以保护市场的有序进行。

评分在60分以上的案件，其对于标注三级公开案件，公开内容：审判流程节点信息，审理过程中法院发布的各类公告，法院制作的民事判决书及民事裁定书。此类案件对企业经营有较大影响，其审理结果直接影响企业的信用评分及招投标，企业诉讼风险等级较大，故需要对企业的涉诉信息给予校对的披露，以保障该类企业在经营过程中的相对人的知情权，最大限度维护业的合法权益。

表 1　民商事案件评分细则

评分因素	评分事项	评分子事项	分值	备注
案由	合同、准合同纠纷		10 分	包括不当得利和无因管理纠纷
	物权纠纷		15 分	
	知识产权与竞争纠纷	合同类纠纷	10 分	
		权属及侵权纠纷	15 分	
		不正当竞争及垄断纠纷	20 分	
	劳动争议、人事争议		5 分	
	海事商事纠纷		20 分	
	与公司、证券、保险、票据等有关的民事纠纷	与企业、公司有关的纠纷	30 分	
		合伙企业纠纷	25 分	
		证券、期货交易、信托、保险纠纷	20 分	
		与破产有关的纠纷	60 分	
	侵权责任纠纷		10 分	
	特殊诉讼程序、非诉程序案由及其他案由		10 分	
标的	1 万元以下		5 分	
	1 万—10 万元		10 分	
	10 万—100 万元		15 分	
	100 万元以上		20 分	
保全	是		5 分	
	否		0 分	
审理程序	小额		2 分	
	一审简易程序		5 分	
	一审普通程序	独任制	8 分	
		合议制	10 分	
	反诉		2 分	
	二审及再审		15 分	

续表

评分因素	评分事项	评分子事项	分值	备注
法定事由	公告送达		5 分	
	中止		3 分	
	与管辖权有关事由		8 分	
开庭结果	不需再次开庭或还需开庭宣判		5 分	
	当庭调解或撤诉或裁定		0 分	
	需再开庭		5 分	
审理结果	判决	本诉支持	10 分	反诉支持 –10 分
		本诉部分支持	5 分	反诉部分支持 –5 分
		本诉不支持	–5 分	反诉不支持 5 分
	调解		0 分	
	撤诉	和解撤诉	–2 分	
		撤诉	0 分	
		按撤诉处理	–5 分	包括未缴纳诉讼费用及未到庭应诉按撤诉处理
是否上诉或申诉	是		10 分	
	上诉或申诉后撤诉		–10 分	
扣减分数	同一原告多次起诉		–5 分	案由为：买卖合同纠纷、信用卡纠纷、借款合同纠纷、侵害作品信息网络权纠纷、侵害商标权纠纷等
	按撤诉处理		–5 分	
附注：如无的对应审判流程节点，则不计分。				

例如：（2024）沪 0106 民初 16851 号案件，被告为上海某蕙食品有限公司，案由为侵害作品信息网络传播权（10 分），案件标的 4200 元（5 分），审理程序简易程序（5 分），开庭结果为不需再次开庭（5 分），结案方式为按撤诉处理（–5 分），经查，原告在本院有多起案件（–5 分），故上述案件最终的

公开等级评分计算为：10 分 +5 分 +5 分 –5 分 –5 分 =10 分，故案件全程符合一级公开案件，仅需要公开开庭公告，且等级为绿色，意味着该诉讼对于企业的信用评分、正常经营或招投标等均无影响。

例如：（2023）沪 0106 民初 47370 号案件，被告为深圳市某某丰电子商务有限公司，案由为服务合同纠纷（+10 分），案件标的为 402713 元（+15 分），立案时审理程序为简易程序（+5 分），总分为 30 分，故立案时该案属于一级公开等级；审理时，被告提出反诉（+2 分），因案情复杂变更为普通程序独任制（+8 分），第一次开庭结果为需再开庭（+5 分），第二次开庭结果为不需再次开庭（+5 分），案件判决结果为本诉不支持（+5 分），反诉不支持（–5 分），总分 50 分，故案件一审结束后属于二级公开等级；一审判决后，被告上诉（+10 分），上诉期间内撤回上诉（–10 分），等级未有变化。综合案件实际情况考量，该评分结果与案情基本匹配，故需要对企业的涉诉信息给予一定的披露，以保护市场有序进行。

4．已生效已履行案件的企业涉诉信息澄清机制

对于企业有关在审案件的信息公开的机制设置构想已经初步完善，依托数字法院建设的构架，落地也是指日可待，但对于已生效已经履行案件的涉诉信息的维护也是亟须解决的问题。绝大多数企业遇到的案件已经结束，但因涉诉信息时常被第三方机构不完整获取，自动推送给金融机构或企业信息平台，导致涉诉企业在投融资与经营发展中受到很多阻力。故作为企业涉诉信息公开机制的配套机制，必须建立配套企业涉诉信息澄清机制。旨在为相关各方提供有关企业真实完整的涉诉信息。

澄清对象：保理公司、融资租赁公司等类金融机构，风险投资、股权投资等投资机构。

澄清申请人：涉诉企业。

申请方式：涉诉企业向法院提交书面申请。

制发节点：案件已经审结或执行完毕。

澄清内容：涉诉信息澄清的内容以所涉案件的案号、案由、当事人情况、诉讼请求、已结案件的裁判结果、履行或执行情况等适宜对外公开的信息。

实现方式：依托上海法院信息系统审判平台法律文书系统，增加《企业涉诉信息澄清函》模板。

最多审一案：互斥请求权一案即结的制度设计及审管保障

——以案例、问卷及法答网问答为切入

陆　罡　缪为军　潘　喆*

习近平总书记强调，矛盾处理是一个国家、社会长治久安的一个基础性工作。① 但在司法实践中，“一案结多案生”的现象仍时有发生，当事人经常因为一个事实反复向法院起诉，使得矛盾进一步激化。

2024 年年初，最高人民法院发布《关于在审判工作中防止程序空转　推动实质性化解矛盾纠纷若干问题的意见（征求意见稿）》，其中对基于相同的事实提出无法同满足的、相互矛盾的请求权（以下简称互斥请求权）② 情形下如何进行审理作出了规划。

本文以在司法实践中如何一次性解决互斥请求权引发的纠纷为出发点，围绕诉讼模式的选择、审理程序运行、审判管理制度设计展开。在深化司法体制综合配套改革的背景下，本文希望探索出一条符合我国司法实践的裁判路径，为实现多个互斥请求权在一案中完成审理，防止程序空转，提升现代化审判工作的公正与效率出谋划策。

* 陆罡，上海市静安区人民法院党组成员、副院长。缪为军，上海市静安区人民法院民事审判庭庭长。潘喆，上海市静安区人民法院民事审判庭审判员。本文为 2024 年上海法院报批调研结项课题。

① 《安吉基层矛盾纠纷调解工作人员表示将牢记总书记的嘱托——一扇门化解百姓忧》，载浙江新闻 https://news.hangzhou.com.cn/zjnews/content/2020-04/02/content_7707026.htm，2024 年 6 月 19 日访问。

② 互斥请求权，即当事人提出的多个相互排斥的请求权，包括并列关系的互斥请求权，如基于侵权责任和基于违约责任的竞合的请求权；递进关系的互斥请求权，如主张合同无效要求返还和主张合同有效要求实际履行的请求权等。

一、制度迷思：基于相距 2000 公里的两场关联诉讼引发

（一）案情展开：从财产确认之诉到不当得利之诉

2011 年，位于海南省的一套房屋登记于徐甲之母与其兄弟徐乙名下。2020 年，徐甲以借名买房为由将李某及徐乙诉至海南省文昌市人民法院，要求确认房屋所有权归徐甲，该院判决认定徐甲不构成借名买房，不享有房屋所有权。[③]2022 年，徐甲又以不当得利为由诉至上海市普陀区人民法院，要求房屋产权人归还购房款。最终，法院判决徐甲不当得利的诉请亦不成立。[④]

从海南法院到上海法院，徐甲主张权利的道路跨越了 2000 公里，历时近三年。从财产确认之诉到不当得利之诉，当事人只是在各种复杂的程序中辗转，无谓的耗费着自己的时间和精力。同样的情形在全国各地屡见不鲜，[⑤] 在强调"如我在诉""防止程序空转"的司法环境下，作为裁判者，必须认真思考如何能够最大限度减轻当事人负担，以避免类似情况再次发生的对策。

（二）问卷调查：阻碍纠纷一次性解决的因素

带着前述案例所引发的思考，为发掘出"案结事不结"的症结，本文在法官、法官助理以及律师等法律工作群体中发放了针对互斥请求权处理相关问题的调查问卷，[⑥] 以求了解司法实践中对互斥请求权的认识程度、适用意愿及落地障碍。

通过分析回收的 92 份调查问卷，近七成受访者在从业过程中了解过互斥请求权的有关问题，但在实践中运用的仅有 37%，真正得到一次性处理的案件不到一成。有超过 90% 的受访者认为在一个案件中处理互斥性请求权有助于纠纷的实质性化解，但问卷同时反映了受访者对于是否能在一案中解决纠纷的担忧，主要包括理论存在分歧、缺乏规范指引、诉讼保障缺位等。

③ 参见海南省文昌市人民法院（2020）琼 9005 民初 5041 号民事判决书。

④ 参见上海市普陀区人民法院（2022）沪 02 民终 8725 号民事判决书。

⑤ 例如浙江省浦江县人民法院（2015）金浦商初字第 4280 号民事判决书，原告基于合同纠纷起诉要求返还汇款被驳回后，又以不当得利起诉得到支持。

⑥ 本次调查问卷共发放 100 份，其中向法官和法官助理（本文中以法官统称）发放 50 份，回收 47 份；向律师和基层法律工作者发放 50 份，回收 45 份。

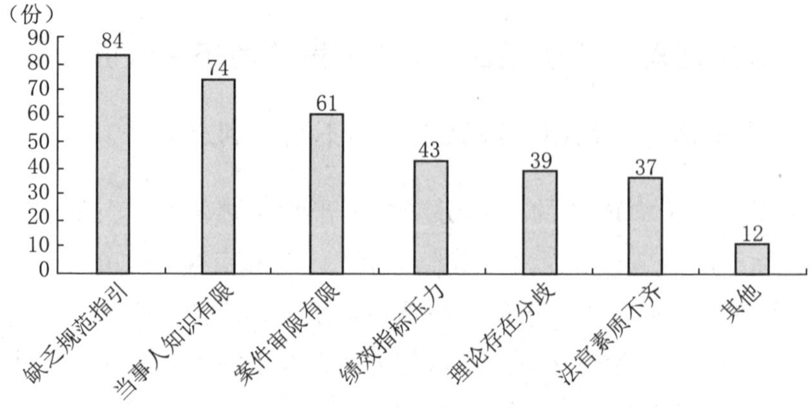

图1　一次性纠纷解决障碍

1．认识不清，学理研究对实践的指导有限

对于互斥请求权一案审理的正当性问题，⑦虽已在一定程度上获得了理论界的认可，但从调查问卷反映的情况来看，实务界更倾向于一个案件审理一个请求权，通过合并诉讼等方式在一案中审理的理念尚未根植。

与此同时，目前的理论研究仍主要停留在对诉讼标的的识别问题上，旧实体法说、程序法说、新实体法说等理论观点争论不休，未能形成学理上的通说观点。⑧此外，互斥请求权的一案处理，其目的在于解决当事人基于同一事实的裁判需求，但合并诉讼制度的适用对于法律从业人员仍有所困惑，更遑论需要当事人的理解与配合才能实现，当事人专业知识及对互斥请求权的认识程度，也限制了合并诉讼制度的发展。

2．规制不足，缺乏足够的制度供给

最高人民法院在（2019）最高法民再152号案件中已经明确表示，“当事人可以在前一个诉的请求不被支持时，退一步选择主张后一个诉的诉讼请求，对当事人的两个诉，人民法院均应立案受理”。在此基础上，司法实践中涌现出不少适用合并诉讼制度的案件。例如在绍兴某公司诉季某良等加工合同纠纷中，一、二审法院适用预备合并诉讼制度仅用6个月左右的时间即审结了

⑦ 在全国法院第三十四届学术讨论会《实质化解纠纷视角下预备合并之诉的适用路径》一文中，对合并诉讼的正当性问题有相应论证。

⑧ 参见曹志勋：《德国诉讼标的实体法说的发展——关注对请求权竞合的程序处理》，载《交大法学》2018年第1期。

案件。[⑨] 然而，在缺乏体系性规则指引的前提下，希望以个案推动合并诉讼制度的落地仍然困难重重。

虽然《最高人民法院关于适用〈中华人民共和国民事诉讼法〉的解释》第二百二十一条的规定为预备合并诉讼制度的落地留下了空间，[⑩] 但如何在实际操作中落实诉的合并，相应的程序如何进行，一审与二审如何衔接等问题均缺乏明确的规定。上海市高级人民法院曾于 2006 年发布《关于印发〈关于审理涉及债权转让纠纷案件若干问题的解答〉的通知》，虽然承认了预备合并诉讼制度，但同样未形成系统的规范指引。

3．保障缺位，适用意愿有待提升

一案审理目标的实现一方面有赖于规范的操作指引落地，另一方面也需依靠法官和当事人在实践中积极主动的适用。在一个案件中解决纠纷，对外而言，增加了法官在审理过程中向当事人的释明工作，对内而言，增加了法官处理案件的难度和时间，法官不得不为此面对审限和绩效考核等的压力，这也是多数法官不支持合并审理的重要因素。只有在审判管理上提供充分的保障，使得办案权重、办案指标、绩效考核等审判管理监督评价机制围绕"防止程序空转"展开，才能为推进合并诉讼案件适用增加重要的砝码。

二、理论与证成：互斥请求权审理的模式选择

（一）比较法视野下诉讼标的识别理论的发展路径

互斥请求权审理模式建构的前提在于诉讼标的内涵与识别理论的厘定和选择。目前诉讼标的识别的主流观点包括旧实体法说、诉讼法说和新实体法说三种。

每一种理论的提出均有其自身的背景，学者们为解决具体问题的努力和决心值得肯定。但究竟哪种理论最为适合今日之中国，则应当考虑其逻辑的

⑨ 参见浙江省绍兴市中级人民法院（2022）浙 06 民终 4346 号民事判决书。

⑩《中华人民共和国民事诉讼法》第一百四十三条：原告增加诉讼请求，被告提出反诉，第三人提出与本案有关的诉讼请求，可以合并审理。《最高人民法院关于适用〈中华人民共和国民事诉讼法〉的解释》第二百二十一条：基于同一事实发生的纠纷，当事人分别向同一人民法院起诉的，人民法院可以合并审理。

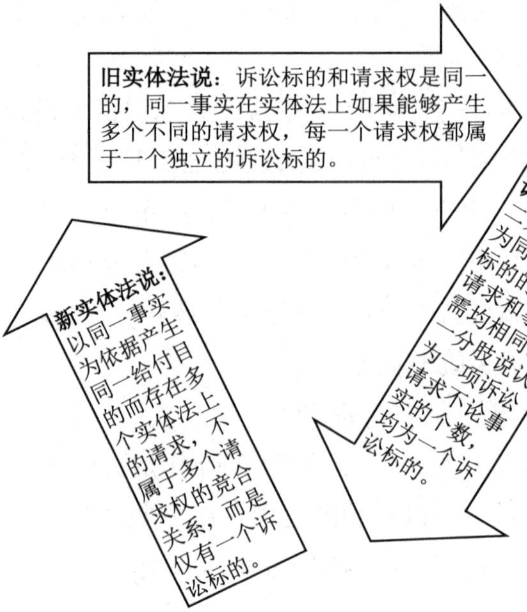

图 2　诉讼标的识别理论发展路径

自洽性、目的实现的有效性以及与本土法治资源的融合性等因素。

（二）旧实体法说与现行司法制度的耦合性分析

从民法通则到民法典，我国实体法坚持传统的请求权竞合说，认为两者属于相互排斥的法律关系，⑪ 以此为基础，适用旧实体法说更符合我国的既有传统。

理由在于，第一，以实体法的请求权作为诉讼标的可操作性较强。一方面，有利于法官对诉讼标的的快速识别，明确审理的对象和范围。在法官出版的著作中，也多以请求权基础的审查为审判工作开展的重要线索。⑫ 另一方面，双方争议焦点因此更为明确，被告的抗辩可更具针对性，双方负担的举证义务及法官负担的释明义务均较轻。

第二，旧实体法说与我国目前民事诉讼法的相关制度相契合，如原告增

⑪　例如《中华人民共和国民法典》第一百八十六条：因当事人一方的违约行为，损害对方人身权益、财产权益的，受损害方有权选择请求其承担违约责任或者侵权责任。

⑫　参见邹碧华：《要件审判九步法》，人民法院出版社 2021 年版，第 10 页。

加诉讼请求、被告反诉、第三人参与诉讼，可视为在民事诉讼法中对于不同的诉讼请求被认为属于不同的诉讼标的，因基于同一事实而合并审理。“民法请求权体系犹如一座宏伟神圣的殿堂，殿堂的支柱是经过岁月积淀后屹立不倒的各种请求权，如果寻求在内部改变殿堂的架构，无疑会动摇其完整性和神圣性，降低公众对民法精神的信仰。”⑬ 因此，在没有特别理由的情况下，仍应当坚持旧实体法说理论。

第三，旧实体法说会产生重复给付的困境在司法实践层面可得以消解。一方面，若原告一项请求权未得到支持，原告仍旧可以主张另一项请求权要求法院予以审理，无论原告请求是否得到支持，均不会对被告产生重复给予的情况。另一方面，若原告通过提出一项请求权在得到法院支持后，如果再以另一项请求权提起诉讼，由于其可受保护的利益在前案中已经消灭，故也不再会得到法院的支持，仍不会产生重复给付问题。

（三）互斥请求权审理模式的类型化选择

在旧实体法说的语境下，同一事实可能产生多项互斥请求权。依照各请求权之间的逻辑关系，互斥请求权包括并列关系的互斥请求权和递进关系的互斥请求权。采用何种方式进行一案审理，需要考虑各类型互斥请求权的特点、当事人的诉讼负担以及既有诉讼制度的有益经验综合认定。

1. 递进关系的互斥请求权：预备合并诉讼模式

递进关系的互斥请求权，典型的如主张合同无效要求返还和主张合同有效要求实际履行的请求权，应当适用预备合并诉讼制度，⑭ 即当事人在一个诉讼中，可以就同一涉诉法律关系提出两个具有先后顺位和关联关系的主、备位诉讼请求，当事人可以在前一诉讼请求不被支持时，退一步选择主张后一个诉讼请求。理由在于：

一方面，合并审理递进关系的互斥请求权，符合诉讼各方利益。对于当事人而言，合并审理节约了诉讼成本，缩短了纠纷解决的周期。对于法院而

⑬ 肖建国、丁金钰：《程序法视域下民法典违约精神损害赔偿制度的解释论》，载《苏州大学学报（哲学社会科学版）》2020年第4期。

⑭ 参见《关于在审判工作中防止程序空转　推动实质性化解矛盾纠纷若干问题的意见（征求意见稿）》第十七条。

言，合并审理避免了因审判组织的变动而造成的裁判尺度不一等情况。同时，"如果败诉方相信他们可以在另一个地方或另一级法院再次提起诉讼，他们就永远不会尊重法院的判决，严重削弱了法院体系的效率"。[15] 合并诉讼无疑是解决上述问题的有效制度。

另一方面，预备合并诉讼模式更贴合递进关系的互斥请求权。此种模式相较于选择合并、[16] 重叠合并 [17] 等其他模式更为合理的原因在于，基于递进关系的互斥请求权所提出的主、备位诉讼，本身在审理逻辑上即具有天然的先后顺序。如主张合同无效邀请返还和主张合同有效要求实际履行的请求权，在审理时，以任一请求权为主位诉讼时，都需要首先对合同是否有效进行审理。

2．并列关系的互斥请求权："释明＋最优诉请"模式

并列关系的互斥请求权，如基于侵权责任和基于违约责任的竞合的请求权，适用"释明＋最优诉请"的模式，[18] 即由法院引导当事人根据诉争事实及其诉讼目的，选择最为合适的诉讼请求。同时，法院在审理中，基于原、被告的诉辩意见和举证情况，可以为当事人提供变更诉讼请求的机会或者提出反诉的机会，以避免当事人就同一诉争事实再次起诉。

此种情况下不再采用预备合并诉讼模式的原因在于，其一，递进关系的互斥请求权本身涵盖于同一法律关系（如合同法律关系）之下，而并列关系的互斥请求权所基于的法律关系不同（如合同法律关系和侵权法律关系），在一案中对不同法律关系进行审理，原告需承担不同法律规范要件的举证责任，被告也需进行不同的抗辩准备，对于当事人和法院来说均负担较重；其二，请求权竞合下由当事人进行择一的选择，符合我国现行的法律规范 [19] 和一贯

[15] 参见宋冰：《程序、正义与现代化》，中国政法大学出版社 1998 年版，第 3 页。

[16] 选择合并观点认为对于当事人提出的互斥的诉讼请求，法院应当合并审理，且法院可以根据案件的实际情况选择优先审理的对象，从而尽快解决纠纷。参见［日］新堂幸司：《新民事诉讼法》，林剑锋译，法律出版社 2008 年版，第 224 页。

[17] 重叠合并，又称为竞合合并，是我国台湾地区在处理互斥请求权时的程序构造，指的是原告合并起诉主张数项不同的请求，各项请求的目的同一，诉的声明仅有一个的合并形态。参见陈荣宗、林庆苗：《民事诉讼法（上）》，三民书局 2009 年版，第 345—346 页。

[18] 参见《关于在审判工作中防止程序空转　推动实质性化解矛盾纠纷若干问题的意见（征求意见稿）》第十六条。

[19] 例如《中华人民共和国民法典》第一百八十六条：因当事人一方的违约行为，损害对方人身权益、财产权益的，受损害方有权选择请求其承担违约责任或者侵权责任。

的司法实践；[20]其三，在请求权竞合的情况下，当原告的一项诉讼请求得到法院支持后，其可受保护的利益就已消灭，另一项诉讼请求的审理即无必要。

值得一提的是，递进关系的互斥的诉讼请求背后依赖的是不同的法律规范，对应会产生不同的法律效果，原告对于诉请的选择意味着其认为某项法律规范对其最为有利，属于当事人对诉讼权利的处分，应当予以尊重。[21]在原告拒绝选择的情况下，基于"我给你事实，你还我法律"的基本法理，也应当允许法院代为选择。[22]

三、审判流程：法答网关于"立、审、判"环节问答的梳理与回应

请求权竞合的情形下，通过释明和变更诉讼请求，法院实质上仅需对一个请求权进行审理，其程序的制度供给较为充盈，推广的难度较小。亟须解决的是预备合并诉讼制度如何运行。虽然在部分地区的政策文件[23]及司法裁判中已经承认了预备合并诉讼制度的合理性，但实践层面，仍有诸多难点、堵点需要回应。

本文以"合并""预备""主位""备位"为关键词在法答网上进行检索，截至2024年7月6日，共涉及提问102条。

表1　法答网中涉及预备合并诉讼制度主要问题归纳

立案	是否可提出主、备位之诉	23条
	诉讼费如何收取	
	对主、备位之诉的审查程度	

[20] 例如1999年《中华人民共和国合同法》第一百二十二条：因当事人一方的违约行为，侵害对方人身、财产权益的，受损害方有权选择依照本法要求其承担违约责任或者依照其他法律要求其承担侵权责任。

[21] 参见胡思博、赵志超：《请求权竞合诉讼的实践误区及规制路径》，载《深圳大学学报（人文社会科学版）》2022年第2期。

[22] 参见袁琳：《基于"同一事实"的诉的客观合并》，载《法学家》2018年第2期。

[23] 重庆市高级人民法院《关于当前民事审判若干法律问题的指导意见》："人民法院应当允许当事人提出补充性诉讼请求，在未评议确定第一个请求能否支持前，对当事人的多个请求均应予以审理。"

续表

一审	主、备位之诉审理顺序和方式	63 条
	变更主、备位诉请的时间限制	
	就主位诉请上诉，是否中止审理	
二审	是否可就主位诉请单独上诉	16 条
	不支持主位诉请如何处理，改判还是发回	

下文即以对具体问题进行回答的形式，对预备合并诉讼制度运行的核心流程进行设置。

（一）整体流程

从法答网关于预备合并诉讼的提问来看，大多数法院关注的重点仍在于预备合并诉讼制度是否能够适用，而问题的答复虽然基于“防止程序空转”等理由肯定了预备合并适用的合理性，对于怎么用的回答较为简单，无法为后续的实践提供指引。例如：

法答网问题编号 C2024011900008：“在破产债权确认之诉中，当事人对同一项债权提出两项不同的诉讼请求，既主张优先权，又主张属于职工债权，两项诉讼请求没有先后位之分，该种情形是否属于客观预备合并之诉？”

专家答复，“破产债权确认之诉中，债权人既主张优先权，又主张属于职工债权的，应向其释明并要求其明确具有先后顺序的主位诉请和备位诉请，以客观预备合并之诉的方式主张损失”。

有鉴于此，有必要对预备合并诉讼的整体流程进行梳理以便于审判人员的理解和运用。

（二）立案阶段

1. 适用诉讼合并制度的范围

法答网问题编号 A2024062500024：“当事人提起客观预备合并之诉，能否立案？”

根据诉讼便利与经济原则、意思自治原则，诉的客观预备合并可以运用于司法实践，且合理运用有利于一次性解决纠纷。同时，最高人民法院在

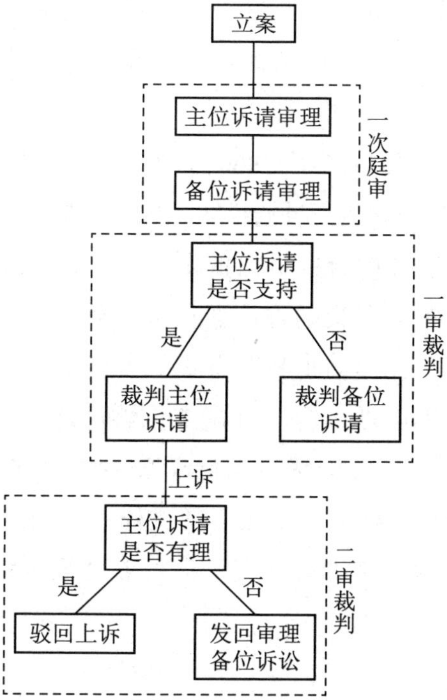

图 3　预备合并诉讼整体流程图

（2019）最高法民再 152 号、（2022）最高法民终 179 号等案件中也已表明，同时在立案阶段提出互斥的主位和备位诉讼并不属于诉讼请求不明确的情形。因此，对于客观预备合并之诉，可予以立案。

值得注意的是，并非所有的互斥请求权均得适用客观预备合并制度。检视各国家或地区的司法实践，预备诉讼合并的范围有不同的规定。㉔德国对此较为宽松，多个请求权之间只要存在某种联系即可以凭借当事人的主观意愿而提起合并之诉。日本和我国台湾地区则强调诉讼合并应当以不同的诉讼请求之间具有相互排斥、不能并存的关系为前提。从诉讼合并制度的适用目的来看，其是基于诉讼经济的原则为当事人提供更多选择，若两诉之间没有关联，则没有适用的必要㉕故应当要求其一，受诉法院不违反专属管辖的规定，或两诉不存在专属管辖，或受诉法院即为专属管辖的法院；其二，两诉

㉔　参见韩波：《论请求权竞合时诉的客观合并之形态》，载《现代法学》2022 年第 1 期。

㉕　参见杨建华等：《预备诉讼之合并在实务上值得研讨的几个问题》，载民事诉讼法研究会：《民事诉讼法之研讨》，三民书局 1996 年版，第 178—179 页。

的原、被告均完全一致；其三，两诉需具有牵连关系，如两诉基于同一事实，或两诉具有相同的给付目的，或两诉互斥，或一诉为另一诉的先决问题等。

2. 诉讼费用的收取标准

法答网问题编号C2024062803960："当事人提出主位诉请和备位诉请，诉讼费用按两项累计收取还是按照金额较高的诉请收取？"

民事诉讼法司法解释中合并诉讼的诉讼费收取规则进行了规定，即多个财产性诉讼请求，合并计算交纳诉讼费；多个非财产性诉讼请求，按照一件交纳诉讼费。[26]然而，互斥请求权合并诉讼与普通的合并诉讼不同。后者必须对两项诉讼标的分别审理，但前者在主位诉请能够得到支持的情况下，备位诉请无需进行裁判，故诉讼费应当低于普通的合并之诉。可行的方案是，先按主位诉请的标的交纳诉讼费，在审理过程中，如涉及对备位诉请审理的，则按照备位诉请标的增加交纳诉讼费，但可参考反诉诉讼费的缴纳标准，减半收取。[27]

（三）审理阶段

1. 法院释明权的行使规则

法答网问题编号C2023091400356："原告提出选择性诉求，比如要求确认合同无效，若法院认为合同有效则要求撤销合同，若撤销不能支持则要求解除合同；被告认为各诉求的审理思路、需准备的材料不一致，应让原告确定其到底对哪一种进行主张。能否允许原告提出此种选择性诉求并据此进行审理？还是需要原告择一进行主张？"

案件适用预备合并诉讼制度审理还是引导当事人变更诉请，需要结合具体案情采取不同的措施，其中需要法官正确行使释明权。法官释明权的行使，有助于司法为民、公正司法理念的实践以及法官责任制的落实。[28]在因原告

[26] 《最高人民法院关于适用〈中华人民共和国民事诉讼法〉的解释》第二百零一条：既有财产性诉讼请求，又有非财产性诉讼请求的，按照财产性诉讼请求的标准交纳诉讼费。有多个财产性诉讼请求的，合并计算交纳诉讼费；诉讼请求中有多个非财产性诉讼请求的，按一件交纳诉讼费。

[27] 《诉讼费用交纳办法》第十八条：被告提起反诉、有独立请求权的第三人提出与本案有关的诉讼请求，人民法院决定合并审理的，分别减半交纳案件受理费。

[28] 参见任重：《我国民事诉讼释明边界问题研究》，载《中国法学》2018年第6期。

欠缺法律知识的情况下，法官主动释明有助于避免原告在实体和程序上遭受到不利益。但也需注意，释明权对民事诉讼的介入容易造成对被告的不公平对待，因而必须慎重考量法官释明权的界限以及其产生的后果。㉙

考虑到目前，当事人尚未形成互斥请求权合并提出的观念，故在诉讼合并制度适用初期，法官在识别到存在互斥请求权的情况下，可以对该项制度及互斥请求权的提出、审理过程、相应后果等进行充分的释明。待司法实践中广泛承认并适用互斥请求权合并诉讼制度，甚至已出台完善的审判流程规范后，可以原告是否聘请律师作为是否需要释明的标准。㉚ 该标准一方面考虑纠纷的一次性解决，另一方面也是对被告利益的平衡。

若在法院释明后，原告坚持仅提出一项请求而明确放弃主张互斥请求的，法院在充分释明本案审理后，该请求未得到支持，也不得基于互斥请求另诉的后果，原告仍坚持的，法院应当仅审理原告主张的请求，原告不得以互斥的请求另诉。若法院未对一次性解决纠纷进行过释明，或者原告虽表示不提出另一项互斥请求，也不同意放弃请求权的，在诉讼合并制度推广适用初期，还是应当给予原告另诉的权利。

2．主、备位诉请的审理方式

法答网问题编号C2023081500196："当事人在诉讼请求中先行提出了解除合同并返还合同款项的请求。而后又提出了如不能返还则继续履行合同并交付标的物的请求。经法院释明后仍不做出选择，应怎样处理?"

在当事人提出互斥请求权的情况下，法院应当依照主、备位的逻辑关系依序审理。主、备位诉请的审理方式主要存在两种不同的观点：一种观点认为法官应当在庭审中优先审理主位诉请，"惟数诉之行预备合并者，法院应依原告所为预备或假定之声明，先就第一位诉之有无理由为辩论，非认第一位之诉为无理由，不得就第二位之诉为审判"。㉛ 另一种观点认为法官可以主位诉请和备位诉请合并审理，但仅先对主位诉请现行裁判。㉜

本文更赞成第二种观点。理由在于：首先，合并审理可以缩短审理期限，

㉙ 参见张力:《阐明权研究》，中国政法大学出版社2006年版，第125页。

㉚ 参见袁琳:《基于"同一事实"的诉的客观合并》，载《法学家》2018年第2期。

㉛ 参见石志泉原著、杨建华增订:《民事诉讼法释义》，台湾三民书局1981年版，第284页。

㉜ 参见刘田玉:《诉之预备合并的比较与借鉴》，载《环球法律评论》2004年第2期。

提高诉讼效率。互斥请求权因同一事实而发生，故在举证方面主、备位诉讼请求多有重合之处，如果要另行组织法庭调查和辩论，则显然浪费了诉讼的时间。其次，合并审理有助于法官查明案件事实。机械按照请求权分割案件事实，容易造成关键事实的遗漏，导致当事人的权利受损。再次，合并审理才能保障当事人的诉权。在当事人缺乏法律知识的情况下，要求其事先决定请求权的顺序不仅无助于其自身利益的维护，也是对其处分权的变相限缩。只有经过充分辩论之后作出的选择才是对其权利的实质性保障。[33] 最后，我国现行法律亦允许当事人在法庭辩论结束前变更诉讼请求，[34] 故在辩论阶段确定主位请求并不违反诉讼安定原则。

（四）裁判阶段

1．一审案件的裁判规则

法答网问题编号 C2024070500025："一审法院对于主、备位诉请如何裁判。若当事人针对主位诉请提起上诉，一审程序是否中止?"

对于一审的裁判而言，当主位诉请能够获得支持，也包括部分支持时，法院应当针对主位诉请作出判决。基于诉讼合并的基本法理，法院对于备位诉请无需另行作出不予支持的裁判，但可以明确备位诉请不再处理，当事人双方亦不得再就备位诉请另行起诉。当主位诉请不能得到支持时，法院应当驳回当事人的主位诉请，并对备位诉请作出支持或不支持的裁判。

在法院仅对主位诉请进行裁判且当事人提起上诉时，备位诉请是否需要裁判处于悬而未决的状态。此时，法院如何处理可以借鉴部分判决制度的做法。我国《民事诉讼法》第一百五十六条规定：人民法院审理案件，其中一部分事实已经清楚，可以就该部分先行判决。实践中，当法院作出部分判决时，并不必然地导致诉讼程序的终结，出于一次性解决纠纷的便利，法院可

[33] 参见肖华林：《程序效益视角下客观预备之诉合并的制度设计》，载《法律适用》2016 年第 3 期。

[34] 《最高人民法院关于适用〈中华人民共和国民事诉讼法〉的解释》第二百三十二条：在案件受理后，法庭辩论结束前，原告增加诉讼请求，被告提出反诉，第三人提出与本案有关的诉讼请求，可以合并审理的，人民法院应当合并审理。

以先裁定中止审理，等待当事人提交新的证据。[35] 同理，当事人就主位诉请上诉时，人民法院可以裁定中止审理，以避免因二审案件的审理而导致一审法院超过法定的审限。

2．二审案件的裁判规则

法答网问题编号C2024070500087："当事人对适用预备合并制度的案件提出上诉，二审法院应当如何裁判？"

对于二审的裁判而言，审理的范围取决于当事人的上诉请求。当一审法院判决主位诉请得到支持时，若二审法院认为主位诉请不成立，则应当先行就备位诉请进行调解，调解不成，基于审限利益的考量，应当发回一审法院对备位诉请继续审理。

当一审法院判决主位诉请能够得到支持时，若二审法院认为一审法院依据主位诉请的审理仅在可支持的数额和范围方面存在争议，则中间判决制度具有借鉴意义。中间判决属于临时判决，德国《民事诉讼法》第三百零三条规定：中间争点达到可以裁判的时候，可以以中间判决作出裁判。[36] 中间判决解决的是一个诉讼标的内辅助性的事项，例如对请求权的理由的裁判、当事人攻击或防御方法的排除等，而诉讼合并制度下的判决实际上是先行对某一诉讼标的进行裁判。因此，二审法院可以就是否支持主位诉讼先行作出裁判，从而结束一审是否仍需继续审理备位诉请的不确定状态。

四、配套完善：服务型审管语境下保障机制的架构思路

构建"以审判权为核心，以审判管理权和审判监督权为保障"的新型审判管理机制是本轮司法改革的重要目标。[37] 从审判权与审判管理权的关系来看，审判管理权，是衍生、从属于审判权的辅助性权能，为此必须警惕审判管理权对审判权的过度干涉，构建服务保障型审判管理体系。[38] 具体到如何在互斥请求权语境下实现一案即结这一情景，特别是推动预备合并诉讼制度

[35] 参见杜睿哲：《论民事诉讼中的部分判决》，载《甘肃政法学院学报》2006年第5期。

[36] 张卫平、齐树洁主编：《德国民事诉讼法》，厦门大学出版社2016年版，第72页。

[37] 参见吴英姿：《论保障型审判管理机制——以"四类案件"的审判管理为焦点》，载《法律适用》2019年第19期。

[38] 参见龙宗智：《加强和改善审判监督管理》，载《现代法学》2019年第2期。

的落地，[39]本文认为应当通过“识别—督促—监督”三维机制引导法官认识、接纳并最终自觉践行合并诉讼制度。

（一）识别：基于大数据模型的算法搭建

准确识别存在互斥请求权情形的案件，是合并诉讼制度的适用基础。近年来，上海法院围绕“数助办案、数助监督、数助便民、数助决策、数助政务”为核心内容的数字法院框架体系已经基本形成。诉讼合并制度的识别可以充分利用“数助办案”的模型搭建，通过搜集整理实践中常见的请求权互斥的情形，以“案由”和“诉讼请求关键词”作为筛查依据，将相应模型嵌入办案系统，在立案后触发是否符合请求权互斥模型筛查，提前发现可能存在互斥请求权的案件，精准识别，并及时推送承办法官，从而在源头保证纠纷能在一个案件中得到解决。对于在司法实践中随时出现的请求权互斥的新类型，也可及时纳入模型筛查依据中。

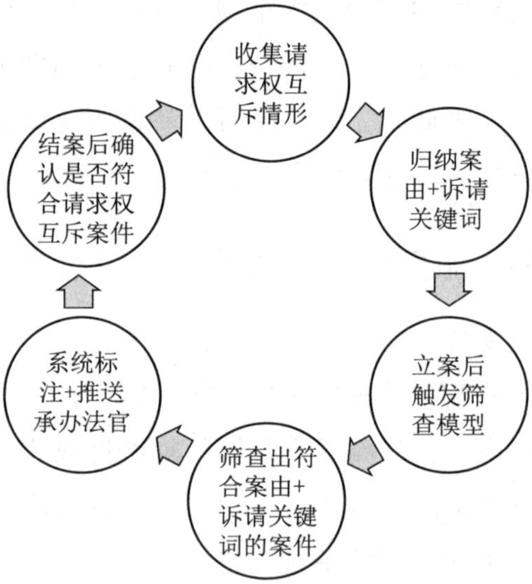

图 4　数助办案思维流程图

[39] 本文认为，请求权竞合的情形应当通过释明引导当事人确定最为合适的诉讼请求。此种做法在现行案件审理中也多有适用，没有在审判管理制度上进行重大改变的迫切需要，故本部分对该情形的保障机制构建不再进行讨论。

（二）督促：正、负向激励的制度运用

诉讼合并制度相较于一般的诉讼而言，其诉讼程序更为复杂、对法官个人的专业素养要求更高。故，对于适用诉讼合并制度审理案件的法官，应当给予一定的政策激励。第一，办案权重予以增加。在法院对主、备位诉请进行审理的情况下，法官办理一个案件的难度较高，在计算办案权重时，不宜仅根据一般传统的权重计算方式予以统计。第二，办案指标予以折算。诉讼合并制度下，法官需要投入较多的时间和精力，故一个案件可根据审理的诉请的多少折算成若干普通案件指标。第三，单独纳入绩效考核指标。诉讼合并制度的适用，有力地保障了当事人的合法权益，践行了司法为民理念，在绩效考核中应当予以单独加分，并在考核奖金的分配上予以适当倾斜。

在正向激励的基础上，也应当通过负向机制倒逼诉讼合并制度的适用。考虑到原告以相同的被告再次起诉，再排除同案由先撤后诉的情形后，大概率是因为法院未能在同一案件中彻底解决纠纷导致的。为此，当审判管理系统发现类似情况时，应当对前案的审理法官予以相应惩戒。第一，除专属管辖外，前案法官对后案负有审理的义务。即便后案在其他法院起诉，其他法院仍能直接移送管辖。第二，后案的审结不计入考核指标。当事人通过另案起诉，证明法院实质上未能在一个案件中解决纠纷，其应当承担相应的后果。第三，计入绩效考核的负面指标。如果确因法官的原因导致一案未能彻底得到解决，属于法官在办案过程中存在过错，应当扣除相应考评分数。

（三）监督：谦抑性阅核制度的引入

阅核制实施的目的着眼于对审判质量的提高，可以在一定程度上解决因法官自身认识局限、专业素质参差不齐、裁判尺度不统一导致的审判质量不高的问题。[40] 在“四类案件”已纳入审判监督管理的基础上，受到阅核制监督的案件得到进一步的延伸。对于适用互斥请求权合并诉讼制度审理的案件来说，一方面，其本身案件事实的查明和法律的适用都较为复杂；另一方

---

[40] 龙宗智：《法院“阅核制”应当慎行——兼论审判监督管理的合理限度》，载《比较法研究》2024 年第 2 期。

面，合并诉讼制度的推广适用，除了在适用初期拟定好理论可行的审判流程及管理方式外，也有必要通过个案审判实践的积累，不断修正合并诉讼制度的流程路径。而基于这两方面的考虑，将合并诉讼案件纳入阅核制的监督范畴，正恰如其分。不可忽视的是，阅核制在目前还受到有效性、效率性和干预性的质疑。在对合并诉讼制度案件实施监督上，可以通过系统识别和法官提交相结合的方式来予以突破。对于系统识别或者已标注适用合并诉讼的案件，可默认适用阅核制监督，同时也给予法官独立决定权，可以取消对个案的阅核。

五、结语

“江畔何人初见月，江月何年初照人。人生代代无穷已，江月年年望相似。”如何能在一起案件中解决全部纠纷是一项古老的世界性难题，各国学者为此付出了无尽的心血和不懈的努力。然而，这个问题之所以在今天仍具有讨论的意义，是因为法律理念、具体国情仍在不断地变化。如何能够在既有的理论中推陈出新，并构架出更适合我国国情、更能维护民众利益的制度，让民众不再因为一件纠纷动辄奔波劳碌，是法律工作者的一个小小心愿。

司法保障数字金融发展的创新审判方法路径探索

——以要素式智能审判为视角

孙　静　倪　强　刘　婷　张方圆　刘强生*

习近平总书记于2024年1月16日在省部级主要领导干部推动金融高质量发展专题研讨班上的讲话提出："加强对重大战略、重点领域、薄弱环节的优质金融服务，做好科技金融、绿色金融、普惠金融、养老金融、数字金融五篇大文章，加快金融数字化、智能化转型。"金融数字化转型是当前金融发展的大势所趋。上海作为国际金融中心和国际科创中心，高度重视数字金融建设，在2022年6月出台的《上海市数字经济发展"十四五"规划》中明确将数字金融作为拓展数字新产业的重要方面，提出"推动人工智能等新技术深度融合、创新数字金融服务模式"等具体目标。数字金融是传统金融经由数字技术的嵌入和驱动而形成的一种金融业态。数字金融对于促进实体经济发展具有重要意义。而数字金融的高质量发展离不开司法保障。与传统金融不同，数字金融纠纷往往呈现以在线化为载体表征、智能化为发展趋势的特点，这显然对传统金融审判提出很大挑战。但值得关注的是，数字金融纠纷在要素提炼和抓取上具有明显的类型化、规则化、智能化特征，同时要素式审判智能化应用在处理数字金融纠纷方面较其他传统诉讼纠纷存在天然的技术优势。对于数字化特征显著的金融纠纷领域，构建完整的要素式智能审判应用场景，对助力数字金融司法保障具有积极的作用。

* 孙静，法律硕士，上海市静安区人民法院党组书记、院长。倪强，法学学士，上海市静安区人民法院金融审判庭庭长。刘婷，法学硕士，上海市静安区人民法院金融审判庭审判员。张方圆，法学硕士，上海市静安区人民法院金融审判庭法官助理。刘强生，法学硕士，上海市静安区人民法院金融审判庭法官助理。本文系2024年度上海市依法治市课题结项成果。

一、要素式智能审判应用下数字金融发展的司法需求

（一）数字金融的定义

数字金融，在线化只是表征，金融服务模式的数字化转型才是其本质。数字金融纠纷，其基础法律关系与传统金融纠纷案由无异，但在界定数字化标准上不能笼统地以互联网等泛概念划定，而应从金融机构展业模式、签约形式、金融资产等具体要素去界定纠纷类型是否涉数字化。所谓数字金融即是利用包括大科技平台、大数据、云计算等数字技术创新的金融产品、商业模式、技术应用和业务流程。数字金融既包括新型科技企业为金融交易提供科技解决方案，也包括传统金融机构借助技术手段改善金融服务。

（二）数字金融纠纷的类型

结合司法统计分析当前涉数字金融纠纷的案件审判现状。当前数字金融在审判实践中的纠纷类型仍集中在线上融资、线上保险、线上理财等普惠金融领域。

1．筹融资：线上贷款为主

各种金融机构都有，但仍以传统银行网贷为主。以上海市静安区人民法院为例，笔者检索到涉及银行机构的金融借款合同纠纷案由中，存在线上贷款、电子合同的案件数量占比高达75.9%，由此可见，当前融资渠道模式已从传统的线下现场签约普遍转化为线上完成融资交易。近年来，一些互联网平台或信息中介机构介入线上贷款的数量增多，如支付宝等。

2．投资管理：线上投资理财、智能投顾

在证券投资领域，智能投顾以精准的数据分析、快速的决策能力以及个性化的投资建议逐渐受到金融消费者的青睐。以线上投资理财以及智能投顾为代表的投资领域，引发的诉讼亦体现出金融纠纷的数字化特征，应将其界定为涉数字金融纠纷。

3．保险业务：互联互保、线上投保

当前大数据、人工智能等技术的使用，推动保险业数字化转型从线上化向数智化发展。“业务、技术、数据”融合为保险业带来新的机遇，如百万医

疗险，基于互联网技术、大健康生态数据与健康险业务相融合，创造了互联网保险业务巨大的保费增长成果。与此同时，保险合同的数字化即线上投保导致的涉数字金融纠纷数量逐渐增多，不同于传统的保险代理人面对面的销售制度，线上投保具有电子化、批量化特征，因此司法实践中线上投保过程中的电子签名以及投保回溯流程问题逐渐成为审理难点。

（三）涉数字金融纠纷审理现状

1. 案件体量呈爆发式增长，司法审判压力激增

受到全球经济下行影响以及借由数字金融利用数字技术优势增加的服务数量影响，近年来金融商事领域的案件量逐年攀升，以金融案件体量较大的上海市为例，根据通报，2023 年上海市法院共受理一审金融商事案件 219549 件，审结 219198 件，同比分别上升 10.17% 和 9.26%。标的总金额 2024.6 亿元，同比上升 20.91%。收案数量排名前五位的案件类型，分别为金融借款合同纠纷、信用卡纠纷、融资租赁合同纠纷、保证保险合同纠纷及追偿权纠纷，合计占一审金融商事案件总数的 96.66%。数量最多的金融借款合同纠纷，存在贷前金额小、无担保，贷中分布广、催收难，贷后不良的失联率高、计息分歧大、不纳入失信等新问题。这些问题直接导致调解难和规模化司法救济难，持续推高金融纠纷数量。①

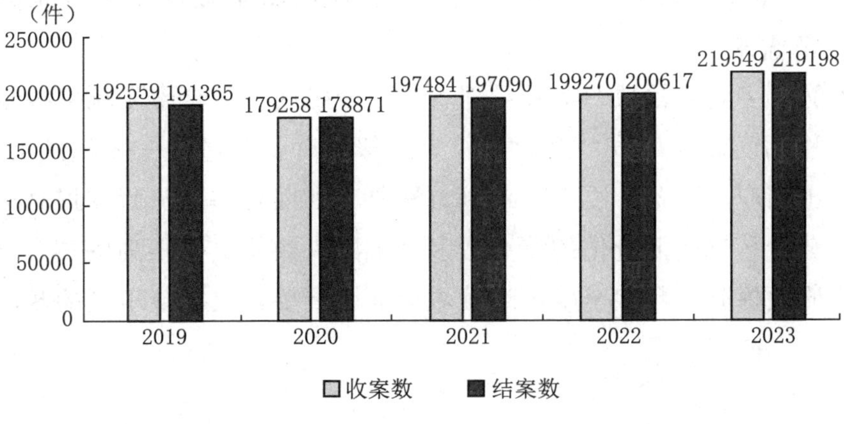

图 1　2019—2023 年上海法院一审金融商事案件收结案数

① 参见杨力：《论数字金融司法一体化》，载《政法论丛》2022 年第 4 期。

2．案件纠纷仍以普惠金融为主，案件类型呈批量化

数字金融以其时间和空间层面的高自由度、应用于任何拥有智能设备的金融消费者的高普及度的特点，提升金融交易活跃度的同时也满足了普惠金融高普及度的需求，这使得数字金融的纠纷也和普惠金融密不可分。不同的金融机构应对普惠金融涉及的数字金融产品尚未形成类型的多样化，尤其是在纠纷数量最多融资类产品中，往往同一家金融机构的仅销售有限的一至二类融资产品。比如兴业银行股份有限公司推出的“兴闪贷”产品和宁波银行股份有限公司推出的“白领通”“融易通”等信用贷产品。故数字金融的案件纠纷呈现高度类型化、批量化的特点。

3．案件要素呈现数字化特征，底层技术给案件审理带来挑战

以人工智能、区块链、大数据算法推荐等为代表的数字技术为金融领域引入了新的服务业态和展业模式。例如金融信贷中的信用评级、智能投顾的精准营销等。技术提升带来签约便利和金融服务升级的同时，却对金融机构在司法纠纷中维护自身利益带来风险与困难。上述底层技术拓宽运用至司法审判领域，智能合约、电子存证、数字身份识别等情形和要素普遍存在于数字金融纠纷，加大了数字金融纠纷处理的技术难度。

（四）要素式智能审判应如何回应数字金融发展的司法需求

1．当前案件体量逐渐攀升的数字金融纠纷亟须对司法效能提升的机制改革需求

当前数字金融领域的案件量随着数字金融在普惠金融领域发挥越来越关键的作用而逐年攀升，然而司法效能却没有及时对这一变化做足准备，难以作出回应。而鉴于要素式审判方法具有的简化审理流程、提高审判效率的优势，② 与呈批量化的特点数字金融案件纠纷具有很高的契合度。因此审判质效提升是数字金融纠纷领域全面开展要素式智能审判的基础底层需求。

② 江苏省高级人民法院《金融借款合同纠纷案件要素式审判工作指引》第一条：要素式审判方法，主要是对固定案情的基本事实要素进行提炼，就各要素是否存在争议进行归纳，并围绕争议要素进行庭审及制作裁判文书，简化审理流程，提高审判效率，实现简案快审。

2．金融纠纷中数字化要素在智能审判系统中如何提炼和抓取

金融纠纷以其证据的规范性和制式性为特征，相比其他类型案件，在智能抓取案件要素的难易度和准确性上有着较大的优势，这也是各地法院在试点要素式审判的过程中往往将金融纠纷作为起点的原因。而要准确提炼金融纠纷中的数字化要素，则需要固定案件证据材料中数字化要素。简而言之，由当事人提供的证据材料必须要符合数字化材料的要件，以最简单的为例，如当事人提供的电子证据具备原始数字签名戳的 PDF 文件。

3．对数字金融纠纷中新类型的数字化要素如何识别

对于案件中出现的新类型数字化要素，例如新的展业模式，新的签约认证方式等，自然需要承办法官在审理过程中发现。但除了由专业法官人工识别外，智能化要素式审判系统也应当拥有智能识别数字化要素的能力，在识别到数字金融案件后，要素式审判系统应当在证据材料中识别提取正常的数字化要素，当出现识别不能的情况时，系统自动通过短信形式通知当事人或代理人补充该数字证据的原始 PDF 文件，或是由当事人标明新类型后向法官推送提示，要求人工识别。

二、数字金融纠纷中的要素识别、抓取和提炼

要素式审判的要素主要分为事实要素、证据要素、法律要素和程序要素。如何准确抓取并提炼出符合数字金融纠纷特性的事实要素、证据要素、法律要素及程序要素，是实现数字金融应用场景要素式智能审判系统构建的基础和发展的路径。

（一）事实要素整合化

1．识别数字金融事实要素实体特征

金融合同一般以格式合同为主，事实要素提炼主要着眼于一些通用版本的基本合同要素。以金融借款合同纠纷为例，事实要素的提炼需首先通过识别含有相应关键字的句子或条款，然后从该句子或条款中提取数字的方式获得例如“借款本金”“利率”“罚息利率”“借款期限”等核心信息，再通过不同证据的名称识别主合同、保证合同、抵押合同等信息。通过识别“债权计算表”“交易明细表”等证据名称提取合同履行情况等。又如涉机动车损失财

产保险合同纠纷，由于主要的事实要素多在制式文件即保险单、道路交通事故认定书中，故在证据中提取事实要素的难度也相对较低。表1以涉机动车损失财产保险为例，简要列明识别的规则。

表 1

损失项目、金额	从原告起诉状中提取“保险金”“维修费”“车损”“施救费”“拖车费”“牵引费”“鉴定费”“评估费”等关键词和其后所跟数字
保险标的、保险期间、保险金额	从原告、被告证据中名称为“保单”“保险单”等证据中提取“号牌号码”“保险期间”“损失保险”“第三者责任保险”等关键词及其后一格单元格内载明要素
保险事故、发生时间	从原告起诉状或证据中名称带有“道路交通事故认定书”“道路交通事故自行协商协议书”等证据中提取“事故”“主要责任”“次要责任”“不承担”“全部责任”“无责任”以及“时”“分”等要素

2．构建数字金融事实要素标注体系

数字金融纠纷事实要素识别后，进入立案阶段，立案平台数据与法院审判管理系统数据的对接，将原本的信息录入和文书制作转向智能回填和智能生成。在平台直接对数字金融如线上贷款电子数据进行抓取和加工整合，实现数据的“一键推送”，直接同步至法院的审判管理系统及文书智能管家系统。同时，立案法官可在立案时通过梳理“金融+数字化”特征要素甄别是否涉数字金融纠纷并在审判系统内予以标注，提醒审判法官注意该类纠纷。如，当前上海法院审判信息系统中案件标签模块，包括涉金融案件、涉老案件、涉房地产案件等标签，对此笔者建议可以增加涉“数字化”案件标签，再结合已有的“金融”案件标签，可以区分出涉数字化金融案件，提高智能审判效率。

（二）证据要素可视化

1．加强签约过程可回溯性记录追溯，审核金融电子合同的合法性

审判实践中发现，目前金融电子合同的签订存在线下销售人员指导消费者通过线上平台签订以及全面线上签订两种模式。但无论是哪种模式，线上签订合同的模式都不会降低金融机构在签约过程中应当履行相应义务的要求。如保险法规定保险人的合同提示和说明义务需要在投保人投保时履行，而大量线上保险纠纷显示保险人无法充分举证证明其在投保人投保时已履行提示和说明义务，给法院事实审查带来困难。因此，加强签约过程可回溯性记录的保管与存证，是金融机构在数字化金融背景下应对司法诉讼的新课题，可以通过智能手机等设备的便利，通过双录视频的方式记录签约过程，也可对一个阶段内的签约流程以流程公证或以智能合约等方式进行数据存证。

2．搭建电子存证查验平台，审核金融电子合同真实性

数字金融的数字化优势在于相关纠纷的证据要素亦呈现极强的数字化，数字金融中的电子合同、电子签名等均需通过大数据平台及区块链留存且不可轻易篡改，而在目前以传统金融审理方式审理数字金融纠纷案件时，往往需要签约服务提供方以第三方验证报告或公证的方式提供电子合同、电子签名的补强证据以验证真实性。为了在数字金融的智能化要素式审判中简化合同真实性确认的步骤和成本，可通过搭建区块链电子存证查验平台，实现一体化证据全流程可视和一键查阅，以线上金融借款为例，整理借款人开户资料、借款合同、放款凭证、债务通知、欠款金额、实现债权费用等证据大类，形成要素导向型证据目录范本。

（三）法律要素归纳化

1．对接类案检索系统总结法律争点

（1）将由专家总结的裁判指南导入要素式审判辅助系统：各地法院尤其是在金融纠纷领域，都已经在审判专家的带领下，对于各类案由的常见审查要点以及法律适用问题，以形成诸如“类案办案要件指南”的方式进行案件要件的总结和归纳。对于数字金融领域要素式审判的人工智能而言，对于传统金融案件的学习完全可以通过导入类案办案指南来缩短学习时间，而对新兴的数字金融领域的额外要件，目前则还需在案例中学习，亟待形成对数字金融的案件要素进行分析的新办案指南。

（2）关键词导出类案检索结果：复杂案件的法律要素归纳总结并非简单的要素提取，而是需要经过之前提取的事实和证据要素归纳总结后作出的价值判断，这种价值判断对于人工智能而言有着较高的算力要求，现有条件下的智能化要素式审判系统难以吻合。而对于办案法官而言，如果有精准识别、准确推送的类案裁判，可以很大程度上帮助并缩短案件法律要素归纳的过程。

因此对于“繁案”的法律争议焦点的归纳，主要要求要素式审判系统通过上述两个要件的提取和归纳形成的案件“关键词”，实现精准类案检索推送。

2．智能生成数字金融类案裁判文书

审判智能系统通过算法及逻辑判断将“简案”“类案”的上述法律要素转化为法律争点后，自动归入案件模块，对系统内嵌的要素表内容进行甄别、分类和智能比对，精准生成类案法律文书，有效减少法官在文书制作过程中的事务性工作，提升法官释法说理过程中的智能化辅助水平。

3．裁判结果的权威类案检验

目前的裁判文书的签章主要通过法院系统电子盖章的方式，在电子签章前则需要法官将已撰写的裁判文书录入系统，上海法院还通过智能文书系统中 OCR 识别和文书模板等形式方便法官直接在系统内撰写裁判文书，在裁判文书撰写完成到文书签发定稿、电子签章之前的这段时间差内，智能化要素式审判系统可以介入，除了简单的智能纠错外，还能通过识别裁判文书中对争议焦点的归纳、对裁判理由的说理和对法条的适用，在案例库中寻找权威类案（如人民法院案例库）进行智能推送，给予法官在写完文书和电子签章之间，多一步查阅权威类案的过程，这一步或可大大强化类案同判目标的形成。

（四）程序要素全流程化

1．庭前：智能审查实现繁简分流

在事实要素、证据要素和法律要素抓取提炼的基础上，智能审查事实生成庭前事实争点的预归纳以及庭审程序提纲，针对数字金融纠纷进行繁简分流实现诉源治理，简案即批量化、数字化特征明显的数字金融纠纷案件引导进行简案快审。经过法官审核同意适用后，采取对要素表进行审查，智能生成文书的方式提升审判效率。经过分流出的“繁案”则与简案进行区分。对“繁案”分流可以适用如下标准：

（1）事实要素审查中，在提取出特定的要素后，如线上金融借款中出现“担保、应收账款质押”等事实要素时，在案件中出现特别标签，提醒法官对上述事实要素的审查；

（2）证据要素审查中，通过对比类案中存在的证据，向当事人推送建议补充证据提示，例如线上人身保险合同中是否存在保险人履行了“如实告知”义务的可回溯性证据；

（3）法律要素审查中，如出现多个法律争议焦点，则排除简案快审流程，并智能推送类案争议焦点审查供法官参考。

2．庭中：智能庭审提高审判效率

目前全国各地法院都已经在进行信息化庭审改革，最为普及的是在线庭审系统。而在在线庭审系统中，各方均在线上展示证据，这就给了智能化要素式审判系统在庭审中介入对证据进行要素提取的机会。而在庭审过程中，浙江、上海等地法院已在试点运行庭审记录改革系统，该类系统采取同步录音录像代替传统庭审笔录，而为了更直观地展示庭审中的诉辩意见，会同步生成音字转化庭审记录文件。通过音字转换系统和智能语音识别提取双方在庭审过程中的诉辩意见。此外，部分法院更是推出了在线异步庭审，例如上海法院的“微法庭”和吉林法院的“异步审理法庭”等。鉴于异步法庭相比传统法庭存在“时间差”，智能要素式审判系统还可以通过类案对比，实现AI辅助提问功能，在异步审理中充当法官的“电子智囊”可以避免法官在事实调查中遗漏部分要件的可能。

3．执行：全流程化保障有效快速执行

智能化要素式审判系统并非仅限于案件审理阶段，其便利性也可以运用于整个执行阶段中。首先是执行文书的智能化生成，江苏法院推进的执行全流程无纸化“365”运行体系，已经实现包括执行通知、财产报告令、查封裁定等119种制式文书的自动生成和签章，对如终本裁定等需要说理的执行文书可以自动生成85%以上的内容。③除了执行文书外，要素式审判系统通过归纳执行程序的要素，按照时限长短区分优先级，用于提醒执行法官需要办理事项的紧急程度。通过数据对接，实现快速财产评估等一系列保证快速执行的手段。广东省法院通过模块化分段智执系统实现金融借款合同的案款分配自动计算功能。四川省法院的数智赋能“四位一体”执行改革也通过智能

③ 参见江苏省南通市中级人民法院课题组：《执行全流程无纸化“365”运行体系建设成效与展望》，载陈国平、田禾主编：《中国法院信息化报告（2023）》，社会科学文献出版社2023年版，第289页。

化的执行系统大大提升执行效率的同时，还防范了廉政风险。

三、数字金融应用场景全流程化要素式智能审判系统的搭建

一些地区现有的要素式审判机制仍然以传统金融借款纠纷为主，而数字金融纠纷嵌入智能要素式审判的现状明显趋于保守。事实上，数字金融纠纷的类型化、规则化、智能化特点与要素式智能审判的要素化、智能性高度契合，在数字金融业务日益活跃的当下，要素式智能审判应用可以最大化实现数字金融纠纷审判全流程的简洁和高效，最大程度实现适法统一，全面提升审判质效和三个效果的统一。

（一）要素式智能审判在数字金融领域尚未全面实现开拓应用的主要困境

自 2012 年深圳市中级人民法院率先试点要素式审判以来，各地法院围绕要素表格、要素庭审方法、要素裁判文书进行了诸多尝试和推广。目前已有多家法院将要素式审判嵌入应用于部分案由中，但以金融借款合同纠纷为主。

表 2　目前部分法院要素式审判嵌入案由

应用法院	应用案由
厦门市集美区人民法院	金融借款合同纠纷
江苏省高级人民法院	金融借款合同纠纷
北京市高级人民法院	金融借款合同纠纷、信用卡纠纷
山东省高级人民法院	金融借款合同纠纷、信用卡纠纷
深圳市中级人民法院	财产保险合同纠纷、金融借款合同纠纷

在要素式审判的应用中发现了以下瓶颈和困境：（1）当前审判实践中普遍以当事人手动填写要素式审判表为运行机制，仅少数地区逐渐依托人工智能提取要素机制开展审判工作。这与数字金融纠纷的数字化、技术化特征不相匹配。（2）在适用范围上大多局限于传统的金融借款合同纠纷，数字金融纠纷类案审理仍然以传统的审判模式为主，缺乏对于批量性、同一性的固定案情概括和要素提取，更没有提取关键要素制定裁判文书。且目前各地法院金融领域对于要素式审判的应用大多还局限于金融借款等传统金融领域，未

在数字金融的复杂类型或新纠纷类型领域有所拓展。(3)对于一些复杂类型或新类型纠纷，要素识别、抓取、提炼在技术上仍未成熟，现有要素式审判辅助系统还主要依托人工要素导入为主，人工智能算法尚未能充分融入司法审判功能。随着数字金融的深度发展，传统金融服务业态会逐渐转型，倘若期待要素式智能审判在更多数字金融纠纷领域特别是复杂或新型数字金融纠纷中发挥作用，其底层知识图谱构建须投入大量的技术支持。

(二)现有审判管理系统的深度挖掘

1. 上海法院数字法院建设在数字金融领域的整合应用现状

上海法院在数字法院建设的改革探索上已经具备了坚实的基础，其中较为突出的是目前上海法院正在信息系统中大量嵌入的应用场景模式。目前在应用场景系统中已经申报一定数量的要素式审判辅助模型，但要素式审判辅助模型的申报时间尚短，截至笔者成稿时间，大部分金融领域的要素式审判应用场景尚在审核阶段，尚无已经嵌入的应用场景。④

表 3 目前上海法院金融领域要素式审判部分应用场景

开展要素式审判的应用场景模型	目前推进阶段
涉货物运输险财产保险合同纠纷案件要素式审判辅助模型	审核中
涉车辆融资租赁合同纠纷案件要素式审判辅助模型	审核中
涉机动车损失险财产保险合同纠纷案件要素式审判辅助模型	审核中
票据追索权纠纷类案要素式审判辅助场景	审核中
信用卡纠纷要素式审判辅助模型	同意建模
保险人代位求偿权纠纷案件要素式审判辅助模型	审核中
金融借款合同纠纷要素式审判辅助模型	同意建模
融资租赁纠纷案件要素式审判辅助模型	审核中
涉独立保函止付纠纷案件要素式审判辅助模型	审核中
证券虚假陈述责任纠纷案件要素式审判辅助模型	同意建模

④ 信息来源：上海市高级人民法院应用场景申报系统。

续表

开展要素式审判的应用场景模型	目前推进阶段
涉金融委托理财合同赔偿纠纷中约定仲裁类案件要素式审判辅助模型	审核中
典当纠纷案件要素式审判辅助模型	审核中
健康保险合同纠纷案件要素式审判辅助模型	审核中
有追索权保理合同纠纷案件要素式审判辅助模型	审核中

此外，上海法院已经在审判办案系统中嵌入“数助办案”子系统，在审判人员精心在线阅卷的同时，生成智能 AI 助理。目前上线的功能为通过 AI 助手归纳在办案件有哪些要点需要审查，以及通过“一案一群”在线向原告、被告和第三人发起诉辩意见收集等功能。但截至笔者成稿时，大部分的金融案件在向 AI 助手询问案件要点时，均显示“本案件案由不在规定案由内”。

2．全国法院在数字金融领域的智能化审判应用开拓

在数字经济背景下，全国各地的人民法院不断探索数字化、智能化处理金融纠纷的可行道路。江苏省等地方法院探索区块链技术在数字金融领域的司法运用，针对数字金融证据材料线上化、数字化的特点，将最高人民法院“司法链”平台开设内、外网节点，使得金融机构提供的电子证据实现区块链存证以及验证信息的审判系统内可视化。截至 2022 年 12 月，江苏法院区块链平台已上链电子材料、业务信息等数据 1300 万份，提供核验服务 1160 次、上联法院 83 家、上联业务系统 6 个。此外，杭州互联网法院自身搭建区块链平台，首批链上节点包含法院、公证处、CA/RA 机构、司法鉴定中心等十余个。⑤ 河南省法院试点运行“金融一体化平台”，为参与试点的 16 家银行、金融机构在金融借款合同纠纷和信用卡纠纷上提供在线批量立案、批量提供电子要素表、批量签收送达文书等业务办理、采取互联网开庭，实现全流程在线办理金融诉讼业务，并开拓加快该类案件审理的全流程批量办理模式，

⑤ 参见江苏省高级人民法院课题组：《数字经济背景下区块链技术的司法应用调研报告》，载陈国平、田禾主编：《中国法院信息化发展报告（2023）》，社会科学文献出版社 2023 年版。

缩短了办案时间。⑥

（三）全流程化要素式审判系统在数字金融领域的应用探索

1．构建知识图谱，实现办案风险预警和要点推送

从近年来上海法院受理的金融案件来看，数字金融已经渗透至各领域金融业务中。即便以在线化的表征来看，金融审判领域最常见的金融借款合同等融资类业务、各类保险业务和票据类纠纷已经全面步入数字化。为实现数字金融要素式审判的智能化，首先需要人工智能通过学习构成知识图谱。

鉴于金融领域数字化的多业务普及程度，知识图谱的构建也应从案由区分开始，以实现智能识别类案为目标。通过对要素式立案归纳和智能识别的结合实现事实要素的整合、依托上海法院《类案办案要件指南》等法官的调研经验和研究成果进行法律要素的归纳，通过人工智能学习构成知识图谱，在承办法官收到案件后，立刻进行案件审理要点分析推送，对前案发现的类似风险进行预警。真正实现“简案快审，类案类审”。而从金融纠纷领域来看，《类案办案要件指南》涵盖信用卡纠纷、金融借款合同纠纷、融资租赁合同纠纷、保理合同纠纷、票据追索权纠纷、人身保险合同纠纷、财产保险合同纠纷等案由，其中包含专家提炼要素的基础材料，而这些基础材料都可以作为数字金融纠纷知识图谱的构建素材，有条件探索实现“繁案助审”，帮助法官审理疑难案件。

2．开放内外节点，实现证据全流程可视化平台

证据认定是事实认定的关键，在要素式审判的过程中，证据认定是承接事实认定和法律适用的过渡和“桥梁”。同时，鉴于数字金融领域的高度在线化，证据的电子化是区分传统金融纠纷和数字金融纠纷最直观的体现，对于电子证据的认定成为数字金融要素式审判的最迫切的难题。以往对电子证据的认定往往借助当事人补充提交经过公证固定的电子证据直接认证或通过第三方存证平台核验确认提供的数字验签报告辅助认证。不管采取哪种方式都加重了原告举证的责任与负担。虽然对于电子证据的严格认证是基于电子数

⑥ 参见河南省高级人民法院课题组：《金融案件全链条要素式审判调研报告》，载陈国平、田禾主编：《中国法院信息化发展报告（2023）》，社会科学文献出版社2023年版。

据虚拟性、易篡改的特征，但对于数字合同和电子签名的证据补强也并非一定要通过公证或第三方认证等方式，而是充分利用区块链技术在金融数字化转型中所起到的作用，将区块链技术与司法审判的证据认证紧密融合。各级法院如果可以借助最高人民法院“司法链”平台，与金融机构和各大CA认证平台展开合作，实现数据核验的跨链协同，在数字金融领域的合同、票据、凭证等电子证据生成后即形成上链存储，平台认证，从而实现司法数据与业务数据的协同融合体系，打破信息壁垒，向法院直观展示的畅通传输纽带。

3．生成案件标签，实现繁案类型化案例推送

智能化要素式审判若是要从简案、类案的快速办理向繁案精细化办理，实现疑难复杂案件的同案同判的目标，“人脑与智脑”的协同依然不可或缺。在处理事实要素众多、法律要素难以明确的新型案件或疑难复杂案件时，司法人工智能仍然存在其短板，不仅智能决策得出的争议焦点或类案推送可能备受质疑，无法满足实际办案的需要，甚至在人工智能构建知识图谱的过程中，基于其算法通过获取数据信息的增加和深度学习带来的自身“思考”，导致算法本身日益复杂，可能会致使算法的设计者本身都难以解释的局面从而形成的“算法黑箱”，⑦这也是智能要素式审判系统构建的一大难点。此时就需要在案件审理中由承办法官以类似关键词的方式对案件“贴上”标签，通过要素式审判系统的人工智能对类似标签进行归纳整合，形成案件标签库。通过办案经验丰富的法官确定案件要素形成标签，由人工智能在要素式审理过程中通过对比标签重合度，并智能推送案件标签重合度较高的类似案件，打破办理繁案时在推送的大量简案中翻找类似案例的困境。

四、实现数字金融全流程化要素式智能审判的堵点

数字金融纠纷要素式审判如何与智能化结合，在司法落实方面存在不少配套措施方面的堵点，只有各方面应有配套措施逐步完善，该创新机制运行才能真实发挥实效。

⑦ 参见李欣、曹艺萱：《我国算法风险及其治理研究综述》，载《信息安全研究》2024年第2期。

（一）数字金融领域智能化要素式审判的形成需要打破信息壁垒

实现数字金融领域智能化要素式审判除了目前还存在的技术不足外，信息来源同样也存在不足。虽然各地区法院系统对信息数据互通做了许多建设探索，建立了自己的区块链平台，但尚未与银行、保险等金融机构的区块链进行跨链融合，形成“链级孤岛”。此外，各地区法院之间也未形成统一的区块链平台，或是与最高人民法院的“司法链”形成对接。

除了区块链统一平台尚未形成外，司法实践中发现，许多金融机构尚未对自己的电子证据采取上链方式进行存证。对电子证据的补强尚需第三方核验平台或采取公证方式进行。这些核验平台或公证处的存证信息与法院的对接目前也仅能通过当事人增加举证的方式进行，数字金融领域的案件依旧需要通过传统金融案件的方式举证。

除了电子证据的核验需要打破信息壁垒外，各地法院间也存在案件信息壁垒。各地法院构建的智能审判系统之间相互独立，所使用的司法数据也难以流通，数据共享程度极低，这严重影响了司法数据的共享与使用效率。⑧另外，由于尚未生效的裁判文书或是已生效但尚未点击生效日期的案件的裁判文书并不公开，且目前的人民法院案例库尚处于建设阶段，类案文书的数量严重不足，要素式审判系统的类案推送的文书也需要打破各地法院之间裁判文书的信息壁垒。综上，法院与法院之间，尤其是法院与金融机构以及金融监管机构之间的信息壁垒尚未打通，使得数字金融领域建立批量要素式立案，电子可视化示证，执行数据采集等一系列措施难以实现。

（二）数字金融领域的知识图谱构建尚需从法官处获得知识储备

为了真正让人工智能具有法官思维，真正实现自动化要素提取，证据真实性审核，案件风险点提示等，构建知识图谱是前置条件。在数字金融领域，由于有科技公司参与研发，金融机构借助数字化手段提升服务效率等因素，相比传统金融存在更多创新，伴随而来的是更多的风险点，比如电子签约的

---

⑧ 参见李晨：《论类型化案件智能审判系统的建构——以J区法院为样本》，载《东南司法评论》2018年第11期。

一件复用签名导致金融消费者在不知情的情况下签署了其他文件等。因此，数字金融领域纠纷的知识图谱构建目前主要来源还是法官自身，不论是要素式审判中智能文书生成的模板，还是目前要素式审判场景应用的规则，尚都来源于法官在研发阶段基于自身经验所进行的归纳总结与思维发散。首先由专业法官提炼裁判规则、对类案的要点进行归纳分析，在对相关知识点进行标注以后，由机器进行学习，并针对机器学习的偏差进行再标注，经过学习积累，机器会具备初步的信息抓取和逻辑分析能力，从而由知识积累进阶至人工智能，[⑨] 在试点过程中不断由一线法官提出改进意见。这样的方式虽然是现今较为可行的逐步推进智能要素式审判的方式，但与通过人工智能通过LLM模型技术[⑩] 实现自我学习，最终在数字金融审判的某些领域超越人脑，实现机器与人类的智慧融合的初衷相悖。

（三）现阶段要素式智能审判生成的法律文书仍须由法官进一步审核把关

要素式审理在推广应用于更多种类案件前，主要用于批量案件的类案审理中。智能化要素式审判系统在审理该类案件的过程中能够大大提升审理和撰写法律文书的效率。然而人工智能在带来便利的同时也伴随着风险，即便是同质化较高的类案，也可能隐藏着非专业法官无法辨别的隐情。由于要素式审判系统的人工智能在识别案件信息时主要依靠案件原告提供制作的要素表或民事起诉状，因此对原告的诉前准备提出了更高的要求，也相当依赖当事人的诚实守信。一旦出现当事人诉讼材料的疏漏错误，或是当事人隐瞒或故意提供虚假数据等要素，人工智能恐难以识别。此外，上文中提到，数字金融领域由于创新的问题，出现风险的可能相较于传统金融更高，隐藏在案件中的缔约过失风险或群体性涉刑风险不借助专业法官的经验更是可能被人

⑨ 参见高翔：《人工智能民事司法应用的法律知识图谱构建——以要件事实型民事裁判论为基础》，载《法制与社会发展（双月刊）》2018年第6期。

⑩ 可以理解和生成自然语言文本，它最大的特点是可以在大量的文本数据上进行预训练，学习语言的统计规律和知识，然后在特定的任务上进行微调，提高模型的性能和泛化能力。参见刘昭、王波：《ChatGPT对数字金融的影响及其法律规制》，载《金融科技》2023年第9期。

工智能所忽视。若是对智能要素式审判系统智能生成的文书给予过度信赖，或可能在大量类案中不断产生错案的“漏网之鱼”。而当智能要素式审判推广应用于处理非类型化或复杂案件时，更加不能仅依赖要素式智能生成文书来作为定案依据。因此，要素式审判系统为法官提高办理类案效率，带来更多结案量的同时，也对法官仔细审核更多的案件提出了更高的要求。

城市更新背景下上海农村建房行政争议源头治理问题研究

陆　罡　陈剑红　林兴乐　胡晓涛*

党的十八大以来，中国特色社会主义进入新时代，习近平总书记多次强调，要创新和发展新时代“枫桥经验”，全面推进基层社会治理现代化、法治化建设。①党的二十大报告提出，在社会基层坚持和发展新时代“枫桥经验”，完善正确处理新形势下人民内部矛盾机制，及时把矛盾纠纷化解在基层、化解在萌芽状态。②与此同时，随着近年来城市化进程的持续推进以及受城镇房屋价格上涨、村居环境改善等因素影响，农村村民对房屋新建或翻建等的需求日趋增多，因农村建房审批及监管引发的行政争议亦不断产生，成为影响乡村治理和社会基层治理的不稳定因素。而农村建房又关系到土地资源的合理利用，也关系农民核心居住权益。2020年12月，习近平总书记在中央农村工作会议上就指出，农村宅基地和住房是农民的基本生活资料和重要财产，也是农村发展的重要资源。党的二十大报告进一步提出，要深化农村土地制度改革，赋予农民更加充分的财产权益，建设宜居宜业和美乡村。因此，对农村建房问题及因农村建房引起的行政争议，必须予以高度重视和妥善处理。基于此，本文拟结合近些年来上海法院司法实践中反映出的当前农村建

* 陆罡，法律硕士，上海市静安区人民法院党组成员、副院长。陈剑红，法学硕士，上海市静安区人民法院行政及执行裁判庭庭长。林兴乐，法学硕士，上海市静安区人民法院行政及执行裁判庭法官助理。胡晓涛，法学硕士，上海市静安区人民法院行政及执行裁判庭法官助理。本文系2024年度上海市依法治市课题结项成果。

① 牛正浩:《新时代“枫桥经验”视域下诉源治理现代化路径构建》，载《学术界》2023年第9期。

② 《党的二十大报告学习辅导百问》，党建读物出版社、学习出版社2022年版，第41页。

房行政争议的主要类型、表现形式，分析农村建房行政争议的特征、产生的具体原因，从源头治理的视角，提出具有实践指导意义的可行性对策和建议，助力本市乡村治理和基层社会治理现代化、法治化建设，促进本市农村社会和谐稳定与可持续发展。

一、农村建房的概念及其类型范围

本文所指的农村建房也即农村村民宅基地建房，就上海市范围而言，具体是指根据《上海市农村村民住房建设管理办法》的规定，③ 本市行政区域范围内农民集体所有土地上农村村民新建、改建、扩建和翻建住房及其管理活动的总称。与农村建房概念相对应，农村建房行政争议即行政相对人与建房职能部门因农村建房审批及监管等引发的争议。

在农村建房的类型范围上，结合农村建房的上述概念与相关法律规定，实践中，农村建房的类型范围主要包括以下几种：

（1）新建。新建是指符合农村建房申请条件的申请人，通过申请宅基地以完全新建的方式在土地上建造房屋的行为。实践中，随着国家和各地区对土地资源保护的重视，农村新建住房的审批政策日趋收紧，一些在以往符合建房申请条件的村民因区域性法规及政策调整对提出的新建申请不能获批，往往引发较多的行政争议。

（2）改建。改建是指在不改变原来房屋用地面积、高度等因素的基础上，主要对房屋的房屋间数、内部结构进行重新改造。实践中，改建一般不占用新的土地、空间，通常于村民就原有房屋进行装修时进行，故很少有村民就改建房屋单独提出审批申请，监管部门对一般的正常改建行为在审批上并无严格要求，但有些隐蔽的重大违规改建行为具有一定危害性，也较难发现，但也存在因整治违规改建引起的行政争议。

（3）扩建。扩建是在原有宅基地房屋的基础上，增加房屋的建筑面积、占地面积以及高度等。实践中，因土地保护、保护乡村风貌、邻里关系等因素的考虑，监管部门对扩建行为的审批和监管相对严格，农村建房经审批建

③ 2019年4月27日上海市人民政府第49次常务会议通过，2019年5月5日上海市人民政府令第16号公布并施行。

成后，应严格按照房屋的批文确定的面积、结构、高度予以确定，无特殊情况，不允许随意违规扩建。

（4）翻建。翻建是指因房屋年久失修、遇自然灾害等成为危房，村民经申请，对原有房屋进行拆除后，在原址上重新建造房屋的行为。实践中，新建住房的申请日益受到更加严格的限制，因此，房屋翻建的数量相对较多，且因翻建成本相对低，对改善村民居住环境作用明显，因此，导致在司法实践中，因房屋翻建审批、违规翻建等引起的行政争议数量也相对较多。

二、现状检视：上海市农村建房行政争议主要表现形式

为分析上海市农村建房行政争议的主要类型，本文选取2020年以来全市法院审理的涉及农村建房有关行政案件51个，④经梳理分析，当前上海市农村建房行政争议在类型范围或表现形式上主要体现在以下几个方面。

（一）与村民委员会审查与报送有关的行政争议

根据《上海市农村村民住房建设管理办法》的相关规定，村民申请建房应先向所在村民委员会提出，村民委员会公示无异议后，由村民委员会将建房申请材料报送乡镇人民政府并完成后续审批。司法实践中，一些村民委员会在收到村民提交的建房申请材料后，经初步审查，发现村民提交的建房申请材料并不符合区域内建房审批政策，故未启动村民委员会公示程序，也未将村民建房申请材料报送，或者村民委员会虽然实施了公示、报送等程序，但因实际上并不符合审批条件，故随即被镇政府退回，但在告知村民处理结果时不规范，并由此引发村民以村民委员会为被告或以镇政府等行政机关为被告诉至法院。

如某法院审结的原告陈某梅诉被告上海市某区某村民委员会要求履行法定职责一案中，原告于2021年3月向被告递交建房申请，因未收到书面回复。2021年12月，原告再次向被告递交申请，之后，被告出具书面回复，告知原告其不符合农村村民建房申请资格。原告认为，被告未经法定程序即

④ 本文选取的数据范围为2020年1月1日至2024年8月31日，案件类型为行政案件。

直接告知原告不符合村民建房资格，未依法向上级审批部门报送，剥夺了原告取得建房资格的可能，故诉至法院，请求判令被告依法为原告履行报送职责。法院经审理后认为，村民委员会对村民申请建房行使的相关职能系集体经济组织内的审查程序，属于村民自治范围，非行政管理行为，不属于人民法院行政诉讼的受案范围，并依法裁定驳回了原告的起诉。又如某法院审结的原告潘某国诉被告上海市某区某镇人民政府要求履行法定职责一案中，被告提出从未收到过原告的申请建房材料，原告为此出示了2021年3月其所在村民委员会盖章同意原告扩建的建房申请表，但被告否认收到前述申请表，原告也未能提交已由村民委员会报送被告的证据。本案中，村民委员会因未及时为原告报送建房申请材料，加之村民对审批进度不了解而引发争议。

（二）与城乡规划编制、调整致停止建房审批有关的行政争议

我国《土地管理法》第六十二条第三款规定，农村村民建住宅，应当符合乡（镇）土地利用总体规划、村庄规划。编制乡（镇）土地利用总体规划、村庄规划应当统筹并合理安排宅基地用地，改善农村村民居住环境和条件。《上海市农村村民住房建设管理办法》第六条亦确立了当前上海市农村建房实施“分类引导”的原则，根据该条规定，位于规划确定的农村居民点范围内的农户，在符合村庄设计和乡村风貌管控要求的前提下，允许翻建、改建住房；范围以外的农户，引导其选择进城镇集中居住，或者到规划确定的农村居民点实施平移集中建房；符合所在区人民政府规定的分户条件的，采取多种方式，保障其居住权。但实践中，村民委员会及有关职能部门对上述法律、规章及本区域规划编制、性质及区域内建房审批政策宣传不到位，导致村民对建房审批政策缺乏了解，在提出的申请未获批准后即选择诉至法院，引起争议产生。

如某法院审结的原告王某强诉被告上海市某区某镇人民政府履行法定职责一案中，原告系该镇某村村民，村民委员会经公示程序向镇政府报送了原告的建房材料，镇政府经审核认为根据《某区某新市镇总体规划暨土地利用总体规划（2017—2035）》，某村属于城市开发边界外的撤并村。同时根据某区政府发布的《关于推进农民相对集中居住的政策意见》，自2019年10

月10日该意见实施之日起，城市开发边界以外的撤并村不再批建农村村民住房。因此未予受理原告的建房申请，但原告对上述新的审批政策并不了解，原告认为其属于农业户口，是适格的申请主体，被告就应当按照《上海市农村村民住房建设管理办法》规定的审批流程给予办理，并引发案件争议产生。

（三）与房屋建造施工有关的行政争议

实践中，有的村民未经批准，在原有房屋的基础上，擅自施工建造或改建房屋，在被举报后与村民委员会或有关职能部门发生争议。也有的村民虽然经过了审批，但在农村建房建造施工过程中，却产生侥幸心理，利用难得的“建房”机会，故意不按照批文确定的高度、面积、结构规范施工，出现随意改动房屋结构或超高度、超面积建房等问题，产生安全隐患，也给职能部门的监管增加困难，并引发新的争议。

如某法院审结的原告张某珍不服被告上海市某区某镇人民政府不服责令限期拆除决定等一案中，原告经审批同意在原地翻建房屋，批文确定建造楼房1间、平房3间，建筑面积共计161.29平方米。但原告在实际房屋翻建过程中，建造房屋为三间三层楼房，建造面积为321.165平方米，超过审批核准建房面积近一倍，后被某镇人民政府依法查处，并对原告作出限期拆除决定。原告对拆除决定不服，先申请了行政复议未获支持，后又诉至法院，法院经审理后，依法判决驳回了原告的诉讼请求。

（四）与“一户两宅”认定、拆除相关的行政争议

根据上述新修订的《土地管理法》的相关规定，农村建房“一户两宅”被明令禁止，但在实践中，一些村民如通过继承、购买、利用政策宽松时期进行申请等方式实际形成“一户两宅”的情形，相关职能部门在实施认定和拆除时，因住房关系到村民的核心居住权益和财产权益，故存在较大阻力，部分行政机关不得不采取突击拆除等方式实施拆除，又引发新的争议产生。

如某法院审结的原告梁某佩诉被告上海市某区某镇人民政府乡政府行政强制一案中，原告在某镇某村拥有一处宅基地房屋，后被告经向规划部门申请协助执法确认，原告另在某村新村点同时拥有宅基地，不符合《土地管理

法》第六十二条关于“一户一宅”的规定，后被告联合村民委员会工作人员于2020年9月对案涉房屋予以强制拆除，但原告认为其是通过购买途径获得另外一处宅基地，且家中两个儿子，不应受一户一宅的制约，故向法院提起了诉讼，引发争议产生。

（五）与相邻关系有关的行政争议

实践中，除了村民与村民委员会及职能部门因建房审批、建造监管等引发的行政争议外，也有的村民就职能部门对他人主要是邻居作出建房审批行为影响了自身的通风、采光、排水、通行等权利为由，将作出建房审批决定的职能部门诉至法院，要求撤销审批决定，从而引发行政争议。

如某法院审结的原告李某珠诉上海市某区规划和自然资源局要求撤销建房审批一案中，2020年8月，原告邻居沈某明对房屋申请翻建，村民委员会经初审同意翻建，并将初审意见进行公示后将申请材料报送该区某镇人民政府。某镇政府后经实地审核及对房屋建筑图纸进行审定，同意建造并将审批结果及房屋平面图等一并在村民委员会进行了公示。之后，原告以第三人户建房影响原告户的采光为由进行信访，后又以上海市某区规划和自然资源局为被告，向法院提起行政诉讼。法院经审理后认为，案涉审批的建房高度、建筑面积均未违反《上海市农村村民住房建设管理办法》的相关规定，且本案审查的被诉行为是系争的建房规划审批，第三人的实际建房是否合规并非本案的审查范围，并判决驳回了原告的诉讼请求。

（六）与集体土地上房屋动迁有关的行政争议

除了农村建房因新建、翻建等行为的审批、监管引起的行政行为争议和相邻关系争议等，司法实践中，村民在遇到房屋动迁时，动迁补偿金额主要基于原批文或者宅基地证确定的房屋面积进行计算，有的村民在动迁时认为测量的面积与批文或宅基地证载明存在一定的差异，故就原建房审批行为或动迁补偿方案提出异议，引发争议。此外，为最大限度保护村民合法居住权益，上海市还规定了可建未建房屋部分应当依法给予补偿，《上海市征收集体土地房屋补偿暂行规定》第十七条规定，征地公告时，符合本市农村村民住房建设申请条件的村民家庭，因建设规划控制等原因未新建、扩建住房的，现住房建筑面积以征地公告时符合农村村民建房申请条件的人数计算；低于现行农村村民住房可建面积标准的部分，可给予土地使用权基价补偿和价格补贴。在实践中，也有的村民之间、村民与动迁部门之间就可建未建房屋面积的动迁发生争议。

如某法院审结的原告唐某芳诉被告上海市某区规划和自然资源局要求履行法定职责一案中，原告户于 2003 年 4 月与原某区某镇动迁管理办公室签订了动迁协议并完成动迁。2022 年 3 月，原告以动迁时乡村建房申请表里面的申请用地平面示意图标注错误，造成原告户 2 幢 3 层楼房被遗漏、未按照实际情况动迁为由，向被告提出履职申请，要求被告将建房申请表里面的申请用地平面示意图内容进行改正。法院经审理后，认为原告的起诉已过最长起诉期限且案涉房屋已经动迁拆除，并依法裁定驳回了原告的起诉。

三、农村建房行政争议的主要特征

（一）行政争议主体多元

农村建房行政争议往往涉及多个主体，其中，村民是农村建房主要争议主体，作为行政相对人一方，村民因建房申请、审批及建造过程中与村民委员会及职能部门直接发生关联，是争议的确定一方主体。此外，农村建房行政争议还存在跨村民自治组织和行政机关的显著特征，一方面，村民申请建房涉及宅基地申请，宅基地作为集体组织所有的土地，村民委员会前置审批系村民自治行为，村民如对村民委员会的前置审批不服，在性质上不属于行政行为，亦不属于行政诉讼受案范围，应通过村民自治纠纷的法律途径予以处理。另一方面，乡镇政府、土地规划部门、农村农业部门等行政机关分别在农村建房的审批、监管等环节中承担着不同的职责，村民对具体职能部门作出的相应的行政行为不服，可能引发为行政争议，上述行政机关也是行政争议的常见行政主体。此外，涉农村建房的争议主体还涉及相邻关系的村民、动迁部门等其他关联主体。

（二）争议产生的环节多

实践中，村民建房行政争议分布在农村建房申请、审批、施工监管、日常管理等多个环节，在申请环节，特别是村民委员会村级审查环节，村民对村民委员会不启动公示、报送程序以及答复不规范等行为，因无法得到合理解释或长时间收不到回复，村民即选择诉至法院。且村民容易混淆村级审查与行政机关作出的行政行为的属性，误认为村民委员会自治审查也属于法律、法规、规章授权的审批行为，故选择提起行政诉讼。在审批环节，实践中，通常因镇政府与土地规划部门在职能分工上不明确，以及行政审批行为程序上的瑕疵，经常引发行政争议。在施工监管环节，有的村民在具体实施建造时存在未批先建、超面积建设等违规建房行为，被镇政府等职能部门依法予以强制拆除，村民因拆除行为与行政机关产生激烈冲突。在对房屋的日常管理中，村委会或镇政府就日常管理中发现的村民违规搭建等违法行为实施责令改正或强制拆除时，同样容易引发行政争议产生。

（三）争议集中在基层

与其他行政争议相比，农村建房行政争议因涉及村民群体、村民自治组织及乡镇政府等主体，争议主要集中在农村基层，亦是主要涉及基层行政部门的审批行为，带有基层性的特征。农村建房行政争议的基层性特征，也为其能够通过基层争议解决方式实现该类争议源头治理提供了先天优势，相关部门需要重视该类争议的基层治理，通过加强政策宣传和沟通协调，采用多元化的基层矛盾纠纷化解机制，以实现该类行政争议的有效解决。

（四）争议影响的广泛性

农村建房行政争议虽然发生在基层，但却涉及村民最为核心的居住权益，一旦出现行政争议，不仅对村民的居住问题带来直接影响，且如果得不到妥善解决，可能会引发村民的反复上访、诉讼、群体性事件等，影响农村社会的稳定。此外，农村建房行政争议可能导致农村建设规划无法顺利实施，对新农村建设和乡村治理带来不利影响，如在一些涉及农村建房的关联集体土地动迁纠纷中，如村民就被动迁农村房屋的面积提出争议，拒绝动迁，将可能直接影响动迁的进程，从而影响乡村的基础设施建设、环境改善和产业发展等。

四、上海农村宅基地建房行政争议产生的原因分析

（一）职能部门及村民委员会对区域规划调整及建房审批政策宣传不到位

当前，上海市各区以城乡规划为依据，实施分类引导的建房政策，规定了划入特定规划范围内的村庄应停止新建农村住房，并引导村民选择进城居住或至农村居民点集中居住。但由于村民委员会及职能部门对相关政策宣传不足，导致村民对申请建房区域规划性质、建房审批政策缺乏了解，一些村民认为目前仍沿用以前的建房审批政策，进而误认为村民委员会或有关职能部门不予报送或作出不予同意审批决定是故意不予办理。此外，目前的建房政策对可建未建村民的居住权益、动迁权益均给予相应的法律保护，但村民对可建未建的法律法规和政策并不了解，为此，坚持提出建房用地申请，并导致其与村民委员会及职能部门的矛盾纠纷产生。

（二）村民委员会前置审查报送程序欠规范

根据《上海市农村村民住房建设管理办法》的相关规定，村民申请建房，应当向村民委员会提出，经村民委员会张榜公布无异议后，由村民委员会在申请表上签署意见后，连同建房申请人的书面申请报送镇（乡）人民政府核发乡村建设规划许可证。实践中，部分村民委员会在审查和报送村民建房材料时欠规范，内部审批标准不统一、不透明，告知答复处理结果时较随意，造成村民对审批口径、审批进度不了解，并引发争议。

（三）职能部门审批监管权限不明确

特别是《土地管理法》修订实施后，农业农村部和自然资源部联合下发的《关于规范农村宅基地审批管理的通知》中明确："农业农村部门负责农村宅基地改革和管理工作，建立健全宅基地分配、使用、流转、违法用地查处等管理制度……自然资源部门负责国土空间规划、土地利用计划和规划许可等工作，在国土空间规划中统筹安排宅基地用地规模和布局，满足合理的宅基地需求，依法办理农用地转用审批和规划许可等相关手续。"但实践中，

上述两职能部门在对涉农村建房审批和监管过程中，仍存在审批监管权限不明确的问题。⑤ 此外，农村建房在审批过程中因跨部门多、审批标准不透明、审批环节多、程序繁琐、审批时间长，导致审批效率低下，甚至出现互相推诿的情况，引发行政争议。

（四）对农村建房监管存在一定缺失

一些建房者在未获得审批或违反审批规定的情况下擅自建房，也有的村民在建房申请获批后，产生侥幸心理，利用建造机会，故意不按照批文确定的高度、面积、结构规范施工，在建造过程中出现随意改动房屋结构或超高度、超面积建房等问题，而监管部门未能及时发现和制止，导致事后处理困难加剧，从而引发行政争议。也有的职能部门在实施监管中存在监管方式单一，主要依靠事后处罚，缺乏事前预防和事中监督机制，不能及时发现和处理建房过程中的问题，在房屋建成后再就违规建成的房屋实施拆除增加了难度，也容易导致矛盾激化。

（五）因建房引起的相邻关系纠纷处理不当

农村宅基地建房往往涉及相邻关系，如采光、通风、排水等问题，如果职能部门在审批过程中未能充分考虑审批决定是否对相邻关系产生影响等因素，或者建房者在建设过程中不能妥善处理相邻关系，即容易引发相邻关系纠纷，并由相邻关系纠纷引发对审批决定不服或者提起投诉举报有关的行政争议。此外，有的村民委员会或辖区职能部门对相邻关系纠纷不够重视，缺乏有效的解决机制，导致双方无法达成和解，只能通过行政途径解决，亦增加了行政争议的发生概率。

五、完善上海农村建房行政争议源头治理的对策建议

当前，随着农村建房行政争议的不断增多，人民法院受理涉农村建房行政案件的数量也呈快速增长趋势。农村建房行政争议有自身的涉基层性等特

⑤ 程雪阳：《体系解释视角下农村违法占地建房执法权限争议的解决》，载《政治与法律》2022 年第 10 期。

征，具有将该类争议预防和化解在基层的基础条件和优势，而源头治理是在多元化纠纷解决机制改革背景下防范并化解矛盾纠纷的一项重要举措，应按照习近平总书记关于“要坚持把非诉讼纠纷解决机制挺在前面，从源头上减少诉讼增量”的要求，通过加强该类争议的综合治理和源头治理，以预防和化解涉农村建房行政争议。对此，建议如下。

（一）完善政策与法规，加强政策法规宣传

当前，随着土地管理法的修改和国家对土地资源保护力度的加大，与以往相比，农村建房审批政策更加趋向严格和规范。结合实践中，因村民对法律、法规政策及规划调整等不清楚，引起较多行政争议的情况，相关职能部门应按照法律一致性的要求，及时梳理和修订农村建房相关政策，确保政策的一致性、连贯性和明确性，特别是要明确宅基地的申请条件、审批部门、审批流程、结果告知方式等关键内容，减少因政策模糊或冲突引发的争议。同时，村民委员会及职能部门通过多种渠道加强对农村建房审批政策法规的宣传，提高农民对法律、政策的知晓度，让农民及时了解建房审批法规及政策的内容和要求，此外，对因规划调整导致农村建房审批暂停的区域，村民委员会及相关职能部门要专门就区域规划调整后村民的居住政策、动迁安置政策向村民做好告知，预防村民因对法规政策不了解或因担心自身居住权益、动迁利益受到不利影响而向法院提起诉讼，引发争议产生。

（二）规范审批流程，优化审批程序

在审批职能划分上，各职能部门要严格按照土地管理法及本市农村建房管理办法的要求，明确村民自治组织以及乡镇政府、土地规划部门、农业农村部门在建房审批中的职责权限，避免出现职责不清或推诿扯皮的现象。其中，村民委员会要基于村民自治依法做好村级审批及报送程序，在基于村民自治进行的村级审查环节，对确实不符合建房条件的，要及时准确向村民做好政策解读。同时，村民委员会要做好与上级审批职能部门的工作衔接，避免因审批不及时或不规范引发新的矛盾。村民委员会与相关职能部门在审批结果告知上，要优化答复方式，将宅基地建房申请、审批进度、审批结果等信息及时向申请人进行告知，并可将审批结果在一定规划范围内公开，保障

村民的知情权和参与权，接受社会监督，提高审批工作透明度和规范性，预防争议的发生。

（三）强化对农村建房常态化巡查与监管力度

村民委员会及职能部门要完善对农村建房审批、建造的全程监管，在审批前，职能部门要对待批准建房用地的位置、翻建房屋年久失修情况、用地四至范围、相邻关系状况等进行实地测量，调查取证，全面掌握，避免未做调查就作出审批决定。同时，对在建房屋和建成后房屋均应加强日常巡查，及时发现、查处违规建房行为，避免因拖延导致小问题上升为大问题，增加整治拆除难度。对实践中经常存在的日常农村房屋存在违法搭建等行为，应发现一起即查处一起，提升查处效率，保护乡村风貌和环境。在执法方面，职能部门要定期对审批情况、建设情况等进行检查和评估，及时发现和纠正存在的问题，同时，注意加强对基层执法人员的培训和管理，提高执法水平。此外，要建立健全问责机制，对在宅基地建房管理中存在违法违规行为或不作为的部门和人员，依法追究责任，确保各项工作依法依规进行。

（四）建立完善涉农村建房行政争议源头解决机制

涉农村建房行政争议产生有诸多原因，应注重从源头上预防争议的产生，并注重从源头化解行政争议。其中，在城乡规划编制过程中，充分考虑村民的住房需求，科学编制城乡规划，合理规划村居及宅基地布局，为村民建房提供科学依据，避免因规划不合理导致的建房矛盾。同时，要加强对农村建房审批管理和施工监管，及时发现因审批、监管和处理违法占地、违规建房等行为引发的各类争议，通过采取有效措施，将行政争议化解在萌芽状态。在具体的争议解决机制上，要充分借助和发挥村民委员会、基层人民调解委员会、行政调解、行政裁决等机制作用，及时化解涉农村宅基地建房纠纷。对村级审查引起纠纷、村民之间因建房引起的相邻关系纠纷，村民自治组织要及时进行政策宣解，根据法规政策、村规民约公正合理解决，对有的矛盾可积极引导村民借助基层人民调解委员会组织调解或寻求行政裁决，实现行政争议早预防、早发现，矛盾纠纷就地化解，此外，要充分发挥行政复议化解农村建房行政争议中的主渠道功能，积极引导当事人选择行政复议作为解决行政争议的主要方式，通过强化复议审查力度，发挥行政复议优势，提升行政争议实质化解率。

（五）推进涉农村建房行政争议实质解决

对进入诉讼程序的涉农村建房行政案件，有关行政机关要杜绝司法兜底意识，依托府院联动机制，积极推进涉农村建房行政争议的实质解决。在诉前调解阶段，村民委员会及相关职能部门要在掌握案情的基础上，耐心倾听当事人的合理诉求，对因法规政策误解引发的争议，要及时派员向当事人做好法规政策的解读，对因工作瑕疵引起的争议，要通过与当事人对话与沟通，采取合理补救措施，争取在诉前调解阶段实现和解。对于进入审判阶段的涉农村建房行政案件，有关职能部门要在依法应诉答辩的基础上，通过法院介入协调化解，及时回应当事人的合法合理诉求，对行政行为确实存在错误的应主动纠错，减少当事人的诉累，促进涉农村建房行政争议得以实质解决。

六、结语

当前，上海正在加快实施以提升城市品质、优化空间布局、推动产业升级等为重点内容的城市更新行动。改善城市周边村居环境、建设美丽乡村也是上海城市更新必不可少的组成部分。在新的时代背景下，要以城市更新为契机，关注村民居住权益保护和居住环境改善，努力改善乡村风貌，进一步完善农村建房行政争议源头治理机制，通过政策法规宣传、优化审批程序、加大监管力度、完善争议解决机制等多种举措，切实从源头上预防和化解涉农村建房行政争议，提升乡村建设水平和治理水平，促进农村社会的和谐稳定与可持续发展。

四阶范式：“足以排除强制执行”的审查路径校正

——以效力瑕疵合同引发的案外人异议之诉为考察对象

陆　罡　王　梓　王世轩*

公正与效率是法院审判工作的永恒主题。① 案外人异议之诉，本质上是强制执行与案外人权利的冲突与平衡，其核心在于如何准确对“足以排除强制执行”作出判断。然而，当前规范中对此缺乏明确的一般性标准，导致裁判结果不一，争议不断。

案外人享有的民事权益是否“足以排除强制执行”究竟应如何判断？为破解这一难题，本文以效力瑕疵合同为考察对象，展开对裁判和规范的分析：第一，直截了当地提出，应当摒弃单纯依据“物权 / 债权”属性进行判断的做法，转而从案外人正当救济的原则出发；第二，以现行法为依据，构建出一套更加直白、易于操作的四阶审查范式；第三，在此基础上，明确具体的法律解释的路径与完善的方案。

一、裁判观察：效力瑕疵合同能否排除执行的争议

法院审理以转移所有权为目的的效力瑕疵合同时，可能出现两类情形：第一类，法院在判决合同无效或解除后，对法律后果也一并处理，即判令返

* 陆罡，法律硕士，上海市静安区人民法院党组成员、副院长。王梓，法学硕士，上海市静安区人民法院执行局副科长。王世轩，法学硕士，上海市静安区人民法院民事审判庭法官助理。本文获第 36 届全国法院系统学术讨论会二等奖、2024 年上海法院学术讨论会一等奖。

① 《公正与效率是永恒的工作主题——专访最高人民法院院长张军》，载新华网 http://www.news.cn/20240309/40bfzeO6e20b465795fe2ec93453345f/c.html。

还财产或折价补偿；第二类，法院仅判决合同无效或解除，但未处理相关后果。前者可以称为"判令返还型"，后者相应可以称为"未判令返还型"。

"未判令返还型"效力瑕疵合同的形成原因在于：虽基于纠纷一次性解决的要求，法院应在明确合同效力的同时，一并处理其后果，但是往往会出现标的物被设定了抵押或被查封而难以返还的情形。法院只得先确认合同效力，待时机成熟时再对相关后果予以处理。若此时标的仍然登记在买受人名下，当买受人的债权人申请强制执行，出卖人能否排除该强制执行？针对这一问题，实践中出现了大量的争议。

（一）缘起：《九民纪要》第一百二十四条第二款的未及之处

现行规范仅涉及"判令返还型"效力瑕疵合同排除执行的情形，即《全国法院民商事审判工作会议纪要》（以下简称《九民纪要》）第一百二十四条第二款。② "未判令返还型"效力瑕疵合同并不在该规范的范围内，其排除强制执行的条件尚系法律上的空白（见图1）。

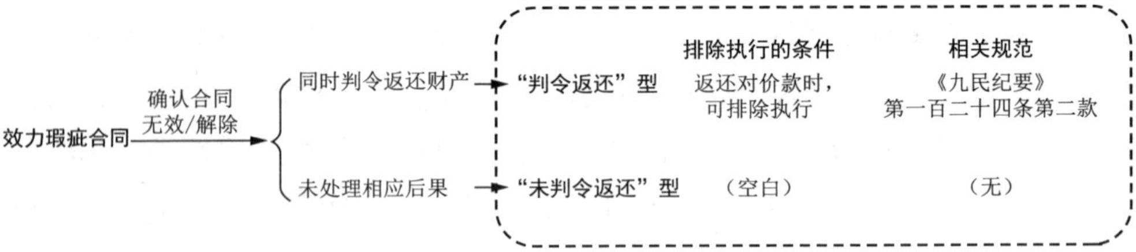

图1 "未判令返还型"效力瑕疵合同能否排除强制执行缺乏相关规范

（二）现状：相同的案件背景，冲突的裁判路径

这一空白相关的裁判冲突极大，司法实践中不仅中出现了多种裁判路径，

② 《九民纪要》第一百二十四条第二款："应予注意的是，在金钱债权执行中，如果案外人提出执行异议之诉依据的生效裁判认定以转移所有权为目的的合同（如买卖合同）无效或应当解除，进而判令向案外人返还执行标的物的，此时案外人享有的是物权性质的返还请求权，本可排除金钱债权的执行，但在双务合同无效的情况下，双方互负返还义务，在案外人未返还价款的情况下，如果允许其排除金钱债权的执行，将会使申请执行人既执行不到被执行人名下的财产，又执行不到本应返还给被执行人的价款，显然有失公允。为平衡各方当事人的利益，只有在案外人已经返还价款的情况下，才能排除普通债权人的执行。反之，案外人未返还价款的，不能排除执行。"

裁判结果亦存在不同。

此类案件一般在买受人成为被执行人，合同标的成为执行标的时引发。出卖人会以在先的判决为依据，诉至法院要求确权并停止对案涉标的的执行，基本案型如下：

【基本案型】“未判令返还型”效力瑕疵合同引发的案外人异议之诉

主要案情：出卖人甲、买受人乙之间签订《房屋买卖合同》被法院确认无效，但因该房屋上存在抵押或另案查封，故对合同无效的后果不作处理。

现买受人乙的债权人丙申请对该房屋的强制执行，出卖人甲遂作为案外人提起执行异议之诉。

诉讼请求：（1）确认原告是该房屋的所有权人；（2）停止对案涉房屋的执行。

就具体裁判路径而言，根据排除执行是否以物权归属于出卖人为前提，可以归纳为三大类：第一类，物权归属于出卖人是排除执行的前提，即“物权归属必要型”路径；第二类，排除执行不需要物权归属于出卖人，即“物权归属不要型”路径；第三类，对排除执行是否需要物权归属于出卖人不作论述，而是根据其他因素作出裁判，即“中间型”路径（见图 2）。

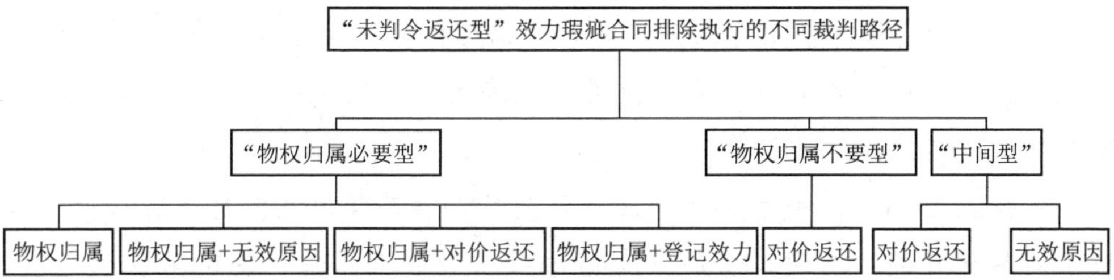

图 2　裁判路径归纳

1．裁判路径一：“物权归属必要型”路径

此路径在判断能否排除执行时，首先判断物权归属，物权归属于出卖人系排除执行的前提。

（1）子路径一：仅审查物权的归属。物权不归属于出卖人时不得排除执行。

【案例一】审查要素：物权归属

主要案情：出卖人宋某、买受人秦某之间的《房屋买卖合同》被法院确认无效，但因该房屋上存在抵押及另案查封，故对合同无效的后果不作处理。

诉讼情况：现买受人秦某的债权人张某申请对该房屋的强制执行，出卖人宋某遂作为案外人提起执行异议之诉。

法院认为：（1）[关于物权归属]合同无效的后果为系争房屋的返还或是折价补偿，将直接决定财产权利的最终归属。因此，房屋所有权需要待合同无效的后果处理完毕后再进行确认。本案中对物权进行确认的条件尚不成熟，原告宋某要求确认其为系争房屋所有权人的诉请，本院不予支持。（2）在系争房屋并未确定归属于原告宋某的情况下，不能认为原告宋某享有足以排除相关执行措施的民事权益。

判决结果：不足以排除强制执行。③

（2）子路径二：审查物权归属和合同无效原因。即在审查物权归属的同时，结合合同无效的原因，确定能否排除执行。

【案例二】审查要素：物权归属＋无效原因

主要案情：出卖人刘某、买受人贾某之间的《存量房买卖合同》被法院确认无效，但因该房屋上存在另案查封，故对合同无效的后果不作处理。

现买受人贾某的债权人吴某申请对该房屋的强制执行，出卖人刘某遂作为案外人提起执行异议之诉。

法院认为：（1）[关于无效原因]刘某帮助贾某使用案涉房屋进行抵押贷款，刘某与贾某协商通过房屋买卖的方式将案涉房屋过户登记至贾某名下，应当预见物权变动可能带来的风险，并应承担此种风险产生的法律后果。（2）[关于物权归属]刘某依案涉《存量房屋买卖合同》被确认无效而产生对案涉房屋移转登记的请求权，但并不因此直接引起物权变动而当然产生确认其为案涉房屋所有权人的法律效果。

③（2023）沪0106民初17619号。

判决结果：不足以排除强制执行。[④]

（3）子路径三：审查物权归属及对价情况

此路径认为，此时物权归属于出卖人，对价已经返还或不存在对价时，足以排除强制执行。

【案例三】审查要素：物权归属＋对价返还

主要案情：出卖人杭某、王某，买受人某公司之间的房屋买卖合同被法院确认无效，但因该房屋上存在抵押及另案查封，故未处理合同无效的后果。

诉讼情况：现买受人某公司的债权人张某申请对该房屋的强制执行，出卖人杭某遂作为案外人提起执行异议之诉。

法院认为：（1）［关于物权归属］杭某此时享有的请求权性质应认定为物权请求权。（2）［关于对价返还］买卖合同因虚假的意思表示而无效，杭某未收取价款，不存在需要返还的对价。

判决结果：足以排除强制执行。[⑤]

（4）子路径四：审查物权归属、不动产登记的公示效力。

此路径在审查物权归属的同时，认为登记的公示效力及于申请执行人，以此判断能否排除执行。

【案例四】审查要素：物权归属＋登记公示

主要案情：出卖人杨某、范某，买受人严某之间的《上海市房地产买卖合同》被法院确认无效，但因该房屋上存在抵押及另案查封，故对合同无效的后果不作处理。

诉讼情况：现买受人严某的债权人顾某申请对该房屋的强制执行，出卖人杨某、范某遂作为案外人提起执行异议之诉。

法院认为：（1）［关于物权归属］具体到本案中因案涉房屋存在抵押和查封，原物在法律上已不能返还，返还原物请求权已经转变为不当得利请求权，

---

④ （2023）京02民终15503号。

⑤ （2022）沪0112民初17567号。

在待返还的财产被执行时，不能对抗一般债权人。(2)[关于登记公示]鉴于顾某就系争房屋申请强制执行时基于该房屋登记在严某名下所产生的公示效力，因此杨某、范某以其为房屋实际权利人为由，要求停止对系争房屋的执行，并确认该房屋归其所有，于法有悖，难以支持。

判决结果：不足以排除强制执行。⑥

2．裁判路径二："物权归属不要型"路径

此路径认为排除执行不需要物权归属于出卖人。即出卖人虽然享有可以排除执行的权利，但不代表其为物权人，仅审查对价返还情况。

【案例五】审查要素：对价返还

主要案情：出卖人十堰某公司与买受人苏某之间的《商品房买卖合同》经双方约定解除，但因该房屋上存在抵押，故未将合同产权恢复登记。

诉讼情况：现买受人苏某的债权人王某申请对该房屋的强制执行，出卖人十堰某公司遂作为案外人提起执行异议之诉。

法院认为：(1)[关于对价返还]十堰某公司和苏某解除合同是双方真实意思表示，是合法有效的。双方房屋买卖合同解除，房屋已实际返还，十堰某公司亦按期还贷，原告在执行标的上的权益足以对抗执行，故十堰某公司请求停止对涉案房屋执行的诉请，法院予以支持。(2)因涉案房产尚在抵押状态，十堰某公司确认房产的诉请法院不予支持。

判决结果：足以排除强制执行。⑦

3．裁判路径三："中间型"路径

该路径对出卖人是否系物权人未做明确的说明，仅通过审查对价返还或合同无效原因作出能否排除强制执行的判断。

(1)子路径一：仅审查对价返还情况。该路径主要参考《九民纪要》第一百二十四条第二款的精神，认为合同无效或解除后，虽未判令返还，但案外人仍享有物权性质的请求权。在不存在对价或对价已经返还的情况下，可以排除强制执行。

---

⑥ (2020)沪0118民初14363号。
⑦ (2017)鄂0302民初810号。

【案例六】审查要素：对价返还

主要案情：出让人某管委会与受让人某公司之间的《国有建设用地使用权出让合同》经被法院确认无效，但未判决双方当事人返还财产，也未判决撤销案涉土地的使用权证。

诉讼情况：现受让人某公司的债权人某资产公司申请对土地使用权的强制执行，出让人某管委会遂作为案外人提起执行异议之诉。

法院认为：[关于对价返还]因案涉土地出让合同被确认无效，即引起案涉不动产物权变动的基础法律行为无效，故不能产生案涉土地归属于某公司的法律后果。某公司既未缴纳土地使用权出让金，也未对案涉土地进行开发建设，在其应将案涉土地返还某管委会时，某管委会并不负有向其返还土地出让金或者开发费用的义务。判决某管委会对案涉土地享有的权利足以排除执行，并无不当。

判决结果：足以排除强制执行。⑧

（2）子路径二：仅审查合同无效的原因。该路径认为当事人应当对自身的恶意行为承担相应的责任和法律后果。

【案例七】审查要素：无效原因

主要案情：出卖人张某、买受人孙某之间的《上海市房地产买卖合同》被法院确认无效，但因未处理合同无效的后果。

诉讼情况：现买受人孙某的债权人江某申请对该房屋的强制执行，出卖人张某的继承人遂作为案外人提起执行异议之诉。

法院认为：[关于无效原因]张某与孙某是为了达到向银行贷款的目的，才签订了虚假的《上海市房地产买卖合同》，被告孙某据此登记为系争房屋的权利人，张某与孙某之间的恶意行为违反了相关的法律规定和国家政策规定，张某应当对其自身的恶意行为承担相应的责任和法律后果。因此，张某的继承人不享有足以排除强制执行的民事权益。

判决结果：不足以排除强制执行。⑨

⑧ （2020）最高法民申 6467 号。
⑨ （2019）沪 0113 民初 24736 号。

从上述裁判路径可以看出，司法实践中对于“未判令返还型”效力瑕疵合同能否排除执行的判断，不仅审查要素不统一，论证逻辑也存在较大差异。造成这一困境的原因在于其背后两重法秩序的冲突。

（三）困境：两重法秩序下“足以排除强制执行”的判断难题

效力瑕疵型合同能否排除执行的争议，根源于其处在两重法秩序的交织，即契约失败返还法秩序与强制执行法秩序。前者涵盖合同不成立、无效、被撤销、确认不生效力、解除等各类形成返还关系的情形；后者则涵盖债权人保护、案外人救济等多方面因素（见图 3）。

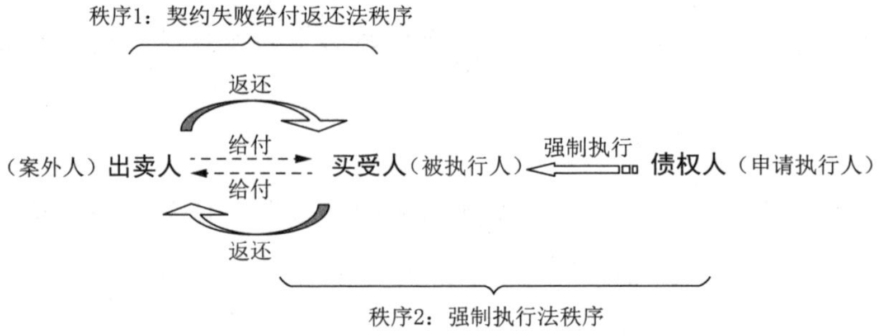

图 3　效力瑕疵合同排除强制执行中的两重法秩序

这造成实践中对“足以排除强制执行”判断的三重困境：

1．困境之一：契约失败所生返还请求权难以简单参照物权或债权的规则

首先，返还请求权是否系物权请求权存在争议。在法律行为无效为自始无效、物权变动的有因性理论的背景下，一般认为在合同无效后，物权当然自动复归出卖人，出卖人享有物权请求权。但从上述的案例中可以看出，实践中的观点并不一致。《九民纪要》第一百二十四条的相关释义明确指出“这里所指‘物权’性质的返还请求权，是因为标的物原来的权属就属于案外人。这里讲‘物权性质’，并不就是物权请求权，因为标的物权属已经转移，而是具有物权请求权性质”。[⑩] 因此，返还请求权能否排除执行无法简单按照物权

⑩　最高人民法院民事审判第二庭编著：《〈全国法院民商事审判工作会议纪要〉理解与适用》，人民法院出版社 2019 年版，第 626 页。

请求权进行判断。

其次，返还请求权不同于一般合同债权。第一，返还请求权目的特殊。财产关系所生之请求权依目的不同，可分为固有利益之保护、给付利益之实现、返还关系三类。[11]我国《民法典》中，给付利益之实现与返还关系虽均为合同编涵盖，但二者方向完全相反：前者在于促进合同履行，后者则在于恢复至合同签订前的状态。第二，不同返还关系的法律规范具有独立性。合同不成立、无效、被撤销、确定不成立由《民法典》第一百五十七条规制，而合同解除则由《民法典》第五百六十六条规制，后果并非完全一致。第三，返还关系的原因具有多样性，如行为人缺乏行为能力、通谋虚伪表示、违反法律法规强制性规定、欺诈、胁迫、合同目的不能实现等。虽均导致契约失败，但其价值考量并不一致，在返还范围、风险负担等方面亦不相同。基于此，在返还之债能否排除执行的判断规则上，也不应简单适用合同之债的法律规范。

2．困境之二："未判令返还型"效力瑕疵合同权利内容存在不确定性

"未判令返还型"效力瑕疵合同所生的请求权内容难以确定。从法律规定上看，在标的物存在抵押或查封时，仅构成一时不能返还而非永久不能。因此出卖人享有返还原物请求权，而非折价补偿请求权。但现实中确实存在抵押或查封长期无法涤除的情形，导致返还原物请求权迟迟无法实现，亦无法转换为折价补偿请求权而得到清偿，原因在于：

首先，法院判令原物返还缺乏现实条件。若法院支持当事人返还财产的诉请，可能会带来更大的混乱：第一，由于标的物上存在未涤除的负担，即使判令返还也会陷入执行不能的风险，徒增矛盾；第二，判令返还可能会出现错误查封、抵押权善意取得等问题，使得法律关系更加复杂。

其次，当事人往往会坚持原物返还的诉请，而非要求折价补偿。从当事人的角度看，当事人不会轻易放弃财产返还的请求，转而寻求折价补偿的救济：第一，因此时不构成永久不能，当事人仍然可以期待在负担涤除后"物归原主"；第二，不动产的价值较为稳定，为避免陷入执行参与分配或破产

[11] 陈自强：《契约失败给付返还序说》，载《月旦法学杂志》2020年第6期。

清算的风险，返还财产请求权比一般债权更有保障。当事人不要求折价补偿时，法院不能超越当事人的诉讼请求作出判决。

上述返还原物无法实现、亦无法转换为折价补偿的状态会持续很长时间。此时，法院仅对合同的效力作出处理，待条件成熟后再返还清算，在实践中较为稳妥。但返还的限制何时消除、合同的后果何时处理，完全处于不确定之中。

但是，一旦涉及案外人异议之诉，法院就没有理由"等待时机成熟"，必须面对该项性质不确定甚至内容也不确定的案外人权利，进而对能否排除执行作出判断。可以说，这是引发裁判争议的直接原因。

3．困境之三：仅审查对价返还可能无法作出合理的判断

对《九民纪要》第一百二十四条第二款可能的误解在于，在返还对价款或无对价的情况下，当然可排除执行。如案例三中，法院似乎将无对价作为排除执行的充分条件。而案例二、案例七中，合同无效的原因系双方共谋以骗取贷款，法院亦以该理由认为行为人应当自行承担相应的后果，故不足以排除执行，并未以对价返还或无对价而径行认为可排除执行。在行为人存在过错甚至违法违规行为时，原物返还是否仍优先于强制执行，值得深入的思考和分析。

（四）反思："足以排除强制执行"一般标准的缺乏

困境的根源在于"足以排除强制执行"一般标准的缺乏。案外人异议之诉的审理对象是案外人对执行标的是否享有足以排除强制执行的权益，即案外人与被执行人对执行标的是否享有实体权利、两者的权利是否相互排斥、谁的权利具有优先性。[12]《最高人民法院关于人民法院执行工作若干问题的规定（试行）》中仅将其概括规定为"所有权或者其他足以阻止执行标的的转让、交付的实体权利"；《最高人民法院关于人民法院办理执行异议和复议案件若干问题的规定》（以下简称《执行异议和复议规定》）仅对少数几类情形下排除执行的审查规则进行列举。而对于何谓"足以排除强制执行"的民事权益

⑫ 最高人民法院民法典贯彻实施工作领导小组办公室编著：《最高人民法院新民事诉讼法司法解释理解与适用》，人民法院出版社 2022 年版，第 668 页。

则未给出一般性的标准。

正因如此，司法实践中缺乏判断能否排除强制执行的统一、稳定的裁判路径。尤其是在上述具体规则未及之处，裁判的冲突愈发明显。因此，对“足以排除强制执行”的一般标准亟须明确，对某项具体权利排除强制执行的审查路径也应予以校正。

二、标准探寻：“足以排除强制执行”的基本范式

探寻足以排除强制执行的民事权益的一般标准，应当先对其权利本质进行讨论，把握案外人异议之诉的价值取向；并从现行法中明确列示的权益出发，提炼出基本构造；再结合权利本质与基本构造，对“足以排除强制执行”给出具体的审查范式。

（一）基础：“足以排除强制执行”的权利本质明晰

仅按照权利类型判断能否排除执行过于武断，应从强制执行的价值本位出发，对足以排除强制执行的民事权益本质进行探寻。

1．误区：按“物权—债权”展开的类型化路径

一般认为，案外人对执行标的享有的民事权益是否足以排除强制执行，应根据该民事权益的实体法性质和效力进行判断。[13]就排除强制执行而言，可以分为概括排除、非概括排除，前者指排除该执行标的的一切执行措施，后者指排除交付、不带租执行、处分等特定执行措施。[14]

一个常见的误区在于，根据权利的实体法性质，将其类型化为物权或债权，进而判断能否排除执行：首先，就物权而言，所有权足以排除执行。[15]定限物权是否足以排除执行视其是否因强制执行而丧失决定。其次，就债权而言，原则上不足以排除执行，除非出于特殊的利益衡量赋予案外人之债权以优先性。但在债权物权化的场合，应当视该权利是否因强制执行而丧失或

⑬ 肖建国等：《论案外人异议之诉中足以排除强制执行的民事权益》，载《法律适用》2018年第15期。

⑭ 张海燕：《权益对抗效力视角下案外人排除强制执行民事权益的类型化》，载《法律科学（西北政法大学学报）》2024年第4期。

⑮ 杨与龄：《强制执行法论》，中国政法大学出版社2002年版，第204页。

受侵害而定。

实际上，这一思路是实体法思维的惯性分类，未能有效揭示“足以排除强制执行”的基本逻辑。所有权原则上可排除执行，但存在登记瑕疵、虚假登记、借名买房等情形时，无法排除执行。债权虽原则上不能对抗执行，但物权期待权、租赁权等特殊债权又足以对抗执行。类型化虽有助于判断，但难以为判断结果提供充分理由。因此，不应简单对某一权利进行物权或债权的定性，而应基于权利的具体内容，从价值本位出发，衡量能否达到足以排除强制执行的标准。

2．正解：案外人权利的正当救济

执行异议之诉系案外人权利救济制度，对于是否足以排除强制执行的判断，也应围绕案外人权利救济展开。所谓案外人权利救济，对象是法院作出的生效法律文书所列明的当事人之外的民事主体。[16]强制执行是公权力介入私人生活的场域，应保障不特定第三人的财产安全与生活安宁，在案外人因不能归责于本人的事由且未受正当程序保障时，不负有容忍强制执行的义务。[17]法律需对案外人与申请执行人的权益冲突进行适当干预，以在二者之间实现利益平衡。[18]

案外人权利救济的制度设计应遵循平等保护、及时救济、宽严相济三大原则：第一是平等保护，即不具有主观可归责性的案外人应获得与申请执行人的平等保护；第二是及时救济，及时向被卷入执行程序的案外人提供救济；第三是宽严相济，即在充分救济善意的案外人的同时，避免恶意案外人滥用救济程序拖延或逃避执行。[19]

作为案外人救济制度的重要组成，执行异议之诉中对能否排除强制执行的判断，应当遵循平等救济的原则。具体而言，首先以权利本身的实体法性质和权能，根据强制执行的内容，结合行为人的可归责性进行分析；其次应

⑯ 王毓莹等：《案外人权利救济制度之相关疑难问题辨析——以全国法院第九次民商事审判工作会议纪要为视角》，载《法律适用》2020年第7期。

⑰ 黄忠顺：《涉案外人权益的民事强制执行制度研究》，载《河北法学》2022年第12期。

⑱ ［德］弗里茨·鲍尔等：《德国强制执行法》，王洪亮等译，法律出版社2019年版，第69页。

⑲ 黄忠顺：《涉案外人权益的民事强制执行制度研究》，载《河北法学》2022年第12期。

当防止恶意规避执行的情况。由此实现对案外人的正当救济。

因此，就具体的权益，应避免陷入“物权—债权”类型化的思维误区，而应基于执行异议之诉中案外人权利正当救济的价值本位，结合案件的情况作出判断。

（二）归纳：“足以排除强制执行”的基本构造提炼

立足于案外人正当救济的价值本位，“足以排除强制执行”的基本构造可通过现行司法解释归纳而出。具体而言，《执行异议与复议规定》第二十八至三十一条规定了一般不动产买受人、商品房消费者、预告登记权利人、承租人排除执行的四种情形，这正是“足以排除强制执行”的解释论基础。下文将逐个检视，透过形式对其权利构造的共通之处进行提炼。

1．形式的区别：二要素或三要素构造

在四种情形中，具体构造可以分为二要素、三要素两类，前者通过审查权利基础与权利强度，判断能否排除强制执行；后者还包含对行为因素的审查。

（1）二要素：权利基础＋权利强度

二要素构造体现在商品房消费者排除执行、预告登记权利人排除执行两种情形。

首先是商品房消费者排除执行，规定于《执行异议和复议规定》第二十九条。其法理基础在于消费者生存权与物权期待权保护。具体而言：第一，查封前已书面签订合法有效的买卖合同，消费者基于债权享有物权期待权；第二，所购商品房系用于居住且买受人名下无其他用于居住的房屋，即该房屋确系消费者生存权相关；第三，已支付的价款超过合同约定总价款的50%。此时，商品房消费者所享有的权益已非常“接近物权”。除此之外，不再要求买受人占有房屋或对未登记无过错等。[20]

其次是预告登记权利人排除执行，规定于《执行异议和复议规定》第三十条。其法理基础为特殊的物权期待权保护。预告登记的功能在于，权利

---

[20] 最高人民法院执行局编著：《最高人民法院关于〈人民法院办理执行异议和复议案件若干问题规定〉理解与适用》，第431—433页。

人能够以预告登记的债权对抗不特定第三人，从而保障债权实现。[21]预告登记的权利人可以对抗包括强制执行在内的处分行为，在符合物权登记条件时，可以排除查封（见表 1）。[22]

表 1　现行规范中的“二要素”构造

权益主体	权利基础因素	权利强度因素	可排除的强制执行
商品房消费者	物权期待权	查封前已签订合同、已支付50%价款	金钱债权
	消费者生存权	用于居住且买受人名下无其他用于居住的房屋	
预告登记受让人	物权期待权	已办理预告登记	处分
		已办理预告登记、符合物权登记条件	查封

（2）三要素：权利基础 + 权利强度 + 权利人行为

三要素构造体现在一般不动产买受人排除执行、承租人排除执行的情形。

首先是一般不动产买受人排除执行，规定于《执行异议和复议规定》第二十八条。其法理基础在于买受人物权期待权的保护，买受人在已经履行合同部分义务的情况下，虽未取得合同标的物的所有权，但其地位类似所有权人，其享有的物权期待权具有排除执行等物权效力。买受人的权利虽非物权，但正在接近物权。[23]故具体规则中包含四个要件：第一，查封前已书面签订买卖合同，基于有效的债权享有物权期待权。第二，已支付全部价款，或者已按照合同约定支付部分价款且将剩余价款按人民法院的要求交付执行。原因在于，款项的支付直接关系到接近物权的程度。第三，在法院查封前已合法占有该不动产，这既是“接近物权”的中间状态，形成一定的公示外观，且可以排除恶意串通规避执行。第四，非因买受人原因未办理过户登记。若已完成过户登记，则买受人成为物权人，当然可对抗金钱债权的执行。而若

[21] 刘家安：《民法物权》，中国政法大学出版社 2023 年版，第 113—114 页。

[22] 最高人民法院执行局编著：《最高人民法院关于〈人民法院办理执行异议和复议案件若干问题规定〉理解与适用》，第 438—439 页。

[23] 最高人民法院执行局编著：《最高人民法院关于〈人民法院办理执行异议和复议案件若干问题规定〉理解与适用》，第 422—423 页。

因买受人原因未能办理过户登记，可以说是买受人甘愿自陷被执行的风险，没有保护的必要。

其次是承租人排除执行，规定于《执行异议和复议规定》第三十一条。其法理基础在于承租人租赁权的保护，即买卖不破租赁，保护弱势承租人阶层之生存利益。具体条件包括：第一，在法院查封前书面签订租赁合同，承租人基于债权享有租赁权。第二，在法院查封前已占有使用该不动产。㉔若未形成占有使用，该租赁物当然与生存利益无关。第三，不存在明显不合理的低价承租、伪造交付租金证据等恶意串通规避执行（见表2）。

表2　现行规范中的“三要素”构造

权益主体	权利基础因素	权利强度因素	权利人行为因素	可排除的强制执行
一般不动产买受人	物权期待权	查封前已签订合同、已占有、已支付价款	非因自身原因未办理过户登记	金钱债权
不动产承租人	租赁权	查封前已签订书面合同、已占有	非恶意串通以低价承租或伪造交付租金证据	移交占有

通过对现行法中足以排除强制执行的民事权益的审查要素进行解构，可以发现二要素和三要素构造均包含对权利基础、权利强度的考量。两者的区别仅在于是否考量权利人行为因素。结合案外人正当救济的价值本位，可以清晰看出两种构造本质的同一性。

2．实质的统一：价值衡量下的动态三要素构造

无论是二要素还是三要素，均可以理解为价值衡量下的动态三要素构造。在二要素构造的规范中，并非不考察权利人行为因素，而是法律规定已经对各个因素进行了综合考量。动态三阶构造的理论基础可以用“沙堆理论”进行解释。所谓沙堆理论，指某个法律规范适用所必需的要件不足时，只要符合法律目的，就可以进行调整。㉕即若某些要件要素非常充足，就能适当弥补其他要件的不足。排除强制执行的构造中正体现了沙堆理论的基本原理。

㉔ 最高人民法院民法典贯彻实施工作领导小组主编：《中华人民共和国〈民法典合同编〉理解与适用》，人民法院出版社2020年版，第1549页。

㉕ 吴从周：《论暴利行为》，载《台大法学评论》2018年第2期。

例如，一般不动产买受人的权利基础在于物权期待权，商品房消费者的权利基础还包含消费者生存权，后者天然值得更多保护。因此，可相应降低对权利强度、行为人因素的要求，符合案外人救济的价值本位（见表 3）。

表 3　价值衡量下的“动态三要素”构造

权益主体	权利基础因素	权利强度因素	权利人行为因素
一般不动产买受人	物权期待权	查封前已签订合同、已占有、已支付价款	非因自身原因未办理过户登记
商品房消费者	物权期待权	查封前已签订合同、已支付 50% 价款	（未涉及）
	消费者生存权	用于居住且买受人名下无其他用于居住的房屋	（未涉及）

（三）建构：“足以排除强制执行”的四阶审查范式

因此，基于案外人救济的价值本位，结合现行法具体规范构造的共通之处，可以构建出某项权利能否排除“足以排除强制执行”的一般范式（见图 4）。

“足以排除强制执行”的四阶审查范式矩阵

第一阶： 审查权利基础 （权利与强制执行冲突）	**第二阶：** 审查权利强度 （是否值得优先保护）
第三阶： 审查行为因素 （是否自陷执行风险）	**第四阶：** 价值检验 （平等救济原则）

图 4　“足以排除强制执行”的四阶审查范式示意图

1．四阶审查范式的具体内容

四阶审查范式涵盖权利基础、权利强度、权利人行为三项要素，并基于全案进行价值衡量。具体而言：

首先，有值得保护的权利基础，该权利的权能与强制执行的内容重合，指向执行标的。此处可结合其实体法性质和效力进行判断。[26]需要再次强调，民事权益的实体法性质并非仅指物权或债权，需要综合权利的社会及政策功能。如租赁权虽系债权，但是承载了承租人的生存利益，因此成为值得保护的权利。

其次，该权利有足够的强度，即有优先保护的必要。权利强度与权利性质相关：若权利为生存权等当然优先保护的权利，则对其权利强度的要求就低；反之，若权利无优先性，则对其权利强度的要求就高。例如，商品房消费者的生存权需要优先保护，故其相较于一般不动产买受人，不再考量买受人是否占有房屋等要素。因此，应根据权利基础匹配适当的权利强度。

再次，非因行为人的原因陷入执行风险。行为人自担风险是现代法律的基本精神，在强制执行中亦同。强制执行虽应保护“无辜”的案外人，但案外人若因自身行为陷入执行风险，则没有理由将该风险转移给申请执行人。如一般动产买受人因自身原因未办理登记时，不足以排除金钱债权的执行。因此，在能否排除执行的审查中，应将权利人因素纳入作为重要的考量因素。

最后，进行价值衡量。在对上述三要素审查后，应对结论进行价值检验，即审查结果是否做到案外人和申请执行人的平等保护，是否有滥用权利逃避执行的情形。

2．各阶之间的相互关系：沙堆理论

并非同时满足所有要件才可排除执行。四阶审查范式的实质是案外人救济的落实。各阶的关系类似于前述的“沙堆理论”，即要件要素可互相补足。换言之，各项要件要素是否满足是判断其价值的辅助手段，最终能否排除执行并非取决于某项要件要素，而取决于全案的价值衡量。

3．对四阶审查范式正当性的补充说明

“权利基础、权利强度、权利人行为、价值检验”的四阶审查范式具备正当性。首先，符合案外人正当救济的基本原则；其次，具体要素由现行法律

[26] 肖建国等：《论案外人异议之诉中足以排除强制执行的民事权益》，载《法律适用》2018年第15期。

规范提炼得出，具备解释论基础，符合《执行异议和复议规定》的价值理念；最后，在本文涉及的相关案例中多次出现上述要素，易为实践所接纳。

下文将按照四阶审查范式的逻辑，对契约失败后案外人的民事权益进行充分的解构，给出判断排除执行的具体规则。

三、权益解构：四阶审查范式下案外人权利的分析

就标的物而言，契约失败的法律后果包括返还财产、折价补偿两类。因此，案外人可能享有返还财产请求权、折价补偿请求权，或是在法院未判令返还情况下，享有尚不明朗的中间态权益。

（一）第一阶“权利基础”：案外人权利是否指向执行标的

通过对契约失败返还法秩序下的权利基础进行分析，可以判断其在强制执行的视野下有无保护的必要，进而判断排除强制执行的可能。

1．返还财产请求权：排除执行的必要条件

契约失败后，返还财产应当被优先适用。但其请求权基础存在争议，有观点认为，《民法典》第一百五十七条所生的财产返还请求权是物的返还请求权与不当得利请求权的合体，并非独立的请求权基础。[27] 亦有观点认为，《民法典》第一百五十七条是独立的请求权基础，已是审判实务中的通行做法，[28] 且没必要否定其请求权基础的独立性。[29]

因此，对返还财产请求权的性质认识也存在差异。有观点认为返还财产请求权是债权请求权。[30] 亦有观点认为，当合同旨在发生物权变动而未完成公示之时，应成立返还原物请求权；反之，成立不当得利请求权。[31] 还有折中看法认为，恢复原状请求权应被解释为一种新的债权性质的返还请求权，

㉗ 许德风：《论合同违法无效后的获益返还》，载《清华法学》2016年第2期。

㉘ 朱广新：《合同法总则》，中国人民大学出版社2012年版，第295页；丁宇翔：《返还原物请求权研究》，法律出版社2019年版，第240页。

㉙ 茅少伟：《恶意串通、债权人撤销权及合同无效的法律后果》，载《当代法学》2018年第2期。

㉚ 叶名怡：《〈民法典〉第157条（法律行为无效之法律后果）评注》，载《法学家》2022年第1期。

㉛ 滕佳一：《合同无效时返还规则的适用》，载《法学家》2020年第6期。

且与不当得利返还请求权相区别。[32]

上述争议并不影响排除强制执行的判断。如前所述，物权抑或债权的简单分类，并不能直接得出是否排除强制执行的结论。在效力瑕疵合同中，无论对财产返还请求的基础、性质存在何种争议，都不可否认该权利内容直接指向执行标的物，与强制执行存在直接冲突。因此，返还财产请求权具备排除强制执行的权利基础。

2．折价补偿请求权：不足以排除执行

折价补偿请求权不存在排除执行的权利基础。在标的物不能返还或没有必要返还时，产生折价补偿请求权，属于一般金钱债权。内容上不再指向特定的标的物，与标的物的强制执行并不冲突，案外人也不能基于折价补偿请求权请求排除执行。因此，契约失败产生的法律后果能否排除执行，关键在于当事人所享有的返还财产请求权能否产生排除强制执行的效果。

3．“中间态”权利：对照返还财产请求权处理

“未判令返还型”效力瑕疵合同所生的请求权内容难以确定，可以说是在返还原物与折价补偿之间的“中间态”权利。本文认为，对待“能否返还无法确定”的中间态权利，应当以契约失败返还法秩序为基础，纳入强制执行法秩序中进行考量。

首先，基于契约失败返还法秩序而言，不应轻易作出因标的物不能返还、权利内容为折价补偿的结论。效力瑕疵合同返还清算的目的不在于惩罚过错，亦不在于保护善意当事人，根本目的是恢复至合同缔结之前的状态。[33] 因此，只有确定不能返还或没有必要返还时，才产生折价补偿请求权，否则都应参照财产返还请求权处理。

其次，基于强制执行法秩序而言，不应仅考虑财产返还请求权的实体性质，还应关注该权利的强度及行为人因素，并结合执行异议之诉的价值本位进行处理。

综上所述，效力瑕疵合同只有在产生返还财产请求权或“中间态”的权利时，才可能排除执行。在此基础上，应进一步分析权利强度与行为人因素，

---

[32] 韩世远：《合同法总论》，法律出版社 2018 年版，第 671 页。

[33] 冯德淦：《效力瑕疵合同的返还清算问题》，载《法学》2022 年第 3 期。

并结合价值衡量，给出能否排除强制执行的判断。

（二）第二阶“权利强度”：案外人权利是否应当优先保护

返还财产、折价补偿是效力瑕疵合同所生请求权的“两端”，前者有排除执行的可能，而后者不能排除强制执行。因此，如果效力瑕疵型合同所生的权利更接近返还财产，则权利强度更大，更有可能排除强制执行；而如果其所生权利更接近折价补偿，则权利强度相应更小，排除执行的可能性更小。

影响权利强度的因素有三大类：第一，返还财产请求权是否经生效判决确认；第二，合同效力是否经生效判决确认；第三，标的物是否存在本案查封以外的负担。具体如下：

1．返还财产请求权是否经生效判决确认

若生效判决中存在返还判项，则成为《九民纪要》第一百二十四条第二款所规范的“判令返还型”效力瑕疵合同。生效判决已确认请求权，权利内容固定且有执行力，是权利强度最大的情形。

2．合同效力是否经生效判决确认

效力瑕疵型合同可能经生效判决确认解除，亦有可能因合意解除（如案例五）。前者所生的权利比后者的强度更大。理由是经法院审查后作出判决，恶意规避执行的风险相对较低。且判决已生效力，合同确定地走向返还，出卖人要求清算的权利也已由法院确认。若双方合意解除合同，或一方虽行使解除权但未经法院生效判决确认，此时不仅存在恢复履行的可能，恶意串通规避执行的风险亦难以防范，应认为此时权利强度更低，不应轻易排除执行。这也契合《九民纪要》第一百二十四条的相关精神。[34]

3．标的物是否存在本案查封以外的其他负担

标的物上的负担影响“能否返还”的判断。若在执行异议之诉中，标的物除本案执行的查封外，不存在抵押或轮候查封等其他负担，则其返还的可能性更高，案外人的权利也更接近于返还财产请求权。若标的物还存在其他抵押或轮候查封，则其返还的可能性更小，排除强制执行的可能性相应较低。因此，前者较后者具有更高的权利强度。

[34] 《九民纪要》第一百二十四条并未认为合意解除合同等未经生效裁判确认时亦可排除执行。

需要说明的是，权利强度的判断时点，应当为执行异议之诉法庭辩论终结时。案外人的权利强度往往处于实时变化之中，以法庭辩论终结时作为判断时点，可作出更合理的裁判。

（三）第三阶“行为因素”：案外人是否自陷强制执行风险

强制执行中虽应保护“无辜”的案外人，但案外人若因自己的行为陷入执行风险，则没有理由将该风险转移给申请执行人承担。在效力瑕疵型合同中，行为人自陷执行风险可分为两种情形，第一是由于行为人的原因形成效力瑕疵，并导致契约失败；第二是由于行为人的原因导致未能及时恢复登记。

1．行为人的原因导致契约失败

我国《民法典》及相关司法解释中，契约失败主要表现为合同的不成立、无效、撤销、确定不生效力、解除等五类。根据具体的原因，可以将其分为：

（1）因单方行为导致契约失败。如因欺诈、胁迫、显失公平等原因导致合同被撤销，以及行为人的行为导致合同解除等。此时行为人的行为明显不当甚至存在违法行为，不应在强制执行中予以保护。

（2）因双方行为导致契约失败。如合同因违反法律、行政法规强制性规定、违反公序良俗、通谋虚伪表示等原因无效。虽然双方均存在过错，但行为人明知风险，如为骗取银行贷款签订虚假的买卖合同并过户。在此情形下，行契约失败可以说是行为人主动追求的结果，因此不应在强制执行中予以保护。

2．行为人的原因导致未能及时恢复登记

行为人虽然对契约失败不存在过错，但在能够办理恢复登记时，因怠于履行权利而未恢复。如标的物在可办理变更登记后因被查封或设定抵押而无法返还，可认为行为人存在过错。与一般不动产买受人排除执行的条件之一“非因自身原因未办理过户登记”意旨相同，可以认为买受人自陷执行风险。

但在双方均无过错的情形下，如合同因不可抗力或情势变更导致解除，对行为人不宜过多苛责。而在行为人是受害方时，即被欺诈、被胁迫、被显失公平、被违约一方等情形下，给予更高的保护亦在情理之中。

（四）第四阶“价值衡量”：案外人与申请执行人的平等救济

平等救济原则应当得到遵循。《九民纪要》第一百二十四条在判断“已判令返还型”的效力瑕疵型合同能否排除执行时，重点审查对价款是否返还，明确认为“为平衡各方当事人的利益，只有在案外人已经返还价款的情况下，才能排除普通债权人的执行”，正是平等救济原则的体现。在“未判令返还”型效力瑕疵合同中亦同：案外人未返还对价款时，如果允许排除金钱债权的执行，同样会出现申请执行人既执行不到被执行人名下财产又执行不到本应返还给被执行人的价款的情况，同样有失公允，陷入利益失衡状态。因此，无论是否判令返还，都应以不存在对价款或对价款已经返还为前提。[35]

立足上述价值本位，综合权利基础、权利强度、行为人因素的分析，可以归纳出效力瑕疵合同排除执行的具体审查路径。

（五）小结：效力瑕疵合同排除执行的审查规则

借助四阶审查范式，可将效力瑕疵合同排除执行的审查路径归纳如下：第一步，审查权利基础，案外人权利为折价补偿请求权时，不足以排除执行；第二步，审查权利强度，根据返还财产请求权、合同效力是否经生效判决确认，标的物是否存在本案查封以外的其他负担等因素综合判断；第三步，根据契约失败原因、未能恢复登记的原因分析行为人是否自陷执行风险；第四步，立足价值本位进行衡量，综合分析是否平等保护与抑制恶意规避执行，同时以价款返还情况作为公允与否的判断标准（见图 5）。

四、法律适用：兼论四阶审查范式对现行法的解释与完善

（一）规范续造：《九民纪要》第一百二十四条第二款的合理扩展

《九民纪要》第一百二十四条第二款是效力瑕疵合同排除执行的具体规

㉟ 不存在对价时，与案外人已经返还价款的情形相似，举重以明轻可做相同处理。参见最高人民法院民二庭：《〈全国法院民商事审判工作会议纪要〉理解与适用》，人民法院出版社 2019 年版，第 627 页。

效力瑕疵合同排除强制执行的四阶审查范式矩阵

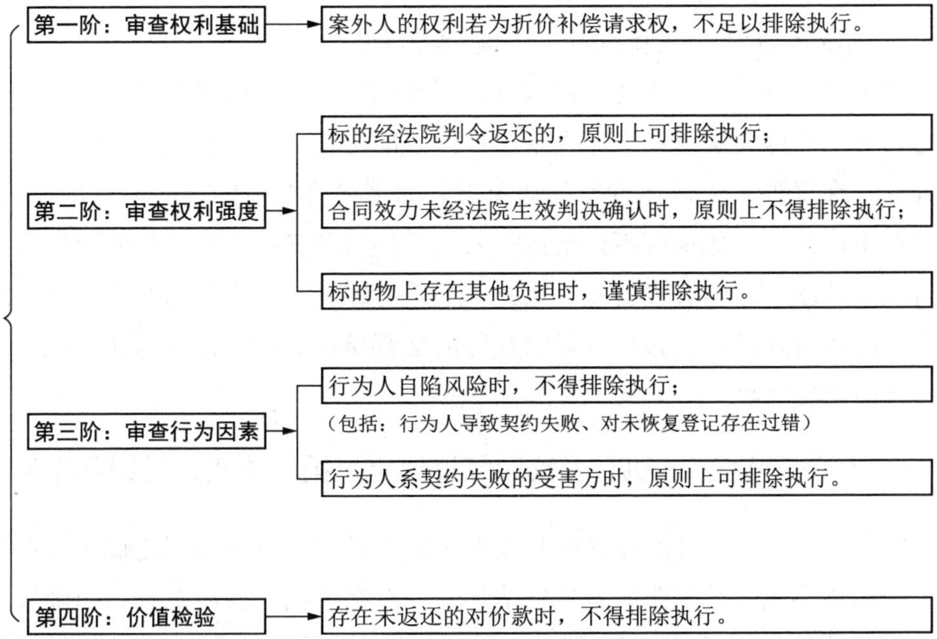

图 5　效力瑕疵合同排除强制执行的四阶审查范式示意图

范。从文义上看，在生效裁判认定合同无效或应当解除的情况下，如案外人要排除普通债权人的执行，不仅需要法院判令返还执行标的物，且需要满足案外人已返还价款这一条件。实际上，上述两个要件对判断足以排除强制执行的影响并不相同。因此，可通过规范续造将“未判令返还型”效力瑕疵合同容纳在内。

1．“判令返还”为权利强度的因素之一

实践中对《九民纪要》第一百二十四条第二款的误解多集中在“进而判令向案外人返还执行标的物的，此时案外人享有的是物权性质的返还请求权，本可排除金钱债权的执行”一句，从文义上看，判令返还似乎成为排除执行的充分条件。

正确的理解为，判令返还是影响权利强度的因素之一。实际上，即使在判令返还的情况下，也应当适度考虑行为人是否自陷风险、标的物上是否存在其他负担等因素。换言之，对最终是否足以排除强制执行的判断，应当按照四阶范式进行完整的审查。在案外人享有的值得保护的民事权益达到一定

强度，且无自身行为因素使得自陷执行风险的前提下，综合案外人执行异议之诉的价值本位，对能否排除强制执行作出判断。

2."返还价款"为排除执行的必要条件

基于双务合同的牵连性，在双务合同不成立、无效或者被撤销后，应当对之后形成的返还法律关系加入牵连性因素的考量，在强制执行视野下亦应当如此。在案外人未返还价款的情况下，如果允许其排除金钱债权的执行，将会使申请执行人既执行不到被执行人名下的财产又执行不到本应返还给被执行人的价款，显然有失公允。因此，在效力瑕疵合同引发的案外人异议之诉中，返还价款是案外人足以排除执行的必要条件。价款是否返还也成为价值检验的重要因素。

（二）条文重述：《执行异议和复议规定》第二十四条的细化完善

四阶范式可以为《执行异议和复议规定》第二十四条的细化提供有益参考。在司法实践已呈现明显差异的情形下，有必要借助四阶范式，明确权利能否排除执行的标准，避免司法实践中的冲突。具体而言：（1）解释论上，在缺乏具体判断规则时，应基于执行异议之诉案外人救济的价值本位，按四阶范式进行充分、完整的审查，以作出妥当的结论；（2）立法论上，可考虑将四阶范式下的具体审查要素增加至《执行异议和复议规定》第二十四条。为司法实践提供"足以排除强制执行"一般性判断标准，进一步维护强制执行的公正与效率。

五、结语

在案外人异议之诉中，不应简单地依据案外人权利的"物权/债权"属性进行机械判断，而应深刻理解并正确把握案外人正当救济的基本理念。以《执行异议和复议规定》中的既有规则为基石，立足执行异议之诉的价值本位，可以提炼出一套四阶审查范式。具体而言，应在充分分析案外人权利基础、权利强度、当事人行为因素的情况下，通过价值衡量得出结论，实现案外人与申请执行人的平等救济。

可按照四阶范式实现《九民纪要》第一百二十四条第二款的合理扩展，将判令返还作为权利强度的因素之一、返还价款作为排除执行的必要条件，由此可涵盖“未判令返还型”效力瑕疵合同。同时，可增补《执行异议和复议规定》第二十四条的内容，融入四阶范式的具体内容，由此明确对“足以排除强制执行”的判断标准及审查路径。由此做到统一法律适用，实现执行异议之诉的公正与效率。

事实从何而来：案件事实查明中当事人义务的体系化建构
——以法庭调查实质化为中心

孙　静　沈　烨　王世轩*

公正与效率是法院审判工作的永恒主题。①事实查明是司法裁判公正与效率的前提，然而，事实查明历来是案件审判中的难点，仅因事实不清导致再审的相关裁定书已近36万份。②

法官应如何做到充分、有效的事实查明？为破解这一难题，须依次明确以下问题：第一，仅有举证责任规范，不足以充分查明事实；第二，只有通过强化当事人的义务，才得以充分获取事实材料；第三，结合事实建构的客观过程，按法庭调查的程序，归纳当事人事实查明义务的具体内容；第四，明确事实查明义务的分配方法及未履行义务的法律后果；第五，在此基础上，明确具体的法律解释的路径与完善的方案，并给出有效推进事实查明、做到法庭调查实质化的具体方法。

* 孙静，法律硕士，上海市静安区人民法院党组书记、院长。沈烨，法学硕士，上海市静安区人民法院审判监督庭庭长。王世轩，法学硕士，上海市静安区人民法院民事审判庭法官助理。本文获第36届全国法院系统学术讨论会三等奖、2024年上海法院学术讨论会二等奖。

① 《公正与效率是永恒的工作主题——专访最高人民法院院长张军》，载新华网 http://www.news.cn/20240309/40bfzeO6e20b465795fe2ec93453345f/c.html。

② 数据估算方法：综合相关的裁判文书及案例库检索，时间段“2012—2024年”，检索关键词“审判程序：民事审判监督”“文书类型：裁定书”“裁判理由：事实不清”，并排除裁定书全文中出现关键词“驳回”的文书。

一、“供需失衡”引发的困境：以举证责任之外的当事人义务为对象

证明责任系“民事诉讼法的脊梁”，民事诉讼法事实查明规范亦围绕“证据—证明”的逻辑展开。最高人民法院以举证证明责任为主线，在《最高人民法院关于适用〈中华人民共和国民事诉讼法〉的解释》（以下简称《民事诉讼法司法解释》）专章对证据相关问题进行细化后，仍然全面修订《最高人民法院关于民事诉讼证据的若干规定》（以下简称《证据规定》），不断对证据和证明的相关问题进行细化与完善。这一系列举措充分说明证据与证明在事实查明中的关键作用。

但是，举证证明责任并不能涵盖事实查明的全部。换言之，“证据—证明”的逻辑并不能完全满足实践中事实查明的需要。在事实查明的过程中，当事人在举证责任之外应承担什么样的义务，实践中的认识并不统一。

（一）裁判观察：举证责任之外的义务失序

理论上关于举证责任以外的义务扩展，主要围绕着事案解明义务与具体化义务展开。前者一般指不论案件事实有利或不利，双方当事人均负有如实、完全陈述（说明）的义务以及提出相关证据资料或忍受勘验的义务。③与之存在关联的概念是证据开示义务，其核心是一方当事人向另一方当事人披露案件有关信息。④后者则认为，当事人应当就主张或抗辩相关事实为尽可能详细与具体之陈述。⑤

裁判中则更加错综复杂。综合相关裁判文书及案例库检索到的判决，可以看到除事案解明义务、具体化义务外，裁判中还出现了大量如具体化说明的协力义务、证据协力义务等说法，用语较为混乱。虽然法院在判决理由中部分使用了这些词汇，但判决书并未清晰体现这些义务的内容，义务之间也

③ 姜世明：《非举证责任一造当事人协力义务——事案解明义务之内涵与界限》，新学林出版股份有限公司2017年版，第28页。

④ ［美］雷·沃西·坎贝尔等：《美国民事诉讼之证据开示制度》，张凤鸣等译，载《中国应用法学》2020年第3期。

⑤ 姜世明：《举证责任与真实义务》，新学林出版股份有限公司2006年版，第257页。

存在明显的冲突与分歧（见图 1）。

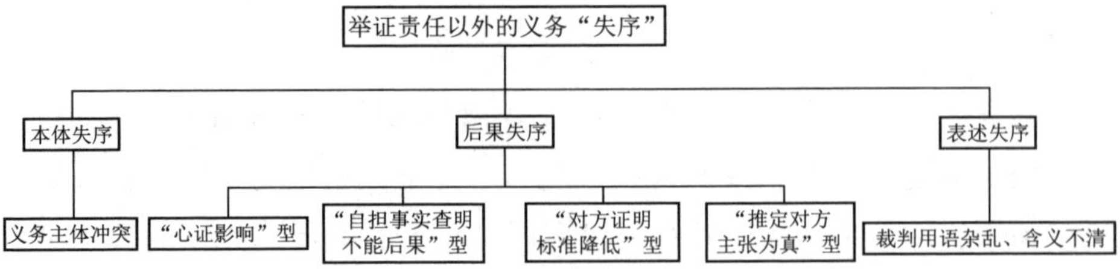

图 1　举证责任之外的义务失序类型归纳

1．本体失序：义务主体的冲突

首先是义务主体认定的不一致。以解明义务为例，不同判决中对“谁应该承担解明义务”的理解有较大区别。有判决对解明义务的主体把握较为严格；亦有判决认为，事实不清时所有当事人均应承担解明义务。

（1）观点一：认为不负证明责任且更接近事实的一方负解明义务

【案例一】

主要案情：原告廖某向法院提起诉讼，要求林某返还其投资款 70000 元。（合伙协议纠纷）

待查明事实：关于涉案合伙经营期间积累的财产。

裁判观点：林某虽对前述事实不负担证明责任，但其作为涉案合伙体的财务负责人，对该事实负有事案解明义务。即其在本案诉讼中负有对涉案合伙财务状况进行陈述、说明，并为厘清案件事实而出示相关财务账册的义务。

义务主体：不负证明责任且更接近事实的一方。

（2）观点二：事实不清时，所有当事人均应承担解明义务

【案例二】

主要案情：原告金某、王某，向法院提起诉讼，要求被告余某、姚某承担经营亏损的相关款项。（合伙协议纠纷）

待查明事实：各方的实际出资情况、合伙过程中的货款收付情况。

裁判观点：由于四人没有设立合伙账号，也没有会计凭证、账簿，不构成企业财务会计的基本要素，其业务往来仅仅是事后记录的流水，且记录的

流水也不完整，在此情形下各方当事人都在一定程度上承担着事案解明义务。

义务主体：各方当事人。

2．后果失序：未履行义务的法律后果存在分歧

对前述裁判中举证责任以外的事实查明义务，法律后果各不相同。按照未履行义务导致的法律后果的严重程度，可以归纳为心证影响型、自担事实查明不能后果型、对方证明标准降低型、推定对方主张为真型四类。

（1）第一类："心证影响"型

即未履行义务不直接产生法律后果，但不履行义务会影响法官心证，从而形成不利于己方的事实认定。从判决书中出现的"不能给人信服"一词可以明显看出对法官心证的影响。

【案例三】

主要案情：原告农某向法院提起诉讼，要求被告陆某王某返还不当得利200000元。（不当得利纠纷）

待查明事实：诉争款项给付的原因和目的。

裁判观点：原告农某就其主张完成了初步举证证明后，被告陆某应就其抗辩理由作出真实、完全和具体的陈述义务。但纵观全案，陆某没有就农某跟她借款的目的、用途作出合理说明，而且就出借时间、过程有几种不同的说法，更没有证据证实，不能给人信服。

义务后果：影响法官心证。

（2）第二类："自担事实查明不能后果"型

即未履行义务导致事实查明不能时，应承担事实查明不能的不利后果。

【案例四】

主要案情：原告卓某向法院提起诉讼，要求被告某医院承担医疗损害的赔偿责任。（医疗事故损害赔偿纠纷）

待查明事实：被告某医院的医疗行为与原告的损害是否存在因果关系。

裁判观点：因本案无法继续鉴定进而导致案涉医疗行为是否与卓某患有脑性瘫痪存在因果关系无法确认，原因在于卓某无正当理由拒不同意鉴定，故案涉因果关系不能确定的不利后果应当由卓某承担。

义务后果：自担事实查明不能后果。

（3）第三类："对方证明标准降低"型

即未履行义务导致对方证明标准的降低，对方提供初步证据、达到表见证明，即可认定案件事实。

【案例五】

主要案情：原告青岛某公司向法院提起诉讼，要求被告王某返还不当得利 6441.5 元。（不当得利纠纷）

待查明事实：诉争款项的给付是否欠缺法律依据。

裁判观点：在给付型不当得利中，关于诉争款项的给付欠缺法律根据，应由请求人承担举证责任。如请求人对于他人取得不当利益致其受损的事实已经举证证明，且给付行为欠缺法律依据确实存在一定盖然性，受益人就其抗辩的原因事实，负有真实、完全和具体的陈述义务，并应提供相关证据材料，以供请求人予以反驳。受益人未完成证明协力义务的，可根据证明标准规定，认定请求人举证已达高度盖然性，不当得利成立，受益人应负返还义务。

义务后果：对方证明标准降低。

（4）第四类："推定对方主张为真"型

即未履行义务直接导致对方的事实主张被推定为真实。

【案例六】

主要案情：原告王某向法院提起诉讼，要求被告某服装总公司支付股权收购款 1.5 亿元。（公司收购股份纠纷）

待查明事实：案涉股权价值。

裁判观点：（1）服装总公司在认可审计评估意见必要性的同时，却拖延提交相关资料，尤其在本院多次释明不利后果的情形下，仍置若罔闻，实在有违诉讼协力义务和诚实信用原则；（2）本案鉴定申请虽由王某提出，但因其持股比例为 20%、非控股股东，亦未掌握公司经营管理控制权，服装总公司有义务提供财务账簿、会计凭证等资料以供审计之需。现服装总公司无正当理由拖延提交，可以作出对其不利的推定，支持王某的诉讼主张。

义务后果：推定对方主张为真。

3．表述失序：裁判用语杂乱且含义模糊

裁判中还出现具体化说明的协力义务、证据协力义务等说法，用语较为混乱，并不能十分清晰地看出这些义务的内容。这一点可从以下关键词中看出。

表 1　举证责任以外的义务关键词

关键词	裁判表述
事案解明义务	从双方签订的合作协议书来看，尹某负担店面的财务管理，包含支出与收益管理，负有事案解明义务。即其在本案诉讼中负有对涉案合伙财务状况进行陈述、说明，并为厘清案件事实而出示相关财务账册的义务。
具体化义务	被告抗辩并非借款，其承担的不仅仅是抗辩的具体化义务。
具体化说明的协力义务	在原告能够对付款作出合理解释，而举证客观上存在困难的情况下，被告亦有提供证据和具体化说明的协力义务。
主张具体化义务	原告主张交付被告现金 90000 元并未履行主张具体化义务。
证据协力义务	违反证据协力义务，刻意阻止鉴定程序的启动，应当认定加盖在租赁合同上的项目部印章的真实性。
诉讼协力义务	服装总公司在认可审计评估意见必要性的同时，却拖延提交相关资料，尤其在本院多次释明不利后果的情形下，仍置若罔闻，实在有违诉讼协力义务和诚实信用原则。
证明协力义务	受益人未完成证明协力义务的，可根据证明标准规定，认定请求人举证已达高度盖然性，不当得利成立，受益人应负返还义务。

综上所述，裁判文书中关于当事人举证责任以外的义务失序，可以归纳为三个方面：第一是表述失序，即裁判文书用语混乱、含义模糊不清；第二是本体失序，即义务主体存在冲突和分歧；第三是后果失序，即对未履行义务的处理存在不同。

（二）缘何失序：事实查明规范的供需失衡

综上所述，实践中法官往往在举证责任之外对当事人提出更多的要求。这不仅冲击着现有证据规范，更深层次地触及司法公正与诉讼效率的核心问题，即法官如何查明事实以作出公正的裁判。

这一现象的根本原因在于，法官仅依赖证据规范往往难以有效查明事实。

这正是司法实践中事实查明的实践困境。解困的路径在于，对事实查明中的当事人义务进行充分体系化建构，明确当事人所应承担的义务范畴及具体分配，并明确相应的法律后果。

二、解困路径：事实查明中当事人义务的建构

对事实查明中的当事人义务进行体系化建构，可以有效化解事实查明的现实困境。具体而言：第一，仅有举证责任规范不足以充分查明事实；第二，在现有诉讼模式下，当事人义务的建构是推进事实查明的必须路径；第三，当事人义务建构是公正与效率这一价值目标的必然要求。

（一）必要性：仅有举证责任规范不足以充分查明事实

证明责任规范围绕要件事实构建，但仅靠要件事实往往不足以作出裁判。

1．举证责任理论围绕要件事实展开

举证责任与要件事实的概念相关，作为现代证明责任本质的客观证明责任是指案件要件事实真伪不明时的裁判风险。⑥ 即如果一方当事人必须证明某些事实以使自身的主张或抗辩成立，那么该方就负有法律上的证明责任。所谓要件事实，指纠纷在裁判过程中为判断某一法律效果发生与否直接且必需的、符合构成要件的具体事实。⑦

要件事实会随着当事人的主张或抗辩发生变动，证明责任也会随着证据的提供在各方当事人之间进行分配。各方均应按照法律规定就其对于要件事实的主张承担证明责任。

2．作出裁判需要查明要件事实以外的其他事实

在案件中，法院围绕要件事实进行审理，并对要件事实的真伪作出判断。但作出裁判尚需要查明要件事实以外的其他事实。

（1）与要件事实相关的事实

此类事实本身不足以直接导致请求权的成立或消灭，但是在法官形成

⑥ 胡学军：《现代证明责任“风险”性质重述》，载《法制与社会发展》2022年第2期。

⑦ ［日］伊藤滋夫：《要件事実講義》，商事法务出版社2008年版，第3页，转引自王倩、袁中华：《要件事实论视野下民法典之解释学展开路径》，载《国家检察官学院学报》2023年第2期。

心证的过程中发挥了重要作用。法官可以通过此类事实，结合经验法则与当事人的行为，形成对要件事实的心证。如民间借贷纠纷中，双方当事人是否存在借款合意系要件事实。但法院还会关注到双方的熟悉程度、亲疏关系、借款用途等。如双方之间存在恋爱关系，商业双方的长期合作关系，甚至是当事人是否配合案件审理等情形，比借条对法官心证产生的影响更大。

实践中并不鲜见一种极端情况，即一方当事人所提交的证据足以证明其主张的所有要件事实，但所呈现的相关事实着实难以令人信服，此时法官并不会直截了当地支持其请求，而会下意识怀疑是否存在虚假诉讼的风险。可以说，相关事实虽围绕要件事实展开，但是其作用完全不亚于要件事实。

（2）与证据相关的事实

证据的证明力并非仅取决于证据本身。证据的来源、证据形成过程等也会对法官能否采信产生重大影响。例如，证人的品格对证言证明力的影响“举足轻重”，如果证人曾有做伪证的记录、证人与一方当事人存在过节或关系亲密，证言的证明力必然大打折扣。虽然品格证据不适用于当事人，但是其行为因素在客观上影响法官心证。如民间借贷纠纷中，原告曾被认定为职业放贷人，法官必然会着重审查借款的效力；在买卖合同纠纷中，当事人曾因制作假证假章被判处刑罚，法官当然会对其提供的相关证据进行细致查验。需要说明的是，这并非陷入品格证据的误区，考量与案件无关的事实，而是法官为避免作出错误事实认定而采取的谨慎预防措施。

3．举证责任之外的当事人义务应当被明确

因此，对要件事实作出认定、形成内心确信所需的事实远不止要件事实。即作出裁判所需的事实范围要远大于裁判文书认定的事实范围。而现有的以要件事实为核心的证据规则，未能给法官提供扩充事实查明范围的制度依据。正因如此，明确当事人在举证责任之外的事实查明义务，对案件事实查明具有必要性。

（二）必须性：推进事实查明的必须路径

案件事实查明是法官作出裁判的前提条件。事实查明的范围越大、事实材料获取越丰富，越接近客观真相。但是客观真实并非司法的唯一目标。尽管诉讼法强调发现真实，但应当查明到何种程度，却始终未有明确的标准。这是司法上由来已久和最难解决的问题之一。⑧

一方面，如果事实查明不足，就无法还原案件真相，妨碍司法公正。另一方面，如果任由法官无限制进行查明，会使法官迷失在事实的森林里，无法筛选出真正裁判所需的事实。不仅浪费司法资源，还会违反辩论原则，陷入职权主义的误区（见图2）。能够兼顾二者的方法，正在于事实查明中当事人义务的强化。

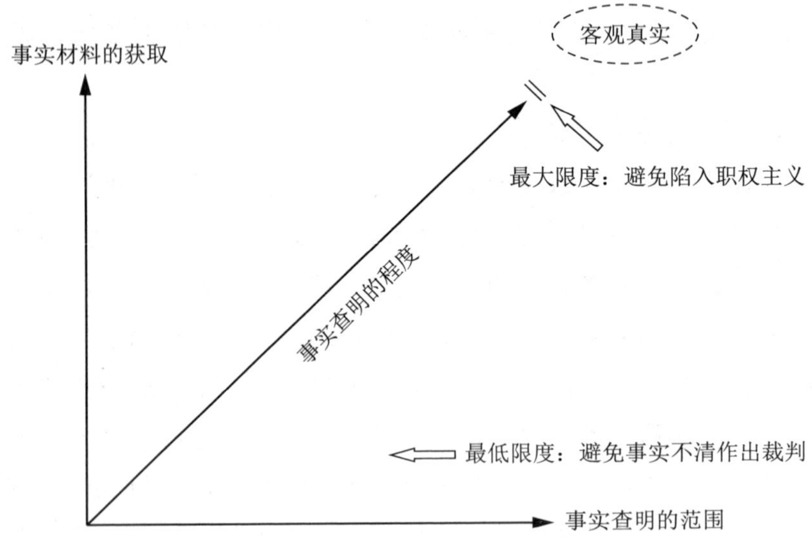

图2　事实查明的限度示意图

1．事实探寻的最低限度：避免事实不清作出裁判，引发程序空转

在审判中，法官应当通过一切合法手段查明事实，避免轻易援引证明责任规范作出裁判。要认识到，证明责任的前提是在诉讼的最后阶段，“所有证据均已提出，法官自由心证用尽，而案件事实仍然不能解明”。⑨在证据未能充分提出时，不存在证明责任的适用空间。否则会使判决陷入事实不

⑧ ［美］罗·庞德：《通过法律的社会控制法律的任务》，沈宗灵等译，商务印书馆1984年版，第29页。

⑨ 胡学军：《论证明责任作为民事裁判的基本方法》，载《政法论坛》2017年第3期。

清、证据不足，引发程序空转。因此，应当通过一切合法的方法查明更多事实、获取更多事实资料，以使裁判事实接近客观真实。此为事实探寻的最低限度。

2．事实探寻的最高限度：避免陷入职权主义，违反辩论原则

事实查明不仅要无限制地接近客观真相，还要受到民诉法基本理念的制约，即辩论原则的限制。辩论主义将“确定作为裁判基础之事实”所必须资料的权利赋予当事人行使及承担，与此相对的职权探知主义，将确定事实必须资料之探寻作为法院的职责。⑩辩论主义的核心在于约束性辩论原则，具体包括三项要求：第一，没有在当事人辩论中出现的事实不能作为裁判的依据；第二，双方无争议的事实应当作为裁判依据；第三，法院对案件证据的调查只限于双方当事人提出的证据。⑪

我国《民事诉讼法》第十二条规定的辩论权原则非约束性辩论原则，但无论是《证据规定》或是《民事诉讼法司法解释》，都采取严格限制法官调查取证权的立场。⑫因此，在我国法上，当事人收集并提交证据是法院事实认定的主要来源。

而若为查明事实相，一味通过调查取证权获取更多事实资料，虽然可能更接近客观真实，但会带来更大的问题。不仅可能有损当事人的合法权益，还会动摇我国现行法构建的接近当事人主义的诉讼模式，导致陷入职权主义的误区。因此，无论法官的调查取证权应当扩张还是限缩，都不应容许职权主义式的、不加限制的法官调查取证权出现。此为事实探寻的最高限度。

3．兼顾的方法：强化事实查明义务中的当事人义务

综上所述，要在有限的法官调查取证权背景下，尽可能获取更多的事实材料，以尽可能接近客观真实，唯一路径在于让当事人承担更多的与事实查明相关的义务。即当事人不仅需要提交证据，还应当提交其他相关的事实材料。可以说，当事人事实查明义务的建立，是在现有诉讼模式下，最大限度查明案件事实的必须路径（见图 3）。

⑩ ［日］高桥宏志：《民事诉讼法制度与理论的深层分析》，林剑锋译，法律出版社 2003 年版，第 329 页。

⑪ 张卫平：《民事诉讼法》，法律出版社 2023 年版，第 56—59 页。

⑫ 袁中华：《论民事诉讼中的法官调查取证权》，载《中国法学》2020 年第 5 期。

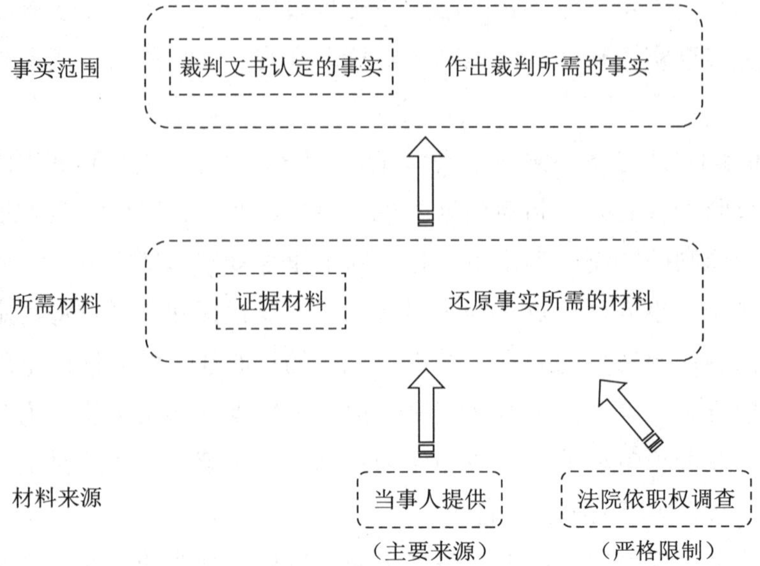

图3　当事人是事实材料的主要来源

（三）正当性：法理基础与价值目标

“事实查明义务”的本质在于强化当事人在事实查明中的责任，使当事人深度参与到事实查明活动中，以促进事实查明的全面、准确与效率。其法理基础在于诉讼诚信原则，符合公正与效率的价值目标。

1. 事实查明义务的法理基础：诉讼诚信原则

在现代诉讼模式下，诉讼诚信的重要性日渐彰显。诉讼诚信原则明确规定于我国《民事诉讼法》第十二条，指民事诉讼主体在诉讼过程中应当遵循诚实及信用的要求，其功能之一正在于促进诉讼进行。[13] 换言之，当事人的诉讼促进义务正是诉讼诚信原则的应有之义。[14] 即“基于当事人对他造所负以诚信原则进行诉讼之义务，以及对于法院国家所负促进诉讼（协力迅速进行诉讼）之公法上义务，据以保护他造之程序利益及其他诉讼制度使用者迅速

⑬ 陶凯元、杨万明、王淑梅主编：《〈中华人民共和国民事诉讼法〉理解与适用》，人民法院出版社2024年版，第53页；王福华：《民事诉讼诚信原则的可适用性》，载《中国法学》2013年第5期。

⑭ 马龙：《民事诉讼中逾时提出攻击防御方法之规制研究》，载《浙江社会科学》2022年第3期。

裁判之利益”。[15] 这就要求当事人及时全面提供事实材料，使各诉讼主体尽快整合诉讼资料、掌握案情，以加速程序运行。

2. 事实查明义务的价值正当性：公正与效率

公正与效率的目标是当事人事实查明义务正当性的根本来源。首先，基于公正的立场。只有确保事实的客观性与完整性，才能作出公正的判断。当事人承担事实查明义务，确保法院能够获取到全面而真实的信息，是实现司法公正的前提。

其次，从效率的角度出发。通过要求当事人积极参与，可有效减少法院在事实查明上的工作负担，大大缩短事实查明的时间，加快诉讼进程，有效节省司法资源。

综上所述，事实查明义务的设立，有助于当事人与法院在诉讼过程中的紧密协作，为裁判的公正与效率奠定基础。它不仅具备必要性与必须性，更具备充分的理论基础与价值正当性。为了使这一义务在实践中有效落实，有必要对其进行细致的系统化构建。下文将基于“作出判决需要什么样的事实”这一基本命题，明确当事人事实查明义务的体系内容。

三、具体规则：事实查明中当事人义务的体系内容

事实查明中当事人义务的体系包括三个方面：第一，事实查明义务的范围，即事实查明中当事人应当承担什么样的义务；第二，事实查明义务的分配，即事实查明义务应当由哪一方当事人承担；第三，事实查明义务的法律后果，即在当事人未履行事实查明义务时，应当承担何种法律后果。

（一）义务的范围：围绕证据叙事过程的展开

从裁判所需的事实范围出发，明确作出裁判所需要的具体事实材料，可归纳出事实查明中当事人应承担的具体义务范围。

1. 事实还原不仅依赖证据，更依赖当事人所述的“故事”

实际上，事实还原的客观过程与证据证明的论证过程完全相反，“通过证据构建案件事实”仅仅是裁判文书的逻辑，并非庭审中逐步还原事实的逻辑。

---

[15] 许士宦：《程序保障与阐明义务》，新学林出版股份有限公司2003年版，第298页。

事实（而非证据）是司法证明的逻辑起点。⑯ 就事实而言，其中心问题是案情和故事讲述。⑰ 案情和故事的讲述在客观上独立于证据，可以通过以下的现象观察到：

第一，故事先于证据出现。在事实查明的过程中，“故事”永远比“证据”更先被展示在法官面前。法庭调查中，法官首先看到的是原告的诉讼请求、事实和理由，接下来是被告的抗辩、事实和理由。接下来的举证质证阶段，证据才进入审判视野中。

第二，证据的落脚点在于故事。就事实和证据的关系而言，同一组证据完全可能得出相反的两个故事。所谓的最佳解释推论（IBE）正是为了解决这一问题而提出，其不局限于具体的证据，而关注由证据拼出的完整案情或故事，具体包括三个步骤：第一步，由负有证明责任一方举证，就事件提出竞争性解释的版本；第二步，对方提出反驳性版本，或提供其他版本来解释证据；第三步，事实认定者不受制于上述版本，建构自己的解释。⑱ 事实认定者正是在比较原告和被告的故事哪一个更接近真相，哪一方便应该赢。⑲ 可以说，故事本身是证据的终点。

第三，故事本身具有独立性，其并非完全依赖于证据而存在。如上所述，法官的工作是判断哪一方所呈现故事更接近真相，即“似真性”。影响似真性的因素除了证据的证明力外，更包括故事的结构，例如当事人行为的合理解释等，证据能否发挥作用也取决于其在整个故事中的位置。⑳ 对故事的审查判断与对证据的审查判断同等重要。

因此，事实查明的落脚点应当在于“故事”本身，围绕“故事”才能提炼出事实查明所需要的具体材料。

---

⑯ 张中：《法官眼里无事实：证据裁判原则下的事实、证据与事实认定》，载《浙江工商大学学报》2017 年第 5 期。

⑰ ［美］罗纳德 · J. 艾伦：《艾伦教授论证据法》，张保生等译，中国人民法学出版社 2014 年版，第 110 页。

⑱ ［美］特伦斯 · 安德森等：《证据分析（第二版）》，张保生等译，中国政法大学出版社 2012 年版，第 368 页。

⑲ 张保生：《法学与历史学事实认定方法的比较》，载《厦门大学学报（哲学社会科学版）》2020 年第 1 期。

⑳ ［荷］威廉 · A. 瓦格纳等：《锚定叙事理论——刑事证据心理学》，卢俐利译，中国政法大学出版社 2019 年版，第 41—49 页。

2．能够有效还原事实的“故事”：严谨的证据叙事

法官需要最接近真相的故事。既要能够还原案件事实，又要避免陷入“叙事陷阱”。所谓叙事陷阱，指诉讼参与人通过不当的故事讲述，以误导法官相信己方主张的行为。[21]因此，法官所需要的是通过严谨的证据叙事所还原出的“最接近真相的故事”。这包含三方面的因素，即值得让人相信的故事、锚定在可靠规则上的证据以及证据和故事之间的有效互动。

首先，故事本身值得让人相信。一个故事需要具备一个易于识别的核心行为，以及能简单、合理地解释行为人采取行动的故事语境（背景设置）。[22]具体有三个方面：第一，一致性。指被认为真实的故事的其他部分解释没有内在矛盾，故事与事实认定者的认知不相矛盾、故事包含完整的结构。第二，唯一性。对现有证据最终应当只有一个合理解释。第三，全面性。即若故事对证据的涵盖面越广，则该故事更具有可接受性。[23]

其次，就证据而言，其本身应当被锚定在可靠的普遍规则之上。如果证据本身所锚定的规则在多数情况下不能成立，该证据显然无法达到证明目的。此处的规则就可以被称为锚点。接受某个论证的前提是论证背后的规则。[24]例如，鉴定报告具备证明力，是因为“具备资质的鉴定机构往往可以做出可靠的结论”这一观点被普遍接受。而证人证言的证明力往往偏低，是因为“签署过保证书的证人在法庭上往往说真话”并未被普遍接受。

最后，就证据与故事之间的关系而言，存在两个维度的考量：一是故事的关键情节应当有证据证明，否则该故事脱离证据存在，不能被法庭所采纳；二是证据与故事存在一定的距离，需要通过合理的推论才能形成对事实的完整证明，往往需要引入中间事实。因此，证据推论一般会按照“证据性事实、

---

[21] ［英］威廉·特文宁：《反思证据：开拓性论著（第二版）》，吴洪淇等译，中国人民法学出版社 2014 年版，第 340—342 页。

[22] ［荷］威廉·A. 瓦格纳等：《锚定叙事理论——刑事证据心理学》，卢俐利译，中国政法大学出版社 2019 年版，第 44—45 页。

[23] 栗峥：《裁判者的内心世界：事实认定的故事模型理论》，载《中国刑事法杂事》2010 年第 3 期。

[24] ［荷］威廉·A. 瓦格纳等：《锚定叙事理论——刑事证据心理学》，卢俐利译，中国政法大学出版社 2019 年版，第 48 页。

待证事实、次终待证事实、最终待证事实（要件事实）”的步骤展开。[25]各步骤之间应当严密且符合逻辑（见图 4）。

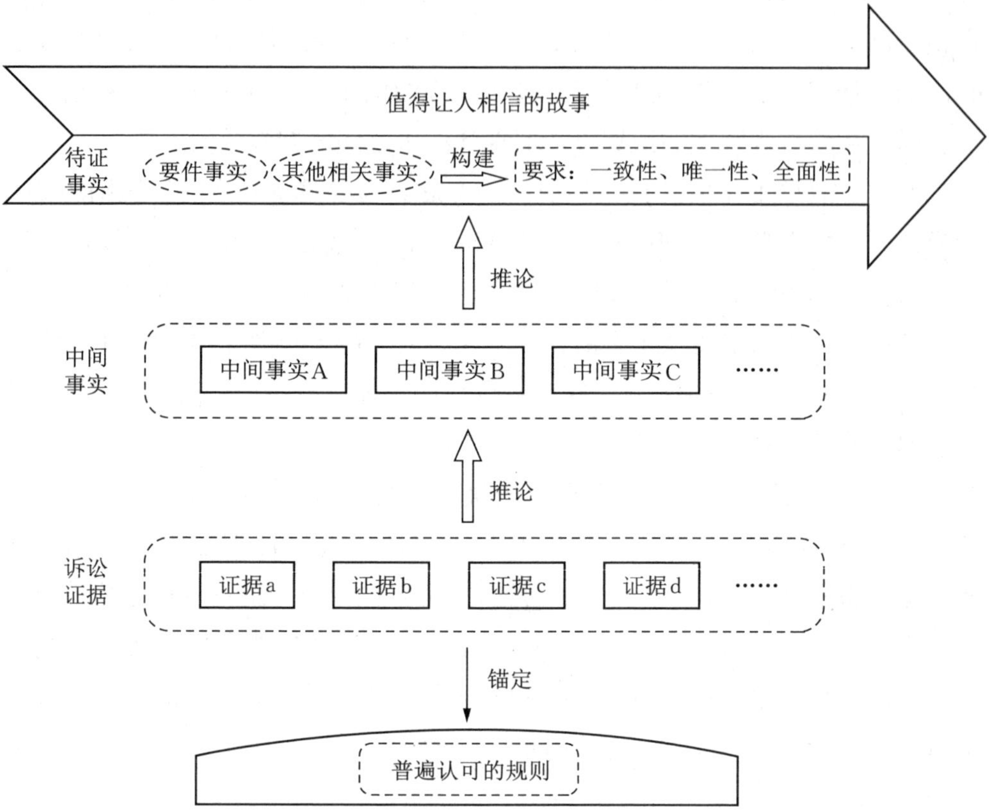

图 4　证据叙事的结构示意图

从证据叙事的结构示意图中可以直观看出，诉讼中的证据、锚定、证据推论、故事构建等各种要素在事实查明中均有着重要的地位。

3．证据叙事的基本要素提炼

庭审中法庭调查的顺序可以分为两个阶段，即陈述阶段与证据阶段。在陈述阶段，原告陈述自己的诉请及事实主张，被告陈述答辩意见及事实主张；在证据阶段，双方当事人进行举证、质证。当事人事实查明义务的履行贯穿上述两个阶段。

[25] 尹洪阳：《事实认定过程中的证据叙事分析》，载《中国政法大学学报》2018 年第 2 期。

由此可以提炼出一个严谨的证据叙事所必备的九个要素。首先在陈述阶段，双方所述的故事已经呈现在法官面前，可以按照故事的完整性、连贯性、合理性对其进行审查；其次在证据阶段，可审查证据本身以及证据和所述故事之间的关系（见表 2）。

表 2　证据叙事基本要素表

	要素类型	要素内容
陈述阶段	故事	（1）故事要素一：故事本身包含故事结构的所有部分。（完整性） （2）故事要素二：故事本身没有内在矛盾。（连贯性） （3）故事要素三：故事本身与事实认定者对此类事件的典型认知不矛盾。（合理性）
证据阶段	证据及其与故事间关系	（1）证据要素：证据本身应当被锚定在可靠的、鲜有争议的普遍规则之上。（锚定性） （2）关系要素一：故事的关键情节应当要有证据证明。（可靠性） （3）关系要素二：若故事应当尽可能涵盖更多的证据。（全面性） （4）关系要素三：证据解释之间没有矛盾。（可接受性） （5）关系要素四：从证据到待证事实之间的推理符合逻辑。（逻辑性） （6）关系要素五：在所有合理的解释中选取最有竞争性的解释。（唯一性）

综上所述，法官需要的不仅仅是证据，更需要对全案所呈现出的故事进行完整审查。一个接近于真相的故事也并非仅由证据组成，更需要符合上述完整证据叙事的九项要素。

4．事实查明中当事人义务的具体范围归纳

当事人事实查明义务包含上述的九个要素，具体分为三种，按法庭调查的顺序依次出现：首先是案情陈述义务，当事人应当先陈述一个具有完整性、连贯性、合理性的“故事”。其次是证据提出义务，当事人应当充分提交具有锚定性的证据。提交鉴定材料、勘验协力等义务亦包含在内。最后是解释说明义务，当事人应当就证据和故事之间的可靠性、全面性、可接受性、逻辑性进行充分解释和说明，进而形成具备唯一性的故事，法官最终作出对事实的认定。

要说明的是，事实查明义务的内涵完全覆盖解明义务、示证义务、具体化义务等学理概念：从范围上看，事实查明义务实际包括举证证明责任在内的所有与事实查明相关的义务；就程度而言，事实查明义务对当事人提出更高层次的要求。不仅要求当事人尽可能提交证据材料，还要求当事人全面、准确且无遗漏地陈述事实，重点强调对证据、证据和陈述之间的解释和说明，确保法院能够深刻理解证据内涵，基于充分信息作出判断。这种程度上的深化，不仅提升了事实查明的精确度，也提升了司法办案的公正和效率（见图 5）。

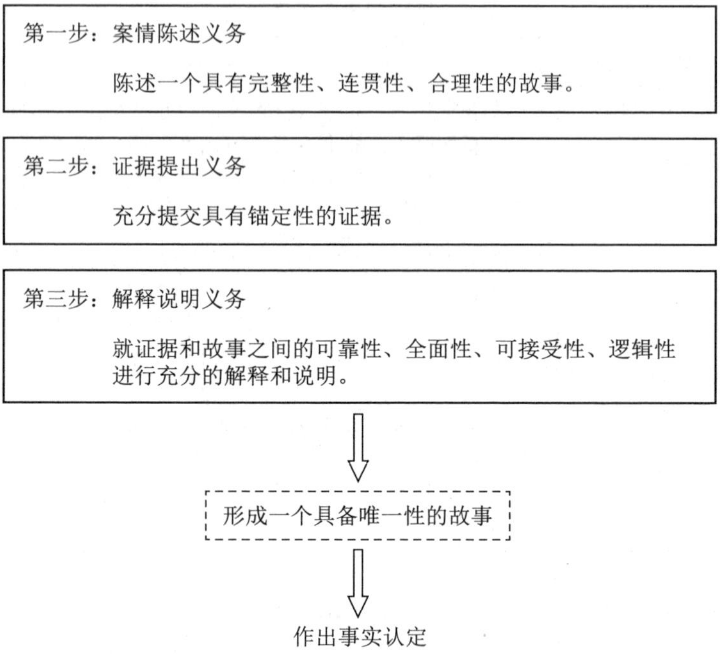

图 5　当事人的事实查明义务范围

在明确事实查明义务的具体内容后，应当探讨具体的义务应当由哪一方当事人承担，并明确违反义务的法律后果。

（二）事实查明义务的分配：基于败诉风险负担的逻辑

如何在不给当事人造成过分负担的情况下，充分查明案件事实，是事实查明义务分配的目标。在三种义务中，证据提出义务往往需要当事人付出一定的成本以收集证据，并且存在证据由他人控制客观无法收集的情形。而案情陈述义务、解释说明义务，则仅需要当事人就其所知的情况，向法庭予以充分说明即可，一般不会形成额外的成本。因此，案情陈述义务、解释说明义务原则上应当由双方承担，而证据提出义务，则应当按照举证证明责任的规范予以分配。

1．案情陈述义务：以双方承担为原则

案情陈述发生在审判开始时，原告的起诉与被告的答辩均包含着对案情的陈述。在这一环节，各方应当分别就案情陈述自己版本的“故事”，并就对方的陈述发表认可或不认可的意见。

在双方的案情陈述中，法官可以分别就各方所述的故事能否成立、前后是否矛盾、是否符合常理常识形成初步判断，并就其陈述本身能否支持其诉请或抗辩得出初步的结论。更重要的是，双方就案情中陈述不一致之处，往往正是事实查明的争议焦点。可以说，案情陈述义务是审判的基础，也直接决定了事实查明的方向。这是双方均应承担案情陈述义务的根本原因。

2．证据提出义务：按主观举证责任规范分配

要说明的是，证据提出义务并非证明责任。证明责任本身是事实真伪不明时的裁判方法，与行为意义上提供证据的责任无关。[26]此处的证据提出义务更接近于行为意义上的举证责任，即在事实不清时，当事人应提供证据证明自己的事实主张。这与用尽所有事实查明方法，而法官仍未对要件事实形成心证的“真伪不明”状态不同。因此，证据提出义务应当按照行为意义上举证责任的相关规范进行分配。

证据提出义务分配的基本逻辑为：第一，提出事实主张一方应提供相应证据。凡有诉讼必有请求，而请求又须以主张为依托，只要当事人提出主张，就会发生提供证据的责任问题。[27]《民事诉讼法》第六十八条、《民事诉讼法司法解释》第九十条明确了证据提出的一般规则，即当事人对自己提出的主张应当及时提供证据，其中包括当事人对自己提出的诉讼请求所依据的事实主张以及为了反驳对方诉讼请求所依据的事实主张。第二，控制证据一方应当提供相应证据。这也是《证据规定》第九十五条拒证推定规则的应有之义。实践中事实及证据材料分布不均衡，如果一味坚持“谁主张、谁举证”的基本原则，则会助长证明妨碍现象的产生，作出的裁判也难免不公平。[28]此时，

[26] 胡学军：《证明责任重述》，法律出版社 2024 年版，第 7 页。

[27] 最高人民法院民法典贯彻实施工作领导小组办公室编著：《最高人民法院新民事诉讼法司法解释理解与适用》，人民法院出版社 2022 年版，第 248—251 页。

[28] 最高人民法院民事审判第一庭编著：《最高人民法院新民事诉讼证据规定理解与适用》，人民法院出版社 2020 年版，第 829 页。

事实查明的目标要在当事人自由之上，当事人不得以自己不负证明责任为由而拒绝提供证据。第三，在庭审过程中，证据提交义务还会由法官根据证据提交情况以及案件事实查明的进展，动态进行分配，以在查明事实的同时平衡双方的负担。

3．解释说明义务：在双方承担的基础上，以法官分配为原则

解释说明义务在双方承担的基础上由法官进行分配。首先，双方均承担解释说明的义务。不仅要对自己提供的证据与陈述的案情进行解释说明，还应当对对方提出证据提供自己的解释。其次，解释说明义务并非一刀切地平均施加于双方，而是基于动态平衡的原则，在法官主导下灵活分配。原因在于，随着诉讼进程的推进，在经过案情陈述与证据提出后，案件事实逐渐浮出水面，其中的不清晰之处也逐渐聚焦。此时法官所需的解释说明往往围绕陈述或证据中的不清晰之处展开。并且，法官会考虑到双方当事人在案件中的地位、专业背景以及对争议事实的了解程度，进而决定谁应承担更多解释说明义务。不仅如此，法官会根据案件进展适时调整解释说明的要求，确保任何一方不会因缺乏解释机会而处于不利地位，以维护诉讼过程中的公正。同时，在一方的解释已经足够清楚，无需进一步赘述时，法官将不再要求重复解释，以提高诉讼效率。

在明确事实查明中当事人义务的分配原则之后，紧接着需要深入探讨的是，如果当事人未履行其应尽义务，将面临何种法律后果。义务后果的明确不仅能够强化当事人对自身义务的认识，促使当事人积极主动地配合事实查明，还直接关系到事实查明的有效性和裁判的公正性。

（三）义务的后果：基于败诉风险负担的逻辑

各方当事人均应承担事实查明义务，但当事人不履行事实查明义务并不会直接导致某项法律后果，而是增加事实查明不能的风险，进而增加败诉风险。因此，应当从败诉风险负担的角度出发，对当事人不履行事实查明义务的行为进行评价。

就败诉风险而言，因事实查明不能而导致败诉的情形可以分为三种：第一种情形，当事人未能充分提交事实材料，致使案件事实未能充分查明；第二种情形，法官“审理未尽”，即未在职权范围内充分查明事实，未能形成心证；第三种情形，当事人穷尽提交事实材料，法官自由心证也已用尽，案件事实仍然处于“真伪不明”的状态。[29] 三种情形下的败诉风险分配并不相同。

只有因未履行事实查明义务而导致事实无法查明时，当事人才应当承担败诉风险，可推定该事实对当事人不利。原因在于：第一，未履行事实查明义务并不必然导致事实查明不能，若法官可凭借现有事实材料形成心证，就应当按照法官心证进行裁判；第二，若当事人完全履行了事实查明义务，法官也充分利用了各种事实查明的手段，但仍未形成心证，要件事实仍然真伪不明，此时行为人对事实不清没有可归责性，应按照实体法中客观证明责任的设定分配败诉风险。

四、实践方法：事实查明中当事人义务的审判应用

事实查明中当事人义务的审判应用分为三个方面：第一，以事实查明义务为基础，对现行《证据规定》相关条款给出新的理解，为司法实践明确法律适用；第二，强化法官在庭审中的询问与释明，推进当事人义务的履行，以实现法庭调查的实质化；第三，规范裁判文书中对事实查明义务的表达，妥善处理个案的同时，保障和彰显审判的公正。

（一）条文适用：《证据规定》相关条款的再诠释

案件事实查明中的当事人义务并非无本之木。最高人民法院的相关司法解释虽名为《证据规定》，具体内容亦沿着“当事人举证—证据的调查收集和保全—举证时限与证据交换—质证—证据的审核认定”这一主线，围绕证据进行展开，其中同样包含事实查明中当事人应承担的其他义务的规范。

从《证据规定》相关规范的文义上看，已规定当事人义务中的证据提出义务。而对于案情陈述义务、解释说明义务似乎不存在直接的规定。实际上，完全可通过对《证据规定》相关条款的重新诠释，为案情陈述义务、解释说明义务以及不履行事实查明义务的法律后果找到充分的依据。

1．案情陈述义务：《证据规定》第六十三条第一款的再诠释

与案情陈述义务相关的条款是《证据规定》第六十三条。一般认为，本

---

[29] 胡学军：《现代证明责任“风险”性质重述》，载《法治与社会发展》2022年第2期。

条系围绕当事人真实义务展开，即要求当事人做与其主观认知相一致的陈述，且不刻意隐瞒、不歪曲事实真相，目的在于应对日益增多的虚假陈述。[30]实际上，相较于案情陈述义务，真实义务对当事人提出了更高的要求，不仅要求陈述本身的完整、连贯、合理，更要求其符合当事人的主观认知。《证据规定》第六十三条第一款“当事人应当就案件事实作真实、完整的陈述”已经包含案情陈述义务的要求，可以作为案情陈述义务的根据。

2．解释说明义务：《证据规定》第八十八条的再诠释

《证据规定》第八十八条明确了对审判人员对证据进行综合审核的要求。即审判人员应当从证据与案件事实的关联程度、各证据之间的联系等方面进行综合审查判断。从文义上看，本文是对审判人员的要求，而非当事人的义务。但是，实务中对全部证据进行综合审核认定时，应注意结合庭审中当事人对证据的质证意见。[31]当事人对证据的解释说明是证据审核认定的重要材料，本条能够充分贯彻的前提正在于当事人解释说明义务的履行。

3．违反事实查明义务的法律后果：《证据规定》第四条、第九十五条的再诠释

《证据规定》第四条关于“拟制自认”的规定，与《证据规定》第九十五条关于“拒证推定”的规定，同为违反事实查明义务后果的重要条款。

拟制自认的基础在于，诉讼必然以双方当事人的利益对立为前提，如果当事人之间不能以对立的诉讼主张展开充分的诉答与控辩，司法的裁判功能便难以发挥，案件的真实也难以发现。[32]拒证推定规则源于实践中事实及证据材料分布不均衡，如果一味坚持“谁主张、谁举证”的基本原则，则会助长证明妨碍现象的产生，难以有效查明事实。[33]

上述两条规定明确了当事人的相关义务，可以看作是当事人不履行事实查明义务法律后果的一般原则。但须再次强调的是，不能仅以义务不履行就

㉚ 最高人民法院民事审判第一庭编著：《最高人民法院新民事诉讼证据规定理解与适用》，人民法院出版社2020年版，第580—581页。

㉛ 最高人民法院民事审判第一庭编著：《最高人民法院新民事诉讼证据规定理解与适用》，人民法院出版社2020年版，第772页。

㉜ 最高人民法院民事审判第一庭编著：《最高人民法院新民事诉讼证据规定理解与适用》，人民法院出版社2020年版，第101页。

㉝ 最高人民法院民事审判第一庭编著：《最高人民法院新民事诉讼证据规定理解与适用》，人民法院出版社2020年版，第829页。

进行不利推定，只有在当事人未履行义务导致事实查明不能时，才承担不利的法律后果。

综上所述，通过对《证据规定》相关条款的再诠释，可以明确事实查明中当事人义务的法律依据，为具体法律适用指明方向。

（二）庭审推进：兼论法庭调查的实质化方法

庭审是集中查明事实以形成心证的关键场所，能否高效、充分查明事实，是庭审质量的重要评价标准。因此，要做到庭审的实质化，首先要做到法庭调查的实质化。这要求在既定庭审流程基础上，不断细化完善事实查明的每一个具体细节，以走向法庭事实查明的实质化。按事实查明要素逐一审查，促使当事人履行事实查明义务，是实现法庭调查的现代化有效方法。

首先，在陈述阶段，当事人陈述完成后，法官应评估当事人陈述是否完整、连贯且具有合理性。若当事人陈述未达到该标准，法官可要求当事人作出进一步的陈述和说明。在双方陈述完毕后，就双方陈述中明显有争议的事实，可作为法庭调查中的争议焦点进行归纳。

其次，在证据阶段，当事人举证、质证完成后，法官应当评估各方当事人是否就其主张提交充足的证据，证据本身是否锚定在无争议的规则上。还应当评估当事人对证据的解释是否合理，证据解释之间是否存在矛盾、从证据到待证事实之间的推理是否合逻辑等。在未达到证据叙事的要求时，应要求当事人再次解释和说明。在当事人充分发表意见、没有新的陈述、证据或解释时，可对双方各自阐述的“故事”进行评判，以形成心证。

在上述阶段中，应充分进行询问和释明，以避免因事实不清而引发司法程序空转：第一，对于未能满足叙事要求的陈述、证据或解释，法官应当及时询问，要求当事人进行补充；第二，当事人不配合法官的要求时，法官应当充分释明不履行义务的后果；第三，只有经当事人充分履行事实查明义务，或在充分释明后，或当事人仍不履行事实查明义务时，才可结束对事实的查明。此时，应根据最终的材料形成心证并作出裁判。

（三）文书规范：对事实查明义务履行情况的充分表达

在因当事人未履行事实查明义务而导致事实查明不能时，裁判文书应对该情况作出完整表述。首先，文书中应详细描述当事人未履行事实查明义务的具体行为，包括但不限于未能提供必要证据、拒绝参与必要的鉴定程序、陈述不完整、拒不回答法官询问等；其次，文书中应分析当事人未履行义务对案件事实查明造成的具体影响，包括哪些关键事实未能查清，以及对案件整体评价和裁判结果的影响；最后，文书中应论述当事人未履行事实查明义务的法律后果，援引相关条文给出具体的理由。重点在于，文书中还应阐明法院如何在当事人未履行义务的情况下，仍力求查明事实真相，以彰显审判的公正。

另外，裁判文书的用语应当规范，直接指明当事人具体未履行义务的情况，避免使用“诉讼协力义务”“证据协力义务”“事实解明义务”等概念并不清晰的学理词汇。不仅可以减少因用词模糊而导致的法律适用不一致现象，维护司法的公正性和权威性，还可以传达正确的诉讼价值观，促进诉讼程序高效运行和当事人诉讼诚信原则的落实，最终实现司法裁判的公正与效率。

五、结语

当前以举证证明责任为核心构建的证据规范体系，难以满足法官全面、深入查明案件事实的现实需求，进而在司法实践中引发了一系列困境。为在现有诉讼模式下破解这一困境，需对事实查明过程中的当事人义务进行系统性、体系化的重构与强化。

深入剖析庭审中的事实建构流程，可以清晰地提炼出当事人应承担事实查明义务，即案情陈述义务、证据提出义务、解释说明义务。就义务的分配而言，案情陈述义务由双方当事人承担，证据提交义务按主观举证责任分配，解释说明义务在双方承担的基础上，由法官分配。就义务后果而言，当事人因未履行事实查明义务导致案件事实无法查清时，应承担不利后果。

鉴于此，有必要对《证据规定》第四条、第六十三条第一款、第八十八条、第九十五条进行重新审视与合理解释，重点强化法官在庭审中的询问与释明职能，明确界定并规范事实查明的结束条件。同时规范裁判文书中对于事实查明义务情况的表述。从而全面推进法庭调查的实质化进程，实现事实查明的公正与效率。

行政争议实质性解决视角下重复起诉规则的实践反思与路径重构

董礼洁　胡晓涛*

《最高人民法院关于适用〈中华人民共和国行政诉讼法〉的解释》(以下简称《行诉法解释》)第一百零六条首次明确了行政诉讼中的重复起诉规则，确立了“当事人、诉讼标的、诉讼请求”三要素相同作为重复起诉的识别标准。通过对裁判的梳理发现，行政诉讼重复起诉规则一定程度上催生了行政诉讼的程序空转，该规则在适用上存在识别标准偏差、法律适用不统一、理解认识争议等问题，亟待予以厘清。上述功能疏失，归因于重复起诉条款的理解分歧、“一行为一诉”规则的机械适用、行政诉讼诉判关系的重心偏离所致。有鉴于此，本文通过理论分析与实证考察，对重复起诉条款进行逻辑调试，进而对重复起诉三要素的理解偏差予以规则厘定与功能矫正。在此基础上，通过重塑审查理念，区分诉讼要件审查阶段，重新厘定重复起诉的审查路径。最终，明确以诉讼请求的救济功能作为形式标准，当事人的实体权利主张作为实质标准，行政争议实质性解决作为衡量诉的利益的价值目标，对重复起诉的适用规则予以体系建构，以期对该规则的司法适用准确化、定型化有所裨益。

* 董礼洁，法学博士，上海市静安区人民法院党组成员、副院长。胡晓涛，法学硕士，上海市静安区人民法院行政及执行裁判庭法官助理。本文获第36届全国法院系统学术讨论会优秀奖、2024年上海法院学术讨论会优秀奖。

一、样本检视：行政诉讼重复起诉案件的实践考察

（一）重复起诉司法适用的样本概况

笔者在中国裁判文书网以案件类型“行政案件”、裁判理由“重复起诉”为关键词，共检索到涉及行政诉讼重复起诉的裁判案例22914件。考虑到样本案例分析的代表性，笔者以案由和行政行为类型为区分，从中筛选出认定争议焦点为是否构成重复起诉的280份裁判文书作为本文的观察样本。① 通过对选取样本的逐一分析和整理，可以管窥当下行政诉讼重复起诉司法认定的实践样态。

1．从案件数量上看

行政诉讼重复起诉的案件数量呈较大幅度的增长趋势。如图1所示，2014年立案登记制实施后，重复起诉的案件数量开始呈递增趋势，到2019年重复起诉的行政案件达到4221件，相比2014年上升近十倍。而重复起诉占裁定驳回起诉行政案件整体比例也始终在7%左右徘徊。当事人重复提起

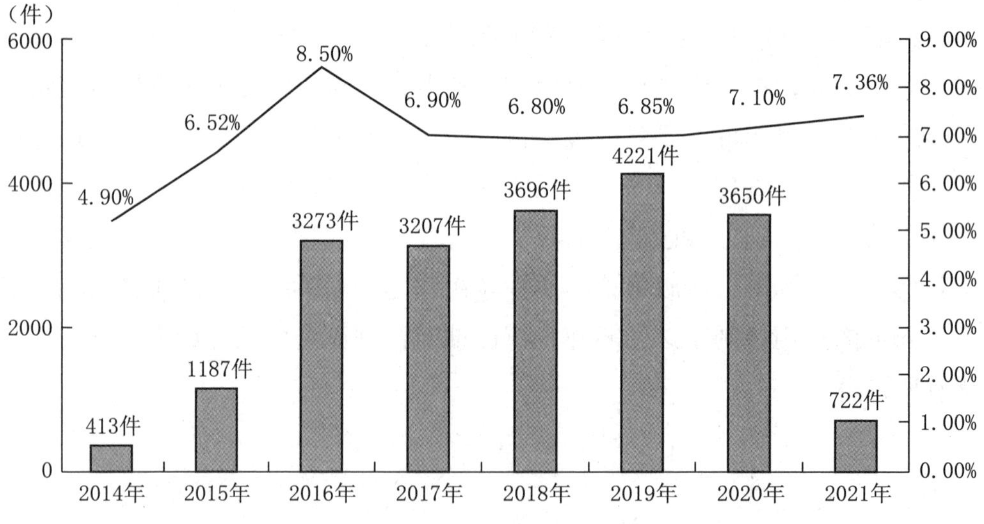

图1　重复起诉行政裁判文书数量及占驳回起诉行政案件比例

① 需要说明，280篇样本包括目前公开途径能够查阅到的最高人民法院针对重复起诉进行论述的行政裁判文书200篇，另外选取了主要争议焦点为是否构成重复起诉的一二审裁判文书80篇，组成280篇样本裁判案例。

诉讼一定程度上造成程序空转和司法资源浪费，行政审判实质解纷功能未能有效彰显。

2．从案由分布情况看

重复起诉案件所涉案由较为集中，主要在土地征收、房屋拆迁安置补偿、行政强制等多阶段行政行为中。反映出在涉及多阶段行政行为的案件中，通过一个诉讼程序实质解决行政争议的难度较大，实务中“一人多案、一事多案”的现象较为突出，行政诉讼“一次性”解决纠纷的功能未能有效彰显。

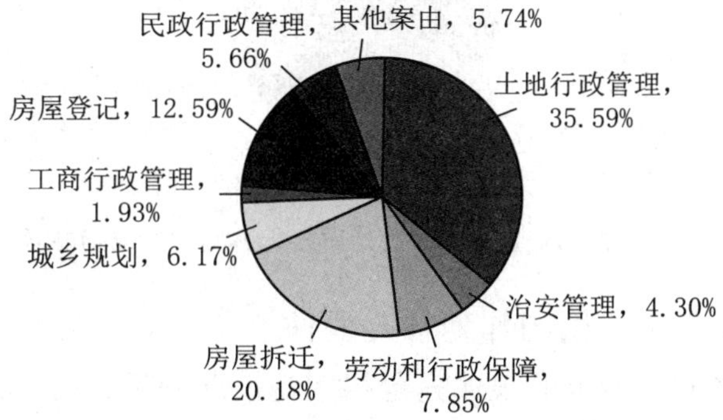

图 2　行政诉讼重复起诉案件的案由情况

3．从裁判内容上看

重复起诉常与其他起诉条件存在适用竞合，表现为将重复起诉与起诉期限、原被告资格、诉讼标的被羁束、实体权利实际影响等其他起诉条件组合或叠加适用。例如，在汪某诉安徽省绩溪县人民政府土地行政登记一案中，最高人民法院认为，汪某曾于 2015 年诉请撤销绩溪县政府为胡某颁发的国有土地使用证，经生效行政判决驳回诉讼请求。汪某再次就上述颁证行为提起确认违法之诉，系重复起诉且诉讼标的已为生效判决所羁束。②

（二）重复起诉识别标准的适用分析

通过对样本裁判的逐一阅读梳理，发现实务中重复起诉识别标准的适用情况呈现以下特征：

② （2020）最高法行申 6945 号行政裁定书。

1．诉讼标的是否相同存在一定虚置

在认定重复起诉裁判文书中法官并未严格遵循三要素相同的识别标准，三要素完全相同仅占裁判总数的33.9%。而诉讼标的是否相同在一些裁判中被弱化，有24.14%的案件在诉讼标的不同或未阐明的情况下，认定构成重复起诉，见图3。

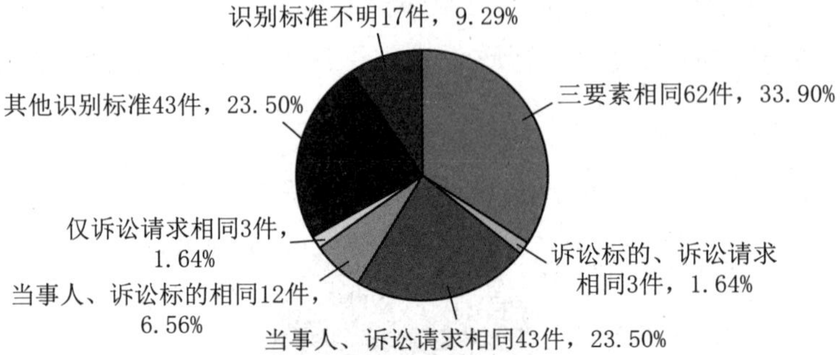

图3　样本裁判中行政诉讼重复起诉案件的识别要素

2．诉讼请求实质相同作为核心要件

样本裁判中诉讼请求的表述完全相同的情况并不具有普遍性，当事人往往通过改变诉讼请求为策略来规避重复起诉的审查，法院在个案中也常采用诉讼请求"实质相同"作为识别重复起诉的核心要件。例如，在段某诉新疆维吾尔自治区克拉玛依市乌尔禾区人民政府再审案中，最高人民法院认为，"段某申请再审的根本主张是只有前诉与后诉的当事人、诉讼标的、诉讼请求都相同的情况下，才构成重复起诉，而本诉与前诉在这三个方面均不相同。形式上看，段某所持主张具有一定道理。但实质上看，并非如此……对于段某在本诉中所提诉讼请求，在前诉中已予处理。段某提出本诉确已构成重复起诉"。③

3．对三要素的理解认识上存在争议

样本裁判显示，实务中对于重复起诉三要素的理解与认识上存有分歧。例如，对当事人相同是否允许适当扩张，诉讼请求一致应以形式还是实质为标准等存在一定争议。尤其是关于诉讼标的相同的确定。如表1所示，最高人民法院裁判中诉讼标的呈现为被诉行政行为、法律关系、行政行为违法且

③　参见（2019）最高法行申8382号行政裁定书。

损害原告权利的主张、行政行为违法性等多样理解，还有少数案件从标的物数量、标的额是否一致判断诉讼标的是否相同。而基于各要素理解与认识的不同，判断得出的结论往往大相径庭。

表 1　最高人民法院裁判中行政诉讼标的判断标准

判断标准	典型案例	最高人民法院裁判观点
被诉行政行为	韩某诉海口市美兰区人民政府再审案④	行政诉讼的诉讼标的是被诉行政行为。本案被诉行政行为是美兰区政府作出的 30 号征收决定。
法律关系	王某诉河南省郑州市管城回族区人民政府行政补偿再审案⑤	本案与前案的当事人相同，诉讼标的也均为房屋征收补偿法律关系，故王某提起的本案诉讼已构成重复起诉。
行政行为违法并损害原告权利的权利主张	张某与湖北省武汉市武昌区人民政府城建征收再审案⑥	撤销诉讼的诉讼标的应当是“行政行为违法并损害原告权利这样一个原告的权利主张”。本案中，后诉与前诉虽然是同一个行政行为，但因原告不同，权利损害的主张亦有可能不同，因此不能简单地认定后诉与前诉的诉讼标的相同。
实体请求权	朱某诉湖南省郴州市人民政府等土地征收再审案⑦	从诉讼标的看，前诉与后诉的诉讼标的相同，均为朱某请求恢复和救济其对案涉土地房屋享有的权利。
诉讼请求	上海某有限公司诉上海市闵行区人民政府行政赔偿再审案⑧	本案诉讼当事人与前诉当事人相同，前诉与后诉均针对闵行区政府强制拆除事实提出安置或恢复原状的请求，诉讼标的具有同一性。
诉讼标的物	赵某等资源土地行政强制再审案⑨	本案原告系起诉请求确认强制清除祖坟行为违法。因其所诉祖坟的范围与李某案所诉强拆承包地地上附着物的范围一致，故本案与李某案诉讼标的相同。

（三）重复起诉法律适用的实践样态

样本裁判在认定重复起诉的法条适用上缺乏统一适用逻辑，呈现出单独

④ 参见（2019）最高法行申 891 号行政裁定书。
⑤ 参见（2019）最高法行申 10682 号行政裁定书。
⑥ 参见（2017）最高法行申 411 号行政裁定书。
⑦ 参见（2020）最高法行申 2439 号行政裁定书。
⑧ 参见（2023）最高法行申 1966 号行政裁定书。
⑨ 参见（2020）最高法行申 13548 号行政裁定书。

或组合适用的样态。在裁判理由中，既有单独适用《行诉法解释》第一百零六条，或单独适用第六十九条第六项与第九项；也有组合适用第一百零六条与第六十九条的情况。其中，组合适用第一百零六条与第六十九条第六项的情形最多，占样本裁判的54%，组合适用第一百零六条与第六十九条第九项的情形较少，占比2%；组合适用第六十九条第六项与第九项占比5%；三者同时适用占比1%。

以上检视，可以发现行政诉讼重复起诉的识别标准与法律适用呈现出一定的适用偏差与理解分歧，该规则在司法适用中存在功能疏失。如何准确定位行政诉讼重复起诉的制度功能，在实践中如何合理把握禁止重复起诉的适用标准、统一裁判尺度，是行政审判亟待解决的问题。

二、瓶颈探析：行政诉讼重复起诉功能疏失的问题归因

（一）重复起诉条款的理解分歧造成法律适用混乱

前文已述，行政诉讼重复起诉在法律适用上缺乏统一逻辑，而产生适用争议的根源在于对《行诉法解释》规定的“重复起诉”条款存在理解与认识分歧。

具言之，《行诉法解释》第六十九条规定：“有下列情形之一，已经立案的，应当裁定驳回起诉：……（6）重复起诉的……（9）诉讼标的已为生效裁判或者调解书所羁束的……”《行诉法解释》第一百零六条规定，当事人就已经提起诉讼的事项在诉讼过程中或者裁判生效后再次起诉，同时具有后诉与前诉的当事人相同、诉讼标的相同、诉讼请求相同，或者后诉的诉讼请求被前诉裁判所包含的，构成重复起诉。从条文的关联性来看，第一百零六条规定的重复起诉同时包含诉讼过程中与裁判生效后的重复起诉情形。而第六十九条却将重复起诉与裁判生效后诉讼标的被羁束的情形予以并列规定。[10] 由此引发司法实践对司法解释条文理解上的分歧，第六十九条第九项规定的诉讼标的为生效裁判所羁束是否属于第一百零六条规定的重复起诉情形，在

[10] 马立群：《行政诉讼一事不再理原则及重复起诉的判断标准》，载《法学评论》2021年第5期。

实践中应作统一理解还是区分适用，如何在逻辑上进行周延解释等未形成统一观点。而基于上述理解分歧，司法实践中认定重复起诉分别出现单独、组合或并列适用《行诉法解释》第一百零六条与第六十九条第六项、第九项的裁判样态，呈现出法律适用上的混乱杂糅。

（二）“一行为一诉”规则的机械适用催生行政诉讼“程序空转”

在行政审判中，“一行为一诉”被视为行政立案的通行规则，这一原则在绝大多数情况下是正确的。然而实践中行政管理的复杂性导致一个行政争议常涉及多个行政行为，这类行政争议往往存在多主体、多程序、多环节、多阶段的特点，经常存在数个行政程序或者行政环节共同作用、对行政相对人产生影响的法律适用效果。此时，考虑到原告自身的诉讼能力，仍强调“一行为一诉”或者“一案一诉”，可能将原告导向针对多个行政程序分别起诉，进而造成程序空转的问题，难以体现一次性、彻底解决行政争议。[11] 以集体土地征收与补偿为例，省级人民政府作出的征地批复，县级以上地方人民政府在实施土地征收过程中公布的征地补偿安置方案以及作出的责令交出土地、强制拆除地上建筑物等决定，在“一行为一诉”原则下，都可能分别进入诉讼，法院需要对每一起行政行为逐件立案、逐件审理，有的涉及不同的管辖法院，造成“一人多案”“一事多案”的局面。同时，在多阶段行政行为审查中，法院的关注焦点可能仅限于行政活动最后阶段的产物，仅着眼于最终法效果，而对于行政过程缺乏关注。这种缺乏整体性、只注重结果性评价的做法，忽略了各行为之间的关联，容易使得判决结果存在片面性，客观上催生了行政相对人不断重复起诉、进行上诉、申诉和信访，其结果是法院耗费了大量时间精力却始终难以化解实质行政争议。[12]

（三）行政诉讼诉判关系的重心偏离引发当事人重复诉讼

行政诉讼的诉讼请求与审理内容、司法判决之间的关系是行政诉讼法的

---

[11] 殷勤：《严格起诉条件审查对行政诉判关系的影响与矫正》，载《人民司法》2022 年第 1 期。

[12] 耿宝建：《行政争议实质化解理论与实践探索》，载《中国法律评论》2024 年第 3 期。

重要基础问题，关乎整个行政诉讼的功能及其实现。[13] 在我国行政诉讼立法和司法实践中，原告诉讼请求对法院的审理和裁判并不具有当然的拘束力。[14] 有观点认为，行政诉讼相较民事诉讼、刑事诉讼具有特殊性，“其特殊性决定了行政诉讼一定程度上是以行政行为的合法性审查为中心，而非原告的诉讼请求”。[15] 换言之，我国将诉讼对象定位于“行政行为”本身，而非原告在诉讼中应当被实现的实体权利主张。[16] 在撤销诉讼中尤为典型，法院通过诉讼程序的展开审查行政行为是否合法、依法行政是否得到实现，借由审查行政权行使的合法性来保护私人的合法权益。这种局限于合法性审查的做法，对行政处罚、行政强制等侵益性行政行为而言，当事人的真实诉求与被诉行政行为的合法性存在一致情形，法院通过审理被诉行政行为是否合法便可回应当事人的真实诉求。然而，对于一些成因复杂、事实疑难、群体性的行政争议，行政相对人的真实诉求与被诉行政行为并非完全对应，此时法院审理案件的重心便容易偏离当事人的诉求。法院审查的对象与诉讼标的偏离了当事人的诉讼请求，自然无法回应当事人的实质诉求，必然导致当事人再次提起诉讼寻求救济。例如，将撤销判决适用于给付之诉，原告即便获得形式上的胜诉，但实际的给付请求无法得以实现。

三、制度回应：行政诉讼重复起诉的理念重塑与规范生成

行政诉讼重复起诉规则的功能与适用既要从规范层面对相关制度规定进行静态剖析，亦需将其置于我国行政诉讼司法政策变迁的视角下进行动态观察。基此，本文将兼采法规范和法政策两种观察进路，探究重复起诉制度的应然构造与实然目标。

（一）重复起诉功能定位的理念重塑

我国行政诉讼的诉权保障与规制滥诉之间存有内在张力。实务中有观点认为，中国实践的复杂性在于，公民的诉权保障本就不足，立案登记制才刚

[13] 王贵松：《行政诉讼的诉审判一致性》，载《中国法学》2024 年第 2 期。

[14] 程琥：《我国行政诉讼诉判关系的反思与重构》，载《法律适用》2023 年第 6 期。

[15] 邓刚宏：《我国行政诉讼诉判关系的新认识》，载《中国法学》2012 年第 5 期。

[16] 参见李广宇：《新行政诉讼法逐条注释（上）》，法律出版社 2015 年版，第 397—398 页。

刚破题。但从实践反映的情况来看，少数当事人滥用诉权的现象尤其严重。⑰最高人民法院公布的数据显示，2023 年全国法院新收一审行政案件的数量持续上升，已经超过 30 万件，其中约 22.2% 的案件是以裁定不予立案或者驳回起诉方式结案。⑱案件数量的持续上升与裁定结案比例的居高不下，无疑是行政诉讼“案结事不了”和“程序空转”现象愈发严重的真实写照。

行政诉讼禁止重复起诉的确立，对于当事人诉权的影响无疑是显著的，如果当事人诉请的行政争议在诉讼中没有得到回应与评价，就在程序上被认定为重复起诉或被严格的起诉条件阻挡在诉讼大门之外，当事人势必会通过变更诉讼请求、转换事实理由的方式不断的寻求重启诉讼程序，陷入“程序空转”的怪圈。但同样不可忽视的是，若全盘否定禁止重复起诉的效力，滥用诉权现象势必将进一步膨胀，让本就有限的司法资源更加捉襟见肘。故而，重复起诉内在包含工具理性与价值理性的张力，要在诸种价值取向之间寻求平衡。⑲

行政争议实质化解与行政诉讼“程序空转”具有高度负相关性：“程序空转”越严重，说明行政争议实质化解工作越需要加强；反之，实质化解工作越有力，非必要诉讼就会有效减少，“程序空转”现象就会不断减少。⑳因此，纾解行政诉讼“程序空转”“案件事不了”的现象，弥合保障诉权与规制滥诉之间的内在张力，破题点应当在行政争议实质性解决上。行政争议实质性解决包含两层意思：一是案件已经终结，当事人不再进行上诉、申诉。二是当事人之间的矛盾高效地一次性真正得以解决，防止反复争讼，实现诉讼经济。㉑在此意义上，行政争议实质性解决内含禁止重复起诉的程序要求。据此，本文认为行政诉讼重复起诉的功能定位，不宜单纯局限于规制滥诉与诉讼经济的制度考量，还需以实质性解决行政争议为制度目标，寻求具体的适

⑰ 耿宝健：《立案登记制改革的应对和完善——兼谈诉权、诉之利益与诉讼要件审查》，载《人民司法》2016 年第 25 期。

⑱ 耿宝建：《行政争议实质化解理论与实践探索》，载《中国法律评论》2024 年第 3 期。

⑲ 黄锴：《行政撤诉之再诉禁止效力的构造与限度》，载《法学研究》2024 年第 4 期。

⑳ 耿宝建：《行政争议实质化解理论与实践探索》，载《中国法律评论》2024 年第 3 期。

㉑ 侯丹华、孙焕焕：《行政争议实质性解决机制实证研究——以 A 直辖市 B 法院行政案件集中管辖实践为分析样本》，载最高人民法院行政庭编：《行政执法与行政审判（第 71 集）》，中国法制出版社 2018 年版，第 200 页。

用方案。

（二）重复起诉条款的逻辑区分

最高人民法院在解释《行诉法解释》第一百零六条的起草背景时指出，该条是关于行政诉讼中“一事不再理”原则及判断标准的规定。[22]可见，我国行政诉讼语境下的重复起诉是对在诉讼实践中普遍适用的“一事不再理”原则的统一解释与规范。无论是大陆法系还是英美法系国家和地区，“一事不再理”原则都包括两个方面的内容：一是在诉讼系属中，禁止二次系属，阻止相同当事人再行提起后诉，此即因诉讼系属效力而产生的一事不再理效果；二是在判决确定后，因既判力之消极作用而禁止相同当事人在裁判生效后对相同诉讼对象的再次讼争。是以，《行诉法解释》第一百零六条规定的重复起诉以诉讼系属效力和既判力的消极作用为规范基础。

一般认为，生效裁判的既判力，不仅包括消极效果，还包括积极效果。前诉判决理由中经由双方当事人充分辩论的部分形成“争点效”，为避免矛盾和重复处理，产生禁止矛盾裁判的积极效果。从立法机构的学理解释来看，重复起诉条款并未涵摄既判力的积极效果，考虑到司法解释条款的体系周延，本文认为对《行诉法解释》第一百零六条的“重复起诉”与第六十九条第九项的“诉讼标的为生效裁判羁束”应作如下理解与逻辑区分：第一百零六条是对重复起诉的规定，当事人提起的诉讼与正在诉讼过程中或已作出生效裁判的前诉，当事人、诉讼请求、诉讼标的基本相同，提起前诉即可达到诉讼目的，无需再次提起诉讼。而第六十九条第九项是对既判力效果的规定，前诉已对当事人之间的争议或诉讼标的作出实质处理，为避免法院作出与生效裁判相矛盾或抵触的判断，从而禁止当事人提起诉讼产生驳回起诉的法律效果。从第六十九条与第一百零六条的条文规定也可推上述结论，第六十九条属于法律效果条款，规定了十类不符合起诉条件情形的法律效果，而第一百零六条则属于构成要件条款，规定了重复起诉的认定条件。根据前述分析，虽然“诉讼标的为生效裁判羁束”与“重复起诉”均发生驳回起诉的法律效

---

[22] 最高人民法院行政庭编著：《最高人民法院行政诉讼法司法解释理解与适用（上）》，人民法院出版社 2018 年版，第 501 页。

果，但因认定标准和效力基础不同，故不应予以混同。例如，国有土地上征收补偿案件中，被征收房屋的权属状态较为复杂，当事人可能以房屋产权人、公有房屋承租人、继承人、同住人甚至抵押权人的身份，针对征收补偿协议分别提起行政诉讼，此时前后诉的当事人不同，诉讼请求可能存在不同，故而不宜认定为重复起诉，若当事人间的争议已经实体处理，没有再次处理的必要性，可以适用“诉讼标的为生效裁判羁束”裁定驳回起诉。

（三）重复起诉判断标准的规范生成

1. 当事人同一性的实践判断

“当事人相同”作为重复起诉识别标准的理论基础主要在于诉的主体性要求，即诉讼是围绕原被告双方之间产生的争议进行的，相应的诉讼行为和判决的效力通常只拘束双方当事人。换言之，当事人只有在诉讼程序上被公平赋予提出事证、陈述意见并进行辩论之机会，才能期待其充分利用该机会进行主张、防御，因而就程序径行结果，应自负其责。若再次提起诉讼，则会构成重复起诉而遭驳回。同时，法院之确定判决是对当事人双方的争议作出的终局判断，该判断对当事人双方均有约束力而不得再行争执。㉓因诉讼系属与既判力在不同的诉讼阶段发生作用，当事人的同一性存在不同的判断标准。

（1）诉讼系属中当事人的同一性判断

在这一阶段，法院尚未对当事人间的争议进行实体判断，重复起诉的效力在于排除对已发生诉讼系属的案件再次提起诉讼。㉔此时，应以原告起诉状列明的当事人作为确定相同当事人的范围和依据。同时，基于行政诉讼中当事人地位恒定原则，也要求当事人在前诉与后诉中以同一诉讼身份参加诉讼。需要注意的是，因第三人在行政诉讼中没有独立的实体请求权，而诉讼系属阶段的诉讼行为对其权利义务也未产生实际影响，故而对第三人是否相同不作要求。概言之，在诉讼系属阶段，当事人的同一性的判断以当事人形式相同为标准，同一诉讼主体在前诉与后诉中均为同一诉讼地位就属于当事人同一。

㉓ 许士宦：《重复起诉禁止原则与既判力之客观范围》，载《台大法学论丛》2002年第6期。

㉔ 马立群：《行政诉讼一事不再理原则及重复起诉的判断标准》，载《法学评论》2021年第5期。

（2）既判力作用中当事人的同一性判断

法院的裁判生效后，判断前后诉的当事人是否相同，取决于既判力的主观范围，确定当事人范围的依据是法院的裁判文书。根据既判力的相对性原则，既判力的主观范围原则上仍以当事人形式相同为标准。㉕但是，由于行政诉讼中法院对行政行为的审查不限于原告的主张，行政行为涉及的相对人具有广泛性等特点，导致行政判决既判力的主观范围容易突破相对性原则，对当事人以外的第三人产生既判力。㉖最高人民法院在司法解释的释义中明确，具有"同一性"的当事人包括原审当事人、诉讼担当人、既判力所及的一般第三人、当事人的承继人、为当事人或者其继受人（承继人）利益占有诉讼标的物的人等。㉗这一解释无疑超出了形式当事人的范围，肯定了既判力主观范围的扩张。但是，既判力主观范围的扩张是基于诉讼成本、减少矛盾裁判等方面需求而进行的功利性考量，关涉其他利害关系人的诉权保障问题，如何把握扩张的尺度、避免出现阻碍合法行使诉权的情况，在司法审查中仍需进行谨慎把握。

2．行政诉讼标的之规范确立

法院虽在个案中常界定何为诉讼标的，但如前文裁判观察所示，司法实践中对诉讼标的之认识仍然呈现出无序状态。近代诉讼标的理论兴起于德国民事诉讼领域，相关学说对行政诉讼亦产生了深远影响，上文梳理的我国司法实务中所采用的观点，在德国法上亦都有可比较和对照的学说。㉘本文认

㉕ 马立群：《行政诉讼一事不再理原则及重复起诉的判断标准》，载《法学评论》2021年第5期。

㉖ 田勇军：《行政判决既判力扩张问题研究——兼与民事判决既判力相关问题比较》，中国政法大学出版社2015年版，第132—133页。

㉗ 最高人民法院行政审判庭编著：《最高人民法院行政诉讼法司法解释理解与适用（上）》，人民法院出版社2018年版，第501页。

㉘ 关于诉讼标的之认识，基于实体法与诉讼法的区分，大陆法系国家形成实体法学说派与诉讼法学说派。实体法维度的行政诉讼标的理论有行政行为说、违法性说、实体请求权说三种学说。行政行为说认为，行政诉讼标的是被诉请撤销的行政行为或被诉请履行的行政行为。违法性说认为，真正的诉讼标的是对特定的法律状态和事实状态进行确认，即确认行政行为合法或违法。权利主张说认为诉讼标的系争行政行为违法且该行为侵害了原告权利主张；诉讼法维度的行政诉讼标的理论有"一分支说""二分支说""三分支说"三种学说。一分支说将诉讼标的理解为诉讼请求中所表示的裁判要求。二分支与三分支是在一分支说的基础上的进一步优化，分别增加了"原因事实""个案中应适用之实体法规"两个要素作为一分支说的补强。

为，在我国行政诉讼语境中的诉讼标的应持权利主张说，权利主张说将行政行为的违法性和权利侵害纳入行政诉讼标的的概念。具体而言，行政诉讼标的是原告的权利主张，其包含系争行政行为的违法性和权利受到侵害的主张。诉讼标的需要根据以下两个方面来具体确定：一是积极作为、拒绝作为或怠于作为违法并侵害原告权利的权利主张。二是作出起诉基础的事实，包括行政行为相关的事实和支撑原告权利其他主张的其他事实。㉙ 本文以权利主张说作为诉讼标的的规范立场，基于如下理由：

首先从立法的角度观察，司法解释明确将诉讼请求与诉讼标的并列作为重复起诉条款的认定标准，因此以诉讼请求为基础构建的诉讼法维度的行政诉讼标的理论不能融洽于我国司法解释条款之规范构成，否则就会出现在重复起诉条款并列适用的诉讼标的包含诉讼请求或诉请请求替代诉讼标的的逻辑谬误。

其次从功能的方面考量，诉讼标的制度功能的基础在于充分发挥司法的争议处理功能，既要为当事人将争议诉至法院进行处理提供程序保障，又要符合争议一次性解决这一法的安定性要求。基于此，行政行为说与“一行为一诉”的规则相通，虽便于识别，但在多主体、多阶段行政争议中无法回应一次性解决争议的处理功能，已被实务和理论所摈弃。对于违法性说，将被诉行政行为的违法性理解为诉讼标的的构成要素，则原告败诉即意味着法院已经对行政行为是否违法实施了总体判断，即便原告有新的事实和理由，也无法再度争议行政行为的合法性，接受裁判救济的可能性也将受到减损，牺牲了诉讼标程序保障的制度功能。㉚

综上，本文认为权利主张说更符合我国行政诉讼的应然立场。一方面，行政诉讼目的决定了行政诉讼制度中的诸多环节，权利主张说自然契合我国行政诉讼保障公民合法权益和监督行政权的二重立法目的，最高人民法院在近年的裁判中也较多采纳以权利主张说为诉讼标的进行观点阐明。另一方面，权利主张说强调对行政行为违法性识别符合合法性审查的基本原则，而权利主张的并重要求人民法院在办案过程中着眼于当事人的实质诉求，以实现案

㉙ 马立群：《行政诉讼标的理论溯源及其本土化路径》，载《比较法研究》2022 年第 6 期。

㉚ 陈鹏：《行政诉讼标的的相对化识别——以撤销诉讼为中心的阐释》，载《法学家》2023 年第 4 期。

结事了为目标，亦因应了行政争议实质性解决的诉讼功能。

3．诉讼请求的识别功能厘定

诉讼请求在行政诉讼中具有特殊地位和重要意义，诉讼请求决定了法院的审查范围，影响诉讼程序的进行，在诉讼中法官必须首先明确诉讼请求，再围绕诉讼请求展开合法性审查。相较于诉讼标的而言，诉讼请求包含更多的审查要素，当事人在诉状中提出的诉请请求需以原告资格和受案范围为基础，以事实理由为根据，集中体现诉讼目的。故而，诉讼请求明确作为起诉条件内含法院对案件事实和当事人诉讼目的进行识别判断的过程。这一过程便于法官解读原告表面诉求背后的实质，在法定范围内最大限度地贴近与回应原告实质诉求。同时，行政争议实质性解决也要求法院围绕诉讼请求在司法权限范围内解决争议，回应当事人的权益主张与诉讼目的。

对于重复起诉识别而言，诉请请求是否相同更为直观地体现出当事人之间的争议是否已经进行过救济，有无继续审查的必要性。根据《行诉法解释》第一百零六条的规定，重复起诉中诉讼请求相同，既包括诉讼请求完全相同，也包括后诉诉讼请求被前诉裁判所包含的"实质相同"情形。司法实践中，当事人提起完全相同诉讼请求的情况并不常见，而对于诉讼请求"实质相同"的判断往往容易引发争议标准。为免重复，对于重复起诉中诉讼请求实质相同的具体判断，本文将在后文重复起诉适用规则中展开。

四、路径建构：行政诉讼重复起诉规则的进路探索

（一）重复起诉审查路径的动态区分

诉从成立到请求被支持或驳回，依次包含三个阶段构成要件的审查，分别是起诉要件审查、诉讼要件审查和本案要件审查。我国行政诉讼实践中，常混淆登记立案和诉讼要件审查，将其一体置于立案审查中，长期困扰行政诉讼的立案难问题很大程度上根源于此。重复起诉的认定，既涉及程序问题，也可能包含实体问题。故而对其审查适用，从诉讼要件审查的整体把握重复起诉的审查路径。

1．立案阶段审查不涉及重复起诉问题

立案阶段针对的是起诉要件的审查，关涉诉的成立问题，表现为对起诉

状上当事人、诉讼请求和事实依据等诉讼要件的形式审查。而重复起诉关涉诉的合法性问题，只有法院登记立案后，诉讼正式系属于法院，法院与当事人之间产生诉讼法律关系，才可对诉是否合法进行审查。换言之，在立案阶段，并不涉及重复起诉的审查问题。受限于立案审查期限、被告未提交答辩意见等客观因素，在立案阶段亦无法实现重复起诉的有效审查。因此，重复起诉的审查应位于审理阶段，构成重复起诉的案件应使用驳回起诉裁定，而非立案审查阶段的不予受理裁定。

2. 诉讼要件审查阶段，重复起诉审查应置于末位顺序

诉讼要件审查阶段是对起诉条件进行程序性审查，为实体问题审查提供条件、进行准备的。行政诉讼立法规定了两类起诉条件：第一类为《行政诉讼法》第四十九条规定的绝对条件，包含起诉期限在内；第二类为《行诉法解释》第六十九条第二项至第十项规定的相对条件。站在审查体系的规范视角，起诉条件之间具有逻辑分工，应遵循以下审查顺序：

第一顺位的审查要件，主要包括：（1）受案范围、事实根据、起诉期限等。事实根据是对被诉行政行为是否存在的审查，受案范围、起诉期限是对被诉的行政行为可诉性的判断。被诉行政行为存在且可诉，是诉讼活动的前提，也是其他诉讼要件审查的基础。当诉不具有成立前提条件时，无须再审查其他要件，如此可以避免在诉不成立的情况下再行启动无益程序，避免程序周折。（2）原告资格和被告适格、诉讼请求。前者是对被诉行政行为是否与原告有利害关系之审查和被告是否适格之审查，后者是对当事人实质诉求的判断。[31] 当事人适格且提出明确诉请是具备诉的利益和权利救济必要性的前提，不具备这些要件时，可以以此为由裁定驳回起诉。

第二顺位的审查要件，包括重复起诉、诉讼标的受生效判决所羁束、是否先行申请复议等其他诉讼要件的审查。理由在于，一方面，第一顺位的起诉条件属于一般要件，在所有行政案件中均需进行审查，而第二顺位属于特殊条件，从一般到特殊的审查顺序更符合程序审查的内在逻辑关联；另一方面，第二顺位的审查要件需以第一顺序中当事人、诉讼请求等要件作为判断

[31] 李傲、刘晓思：《行政诉讼禁止重复起诉规则的合理适用——以全国法院8869份行政裁定书为样本》，载《社会科学家》2023年第4期。

依据，若对其先进行审查，易造成起诉条件混用的情况出现。当然，在第二顺序的审查内部，也应当存在先后次序，重复起诉应置于末位顺序。理由在于重复起诉与诉讼标的受生效判决所羁束、是否先行申请复议等要件相比认定要素更多，限定更严格，若符合其他要件的情形下应优先适用其他情形作为驳回起诉的理由。

3．本案要件审查阶段，重复起诉应区分不同适用场景

在本案要件审查阶段认定重复起诉应遵循如下方式：

（1）前后诉均在诉讼系属中，因前诉正处于审理过程中，基于诉讼系属的效力，可以驳回起诉不再审查其他诉讼要件。

（2）前诉已作出生效裁判，后诉在诉讼系属中。若前诉因不符合起诉条件被驳回起诉，因驳回起诉的裁定具有既判力，受既判力的消极作用影响，理论上后诉可直接适用重复起诉的规定。但因前诉并未经实体审查，前后诉的客观事实、证据等可能发生变化，若当事人提供证据证明存在新的事实可能改变前诉结论的，此时法院仍需对后诉起诉要件重新等进行审查，判断是否具有实体审理的必要性，而不宜径行认定重复起诉。若前诉已经实体审理并作出生效判决，对后诉是否重复起诉应根据三要素标准予以综合判断，若不属于重复起诉的情形，再审查是否存在“诉讼标的为前诉所羁束”的情形。

（3）前诉在诉讼系属中，后诉先作出了生效裁判。若后诉以不符合法定起诉条件为由作出驳回起诉裁定。虽前诉诉讼系属发生在前，但因后诉裁判已发生既判力，此时应认定前诉诉讼标的为后诉裁定所羁束，裁定驳回起诉。若后诉对实体问题作出了生效判决，即意味着后诉裁判认定与前诉不构成重复起诉。但因后诉判决产生了既判力，对前诉的处理则应当受前诉所羁束。

（二）重复起诉适用规则的体系建构

本文认为，在重复起诉三要素标准的基础上，应明确以诉讼请求的救济功能为形式标准，诉讼标的明确的实体权利主张为实质标准，行政争议实质性解决为价值目标对行政诉讼重复起诉审查规则予以体系建构，方能对司法适用中功能疏失予以纾解。

1．形式标准：诉讼请求的救济功能

我国行政诉讼立法虽未明确建构有诉讼类型，但通过《行政诉讼法》对判决类型的具体规定和《行诉法解释》对诉讼请求的明确界定，我国行政诉讼包含撤销诉讼、给付诉讼、确认诉讼等主要诉讼类型已成为理论与实务部门的普遍共识。不同的诉讼类型对应着不同的救济功能与权利保障形式，亦存在不同的逻辑分工与适用关系，诉讼类型间的联系集中体现在诉讼请求上。德国等均赋予确认之诉相较于撤销诉讼与给付诉讼适用上的备位性。法理在于确认违法的功能在于评价行政行为的合法性，而撤销诉讼与给付诉讼不仅蕴含上述评价功能，还分别具备形成功能与课予义务功能，故为了避免原告在诉已系属或生效后仍借助其他诉讼类型提起诉讼而造成司法资源浪费，原告应优先提起撤销诉讼或给付诉讼。[32] 质言之，撤销诉讼、给付诉讼与确认诉讼间存在救济功能上的竞合。

重复起诉判断的实质在于对已诉争进入诉讼系属或经实体处理产生确定裁判既判力的争议，法律不再赋予其再次诉讼的权利。基此，在前后诉当事人相同的情况下，若后诉中的诉讼请求与前诉在救济功能上存在竞合，意味着当事人对已诉请权利救济的争议再次寻求同一方式的救济，属于诉讼请求实质相同，若当事人没有前诉之外的权利主张，可以认定后诉构成重复起诉。例如，在楼某某诉浙江省金华市浦江县人民政府房屋征收再审案中，最高人民法院认为："楼某某在前后两诉中所提诉请的实质内容完全一致，只是在表述上略有不同……因此，楼某某就同一行政行为先后提起撤销之诉和确认违法之诉，已经构成重复起诉。"[33] 该案中，原告在已系属案件中提出撤销请求，在后一诉讼中提出确认违法请求。后诉与前诉的诉讼请求在功能上存在竞合，前诉撤销请求作为基础请求，已直接实现原告的权利救济目的，如果原告再提出确认违法请求，当然构成重复起诉。

综上，司法实践中前诉后的诉讼请求存在以下情形构成重复起诉：（1）前诉请求撤销某行政行为，后诉请求确认该行为违法。（2）前诉请求履行法定职责，后诉请求确认拒绝履行或不予答复行为违法。（3）前诉请求履行给付义务，后诉请求确认不给付行为违法。当然，因我国行政诉讼规范并未明确不同诉讼类型提起的顺位问题，实践中还可能出现前诉请求确认违法，

[32] 梁君瑜：《论行政诉讼中的重复起诉》，载《法制与社会发展》2020 年第 5 期。
[33] 参见（2019）最高法行申 3528 号行政裁定书。

而后诉请求撤销、履行法定职责或给付义务。此时，因后诉具备更多救济功能，不宜将其认定为重复起诉而加以禁止。

2．实质标准：诉讼标的明确的实体权利主张

从诉讼请求与诉讼标的关系来看，基于本文所持的诉讼标的立场，诉讼请求是原告以诉讼标的为基础，在实体法上主张的具体法律效果。换言之，诉讼请求是当事基于诉讼标的所追求的具体裁判要求。两者存在一定重叠，一般情况下，诉讼请求可以起到一体判断之功能。但因为行政争议具有多面性，原告的诉讼能力也存在差异，对诉讼请求的表述可能并不能还原其真实诉求与权利损害主张。此时即使原告针对同一事项，提出与实质相同的诉请，但后诉的权利损害主张可能存在差异，前诉的违法性评价并不能予以包含，需要借助诉讼标的作为实质标准进行具体判断。例如，原告在前后诉中均就某行政处罚行为提出确认违法的诉讼请求，两案的当事人与诉讼请求均相同，但在前诉中原告并未提出被告行政行为存在重大且违法的情节，而在后诉的举证材料中予以提出，此时就不能简单地判定构成重复起诉。因为原告诉请虽是确认违法，但其权益损害主张与前诉的在情节上存在差异，前诉对被诉处罚决定的违法性评价并未审查是否存在重大违法的情节，此时因诉讼标的所对应的实体权利主张不同而不宜认定构成重复起诉。

3．价值标准：以行政争议实质性解决为目标，衡量诉的利益

行政诉讼的目的决定了行政诉讼解决行政争议的制度功能，而非搁置争议，行政争议的实质性解决要求一个诉讼中尽可能把有关的纷争一次而且统一地予以解决。以行政争议实质性解决作为认定重复起诉的价值标准，意味着法院不仅要在实体审查方面推进实质化解行政争议，当诉讼程序对当事人权益产生实质影响时，即使在形式上符合重复起诉的标准，也应当采取变通方式，衡量原告的起诉是否具有重启诉讼的利益，避免机械固守程序规定，而忽视当事人的权利保障，人为地拆分本该一体解决的行政争议。法院应当尽可能地对实质争议事项进行实体审查，明确当事人的实体权利义务，以保障原告权益、节约审判资源、防止程序空转、促进争议实质化解。可以见到，司法实践中对此亦开始有所回应与探索，在韦某诉贵州省罗甸县人民政府、罗甸县红水河镇人民政府房屋行政强制案中，法院认为，“虽然韦某前一诉讼，已由一审法院作出行政裁定，按撤诉处理。但本案存在的特殊情况在于被上诉人韦某一直在积极主张诉讼权利，并认为其在前诉中也并非‘拒’不到庭……从保护当事人诉权角度和实质化解行政争议的目的出发，本院认为一审法院认定被上诉人韦某起诉不构成重复起诉并无不当”。[34]

五、结语

诉权的滥用和诉权的保障如同一枚硬币的正反两面，既难以兼顾又形影相随。通过实践观察发现，对于行政诉权的滥用风险，单纯通过三要素标准对重复起诉进行把握，在理论与实践中均存在一定的分歧与疏失，难以实现诉权保障与规制间的有效平衡。行政争议实质性解决内含避免重复起诉的制度功能，有效弥合规制滥用诉权与加强诉权保障间的内在张力。基于此，本文通过实践梳理，对行政诉讼重复起诉规则的功能疏失予以规范分析，重新厘定重复起诉的三要素的功能与内涵，在此基础上，以诉讼要件审查阶段为区分，重新厘定重复起诉的审查适用路径。最后结合行政争议实质性解决的制度目标，提出重复起诉规则的体系建构的具体路径。

㉞（2018）黔行终818号行政判决书。

行政公益诉讼“不依法履行职责”界定

董礼洁　孙佳敏*

一、问题的提出

随着中国式法治现代化进程不断推进，行政机关明显违法行使职权或者不作为的情况日益减少，更多地表现为行政机关与检察机关之间就法律适用产生的争议以及行政机关基于行政裁量、客观原因的未适当全面履职。完善行政公益诉讼履职判定标准体系是法治现代化进程中的重要环节，既有利于弥补现有行政体制管理下内部监管不足的缝隙，也是健全人民法院和检察机关对行政权外部监督的必然选择，更是基于司法实践的迫切需求。

（一）典型案例

某区人民检察院提起公益诉讼，要求某区水务局全面履行法定职责，对于未取得取水许可证的行政相对人，除处以罚款以外，还应当依法追缴水资源费。某区水务局认为，《中华人民共和国水法》（以下简称《水法》）第六十九条的规定，明确了未取得取水许可证的单位和个人应当承担“停止违法行为，限期采取补救措施，处二万元以上十万元以下的罚款”的法律责任，但该罚则并未列出“补缴水资源费”条款。对于行政机关而言，法无授权不可为，因此，行政机关无权作出责令补缴水资源费的具体行政行为。

* 董礼洁，法学博士，上海市静安区人民法院党组成员、副院长。孙佳敏，法律硕士，上海市静安区人民法院行政及执行裁判庭法官助理。本文获第36届全国法院系统学术讨论会优秀奖、2024年上海法院学术讨论会三等奖。

（二）争议焦点

本案的争议焦点可以归纳为行政机关是否具有责令未取得取水许可证的相对人补缴水资源费的职责。检察机关认为,《水法》确立了我国对水资源依法实行取水许可制度和有偿使用制度。《取水许可和水资源费征收管理条例》《取水许可管理办法》等行政法规和规章落实细化了取水许可和有偿使用制度。《取水许可和水资源费征收管理条例》第五十条的规定，明确了对于骗取取水许可的相对人的法律责任，包括：警告、责令其限期补缴应当缴纳的水资源费、处二万元以上十万元以下罚款、依法追究刑事责任。本案相对人的行为属于未取得取水许可擅自长期取水的行为，其行为的违法性并不低于骗取取水许可的行为，且同样造成非法使用水资源的后果。如果仅仅对其处以罚款，而不责令补缴水资源费，则可能造成相对人因其违法行为而获利的后果。因此，行政机关应当责令补缴水资源费,《水法》第六十九条规定的“限期采取补救措施”应当包括责令补缴水资源费的措施。

行政机关则认为，其不具有责令补缴水资源费的职权。《水法》并未明确规定补救措施的内容，但是,《水法》第六十九所规定的“限期采取补救措施”应当是指《取水许可和水资源费征收管理条例》第四十九条规定的内容，包括：未取得取水申请批准文件擅自建设取水工程或者设施的，责令停止违法行为，限期补办有关手续；逾期不补办或者补办未被批准的，责令限期拆除或者封闭取水工程或者设施。行政机关可以要求相对人采取的补救措施不包括补缴水资源费。且该区所在市的水务部门在对同类违法行为进行处罚时，之前均未责令相对人补缴水资源费。该案公益诉讼立案后，经法院释明，行政机关已经主动履行了责令相对人补缴水资源费的法定职责。

（三）案例延伸——职责的明确与履职的全面难以判定

行政公益诉讼是检察机关和人民法院监督行政机关依法行政的重要方式。本文的典型案例就是行政机关与检察机关之间就法律适用产生的争议。单就行政机关适用的直接法律依据——《水法》第六十九条而言，很难判定行政机关存在未全面准确履行法定职责的情形。但是，如果对我国的水资源取水许可制度和有偿使用制度有一个比较全面的认识，并结合“任何人不得因违法行为获利”的法律原则，可以发现，如果对于未取得取水许可证长期非法取水的当事人不要求其补缴水资源费，而单纯处以罚款的话，可能导致我国的水资源取水许可制度和有偿使用制度受到冲击，并违背“任何人不得因违法行为获利”的法律原则。《水法》第六十九条所规定的补救措施应当理解为对违法的状态和后果的补救。补缴水资源费属于对违法后果的一种补救方式，行政机关具有责令相对人补缴水资源费的法定职责。

行政公益诉讼的目的是监督行政机关依法行政，监督对象为负有监督管理职责的行政机关，监督的内容是行政机关是否违法行使职权或者不作为，致使国家利益或者社会公共利益受到侵害。2023 年 12 月最高人民法院和最高人民检察院首次向社会联合发布行政公益诉讼典型案例，“两高”深度合作、创新方法，意在指导各级法院检察院提升办理行政公益诉讼案件精准性与规范性，共同谱写社会主义治理现代化的法治篇章。最高人民法院院长张军亦进一步要求在法院审判工作中“融合协同发挥刑事、民事、行政审判和公益诉讼职能”，确保案件办理“三个效果”有机统一。① 纵观行政公益诉讼，法院审理的核心问题主要有两项：一是检察机关要求行政机关履行的职责是否属于该行政机关的法定职责范围；二是行政机关是否全面、适当地履行了相应的职责。对于这两个问题的判断，在司法实践中可能会遇到困境，进而影响案件的实体审理结果。本文通过对行政公益诉讼中“不依法履行职责”标准界定的讨论，厘清此类案件的审理思路，以充分发挥行政公益诉讼的功能，更好地维护公共利益和国家利益。

二、繁复与困惑：法定职责的模糊地带

2018 年最高人民法院和最高人民检察院联合发布《关于检察公益诉讼案件适用法律若干问题的解释》更为详尽地规定了行政公益诉讼启动需要满足的四个条件。② 司法实践中，行政机关是否“不依法履行职责”的判定前提

① 张军:《深入学习贯彻习近平法治思想　加快推进审判工作现代化》，载《学习时报》2023 年 12 月 6 日。

② 第一，行政机关负有监督管理的职责；第二，被诉行政机关违法行使职权或者不行使职权；第三，行政机关的违法行权及不作为与国家利益或者社会公共利益受到侵害存在利害关系；第四，检察机关发送检察建议到期后仍未整改消除侵害。

是认定行政机关具有相应的法定职责。由于行政机关的法定职责存在模糊地带，如法定职责来源多样、规范之间存在重叠与冲突、职责指向的行政机关不明确、行政职权相互交织等原因，这一先决问题的判断本身存在困难。

（一）法定职责来源多样

职权法定是行政法的基本原则，随着法的形式的多样化，依法行政的依据也日益复杂。对于职责“法”定中“法”的理解，随着司法实践的创造性发展，越来越趋向于广义理解。基于行政机关的法定职权与职责相统一的原则，行政机关的法定职责可以理解为法定义务，应该包括法律法规规定的、特定行政机关所负有的、行政协议、行政允诺等合意行为的约定、先行行为形成的义务等。③ 就行政公益诉讼司法实践而言，《人民检察院公益诉讼办案规则》（以下简称《办案规则》）第七十二条规定职权的来源依据除了法律法规规章，行政机关的“三定”方案、权力清单和责任清单等也可作为参考。随着经济社会的发展，行政管理范围呈现逐步扩大、事项日渐增多的趋势，以广义解释对“法”的进行理解逐步成为共识。具体而言，行政机关的法定职责的来源主要有以下几方面：

1. 法律法规规章和规范性文件的规定

法律法规规章是行政机关职责最常见的来源，其中组织法作为专门规定某类国家机关的组成和活动原则的法律，是行政机关内部结构和运作方式之“法”，原则性和概括性地规定了行政机关的职权。如《国务院组织法》概括性地规定了各部门的工作职责和工作原则等内容。其他法律法规规章和规范性文件相较于组织法而言就更为具体细化。在法律规范的规定中，行政职权的规定往往分为概括式规定和相对详尽的规定，相对详尽的规定对法院的司法审查要求较低，可以直接基于明确的职责规定进行判断，检察机关的诉讼请求也应当更为明确翔实，概括式的抽象职责规定方式则需要司法审查时，更尊重行政机关的自由裁量权，结合具体案情考量。必须坚持司法谦抑的立场，坚持环境资源等治理问题的行政主导方针，防止司法权代替行

③ 最高人民法院行政审判庭编著：《中华人民共和国行政诉讼法及司法解释条文理解与适用》，人民法院出版社 2015 年版，第 484 页。

政权，裁判内容不应当对行政机关具体的执行进行过多干预。④规章和规范性文件中对行政机关职权的规定，适用应当遵守以下原则，正如《行政诉讼法》第六十三条所规定的，规章为参照适用。法院对规范性文件有权进行合法性审查，规章和规范性文件只有在合法的基础上才能作为职权来源的合理引申。

2．上级机关或本级政府的决定或命令

行政机关的上级机关或者其本级政府的决定或者命令也构成行政机关的职权来源。例如《民政信访工作办法》第八条第七项规定："各级民政部门应当根据信访工作形势任务，明确负责信访工作的机构或者人员履行下列职责：……（七）承办上级机关交办的信访事项，以及本级党组（委）交办的其他事项。"由此可见上级机关或者本级机关可以通过决定或者命令要求行政机关履行相关职责。实际上，在司法实践中若上级机关或本级通过发文的形式赋予行政机关某种职责，若被赋权的机关不履行该职责，行政相对人可以通过履职之诉对自身权利进行救济。在兴山县水月寺镇兴宇磷矿因诉湖北省兴山县人民政府不履行法定职责一案中，⑤法院认为根据法律规定下级部门要完成上级部门交办的任务以及宜昌市人民政府宜府发〔2001〕43号《市人民政府关于关闭部分磷矿企业的紧急通知》明确要求，兴山县政府对关闭的兴宇磷矿等矿山企业，要精心组织其转产，妥善安置职工生活。兴山县政府作为县级人民政府，应执行上级国家行政机关的决定或命令。应当注意的是上级机关虽然有向下级行政机关交办任务的职能，但是并不能以此作为上级机关逃避司法审查和监督的，不能与法律法规的规定相违背。例如在本案中，对兴宇磷矿诉请兴山县政府对其矿产确权问题，兴山县政府并无确权职权，因此法院不予支持。

3．"三定方案"中规定的职责

作为政府机构改革的重要内容，"三定方案"是对政府部门的职责、机构和人员编制进行规定和安排的具体方案，"三定"指的是定职责、定机构和定

④ 耿宝建、金诚轩：《审理行政公益诉讼案件的几个问题》，载《人民司法（案例）》2017年第11期。

⑤ 最高人民法院（2018）最高法行申1171号行政裁定书。

人员编制，在提升政府依法行政的过程中，“三定方案”能够明晰政府部门职责边界，有助于建立权责清晰、高效为民的现代法治政府。因此，“三定方案”显然应该作为当代行政机关职责来源的有效补充。

4．行政协议和行政允诺

2014年修改的《行政诉讼法》，将行政允诺等纳入给付判决之下，最高人民法院的判决也显示，以行政机关在会议纪要中作出的行政允诺为例，可以转化为该行政机关的法定职责。在福建省坤元房地产开发有限公司、福州市长乐区人民政府再审判决书中，⑥坤元公司诉请确认长乐区政府未履行会议纪要违法法定职责。在此会议纪要中的“四个允诺”是长乐区政府就涉案房地产公司所作出的行政允诺，也应该被认定为法定职责，这也是行政机关诚实守信的体现。2014年修订的《行政诉讼法》还在第七十八条增加了行政协议履行判决，若行政机关没有依法依约履行，将承担不利的后果。湖南省花垣县人民检察院诉龙山县自然资源局不履行收缴土地出让违约金职责公益诉讼案中，⑦检察院正是基于龙山县自然资源局基于与某房地产开发公司之间的行政协议，要求其向房地产公司收取土地出让违约金，确保国家收入重要来源之一的土地出让金回归国库。从法律规定和发布的典型案例都可以看出行政协议中所约定的内容也应被视作广义上行政机关的职责。

（二）行政职权相互交织

法定职责来源多样，行政体系中存在部门职责的重叠和交叉，亦是行政权力行使过程中的普遍现象。这不仅对行政机关的职权行使造成困惑，职责边界模糊不清也造成履职困难甚至怠于履职。

1．基于事项管辖权存在职责重叠

在行政管理过程中，对于同一事项，多个行政机关同时具有行政管理权，如以上海市对电动自行车住宅小区违规停放充电的管理为例，《上海市非机动车安全管理条例》第二十九条第二款规定，在建筑物首层门厅、共用走道、楼梯间、楼道等共用部位违规停放、放置及充电的，由城管执法部门处

⑥ 最高人民法院（2018）最高法行再205号行政判决书。

⑦ 本案为2023年12月13日最高人民法院、最高人民检察院联合发布行政诉讼典型案例。

理，而若是涉及疏散通道、安全出口、消防车通道及其两侧影响通行的区域则由消防救援机构进行处理。基于对同一个领域多部门都有管辖的权利，多部门往往采用联合执法的方式，避免因职责重叠造成无人执法或者重复执法，早在2000年《国务院办公厅关于继续做好相对集中行政处罚权试点工作的通知》(国办发〔2000〕63号)文中就提出“对多头执法、职责交叉、执法扰民问题比较突出，严重影响执法效率和政府形象的领域，如城市管理领域等，实施相对集中行政管辖权的试点”。2021年《行政处罚法》通过法律的规定将若干法律法规规定的行政处罚权集中到一个行政机关，避免制度层面的职责交叉弊端。

2．基于行政相对人的职权重叠

对于同一相对人多个政府行政部门都有管理职责。因多个行政管理部门对经营主体都有监管权，在全面优化营商环境的改革进程中，本着提高办事效率，优化审批流程，提升服务质量的目的，各地政府纷纷深入推进跨部门、跨领域、跨层级的综合改革，推动营商环境全周期、全过程、全领域优化，不断改善经营主体的用户体验。近期引发关注的金宝贝早教机构预付卡“暴雷”问题也可发现多部门管理职权重叠带来的维权困境，从早教机构的办学申请、经营管理、预付缴费等来看，市场监督管理、体育文化、商务部门、卫生健康管理部门都有管理职权。预付卡牵头管理部门隶属于商务部门，但是卫生健康管理部门为早教机构的行业主管部门。早教机构预付卡“暴雷”之后，消费者寻求救济却因主管部门的职责边界模糊、多部门均负有职责而难以落实。

三、裁量或恣意：行政机关未履职原因分析

行政机关未实际履行检察机关要求其履行的职责是一个客观存在的事实，但不能仅依据这一事实判断行政机关未全面适当履职。行政机关基于行政惯例、比例原则等合理考量作出裁量，决定不执行或者暂时不执行相应的行政决定，不能认定未履行法定职责。

（一）行政惯例

行政惯例起源于行政机关在行政的过程中的习惯性“做法”，也是现代

行政法法源之一，存在于行政和司法实务之中。[⑧] 行政机关在长期履行行政职责的重复过程中对统一事件的处理逐步就会形成履职规则。如开篇提到的（2023）沪 0115 行初 2201 号案件中，对于“水资源费”收取的规定，《取水许可和水资源费征收管理条例》第二条规定取用水资源的单位和个人应当申领取水许可证并缴纳水资源费，第四十九条明确未取得取水许可证违法取水的进行相应处罚，《上海市取水许可和水资源费征收实施办法》规定获得取水许可证的单位和个人需要缴纳水资源费，而没有获得取水许可证的单位和个人仅会受到最高额为五万元的处罚，不需补缴水资源费。某区人民检察院就因“水资源费”缴纳问题要求某区水务局全面履行法定职责，经法院多次沟通固定为向未取得取水许可证并没有缴纳水资源费的某市政公司收缴水资源费，而水务局认为自己已经按照往常做法对该单位进行罚款完成履职。由此可见行政机关本身并不存在不履职的主观意愿，而是根据行政惯例，认为自身已经完成履职。

（二）基于比例原则的选择

比例原则属于依法行政的合法性标准范畴，要求行政机关作出行政行为，在职权范围内行使自由裁量权时，应在衡量各方利益的基础上选择对相对人侵害最小的适当方式。置于行政公益诉讼中就要考虑行政机关延迟履行或者不履行的原因考量。比例原则实际上是利益之间的相互衡量，如果一味为了一个方面的公共利益而忽视比例原则下另一方面利益的维护，不符合行政公益诉讼的立法目的，违背合理行政原则。原告湖北某某置业有限公司诉被告十堰市国土资源局土地出让金补缴决定一案中，[⑨] 在确认应该补缴的土地出让

⑧ 章剑生：《论“行政惯例”在现代行政法法源中的地位》，载《政治与法律》2010 年第 6 期。

⑨ 湖北省十堰市中级人民法院（2017）鄂 03 行初 43 号行政判决书，判决书原文中提到“同时 2010 年原国土资源部出台《关于严格落实房地产用地调控政策促进土地市场健康发展有关问题的通知》（国土资发〔2010〕204 号）第四条规定，坚决制止擅自调整容积率行为，经依法批准调整容积率的，市、县国土资源部门应当按照批准调整时的土地市场楼面地价核定应补缴的土地出让价款。上述两份文件现仍然有效，未被废止，本着尊重历史，照顾现实，妥善处理历史遗留问题的原则，行政机关作出行政行为时应当遵循比例原则，即行政机关在职权范围内行使自由裁量权时，应在衡量公益与私益的基础上选择对相对人侵害最小的适当方式进行”。

价的情况下，土地评估价格与之前出让时有了大幅度增长，适用批准调整时作为地价评估基准日，更加有利于在兼顾公益与私益的基础上最大限度不损害开发商的正当合法权益。因此行政机关在被起诉不履行法定职责时，存在因考虑比例原则的行政考量可能性，应当注意的是比例原则的适用应该慎之又慎，不能成为怠于履职的借口。

（三）履职期限的不合理设置

《最高人民法院、最高人民检察院关于检察公益诉讼案件适用法律若干问题的解释》第二十一条规定，对于行政机关的行政不作为行为或行政违法行为，检察机关应当依法向其提出检察建议。行政机关应当在收到检察建议书之日起两个月内依法履行职责，并书面回复人民检察院；出现国家利益或者社会公共利益损害继续扩大等紧急情形的，履职期限进一步被缩短至15日。此外，对履行法定职责期限的规定还广泛存在于各类法律法规中，履职期限因履职类型不同有所区分，行政机关只有在规定的时间内完成履职，才能被认定符合时限的要求，否则就将面临怠于履职的追责。在行政公益诉讼领域，关于行政机关的履职期限规定的科学性遭到普遍质疑。

第一，调查取证情况复杂，履职期限不够灵活。履行期限在具体法律规定中各不相同，如《中华人民共和国许可法》规定行政许可的一般期限为20日，《不动产登记条例》规定不动产登记的履职期限一般为30个工作日等。在《行政诉讼法》第四十八条中还有行政机关在收到履职申请两个月内履行法定职责的兜底规定。与公民、法人等要求行政机关履行法定职责属于“私益诉讼”不同，行政公益诉讼指向对象时常并不明确，调查取证难度高，不同类型的行政行为差异大。以环境公益诉讼为例，一旦涉及环境污染防治，行政机关对违法行为的调查与治理，要考虑调查难度、相对人配合程序等，且环境危害的治理与消弭，两个月完成并给予检察机关答复的难度较大。

第二，外界因素影响履职，存在履职时限不足。行政机关在履职的过程中除发挥自主能动性，接受检察建议积极履职的过程中，同样受到外界因素的干扰和限制，不可抗力、意外事件以及法律法规变更行政职权的划分变化等原因，造成履职不能或者履行时限延长。不可抗力，是指无法预见、不可避免并不能克服的客观情形，行政机关在履职的过程中或因不可抗力影响行政机关所采取的行为不能到达制止行政相对人继续侵害国家利益或社会公共利益的效果。[10] 意外事件则是除却不可抗力之外的因素介入，导致行政机关行使具体职责时没有在规定时限内达到制止行政相对人继续侵害国家利益或者社会公共利益的结果。南京市栖霞区人民检察院诉南京市水务局长江水环境行政公益诉讼案件中，栖霞区人民检察院为消除案外人公司在长江滩涂上倾倒渣土的行为，消除渣土堆高于防洪堤的危险行为，建议南京市水务局依法履职，切实保障长江行洪安全和长江沿岸滩涂生态环境。南京市水务局对案外人公司作出行政处罚决定书，责令停止违法行为，清除违法倾倒渣土恢复原状并进行了罚款。然而在消除对环境的影响过程中，经现场勘查发现履职行为将受到天气和道路因素影响制约，可能无法在履职期限内完成，最终相关部门互相协作协商，整改工作才得到有序推进。

（四）跨部门协作加剧履职难度

行政机关的履职不仅有赖于相对人的配合，考虑职能部门之间存在的职能交叉，还需有关行政部门的互相协作，上级主管部门的支持帮助。一些涉案事项可能具有综合性、长期性、政策性和复杂性等，不是行政机关通过积极履职即可在一两个月的回复期限内治理整改到位的。比如，组织资源、财政资源相对匮乏，监管工具与监管目标之间不匹配等。[11] 如安徽省望江县人民检察院督促保护褒隐寺塔一案中，[12] 文物价值很高的褒隐寺塔因修缮不当，原有风貌遭到破坏，根据《中华人民共和国文物保护法》第八条、第二十一条的规定，望江县人民检察院向望江县文化旅游体育局制发检察建议，要求其依法履职。后望江县文化旅游体育局回复告知该局已经向省古建筑咨询整改意见，并委托有资质的研究所完成维修的设计方案，并且上报省文物局履行委托手续并申请修缮资金。显而易见，诸如此文物修复案件，在两个月内就快速完成履职并非易事。当然，行政机关的职能交叉，行政履职需要的相互协作与层层审批等，并不是消极履职的借口，却是设置合理履职期限需要

[10] 崔建远：《不可抗力条款及其解释》，载《环球法律评论》2019 年第 1 期。
[11] 卢超：《从司法过程到组织激励：行政公益诉讼的中国试验》，载《法商研究》2018 年第 5 期。
[12] 2024 年 6 月 8 日，最高人民检察院发布一批文物和文化遗产保护检察公益诉讼典型案例。

考量的因素。

四、整合与完善：行政机关“不依法履行法定职责”认定标准的确定

行政机关代表国家行使公权力，需要依照法律规定组织和管理公共事务，提供公共服务，如果行政机关怠于行使权力或者行使不当就可能会侵犯到国家和社会的公共利益。在行政公益诉讼的案件中，作为法律监督的检察机关正是通过检察建议或者起诉的方式，履行法定监督职责，纠正行政违法，督促行政主体依法履行职责。检察权与行政权互动的自然流程应符合两权关系的应然定位，在分工合作中实现有效治理，在内外互动中维护社会公益。⑬法院作为居中裁判者，担负着确保法律统一施行，贯彻国家的纲领政策，将各项利益冲突分析归纳，妥善处理社会矛盾，实现法治社会正义的职责。细化到行政公益诉讼之中，对“不依法履行法定职责”的判定标准，应当充分考虑立法目的，结合实践中可供参考的经验教训，从固定法定履职内容、考虑行政机关的合理考量、明确履职主体资格、尊重裁量适度审查履职效果等多方面，完善认定标准，优化审查模式。

（一）固定法定职责，完善检察建议的制发和反馈流程

行政公益诉讼作为行政诉讼的一种特殊形式，实质为科以行政机关作为义务之诉。行政诉讼中科以义务之诉包括狭义的或称一般的不履行法定职责之诉，即要求行政机关基于自身职责而作出负担性行为，以及给付之诉，即要求行政机关基于行政相对人的申请而作出授益性行为。⑭行政公益诉讼中的行政机关“不履行法定职责”的认定与一般履职之诉都是在行政诉讼法基本原则和制度框架的前提下对行政机关公权力进行监督，⑮法院要裁判是否履行职责，除了明确行政主体的法定职责，还需明晰检察机关所提出认为行政

⑬ 秦天宝：《论行政公益诉讼中检察权与行政权良性互动——以诉前程序的改良为视角》，载《江苏行政学院学报》2023年第4期。

⑭ 黄志勇：《环境行政公益诉讼履行判决的检视与优化》，载沈岿主编：《行政法论丛（第29卷）》，法律出版社2023年版。

⑮ 高家伟：《检察行政公益诉讼的理论基础》，载《国家检察官学院学报》2017年第2期。

机关不履职具体的内容，也就是明确规范的诉讼请求。

在公益诉讼启动之前，检察机关就应该与其认为未履职的行政机关充分磋商沟通履职事项，检察建议亦是诉请必须的前置程序，法定职责的固定影响着检察建议的制发。因此检察机关在制发检察建议时要根据行政机关履职的实际情况，加强沟通磋商，建立常态化沟通机制，追踪检察建议的实施效果，提高检察建议执行的力度和强度，将公共利益的保护通过行政权执行，检察权的监督向前一步，走在诉讼前完成有效保护。若行政机关未在规定时间履行检察建议，检察机关将通过行政公益诉讼的方式行使督促行政权的职能，由此可见，履职诉讼中的"诉讼请求"的前身在检察建议中就应该进行明确，诉请请求更是起诉书的主要组成。与一般履职申请要求明确相比，行政公益诉讼诉请的概括性强，常表述为履行某某职责，却没有对具体的职责内容进一步明确，这或许考虑到行政机关的自由裁量权，但是诉讼请求的明确关系到法院审理思路、审理内容以及裁判结果，过于宽泛的表述不利于争议焦点的集中，不利于有针对性保护社会公共利益。检察机关作为行政公益诉讼的起诉人，相较于一般行政履职的相对人而言，有更高法律实践能力，检察机关提起的诉讼请求应更明确、具体、规范，以便法院能够及时高效审理和裁判，有效实现维护公益的诉讼目的。⑯需要注意的是，若行政公益诉讼的诉讼请求随着行政机关履职还存在递进的可能性，则诉讼请求不能超前，不能代表行政机关对无法履行职责的后续处理擅自越权处理。如在环境污染治理的过程中存在完成治理或者无法完成治理的多种情况，检察机关提起的诉讼请求不能干涉行政机关的行政判断，自行臆测行政机关能否完成职责履行。

法院在收到行政公益诉讼后，对诉讼请求的审查应该贯穿诉前、诉中、诉后全过程，充分考量在诉前是否已经与行政机关充分磋商沟通履职工作，诉中亦应该主动搭建协调平台，确保行政机关和检察机关对履职内容充分沟通交流，对有必要进行细化诉讼请求的应该对诉讼进行合理明确和固定，便于固定争议焦点、判断是否已经履职。对于存在沟通不畅和反馈机制不完善

⑯ 崔胜东、孙焕焕：《行政公益诉讼中诉讼请求确定之困境与突破——以全国293起行政公益诉讼案件为分析样本》，载"中国上海司法智库"微信公众号，2021年8月12日发布。

之处，司法机关应通过制发司法建议的方式，向前一步尽早完成对社会公共利益的保护。

（二）明确职责主体，完善协作方式

明确行政机关的职责是行政公益诉讼启动的第一步。行政公益诉讼的提起包括生态环境和资源保护、食品药品安全、国有财产保护、国有土地使用权出让等领域，随着实践的不断成熟发展，检察机关提起诉讼的领域也日渐拓宽，涉及的行政机关亦逐步复杂。

“法无授权不可为”，要查明行政机关是否存在不依法履职的情况、案外人的行为是否侵害国家利益和社会利益的时候，作为有职权管理的机关应主动履行法定职责，所负有监督管理任务的行政机关若不能按照规定履职，则检察机关应该发挥督促作用，向前一步，启动诉前程序，发送检察建议，直至起诉至法院。因行政机关的权责来源除了法律法规、规章和规范性文件等，还应充分考虑“三定方案”、行政允诺、行政协议、权责清单、会议纪要、权力清单等，更要从行政公益诉讼的立法目的出发，统一释法应用，合理利用法律解释工具，合理划分行政机关职能。司法机关在裁判的过程中，应充分运用法律工具，从立法目的出发加以解释判断。如吉林省德惠市人民检察院诉德惠市朝阳乡政府不履行职责案中，[17]对于乡政府是否负有保护生态环境的监督管理职能，就需要从行政公益诉讼的目的与实践需求出发综合考虑。

其次，由于行政机关的职权存在相互交织，对同一事项可能存在多个管辖机关，对同一相对人也存在管辖重叠，行政机关履职还涉及多个行政机关之间的相互协作、上下级之间的审批、答复等多个环节。因此，司法裁判中，要对检察机关提起公益诉讼的对象进行审核，查明对象是否正确、完整。如在山东省济南市槐荫区人民检察院诉槐荫区应急管理局、区消防救援大队不

[17] 最高人民检察院公布的第四十批指导性案例：吉林省德惠市人民检察院诉德惠市朝阳乡人民政府不履行环境保护监督管理职责公益诉讼案。乡政府与当地的生态环境整治关联密切，保护国家与社会环境亦是各级人民政府不可推卸的责任，《吉林省环境保护条例》虽然只是从宏观层面规定了乡镇政府负责本辖区环境保护工作，不同于《行政诉讼法》第二十五条中的“负有监督管理职责”，但是当法律对行政机关的职责范围无法一一对应之时，司法机关适用法律解释方法对法条进行解释时应该关注立法目的，做到统一释法裁判。由此，本案发回再审之后，亦判定乡政府需要履行生态保护的职责。

履行消防监管职责公益诉讼中，[18] 多部门均负有监管职责。此外，还存在行政机关履职需要多部门上下游之间的沟通交流。因此，形成常态化、制度化的协作、合作模式，规范审批、上报流程，实现国家和社会公共利益的高效保护。

（三）考量未履职因素，灵活设置履职期限

检察机关提起行政公益诉讼的前置条件是检察建议发出后行政机关逾期没有履职和回复，实际上对于督促履职的检察建议和起诉前相互的沟通磋商，行政机关完全不予理会极为少见，出现未履职的原因可能是基于“行政惯例”认为自己已经履职完成或者基于比例原则的考量，暂时搁置履职事项，亦有可能因履职期限的不合理设置无法完成履职。

应该全面考察行政机关未履职的行政考量，充分考虑行政管理、比例原则等因素对于履职的影响，以更加科学合理的视角关注履职期限、设置弹性期限、科学认识履职期限的不确定性，相对于个体提出的履职申请行政诉讼法一般设置两个月为期的履职期限，在行政公益诉讼中，行政机关面临的公共利益受损往往更为复杂，为履行法定监管和保护公益的职责所需要的流程也更漫长，即使严格遵守法定程序，但还是无法避免，在涉及社会公共利益事项的处理上，立案、证据获取、民众意见采纳等，各环节都需要更长的时间。例如在江苏省南通市经济技术开发区人民检察院督促城市高架道路噪声污染行政公益诉讼案件，[19] 司法机关在调查行政的机关的履职期限之时，要以

⑱ 2023年12月13日最高人民法院、最高人民检察院联合发布行政诉讼典型案例之一：泰山国际大厦是位于槐荫两区的高层建筑，存在着重大安全事故隐患，槐荫区消防救援大队对该建筑进行多次消防监督检查，认定某物业管理公司存在影响消防安全违法行为，责令其限期改正，但该公司长期未予改正，槐荫区应急管理局未履行消防监督管理职责。槐荫区应急管理局未履行消防监督管理职责，区消防救援大队没有依法对相关违法责任主体进行查处，在履行消防相关职责上，两者都是责任主体，也需要相互协作才能更好维护公共安全。

⑲ 2024年4月3日最高人民检察院助力噪声污染防治典型案例：区检察院为减少东方大道高架快速路对周边居民影响，向区住建局执法检察建议，对此区住建局积极整改，不仅联合生态环境、交通运输、交警等部门综合制定治理方案，同时向开发商落实降噪费用。在履行法定职责的过程中，不仅涉及多部门之间的联合协作，还关系到民事主体的追责索赔，向开发商落实有关治理噪声防治的费用。治理推进的过程中，区住建局就遇到由开发商迟迟落实噪声防治费用，影响完成噪音污染治理时间。

更全面的视角考量，科学认定履职期限是否合理，而并非受限于法条规定的时间限制。根据行政机关需要履职的内容，设置弹性履职期限，充分考虑行政机关依法履职的过程伴随诸多外部因素的影响和限制，跨部门协作的协调、自然因素的制约等都会导致依法履职工作受阻甚至止步不前，在部分特殊情况下适当予以延长。[20]

需要注意的是，过长的履职期限也许会带来行政机关的怠于履职，因此笔者亦认为应该根据履职事项的不同进行分类设置，检察机关在作出检察建议之时会率先对公共利益受损的事实进行初步调查核实，这就为检察机关预见或者知晓公益受损情况提供了基础，能够规范诉讼请求，也能够更合理衡量之后行政机关履职需要的时间，为设置弹性履职期限创设了前提。

（四）尊重行政裁量，适度审查履职效果

行政机关代表政府行使公权力，是社会生活稳定和谐运行的保障，对具体行政领域的考量，行政权的独立行使，有利于社会管理的科学高效。由于行政权本身的特殊性，呈现出公权力不断膨胀，对社会公共利益可能造成侵蚀，因此行政公益诉讼从强化对行政机关的监督，积极赋予检察机关主动对危害国家公共利益的行政违法行为进行司法审查，对行政权力进行有效的监督和必要的制约。[21]在评价行政机关的履职效果是否达到预期时，行为要件标准和结果要件标准亦存在相互博弈。

行为要件标准关注在受损的公共利益面前，负有监督管理职责的行政机关是否采取了相关行动，法律法规规定的法定职责是否被充分履职，欠缺对社会公共利益保护的立法初衷关注。而结果要件标准则更关注受损的公共利益是否被完全弥补，即使行政机关的监督管理职能已经行使，但仍有可能被认定为“不依法履行职责”，否认行政机关履职的价值，未考虑实际情况存在着履职不能的情形，打击行政机关的积极性，欠缺公平性。因此，无论是行

[20] 刘超：《环境行政公益诉讼诉前程序省思》，载《法学》2018年第1期。

[21] 姜涛：《检察机关提起行政公益诉讼制度：一个中国问题的思考》，载《政法论坛》2015年第6期。

为要件标准还是结果要件标准，单独适用都不足以正确判断行政机关存在不依法履职的现象，从公益诉讼的立法目的出发，以结果要件标准为主，辅之以行为要件标准，更适合作为统一的裁判司法标准，对履职效果进行审查。在确定职责归属的情况下，适用“结果要件+行为要件”的模式，积极履职并非全面履职，面对损害国家和公共利益的行为，很少有行政机关选择完全不作为，在收到检察建议后更会积极作为。如前文提到的山东省济南市槐荫区人民检察院诉槐荫区应急管理局、区消防救援大队不履行消防监管职责公益诉讼中，面对存在的火灾隐患，槐荫区消防救援大队对该建筑进行多次消防监督检查，也责令其改正，却因处罚落实的力度有限，导致该公司长期未改正，直到检察机关干预其中。由此可见，对行政机关的履职应该坚持结果要件为主，虽然存在不可抗力等因素会导致履职不能，但是多数的案件依然属于常规案件。本案中行政机关虽然积极行为但未能排除危害公共安全的消防隐患，实际上是行政机关存在侥幸心理，没有穷尽行政手段，使得公共利益处于受侵害状态。[22] 在现行制度之下，从厘清行政机关职责范围，选择以“责任+行为+结果”层层递进的三阶层方式判断行政机关是否存在不依法履行法定职责的现象，避免单纯行为要件标准导致行政机关将监管手段局限于可量化的部分，也杜绝单一结果行为要件的“唯结果论”，诱发行政机关负担过重，过于激进履职的新问题。

五、余论：基于履职判决的追责时效

履职判决作为行政公益诉讼中最为重要的裁判方式，若司法机关裁定行政机关确实存在“不依法履行法定职责”的情形，判决行政机关履行相应的法定职责、行政机关的行为被定性为不履行法定职责，行政机关以往同样的履职行为该如何处理，即是否能够基于履职判决，根据行政处罚法规定的追责时效对之前已经处理完毕的行政相对人重开行政程序进行追责？对于这个问题，应当分类进行讨论，如行政机关基于行政惯例、比例原则等，并非出于主观恶意不履职，行政相对人对其信赖所形成的利益应该获得法律的保

[22] 谭铁军、李轩：《行政公益诉讼中行政机关的抗辩事由与“依法履职”的认定》，载《中国检察官》2024 年第 1 期。

护，[23]一般不宜对已经处理完毕的对于行政相对人不利的行政决定重开程序，加重对行政相对人的不利结果；若行政机关不履职的行为明显违反法律法规的规定，且存在拒不履行、拖延履行等情形，则应根据相应的法律规定重开行政程序，但仍应遵循比例原则的要求。

[23] 最高人民法院（2016）最高法行申2251号行政裁定书：政府的行政行为一经作出，即应被推定为合法有效，在其被依法变更、撤销或者撤回之前，公民对其信赖所产生的利益应该获得法律的保护，如因国家利益、公共利益或者其他法定事由，行政机关对有效的行政行为需要变更、撤销或者撤回，应当依据法定的权限和程序来进行，同时对行政行为相对人因信赖利益而遭受的财产损失予以补偿。

深化审执分离改革视阈下执行案件阅核的实质化进路

——以执行异议案件的反向审视为切入

孙 静 沈 烨 向 阳*

党的二十届三中全会作出《中共中央关于进一步全面深化改革、推进中国式现代化的决定》(以下简称《决定》)，提出“深化审判权和执行权分离改革，健全国家执行体制”等工作要求。在遵循执行权兼具司法权与行政权双重属性的基础上，人民法院要探索建立上下联动、高效运行的执行体制机制。①

分离改革进入深水区后，同时伴随着单纯或过多通过执裁程序消解执行异议的路径依赖现象。应切实发挥案件阅核机制确保案件质量、统一裁判尺度、防控司法风险的功能作用，借由执行案件阅核型塑并强化在执行实施环节有效消解执行异议，着力破除业已存在的路径依赖，实现前端实施环节和后端裁决阶段的协同互促，形成既有前端阅核机制监管又有后端裁决程序监督的工作闭环，进而有效激活“内分模式”所具有的贯通前后关口、防止程序空转、叠加监管效能、破除衔接梗阻等诸多优势。②

* 孙静，法律硕士，上海市静安区人民法院党组书记、院长。沈烨，法学硕士，上海市静安区人民法院审判监督庭庭长。向阳，法学硕士，上海市静安区人民法院审判监督庭法官助理。本文获2024年上海法院系统学术讨论会优秀奖。

① 《强化制约监督 健全公正执法司法体制机制——访最高人民法院党组成员、副院长贺小荣》，载新华网 http://www.news.cn/politics/20240815/2fb1cac162f84e0ba72dc0817ce39574/c.html，2024年8月24日访问。

② 根据《最高人民法院对十二届全国人大四次会议第8408号建议的答复》，在人民法院内部深化执行权和审判权分离改革的模式，具有提高执行效率、降低改革成本、符合执行规律等诸多优势。

一、执行案件阅核实质化的动因分析

面对执行异议的路径依赖问题，切实推动执行案件阅核实质化具有重要的现实性和紧迫性。通过核查执行行为的适当性、及时纠正不规范执行行为、对创新执行方式的建议等方式，发挥案件阅核机制在执行领域的实质作用。

（一）执行异议发案态势反映执行监督概况

执行异议程序是当事人对执行行为有异议，故向法院申请纠正的救济程序。虽然执行异议并不必然表示执行行为确有错误，但其发案态势可以宏观反映执行权力行使的适当性和合理性。根据最高人民法院 2021—2023 年的司法统计公报及相关检索结果显示，③ 近年来，执结的首次执行案件数量与审结的执行异议案件数量之比均在 4% 左右（见图 1）。

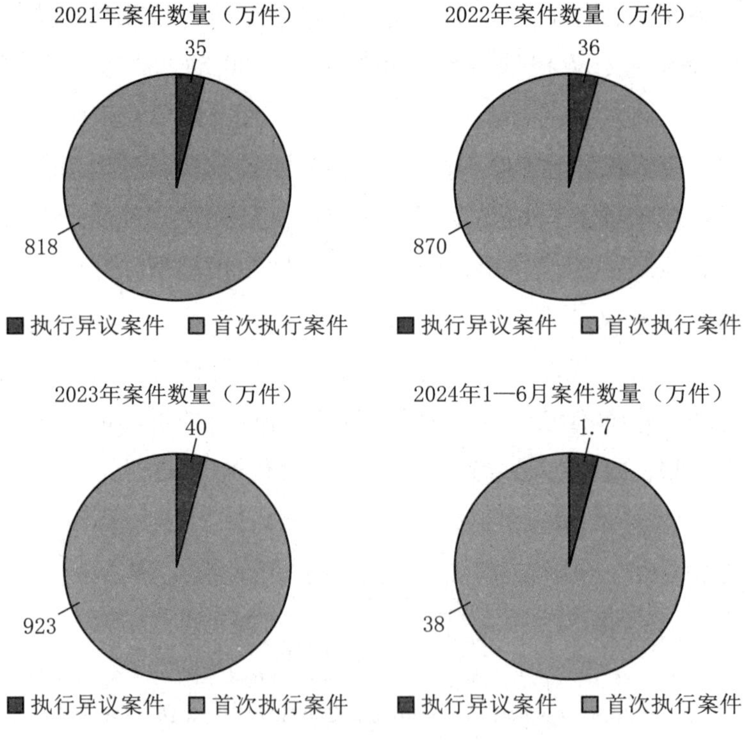

图 1　首次执行案件 / 执行异议案件数量示意图

③ 2024 年 1 月至 2024 年 6 月的案件数量暂以中国裁判文书网上公布的部分数据为参考。

从近年执行异议的发案比例来看，对执行行为的纠正和监督已经形成对执行异议的路径依赖现象，而实质化阅核则有助于压减潜在的异议增量。

（二）执行异议成立比例省思执行监督实效

为进一步考察执行异议的监督实效，还应在上文的分析基础上梳理统计执行异议案件的成立情况，即执行行为被裁定中止、撤销的情况。根据公开裁判文书的检索结果显示，④2021—2023 年，执行异议裁定结果为执行异议成立（包括中止执行、撤销执行）的案件分别占全部案件总数的 24.9%、27.4%、27.8%，意即近四分之一的执行行为经执行异议程序被中止、撤销（见图 2）。

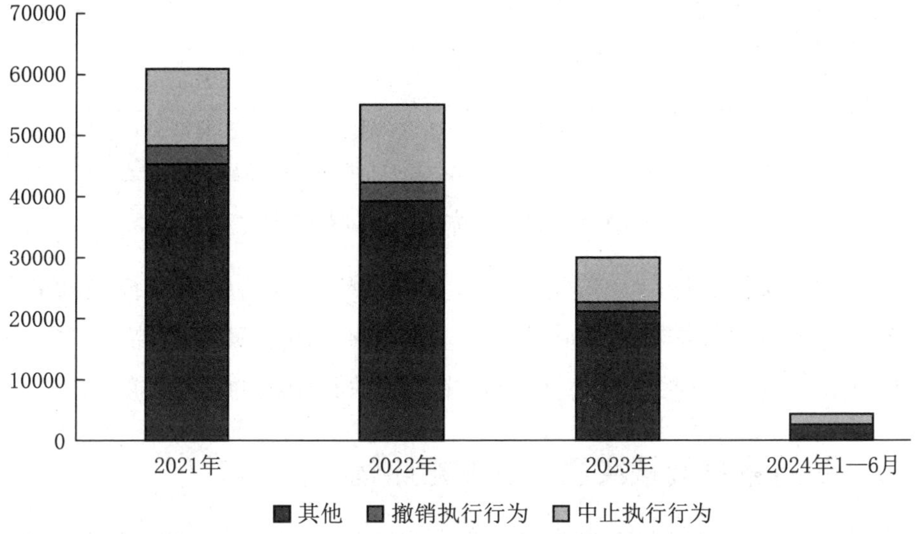

图 2　执行异议案件裁定结果示意图

数据表明，执行异议程序反映出部分执行行为的错漏失范现象确实存在，而这些瑕疵没有得到及时纠正。此外，虽然大部分执行异议最终未成立，但在一定程度上也反映出执行实施阶段释法说理、矛盾化解能力不足，极易导致执行异议在执裁程序“空转”的现象。

④　以 2021 年至 2024 年 6 月执行异议案件的裁定书为研究样本，以裁定结果为中止、撤销、变更等为检索条件分别统计不同裁定结果的案件数量。

（三）执行异议成立类型透视执行监督重点

在成立比例较高的执行异议案件中，查封、扣押、冻结和拍卖是其中的高频行为。⑤2021 年以来，涉查封、扣押、冻结、拍卖的执行行为，经执行异议程序被裁定撤销或中止的比例均在 10% 以上，查封行为甚至高达 40%，且呈波动上升趋势（见图 3）。

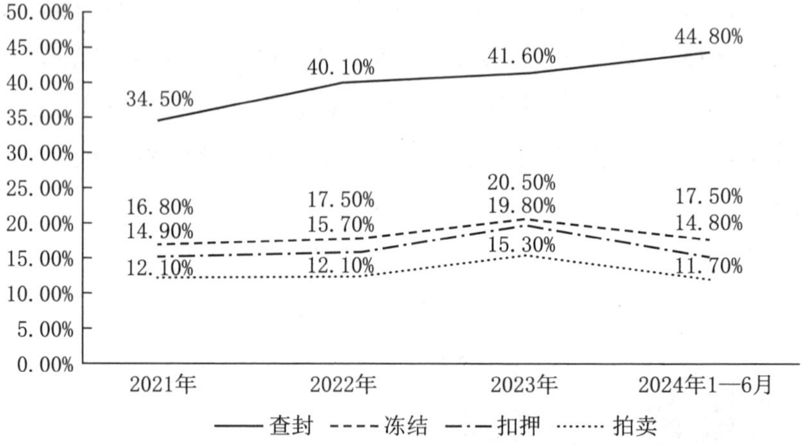

图 3　常见执行行为异议成立比例示意图

涉查封、扣押、冻结、拍卖等执行行为属于对执行财产的控制和处分，对相关执行主体的实体权益影响重大，实践中不规范的现象也持续多发。从执行异议成立高发的行为类型，可以从中梳理执行阅核的重点监管内容。

二、执行案件阅核实质化的多重隐忧

根据最高人民法院发布的《关于全国法院推进落实案件阅核制情况的报告》（以下简称《报告》），2024 年第一季度，全国法院经阅核审结案件数为 152.6 万件，其中执行案件占比 26.27%。《报告》还指出目前存在的主要问题包括：部分法院对阅核的理解把握存在偏差，不当扩大或限缩阅核的范围；案件阅核在法律适用和“三个效果”统一的纠错比例较低，案件阅核的实质化程度还需进一步提升。上述问题在执行领域依然存在，且持续成为影响执

⑤ 以 2021 年至 2024 年 6 月执行异议案件裁定结果为中止、撤销、变更的裁定书为研究样本，统计文书中涉及的查封、扣押、冻结、拍卖等各类执行行为频次。

行阅核实质化的障碍。

（一）阅核范围规定各异

各地在制定案件阅核机制的实施细则中，对案件审判的阅核具有一定共识，但对执行案件阅核的规定则各不相同，尤其是阅核范围的弹性空间较大，从中可以看出各地在执行阅核重点方面尚未形成统一共识（见表1）。

表1　部分法院执行案件阅核规定一览表

类型	地域	制度文件	关于执行阅核相关规定
语焉不详型	江西婺源	《关于落实执行案件“阅核”制度的办法（试行）》	院局长要全面落实“阅核”制度，对执行案件承办人拟定的裁定等执行文书依法在院局长各自范围内进行“阅核”
	新疆和田	《和田市人民法院院庭长“阅核”案件暂行办法（试行）》	所有审判执行案件均纳入阅核范围
范围宽泛型	陕西延长	《关于落实裁判文书“阅核”机制的试行办法》	执行局长对本部门除采取查封、扣押、冻结措施的执行裁定书以外的全部文书进行阅核
重点阅核型	河北馆陶	《关于实施裁判文书阅核制度的试行意见》	执行局长对本部门执行决定书、终结本次执行裁定书、拍卖、变卖等执行文书进行阅核
	江西宜春	《关于落实执行案件“阅核”制度的办法（试行）》	院庭长对案件中执行流程是否存在不当、执行中是否存在案外干扰因素等方面全面阅核；并明确将代表委员涉执行关注的案件等纳入阅核范围
	四川恩阳	不详	将执行“终本”案件，各执行团队采取的查封、冻结、扣押等执行措施，向案外人发放、向其他法院发放、退回申请人等特殊案款发放情形，执行信访，长期未结执行案件纳入执行局局长和分管院长阅核范围
专项阅核型	湖北公安	《关于案件阅核工作机制实施办法》	涉企执行案件由执行局长负责阅核；涉及县规模企业的执行案件由分管副院长进行阅核；对县纳税额前十的企业采取执行措施的案件，提升至院长阅核

表1部分列举了阅核范围由宽到窄的各地规定。有的执行阅核范围语焉不详，没有对执行案件阅核类型进行具体列举，缺乏实践操作性；有的规定范围十分宽泛，几乎将所有执行案件均纳入阅核，不利于减轻院局长工作负担；有的规定没有区分院局长的阅核类型，仅对执行局长的阅核进行规定。

可以看出，由于各地对执行领域阅核仍处于探索尝试阶段，导致执行法官及助理对种类繁多的执行文书是否纳入阅核范围认识差异较大。由于审判阶段的文书大部分以判决书、裁定书为主，阅核的重点聚焦在终局性文书。但执行案件阅核目前仍处于探索阶段，大部分执行文书都属于过程性文书，故执行文书阅核载体的范围由于没有明确规定而导致认识差异。

（二）阅核载体要素缺失

长期以来传统观点认为，执行文书无涉当事人实体权利义务，其重要性远不及裁判文书。实际上，执行阶段文书类型多样，除终局性文书外还有大量过程性文书，内容涉及实体权益的控制和处分，却缺少必要的说理和依据。阅核执行文书，较其他案件而言，容易存在流于表面的危险。

1．执行文书内容简略难以发现问题

在以裁判文书为抓手的案件阅核机制设计下，阅核功能的发挥主要依赖于裁判文书、卷宗等内容的呈现。检索执行案件的各类文书可以发现，文书及其卷宗材料内容简略、信息模糊、要素缺失、语焉不详，遑论关于案件执行情况的报告。在缺乏良好载体的情形下，院局长阅核执行案件无法从中有效发现问题，进而提出针对性的阅核意见，执行阅核的功能有可能存在失灵的情况。

根据法律规定，不同类型的执行裁定结果要满足一定的条件，但部分执行文书缺失基本要件，导致院局长无法通过阅核核验办案程序规范性。以“终结本次执行程序”的裁定书为例，抽样检索部分裁定书并对照相关规定⑥后发现存在以下要素缺失现象：（1）简略记述执行经过。有的文书一笔带过执行措施，没有载明对应的时间、过程、结果等执行内容，无法印证相关行为的及时性和规范性；⑦有的文书仅以“本院经财产调查，未发现被执行人可供执行的财产”为由裁定终结，没有对执行措施的记载。⑧（2）未能查明被

⑥《最高人民法院关于严格规范终结本次执行程序的规定（试行）》第六条规定，终结本次执行程序应当制作裁定书，载明下列内容：（1）申请执行的债权情况；（2）执行经过及采取的执行措施、强制措施；（3）查明的被执行人财产情况；（4）实现的债权情况；（5）申请执行人享有要求被执行人继续履行债务及依法向人民法院申请恢复执行的权利，被执行人负有继续向申请执行人履行债务的义务。

⑦ 参见海南省第二中级人民法院（2023）琼97执494号之一执行裁定书。

⑧ 参见黑龙江省高级人民法院（2023）黑执28号执行裁定书。

执行人财产情况。有的文书表述为“抵押的财产暂难处置”，缺乏财产的具体情况及难以执行的原因。[⑨]（3）没有履行告知义务。有的文书裁定作出后，并未在尾部载明申请执行人的权利以及被执行人的义务，可能造成申请执行人的异议或申诉。[⑩]

2．执行行为说理弱化易于引发异议

实践中，执行文书说理弱化的现象较审判阶段的裁判文书更为突出。例如人民法院现场调查要“根据案件需要”，但是只有部分执行案件会开展现场调查，而在文书中无论是否进行现场调查都没有对其依据和理由进行释明，无法衡量现场调查的必要性；又如罚款、拘留措施的作出要“根据情节轻重”，有的文书仅表述其“拒不履行生效法律文书确定的义务”，但未对被执行人拒不履行的严重程度进行说明，不利于惩戒措施的规范校验；[⑪]又如查封、扣押、冻结应当遵循“生效文书确定的债权范围、以非生活所必需”等限制，有的文书没有在事实部分载明申请执行的债权情况，无法看出是否超标的查封、冻结等违规情况。[⑫]

3．执行卷宗佐证不足难以对照核查

案件阅核主要阅核的是裁判文书和卷宗材料。审判阶段，主要以阅核裁判文书为主，因为裁判文书会将案件的整个过程全部载明，基本涵盖卷宗材料的信息。执行阶段，很多内容在执行文书上并不会载明，就需要阅核执行卷宗，但实际情况是卷宗内容也较为简略，无法起到和文书进行对照核查的作用。

如终结本次执行程序中，无论是通过线上还是线下约谈申请执行人，有的执行法官一般会提前和申请执行人协商沟通，在正式的笔录或语音文件中载明的对话反而较为简略刻板，仅以“同意”一笔带过，缺乏法官与申请执行人约谈的具体细节，约谈的规范性难以通过阅核进行核实。

（三）阅核功能认知泛化

从目前法答网上关于执行阅核的问答情况来看，对执行阅核功能的认知

⑨ 参见浙江省绍兴市上虞区人民法院（2016）浙0604执2762号之一执行裁定书。
⑩ 参见安徽省铜陵市中级人民法院（2023）皖07执30号之一执行裁定书。
⑪ 参见浙江省义乌市人民法院（2023）浙0782执8902号决定书。
⑫ 参见大连市普兰店区人民法院（2021）辽0214执3380号之一执行裁定书。

存在一定的泛化倾向。

（1）有的将执行实践中不常见的问题纳入执行阅核范围。如执行费用的缓交、免交和减交手续一般很少需要办理，法答网回复认为确实需要的，由合议庭决定，报主管领导阅核或审委会决定；⑬（2）有的将法律没有规定的若干情形纳入执行阅核范围。如被执行人名下重大疾病和人身类保险数额没有列入不得查封、扣押、冻结的情形，法答网回复认为，在执行实践中，建议经合议程序和领导阅核程序把关该类保险及相应数额是否能够视为生活必需费用；⑭（3）有的将已有明确规定的情形仍然纳入阅核范围，如买受人对房企名下的商品房提出异议的，已有此种情形的明确规定，即对消费者生存权的保护可以排除金钱债权执行，但法答网回复仍表示需要根据具体情况呈报领导阅核处理；⑮（4）有的将阅核作为"兜底措施"，在答复任何执行疑难问题时，都以"根据具体情况呈报领导阅核"为最终意见。

上述法答网提问和回复反映出，由于对案件阅核的功能定位认知不清，执行领域中的许多疑难复杂问题如无法明确回答，则都被认为应当纳入阅核范围。如此一来，执行阅核与请示汇报、行政审批的界限将逐渐模糊，并且存在责任减弱、依赖增强的工作倾向。

三、执行案件阅核实质化的逻辑架构

鉴于执行案件阅核在实施过程中的多重困境，应当从执行案件阅核的定位、特征和目标出发，探索阅核实质化的可行路径。

（一）定位：执裁分离背景下的内部监管方式

2014年，党的十八届四中全会作出《中共中央关于全面推进依法治国若干重大问题的决定》，提出"推动实行审判权和执行权相分离的体制改革试点"；2021年，最高人民法院在《关于进一步完善执行权制约机制加强执行监督的意见》中，进一步细化为"深化执行裁决权与执行实施权分离""充分

⑬ 参见法答网提问"执行案件办理程序性疑问"。

⑭ 参见法答网提问"关于被执行人名下保险能否冻结、扣划的问题"。

⑮ 参见法答网提问"买受人对地产商名下商品房提出异议的，符合执行异议复议规定第29条情形的，能否排除抵押权等优先权执行"。

发挥执行裁决权对执行实施权的制衡和约束作用”；2024 年，党的二十届三中全会作出的《决定》重申了上述要求。

在这一改革背景下，执行案件阅核机制应当作为执裁分离后的一种重要的内部监管方式，与执行异议程序等外部监督力量互为补充，共同构成执行监督管理机制的工作闭环，实现执裁分离而执行监督管理不剥离（见图 4）。

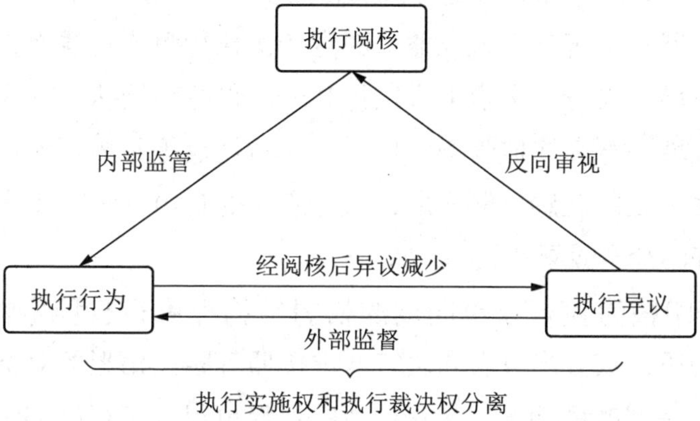

图 4　执裁分离下的执行监督制约闭环示意图

在这一工作闭环的运作下，执行异议作为执行行为的外部监督程序，通过发现执行行为存在的突出问题，反向审视内部阅核的重点对象，可以有效促进执行案件阅核的实质化；与此同时，执行阅核作为内部监管作用的充分发挥，又可有效减少执行异议的发生。

需要指出的是，执行案件阅核与审批、请示有根本不同。最高人民法院院长张军指出，“阅核制”根本区别于“审批制”，院庭长通过阅核提出建议，不能直接调整、改变。[16] 也就是说执行阅核是建议、监督与把关，而审批、请示汇报则具有浓厚的行政色彩，呈现的是“命令—服从”的垂直关系。执行案件阅核定位的不同，决定了其深入推动这项工作所需的条件也不一样。

（二）特征：针对执行权力配置的过程性监管

根据民事强制执行法理论，民事执行权是执行机关行使国家强制力强制

⑯ 张军：《深入学习贯彻习近平法治思想　加快推进审判工作现代化》，载《法律适用》2024 年第 1 期。

义务人履行生效法律文书的一种公权力。[17] 它不以当事人的意志为转移，是国家统治权在司法诉讼环节的具体体现。强制执行权的行使，具有强烈的公权力及强制性特征，亦具有天然的扩张属性。

1．执行阅核可针对执行权的自由裁量予以监管，重点解决其恣意裁量的问题

对可供执行的财产未及时进行核实和控制，存在消极执行；超标的查封、不及时解封，肆意损害当事人权益；随意变卖执行财产，贱卖拍卖物；违反当事人真实意愿，强行要求当事人执行和解，强行终结执行程序等。[18] 长期以来，执行领域一直存在监管不到位、行为不规范等顽瘴痼疾，严重影响人民群众对司法公正的观感。概言之，执行阶段的自由裁量并未实现最好的法律效果和最好的社会效果相统一。[19]

2．执行阅核为执行权单向度的权力结构提供行权稳定性

在审判阶段，双方当事人和法官基本按照等腰三角形的对抗结构进行诉讼活动，在这一制度设计下，法官权力的行使也得到了很好的制约，让法官居中裁判成为可能。

但是在执行阶段，尽管申请执行人、被执行人与法官的三方结构仍然存在，但是根据强制执行理论，本质上还是利用国家强制力实现债权人权益。于是，执行权力行使就形成从债权人指向债务人的单向结构。这样的结构难以保障程序的公开性和当事人的参与性，阅核的介入可为这一结构增加一方重要力量，提升其单向行权的稳定性。[20]

3．执行阅核更为符合法律管理手段的特征

从执行管理手段上看，行政管理应当让位于法律管理。根据法律规定，实施搜查、强制迁出、罚款、拘留、限制高消费、限制出境、财产分配以及发放款物等行为，都需要院长签发相应文件，上述签发行为实际上属于行政管理手段。从上述内容看，执行实施权的行使牵涉面广、参与主体多、对当

[17] 肖建国主编：《民事执行法》，中国人民大学出版社 2014 年版，第 20 页。
[18] 童兆洪：《民事执行权的配置及运行设计》，载《浙江社会科学》2002 年第 5 期。
[19] 张军：《法官的自由裁量权与司法正义》，载《法律科学（西北政法大学学报）》2015 年第 4 期。
[20] 赵秀举：《论现代社会的民事执行危机》，载《中外法学》2010 年第 4 期。

事人的影响大。依照现代强制执行的原理，政策性、行政性的调整应当逐步让位于法律调整。按照法律运作与行政管理相分离的原理，针对执行行为、执行文书规范性的审查应当通过阅核在内的法律管理手段完成，让“法律的归法律，政策的归政策”。[21]

（三）目标：确保质量、规范行为、防范风险

最高人民法院发布的《关于完善案件阅核工作机制　全面准确落实司法责任制的指导意见》（以下简称《指导意见》）中明确指出，案件阅核的目标是确保案件质量、统一裁判尺度和防控司法风险。具体到执行阶段而言，就是规范执行行为、统一执行裁量尺度以及防范执行领域中可能存在的各类矛盾风险。以上三点互为表里、互相作用，是执行案件阅核追求的价值目标。

考察执行案件的质量，与考察审判案件的质量有所不同。审判案件的质量一般指公正性，具体而言就是通过上诉率、改判发回重审率等指标进行考察。执行案件更多讲求的是执行到位率、执行完毕率，通俗地说就是对执行到多少钱更为关注，执行案件质量可通过当事人、案外人对执行案件提起的异议情况进行考察，如果异议提起较少、异议成立比例较低、多数执行行为被驳回，那就能够有力说明执行案件的质量很高，反之亦然。

在执行难以外，执行领域的另一个老大难问题就是执行乱，也就是执行行为不规范。案件审判有裁判尺度，其实案件执行也有执行的“尺度”，例如何时查控、如何查封、查封多少等都有一定的自由裁量空间。在最高人民法院公布的《民事强制执行法（草案）》中提到，“民事强制执行应当公平、合理、适当”“不得超过实现执行目的所需的必要限度”。[22] 这一立法趋势表明执行行为应当遵循的适当性、必要性等基本原则，这也应当是院局长在执行案件中阅核的要点。

执行风险是司法风险中尤为重要的环节，应当格外注意防范。执行阶段是兑现胜诉权益的最后环节，对财产的控制和处分，可能关乎个人的重要实

---

[21] 张卫平：《论民事执行体制现代化转型》，载《中国政法大学学报》2023 年第 2 期。

[22] 《民事强制执行法立法（2022 年 6 月—　）》，载中国人大网 http://www.npc.gov.cn/npc/c1773/c1848/c21114/msqzzxflf/，2024 年 7 月 7 日访问。

体权益，牵涉多方利益主体，甚至会造成群体性矛盾纠纷，对经济社会发展产生重要影响。执行案件阅核，应当加强对执行过程中是否会引发矛盾风险进行评估衡量，尤其是对特殊标的、特殊主体、特殊案情保持高度警惕。院局长在具体工作中，应当对执行后果进行充分推演，与执行法官共同做好风险化解方案，善于通过阅核贯彻文明执行、善意执行的理念，平等保护执行各方的合法权益，将执行领域的风险矛盾降到最低。

四、执行案件阅核实质化的实践路径

基于执行案件阅核的定位、特征和目标，可在执行案件阅核范围、阅核成效、阅核风险以及阅核文书等方面探索阅核实质化的实践方法。

（一）阅核范围的类型化梳理

将执行案件的阅核范围予以类型化，可有效增强其可操作性。根据《指导意见》中列举的阅核案件范围，可以归纳出阅核案件的主要特征，比如：（1）案件属于重大、疑难、复杂、敏感，如“四类案件”、审判委员会讨论决定的案件；（2）涉及当事人重要实体权益减损的案件，如驳回起诉的、判处死刑的；等等。执行案件阅核范围可参照上述特征作为判断标准，从指导性案例、人民法院案例库以及最高人民法院办理的执行异议案件中梳理阅核的具体类型。

1．重大实体权益减损型

检索裁判文书及典型案例发现，涉及当事人重大实体权益减损的执行案件，容易出现差错的环节较多，产生的执行异议也较多，应当将其主要情形纳入执行阅核范围（见表2）。

表2　重大实体权益减损型阅核情形列举表

明显超标的查封	相关法条	《关于人民法院民事执行中查封、扣押、冻结财产的规定》第十九条：查封、扣押、冻结被执行人的财产，以其价额足以清偿法律文书确定的债权额及执行费用为限，不得明显超标的额查封、扣押、冻结。
	典型案例	甲投资公司、甲置业公司、甲房地产公司、王某琴与乙置业公司、甲控股公司、王某春、乙房地产公司执行复议案（人民法院案例库案例）
	阅核要点	判断是否明显超标的查封，应对被查封财产的市场价值进行评估，并查明是否附有其他优先受偿权等权利负担情形。

续表

涉唯一住房的拍卖	相关法条	《关于人民法院民事执行中查封、扣押、冻结财产的规定》第四条：对被执行人及其所扶养家属生活所必需的居住房屋，人民法院可以查封，但不得拍卖、变卖或者抵债。
	典型案例	朱某花案外人执行异议案（人民法院案例库案例）
	阅核要点	根据比例原则，依次审查拍卖的适当性、必要性和衡量性。
涉消费者生存权的金钱债权执行	相关法条	《关于人民法院办理执行异议和复议案件若干问题的规定》第二十八条：金钱债权执行中，买受人对登记在被执行人名下的不动产提出异议，符合下列情形且其权利能够排除执行的，人民法院应予支持：（1）在人民法院查封之前已签订合法有效的书面买卖合同；（2）在人民法院查封之前已合法占有该不动产；（3）已支付全部价款，或者已按照合同约定支付部分价款且将剩余价款按照人民法院的要求交付执行；（4）非因买受人自身原因未办理过户登记。
	典型案例	周某某与甲公司执行异议案（人民法院案例库案例）
	阅核要点	除签约、占有、付款等客观条件外，应当重点审查买受人对未办理过户登记有无过错。

上述主要情形事关当事人或案外人的重大实体权益，实践中判断的难度较大，如查封中的“明显超标的”、唯一住房的“生活所必需”和涉消费者生存权的金钱债权执行中的“非因自身过错”，这就要求院局长加强对执行行为的把关监督。下面以涉唯一住房拍卖的案例说明院局长阅核的基本要点：

（案例 1）朱某花案外人执行异议案（人民法院案例库案例）：案外人 A 对法院查封其与被执行人 B 作为夫妻共有的房屋并拟拍卖的执行行为，提出异议，请求解除查封和拍卖。法院审查后认为，涉案房屋系案外人 A 及其未成年子女的唯一住所，面积小、价值低，不符合适当性；被执行人 B 目前已经刑满释放，可作出其他履行方案，不符合必要性；涉案房屋由案外人一家居住，未成年子女就近入学，房款需银行按揭，故拍卖不符合衡量性。故裁定中止拍卖。

从案例 1 可以看出，对唯一住房拍卖执行的阅核，应当根据比例原则，结合具体案情如房屋面积是否过大、市场价值是否过高等因素[23]着重核查拍

[23] 陈杭平：《中国民事强制执行法重点讲义》，法律出版社 2023 年版，第 139 页。

卖的适当性、必要性及衡量性，才能得出是否适合拍卖的结论。

2．涉众社会影响重大型

“四类案件”作为应当阅核的重要类型，为执行阅核提供了较为明确的参照标准，即涉及群体性纠纷或引发广泛关注，可能影响社会稳定的案件。在执行过程中，经常遇到涉及多方利益、可能造成重大社会影响的执行案件，根据《指导意见》的精神理应将其纳入执行阅核范围（见表3）。

表3　涉众社会影响重大型阅核情形列举表

<table>
<tr><td rowspan="3">涉待售房产的灵活查封措施</td><td>相关法条</td><td>《关于在执行工作中进一步强化善意文明执行理念的意见》第五条：灵活采取查封措施。对能“活封”的财产，尽量不进行“死封”，使查封财产能够物尽其用，避免社会资源浪费。</td></tr>
<tr><td>典型案例</td><td>某银行股份有限公司成都分行与成都某置业有限公司执行实施案（人民法院案例库案例）</td></tr>
<tr><td>阅核要点</td><td>审查被执行财产如何利益最大化处置。</td></tr>
<tr><td rowspan="3">涉停工楼盘的交叉集中执行</td><td>相关法条</td><td>《关于在执行工作中进一步强化善意文明执行理念的意见》第十三条：对资金链暂时断裂，但仍有发展潜力、存在救治可能的企业，可以通过和解分期履行、兼并重组、引入第三方资金等方式盘活企业资产。</td></tr>
<tr><td>典型案例</td><td>上海某置业集团有限公司系列执行实施案（人民法院案例库案例）</td></tr>
<tr><td>阅核要点</td><td>针对牵涉面广、地方利益牵连复杂、资产众多的执行案件，可建议通过交叉集中执行、引入第三方重组，盘活停工楼盘。</td></tr>
</table>

从上表所列的涉众社会影响重大情形可以看出，阅核此类案件应当注重考查执行行为是否贯彻善意、文明的执行理念，同时是否注重探索性地创新执行方式，最终的执行效果是否实现双赢多赢共赢。以下试举一例：

（案例2）某银行股份有限公司成都分行与成都某置业有限公司执行实施案（人民法院案例库案例）：法院依A银行申请冻结B房企名下的土地使用权及在建工程。执行法官主动对接住建部门，在涉案房产查封状态下促成办理商品房预售许可手续，及时冻结涉案房屋的资金监管账户，监督被执行人在一定期限内自行销售房屋，最终共销售房屋139套，回款10亿余元，实现被执行人资产价值最大化，最大程度避免因资金链断裂导致的供应商集体讨债、农民工集体讨薪等不稳定因素。

案例2的查封措施颇具灵活性，全面体现了善意文明执行理念。针对房企的查封行为，应当重点阅核查封的方式是否合理，评估执行行为对房地产企业的影响，例如是否造成社会资源的浪费、是否做到物尽其用。

3．具体实践操作易错型

检索裁判文书及典型案例发现，由于执行规定的粗疏，在执行实践中会遇到很多实践操作的难题，院局长的阅核可以统一判断标准、规范具体操作，故应当将这些易错环节纳入执行阅核范围（见表 4）。

表 4　具体实践操作易错型阅核情形列举表

涉房地一体原则的网络司法拍卖信息披露义务	相关法条	《中华人民共和国房地产管理法》第三十二条：房地产转让、抵押时，房屋的所有权和该房屋占用范围内的土地使用权同时转让、抵押。
	典型案例	郜某、青海某公司等追偿权纠纷执行审查案［（2023）青执异 45 号］
	阅核要点	拍卖房屋的同时，应当核实房屋所在土地权属性质，并及时予以披露。
涉农民工工资专用账户的审查认定规则	相关法条	《关于做好防止农民工工资专用账户资金和工资保证金被查封、冻结或者划拨有关工作的通知》第二条：人民法院在查封、冻结或者划拨相关单位银行账户资金时，应当严格审查账户类型，除法律另有专门规定外，不得因支付为本项目提供劳动的农民工工资之外的原因查封、冻结或者划拨两类账户资金。
	典型案例	某甲公司与山东某公司执行异议案（人民法院案例库案例）
	阅核要点	农民工工资专用账户具有专款专用的特征，同时还应具备备案、特殊标识等形式要件。

上表所列的几种情形都是执行实践中容易出现差错的执行行为。如农民工工资专用账户是相关规定明确的不得冻结的财产，但是实践中如何认定账户性质却缺乏明文规定，故院局长对冻结行为应当加强对冻结依据的审查。再如网络司法拍卖中，执行法院未能按照房地一体的原则，对拍卖物所在的土地权属性质进行完全披露，导致执行行为的撤销。

（案例 3）郜某、青海某公司等追偿权纠纷执行审查案：2023 年 8 月，买受人 A 通过淘宝网公开竞拍购买了涉案厂房及设备。后买受人了解到涉案厂房所在土地使用权并不属于被执行人，而法院拍卖公告并未完全披露上述信息，故向法院提出执行异议，申请撤销网络司法拍卖。法院审查后认为，在拍卖过程中仅将涉案厂房及设备作为拍卖标的公告，对厂房所在土地权属未予公告，违反了房地一体原则，影响买受人的目的实现，故撤销本次网络司

法拍卖。㉔

案例3反映出，阅核拍卖行为要一并关注实体法和程序法。本案中的厂房拍卖是房地一体原则在执行领域的重要体现，㉕此外在拍卖过程中应当及时、全面履行信息披露义务，保障竞买人的合法权益，此类执行行为如得到审慎阅核，则不会产生被撤销的结果。

（二）阅核成效的数字化检视

最高人民法院发布的《报告》显示，2024年一季度，经阅核案件的上诉率远低于所有案件的平均上诉率，当事人申诉申请再审率、一审被改判发回重审率也低于平均值。以最高人民法院发布的《人民法院审判管理指标体系（试点版）》为基础，借鉴上述质效指标的功能作用，可设置“执行异议率”和“执行异议成立率”两项指标，用以检视执行案件阅核成效。

1. 设置“执行异议率”为参考指标

执行异议率是指执行实施部门执结执行实施案件以后，当事人对执行行为有异议，向执行裁决部门提起执行异议的比例。将经阅核案件执行异议比例与所有执行案件异议比例相比较，为观察阅核成效提供参考。其具体计算方式为：

$$\text{执行异议率}=\frac{\text{执行异议案件数量}}{\text{经阅核执行实施案件数量}}\times 100\%$$

执行异议率以坚持实质解纷为导向，聚焦把关执行行为的疏失，更加关注当事人的切身感受，避免执行领域的程序空转，引导阅核人员加强监督执行法官合法合理行使执行权力，让申请执行人和被执行人都能认可执行并自觉履行。如执行阅核对执行行为的作出进行有效的纠正和监督，同时给出可行的阅核建议，督促执行法官进行充分释法说理，可以很大程度上避免很多不必要的执行异议产生。因此，经阅核案件提起执行异议的比例应当低于所有案件提起执行异议的比例。

㉔ 参见青海省高级人民法院（2023）青执异45号执行裁定书。

㉕ 最高人民法院执行局编：《人民法院办理执行案件规范》，人民法院出版社2022年版，第311页。

2．设置“执行异议成立率”为评价指标

执行异议成立率是指执行裁决部门对当事人提起的执行异议审查后，认为执行异议成立的，裁定中止、撤销相应执行行为的比例。执行异议成立，说明执行行为确有错误，也就间接说明执行阅核没有发挥其监督把关的作用，故这一指标发挥着执行阅核“体检表”的功能。其具体计算方式为：

$$\text{执行异议成立率}=\frac{\text{执行行为被裁定中止、撤销的执行异议案件数量}}{\text{经阅核案件对应的执行异议案件数量}}\times 100\%$$

执行异议成立率可以真实反映执行行为的错漏失范现象，同时也能真实反映执行案件是否进行实质阅核。将执行异议成立率纳入评价指标，可以客观真实地反映执行质量，还可以反映执行阅核的实效，引导阅核主体切实加强纠错监督的职能。如执行阅核对执行行为进行了切实的监督把关，执行行为出现瑕疵错误的概率将会大大降低，被裁决部门撤销、中止的比例就会减低，故经阅核案件的执行异议成立比例应当低于所有案件的执行异议成立比例。

（三）阅核风险的分层化化解

梳理执行阅核范围、设置执行阅核指标，可有效规范执行行为，确保执行质量，但是并不能有效防范案件中的司法风险。执行领域作为矛盾纠纷的高发领域，需要对案件风险进行分级分层评估，根据案件风险等级和院局长权限予以分层阅核、指导化解。

1．评估执行案件风险等级

执行法官应当根据执行对象、执行行为类型、执行具体过程、执行信访舆情等因素，综合评估执行案件的风险等级，例如将产生重大社会影响、引起社会广泛关注的案件评估为重大风险，将被执行人情绪激动、坚持信访的案件评估为一般风险，等等。

（1）涉执行对象风险因素。符合知名度、社会影响力、特殊身份、特殊职业等条件的案件，例如人大代表、社会公众人物、外国人等，抑或是情绪偏激、生活无着的人等，在执行过程中言辞激烈、不配合法院工作的人，上述执行对象或相关人群具有潜在司法风险，应当评估为一般风险作为提请阅

核的重要依据。

（2）涉执行过程风险因素。执行程序中由于查人找物的难度较大，会遇到很多不可控的因素，导致执行风险的产生。例如，需要终结本次执行程序的执行案件，金钱给付类执行案件中短时间内无法执行完毕，且申请执行人坚持不同意终结的；清场腾房时遭遇较大阻碍，导致无法继续执行的；因执行措施对被执行人的工作生活或生产经营造成影响的，被执行人情绪激动表示反对的。这些执行过程中产生的不可控因素，应当评估为较大风险作为提请阅核的依据。

（3）涉信访舆情风险因素。信访舆情往往涉及人数多、社会影响大，严重影响司法秩序。有的申请执行人众多，可能抱团维权的；有的遭遇非法集资诈骗等犯罪，债权基本无法实现的；有的老年申请执行人，有既往信访经历的；有的案件引发舆论关注，媒体争相报道的；有的案件造成重大社会影响，后果严重的。上述情形都应当评估为重大风险提请阅核。

2．根据风险等级分层阅核

执行阶段，矛盾纠纷尤其突出和集中。根据案件的不同风险等级，对接执行部门的科层结构，实行分层阅核、分层化解矛盾纠纷。

经由执行案件阅核机制，将执行案件的矛盾风险化解与执行监督管理主体之间建立强对应关系，有效压实院局长监管责任。理论而言，层级越高的阅核主体，业务水平高、社会经验丰富、矛盾纠纷化解能力强，能够应对更加严峻复杂的执行风险。如案件被评估为一般风险，由执行部门负责人阅核；如案件被评估为较大风险，由分管院领导阅核；如案件被评估为重大风险，则由院长阅核。

需要指出的是，阅核的过程也是指导、督促执行矛盾风险化解的过程。在执行阶段，执行由院局长依职权阅核，尤其是对执行行为的妥当性和必要性、对相关主体利益的影响、是否存在激化矛盾纠纷的可能，对执行法官提出阅核意见，督促执行法官或合议庭制定矛盾化解方案，指导执行法官做好释法明理、教育疏导、司法救助等工作，引导执行法官贯彻善意文明执行理念、创新执行方式，尤其是注重避免因利益分配不合理、司法作风等问题引发的涉诉信访矛盾纠纷，实现“三个效果”有机统一。

（四）阅核文书的要素化生成

要素是构成事物的必要因素，而执行文书又因其行为方式的有限性而具有要式文书的基础。为切实发挥执行文书的阅核抓手作用，避免因执行文书简略导致的功能受限，应当对执行文书样式进行要素化改造。

1．核验基础要素

基础要素指的是执行文书中的基本信息，对衡量执行行为必要、适当和规范性具有重要作用。基础要素可通过抓取卷宗中的当事人信息、生效法律文书、申请执行材料等数据而自动生成。阅核主体可借助审判辅助系统对自动生成的基础要素进行核验，不仅要确保执行文书在当事人姓名或名称、日期、金额等基础要素不出差错，而且还要对执行行为的必要性和适当性予以衡量。

例如，“终结本次执行程序”执行文书一般包含当事人信息、申请执行日期、债权申请执行情况等基础要素。基础要素列明了当事人申请执行的日期，就可以与执行行为作出的日期即执行通知、网络查控和现场调查等日期进行比较，衡量执行行为作出是否及时。又如，债权申请执行情况是衡量执行行为、方式、结果的基础，最简略的文书也会载明债权金额，这一数据划定了后续执行行为的范围，比对后续查封金额债权申请执行的金额，可以考察查封行为是否明显超标的。

2．细化核心要素

核心要素是执行文书的主干，是执行行为的起点和依据。在很多执行文书中，有的缺失核心要素，有的核心要素缺乏详细内容，这就导致阅核执行文书无法看出关键问题，进而导致阅核“失灵”。

例如，“终结本次执行程序”文书的核心要素主要包括财产调查、财产控制、惩戒措施和财产处分等涉及核心执行权能信息。当前迫切需要解决的是核心要素的内容细化和完善问题。

财产调查要素要明确载明开展调查活动的整个过程，该信息的要素化有利于监督执行行为做到“穷尽一切手段”。例如执行通知发出的日期，附随发出的各类文书种类；网络查询银行存款、股票债券基金、房屋、车辆等财产要列明查询日期、主管机构、具体信息，如查询银行账户要指出户名、开户行、账号及金额；现场调查要载明调查日期、地点、查明的财产状况。

财产控制和处分要素的关键在于执行措施的类型、方式、金额等信息，关涉申请执行人和被执行人的切身利益，该要素的细化有利于对执行行为的审慎把关。例如，查封、扣押、冻结、划拨、扣留、提取等措施一般针对被执行人的动产、不动产、银行存款等一系列财产，应当记明财产的详细信息和措施的类型、期限。

惩戒措施要素应当包含惩戒的时间、对象、依据和理由、惩戒措施类型，阅核这一要素可有效避免惩戒行为的滥用。例如，拘留、罚款、限制高消费、限制出境等措施对被执行人的工作、生活影响较大，但是在实践中进行拘留、罚款并没有明确的标准，由执行法官主观判断。因此，惩戒措施的具体信息应当在文书中载明，以便阅核惩戒措施是否具有合理性。

五、结语

推动执行案件阅核实质化，是深化审执分离改革视阈下加强执行领域监督管理的重要方式，对当前人民法院贯彻落实《决定》的各项要求、加快推进审判工作现代化尤其是执行工作现代化，具有重要意义。在人民法院内部审判权与执行权分离的运作模式下，推动执行案件阅核的实质化，将进一步激发“内分模式”的优势和活力。未来，在执行文书要素化改造的基础上，执行案件的阅核范围和风险评估还会根据执行异议的发案态势动态调整，执行案件阅核的考核标准根据执行异议率等指标优化完善，真正发挥出确保执行质量、规范执行行为、化解执行风险的阅核实效，进而不断完善执行领域的监督制约机制。

破译算法规制密码：民事诉讼中算法审查的共性与规则

——围绕 41 件案件及算法场景化展开

姚　峥　陈　玲*

随着数字经济的发展，算法正在隐性或显性地改变生活并逐步在社会运行中发挥着“决定性”作用。在一个媒体和代码无处不在的社会，权力越来越存在于算法之中，①2024 年 6 月 24 日最高人民法院已通过《最高人民法院关于审理垄断民事纠纷案件适用法律若干问题的解释》明确将算法作为实行垄断的手段，算法权力的规制进入新阶段。算法权力具有典型的微观化、隐形化特征，无所不在却不为所知，产生的算法风险形态多样、高度分散且存在一定的识别困难，逐渐使人们产生算法信任问题。从社会角度看，算法规制是解决算法信任危机的需要。②司法实践中已有不少诉至法院的算法争议案件，微机侵权、个人信息保护等是其中的部分热点。最高人民法院副院长贺小荣指出，算法司法规制应当坚持算法公平公正、公开透明、向上向善原则，要通过典型案例、个案裁判加强示范引领。③算法并不是一种标准化的物，而是一种人机交互的决策，因此，算法的法律属性会因为具体场景的不

* 姚峥，法学学士，上海市静安区人民法院审判委员会专职委员。陈玲，法学硕士，上海市静安区人民法院民事审判庭法官助理。本文获 2024 年上海法院学术讨论会优秀奖。

① Lash S: Power after Hegemony: Cultural Studies in Mutation?, *Theory, Culture & Society*, 2007, 24(3):55—78。

② 吕炳斌：《论个人信息处理者的算法说明义务》，载《现代法学》2021 年第 4 期。

③ 王俊：《专访最高法副院长贺小荣：发挥司法裁判引领作用，推动民生权益保护与数字经济发展互促共进》，载 https://www.21jingji.com/article/20240307/herald/ef11a9202ea1ab8966a9a8df07a9597d.html，2024 年 6 月 29 日访问。

同而有所不同，算法法律规制的原理必须建立在场景化的基础上。④事实上，发生算法争议时，可能因为所用算法的实现功能不同、针对对象不同以及所涉问题类型不同而具有不同的性质，算法的司法审查应该遵循上述思路，准确把握算法规制的场景化特征与原理，区分不同争议类型进行不同的重点审查，超越机械、形式主义的法律规制。

回到司法实践中，正如贺小荣副院长对于个案裁判的强调，那实践中有哪些值得研究的涉算法典型案例？这些案件涉及哪些具体场景？具体场景中都是如何审查算法并处理争议的？司法实践中关于算法的审查和评价是否已达成特定范畴的处理通识？算法争议类案件的司法裁判存在哪些需要解决的问题？这些问题的成因是什么？算法具有极强的技术门槛，穿透技术面纱，算法审查的实质法律问题具体是什么？关于算法是如何举证及法庭审查的？算法案件中各方利益应如何平衡？如何把握尺度以避免对算法的过度干预和过度设限？能否明确算法司法审查的关键要点并归纳常用的审查维度以供参考？带着这些问题开始回归司法实践，看看裁判文书中是否有蛛丝马迹。

一、实践审视：算法争议的场景类型及司法审查的图景描摹

本文以 2022 年 8 月 24 日杭州互联网法院发布的《杭州互联网法院发布 5 周年数据和算法十大典型案例》以及 2023 年 9 月 4 日北京互联网法院发布的《北京互联网法院数据算法十大典型案件》中涉算法司法规制的案件为基础（13 件），根据案例特征进行案例扩充搜索及二次人工排查，⑤得出 28 件案例，数据样本总计 41 件案例。通过结合判决书审查内容，本文将上述案例进行分类，明确不同算法争议的审查重点及规制矛盾，为下文分析算法规制的问题及成因奠定基础。

④ 丁晓东：《论算法的法律规制》，载《中国社会科学》2020 年第 2 期。

⑤ 在法信平台类案检索栏目中高级检索的“全文内容”中输入“数据”，在“本院认为”中输入“算法”，并叠加案由为“民事”、裁判时间为“2019 年 1 月 1 日至 2024 年 5 月 31 日”，得出案件后再进行人工排查，去除非算法司法规制的案件以及根据案件类型进行扩充搜索，如将“SEO”作为关键词扩充搜索。

（一）现象：涉算法争议的场景类型

1．算法规避类案件

算法规避是指本应受算法权力治理的算法相对人通过实施特定行为，规避平台算法治理。此类案件一般发生于特定领域的龙头平台中，平台基于算法技术优势、数据与用户交互基础和资本优势便于实施算法控制力，当其他平台或个人也通过设计算法的形式规避平台的算法治理，便会引发相应纠纷。算法规避类案件主要有两种诉讼模式，其一为算法平台与侵权方的不正当竞争纠纷，如北京百度网讯科技有限公司与深圳一优网络科技有限公司不正当竞争纠纷，原告起诉被告通过经营店铺售卖百度网等搜索引擎优化排名结果的商品，干扰了百度搜索结果的正常排序，损害了百度公司的正当利益。⑥其二是双方约定以某类算法实现平台算法规避达到经济目的，后因报酬问题诉至法院的合同之诉，如暗刷流量案，原、被告就“暗刷流量”签订合同并就结算达成一致，最后一次流量投放后，原告催促被告结算付款，被告认为流量存在虚假仅同意部分付款，由此诉诸法院。⑦对于此类纠纷，重点是穿透算法考量权力配置和社会关系变化，本质上是进行正当性评价，其一是判断平台的算法治理是否适当，是否构成算法垄断；其二是评价算法规避行为是否正当，是否属于技术创新。目前的司法案例中对于平台算法多为正面评价，肯定算法背后的价值观及平台算法治理的合理性，对于算法规避行为多是考虑到其对于竞争对手、消费者及竞争秩序的负面影响评价为不具正当性，进而不少以算法规避为目的订立的合同亦评价为违反公序良俗而无效。

2．爬虫算法类案件

爬虫算法即通过算法程序自动化复制他方数据，涉及爬虫算法的多为不正当竞争纠纷，双方对数据获取手段以及数据使用是否侵权产生争议。第一种纠纷是，平台凭借海量用户数据获取经济收益，当其他平台觊觎数据资源并采用爬虫算法获取数据即发生纠纷，如腾讯诉杭州聚客通科技有限公司不正当竞争纠纷，原告起诉被告通过对微信私有数据获取以及任务自动执行，

---

⑥　参见（2021）京0108民初9079号民事判决书。

⑦　参见（2019）京0491民初2547号民事判决书。

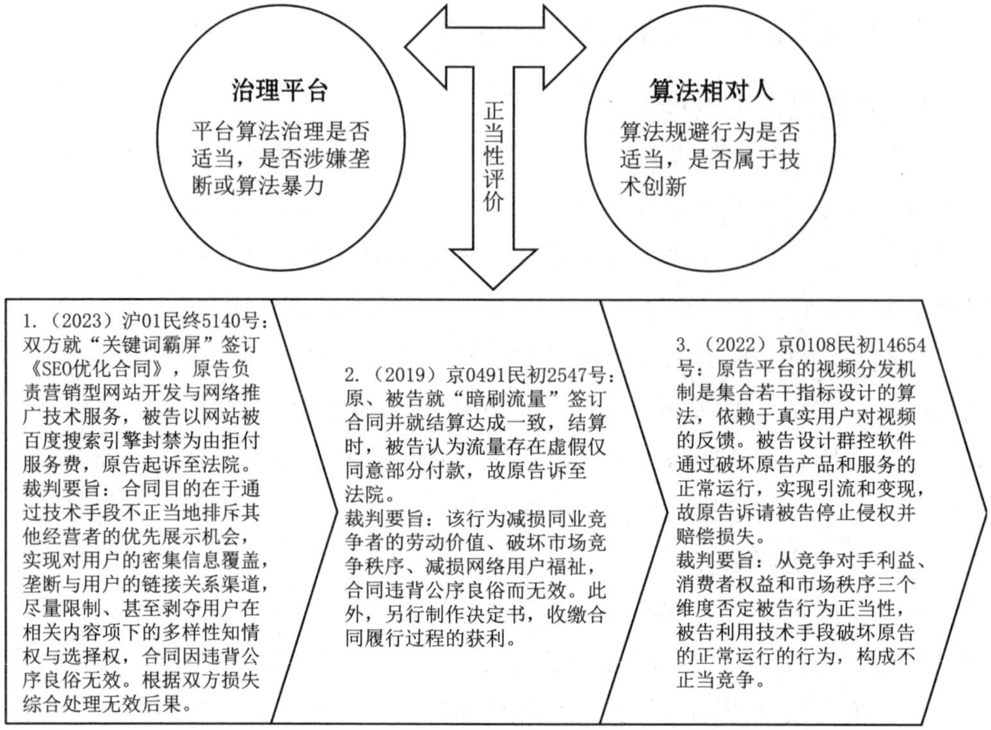

图1　算法规避场景的审查及典型案例

帮助微商实现批量添加好友、自动点赞等微信朋友圈的营销。⑧第二类纠纷是，数据相关者认为平台通过算法展示的数据对于自身权益存在减损，故起诉至法院，如深圳某公司诉天眼查平台在展示数据时未尽注意义务，未能保证数据准确性进而给原告带来损失。⑨爬虫算法的审查核心在于从两个维度评价算法正当性，即从数据本身的性质出发辨别爬取行为，即数据获取是否涉及侵权以及爬取后的数据展示，即数据使用是否涉及侵权。

3．算法自动化决策类案件

算法自动化决策即凭借算法实现海量数据的迅速处理，并依据处理结论进行商业决策。该种决策方式，基于算法特有的黑箱性质，易引发信任危机。当对于自动化决策结果持有异议时，便会导致算法适用性、合理性的审查，

⑧　参见（2019）浙8601民初1987号民事判决书及（2020）浙01民终5889号民事裁定书。
⑨　参见（2023）粤03民终4897号民事判决书。

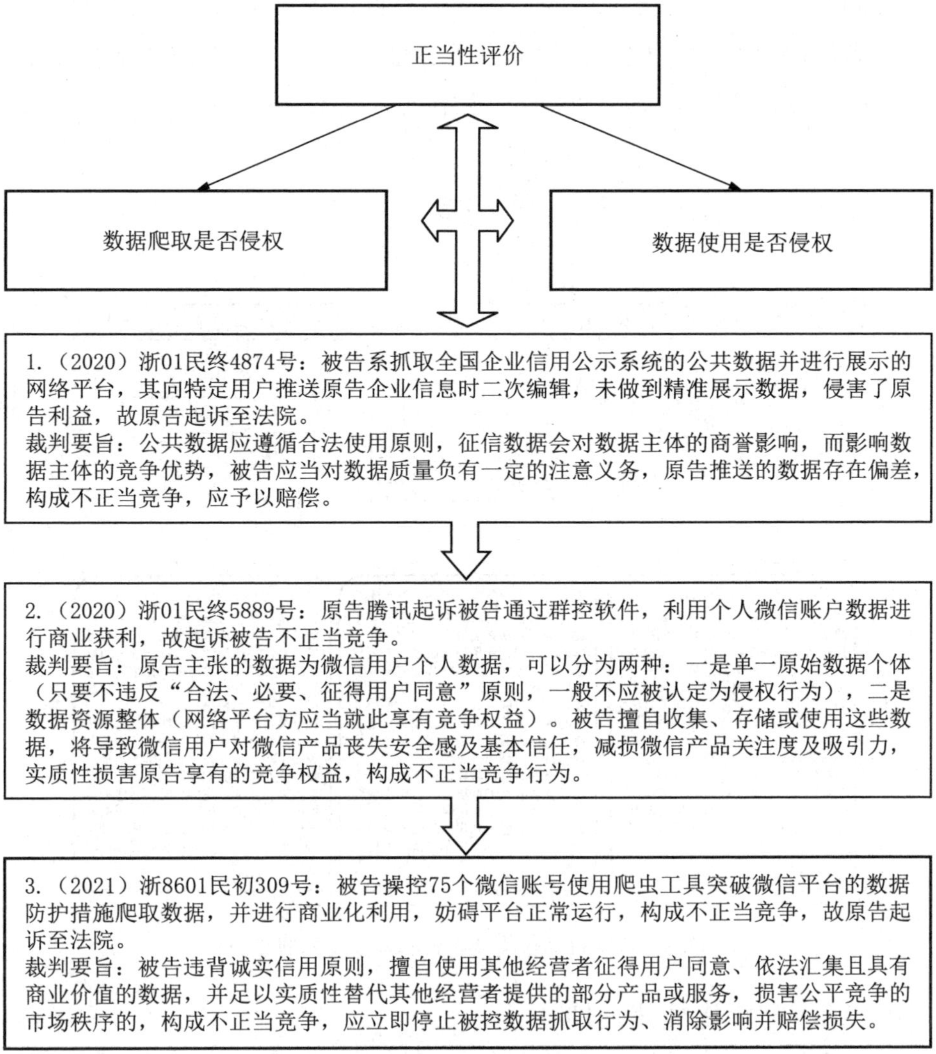

图 2　爬虫算法场景的审查及典型案例

如许某诉阿里案件，阿里平台依据大数据算法决策，认定许某的淘客推广存在流量异常，冻结其账户内佣金，许某据此提起诉讼并对算法决策有效性产生质疑。⑩另一类纠纷类型是，当自动化决策出现失误时，平台的责任如何确定，如交友平台算法误判“杀猪盘”案，平台依据封控算法对用户进行了封号处理并向其他网友提示“账户异常”“不要与之发生金钱往来”，该算法

⑩　参见（2020）浙0192民初3081号民事判决书。

失效时如何评价平台责任。⑪ 该类案件的重点在于对算法决策的有效性进行评价，算法决策科学合理，行为具有正当性；如算法决策被认定存在错误，若已采取有效补救措施也不意味着行为不当。

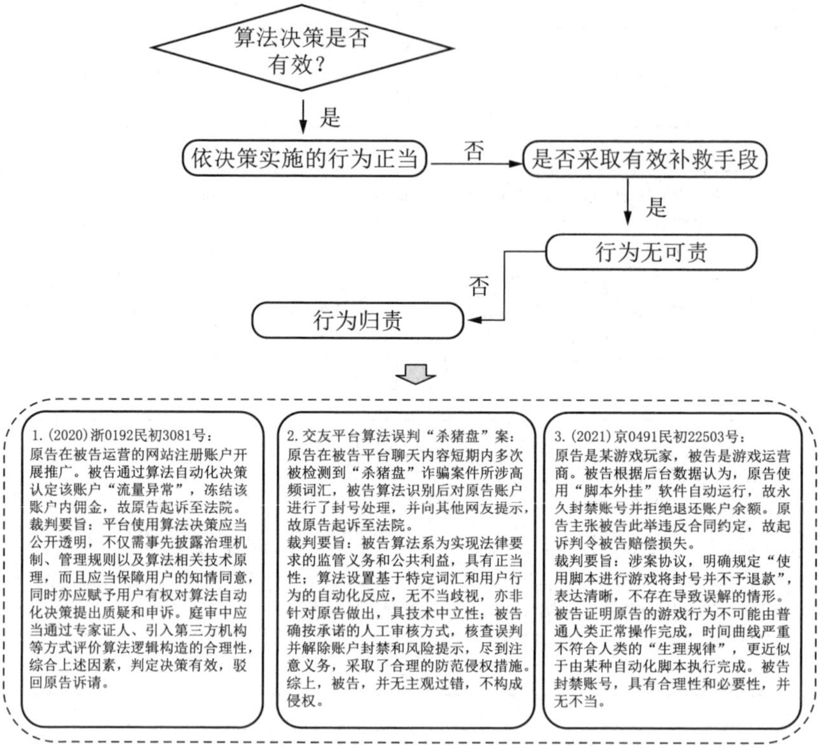

图3　算法自动化决策场景的审查及典型案例

4. 算法个性化推荐案件

算法个性化推荐就是平台依据用户喜好、习惯等向用户进行信息推荐。算法个性化推荐案件与爬虫算法案件具有共性，两者均涉及对数据的采集和使用，区别在于爬虫算法一般是爬取平台数据并进行商业获益，平台数据是将海量用户数据进行筛选处理形成的数据包，是可以直接商用的二手数据，而个性化推荐类案件获取的是第一手数据，即个体数据，相应侵权类型多为知识产权侵权或隐私权、个人信息权益侵权。实践中，该类纠纷通常是个人用户诉平台侵犯隐私权，如微信读书案，原告起诉微信读书自动关注好友并

⑪ 参见2023年9月4日发布的《北京互联网法院数据算法十大典型案件》。

展示读书时长、书架等阅读信息，侵犯用户的隐私及个人信息权益。⑫另一类纠纷类型是，当自动化决策出现失误时，平台的责任如何确定，如优酷起诉喜马拉雅平台即未经其许可，依据算法自动向用户推荐音频作品并设置于“精品”栏目并要求停止侵害及损害赔偿。⑬

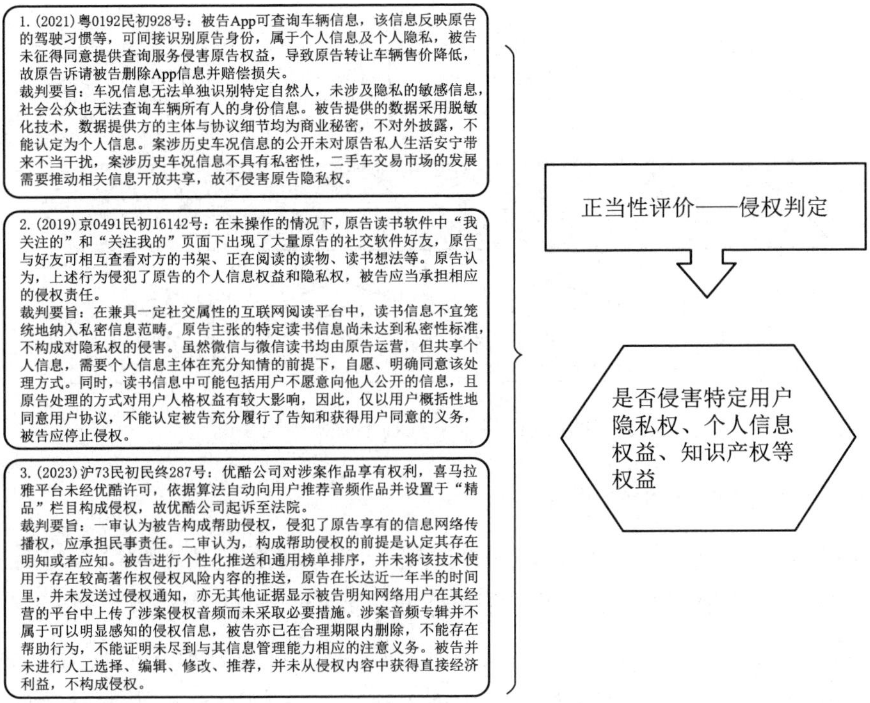

图4　算法个性化推荐场景的审查及典型案例

（二）问题：算法审查的裁判矛盾及规制不足

算法审查在实践中存在裁判的适法矛盾以及因争议问题过于前沿、复杂，法院刻意回避当事人司法需求的情况。

1. 裁判结果的同案不同判

比如，在算法规避场景中，以“SEO优化算法”为例，实践中通过订立

⑫ 参见（2019）京0491民初16142号民事判决书。

⑬ 参见（2022）沪0115民初36410号民事判决书、（2023）沪73民初民终287号民事判决书。

此类合同，利用算法改善百度排名并实现商业获利，考虑到算法正当性审查，多数案例对此进行了合同无效的处理，[14] 但仍有部分案例并未依职权主动审查算法使用，而是借助一句套话“该合同系双方当事人自愿订立，不违反法律、法规的强制性规定”轻率肯定了合同有效性并进行了简单处理，导致实践中同案不同判的现象，如图5。

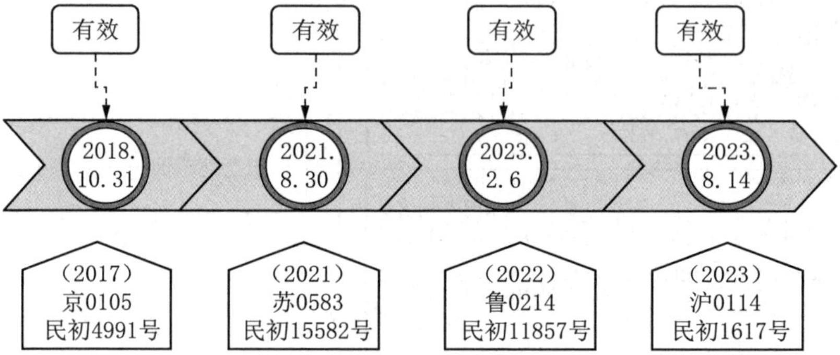

图5　算法规避场景下裁判矛盾案件列举图

2．裁判观点的南辕北辙

在部分案件中，针对同一事实，一审、二审观点存在南辕北辙，比如优酷诉喜马拉雅帮助侵权案，两级法院对于该案均从“注意义务”进行详细论述，但两级法院关于平台“注意义务”的界定以及由此推出“应知”认定，观点天壤之别。一审法院认为喜马拉雅平台通过音频赚取可观流量与巨额利益，应负有较高的注意义务，其向用户传播侵权音频构成帮助侵权；二审则认为不能因平台采用算法推荐技术就应承担更高的注意义务，在案证据不能证明平台未尽到与其信息管理能力相应的注意义务，平台不属于“应知”，不构成帮助侵权。平台侵权的关键一点在于注意义务的判定，但法条关于注意义务的界定和界限都显得模糊而抽象，实践中也存在个案差异，并未形成相对统一的价值判断，单从文书说理论证来说，很难说论定哪一方的观点更为公平合理。

[14] 如（2022）沪0112民初32464号案件，一审法院肯定了《学旅文化营销型网站技术支持与SEO优化合同》的效力，二审（2023）沪01民终5140号判决书纠偏，详细论证并否定了合同效力。

3．算法审查的人为回避

首先，算法自动化场景审查存在算法有效性审查的刻意回避，在当事人对算法逻辑及适用性提出质疑的前提下，不少案件对于平台算法并未进行审查，比如关于淘宝的假货模型算法，判决书依据合同约定（合同约定淘宝有权依据算法对假货作出认定，而算法作为商业秘密不必出示）以及当事人出示的证据（如法院对于算法筛选的异常订单审核发货记录、采购单等）作出认定，但文书中对于该假货模型自动决策本身是否合理并未进行审查，也未回应当事人的算法质疑。[15] 其次，一些文书中还存在一些诉请撤回的现象，比如陈某（以下简称原告）与某有限责任公司（以下简称被告）网络服务合同纠纷一案，[16] 原告提出的诉请包括被告公司游戏玩法"伏魔志""燃眉之急"的概率公示、被告公示异常账号算法逻辑，本质上是直面算法的自动化决策有效性，但该案判决书载明，经当庭确认，原告撤回部分诉讼请求，仅保留解封账号一项诉讼请求，笔者无从判决书中得知原告为何放弃算法审查的诉讼请求，但大概率是该请求并未得到有效回应。

（三）重点：算法审查的方向及共性

1．正当性审查

无论何种类型的算法，对其司法规制首先立足于算法正当性审查，在算法规避、爬虫算法、个性化推荐算法案件中尤为重要。

算法规避案件的正当性进行评价，在合同类纠纷中表现为对合同效力作出认定。在不正当竞争纠纷中则相对复杂，首先审查平台算法是否正当，目前的司法案例多为肯定性；其次评价竞争算法是否正当，是鼓励自由竞争还是对竞争算法进行限制。算法本身具有中立性，竞争算法的正当与否应当看算法的使用，通过对平台利益、消费者权益以及市场竞争秩序是否造成负面影响综合判定算法的正当性。

---

⑮ 如（2018）浙0192民初8906号、（2019）浙01民终5491号、（2020）浙0192民初1546号、（2020）浙0192民初2310号、（2020）浙01民终6393号均涉及淘宝假货模型算法，当事人质疑淘宝该算法，法院系依据淘宝格式化合同中依据算法对假货认定的条文约定及结合当事人否定假货的证据进行审查，对于当事人提出的算法质疑并未给予回应。

⑯ 参见（2023）京0491民初10239号民事判决书。

爬虫算法集中于平台起诉竞争方窃取数据，关于爬虫算法收集使用公共数据引发的纠纷案件较少。该类算法的正当性审查，重点在于数据性质的区分，当数据权益归属于某一市场主体时，运用爬虫软件收集使用数据需要征得权益主体的同意，合法、有限使用；当数据属于公共数据时，以数据流通为原则，数据使用者仍应保有基本注意义务，需要对数据的准确性承担责任并积极纠正数据偏差以免给其他主体带来不当损害，如图 6。

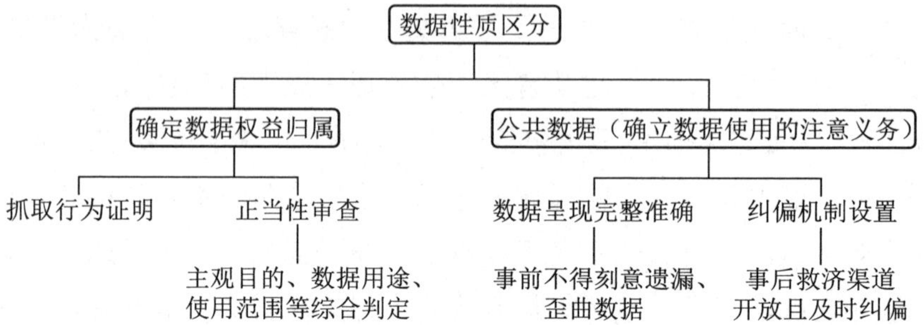

图 6　爬虫场景算法审查思维图

个性化推荐算法案件中对于算法的审查需要说明算法推荐的逻辑，此时算法的正当性体现在对于数据的处理上，即算法在收集数据时是否进行充分且适当的告知，收集数据后是否进行数据分类处理以及数据脱敏，防止推荐的数据能够具体关联到某一个人从而导致权利侵犯。当然，算法始终处于发展之中，算法设计之初无法对各种可能出现的侵权情况进行周全排除，因此个性化推荐需要设置一个事后救济渠道，给予使用者拒绝权（关闭推荐设置）以及接收到可能的侵权告知后及时核实并采取措施，如图 7。

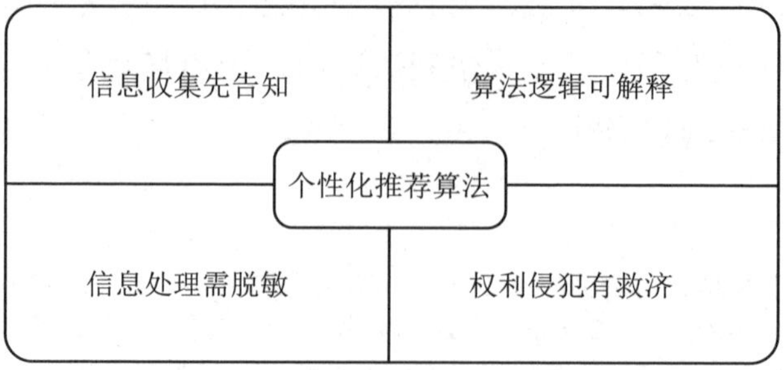

图 7　算法自动化推荐审查流程图

2．有效性审查

算法的有效性审查主要集中于使用算法进行自动化决策时，在一方质疑算法科学性时，需要对算法决策是否有效进行审查。自动化决策的审查分为两个层次，其一为算法决策的逻辑审查，法院在对算法逻辑审查时需要结合专家意见、当庭验证等方式“揭开黑箱”。其二是算法失效后如何规则，一般使用算法决策多为平台，对于平台责任承担应重点关注算法目的是否正当（主要是审查算法设计者的主观意图）、算法手段是否正当，并把握好注意义务的尺度，如图 8。

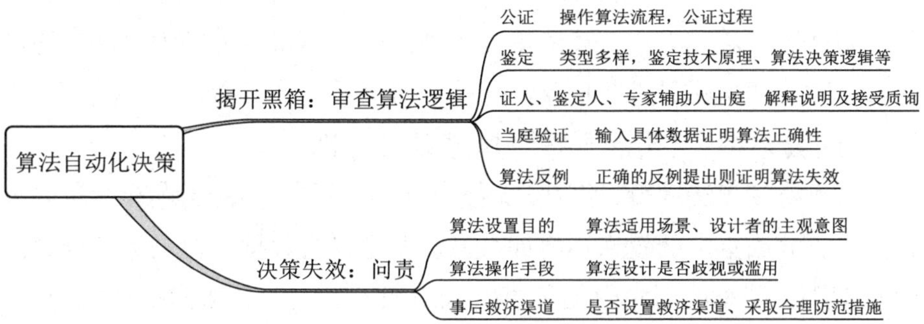

图 8　算法自动化决策审查流程图

二、庖丁解牛：算法的审查障碍与成因解构

关于算法审查，总体呈现出装备滞后的现象，即算法审查的依据及力量不足。从各类算法场景来看，算法规制、爬虫算法、算法推荐三种案件类型的争议焦点是算法正当性审查，算法自动化决策的争议焦点为算法有效性审查。关于算法规避的正当性审查难点在于尺度把握，即容忍多大程度的算法规避，需要从多方利益平衡上去考虑。关于算法推荐与爬虫算法，算法是否正当关键是看是否存在侵权，而是否侵权需要审核是否具有主观恶意。最后关于算法有效性，最主要的还是落脚于算法黑箱问题的解决。

（一）“装备”滞后：司法审查难以展开

1．法律缺位，立法滞后催生“司法回避”

目前关于算法没有专门的法律及司法解释。2022 年 3 月 1 日起，《互联网信息服务算法推荐管理规定》（以下简称《算法推荐规定》）施行，与2021年9月九部门出台的《关于加强互联网信息服务算法综合治理的指导意见》以及《网络安全法》《数据安全法》《个人信息保护法》等法律法规构建起我国算法治理的基本法律框架。⑰ 关于算法规制的条文空白过多，比如对于算法审查、算法举证质证等程序构建、算法问责等多项内容并无规定；即使有相应规定，规定效力较低，针对性不强也很难对司法实践中形成有效指导，如算法推荐规定中的条款总体而言过于原则，并未触及该类算法的核心。此外，从文书来说，算法问题属于前沿法律问题，案例不多，但判法却存在适法不一。鉴于上述情况，法院面临算法问题时，对于当事人提出的算法质疑，往往是一筹莫展、避之不及，算法审查表现出一种不得不为，为之甚难的局面，算法应对频发“司法回避”现象。

2. 配套不精，“司法求援”屡遭爱莫能助

当事人对于算法逻辑、算法适用性等算法问题会倾向于选择鉴定的方式，但目前关于算法鉴定的效果不尽如人意。鉴定需要数据，但是除公开数据外，平台对其历年积累的用户数据等享有相应权益，是其获取商业利益的重要依托，实践中平台配合鉴定的意愿不强。此外，拥有相应鉴定资质的单位也不多，比如（2018）京0108民初24695号案件便反映了这个问题，该案中因鉴定单位鉴定能力问题，相应程序无法继续；再如（2019）京0491民初2547号案件，为审核算法，法院依职权向北京市互联网信息办公室等多个单位进行了大量走访调查。如鉴定程序能够打通，将为当事人举证以及法院审核带来很多便利。

（二）正当难定：算法是否侵权难以辨别

1. 权益确定及归属存在辨别难度

是否存在权益以及是否拥有权益是审查爬虫算法及自动化算法是否正当的基础，只有当权益存在且有归属主体，才有必要继续去审查是否存在利用算法侵犯权益。物权法定，对于数据，其本身是否具有物权性质，存有争议，

---

⑰ 尹雪萍、王义方：《以风险和责任为核心的算法法律规制》，载《法律适用》2022年第10期。

目前司法实践多将其认定为数据权益而非物权。对于权益归属和辨别，平台收集的数据是归属于个人还是归属于平台，个人信息多大程度上涉及隐私而不便公开使用，这些在实践中都尚存争议，因个人情况不同而存在极大不确定性，需要司法审判去着重对待。

2．主观是否恶意难以认定

算法是否正当视设计者的主观而定，算法正当性审查一定程度上就是使用人的主观状态审查。涉算法审查的案件中需要立足算法的使用目的、算法逻辑进行审查，如借助算法实现非法获利则具有主观恶意；也需要从权利认可角度审查，如并未得到授权私自通过算法处理数据则具有主观恶意。实践中关于授权也有很多争议，何谓有效授权，默认同意是否有效，弹窗同意是否有效，是否会发生不同意则不允许使用该平台的算法暴力，如何保障用户的“知情同意”，这些问题都需要反复甄别。

（三）分寸难握：各方利益难以取舍平衡

1．技术自由与司法规制间左右摇摆

以杰克·巴尔金为代表的实用主义者认为，算法规制问题，法律人要重点考量的是技术所带来的权力配置和社会关系变化，因此算法规制需落实于算法问责。对于算法规避，原则上是肯定技术自由，有利于促进竞争，推动技术革新，多大程度容忍算法规避才是司法实践需要面对的问题，而法院也总在尊重技术和依法规制间反复纠结，难以把握其尺寸，既担心审查造成技术受限，阻碍技术革新，又惶恐不受规制的技术野蛮生长，造成不良恶果。

2．市场秩序、消费主体、平台利益间取舍难定

算法决策实际上是一个关于算法权力、权力拥有者以及受权力影响者之间的故事。关于算法审查涉及的法益主要就是，算法拥有者也就是平台利益、受算法影响人也就是用户利益以及市场秩序三个考虑维度。针对个案来说，平台及用户利益考量都是具象的，但是关于市场秩序则需要根据算法的使用规模、影响程度等综合评价其对于市场的危害性。各利益主体之间存在利益冲突，如何在这类案件中进行利益衡量并从利益平衡角度最终决定算法正当性是难点。实践中一般是先认可平台的竞争利益，再从规避算法影响消费者权益及破坏市场秩序分析，进而否认算法正当性。

（四）黑箱难解：算法有效性难以论证

1．算法逻辑难以呈现

算法具有黑箱问题，部分学者表示可公开算法解决黑箱问题。但一方面，公开算法不利于商业秘密保护，易引发抄袭等恶性竞争问题，影响算法行业的发展，若不公开，如何解释算法逻辑？另一方面，算法专业性过高，具有特定专业背景的人，才能具有较强的算法理解力，即使算法公开，普通个人几乎也无法理解，这决定了如何清晰阐述并举证证明算法逻辑是一个难题。此外，用户的知识背景决定了其对算法解释的方法类型具有很强的偏好性。解释算法逻辑的一般是专业技术人士，但是向法官、一般受众解释算法，采取代码、数字的专业模式并不能取得良好的效果，数学模式过于抽象，会加深算法的理解难度，如何呈现算法逻辑解决算法理解性问题需深入研究。

2．算法有效性难以验证

算法决策是否科学合理，取决于算法是否有效。司法实践中关于算法有效性的证明有鉴定人出庭、专家辅助人出庭进行解释说明，当庭核验等多种方式，但考虑黑箱问题，这些方式都具有局限性。算法的不公开是原则，公开才是例外，[18] 在算法不公开的背景下，鉴定人及专家辅助人论证如何服众。退一步说，即使算法公开，算法的逻辑呈现存在困难，适用性解释也同样受制于接受者的理解能力，而算法公开也会提出另一个问题，即是否需要穷尽验证，穷尽不符实际，不穷尽又应该验证多少数据才能证明算法有效性？

三、整体规划：算法规制的配置升级

（一）立法配置：立法、案例及场景提示的三位一体

1．以反垄断、程序法及算法问责作为立法完善的重点

关于算法的立法完善，可以从三个方面重点考虑。其一将算法权力规制纳入反垄断法规制的视野，对于拥有高额用户数量且对生活影响巨大的龙头

---

[18] 徐凤：《人工智能算法黑箱的法律规制：以智能投顾为例展开》，载《东方法学》2019年第6期。

平台，重点考察其是否存在利用算法进行限制竞争行为。例如欧盟《数字市场法案》要求大型数字平台承担“守门人”义务，禁止平台滥用算法力量，[19]美国则对于四大超级数字平台（Google、Amazon、Facebook与Apple）相继展开反垄断调查，规制平台利用算法不当牟利。2024年6月24日最高人民法院已经通过《最高人民法院关于审理垄断民事纠纷案件适用法律若干问题的解释》并明确将算法作为实行垄断的手段，可以学习他国经验细化算法反垄断，规制算法权力。

其二在事实及证据审查方面可以对程序法加以精进，比如明确算法审查的证明标准以及审查重点等。需要注意的是，算法证明具有难度，算法控制者与算法质疑者掌握的资源天差地别，算法证明责任应考虑举证责任倒置，下文将结合具体场景说明算法控制者的举证程度以及何种情形下可以认可算法控制者的说明并免除责任。

其三是从当事人救济角度思考算法责任承担。算法问责首先是强调平台问责，但不必过分追究特定算法设计者的责任，避免干预过度，影响技术发展。其次，诉讼中明确了算法存在不当需要赔偿时，如何确定赔偿数额，让当事人举证证明损失其实并不容易。诉讼成本与滥用算法所获取的高额利益之间的悬殊差距，将会使侵权行为愈发猖狂，在确定赔偿标准时，可以引入最低数额的法定赔偿标准，让用户在证明实际受损数额与法定最低赔偿数额中进行选择，以实现更加公平合理的救济；而对于主观恶意严重，获利金额巨大的，设置相应的惩罚性赔偿，提高相应侵权成本。

2．发布典型案例，构建场景提示

强调算法审查的重视程度，将算法争议汇总及分类，发布类型化算法司法规制典型案例以明确算法审查的不同重点，为具体司法裁判提供指引。制定算法规制案件审理指南，加强算法审查的重视程度，并下发各级法院加强学习，避免出现算法审查的庭审轻率或无措。

结合算法备案以及司法实践的审查情况，梳理出常见的算法黑名单，可

[19] 欧盟委员会在谷歌比较购物案，认定其通过数据、算法的竞争优势，针对欧洲范围内的竞争性比较购物服务进行专用算法降级，其自我优化行为损害了竞争对手及消费者的福利，应停止滥用算法并处以24.2亿欧元的罚款。

以节约人力，方便类案的快速审查，也有利于保证裁判的统一性，例如上文提及的SEO优化算法，可列入其中。目前上海市在推进场景建设工作，为审判业务提供了切实帮助，大大减少了案件审理的错误概率，这正是数据流通实现了自我纠偏，极大提升了司法质效。参考于此，可将算法黑名单通过弹窗的方式内嵌审判系统，直接对承办法官提示进行算法提示，助力类案统一裁判。

（二）助攻配置：算法机构的职能定位与统筹监管

1．建立算法自律性组织，加强算法统筹监管

算法权力的规制主要在于算法监管，目前法条上明确提出监管主体的是网信部门，[20]但该条规定过于粗略，甚至具体管理单位用了“等有关部门”的字眼。考虑到算法的专业性，应当设置算法协会这类行业自律组织进行统筹并实现算法监管脱虚向实。

算法监管包括制定基础算法标准、进行算法备案以及算法问责。算法基础标准由算法协会统一制定，核心内涵在于减少“算法歧视”等基本算法风险，确认算法在当前阶段具有科学性和合理性，并依据技术发展动态调整。算法备案包括事前备案及事后备案，事前是指算法研发后投入应用前对算法基本信息（如时间、开发者等）、应用场景、技术标准、运行原理等进行备案。算法协议收到备案后进行形式审查，内容真实、完整即可投入市场，对于已经存在但未进行备案的算法进行通知，如不按照规定备案则治理，对于备案后又作修改的算法进行修改备案。需要提出的是，算法备案不要求事先发现算法的技术风险，在事前备案即发现风险不便现实操作，也容易阻碍技术创新。事后备案主要是，当司法实践对于该类算法评价为不当使用时则进行算法失当备案。算法备案是算法预防性工作，对于算法鉴定等司法需要也能够产生积极回应，能够帮助监管者及时了解情况、发现风险，追溯算法责任。而最后的算法问责就是算法失当后，及时整改和平台处罚，避免不当算

[20] 《互联网信息服务算法推荐管理规定》第三条：国家网信部门负责统筹协调全国算法推荐服务治理和相关监督管理工作。国务院电信、公安、市场监管等有关部门依据各自职责负责算法推荐服务监督管理工作。

法继续产生恶劣影响，这对于诉源治理也有积极意义。

2．算法协会配合算法鉴定，提起公益诉讼

公证、司法鉴定都是算法取证常用手段，但司法实践中反映出不少鉴定机构无鉴定能力等算法鉴定困难。对于算法的鉴定，可以充分调动算法协会的力量，比如由算法协会审查鉴定机构的算法资质并进行资质认定，依据掌握的备案资源配合鉴定机构进行算法鉴定等。算法本身属于商业秘密的范畴，对于企业发展至关重要，由算法协会配合鉴定并说明算法逻辑，免去了算法公开，一定程度上能够将监管对技术发展的影响降至最低，又能牢牢掌控"风筝的线"，通过司法裁判对算法进行事后审查及纠偏，避免算法失控及算法权力滥用。

《最高人民法院关于互联网法院审理案件若干问题的规定》中，明确互联网法院集中管辖"检察机关提起的互联网公益诉讼案件"，进一步明确了针对算法侵害"公共利益"时的司法职能和程序设计。[21]实践中，因证据偏在问题，个人用户起诉平台算法很难操作，国家公权力机关或相关官方组织的介入，以"公共利益代表人"的身份追究平台方的侵权责任，减少用户个人在维权过程中付出的成本。[22]平台算法是作用于整个社会的，算法用户群越多，对社会影响越大，由算法协会进行公益诉讼，能够方便侵权救济。同时，上文提及"最低赔偿标准"的概念，这个标准应有制定依据及合理性，让公益诉讼确定的赔偿数额成为个人用户起诉时可主张的"最低赔偿标准"，是一个很好的方式。

四、争点回应：不同算法场景的审查维度及规则总结

（一）爬虫算法及算法推荐的正当性审查

上文提及，爬虫算法和算法推荐场景存在相似性，即都是通过采集（复制）数据并对数据进行使用产生的纠纷，区别仅在于数据类型及来源的不同。

---

[21] 参见张雯、李文超、武一帆：《互联网民事公益诉讼程序的建构路径研究》，载《法律适用》2021年第1期。

[22] 参见陈宁豫：《数字经济背景下个性化推送行为的实践现状及其法律规制》，载《法律研究》集刊2024年第1卷。

考虑到该两种场景关于数据审查的共性，故本部分将其放入一个模块提炼裁判规则。

1．数据收集应严守有效告知

在过去几十年，算法本身其实并没有任何突破，算法准确率的提升依赖于数据的海量积累。㉓算法运行是基于用户数据处理，算法正当性的审查不能忽视数据本身。关于数据收集，分为数据窃取与告知收集两种方式，数据窃取一般是爬虫算法获取数据并用于商业获利，不可能采取告知形式，实践中一般是采用公证的方式证明数据的一致性并否定数据获取正当性；告知收集一般是在算法推荐场景下，多是在注册软件时进行告知，告知条款中包含数据收集条款，某些平台也会以弹窗的形式再次提示，并在庭审中以此证明其算法正当性。这类案件需重点审查告知是否有效，是否侵害用户“知情权”。首先，软件注册使用是否有“不得不”情况，即不同意则无法使用软件，这种情况侵害了用户的知情权与选择权等合法权益，应考虑算法失当。其次，绝大部分信息主体自身欠缺“知情同意”的能力，因此信息主体的“知情同意”并非真正的“同意”，数据收集要强调授权收集的有效性，审查告知是否充分，采用“加粗”“弹窗”以及具体运用场景多次提示的方式，而非单一采用概况授权。

2．数据使用应立足区分原则

对于数据使用，应遵循区分原则，明确数据性质，根据不同数据的性质确定不同的使用边界与责任承担。

对于平台数据，平台收集、分类处理了海量用户数据，这些数据对于平台经营具有决定性作用，司法实践中一般是确认平台的数据权益。平台凭借这种数据资源获利，一般采用算法限制用户访问，并有限向个人主体提供。当其他竞争主体或个人使用算法大量窃取平台数据并经营获利，该算法侵犯数据权益，应评价为不当。

对于个人数据，一般争议焦点在于是否侵害隐私权及个人信息权益。对此，首先要看算法展示的信息是否具有唯一指向性，是否能够明确定位至个

㉓ 参见季卫东：《数据、隐私以及人工智能时代的宪法创新》，载《南大法学》2020年第1期。

人，如果已经进行了数据脱敏，无法与具体个人进行关联，则不涉及数据不当使用。其次，个人信息使用需要遵循合法、正当、必要原则，应进一步审查该信息推荐是否侵害个体生活安宁，个人信息隐私程度如何，是否构成个人信息权益侵犯。

对于自由流通的公共数据，算法在进行数据处理、推荐时需要遵循完整、真实原则，不得刻意遗漏、歪曲，以免对他人权利造成影响。这种情形主要适用爬虫算法，当涉及公开数据时，算法本身并不具备可责性，主要是看算法适用者利用数据作何用途，是否构成对他人权益侵害，如利用爬虫算法获取信息后将信息展示于公开平台诽谤竞争对手，构成算法不当利用。

3．“注意义务”评价应结合事后救济程度

该两类场景下案件审查，争议焦点经查涉及“注意义务”的审查，侵权主体客观上存在侵权行时，如主观上已尽到注意义务，则可以考虑减轻或不承担相应责任，但主观审查本身存在困难，故应从当事人实施事后救济的客观情况进行主观反推。《个人信息保护法》第二十四条第二款对算法拒绝权进行了相应规定，[24]事后救济的其一表现即是否赋予用户“反悔机会”，赋予其算法拒绝权。算法拒绝权应清晰、易懂、平白，明示告知并将拒绝选择设置得直观易找，拒绝隐藏式拒绝权设置。当算法提供者切实为用户群体提供了这一救济渠道，赋予其自由拒绝算法的选择权，则可以作为其主观不具有过错的评价因素。其二，平台是否畅通投诉、反馈处理渠道，如涉及算法侵权，应立刻采取停止侵权措施，如涉及算法数据误差，则及时进行数据更正以免对相应主体造成不利影响。如平台做到了及时纠偏，积极进行了事后救济，则其主观至少不存在明显故意，即使确有不当行为也应从轻处理。

（二）算法规避的正当性审查

1．结合反垄断规则评价算法滥用

此类案件，首先需要评价平台本身的算法是否正当。在算法与商业平台

---

[24] 《中华人民共和国个人信息保护法》第二十四条第二款：通过自动化决策方式向个人进行信息推送、商业营销，应当同时提供不针对其个人特征的选项，或者向个人提供便捷的拒绝方式。

广泛结合的背景下，以阿里巴巴、腾讯、百度为代表的互联网平台企业掌握着个体的信息数据，控制着用户对资讯的获取方式，改变着社会公众的消费习惯和生活方式。㉕一般起诉算法规避的多为这种龙头平台，需要首先审查平台是否利用算法形成的支配力侵害用户权益，如是否存在典型的平台“二选一”、大数据杀熟、自我优待等行为，是否存在垄断行为。只有当平台并未利用算法不当牟利时，才能保护其权利，审核规避类算法是否具有不当性。

2．从多主体利益权衡上进行规避评价

算法规避本身没有善恶，需要视规避算法对各类主体造成的利益影响综合判定算法正当性。算法规制本质上是算法风险防范与算法设计及应用之间的复杂价值平衡，即受算法影响的多种法益与对自由利用算法之利益的价值平衡。㉖原则上，应当包容一定比例的算法规避并适度限定其适用范围，为少数能力超群者留下规避的空间，促进技术改革创新、算法发展的同时形成算法动态平衡，形成个人发展、算法进步与社会治理的良性互动。算法规避一定会对平台利益造成负面影响，因此对其评价应主要从消费者及市场秩序等公共利益角度深入。当算法规避呈现给消费者的是虚假广告等直接伤害消费者权益的内容，当算法规避造成竞争秩序混乱，引发社会资源的系统性浪费，导致社会福利的总体性下降时，则评价为算法不当并进行相应整治。

需要注意的是，算法规避类案件的合同纠纷，算法正当性的评价是直接反映为合同有效性的认定上，当算法不当则应评价为合同无效，并根据合同义务的履行情况适当考虑履行金额的支付。

（三）算法自动化决策有效性的证成

1．有效性证成需回归算法逻辑

由于算法黑箱的存在掩盖了算法歧视、算法绑架等其他风险，既有研究纷纷提出要“打开算法的黑箱，提升算法的透明度”。㉗本文对于打开算法黑

㉕ 孙清白：《人工智能算法的“公共性”应用风险及其二元规制》，载《行政法学研究》2020年第4期。

㉖ 苏宇：《算法规制的谱系》，载《中国法学》2020年第2期。

㉗ 如吕炳斌：《论个人信息处理者的算法说明义务》，载《现代法学》2021年第4期；李成：《人工智能歧视的法律治理》，载《中国法学》2021年第2期。

箱持否定观点。当面对算法有效性争议时，初步可以调取算法协会的算法备案信息，审查是否有过失效情形等，该调取结果以算法协会出具书面回复函的内容为准，不必对当事人全盘公开细节内容，既能够查清事实，也不会公开算法秘密，对于平台利益并无损害。算法虽无公开必要，但不应剥夺用户的质疑权，算法异议的消除依赖算法解释，算法解释最直接和重要的功能就是化解算法的黑箱。算法解释可以“展开包裹在算法中的决策过程，为数据主体、司法机关等判断是否存在区别对待或造成区别影响提供具有法律意义的信息”。[28] 算法解释实际上是赋予算法应用对象一定范围的知情权，将机器的自动化决策纳入人类监督视野，利用第三方监督算法是否履行相关风险防范义务和补救措施。

2．逻辑呈现应强调可理解性

相对于透明性，可理解性才是目的。[29] 如何将算法逻辑呈现并引导用户及法官理解算法是解决黑箱问题的实质内容。司法实践中通常采用公证的方式还原算法运作经过或数据处理流程，为下一步的算法解释奠定基础。其后采用鉴定、专家辅助人或证人出庭证明算法运行原理或算法正当性、适用性说明并接受当庭质询。相比具有一定数理基础的专业人士外，法官和个人用户对于数理理解以及公式型算法解释具有一定心理排斥，通常人们对于公式解释方法的理解程度最低，因此针对具体的算法解释类型，可视化解释更具优势。可视化解释采取图形、图像方式呈现，利用颜色深浅加强用户识别度和区分度，可将算法解释化抽象为形象，能够极大方便用户和法官进行算法理解。

3．算法论证不应脱离实证核验

完成算法解释的逻辑论证后，下一步需要进行个例验证，将理论落实于实践。个例核验是一种事后归因的解释路径，是对输出结果采取针对性、个别化、具体化的解释，对于用户来说更具直观性，可以辅证算法的有效性。对于个例核验可以由用户任意提出输入数据，经由算法决策后由专家对决策

㉘ 李成：《人工智能歧视的法律治理》，载《中国法学》2021 年第 2 期。

㉙ 刘东亮：《技术性正当程序：人工智能时代程序法和算法的双重变奏》，载《比较法研究》2020 年第 5 期。

结果进行解释说明并评价算法在个例核验上是否通过。需要说明的是，个例核验无需穷尽算法的全部验证，算法的审查不能倒挂资源投入，应当秉持最小投入原则，避免资源浪费。另一种核验的方式是提出反证，如个人用户或其一方的专家辅助人可以提出核验反证并通过，则可以否决算法适用性。

五、结语

目前司法实践中常见的算法争议有算法规避、爬虫算法、自动化决策及个性化推荐几种场景，相应争点审查应围绕算法正当性及有效性展开，具体来说应从数据收集、运用、纠偏全程审查数据收集及使用行为，综合是否具有算法滥用情形及利益平衡的角度评价算法规避行为，同时从算法解释、个例验证的角度审查算法有效性。随着技术发展，人们的算法回应需求会逐步增多，但算法司法规制目前仍处于起步阶段，需要从立法及配套措施上逐步完善，立足算法正当性及有效性两个维度穿透算法运行的技术面纱，直指背后的算法责任。近年来，有很多针对医疗、交通、金融等专门场景展开的规范型研究，表明算法规制有关的学术讨论正在走向“场景化”的下半场。[30]在未来相当长的时间内，算法规制仍将是司法实践中反复讨论、纠结取舍、左右平衡的焦点问题，我们也期待算法场景化审查继续深化、细化，从而在技术自由发展与法律刚性整改之间取得算法治理的平衡。

㉚ 周翔：《算法规制如何场景化》，载《东方法学》2024年第2期。

强监管背景下异常金融行为司法穿透的实践检视与思考

——以186起规避监管类金融纠纷为研究对象

倪　强　刘　婷　张方圆*

习近平总书记在中央金融工作会议上强调“要依法将所有金融活动全部纳入监管，全面强化机构监管、行为监管、功能监管、穿透式监管、持续监管”。在审理金融纠纷过程中运用穿透式思维可以“剥洋葱式”地厘清交易各方的权利义务，避免程序空转，推动实质性纠纷化解。然而，纵观当前审判实践，司法穿透在涉异常金融行为纠纷审理中的运用处于混乱的状态，未形成一套完整、可复制的适合于各个金融领域的司法穿透裁判思路，不同法官对异常金融行为难以识别，对司法穿透的边界尺度难以把握，造成司法穿透在运用过程中出现裁判结果导向性明显、说理不清的问题。结合当前强监管的大背景之下，如何在涉异常金融行为纠纷的审理中进行司法穿透？如何实现司法与监管的良性互动防范化解金融风险？本文试图从实证角度对上述问题予以回应。

一、涉规避监管类异常金融行为案件实践样态

金融风险的隐蔽性、复杂性、突发性、传染性导致金融市场隐藏大量多样化且专业化的异常金融行为。

* 倪强，大学本科，上海市静安区人民法院金融审判庭庭长。刘婷，法学硕士，上海市静安区人民法院金融审判庭审判员。张方圆，法律硕士，上海市静安区人民法院金融审判庭法官助理。本文获2024年上海法院学术讨论会优秀奖。

（一）个案引入：“绕标”规避两融监管案引发的思考

案例 1：某证券公司向叶某提供融资融券业务服务。叶某自行采取两融“绕标”手段使用资金（交易模式详见图 1）。后因 YF 股份被实施风险警示，股票价格暴跌，触发强制平仓，导致亏损。证券公司要求叶某偿还融资本息；叶某认为，证券公司违反监管规定允许客户对非标的证券进行融资融券交易，应承担损失。对此，法院认为绕标目的虽为规避融资融券交易只能针对标的证券的监管限制而获益，但仍须从交易模式本身判断其是否具有违反监管法规的情形，本案不存在上述情形，绕标交易产生的损失应由叶某自行承担。①

步骤一：先融券卖出 300ETF、50ETF、海通证券（均为标的证券），产生融券负债

↓

步骤二：再通过融资买入相同数量的 300ETF、50ETF、海通证券，产生融资负债

↓

步骤三：之后将融资买入的 300ETF、50ETF、海通证券以“现券还券”的方式偿还融券 300ETF、50ETF、海通证券，由此使得融券负债解冻变为“自有资金”

↓

步骤四：将融券负债套现的“自有资金”购买 YF 股份（非标的证券）

图 1　异常交易模式

这是笔者亲历的一起案件。虽最终认定合同有效，但法官在法律推理过程中须参透金融监管的多层级多领域规定，所折射的异常金融交易模式亦非个性问题，大量异常金融行为隐藏在不断创新的金融市场，进而在司法审判领域浮出水面。

（二）现状扫描：涉“异常金融行为”案件整体情况

为研究“异常金融行为”的交易模式、司法特征以及裁判思路，笔者通过各种方式（包括但不限于案例库、各地典型案例发布、法院官微、裁判文书网等）收集梳理了 186 起因“异常金融行为”涉诉的较权威案件，采用案例分析、统计分析等方式进行实证研究。

① 详见一审（2018）沪 0106 民初 29128 号融资融券纠纷民事判决。

1．所涉金融领域和案由分布集中

因“异常金融行为”导致的各种金融类型纠纷主要集中在证券类（一级市场证券发行、二级市场证券交易，占 31.2%）、股权类（代持纠纷居多，占 27.9%）、资管类（私募基金、信托计划类居多，占 29.6%）、信贷类（占 8.1%）及其他（占 3.2%）（见图 2）。

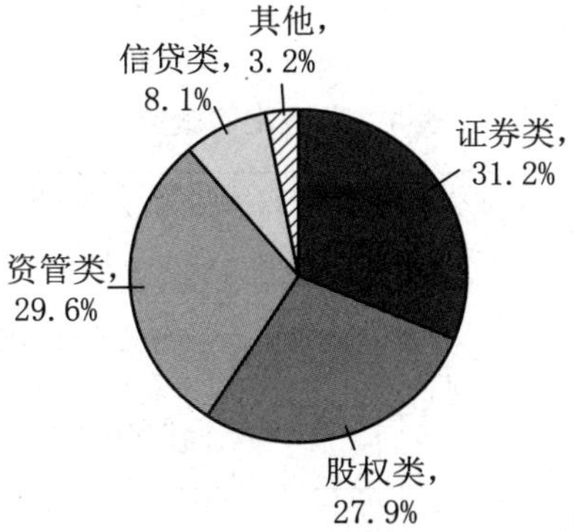

图 2　金融领域及案由分布

2．法院倾向认定无效或部分无效居多

从效力认定裁判结果来看，186 起案件中均存在被告抗辩违反监管或法院审理过程中发现规避监管情形，最终法院裁判认定合同全部有效的案件 20 起，合同部分有效、部分无效的案件 81 起，合同全部无效的案件 85 起（见图 3）。

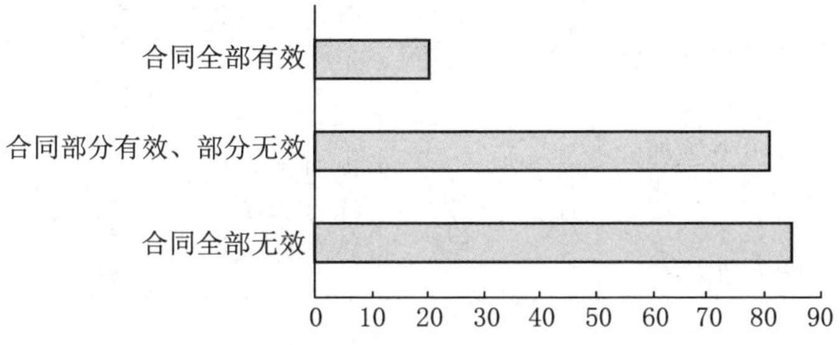

图 3　效力认定裁判结果

3．审级分布广泛且裁判思路各异

从审理程序来看，所有 186 起案件均适用普通程序，其中 145 起案件进入二审程序，上诉率高达 77.96%；38 起案件当事人申请再审后进入再审程序；二审、再审改判案件共 49 起，占比 26.34%，可见一、二审以及再审法官的裁判思路存在一定差异。

（三）精选样本：高频“异常金融行为”案件抽样

鉴于规避监管类异常金融行为极易引发裁判结果对合同效力的否定或部分否定评价，笔者通过上文所述方式择取了涉证券类、股权类、资管类、信贷类这四类在审判实践中“异常”行为高频出现的金融纠纷典型案例 13 起（见表 1），案例 1 如前所述。

表 1　典型案例概览

序号	案例	金融领域	异常行为类型	规避监管目的	裁判依据及结果	来源
案例 2	霍尔果斯摩山商业保理公司与江苏鑫田实业投资公司等免债保壳案②	证券	阴阳合同	上市公司规避因财务指标不符而被强制退市	虚假意思表示无效	地方典型案例
案例 3	南京高科新浚合伙企业与房永生等与股票市值挂钩的对赌无效案③	证券	抽屉协议	回购条款与股票市值挂钩	违反上交所《审核问答（二）》，背俗无效	案例库
案例 4	渤海国际信托公司与某资产经营公司等定向增发保底承诺无效案④	证券	抽屉协议	为定向增发投资者提供保底刚兑承诺	违反《证券发行与承销管理办法》，无效	裁判文书网
案例 5	陈索文与上海国正投资管理公司、民生金融租赁公司代持金融机构股权无效案⑤	股权	股权代持	金融机构持股主体资格	违反《金融租赁公司管理办法》，背俗无效	案例库
案例 6	信达恒业投资管理公司等与马彦明、北京华誉能源技术公司新三板对赌无效案⑥	证券	抽屉协议	规避新三板挂牌过程中对赌协议的涤除	违反《非上市公众公司监督管理办法》，背俗无效	裁判文书网

② 详见一审（2021）沪 0106 民初 21850 号、二审（2022）沪 74 民终 1728 号债权转让合同纠纷民事判决。

③ 详见一审（2020）沪 02 民初 234 号、二审（2021）沪民终 745 号上市公司股份回购纠纷民事判决。

④ 详见一审（2018）冀民初 39 号、二审（2022）最高法民终 167 号合同纠纷民事判决。

⑤ 详见一审（2020）沪 0101 民初 4595 号、二审（2021）沪 02 民终 2446 号其他合同纠纷民事判决。

⑥ 详见一审（2021）京 02 民初 169 号、二审（2022）京民终 330 号合同纠纷民事判决。

续表

序号	案例	金融领域	异常行为类型	规避监管目的	裁判依据及结果	来源
案例 7	徐康宁与南通三建公司、江苏南通三建集团公司投资人和目标公司股东对赌有效案⑦	证券	补充协议	投资人和目标公司股东对赌	一审损害国家利益无效，二审有效	裁判文书网
案例 8	宁波云联小额贷款公司与顾国长、苏州天天优选信息科技公司虚假走账无效案⑧	信贷	闭环交易	虚假走账规避“贷款集中度”监管规定	违反《关于加强小额贷款公司监督管理的通知》，通谋虚伪，背俗无效	案例库
案例 9	光大兴陇信托公司与北大高科技产业投资公司等资管新规第一案⑨	资管	通道业务	规避投资范围、杠杆约束等监管要求	符合金融监管过渡期政策，有效	官微典型案例
案例 10	西藏信托公司与宁波金鸿沣投资合伙企业、杨峻发等资管多层嵌套无效案⑩	资管	资管嵌套	规避信托资金禁止流入证券市场监管规定	违反强制性监管规定和公共利益，通谋虚伪无效	官微
案例 11	李晓峰与胡建伟、北京九沐资本管理公司伞形信托无效案⑪	资管	资管嵌套	规避监管禁止资金通过伞形信托流入股市规定	违反《证监会通报证券公司融资融券业务开展情况》，背俗无效	案例库
案例 12	朱丽娴与深圳晟达资产管理公司等私募合格投资者认定案⑫	资管	合格投资者	规避国家关于私募基金单笔投资金额下限	违反《私募投资基金监督管理暂行办法》，背俗无效	官微典型案例

⑦ 详见一审（2020）苏 0684 民初 6399 号、二审（2021）苏 06 民终 783 号股权转让纠纷民事判决。

⑧ 详见一审（2019）沪 0106 民初 52556 号民事判决、二审（2021）沪 74 民终 1842 号其他合同纠纷民事裁定。

⑨ 详见一审（2014）甘民二初字第 25 号、二审（2015）民二终字第 401 号借款合同纠纷民事判决。

⑩ 详见一审（2019）京 04 民初 803 号、二审（2021）京民终 403 号金融借款合同纠纷民事判决。

⑪ 详见一审（2018）京 0105 民初 73460 号、二审（2020）京 03 民终 13370 号委托理财合同纠纷民事判决。

⑫ 详见一审（2019）粤 0304 民初 26746 号委托理财合同纠纷民事判决。

续表

序号	案例	金融领域	异常行为类型	规避监管目的	裁判依据及结果	来源
案例 13	福州天策实业公司与福建伟杰投资公司、君康人寿保险公司代持保险公司股权无效案⑬	股权	股权代持	规避保险公司的股权持有主体监管规定	违反《保险公司股权管理办法》，损害社会公共利益，无效	裁判文书网

二、异常金融行为司法穿透“难”之困境分析

（一）涉规避监管类异常金融行为纠纷归类

经梳理，上述各类具有规避金融监管目的的异常金融行为类型归纳如下：

（1）主体资格规避型

这类纠纷普遍因主体资格存在一定准入门槛，而采用一些异常手段从而达到规避监管的目的。比较典型的涉金融投资中的股权代持问题，如案例 5、案例 13；私募基金合同纠纷中的合格投资者认定，如案例 12 非合格投资者拼集认购私募基金，均属于交易主体不符合法律或监管规定，以签订不当协议规避监管，从中获益。

（2）交易模式规避型

这类纠纷主要通过搭建复杂的交易结构或操作手法极端异常的投资行为，达到规避监管的目的；此类异常的交易结构可能出现在各类金融工具中，表现形式多样，且专业化程度高，导致法官难以摸清交易结构的底层逻辑。比较典型的交易结构嵌套产品，如案例 10 信托资金多层嵌套、案例 11 伞形结构化信托；操作手法极端异常的投资行为，如案例 1 两融绕标交易属于证券投资中的异常投资形态，均属于通过不同交易模式规避监管的禁止性规定开展金融交易。

（3）隐藏真意表示型

这类纠纷系交易主体通过各种形式合同，隐藏其真实意思表示，如案例

⑬ 详见一审（2015）闽民初字第 129 号民事判决、二审（2017）最高法民终 529 号营业信托纠纷民事裁定。

2、案例 3、案例 4、案例 6、案例 7、案例 8 的阴阳合同、抽屉协议、保底刚兑协议、虚假走账协议、对赌协议等均属于表面形式上签订合法协议，但隐藏了双方真实交易目的的协议约定，从而规避监管甚至违反强制性法律规定。

规避金融监管类异常金融行为一旦被司法穿透认为违反金融监管规定，极易引起行为无效的后果。从上述导致行为无效的精选案例中，相应的裁判理由可以归纳为如下三种情形：

（1）背俗无效型

此类案件审理中法官主要援引公序良俗认定案涉异常金融行为的效力，如案例 3、案例 5、案例 6、案例 8、案例 11、案例 12，均在说理部分援引公序良俗作出裁判。

（2）公共利益无效型

此类案件审理中法官认定无效的依据是损害国家及社会公共利益的法定无效情形，如案例 7 的一审、案例 4、案例 10、案例 13。

（3）通谋虚伪无效型

此类案件审理中法官以当事人通谋虚伪、虚假意思表示为依据认定无效，如案例 2、案例 8、案例 10。

综上可以看出，异常金融行为司法穿透的运用过程中，违背公序良俗是异常金融行为进行司法穿透的重点，本文将在后续予以详细阐述。

（二）涉规避监管类异常金融行为司法穿透之窘境

1．法官对隐蔽性强的异常金融行为识别难

（1）过分依赖当事人主动陈述

面对隐蔽性强的异常金融行为，法官往往被动式顺藤摸瓜，在当事人主动陈述事实后发现端倪，无法全面掌握异常金融行为背后事实。如案例 8 虚假走账无效案，贷款人关于走账协议系虚假意思表示的抗辩引起了法官的关注并最终进行了事实查明。

（2）对专业化程度高的金融交易行为模式不熟悉

为规避监管，在异常金融行为的交易过程中，交易主体往往会违背商事交易基本规律，设计新型复杂的交易结构，同时利用多重身份，进行异常交易，而非专业金融领域出身的法官对专业金融知识缺乏熟知度，增加了事实

查明难度。

（3）对异常金融行为背后规避的监管目的不敏感

金融作为工具被滥用的可能与风险，既是金融创新必然存在的背景，又是金融监管出现的根本原因。[14] 规避监管是上述“异常金融行为”主要目的。面对不同领域、不同层级的监管规定，法官对监管本身出台的背景与价值缺乏敏感度，即使发现异常金融行为也无法掌握其背后折射出的监管目的。

2．法官援引监管规定时司法穿透尺度把握难

（1）对监管规定的理解认识不统一

长期的分业监管模式导致金融监管规定覆盖多个监管层面，法官无法准确理解各项具体监管规定背后的含义。如案例 6 新三板对赌无效案中，对新三板挂牌公司对赌协议的涤除是否属于效力性强制性规定，一、二审法官有不同理解，导致对赌协议效力认定不一。

（2）不同审级、不同地域差异适法不统一

经梳理分析前述 186 起案件中发现，主要存在两种现象：一是基层法院不敢穿透。如案例 2 免债保壳案中，一审遵循意思自治原则认定上市公司对外公示的债务豁免协议有效，而二审则对债务豁免协议进行了虚假意思表示的穿透。二是基层法院穿透过度。如案例 7 投资人和目标公司股东对赌有效案，一审以《股份认购补充协议》属于合同无效之情形穿透认定协议无效，而二审认定隐瞒对赌协议并作出虚假的信息披露的行为虽违反监督管理制度，但不构成无效。对此，笔者建议可以对此类案件适用提级管辖的方式审慎处理。

（3）裁判结果易引发金融行业重大影响

法官在面对异常金融行为是否进行司法穿透会综合考量监管政策变动风险、法律稳定性以及一旦穿透是否对整个金融行业产生影响、是否不利于鼓励金融创新等多个因素。如案例 6 新三板对赌无效案，案涉公司在申请新三板挂牌过程中以抽屉协议的形式进行对赌，极易影响新三板市场众多投资者的利益。

---

[14] 郑彧：《“穿透式监管”的适用与限制：金融工具、系统性风险与监管边界》，载《商业经济与管理》2024 年第 4 期。

三、司法穿透审理异常金融行为之前提要素

涵摄到异常金融行为的法律内层分析，司法穿透合理运用的小前提即金融行为“异常”事实要素识别，大前提即是对异常金融行为背后规避的监管规定准确理解。

（一）小前提：金融行为“异常”事实要素识别

1. 从法官自身出发遇“反常”要警惕

从上述精选案例可见，可能引起法官“反常”警惕的事实要素主要体现在以下几个视角：

（1）甄别交易主体

金融行为的“异常”会涉及合格投资者的认定、股权代持等问题。在涉私募基金纠纷中主要体现在合格投资人的穿透，实践中以合伙企业、契约等非法人形式，通过汇集多数投资者的资金直接或间接投资于私募基金，《私募投资基金监督管理暂行办法》规定了在进行私募基金合格投资者的认定和人数的计算时，要求通过“穿透核查”的方式穿透至最终投资者，如案例12私募合格投资者认定案。而在涉金融股权类纠纷中，隐名投资人的适格性往往是认定的难点，禁止违规代持是基于《证券法》对证券账户实名制的要求，实践中影子股东通过股份代持手段形成复杂股权结构，借助发行上市进行非法交易和利益放大，破坏金融监管秩序。

（2）判别交易结构

异常的交易结构可能出现在各类金融工具中，特别是随着金融工具不断创新，交易结构的多样性和复杂性是判别交易结构是否存在异常的审理难点。受长期存在的监管套利和强监管背景下寻求的能力互补双重因素影响，审判实践中资管类纠纷高频出现交易结构的多层嵌套复杂化。其多层嵌套类型包括商业银行理财产品、信托计划以及保险机构的资管产品。基于规避监管的嵌套需求，交易结构存在以下几种：商业银行＋保险资管开展银信通道业务，信托计划＋私募基金进行定增开户，信托计划＋券商资管提高债权投资收益等。如案例11伞形信托无效案中的信托计划＋券商资管模式，导致涉案信托计划项下不同的一般受益人将以同一账户进行证券交易，本质上违反

了《证券法》关于账户实名制的规定。

（3）鉴别真意表示

这类问题在涉金融股权类纠纷中尤为多见，交易主体以对赌协议的阴阳合同、抽屉协议等形式规避监管进行非法获利。以对赌协议中涉及的阴阳合同为例，交易双方表面上向监管机构确认对赌协议解除即所谓的阳合同，但实际上交易双方另行签订了有条件恢复对赌的协议即所谓的阴合同，要求对赌协议继续履行，可能就存在实际违法但协议约定不一定无效的情形。如案例 2 免债保壳案涉及表面意思表示冲突的两项协议，符合阴阳合同的形式。又如基于当前监管要求清理对赌协议，因此陆续产生了各种抽屉协议，约定保留或者在特定情形下恢复对赌安排。笔者归纳因对赌可能产生的抽屉协议形式如下：表面上终止对赌条款，实际上抽屉协议约定对赌条款附条件生效；表面上终止对赌条款，实际上抽屉协议约定对赌条款自始有效；表面上带复效性中止对赌条款，实际上抽屉协议约定对赌条款自始有效；自始未披露对赌条款。

2．从当事人着手“抽丝剥茧”式穷尽审理方法

（1）主动询问

作为法官在审理阶段最常用的庭审方式和技巧，主动询问行为应延伸至庭审前后，在与当事人聊天沟通过程中寻找案件事实未查明的蛛丝马迹和突破口。如股权代持类型的异常金融行为，可以通过问询当事人隐名原因的方式探寻代持背后可能规避的监管规定。

（2）追加第三人

必要情形下，法官在审理过程中主动追加第三人或经当事人申请追加第三人以查明异常金融行为的异常程度等事实，如案例 13 代持股权无效案，当事人在上诉理由中指出一审未追加与本案有关的当事人参加诉讼，违反法定程序。二审亦在发回重审的裁定中明确了涉案争议股权需依法追加第三人参加诉讼，以进一步查明相关股权代持事实。

3．借助第三方监管资源获取案件线索

（1）监管信息渠道广泛化

各金融监管部门正在强化信息共享机制建设，如反洗钱信息化系统建设、EAST 监管数据标准化报送系统等监管渠道政策，更能有效获取涉案当事人及交易的相关数据，识别问题和风险。

（2）监管识别手段多样化

在实质重于形式的穿透式监管下，监管数智化等科技化监管手段有助于产品穿透、投资穿透以及股权穿透，更好地掌握交易的真实背景和资金的真实流向，在异常金融交易开始时即准确识别虚假披露、违规代持等扰乱金融市场秩序的行为。

（二）大前提：异常金融行为背后规避的监管规定理解

1．从监管文件本身着手分析规避监管的具体条文

（1）找全规定，全面解读监管本意

在长期的传统分业监管模式背景下，银保监会各个层级对应涉及的监管规定分布散落于不同类别不同层级的监管文件，各个层级的监管文件效力等级不同，或是补充关系，甚至存在冲突关系，需从不同的法律解释方法对规避的监管条文进行文义解读、体系解读、关联性解读，如案例4定向增发保底承诺无效案，援引的《证券发行与承销管理办法》第十六条是《公司法》第一百二十六条、《证券法》第二十七条所作出的解释性规定，属于法律条文的补充，可以作为法律规定的参考。又如案例5代持金融机构股权无效案，不仅需要体系化结合相应规章上下文规定，而且需要结合不同时期颁布、修订的管理办法、实施办法，认定代持金融机构股权的行为是否为监管所允。

（2）整合规定，分析监管现状合理性

合理有效的监管规定和监管体系应做到监管无死角、监管尺度和出发尺度一致。随着国家金融监管总局的正式挂牌，金融监管模式从传统的分业监管步入混业监管，此前的分业监管模式在同一个具体问题的规定上容易出现模糊甚至冲突情形，这就需要对相关的监管规定进行整合分析，对规避的监管规则存在的合理性进行价值判断。以商业银行理财产品为例，银保监会特别规定了“同类型金融产品不得嵌套，商业银行理财产品不得直接或间接投资于其他银行业金融机构发行的理财产品，包括理财子公司的理财产品之间亦不允许嵌套”，但是证监会未禁止此类操作，因此法官审理同类型纠纷需要对监管的冲突性规定进行价值平衡。

金融创新催生了更多的异常金融行为，因此在风险防范与金融创新之间

的平衡，也是考量监管合理性的重要因素。

2．拓宽沟通渠道探析监管态度

（1）个案细节沟通

实践中，法官通常在某些个案审理中遇到涉及相关监管规定需要厘清思路，可以通过面对面方式、电话拜访形式一对一地寻求监管态度。同时，各法院金融审判部门应尝试同监管部门建立长效联络机制，可通过固定对接人的方式提高沟通效率。

（2）类案思路沟通

审判中法官发现某一起案件通常涉及某类型异常金融行为的纠纷，监管的思路有助于推进类案的审理，故法院可通过研讨会的形式进行类案的思路沟通。参考案例1两融绕标案，因该案系上海市受理的首例两融绕标交易纠纷，审理法院会同监管机构举行了专题研讨会，为同类案件审理提供了思路指引，加强了监管与司法的沟通衔接。

（3）监管理念沟通

我国法官选拔培养模式主要以法律科班出身为主，其优势在于法官均具备专业的法学理论功底，但同时应注意到，面对涉专业类型的金融纠纷案件，法官具备相应金融领域专业知识尤为重要。以上海金融法院的法官轮岗项目为例，该院通过派送法官至上海市银保监局法规处轮岗学习的方式，加强监管理念的双向沟通，提升法官在审理纠纷时对可能涉及的监管规定的敏感度。

四、异常金融行为司法穿透后法律效力认定之路径

在强监管的大背景下，当前司法穿透以实质重于形式为原则，透过异常金融交易外观探究真实的法律关系，结合穿透式监管将交易主体的权利义务关系置入现有的法律框架下综合判断其效力。当然，值得注意的是，实质重于形式不是武断地脱离当事人约定依照有名合同强行归类，而是要以当事人约定为依据，探求当事人的真实意思，还原实物本来面目，进而进行合法性判断。[15]因此，笔者从法律适用循规、自由裁量权检验以及监管衔

⑮ 刘贵祥：《关于金融民商事审判工作中的理念、机制和法律适用问题》，载《法律适用》2023年第1期。

接度考量检验三个角度构建异常金融行为司法穿透后法律效力认定的裁判路径。

（一）法律适用的循规：效力性判断的法律依据

通过对上述样本的类型化分析，笔者总结了审判实践中以下三种关于效力性判断的法律依据情形。

1. 违反法律、行政法规的强制性规定对效力认定的直接影响

（1）法律条文的解读

根据《民法典》第一百五十三条第一款的规定，违反法律、行政法规的强制性规定的民事法律行为无效，《九民会议纪要》对强制性规定的识别作了进一步明确，将其框定为效力性强制性规定。《最高人民法院关于适用〈中华人民共和国民法典〉合同编通则若干问题的解释》（以下简称《合同编解释》）第十六条则反向对强制性规定不导致该民事法律性无效的除外情形进行了框定。从法理梳理角度分析，强制性规定可以分为效力性强制性规定和管理性强制性规定；审判实践长期以来对两者的区分一直较为模糊，法官难以找到确定的标准。虽然《民法典》对于强制性规定未作明确限定，但仍通过第一百五十三条的但书表述，对“强制性规定”作出了区分。由于法律和行政法规的强制性规定遍布公法、私法领域，如果违反这些规定都导致民事法律行为无效，则显然不利于鼓励交易，并造成社会财富的损失和浪费，因此，虽然《民法典》第一百五十三条没有采纳“管理性强制性规定”的概念，但该条从反面规定了违反强制性规定并不一定导致民事法律行为无效，实际上区分了效力性和非效力性强制性规定两种类型，为判断民事法律行为无效提供了更加明确的标准。⑯

（2）合同效力的认定

审判实践中存在法官动辄以违反法律行政法规的强制性规定为由认定合同无效，有不当扩大无效合同范围的趋势，对此，《九民会议纪要》及《合同编解释》均强调，要从强制性规定所保护的法益类型、违法行为的法律后果

⑯ 王利明：《论效力性非效力性强制性规定的区分——以〈民法典〉第153条为中心》，载《法学评论》2023年第2期。

以及交易安全保护等因素综合认定所涉金融规章是否属于效力性强制性规定。如案例4定向增发保底承诺无效案，最高人民法院认为投资者参与上市公司的股票市场投资，应当自行承担股票价格变动风险，而由上市公司或其实际控制人及关联方为参与定向增发的潜在投资者提供保底承诺，违反了股票市场“买者自负”的投资风险分配基本规则，直接损害股票发行市场定价机制，并且保底承诺违反了“同股同权”的法律规定。证监会制定的《证券发行与承销管理办法》第十六条关于“发行人不得直接或通过其利益相关方向参与认购的投资者提供补偿”的规定，系对《证券法》第二十七条的补充解释，属于效力性强制性规定，违反该规定应导致合同无效。

2．违背公序良俗对效力认定的间接影响

（1）法律条文的解读

《九民会议纪要》关于违反规章的合同效力的明确表述，为公序良俗在金融司法中对合同效力的认定打开了适用空间，也是穿透式审判思维在金融司法的贯彻和运用。在考察违反金融规章是否构成违背公序良俗时，应考察以下几方面因素：一是要考察规范对象。只有当规章的规范对象是交易行为本身或者是市场主体的准入条件时，才可能影响合同效力，对监管对象的合规性要求，一般不影响合同效力。二是要考察交易安全保护因素。如果仅是规范一方的行为，在确定合同效力时，就要考虑交易相对人保护的问题。三是要考察监管强度。违反规章的行为可能构成犯罪的，表明监管强度较强，在认定合同效力时就要予以考虑。四是要考察社会影响。只有当违反规章的行为可能造成严重的社会后果，如导致系统性金融风险时，才可以违背善良风俗为由认定合同无效。[17]《合同编解释》第十七条则进一步明确人民法院在认定合同是否违背公序良俗时，应当以社会主义核心价值观为导向，综合考量当事人的主观动机和交易目的、政府部门的监管强度、一定期限内当事人从事类似交易的频次、行为的社会后果等因素。从立法实践看，《民法典》在“公序良俗”领域中形成了基本原则和概括条款的双重特殊立法构造，即《民法典》总则编的第八条规定了基本原则后，又在第一百五十三条规定了违反

⑰ 最高人民法院民事审判第二庭编著：《〈全国民商事审判工作会议纪要〉理解与适用》，人民法院出版社2019年版，第256—257页。

公序良俗原则导致民事法律行为无效的绝对标准。[18]

金融与生俱来的风险属性，必然会引起金融主体在金融交易中的异常性凸显，基于公序良俗的司法穿透势必会影响金融主体交易的自由度和活跃度，夹杂在当前金融强监管的大背景下，法院在认定异常金融行为效力时要适用公序良俗要综合考虑规范对象、交易安全保护因素、监管强度、社会影响等各项因素，审查规章的内容是否涉及金融安全、市场秩序、国家宏观政策等公法领域，审慎行使自由裁量权。

（2）合同效力的认定

金融市场是国民经济发展的重点，将国家政策作为法源或者“公序良俗”作为审理原则向金融领域延伸可得，一定范围内将金融监管规章和政策引入司法裁判具有合法性，但值得注意的是，这绝不等同于将这一手段作为司法裁判的常态，当然性得出“违反行政规章（规章有效）”即等于“合同无效”之结论。[19] 如案例 11 伞形信托无效案，法院综合考虑了监管目的以及金融市场风险的高度传染性以及证券市场的秩序，基于当时特殊的市场行情下证监会明令禁止资金通过伞形信托进入证券市场，最终认定伞形信托显著增加金融风险、破坏证券市场正常秩序，违反公序良俗导致合同无效。同时应注意到，该案裁判援引的《证监会通报证券公司融资融券业务开展情况》仅属于证监会发布的监管通知，未达到金融规章的层级，如何上升到违背公序良俗是法官需要裁判说理的关键。

对此，笔者归纳总结了实践中违背公序良俗的三种裁判思路：一是监管规则明确属于金融规章，位阶升格至背俗，如笔者梳理的案例 5 代持金融机构股权无效案、案例 6 新三板对赌无效案、案例 12 私募合格投资者认定案；二是监管机构的通知、问答等形式，未达到金融规章的层级，但最终法院援引并认定背俗，如案例 3 与股票市值挂钩的对赌无效案中的上交所《审核问答》、案例 8 虚假走账无效案中的《关于加强小额贷款公司监督管理的通知》；三是不成文的监管理念直接导致背俗，笔者梳理的 186 起案件中亦存

[18] 陈星辰、孙国月：《证券监管规章影响合同效力中的公序良俗通道分析——以“公司上市挂牌中的对赌抽屉协议”效力为例》，载《河北法学》2023 年第 5 期。

[19] 陈秋竹：《金融监管规则介入司法裁判的合理性及其限度——基于穿透式监管对商事合同效力认定的影响》，载《南方金融》2021 年第 3 期。

在该种情形。

3．通谋虚伪意思表示对合同效力的隐蔽性影响

（1）法律条文的解读

从制度的初始设计来看，意思自治与公共秩序可以在私法与公法的空间内分别保持各自的张力，共同维护市场交易与社会秩序的正常运行。[20]然而，实践中异常金融行为涉及的“阴阳合同”纠纷亦不在少数，法官在认定公序良俗时往往存在事实和法律认定障碍，故依据《民法典》第一百四十六条规定选择了前述两项法律路径之外以认定通谋虚伪意思表示处理合同效力的路径。

但需注意的是，理论界和实务界对通谋虚伪表示的认定均持审慎态度。金融交易作为一项商事行为，与民事行为存在很大的区别，如果忽视商事行为的外观，坚持探寻商事主体内含于心的真实意愿，忽视商业效益，不利于金融交易的运转，通谋虚伪规则作为民法的一项制度，应当审慎适用于金融领域。[21]

（2）表面影响和隐藏影响

通谋虚伪意思表示情形下往往充斥着当事人互相矛盾的表面行为和隐藏行为两项行为，这就需要法官从两项行为中解读合同效力的对应的表面影响和隐藏影响。如案例2免债保壳案，二审法官从文义、体系、合同目的及其履行等不同解释方法对交易主体的真意表示进行了解读，并且认为在运用文义、体系、合同目的等解释方法能够确定当事人的真实意思情况下，不应运用合法解释方法而构造出另外一种意义的合同解释，并导致最终出现案涉《债权转让协议》自始履行不能的障碍，裁判说理部分以通谋虚伪表示论述了表面的免债行为和隐藏的规避退市行为的效力。案例8虚假走账无效案、案例10资管多层嵌套无效案也涉及虚假意思表示，认定构成通谋虚伪无效。

---

[20] 贺小荣：《意思自治与公共秩序——公共秩序对合同效力的影响及其限度》，载《法律适用》2021年第2期。

[21] 潘修平：《金融民商事审判工作中需关注的若干法律问题》，载《民主与法制时报》2023年6月1日第6版。

（二）自由裁量权的检验：三维度考察异常金融行为的效力

1．原因：异常之“为什么”

（1）探究主观真意

认定异常金融行为效力的前提是判断其法律关系性质，法院遵循商事外观主义原则，根据当事人提供的证据以及举证责任分配规则，对当事人之间的真实意思表示进行认定。[22]具言之，当交易行为明显不符合一般金融交易规则，以致有充分合理的理由怀疑当事人的意思表示和行为明显不一致，可能存在虚伪意思表示时，法官需进一步探究双方当事人之间的真意表示。实践中普遍存在交易主体为规避某一监管而签订阴阳合同，其中即包含多重意思表示。案例10资管多层嵌套无效案中异常金融行为出现的背景是交易主体认为目标股票将大幅上涨，因而有意投资，遂引发纠纷。

（2）考量监管合理性

实践中存在规避型的异常金融行为虽本质上偏离立法目的，但司法未将其认定为无效的后果，正是基于监管存在的合理性考量。就此而言，“规避行为是否有效”与“规避行为是否对法律实效构成消极影响”不是同一逻辑层面的问题。[23]因此，法官在判断监管强度是否能位阶升格至效力性强制性规定以及公序良俗，应遵循审慎原则。如案例9资管新规第一案，法院援引《关于规范金融机构资产管理业务的指导意见》以及《关于规范银信类业务的通知》对当时的通道业务监管规定进行了说明，但并没有对通道业务是否违反上述监管规定进行进一步阐释，即案涉的异常金融行为是否属于规避监管型通道业务，司法没有作直接的回应。但值得进一步研究的是，当事人采用案涉交易结构极有可能是受到当时的监管影响，为了规避监管在投资范围的要求和规定而采取的无奈之举，该种规避型异常金融行为符合商业逻辑，亦存在一定的合理性，因此二审法院虽然维持了一审判决，但在事实认定和裁判依据上持不同的观点，即从法不溯及既往的角度，结合《关于规范金融机

[22] 湖北省武汉市中级人民法院课题组：《融资性循环贸易纠纷裁判路径实证研究》，载《法律适用》2023年第5期。

[23] 董淳锷：《中国市场监管法律实效评估问题研究——对“规避监管”行为的方法改良》，载《经贸法律评论》2021年第6期。

构资产管理业务的指导意见》的“过渡期”规定，认定合同合法有效，这也是监管存在的合理性具体体现。

2．行为：异常之“如何为”

（1）主体法律关系解剖

如前所述，在私募基金领域，比较常见的是对合格投资者的穿透。实践中私募基金变相公开募集、以多人集合方式规避合格投资者要求行为频发，如何对合格投资者进行穿透往往是法院审理的焦点，笔者归纳了从以下两个维度对合格投资者进行穿透式审查：一是基金各层投资者是否均符合合格投资者的监管要求；二是基金投资人数是否超过法律规定的限制。案例12私募合格投资者认定案中，法院首先认定案涉投资人不具备相应的风险识别能力和风险承担能力，不符合上述第一维度的各层投资者一般要求；进而法院通过涉案私募基金出资确认书的事实查明，认定出资金额系由案涉投资人及案外同类型投资人拼集构成，明显为规避国家关于私募基金单笔投资金额下限的规定，不符合上述第二维度关于人数限制的监管要求；最终法院认定案涉投资人不属于合格投资者，案涉基金合同无效。

（2）交易行为解剖

以证券投资类异常金融行为为例，一级市场的股权投资代持、二级市场的绕标等复杂交易行为以及高频异常交易，需要法官在事实认定中予以综合查明。如两融交易下投资人信用证券账户下一般可进行以下交易：一是融资买入标的证券；二是融券卖出标的证券；三是以信用资金账户中的“自有资金”买入可充抵保证金证券（可以是非标的证券）。一些风险偏好程度较高的投资人往往不满足于在有限的标的证券范围内进行两融交易，案例1两融绕标案即通过第三种交易模式针对品种范围更广的非标的证券进行交易。法院首先对案涉交易主体融资融券的复杂交易行为及交易强度进行了事实的认定和判断，进而认为目前的两融监管亦未针对绕标交易作出任何禁止性规定，在现行监管规定无明文禁止性规定的情况下，不宜轻易对两融绕标交易作出违法性判断。

（3）交易结构解剖

异常交易结构在资管类纠纷中尤为常见，比如结构化嵌套化资管产品，往往体现出一对多、多对多的复杂法律关系，而合同效力系交易开始和交易安全的基石，在这种情况下对于合同效力的认定均需要高度审慎，穿透式审判应当在对金融市场进行必要的纠偏同时，避免对其过度干预。[24]如案例11伞形信托无效案，法院在事实认定中查明了伞形信托交易结构的模式，优先级受益人将优先级资金交与一般受益人控制，仅收取固定收益，一般级受益人同时控制优先级和一般级资金在证券市场进行投资，最终导致涉案信托计划项下不同的一般受益人将以同一账户进行证券交易的复杂结构模式。在裁判说理中，法院认为“在强监管背景下，交易双方对于《合作协议》所涉伞形结构化信托内容是明知的，考虑到证监会作为金融监管部门在当时特殊的市场行情下明令禁止资金通过伞形信托进入证券市场；同时考虑到金融风险的高度传染性，伞形信托显著增加金融风险、破坏证券市场的正常秩序，亦有可能损害证券市场不特定投资者的利益，因此合同无效”。

3．影响：异常之“何结果”

（1）微观层面：法律效果上的检验

法律效果强调法律被遵守执行，实现裁判的合法性。如前所述，法律效果上检验异常金融行为造成何种影响结果过程中，一是准确适用法律，在援引《民法典》《九民会议纪要》《合同编解释》中效力认定的不同具体规定时有理可依、有据可循；二是正确解读监管规定，找全和整合规定，分析监管本意和存在的合理性；三是吃透监管精神，对监管理念进行价值判断，在把握监管精神时应结合法律规定进行综合考量，不应为了落实监管而突破法律规定，亦不应机械适用法律而忽略监管精神的应有价值内涵。本文择选的典型案例3、案例11中，援引法律、监管规定都是在该基础上，最后予以严格准确适用。

（2）宏观层面：社会效果、政治效果上的检验

社会效果就是法律的实质正义，体现在涉异常金融行为纠纷中包括金融消费者的权益保护、金融市场的安全稳定等。对于援引“违背公序良俗”作为法律依据对某种异常金融行为进行价值判断时，很大程度上是在法律规定、监管规定有缺位、立法位阶不够或者立法比较含糊的情况下，背后考量更多

[24]《大资管背景下资管业务典型案例剖析及法律风险防范》，载“北京金融法院”微信公众号，2024年6月14日发布。

的是社会效果，比如金融市场稳定、交易安全、中小投资者权益保护、社会影响等。如案例 12 私募合格投资者认定案，笔者检索到涉及案涉私募基金的同类型案件十余起，属于金融消费者权益保护的涉众型纠纷。又如案例 3 与股票市值挂钩的对赌无效案，法院从前述两个社会效果方面认定，案涉对赌条款会对股票市场秩序、公众投资者权益造成损害，因此对赌无效。同时，政治与经济的密不可分性决定了涉异常金融纠纷中往往隐含着政治金融风险，如在涉异常金融纠纷中有时会有外资资本的力量，都需要在具体案件中予以清晰考量。

（三）监管衔接度的考量检验：司法与监管的良性互动

1．司法正面式回应监管

审判实践中存在基于司法和监管的不同职能，一些规避监管的异常金融行为在进入诉讼后未直接通过司法的方式穿透其合同效力，亦能达到良好社会效果的情形。因此，法官需要从司法与监管的衔接度考量角度来确认司法回应监管的方式，以期实现法律效果和社会效果相统一。裁判认定合同无效即等同于对监管规定的正面式回应，笔者搜集的 186 起案件中最终认定合同全部无效的情形，大部分判决均对其中涉及的监管规定进行了分析和评价，以司法的方式直接对监管进行了正面回应。

2．司法隐蔽式回应监管

实践中亦存在法官对监管规定进行隐蔽式回应，当然这不等同于司法与监管的脱钩，而是在裁判过程中法官从保护金融投资者以及金融交易市场的安全稳定角度考量作出的不同方式，如案例 2 免债保壳案的抄送司法建议方式，二审法官对内事实穿透了当事人真实意思有效，但规避行为没有影响对内效力，而在对外即投资者角度，基于该行为可能构成虚假陈述，一旦监管作出处罚，可能引发集体诉讼，因此并未直接回应免债保壳这一异常行为是否符合退市规则等监管政策以及规避监管，但在案外法院以司法建议的方式抄送相关监管部门。随之引发了监管部门的关注，监管机构向涉案上市公司发出《关注函》，要求涉案上市公司对是否通过债务豁免规避退市作出说明，由监管部门判断交易主体的行为是否合规。

因此，笔者认为，司法穿透后，只要不引起否定合同法律效力，也不一定要在裁判中正面回应是否规避监管，案外通过抄送监管的方式向监管发送司法建议，以司法的效应传导监管，实现司法与监管的良性互动，亦能达到“三个效果”的统一。

五、结语

党的二十届三中全会提出，“要完善金融监管体系，依法将所有金融活动纳入监管”。因此，在强调金融监管要“长牙带刺”的大背景之下，金融审判的司法穿透理念亦应紧随其后，但同时不能忽视司法穿透的合理运用边界。本文认为，涉异常金融行为的司法穿透裁判路径应以法律准确适用为前提，从异常的原因、行为、影响三个维度进行自由裁量权的检验，兼从司法回应监管的方式进行监管衔接度的考量检验，最终实现司法与监管的良性互动，有效构筑异常金融行为司法穿透的实现路径，便于法官科学运用穿透式思维，发挥司法的能动性，以期为金融市场有序运行、有效监管提供有力司法保障。

人格权禁令的司法适用路径

杨　琦*

人格权禁令将人格权保护从事后救济向事前预防转变，被视为《民法典》人格权编的重大制度创新，能够在侵害发生之前为当事人的人格权保护提供更加积极的制度性保障，① 在事态升级前直接将矛盾扼杀在摇篮中。但是由于该条规定过于原则性，加之程序规则的缺失，较大地制约了人格权禁令的实践应用。各地法院在受理人格权禁令案件后，有的参考行为保全程序，有的则参考人身安全保护令的程序，使得人格权禁令的审查具有极大的不确定性，不仅制约了人格权禁令的实践应用，也违背了程序法定的基本原则。学界的不同见解、我国提供程序供给的方案、司法实务在方案缺失时的不同程序选择，都表明如何审查人格权禁令问题亟待厘清。在中央持续强调预防性法律保护的理念下，对如何建立及时预防和制止侵害的人格权禁令制度进行系统性研究，关系着禁令能否真正落地开花。目前，最高人民法院正在起草人格权禁令司法解释。基于此，本文立足于多元解纷视角，通过对各地人格权禁令司法实践的梳理分析，探究人格权禁令的适用程序，为实现多元解纷、纠纷预防治理探索新的路径。

一、现状临摹：人格权禁令司法适用的实践样态

囿于人格权的特性，涉案文书可能涉及个人隐私，不排除一些人格权侵权案件裁判文书并未向社会公开。截至2024年5月20日，在北大法宝司法案例

* 杨琦，法学硕士，上海市静安区人民法院民事审判庭法官助理。本文获2024年上海法院学术讨论会优秀奖。

① 参见龙卫球主编：《〈中华人民共和国民法典〉人格权编与侵权责任编释义》，中国法制出版社2021年版，第25—26页。

库、裁判文书网以“人格权禁令”“人格权侵害禁令”“人格权保护禁令”等词语为关键词进行全文检索，并检索见报、上网等公开报道而未文书上网的各省市人格权禁令案件，经手动剔除重复、无效、不相关案件，共得有效样本42件。通过分析样本，发现在实践中人格权禁令之适用呈现出以下困难。

（一）程序设置不明确

人格权禁令既可以在诉讼过程中提出，也可以由当事人单独申请。诉讼中提出的禁令案号以“民初字”命名，单独申请的禁令则以“民保令”命名。② 一般而言，“民保令”代字的案件多为人身安全保护令申请审查案件。此外，通过比较人格权禁令和人身安全保护令的裁判文书可以发现，除了适用的法律依据不同外，两者在其他内容上具有高度相似性。这表明，由于缺乏具体明确的适用规则，目前人格权禁令的程序设计主要参考人身安全保护令的模式。人身安全保护令的适用范围仅限于家庭内部，针对家庭成员中施暴一方的行为进行规制，旨在限制家庭成员对他人生命健康、人身自由等物质性人格利益的侵害。法律关系相对简单，案件复杂性较低，错判的风险也较小。而人格权保护的是人格利益和人格尊严，其对象具有不特定性，禁令的申请必然以人格权与他人利益甚至公共利益产生冲突为前提。因此，禁令的作出需综合考量申请人、被申请人以及公共利益，其证明标准和错判风险均远高于人身安全保护令，不能简单地“照搬”人身安全保护令的相关规定。

在具体程序设计上，不同案件的审查方式各不相同，多数以书面审查为主，少数案件则采取听证或询问的方式听取申请人和被申请人的意见。前者主要涉及骚扰跟踪、恐吓威胁等危及物质性人格权的类型案件，由于存在现实紧迫的危险性，因此需要快速作出裁判；后者则涉及网络侵犯肖像权、名誉权、探视权、隐私权等案件。同样是因侵犯名誉权而提起的禁令申请，③ 不

② 参见《最高人民法院关于确定人身安全保护令案件及其类型代字的通知》。

③ 在人格权侵害禁令全国首案“王某香与某地产公司名誉权纠纷案”中，法院组织双方进行了听证；而在广东省中山市第一人民法院审理的一起案件中，法院认为姚某在收到一审判决书后的上诉期间，仍继续发布与某月子中心相关的类似笔记延续其侵权行为，若不及时制止将造成某月子中心名誉权被侵犯的损害后果进一步扩大，据此支持了人格权禁令申请。

同法院的处理方式有所不同，有的法院组织双方进行听证，而有的法院则依据当事人的书面申请直接作出裁判。裁判是一门平衡的艺术。无疑，人格权禁令旨在高效便捷地保障受侵害的人格权，对诉讼效率的追求必然以牺牲部分程序正义为代价。但是禁令作为关涉实体权利的裁决，单纯依靠申请人的书面申请或单方陈述是否能够达到认定标准？是否需要赋予被申请人最低程度的程序保障？这些问题需要进一步探讨。

（二）程序衔接不顺畅

在知名女星刘某与广州妮尔进出口贸易有限公司、张某网络侵权责任纠纷一案中，④ 刘某第一次向法院提出人格权禁令申请时，法官告知刘某先行通知网络服务提供者采取删除、屏蔽、断开链接等必要措施，将“通知—删除”规则视为禁令申请的前置程序。而在江苏省张家港市人民法院审理的蒋某楠诉曹某、苏州爱上网络科技股份有限公司名誉权纠纷一案中，⑤ 法院于 2021 年 3 月 11 日签发停止侵害人格权禁令，并向苏州爱上网络科技股份有限公司送达协助执行通知书，要求该公司协助执行停止侵害人格权禁令，并对网站上发布的侵犯蒋某楠隐私权的信息采取删除、屏蔽等必要措施。由此引发疑问：人格权禁令作为一种新兴的法律制度，当网络用户利用网络服务实施侵权行为时，《民法典》第一千一百九十五条规定的“通知—删除”规则与人格权侵害禁令如何衔接，是否要将“通知—删除”作为禁令申请的前置程序。

二、认知错位：人格权禁令实践遇冷的原因分析

《民法典》施行三年有余，适用《民法典》第九百九十七条保护人格权的效果却不尽如人意。究其原因无非两方面：法院排斥适用禁令，是为“不想用”；法院难以适用禁令，是为“不能用”。前者涉及程序适用者的观念问题，后者关乎程序本身的实操问题。单一的规范和粗略的表述难以全面描绘人格权禁令程序，给适用者留下了过多的想象空间，这种不确定性抑制了程

④ 参见广州互联网法院（2021）粤 0192 民初 10232 号判决书。

⑤ 《裁判的力量 | 蒋某楠申请停止侵害人格权禁令案》，载“张家港法院”微信公众号，2022 年 11 月 18 日发布。

序的使用热情；即便一些法官试图通过解释或补充程序规则适用人格权禁令，也可能面临司法系统的内部否定。⑥

（一）性质认知：未能充分认识禁令的程序实体双重性

如前所述，《民法典》第九百九十七条对于法院受理申请和发布禁令的程序规则尚未明确。人格权禁令适用何种程序，背后隐藏的根本问题是人格权禁令的属性问题，由此衍生出法院审理或审查禁令申请应适用诉讼程序还是非讼程序，或诉讼与非讼的混合程序。通过对人格权禁令的属性进行界定，根据其属性选择恰当的司法程序，以便充分发挥人格权禁令的救济功能。

1．禁令需要实质争议判断

《民法典》第九百九十七条是为了预防和制止人格权侵害行为。从制度目的来看，人格权禁令来自人格权保护的必要性，目的是维持权利主体对生命健康、人身自由、人格尊严的基本需求，是为了保障实体性权利的实现。从基本原理来看，权利人要求相对人不实施侵害或要求相对人停止侵害，都表现为权利人的防卫请求权。人格权禁令前提是人格权的存在，而人格权作为一种对世权，权利的行使不得附加任何限制，禁令作为基于原权的救济权型请求权，本质上是实体法上的权利保护请求权的产物。从审查要素来看，尽管从立法层面而言，人格权禁令并不是为了确认侵害人格权的民事责任，也不在于如何承担此种民事责任，甚至不要求直接解决人格权纠纷。但人格权禁令的行使以权利受到侵害为前提，这就导致法官在审查禁令的过程中，无法回避实体内容的审查，例如人格权如何认定、权利是否遭受或即将遭受不法侵害、造成的损害是否达到了难以弥补的程度等，提高对实体内容的审查，以便确认当事人的实体权利义务关系，裁量具体的禁令内容并确保实体公正。从裁判效力来看，人格权禁令的法律效力属于实体法层面，其效果是为处于潜在损害风险中的人格权提供一层保护。这个保护层通过对特定主体特定行为的限制性命令构建，例如禁止侮辱和殴打他人、禁止进入指定区域、禁止在网上发布不实言论等。违反人格权禁令即视为违反实体法，需承担相应的法律责任。因此，禁令的发布是对双方实体权利义务评价后的客观

⑥ 赵志超：《人格权禁令程序：实践冷遇与困境纾解》，载《东岳论丛》2023年第4期。

裁量。⑦

2．禁令追求程序效率优先

立法者在构造人格权禁令时，着重考虑程序运转效率。人格权禁令作为预防性的保护措施，目的在于防止权利人可能遭受的临时性威胁，高效性和及时性成为人们对人格权禁令的重点期待。因此，无论采取何种程序建构方式，效率价值的凸显是人格权禁令程序的设计起点。效率价值之所以被提到如此之高度，原因在于效率决定了人格权禁令在司法适用中的运行效果。只有人格权禁令的裁判效率得以体现，预防性保护的立法目的才能得以实现。在这一前提下，公正价值需要服从于效率价值，表现为程序规则简化、程序保障程度降低。这种做法的正当性在于人格权禁令的构成要件是抽象的，而内容是具有裁量性的；其合理性在于立法者的直接目的，也就是立法者对效率的期待。人格权禁令无需采取常规的"构成要件—法律效果"之结构，只需要禁止当事人的特定行为，并以此预防损害结果的发生。因此，人格权禁令无需完备的程序保障，至少程序保障的程度无需达到侵权诉讼案件的水准。

（二）功效认知：未能充分认识禁令的多元解纷功能

角色的构建与行动的选择是紧密相关的，并逐渐被沉淀到个体的经验和观念当中。⑧司法文化对当前的司法实践有着潜移默化的影响。长期以来，我国悠久的"无讼"历史文化逐渐衍生出协商、调解、和解制度，在整体上表现出明显的非对抗性特点。在"和为贵"理念的倡导下，人们普遍认为非诉是解决纠纷的最佳方式，体现在诉讼实践中，就是调解优先的案件审理方式。而司法政策的偏向性更是对案件处理具有强大的影响力，我国诉讼制度具有鲜明的政策实施色彩，法官不仅要客观公正行使审判权，而且承担着政策实施的责任。司法实践中长期的纠纷解决惯性导致矛盾双方之间的非正式沟通无论是在范围还是在方式上均呈扩张势态，从而忽视了人格权禁令等

⑦ 参见张海燕、苏捷：《论人格权禁令程序的路径选择》，载《甘肃社会科学》2022年第6期。

⑧ ［美］彼得·L. 伯格、托马斯·卢克曼：《现实的社会建构》，吴肃然译，北京大学出版社2019年版，第93—94页。

法律工具对于多元解纷的优势。从法官审判角度而言，基层法官不仅面临着“案多人少”的审判压力，还要处理信访化解、法治宣传等审判以外的任务，同时接受结案率、上诉率、二审发改率和错案赔偿等各种指标的考核。为降低案件处理结果的不确定性，法官对于具体案件审判程序的运作普遍具有较强的可控性思维，他们不得不调动实践智慧，采取更加稳妥的机制化解工作压力和职业风险。而人格权禁令作为《民法典》的新兴制度，法官求稳的心态使得第一个敢于吃螃蟹的人面临着极大的风险和压力。应该看到，多元解纷作为一种综合性的措施，并不局限于单一的纠纷解决方式，而是分门别类，针对不同的矛盾类型采取合适的解纷工具。例如，在骚扰跟踪、恐吓威胁等人格权禁令适用频率较高的领域，受害者可能无法接受调解结果，调解协议无法有效制止行为人的侵权行为，也无法预防未来的侵害，受害人需要更强有力的法律工具保障自己的生命安全，此时，禁令的强制执行力优势得以彰显。再如，在网络侵害人格权领域，禁令的及时性能避免损害在网上迅速蔓延。

三、前置化解：人格权禁令的多元解纷功效

（一）回归本位：多元解纷中法院定位的再认识

当前我国处于社会转型中，这一过程必然伴随着更为复杂的社会结构和更加多元的社会纠纷，法院尤其基层法院面临着案多人少的突出矛盾。法院作为国家司法机构，在国家治理体系中通过法律实施化解社会纠纷、维护公平正义，从而实现国家治理体系和治理能力的现代化，这就决定了法院参与多元解纷既需要发挥司法性功能，也需要发挥治理性功能。前者事关法院内部治理，主要是法院调解制度、诉调对接机制、下沉社区的人民法庭等；后者强调内外共治，主要是法院与其他社会个体及其组织机构对纠纷的预防及化解采取的联合行动，例如人民调解制度、府院联动机制等。但在当前的司法实践中，存在过度强调法院治理性功能的趋势，却忽视了法院这一司法机构的本体性功能，不仅钳制了法院积极作为，也给法院增添了新的“非司法性”负担。针对不同的纠纷类型采取适配的解纷方式，才能扮演好多元解纷供给站这一重要角色。

法院参与多元解纷的路径，首要之义应是立足于法院的司法性职能。法院作为司法审判机关和执行机关，其最直接、最基本的职能是利用法律工具和手段解决社会纠纷，最大的优势是凝聚了最为专业和权威的人员，并通过一整套完整的、严格的程序对民众的行为予以有效规范，对整个社会起到教化和示范作用。因此，法院通过司法个案审判助力社会治理。法院的司法性职能具有多元性，现有研究及实践关注点多聚焦于调解机制上，但是多元解纷不是简单地等同于调解。这种对多元解纷狭义的理解不仅阻碍了法院多重司法性职能的发挥，还会有损法官“中立”角色导致超出司法功能的伦理风险，无法满足社会对公平正义的追求以及纠纷实质性化解的需求。多元解纷中的纠纷化解和当事人的诉权并非对立的概念，多元解纷并非剥夺当事人的诉权，人格权禁令等法律工具同样对于纠纷之源遏制具有不可比拟的作用。

（二）功能契合：人格权禁令与多元解纷的内在关联

1. 多元解纷和人格权禁令的本质均是社会治理

社会治理是指在党的领导下，由政府主导，并号召社会各界人士协同参与对社会公共事务活动的治理，以维护社会秩序、促进社会发展和保障公共利益的过程，⑨多元解纷是强调预防和解决潜在矛盾和纠纷，从源头上化解社会矛盾的治理机制。其核心理念在于“治未病”，即在矛盾冲突尚未激化为法律诉讼之前，通过多种渠道和方式进行化解，从而减少诉讼案件的发生。社会治理作为复杂的全局性工作，不仅强调系统治理、综合治理，也强调源头治理和依法治理，这和多元解纷的理念不谋而合。可以说，多元解纷是社会治理在司法领域的具体化要求。

人格权禁令的出台旨在通过法律手段，保障个人的基本尊严和权利，使得个体能够在社会中自由全面发展，这正是社会治理的终极目标。其关注的生命健康、名誉荣誉、个人隐私等权利，无一不与群众生活息息相关。禁令的适用实践显示，其主要作用于网络暴力、侵犯肖像权、侵犯探视权、跟踪

⑨ 政府、社会组织、企事业单位、社区以及个人等多种主体通过平等的合作、对话、协商、沟通等方式，依法对社会事务、社会组织和社会生活进行引导和规范，最终实现公共利益最大化的过程。

骚扰、恐吓威胁等重大社会问题领域。此外，互联网时代，网络侵权行为层出不穷，其快速传播性不仅对自然人的人格权造成重大损害，甚至会给一些企业带来灭顶之灾，通过禁令及时制止，有助于保护生而为人的人格权益，营造良好的营商环境。同时，禁令也关注侵害生命健康权益的行为，例如尾随、恐吓、殴打、性骚扰、限制人身自由等行为，可能升级为更严重的危及生命安全的暴力犯罪行为，通过禁令进行规制，可以预防潜在的安全威胁，保护公众安全，对社会稳定起到积极作用。因此，人格权禁令是社会治理的法律工具之一。

2．多元解纷和人格权禁令的指向均是纠纷化解

作为多元化纠纷解决机制改革背景下防范并化解矛盾纠纷的措施之一，法院参与的路径有两种，分别为预防潜在纠纷和调和已有纠纷。对于人格权而言，一方面人格权的价值难以通过金钱进行衡量，其主要与人的情感、尊严等精神类需求有关，另外，人格权益具有不可逆性，一旦受到损害将难以弥补，因此提供一种高效便捷地保护人格权的制度成为当务之急。传统的诉讼程序中，权利人不仅需要承担严格的举证责任，漫长的诉讼程序，其人格权也会受到持续性的侵害。[⑩] 在《民法典》第九百九十五条已经规定了人格权请求权的前提下，再行规定《民法典》第九百九十七条，必然是因为相比一般的人格权请求权，人格权禁令具有不可替代的优越性。这种优越性体现在人格权禁令具有高效及时性，能够迅速制止正在发生的侵权行为，防止事态恶化，避免小矛盾演变成大冲突、因救济延迟造成不可弥补的损害，同时可以减少诉讼的复杂程度和时间成本，正是多元解纷理念下根据纠纷的紧迫性这一特性因地制宜作出的规定。

四、实践路径：人格权禁令适用的司法程序设计

（一）顶层设计：提高法律的明确性和可预测性

法律适用是由抽象到具体、由一般到个别的演绎思维过程，个案的高效

⑩ 刘学在、赵贝贝：《人格权侵害禁令：立法背景、定位及程序构建》，载《广西社会科学》2022 年第 3 期。

处理取决于法律的确定性和法律适用的准确性。因此，针对目前人格权禁令实践遇冷的现实困境，一方面，最高人民法院可以发布专门的司法解释或指导性意见，对人格权禁令的适用条件、程序要求和具体操作细则进行详细规定，明确法官在适用人格权禁令时应考虑的因素和标准，统一裁判尺度，增加人格权禁令制度的透明度和可预测性，发挥司法解释或指导性意见的定心丸作用。

另一方面，对于法官而言，没有可供参考的相关案例是人格权禁令适用率低的重要原因之一。“一个案例胜过一打文件”，用已决案例指导类似案件的裁判，在“抽象到具体”的法律适用之中增加“具体到具体”的参照，不仅可以促进法律统一适用，也可以发挥司法裁判的指引、评价、教育功能。虽然不少省市已将人格权禁令案件作为典型案例发布，例如，2023 年，陕西省高级人民法院发布 10 件家事审判典型案例之一——张某与李某申请人格权侵害禁令案；江苏省高级人民法院发布 2023 年度江苏法院家事纠纷十大典型案例之一——谢某申请人格权侵害禁令案；最高人民法院曾发布的七起依法惩治网络暴力违法犯罪典型案例中，第六个就是李某某申请人格权侵害禁令案。但是由于缺乏统一的编写、审核程序和标准，存在说理不详细、裁判过程不明朗等问题。例如，在前述陕西省高级人民法院发布的人格权禁令典型案例中，仅介绍了基本案情、处理结果、典型意义，至于处理结果从何而来、适用何种审理程序、采取了何种判断标准均未明确，导致案例的参考、指引功能大打折扣。人民法院案例库作为最高人民法院推出的新的“公共法律服务产品”，收录了最权威、最规范的海量案例，经由最高人民法院统一审核把关，严格的入库流程能够最大程度上保证案例来源的广泛性和权威性。因此，要充分发挥人民法院案例库的类案检索功能，收录人格权禁令的典型案例，为法官办案提供更加权威、更加规范、更加全面的指引。[11] 此外，对于人格权禁令适用中的难点、堵点，法官要充分利用法答网，积极提问，努力提升专业能力素质，改变遇到新型案件或疑难复杂案件的处理方式，切实打造学习使用的习惯自觉；同时，最高人民法院和各省市高级人民法院可以适时出

⑪ 最高人民法院研究室案例工作小组：《人民法院案例库若干重要问题解读》，载《中国应用法学》2024 年第 3 期。

台一批关于人格权禁令等新兴制度有针对性的精选问答，推动人格权禁令的统一正确适用。

（二）具体路径：略式程序的选择及规则设计

1．程序选择

如前所述，人格权禁令程序不明是导致适用率低的主要原因。目前学界对人格权禁令案件的程序定位，主要有诉讼程序说、非讼程序说、诉讼与非讼程序兼具等几种观点。诉讼程序的基本特征是争讼性、对审性和公开性，其以辩论主义为原则，双方必须对簿公堂进行充分的举证质证，由此导致的复杂冗长的诉讼周期无法满足人格权禁令快速反应的需求。禁令程序因其需要进行实质争议判断也无法完全与非讼程序吻合。略式程序作为独立于诉讼程序和非讼程序的程序类型，其不以解纷为目的，不对主诉案件进行实质审理，主要是通过对申请及证据材料进行书面审查，在较短时间内作出裁判，以便快速形成执行名义，与人格权禁令的立法目的高度契合。具体而言，在程序机制上，禁令除由当事人申请外，程序完全由法官依职权推进，法院在禁令审查和发布过程中具有较大的自由裁量权。在程序法理上，略式程序采取的是“申请人申请+（被申请人有限抗辩）+法院审理”的不充分性对审结构。法官在审查判断是否符合法律规定的人格权禁令条件的过程中，虽然也要保障相对人提出异议的权利，必要时会组织召开听证会，以助查明事实，但无论异议还是听证，都不是按照对审原则设计的，不采取普通程序的开庭审理的方式，而属于法官职权调查过程。在审查对象上，禁令审理的是民事主体寻求快速保护或实现权利的请求。⑫ 在审理方式上，略式程序主要是书面审理加上简式言词辩论，紧急情况下可以仅审查申请人提供的证据资料。因此，略式程序依然遵循实体权利逻辑，恪守程序保障的最低标准。以略式程序构建人格权禁令的一般规则，不仅符合程序正当的基本要求，也满足当事人便捷、高效、低成本实现权利的需要。⑬

---

⑫ 李蔚：《民事独立禁令程序建构论》，载《财经法学》2022年第4期。

⑬ 参见吴英姿：《论“确权型”案件的正当程序——略式程序的法理与规则》，载《法制与社会发展》2023年第2期。

2．规则设计

在审查程序上，借鉴域外的审判实践，[14]应综合考虑受害人的现实危险性、禁令内容的紧迫性、损害的严重性以及禁令的可执行性，以书面审查为主，言词辩论为辅。具体到人格权禁令上，由于物质性人格权具有客观紧迫性，在程序上应当区别于一般的禁令程序，即不必须赋予被申请人以陈述权、听审权和异议权等各种程序性权利，以免导致程序耗时过长而使得权利人的人格权益无法得到及时有效保护，与禁令的立法目的有所违背。而对于精神性人格权，"侵害人格权的违法行为"的证明以及"难以弥补的损害"的认定是禁令程序审查的重点和难点，仅依据单方申请和职权探知恐难匹配审查需要，因此应根据案情具体分析决定是否设置询问或者听证程序。法院在收到禁令申请后，应当及时通知被申请人，保证被申请人享有知情权、异议权和陈述权，其可以提交相关的证明材料和对禁令申请提出抗辩等，如存在实质争议，超出禁令程序审查范围的，应驳回申请，并告知当事人通过诉讼程序寻求救济。在救济途径上，考虑到被申请人在禁令中的弱势地位，出于对被申请人最低限度的程序保障，应赋予被申请人申请复议的权利，补偿追求效率而折损的程序正义。

（三）规则前置：网络侵权领域的适用规则

随着互联网的普及和发展，网络侵权行为层出不穷，正如王利明教授所说"在互联网时代，一旦发生网络侵权行为，其损害后果即覆水难收、不可逆转，甚至造成难以估计的损害，因此，在人格权保护中，更应当强调对损害的事先预防"，[15]且受害者往往处于信息弱势地位，难以有效反击侵权行为。

---

[14] 域外关于人格权禁令的相关规定主要有：《美国联邦民事诉讼规则》规定了法院在初步听证后和作出最终决定前可以发布临时禁令。其中的临时限制令则允许法院在未听取被告意见的情况下，应申请人的单方面请求发布，因此也称为单方限制命令。《法国民事诉讼法》（2019年）第八百三十七条规定，紧急事务法官在审理临时命令案件时，可以应一方当事人的请求，或者基于情况紧急证明有必要，有权将（主诉）案件移送开庭审理，作出实质裁决。《德国家事事件与非讼事件程序法》则规定，法院可在未进行言词辩论的情况下发布临时命令，该法第一百五十七条规定，若子女的最佳利益受到威胁，法院应迅速评估是否需立即发布临时命令。

[15] 王利明：《论侵害人格权的诉前禁令制度》，载《财经法学》2019年第4期。

针对该类侵权行为，当前有《民法典》第九百九十七条、第一千一百九十五条予以约束，[16]但二者之间如何分工衔接当前立法并未明确，导致前述的同类案件适用不同规则的矛盾情况。网络已成为人格权侵权的主要场所，仅依靠法院的人格权禁令进行救济，将会导致大量侵权纠纷涌入法院，不仅会加剧法院当前案多人少的状况，还会导致侵权行为难以及时制止。与人格权禁令相比，“通知—删除”规则门槛和成本都较低，对权利人而言更加便捷高效。网络服务提供者作为平台经营者，掌握相关网络用户的身份信息，处理相关侵权内容具有时间上和技术上的优势。与司法救济相比，采取上述“私力救济”方式，更有利于节约申请人的维权成本，提高维权效率。因此，将“通知—删除”规则视为禁令申请的前置程序，不仅便利了当事人，也是多元解纷理念下节省司法资源的举动。且“通知—删除”规则早在2010年《侵权责任法》就已经出台，2014年最高人民法院发布《最高人民法院关于审理利用信息网络侵害人身权益民事纠纷案件适用法律若干问题的规定》，进一步从一般规则的层面细化了该机制，相比人格权禁令更加成熟和完善。然而，将“通知—删除”规则作为前置程序，无疑又会引发新的问题：若网络服务提供者拒绝采取必要措施，即“通知—删除”规则难以发挥效用时，申请人能否提出人格权禁令申请？答案是肯定的。网络服务提供者并非专业的裁判机关，又需要在较短时间内作出判断，很难通过申请人提供的初步证据判定侵权行为是否存在，尤其是一些疑难复杂纠纷对裁判者的专业能力提出了更高的要求。这就决定了“通知—删除”规则存在一定的错误空间，不能根据网络服务提供者的判定结果认定禁令申请的合法性。

[16] 《中华人民共和国民法典》第一千一百九十五条规定：网络用户利用网络服务实施侵权行为的，权利人有权通知网络服务提供者采取删除、屏蔽、断开链接等必要措施。通知应当包括构成侵权的初步证据及权利人的真实身份信息。网络服务提供者接到通知后，应当及时将该通知转送相关网络用户，并根据构成侵权的初步证据和服务类型采取必要措施；未及时采取必要措施的，对损害的扩大部分与该网络用户承担连带责任。权利人因错误通知造成网络用户或者网络服务提供者损害的，应当承担侵权责任。法律另有规定的，依照其规定。

以被害人陈述为核心的性侵害未成年人犯罪案件证据链构建方式探析

——以 310 份性侵害未成年人犯罪刑事判决为样本

孙思熠*

当今社会各界都对涉未成年人权益保护相关案事件高度关注，特别是性侵害未成年人犯罪案件一旦见诸报端都会引起人民群众的广泛讨论。然而性侵害未成年人犯罪案件天然具有作案较为隐蔽、证据结构单一、直接证据较少的特点，如果采用我国刑事诉讼传统中强调全案证据印证的证据链审查要求，则对此类案件的证据提出了较高的要求，甚至可能出现类案证明不能的困境。面对性侵害未成年人犯罪案件较为敏感复杂的客观情况，2013 年最高人民法院、最高人民检察院、公安部、司法部（以下简称两高两部）发布《关于依法惩治性侵害未成年人犯罪的意见》，2023 年通过对上述《意见》的发展完善结合实践经验总结，两高两部发布《关于办理性侵害未成年人刑事案件的意见》，同时以发布典型案例的方式对性侵害未成年人案件的办理提供了指引。

然而实践中性侵害未成年人犯罪案件的证明方式并非每一件案件都能满足客观证据印证的证明要求，不能通过印证推理的方式对此类案件的证据链构建方式进行可客观检验的证据推理审查，导致实践中对此类案件在个案中的证据审查采信与证据链构建方面仍会出现争议。

* 孙思熠，法学硕士，上海市静安区人民法院未成年人与家事案件综合审判庭法官助理。
本文获 2024 年上海法院学术讨论会优秀奖。

一、问题的提出：性侵害未成年人案件的证明困境

我国的刑事诉讼体系在证据审查方面重视证据的印证能力，1979年《刑事诉讼法》第三十五条即确立了口供补强规则："……只有被告人供述，没有其他证据的，不能认定被告人有罪和处以刑罚。"之后口供补强规则不断完善延续至今。在我国刑事诉讼司法实践中"证据之间具有内在联系，共同指向同一待证事实""证据之间相互印证，不存在无法排除的矛盾和无法解释的疑问"已是当今刑事诉讼程序中的基本要求，并且强调以证据为核心的刑事犯罪指控体系，也有学者提出我国刑事诉讼独特的采用印证证明模式的观点。印证证明是通过审查证据之间是否能够相互印证共同指向待证事实，通过对证据进行逻辑性推理分析的具有科学性的证明方法。印证证明的核心在于通过证据的推理使案件在书面上具有可检验性，并且是符合唯物主义认识论的证明方法。①

然而对所有案件的证据审查都采用严格的证据印证要求也有其局限性，在性侵害未成年人犯罪案件中的运用就是其中一例。以上海市H区人民法院审理的被告人吴某根猥亵儿童一案为例，②该案被告人始终否认实施了罪行，直接证据仅有不到四岁的被害人的陈述笔录，此外还有证人证言笔录、辨认笔录、就诊记录等间接证据。该案为一起典型的性侵害未成年人犯罪案件，在客观上具有证据种类单一、证据数量受限、直接证据较少等特点。司法实践中多数性侵害未成年人犯罪案件难以满足严格印证证明的证据要求，在此类案件的审理中如果被告人拒不供认，辩方往往围绕案件证据构成与被告人的供述展开辩护，提出除非有其他直接证据或者鉴定意见等具有明确指向或较强证明力的间接证据，否则应当认定证据不足的无罪的辩护意见。

（一）严格印证证明在性侵害未成年人犯罪案件中的局限

虽然通过证据印证进行证据推理是具有科学性的证明方法，然而严格印

① 参见龙宗智：《印证与自由心证——我国刑事诉讼证明模式》，载《法学研究》2004年第2期。

② 见刘艳燕：《以被害人陈述为核心构建性侵未成年人案件的证据标准》，载《人民司法》2015年第14期。

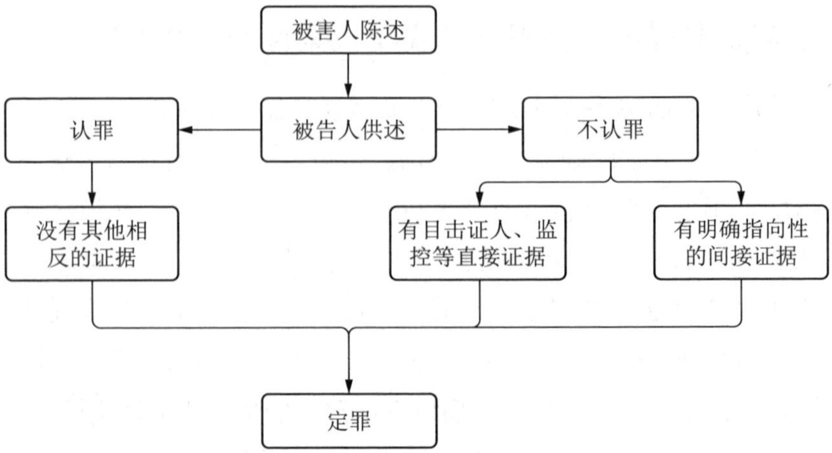

图 1　严格印证要求视角下对性侵害未成年人犯罪案件的证据要求

证证明对证据的形式、种类、数量和质量均提出了一定的要求，导致司法实践中在一些特定类案中适用严格印证的证明标准将存在明显的局限性。严格印证证明一方面限制了法官自由心证的适用空间；另一方面在性侵害未成年人犯罪等一些特定类型案件中因为客观原因能够获取的证据类型较为单一，证据数量也有限，如果对证据印证提出严格要求，机械地适用全案证据严格印证的标准就会陷入类案广泛追诉不能的困境。

1．严格印证对证据数量和类型要求较高

严格印证标准对证据的种类、数量等方面都提出了一定的要求，在证据的种类上要求不仅有言词证据，还要有客观证据。在全面收集了各类证据之后，再审查证据是否能够对待证事实进行同向印证。在证据数量上，印证证明要求案件的关键证据和细节能够得到印证，如果指向事实的直接证据没有能够得到充分印证则不能满足印证证明的要求。这就导致实践中对于例如性侵害未成年人案件等部分客观上证据数量较少、证据形式较为单一的案件可能出现追诉不能的困境。以猥亵儿童案件为例，大量案件客观上不存在除被害人陈述与被告人供述之外的直接证据，此类案件在被告人拒不供述的情况下，要求对案件核心事实进行严格的证据印证存在较大难度。

2．过度追求印证可能导致证据审查流于形式

从程序规制角度，有学者指出印证证明对于证据数量提出的较高要求，再结合国内刑事诉讼的程序规制仍不够完善的现状，可能导致侦查机关在破案压力下采取重结果轻程序的取证行为，导致在法庭审理过程中被告人再对上述证据提出合法性、真实性的质疑，使办案机关陷入更加被动的境地。

在面对证据数量和形式均受限的案件时，提升关键证据的证明力和可信度的重要性，应当高于追求通过取得被告人供述以对全案事实进行印证。在审判阶段如果在证据审查方法上过于重视证据的印证而忽视对证据置于全案地位中的真实性、合理性审查，将会导致印证证明流于形式，机械地按照某种较为固定的模式或者公式对证据进行套嵌，就难免带有法定证据主义色彩。③

更重要的一点在于严格印证证明的要求会导致一些刑事案件被告人拒不供认反而可能处于更有利的处境，如实供述反而使全案证据达到严格印证的证明标准。这种情况会产生与“坦白从宽”的司法政策截然相反的效果，实质上是置被告人于一个，除非在绝对证据面前否则不认罪反而更有可能获利的处境。在性侵害未成年人案件中如果采用严格印证证明的标准就容易陷入这一困境。

3．过于严格的印证要求可能导致对被告人供述的过度依赖

被告人的供述和被害人陈述一样基于其对于案件的亲历过程，能够包含丰富的案件细节提供证据印证的可能性，所以同样处于全案证据印证的核心环节。在追求严格印证的标准下将被告人的供述的重要性置于一个难以回避的独特地位，导致在案件侦办过程的工作重心向获取被告人的供述方向倾斜，围绕被告人供述进行证据采集，退回到“口供中心主义”的搜证方式。而在性侵害未成年人犯罪案件中，一方面因为客观证据确实较少的实际情况，在很多案件中即便能够取得被告人的供述，也难以围绕其供述取得证据采集上“先供后证”的突破；另一方面被告人的供述与被害人的陈述互相印证后，可能导致表面上看全案证据似乎可以得出充分印证的结论，从而导致相比被告人拒不供认的案件侦查机关容易忽视对其他证据的采集，④一旦在后续司法程序中被告人供述发生改变或发现证据收集存在瑕疵再需要补充搜集

③ 参见陈瑞华：《以限制证据证明力为核心的新法定证据主义》，载《法学研究》2012年第6期。

④ 参见金梦妮：《性侵未成年人案件办理实务问题研究》，载《中国检察官》2019年第11期。

其他证据时，很可能因为取证时效问题导致证据已经灭失致使整体证据出现欠缺。

（二）性侵害未成年人犯罪案件的证据特征

为较为客观地表现我国性侵害未成年人犯罪广泛司法实践中的证据特征及定罪证据构成现状，笔者通过中国裁判文书网检索 2021 年至 2023 年间案由包括猥亵儿童罪、强制猥亵罪及强奸罪搜索关键词“未成年人”，排除无效结果后得到相关的刑事判决书 310 份，⑤ 对上述文书进行整理得出的信息如表 1 所示：

表 1　2021—2023 年性侵害未成年人案件证据统计

统计项目	强奸罪	强制猥亵罪	猥亵儿童罪
案件数量	85	17	208
认罪案件数量	72	14	176
不认罪案件数量	13	3	32
有生物物质鉴定意见作为证据	54	2	7
有网络聊天记录作为证据	29	6	22
有视频、监控等作为证据	13	3	34
有证人证言作为证据	75	15	183
有被告人供述作为证据	74	13	181
有被害人陈述作为证据	84	17	207

通过对上述裁判文书的统计分析显示，在性侵害未成年人犯罪案件的证据构成存在以下特征：

1. 案件直接证据较少

性侵害未成年人案件具有作案相对隐蔽的特点，除了被害人陈述与被告人供述之外，客观上能够存在的直接证据较为有限，以监控视频为例，在性侵害未成年人犯罪案件中，常见即使案发现场或附近有监控视频，但是由于案发延迟的特征，在案发时往往监控视频已经被覆盖；或者由于监控角度问

⑤ 数据检索时间截至 2024 年 5 月 17 日。

题，难以充分反映现场情况，或者距离较远画面模糊难以分辨行为人的动作等情况。在本次统计案件中仅有不到20%的案件有视频、监控等直接证据。在性侵害未成年人案件办理中办案人员如果按照证据严格印证的标准进行证据审查，在证据链的构建上可能陷入困境，在被告人拒不供认又没有其他直接证据的情况下就形成直接证据“一对一”的情况。

2．案件客观证据较少

在性侵害未成年人案件直接证明犯罪事实的证据中客观物证、书证较少，只有在情节较重的案件中可能留下体液或其他可供进行生物物质鉴定的痕迹线索，但是生物物质的鉴定又对鉴定样本是具有一定要求的，即便被告人留下了可能鉴定的线索，一些案件中因被害人方存证意识不强导致线索经过清洗抑或是案发延迟导致不能得到相关鉴定意见。而在一些犯罪情节较轻的案件中，犯罪行为人往往采用引诱、欺骗等非暴力手段，而且作案时间短，可能留下的痕迹和证据更为有限，本次统计的猥亵犯罪中，能够得到鉴定意见作为定案依据的案件不足10%。另外，在互联网时代社交软件的聊天记录往往包含案件的关键线索，但是同样常见的情况是被害人由于恐惧等心理或案发延迟的因素会删除聊天记录，如果删除时间较长即便通过技术手段也难以恢复，失去取证的机会。

3．案件依赖对言词证据的审查

在直接证据和客观证据都受限的情况下，对于此类案件的证据链构建高度依赖言词证据，包括被害人陈述、被告人供述及证人证言的审查，通过对言词证据是否能够与其他证据相互印证，合理运用经验法则，审查言词证据内容是否符合一般经验和逻辑，综合判断该证据是否可以采信，并通过对核心直接证据——被害人陈述，进行印证审查构建证据链。

综上所述，性侵害未成年人案件的直接证据不论是从证据种类上还是证据数量上都受到客观情况的限制，导致多数案件难以满足严格印证的证明要求。虽然本次统计中的公开文书中认罪案件占比达到85%左右，但是实践中情况并不如此乐观，以上海市J区人民法院为例，2023年办理的性侵害未成年人犯罪案件中被告人拒不供认的案件占比在37%左右。正是基于上述特征，在此类案件的实践中需要采用围绕被害人陈述为核心构建证据链的证据审查方法。

（三）以被害人陈述为核心的证据链构建方法与适用的难题

由于性侵害未成年人案件客观上证据数量较少、证据种类有限，适用严格印证证明标准可能导致类案的证明不能。为了避免类案陷入追诉不能的困境，经过审判经验的积累和实践的探索，2013 年最高人民法院发布了马某某强奸幼女、猥亵儿童案、杨某强奸案等一批典型案例，通过典型案例的事实查明、证据说理审查方法，确立了包括“发、破案经过自然有助于形成内心确信”“被害人陈述与被告人供述存在矛盾时的审查”“发挥间接证据对案件事实的印证作用”“以被害人陈述为核心构建证据链条”等案件审查方法。⑥ 然

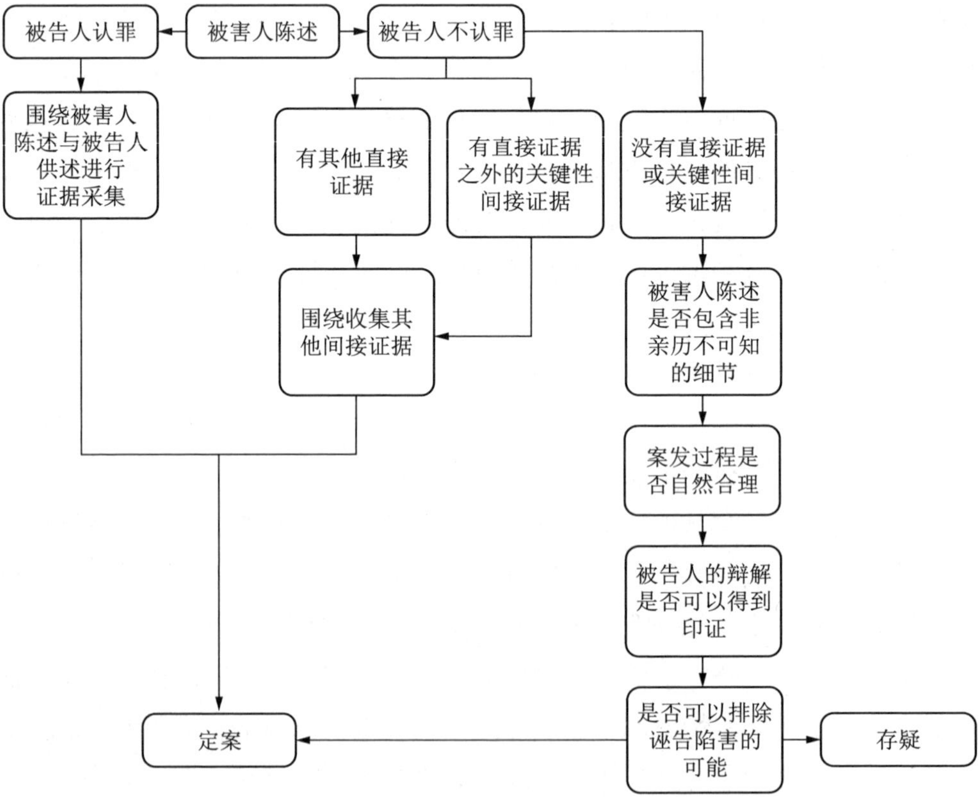

图 2　性侵害未成年人犯罪的证明路径简图

⑥ 参见黄尔梅主编：《性侵害未成年人犯罪司法政策案例指导与理解适用》，人民法院出版社 2014 年版，第 4—7 页、第 23—24 页。

而在司法实践中虽然对于“以被害人陈述为核心”的性侵害未成年人犯罪案件的证据链构建方法在理论上初步形成了共识，但是在个案中对于被害人陈述的采信方法、间接证据的印证标准、抗辩意见的审查等实践操作的细节方面仍有不同的认识。又因此类案件的事实认定和证据采信不完全依靠客观证据的印证推理，在实践中对一些个案的认定上仍常见争议。

二、性侵害未成年人犯罪案件被害人陈述的审查

（一）未成年被害人陈述的特点

1．陈述内容缺乏细节完整性

首先，未成年被害人受到其年龄和认知能力的限制，导致在一部分案件中被害人受到侵害后不能第一时间识别出侵害行为或意识到侵害行为的严重性，使得案件不能及时案发。一些案件案发时距离第一次遭到侵害的时间已经过去数月乃至超过一年，此时被害人的记忆细节难免损失，在制作陈述笔录时对很多细节问题语焉不详。⑦其次，由于未成年人在记忆、表达等方面均不及成年人，受害后在对外表达时不能自发地完全充分表达，或者在表达方式上存在不足导致陈述笔录中可能缺少对案件定性产生重大影响的细节。

2．陈述内容缺乏语言准确性

未成年被害人的表达能力有限，特别是其在日常生活中对于事物的理解和表达与刑事诉讼程序中对于笔录审查的要求完全不同，在这种情况下就要求制作笔录的办案人员通过有技巧的发问方式引导被害人进行完整的细节陈述并在被害人陈述中出现可能产生歧义或不同理解的方言、口语等词句时进一步发问，确定案件细节避免后期出现争议导致不必要的重复取证。例如较为常见的猥亵儿童被害人陈述“他摸了我下面”，此时制作笔录应当进一步明确“下面”是指生殖器部位还是其他身体部位，如果被害人年幼可以用尿尿的地方等通俗表述替代或是用人形玩偶让被害人指认身体部位；同样是摸这一行为，也存在常见的隔着裤子摸，或伸入裤子内摸等，均是定罪量刑的关

⑦ 参见郑蕾、施倩:《解析性侵未成年人犯罪案件证据审查——以浙江省杭州市172起案件为样本》，载《人民检察》2017年第8期。

键问题，必须在笔录中一一明确。

3．陈述内容易受到其他因素干扰

未成年被害人由于其心智发育不完善，其陈述内容受到外界因素干扰可能性较大。较为常见的例子比如与陪同制作笔录的法定代理人之间证词产生互相污染；又或在一些案件中侦查人员在制作笔录前先期了解了部分案情之后在询问过程中可能带有倾向性、有预设性的发问，可能影响被害人笔录呈现内容的客观性；⑧ 而另一些案件中，被害人随着时间推移不断接受外部的信息，可能导致其对自己的记忆产生怀疑，甚至新生成一些内容成为自己的“记忆”。在笔者参办的一件案件中，被害人在案发初期的笔录陈述是被侵害十几次，到案件办理后期因为其他细节需要核实再对被害人进行询问时，被害人陈述被侵害的次数改变成几十次，这种关键问题的变化很难排除是其他因素的干扰所致，在没有其他证据印证或令人信服的理由的情况下，应当以案发初期的陈述内容为准。

（二）对被害人陈述的审查方式

基于性侵害未成年人犯罪案件直接证据较少的特点，在性侵害未成年人案件中被害人陈述是所有证据的基石，作为整个案件的亲历者能够获取隐蔽的、非亲历不可知的案件细节。在构建证据链时，能够明确被害人陈述笔录的制作符合法定程序要求且被害人具有作证能力的情况下，通过案发经过是否自然、是否有诬告陷害的动机、陈述内容是否符合被害人的年龄特征等方面综合判断被害人陈述的可信度。

1．审查被害人陈述笔录的制作程序

刑事诉讼的正当程序是整个案件的基础。基于未成年被害人的身份特殊性，为了保护未成年人的合法权益，在未成年人询问笔录的制作上有诸多特殊的程序规定。例如根据《刑事诉讼法》第二百八十一条规定，询问未成年被害人应当有法定代理人或合适成年人在场，询问女性被害人应当有女性工作人员在场，以尽可能保障陈述内容的客观真实。2023 年两高两部

⑧ 参见张华、祝丽娟：《未成年人审判中若干热点问题研究》，载《法律适用》2017 年第 19 期。

联合出台《关于办理性侵害未成年人刑事案件的意见》明确对性侵害未成年人犯罪案件的办理程序如证据收集程序、收集范围以及“一站式”办案救助机制等提供了细致的指导性意见，该《意见》第二十四条明确要求“询问未成年被害人应当进行同步录音录像。录音录像应当全程不间断进行，不得选择性录制，不得剪接、删改。录音录像声音、图像应当清晰稳定，被询问人面部应当清楚可辨，能够真实反映未成年被害人回答询问的状态。录音录像应当随案移送”。对于涉未成年人案件的程序性细则规定，在案件办理中应当引起重视，严重违反取证程序要求的被害人陈述应当及早发现并进行排除。

2．审查被害人的认知和作证能力

未成年被害人的作证能力常常被质疑，辩方可能提出未成年人因为年幼无法分辨事实不能正确表达，实践中也经常出现被害人精神发育迟滞的情况，辩方往往依据《刑事诉讼法》第六十二条的规定认为其不具有作证资格或不能采信其陈述内容。面对这种情况，不能仅因被害人年龄幼小而认为其不具有作证能力，而是应当在制作询问笔录时设置额外的问题以明确其能够理解自己陈述的内容、理解如实陈述的义务，[⑨] 比如明确其是否能够知晓发生性关系的意思等，同时结合其笔录内容审查其语言和叙事的逻辑性。此外还要依靠与被害人熟悉的证人，查明其日常行为和语言习惯，判断其是否具有认知和作证能力。例如在 H 省 B 县人民法院审理的龙某明猥亵儿童案件中，[⑩] 被害人系精神发育迟滞，和一般未成年被害人相比其陈述内容在逻辑性、可信度上都更加不足，故该案的认定是综合了验伤情况、痕迹物证鉴定等客观证据，对被害人陈述能够得到印证的部分进行采信。

3．审查被害人陈述的实体内容

（1）寻找细节印证

在初步判断被害人陈述具有真实性外观之后，应当从被害人的陈述细节入手，围绕陈述内容寻找其他证据对陈述内容进行印证，审查被害人陈述的

⑨ 参见吴慧敏：《性侵儿童案中被害人陈述可信度判断研究》，载《河北法学》2020 年第 4 期。

⑩ 参见（2021）湘 3125 刑初 95 号刑事判决书。

完整性、合理性，寻找是否具有非亲历不可知的隐蔽细节并加以佐证，通过同向性印证排除合理怀疑。同时由于未成年人认知、记忆、表达等方面具有一定局限，不能要求其陈述内容与客观证据全部完美吻合，在陈述内容与其他证据出现矛盾的情况下，应当将矛盾点置于全案证据环境下进行审查，审查是否能对矛盾点进行合理解释，以此排除诬告陷害可能，还原案件事实情况。

（2）审查案发过程

本次调研统计的48件不认罪案件中，有三分之一案件的判决书在说理中对案发过程的审查判断结论进行了说明。对于案发经过的审查有助于判断案件来源是否合理，案发及时自然的案件能够更容易地排除诬告陷害的可能。而对于案发不及时的案件，应当审查是否有其他证据能够印证被害人对于报案过程是否有合理解释，是否有其他合理因素导致被害人报案，等等。对于没有关键客观证据印证、延迟报案没有足够合理解释的案件应当更加审慎处理。

绝大多数性侵案件中都有证人证言可以证明包括案发及报案经过、被害人如何向其陈述受害经过、遭受了何种侵害等相关情况。对此类证据在质证时，辩方往往以传闻证据、同源证据等理由否定其证明力。在性侵害未成年人案件中此类证人证言一方面可用以对被害人陈述内容进行印证补强，另一方面可以证明案件案发经过、被害人当时的神态、情绪等，有助于办案人员审查判断案发经过是否自然合理、是否符合被害人年龄特点，进一步对被害人陈述的真实性、合理性进行综合判断。

（3）运用经验推理

在证据印证之外，对言词证据的经验和逻辑性审查也非常重要，对于性侵害未成年人犯罪案件在证据的采信和判断上在证据印证之外，需要引入经验法则的运用形成审判人员的自由心证。[11] 在没有其他直接证据的情况下一方面通过间接证据印证补强被害人陈述的可信度，另一方面通过经验推理，以合理第三人的经验标准对案件发展过程、证据形成等进行审查，并对被害

---

⑪ 参见向燕：《综合型证明模式：性侵未成年人案件的证明逻辑》，载《中国刑事法杂志》2021年第5期。

人的陈述与被告人的辩解进行合理性判断。

例如对于具有一定生活经验的成年人，特别是育有未成年子女的成年被告人，称不能辨识被害人系未成年人的辩解在没有其他同向证据的情况下难以采信，此外审判人员也可以通过面询被害人的方式形成自己的内心确信；或者多数同案人员都供述认为被害人年龄低幼而个别被告人坚持辩称不能辨识被害人为未成年人的情况下，除非有足够令人信服的理由否则在经验和逻辑上难以成立，这种认定方式即是以合理第三人的认知能力为判断标准。又例如被害人陈述中对侵害过程的描述出现具有被告人年龄特征的词语如“抓特务”等，或被害人陈述中出现此类罪犯常用的诱骗借口如“体检”等一般被害人非亲历不可知的言语习惯或行为方式，审判人员可以通过经验和逻辑推理进行判断，形成内心确信。

综上，再以前述的吴某根猥亵儿童案为例，⑫ 该案系由被害人家长发现被害人伤势后导致案发，就医后次日被害人家长即找被告人理论，案发及时，案发过程自然合理。而被害人虽然年幼但在多人且有其他与被告人年龄、外观相仿的老年人在场的情况下，两次坚定地指认被告人对其实施猥亵，因此该案结合所有在案证据能够排除合理怀疑。

三、性侵害未成年人犯罪案件的抗辩审查

在性侵害未成年人犯罪案件中，被告人与被害人都是事件的直接亲历者，故被害人陈述与被告人供述均具有独特不可替代的证据地位。在适用“以被害人陈述为核心”的证据链构建方法时，亦需通过与其他直接、间接证据印证审查被告人供述与辩解是否有合理可信之处，对比其与被害人陈述的印证及矛盾之处，综合各项证据排除合理怀疑进而作出采信判断。

（一）性侵害未成年人犯罪案件的常见抗辩理由

作为本次研究样本的310件刑事判决书中，不认罪的案件有48件。被告人能够提供不在场证明等有效相反证据的案件几乎不可能经过公诉机关审查

⑫ 参见刘艳燕：《以被害人陈述为核心构建性侵未成年人案件的证据标准》，载《人民司法》2015年第14期。

后提起公诉，进入审判程序的不认罪案件中辩方提出的抗辩理由主要是以下三类：

1．抗辩提出有罪供述的取证程序违法

作为本次研究样本中，48 件不认罪案件中被告人供述情况如表 2 所示：

表 2　2021—2023 年性侵害未成年人不认罪案件被告人供述情况统计

统计项目	强奸罪	强制猥亵罪	猥亵儿童罪
案件数量	13	3	32
完全否认行为事实存在	6	2	21
部分否认指控事实	7	1	11
被告人曾经作出完整有罪供述	4	1	10
被告人到案后“零口供”案件	4	0	10

通过分析表 2 可知，在不认罪的性侵害未成年人犯罪案件中有约三分之一的案件被告人到案后曾作出有罪供述，但是在审判阶段提出有罪供述系在逼供、诱供等情况下作出的，甚至有被告人提出其系策略性认罪的抗辩意见。虽然性侵害未成年人犯罪案件办案机关不能完全依靠被告人的有罪供述进行定案，但是被告人供述是对案件事实进行审查定案的关键证据之一，不论被告人在供述中认罪与否，其供述与辩解的内容、前后供述的发展变化过程在全案证据体系中都与被害人陈述类似处于一个不能回避的重要位置。因此保障被告人供述的收集程序合法、排除非法取证至关重要。

2．抗辩认为应以被告人供述进行印证认定

还有一部分案件，被告人到案后供述了部分犯罪事实或是面对优势证据时供认证据印证能够证明的部分，但是对于公诉机关指控的事实行为的细节问题，比如实施侵害行为的次数、持续时间、侵害行为方式、主观认识等问题的认定提出异议，认为应当按照其供述或证据印证的部分进行认定。在此类案件中，被告人或辩护人往往还会对被害人陈述提出质疑，从记忆混淆、夸大事实、受到其他因素影响等方面，认为被害人陈述不可信，应当采信被告人的供述。

针对此种抗辩意见应当综合全案证据进行审查，并以理性第三人的标准对案件证据进行推理，判断是否能够采信。不能简单通过被告人供述能够与其他证据印证而认定事实。应当综合被告人辩解和被害人陈述各自的合理性、可信度，围绕被害人陈述为核心，审查是否能排除被害人记忆混淆、故意夸大等因素，综合对全案事实进行判断采信。

3．抗辩认为没有其他直接证据属于证据不足

在性侵害未成年人犯罪，特别是猥亵儿童案件中完全否认犯罪事实的案件占比非常高，其中被告人到案后完全不供述的“零口供”在不认罪案件中占比在三分之一左右，因为此类案件的隐蔽性特征，被告人认为司法机关掌握的证据不足以认定其犯罪事实，反映被告人此种心态较为典型的辩解如应当以监控视频证明猥亵行为存在、监控模糊不能辨别人脸等，[13]被告人认为没有客观的直接证据不能认定罪名成立。采用以被害人陈述为核心的证据链构建方法，主要就是为了应对这一问题。

（二）性侵害未成年人犯罪案件的抗辩采信

本次分析的案件中有三件案件判决认定的事实与起诉书指控的事实不同，为研究审判组织的证据采信理由提供了参照。通过对整篇裁判文书的综合分析，可以归纳为以下两个方面的原因：

1．案发不及时以至被害人的陈述可信度存疑

在被告人郑某强奸案中，[14]公诉机关按照两名被害人苟某、饶某的陈述分别认定被告人郑某于 2020 年 3 月强奸苟某三次（未遂），于 2020 年 2 月至 6 月间猥亵饶某七次，被害人苟某因对被告人表现出反感排斥，在家人的询问下陈述了被侵害的情况，之后饶某也讲述了被侵害的情况，该案遂案发。被告人到案后曾对侵犯苟某的行为作出有罪供述，内容与苟某陈述基本一致。法院审理后认为控被告人郑某猥亵饶某的事实，证据仅有饶某在郑某强奸苟某的事情败露后才有的陈述和其表姐苟某、外婆赵某的间接证实，其指控事实不清、证据不足，不予认定。

通过对裁判文书的分析可知对该案指控的猥亵饶某的事实不予认定的原因可能是出于以下几个方面：（1）被害人饶某自述受到 7 次猥亵侵害持续时

⑬ 参见（2020）京 0114 刑初 1052 号刑事判决书。
⑭ 参见（2021）川 1722 刑初 8 号刑事判决书。

间跨度达到数月，且侵害行为均是具有一定程度的暴力和较为明显的恶性的行为，然而被害人并没有及时向他人反映相关情况，属于案发不及时、不自然；（2）被害人案发时已年满十二周岁，理应有相当的自我保护意识，其陈述反映的情况与其年龄和认知能力不能匹配；（3）认定被害人苟某陈述的事实有被告人的有罪供述能够印证，而被害人饶某的陈述事实仅有同源证据印证，且其自发陈述的作出时间在苟某之后不能排除受到影响的可能；（4）被告人辩称双方素有矛盾，系诬告陷害。综合上述原因合议庭认为指控被告人猥亵饶某的犯罪事实存疑。

2．间接证据印证不足所以部分指控的犯罪行为不能认定

在被告人王某猥亵儿童案、[15]张某强奸、猥亵儿童案[16]的情况较为相似，公诉机关指控了多个犯罪事实，但针对其中单独某一节犯罪事实仅有被害人的陈述没有其他直接证据或间接证据可以提供印证，故法院认定对该节犯罪事实认定的证据不足。上述两份裁判文书的对于事实的审查表明以被害人陈述为核心仍是坚持要科学地围绕指控事实对被害人陈述内容寻求合理的印证，坚持刑事司法的严谨审慎态度，并且避免先入为主和有罪推定思想。

四、对于性侵害未成年人犯罪案件证据链构建的思考

（一）强化证据采集细化工作流程

在侦查阶段，了解性侵害未成年人案件的取证要求和证据规则的侦查人员对细节证据的取证、固证意识更强，能够有意识地落实同步录音录像制作以及特殊证据采集固定等各种细节问题，在前期为一个证据扎实的案件打下基础。由于在此类案件中被害人陈述的证据内容主观性、陈述内容不稳定等特点，结合未成年被害人由于其身心发育不完善的特点和性侵害行为的特殊敏感因素，未成年被害人面对司法工作人员询问时容易情绪紧张，同时认知理解、语言表达、回忆能力均比较弱，特别在目前在儿童言词证据前沿领域

[15] 参见（2021）豫1625刑初425号刑事判决书。
[16] 参见（2021）赣1127刑初344号刑事判决书。

的研究认为儿童容易受到暗示性询问方法的影响。⑰ 在这一方面，我国司法实践中尚未有针对性的细则规定。

基于上述特点，可以通过采取以下措施，以进一步完善和提升言词证据的质量：一是加强专人专办制度。2013 年两高两部《关于依法惩治性侵害未成年人犯罪的意见》第六条建议性地提出了专人专办制度。2023 年新出台的《关于办理性侵害未成年人刑事案件的意见》第三条将专人专办制度的表述从建议性的设有专门工作机构或工作小组的优先办理强化为“应当确定专门机构或者指定熟悉未成年人身心特点的专门人员，负责办理性侵害未成年人刑事案件”。特别是应当注重对专办人员培训未成年被害人询问技术。例如在询问未成年人时应当采用未成年人能够理解的语言，遵循从开放式问题到封闭式问题的询问路径，避免强暗示性的重复提问等，进一步强化未成年被害人陈述笔录的证据能力和证据效力。二是做好同步录音录像工作。出于对未成年人的保护目的，在审理中一般不要求未成年被害人出庭，因此案件审判中对被害人陈述及证人证言等言词证据的审查不可避免地书面化，需要通过制作笔录时的同步录音录像对被害人的陈述进行审查。同步录音录像可以反映被害人陈述时的神情状态，通过其陈述过程排除陈述笔录受到外界干扰的可能性，保持证据的真实性，提升证据的证明力和可信度。对于关键问题由当事人自主陈述注意保护其陈述的自愿自觉性，避免过度引导性提问，在讯问时注重当事人的语言表达避免其通过点头等肢体动作的意思表达。对被告人的讯问过程同样如此，特别是有罪供述的内容同步录音录像能够有效排除非法取证的可能性。三是做好被害人“一站式”取证工作。因为被害人的记忆随着时间推移会逐渐模糊导致表述偏差，案发后第一份笔录往往最为可信。另外一站式取证也可以避免重复询问对被害人造成二次伤害，同时也尽量注意在第一次询问时获取尽量多的细节，为后续细节证据的采集搜集工作做好铺垫。

（二）准确适用法律合理判断采信

如前所述，性侵害未成年人犯罪案件客观上证据较少，但是在证据采集

⑰ 参见戴紫君：《国外未成年被害人询问方法比较研究及其启示》，载《中国青年社会科学》2022 年第 2 期。

上又有诸多规定乃至特别规定。固然应该强调在证据收集阶段注重取证程序的合规合法，但是基于性侵害未成年人犯罪案件证据特殊性，在面对轻微瑕疵证据时，应当准确适用法律，进行合理判断，对于取证手段没有侵犯重大权益、没有违反实质性程序规范、不严重违背程序正义且不影响证据真实性等瑕疵可以补正的证据，⑱应当在瑕疵补正后进行合理的判断采信。

例如笔者参办的一起案件中曾出现，被害人到案后第一份询问笔录系办案民警在办公室内制作，法定代理人在场且被害人陈述过程自主、自然并有执法记录仪制作的同步录音录像。但是整个过程中另一民警仅是在边上的工位处理自己的事务，并未仔细陪同。在上级警官发现该份笔录制作不规范的情况后，重新按规范制作了询问笔录，但是此时被害人因经历了验伤程序和再次询问，情绪紧张陈述过程不自然，但是陈述内容与之前基本一致。辩护人提出第一份笔录制作过程不合法，第二份笔录被害人陈述不自然要求排除两份证据。在这种情况下，被害人陈述笔录的真实性可以通过同步录音录像印证，取证程序的瑕疵可以得到补正，不能以此为由进行证据排除。

（三）增强说理论证开示心证路径

在适用“以被害人陈述为核心”构建证据链的方法时，因缺少客观证据和直接证据的推理印证，对事实的认定需要法官通过对被害人陈述和被告人的辩解通过证据印证、经验推理等方法进行审查判断其可信度形成自由心证。本次调研发现性侵害未成年人案件的裁判文书中存在以下现象：

一是偏重证据展示缺少证据分析。一些裁判文书在定案证据部分存在大篇幅的证据摘录，但证据要点归纳、证据推理和说理论证不足的现象，大部分案件都在证据部分详细列举证据的内容，特别是对于证人证言都进行了详细地展示，但一些案件中发现裁判文书大量篇幅用于罗列言词证据原始内容，然而没有有效地对证据内容进行重点归纳，并且缺少对于证明内容、证明目的、采信判断分析等方面的证据分析，重证据罗列而轻证据说理。裁判文书中证据部分的表述质量极大影响裁判文书质量，缺少重点归纳和说理对于阅读裁判文书理解判决思路也造成一定困难。

⑱ 参见陈瑞华：《论瑕疵证据补正规则》，载《法学家》2012年第2期。

二是整体说理形式化、心证形成路径内向化。部分案件中在说理部分简单以被害人陈述符合其认知能力、能够与证人证言印证等格式化说理方式进行表述，没有针对个案特点、证据采信路径、心证形成路径和证据采信方法进行充分说明。实践中，审判人员由于案多人少的压力，难以在个案上投入大量精力进行详细地说理论证分析，同时又可能担心对于法律适用、证据采信等问题过度剖析容易产生“多说多错”的问题导致出现瑕疵案件，而选择在裁判文书上尽量简明地进行说理，另外通过内部报告等形式将上述问题形成书面材料入卷宗而不对外开示，将法官自由心证的形成过程内向化展示。

三是偏重事实证成，对抗辩回应不足。对于被告人提出抗辩的事实与理由，部分裁判文书仅以“被告人的辩解经查不属实”等简单语句予以回应，甚至有不予回应的情况，对重要抗辩的回应不足可能导致案件服判息诉效果不佳。

裁判文书出现以上特征主要是由于两方面原因：一是证据结构上言词证据占比偏重且往往属于定案的核心证据，确实需要展示证据核心内容，但是对核心内容进行归纳总结需要消耗大量精力，特别是一些言词证据中包含与其他证据印证的细节，归纳难度较大；二是目前法院面临案多人少压力大的客观实际情况，在面临高压结案指标压力之时，在裁判文书的说理论证方面难以投入大量精力对论证过程进行细致打磨。

然而裁判文书不应是简单展示堆砌证据之后给出法律判断的结论。固然围绕大量言词证据构建证据链难免导致证据展示部分占据裁判文书的较大篇幅，在这种情况下裁判文书作为公共司法产品，更应该在证据展示之后进行证据内容的归纳总结和证明路径的说理分析，明确开示言词证据的印证与采信路径和内心确信的形成方式。[⑲] 在直接证据不能满足严格印证要求的情况下，需要通过裁判文书详细的释法说理对法官的证据采信理由、证据推理方法和心证形成的过程进行说明开示，既能让“败诉方”有机会理解裁判思路乃至进一步在上诉中享有提出抗辩的机会，同时使案件能够更容易接受审查检验，使判决的形成更加透明，有助于提升司法公信力，维护司法权威。

⑲ 参见于同志：《刑事裁判文书的构成要素分析》，载《法律适用》2024 年第 3 期。

五、结语

虽然在办理性侵害未成年人犯罪案件时，采用“以被害人陈述为核心”的证据链构建方法这一理念对全国各级司法机关中涉少刑事案件承办人员来说都并不陌生，然而面对此类案件的办理不能简单依靠证据印证推理进行证据链构建的实际情况，对办案人员的司法理念、办案经验、适法能力等方面均提出了较高的要求。在实践中，办案人员一方面要面对案件证据结构特殊、证据种类单一数量有限的困境；另一方面又要面对案多人少的巨大办案压力；同时社会各界对此类案件极为关注，使得此类案件办理变得更为敏感复杂。面对以上种种困境，更需要统一司法理念，提升适法水平，办好性侵害未成年人犯罪案件，需要公、检、法以及相关社会力量各方相互配合、相互监督，共同作出努力。

婚内对外赠与类纠纷的适法困境及纾解
——以公序良俗原则的具体化路径为视角

黄　皓　应尔凯*

2024年4月7日，最高人民法院起草的《最高人民法院关于适用〈中华人民共和国民法典〉婚姻家庭编的解释（二）（征求意见稿）》公开向社会征求意见，其中第六条规定夫妻一方因重婚、与他人同居等违背公序良俗情形，将夫妻共同财产赠与或者以明显不合理低价转让他人，另一方主张合同无效请求返还的，应予以支持。至此，自2001年“泸州遗赠案”①开启“公序良俗第一案”后频频进入公众视线的“婚内对外赠与类纠纷”②的处理方式，在历经二十多年沸沸扬扬的舆论热议和实践发展后，似乎有了较为明确的裁判指向。

然而，公序良俗原则作为一项法律原则，其自身属性决定其在婚内对外赠与类纠纷中不应被简单套用。实际上，在上述规定起草之前，司法实践已作出努力探索，不少案件直接适用公序良俗原则，引起较大社会反响，不乏“结果导向”的反对之声。对于法院而言，保障司法公正需合法、合理地适用法律，不得恣意适用法律，法官需在法律规定下找到裁判空间，从而进行裁量。③因此，如何在此类案件中合理适用公序良俗原则，平衡财产

* 黄皓，法律硕士，上海市第二中级人民法院申诉审查及审判监督庭副庭长。应尔凯，法律硕士，上海市静安区人民法院民事审判庭审判员。本文获2024年上海法院系统学术讨论会优秀奖。

① 张某英与蒋某芳遗赠纠纷案，详见四川省泸州市中级人民法院（2001）泸民一终字第621号民事判决书。

② 如无特别说明，本文所涉“婚内对外赠与类纠纷”即“夫妻一方起诉另一方的婚外情对象要求返还赠与财产类案件”。

③ 张军：《法官的自由裁量权与司法正义》，载《法律科学（西北政法大学学报）》2015年第4期。

处分制度承载的法律规则④与公序良俗原则体现的法律原则之间的关系，使案件裁判既不突破合理预期又尽最大可能实现公平正义，是迫切需解决的难题。

鉴于实践中对公序良俗原则本身的内涵、外延已有较丰富的探讨，故不再赘述，本文仅就婚内对外赠与类纠纷的适法逻辑以及公序良俗原则的适用路径作出探索，以期对此类纠纷的实践处理及相关条款的理解与适用有所裨益。

一、实证检视：婚内对外赠与类纠纷的适法现状

个案裁判是法律适用最生动的载体，实践困惑是适法障碍最直接的呈现。自“泸州遗赠案”以来，婚内对外赠与类纠纷呈现出截然不同的裁判理念，因此，对司法案例以及相应问答进行分析和汇总，有助于全面了解此类案件的法律适用实践样态。

本文通过对法答网、人民法院案例库以及北大法宝网相关适法提问及答复、裁判结果及裁判要旨予以梳理，发现此类纠纷存在法律关系定性困难、具体规则适用错乱、法律原则适用扩张的现象，具体到公序良俗原则的适用而言，存在概念模糊、适用错配、论证匮乏、可预见性减损的缺憾，故亟待厘清此类案件的法律适用规则及公序良俗原则的适用条件，促使公序良俗原则更好地发挥平衡个案的功能。

为更直观了解全国各级法院在婚内对外赠与类纠纷中适用公序良俗原则的困惑以及主要观点，本文在法答网以“公序良俗”“赠与”为关键词，检索集中反映的问题、提问者意见及相应答复。⑤经筛选，得到629件问答样本，其中已回复542件（含精品问答4件），待回复75件，不予答疑12件。本文选取部分代表性提问及答复如表1：

④ 关于法律规则，虽理论界存在不同表述，但不影响其与法律原则的关系界定。为行文统一，本文表述为“法律规则”，与法律原则共同构成法律规范。

⑤ 数据来源：法答网，检索关键词“公序良俗”，并在结果中检索“赠与”，检索时间：2024年7月1日。

表 1　法答网中涉婚内对外赠与类纠纷代表性提问及答复

提问人	问题概述	答复人	答复观点
湖北省竹溪县人民法院	违背公序良俗的赠与，被告不知对方结婚，在返还财产时是否可以核减返还金额。	湖北省十堰市中级人民法院	无论是否知晓已婚，其行为客观上被社会公序良俗所禁止，接受财物行为严重侵害原告合法权益，应全额返还。
北京市第一中级人民法院	夫妻一方未经对方同意赠与他人财产，赠与合同效力如何认定。 个人意见：（1）依据北京高院出具的参考意见，可主张赠与行为无效。 （2）依据通说，无权处分不影响合同效力，擅自赠与夫妻共同财产系无权处分，不影响赠与合同的效力。	北京市高级人民法院	若数额较大，往往超出家事代理范畴。 审慎适用公序良俗，防止对私法自治过度侵害。 合同无效需有明确法律依据，无权处分共同财产并非法定无效事由。 恶意串通的行为无效，可重点查明目的和动机。
河南省郑州市中级人民法院	双方相识不久男方即交付女方大额现金，男方主张保管关系，女方主张系男方为保持不正当男女关系的诱导。证据显示双方无恋爱或结婚意思。 个人意见：驳回男方起诉，因不法原因给付无保护必要且损害公序良俗。	河南省高级人民法院	包养协议违背公序良俗。支持返还等同于肯定出资方的违法行为、漠视诚信原则及接受方的实际付出；不支持返还则等同于变相鼓励收受财物一方的行为。可驳回起诉，将其交由社会主体自我规范。
上海市松江区人民法院	能否因“被小三”认为赠与合同有效？ 个人意见：结合是否故意、是否可能知情，考量有无违背公序良俗，如确实不知婚姻状况，可不予返还。	上海市高级人民法院	涉小三赠与合同无效，无效的原因在于违背公序良俗，不以当事人是否明知为前提。
浙江省宁波市奉化区人民法院	涉婚外情赠与行为是否有效？ 提问者个人意见：非因日常生活需要，无权单独处分夫妻共同财产，故无效。	浙江省宁波市中级人民法院	如认定为违反公序良俗，则无效。如原夫妻已离婚，可酌情确定返还比例。如未离婚，全额返还。
新疆维吾尔自治区新和县人民法院	婚姻关系存续期间一方将个人所有的房产赠与另一方，但未办过户登记，如何处理。	新疆维吾尔自治区阿克苏地区中级人民法院	若未完成所有权转移手续，受赠人申请实际履行的，一般不应支持，因赠与人有任意撤销权。违背公序良俗的赠与，应认定合同无效。
黑龙江省大庆市红岗区人民法院	丈夫将家庭存款赠与其他女性，无证据证明违背公序良俗，借贷或赠与？ 个人意见：系赠与，丈夫无权处分，不发生物权变动，妻子可追回。	黑龙江省大庆市中级人民法院	根据查明的事实认定法律关系，如果认定是赠与法律关系，同意个人意见，为无权处分行为。

经深入分析、梳理上述法答网相关问题及答复，总结出婚内对外赠与类纠纷中颇具代表性的法律适用难点如下：

一是法律关系定性困难。此类案件中，有观点认为应为赠与关系，也有观点认为系不当得利，或民间借贷，或不法给付。法律关系的不同理解，直接导致法律适用分道扬镳，产生不同的裁判结果。

二是具体规则适用错乱。因此类案件涉及意思自治、无权处分、善意取得、家事代理等法律制度，综合物权编、合同编、婚姻家庭编等相关规定，纷繁复杂。如，有观点认为，应适用公序良俗原则，直接认定行为无效；也有观点认为，适用婚姻家庭编及物权编的规定，认为任何一方均无权擅自处分夫妻共同财产，故系无权处分；等等。

三是法律原则适用扩张。上述提问和答复中，除北京市高级人民法院的答复外，很少有观点注意到公序良俗原则在具体案件中的审慎适用问题，这也反映出公序良俗原则在此类案件中存在扩张适用之嫌。此外，在接受财物一方不知处分一方婚姻状态的情况下，行为效力如何认定，亦存在分歧。从湖北省十堰市中级人民法院、上海市高级人民法院的答复而言，倾向于客观主义，即认为无效的原因在于违背公序良俗，不以当事人是否明知为前提，故行为无效。

结合司法人员在法答网中集中呈现出的困惑，为进一步分析婚内对外赠与类纠纷的实践发展及最新审判态势，本文以在人民法院案例库检索的相关案例，以及在北大法宝网检索2023年1月1日至2024年6月8日期间审结的婚内对外赠与类案件的二审判决作为分析样本，⑥ 探析此类案件中的法律适用情况。经逐一分析，剔除重复、无关联性文书后，获取结案日期为2023年的162份、2024年的22份，共计184份判决作为有效样本。

该184份判决中，一审法院驳回原告诉讼请求的判决为9份，支持赠与行为部分有效的判决为9份，认定赠与行为全部无效的判决为166份。从二审结果而言，上述样本中维持原判的判决为173份，改判11份，改判率为

⑥ 北大法宝网 https：//www.pkulaw.com，检索关键词："赠与合同""公序良俗""婚姻关系存续期间"；文书类型："判决书"；审理程序：二审；审结年份：2023、2024；检索时间：2024年6月8日。

5.98%。（见表 2）经分析，司法实践中的裁判要旨基本与法答网呈现的观点相呼应。

表 2　人民法院案例库及北大法宝网中婚内对外赠与类纠纷一审、二审裁判结果及主要理由

一审判决结果	一审主要理由	二审判决结果	二审主要理由	判决数量
驳回原告诉讼请求	未证明赠与关系	维持原判	同一审	3
		改判	未证明款项用途，认定系赠与	1
	赠与人家事代理	维持原判	未证明存在不正当男女关系	2
	赠与系真实意思表示，受赠人善意取得，且财物已消费	改判	擅自处分共同财产，且违反公序良俗	1
	未证明赠与关系，且未证明系夫妻共同财产	改判	违反公平原则、公序良俗原则，行为无效，且不构成善意取得	1
	受赠人善意取得	改判	无偿受让，不适用善意取得	1
区分行为性质，认定部分赠与行为有效，部分支持原告诉讼请求	无权处分，但部分财产由受赠人善意取得	维持原判	同一审	7
	部分财产无权处分；部分财产系个人财产，有权处分	维持原判	同一审	2
认定赠与行为全部无效，支持原告诉讼请求（含仅因证据原因对具体金额作出调整的判决）	违反公序良俗，行为无效	维持原判	同一审	43
		改判	款项用于共同消费，不属于赠与	1
	无权处分且未发生善意取得	维持	同一审	10
	无权处分，直接认定无效	维持	同一审	18
		改判	处分共同财产，且违背公序良俗，但受赠人已返还部分财产	1
	无权处分，且违反公序良俗	维持原判	同一审	88
		改判	区分款项性质（部分系合理支出 / 已返还 / 其他法律关系等）	4
			增加认定赠与金额	1

深入分析上述样本的裁判结果，发现即便在裁判结果相仿的类案中，论证理由却不尽相同，其中，单独以行为是否违反公序良俗原则角度作为裁判理由，在一、二审判决中出现 89 次；单独以行为是否系无权处分作为裁判理由，在一、二审判决中出现 78 次；以行为是否违反公序良俗原则且是否系无权处分角度，共同作为裁判理由进行合并说理，在一、二审判决中出现 189 次，该类情形中另有部分二审判决在一审基础上对款项性质作了更精细化的区分，从而对一审判决金额作出调整，此类判决为 6 份；当然，也有部分判决未直面该问题，而是从举证责任的角度，以此为论证依据，在一、二审判决中出现 12 次。

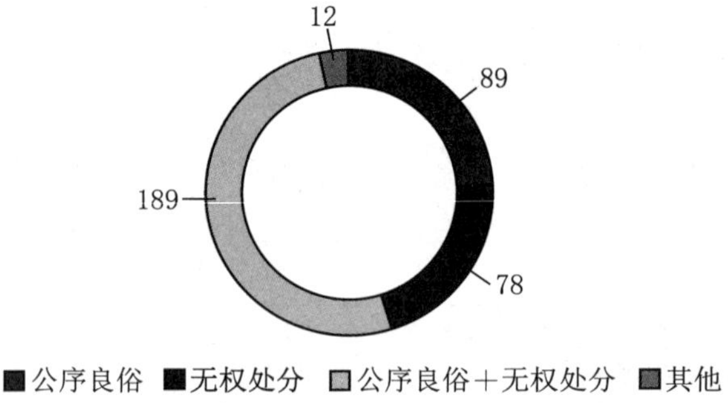

图 1　婚内对外赠与类案件一审、二审主要裁判理由

从样本呈现的总体态势而言，公序良俗原则已成为此类案件审查、论证的主要依据，其作为单独或合并理由的案件比例占 75.5%。事实上，公序良俗原则能否适用，以及如何适用，一直是个讳莫如深的议题。实践中，存在不少判决在论证部分刻意回避这个问题，而笼统以违背公序良俗原则一言蔽之，致裁判结果的可预见性大大降低。此外，亦存在不少以赠与财产性质、行为人有无处分权为由进行论证的案件，分歧较大。上述现象表明公序良俗原则在此类案件的适用中存在概念模糊、适用错配、论证匮乏、预期减损等乱象。

（一）概念模糊

一是公序良俗原则内涵理解差异化。作为一项法律原则，公序良俗原则具有高度抽象性和概括性。受裁判者自身价值观、知识体系、社会阅历等因素的影响，其内涵、适用对象、适用条件等方面的理解易出现偏差。在婚内对外赠与类纠纷中，裁判理由存在差异，部分原因在于对公序良俗原则的理解不一致。类似的案情，有判决选择适用公序良俗原则，也有判决选择适用公平原则或无权处分等法律规则。即便适用公序良俗原则，不同判决对原则的判断标准和评价结果亦存在个体差异。实践中，也出现凡是婚内向他人赠与财产（如向"网红"打赏），一律适用公序良俗原则予以说理论证、认定行为无效的情形，甚至将"公序良俗"与"公平原则""诚实信用原则"予以混用。

二是公序良俗原则外延趋于道德化。应当指出的是，"法律是最低限度的道德"，公序良俗不等同于道德，而是底线性法律评价标准。实践中，公序良俗原则的适用存在诸多乱象，容易与道德、习惯相混淆，如用一般道德标准代替公序良俗，只要违背一般道德标准即被认定为违背公序良俗，故容易造成法律原则的适用泛化。事实上，在《民法总则》首次以立法形式将公序良俗概念确立之前，我国《民法通则》《合同法》已作出"社会公共利益""社会公德"等类似表述，然而，"社会公共利益""社会公德"都未必触及社会底线，部分违反社会公德的行为并不产生法律责任。因此，我国民事立法在概念上从"社会公共利益""社会公德"发展为"公序良俗"，是一个重要的法律进步，⑦ 裁判者在具体判决中需要论证案件所涉因素具有底线性，通过论证，减少公序良俗对私法自治的冲击。

当然，关于公序良俗原则的内容究竟包含什么以及如何认定，很难有也不应该有统一的标准，需结合时代变迁、社会文化习俗等因素综合判断，并且在具体个案中通过裁判文书予以系统论证，一案一议。通过原则适用之论证程序的完善，使裁判结果无限接近确定与客观，现实法律亦会无限接近理想中的完美。⑧

（二）适用错配

法的可预见性要求裁判者在法律依据的选择上应优先考虑确定的法律规

⑦ 参见于飞：《〈民法典〉公序良俗概括条款司法适用的谦抑性》，载《中国法律评论》2022年第4期。

⑧ 参见彭诚信：《从法律原则到个案规范——阿列克西原则理论的民法应用》，载《法学研究》2014年第4期。

则，然而，婚内对外赠与类纠纷中，存在不少将法律规则和公序良俗原则的适用情形予以错配的情形，主要表现为无视具体案情即对公序良俗原则加以适用，存在“向一般条款逃逸”之嫌。

一般而言，法律原则用于克服成文法局限性，主要体现在两方面：一是克服法律规则的不周延性，弥补法律规则的漏洞，二是对适用法律规则可能导致极度不公的个案予以调整。法律原则在具体发挥这两方面作用的时候，其适用条件应加以区分。婚内对外赠与类纠纷存在相应的法律规则，因此，一般而言，应适用法律规则，只在个别情形下，才可超越法律规则的现有规定适用公序良俗原则。遗憾的是，实践中常出现未对个案具体情况加以辨明，频繁将婚外情行为与赠与行为杂糅在一起进行评价的情形，很多时候只要涉及婚外情行为，就一律因违反公序良俗原则认定行为无效，而未对赠与财产性质以及赠与行为本身深入审查。如上述 184 份判决样本中，有相当多的判决以行为系无权处分且违反公序良俗为由进行论证，而当一个案件有明确、具体可适用的法律规则时，将法律规则与公序良俗原则同时作为裁判依据，也从侧面反映裁判论证逻辑稍显混乱，对适用公序良俗原则的时机把握不甚准确，甚至把公序良俗原则当作法律规则加以直接适用的弊端。

（三）具体化过程匮乏

上述判决样本表明，婚内对外赠与类案件中频繁将公序良俗原则作为裁判依据，却缺乏在个案中相应的具体化路径，集中体现在裁判文书的理由论述普遍较简单：或未从个案的实际情况出发，但凡案情中出现相应“关键词”即一律突兀地适用公序良俗原则判决赠与行为无效；或含含糊糊将法律原则一带而过，缺乏基础论证推理；或重结果轻论证，直接将公序良俗原则和法律规则并用，公序良俗原则起到补强裁判理由的作用，但忽略了论证逻辑的缜密性。

由于公序良俗原则具有抽象性，故其适用于个案时，需要具体化，结合案件事实，从具体层面上进行精细推导和说理。若仅将其当做简单的裁判理由，缺乏论证说理，往往难以让当事人信服。尤其是当存在具体法律规则的情况下，若直接适用抽象的公序良俗原则，而未将未适用既定法律规则的原因予以论述，既有损裁判文书的可接受度，也存在随意扩大公序良俗原则适用范围之嫌，而司法裁判承载的不仅是强制执行力，更承载了对某一特定行为的法律评价。若裁判文书只是粗糙地援引法律原则，欠缺具体化过程，将导致法院裁判的说服力不强，不利于提升司法公信力，也不利于发挥其导向作用。

（四）可预见性减损

一般而言，法律规则优先于法律原则予以适用，是法律适用的基本规则之一，因法律规则系立法者对某种情形作出的更精细的规定，放弃适用具体法律规定而援引抽象的法律原则，不利于适法稳定和统一。规定越具体、与案件联系越密切，意味着对法官自由裁量权的限制越多，故裁判结果更具有可预见性。不规范适用法律原则，将置法院裁判于不确定境地，亦会极大减损可预见性，具体表现为：

一是裁判结果容易受舆论干预，或以结果导向倒推论证过程。在婚内对外赠与类纠纷中，就统计结果而言，此类案件以或多或少支持原告诉讼请求为主，即便驳回诉讼请求或对部分诉讼请求不予支持，也多以证据不足作为裁判理由加以阐述，很少从案件事实本身出发作出更加精细的分析、认定。出现该情形，亦与此类案件面临的舆论压力有关，稍有不慎便可能引起强烈社会反响，迫于舆情风险，部分判决“一刀切”，一律认定为赠与行为无效。

二是裁判结果容易受法官个人意志影响，提升质量瑕疵风险。在婚内对外赠与类纠纷中，不少案件在二审阶段被改判，除因新的事实、证据而调整判决金额外，也有不少案件由于对公序良俗原则的适用条件认识不同而作出了截然不同的认定。如一审判决认为构成善意取得，二审判决认为违反公序良俗原则；⑨ 或一审判决认为违反公序良俗原则，而二审判决认为款项用于共同消费，不属于赠与；等等。⑩

虽然婚内对外赠与类案件的法律适用在实践中存在诸多困惑，且公序良俗原则本身具有抽象性，难以一概而论，然而，仍可通过确立一定的适用规则，并通过严密的论证方式，将具体法律规则和抽象公序良俗原则以一种更

⑨ 此类判决如（2023）鄂07民终416号。
⑩ 此类判决如（2022）渝05民终9771号。

精细的方式适用到此类案件之中。

二、追本溯源：婚内对外赠与类纠纷适法乱象之根源透视

（一）条件缺位：适用前提混同

一般认为，法律原则用于克服成文法局限性，主要体现为弥补法律规则的漏洞，以及调整个案正义，公序良俗原则在法律规范体系发挥的功能亦大抵如此。实践中，法律原则在弥补法律规则漏洞方面，争议不大，产生较大困惑的是法律原则和法律规则冲突情形下的适用问题，即个案存在可以具体适用的法律规则，但适用该规则可能导致结果不公，能否适用法律原则的问题，这也是婚内对外赠与类纠纷集中体现出的矛盾。上述样本表明，在婚内对外赠与类纠纷中，因存在具体、明确的法律规则，本可推断出相对稳定的判决结果，然实践中为了个案裁判的公众可接受度，极有可能直接援引法律原则，产生截然不同的结果，一步之距，判若鸿沟。公序良俗原则与法律规则的适用前提混同，是后续法律规范选择困难、裁判结果可预见性降低的根源所在。

（二）价值让位：公序良俗原则的谦抑性

公序良俗原则作为法律原则，本身带有特殊属性。事实上，关于法律原则，存在旷日持久之争，这一方面直接关系到法律规范内在的基本类别与结构，另一方面涉及“法律是什么”这一法学理论的终极命题。对法律原则持消极观点的主要理由认为其在规范上“要么无吸引力要么是多余的”：如果法律原则指示的结果不同于道德原则和法律规则所指示的，那么它们在规范上无吸引力；如果法律原则指示的是法律规则和道德原则所指示的同一结果，那么它们在规范上是多余的。[11] 按照此观点，法律原则既无存在的必要，也无存在的逻辑可能。当然，大多数观点承认法律原则的存在，只是在法律原则和法律规则之间具体差异是什么这一问题上存在分歧，如有观点认为，存

⑪ ［美］拉里·亚历山大、肯尼思·克雷斯：《反对法律原则》，载安德雷·马默主编《法律与解释：法哲学论文集》，张卓明、徐宗立等译，法律出版社2006年版，第382页。

在法律原则，但法律原则与法律规则之间仅存在程度性差异，主要表现为一般化的程度不同：法律原则的一般化程度较高，而法律规则相对较低。[⑫]也有观点认为，两者差异不仅是程度上的，更是逻辑上的，法律既包括法律规则也包括法律原则，法律原则具有法律规则所没有的深度——分量和重要性，[⑬]以及原则与规则具有不同的初显性特征，[⑭]等等。

我国民事法律规范以立法形式确立法律原则存在的必要性，一方面基于法律原则是抽象而非具体的，另一方面基于法律原则具有立法准则的功能，这也是一般法律规则所缺乏的方面。[⑮]

因此，法律原则的适用应保持谦抑性，这亦通过最高人民法院的司法实践得以显现。最高人民法院作出的（2022）最高法民申再91号民事判决指出：民事审判中，只有在法律没有具体规定的情况下，为了实现个案正义，法院才可以适用法律的基本原则和基本精神进行裁判。通常情况下，法院不能直接将“公平原则”这一法律基本原则作为裁判规则，否则就构成向一般条款逃逸，违背法律适用的基本规则。本案原审判决以公平原则认定非合同当事人的实际受益人海成公司对黄某某的付款义务承担连带责任，既缺乏当事人的意思自治，又无视当事人在民商事活动中的预期，还容易开启自由裁量的滥用。

此外，《民法典》第十条亦对公序良俗原则的适用顺序作出原则性规定。在裁判论证方面，《最高人民法院关于加强和规范裁判文书释法说理的指导意见》（法发〔2018〕10号）第七条亦指出，民事案件没有明确的法律规定作为裁判直接依据的，裁判者应当首先寻找最相类似的法律规定作出裁判；如果

⑫ ［英］约瑟夫·拉兹：《法律体系的概念》，吴玉章译，中国法制出版社2003年版，第202页。

⑬ 参见［美］罗纳德·德沃金：《认真对待权利》，信春鹰、吴玉章译，上海三联书店2008年版，第41—53页。

⑭ ［德］罗伯特·阿列克西：《法·理性·商谈：法哲学研究》，朱光、雷磊译，中国法制出版社2011年版，第183—184、192—193、195—199页。初显性特征是指起初具有可行性，但可因为其他阻却事由而不实行。阿列克西认为，原则因为分量的特性而具有明显的初步性。规则虽然具有确定性，但在原则为规则创设例外的情形下，规则的例外是不可数的，因此规则在此时也就具有了初显性特征。

⑮ 参见徐国栋：《民法基本原则解释——成文法局限性之克服》，中国政法大学出版社2001年版，第38—42页。

没有最相类似的法律规定，裁判者可以依据习惯、法律原则、立法目的等作出裁判，并合理运用法律方法对裁判依据进行充分论证和说理。

（三）推理失效：演绎推理的现实局限

一般而言，裁判结果的作出有赖于演绎推理，即将现有法律规范（大前提），作用于案件事实（小前提）后，得出裁判结果。因此，有观点认为，通过演绎推理，法律判断可必然地得出，因为演绎是“关于‘必然地得出’的研究”，⑯是前提与结论之间有必然性联系的推理。⑰

然而，法律的适用纷繁复杂，绝非通过特定的“公式”或设置一定的“程序”即可作出裁判结果那么简单。演绎推理在婚内对外赠与类纠纷中存在现实局限，容易造成推理结果明显失当。

按照演绎推理模式，在大小前提均可明确查明的理想条件下，裁判结果似乎是唯一的、确定的。然而，民事司法的重要功能在于实现公平正义，因此，当通过演绎推理得出的裁判结果明显有悖实质正义时，不宜将其作为裁判结果，因为演绎推理仅为作出裁判结果的推理工具，而裁判结果不应机械受制于推理工具、忽略价值选择本身。基于此，当通过演绎推理得出的裁判结果明显失当时，不得不对其进行调整，这也是演绎推理的局限所在。

演绎推理的上述现实局限，赋予公序良俗原则在婚内对外赠与类纠纷中的适用空间，当然，公序良俗原则的适用亦需保持谦抑性。作为个案裁判者，需合理把控这当中的分量和尺度，在适用公序良俗原则和审慎行使自由裁量之间寻求最佳平衡。

（四）论证阻滞：公序良俗原则具体化的障碍

由于公序良俗原则具有抽象性，故其适用于个案时，需要具体化，这也是实践当中普遍确认的法律原则适用逻辑。然而，关于公序良俗原则如何具体化，却是一个讳莫如深、难以触及的命题。

⑯ 参见王路：《逻辑的观念》，商务印书馆2000年版，第119页。
⑰ 金岳霖主编：《形式逻辑》，人民出版社1979年版，第144页。

关于法律原则的具体化路径，域外有一定的经验，如“竞争法则”理论，[18]并在一定条件下得以运用。然而，有关法律原则具体化的理论纷繁复杂，若随意选用，将影响适法统一，且是否适应国内司法现状尚待论证，贸然适用亦将损害裁判结果的客观公正，反而背离公序良俗原则的初衷。

因此，鉴于对公序良俗原则具体化路径的选择、具体化条件的确定、具体化过程的论证等方面无法达成共识，影响到其在婚内对外赠与类案件中的适用，很多裁判不得已选择“避而不谈”，为此类案件的法律适用带来困扰。

三、应然回归：婚内对外赠与类纠纷法律适用路径构建

基于以上分析，婚内对外赠与类纠纷的法律适用路径应具有层次性：即先根据法律规则作出结果预判，再通过公序良俗原则具体化进行个案调整。

（一）厘定适用前提

基于公序良俗原则的谦抑性，故在个案中若需适用公序良俗原则，首先需明确适用的目的及功能，即分析属于填补规则漏洞，抑或调整个案正义。对于前者，应穷尽法律规则的查找，对于后者，关键在于论证公序良俗原则在个案中的具体化过程。

因婚内对外赠与行为在《民法典》赠与合同相关章节以及物权编、婚姻家庭编有明确规定，故存在可适用的具体法律规则，一般情况下应适用法律规则，即：若赠与人有权处分该赠与财产，一般应认定有效。

当然，是否“有权处分”，涉及民事立法诸多更精细的规定。从财产的性质而言，如行为人处分个人财产，一般认定为有权处分，行为有效。若行为人并非处分个人财产，那么需要查找是否存在足以支持其处分权限的制度，现有框架下，存在可产生该法律效力的制度为代理。

在婚姻家事制度中，无论是《民法典》，还是之前的婚姻家事类立法，均规定夫妻对共同财产有平等的处理权，夫妻一方在婚姻关系存续期间以个人

[18] ［德］罗伯特·阿列克西：《法·理性·商谈：法哲学研究》，朱光、雷磊译，中国法制出版社2011年版，第297页。

名义为家庭日常生活需要所负的债务，属于夫妻共同债务。因此，存在具体法律规则，对行为人单独处分夫妻共同财产的行为效力作出肯定性评价，即家事代理。

在排除以上有权处分、家事代理情形后，对于行为人无权处分的行为效力，在《民法典》以及之前的《物权法》均有相应规定，即在符合受让人受让该不动产或者动产时为善意、财产以合理的价格转让、转让的不动产或者动产依照法律规定应当登记的已经登记、不需要登记的已经交付给受让人时，受让人取得财产所有权，即善意取得制度。

因此，婚内对外赠与类纠纷的处理存在相应法律规则，故一般而言应适用法律规则，只有在特殊情况下，公序良俗原则才具有调整个案正义的适用空间，是为婚内对外赠与类纠纷中公序良俗原则的适用前提。

（二）公序良俗原则在个案中的具体化路径

公序良俗原则在个案中的具体化路径，即适用公序良俗原则调整个案正义的方式、方法，是指在婚内对外赠与类纠纷中适用相应法律规则会导致个案明显不公，需要超越法律规则、适用公序良俗原则的情形。

若经过审理，产生了适用法律规则可能导致个案极度不公的心证，实践中，有不少裁判观点认为婚外情本身违反公序良俗，故一律认定赠与行为无效，难免有片面之嫌。此时，基于意思自治衍生的财产处分制度与社会善良风俗所映射的公序良俗原则相冲突。需要根据个案情况，将公序良俗原则具体化到个案中予以适用。

首先，需寻找个案中的具体化条件，将具体化条件作为案件事实查明的内容，在审理过程中予以特别关注。当确定具体化条件后，方可将公序良俗原则具体化为适用于个案的规则。实践中，具体化条件的查找在个案中往往存在一定困难，亦与裁判者的价值观念以及对案件事实的调查方向密切相关。然而，根据司法实践仍可找到一定共性。通过对实践裁判样本的分析、归纳，本文提炼婚内对外赠与类纠纷适用公序良俗原则的具体化条件如下：

1．主观条件

主观条件主要是指行为双方有无过错，可从双方的行为目的，以及受赠人是否善意无过错予以判断。

从行为目的而言，根据《民法典》第六百五十七条之规定，赠与合同是赠与人将自己的财产无偿给予受赠人，受赠人表示接受赠与的合同，故赠与合同系双方法律行为，蕴含赠与人和受赠人双方的意思表示。若赠与人赠与的财产系个人财产，即有权处分，其赠与是为了对受赠人的悉心照料表示感谢，而受赠人对赠与财产的接受动机亦出于善意，此时，该条件尚不足以为适用公序良俗原则创设例外，故可适用法律规则，认定此类行为有效。反之，若赠与人赠与个人财产是为了建立、巩固、维系婚外情关系，基于此类目的与公序良俗原则的价值理念严重相悖，可作为适用法律规则的例外，适用公序良俗原则认定赠与行为无效。

从受赠人是否善意无过错角度而言，需结合个案具体情况，综合审查双方交往时间、是否明知对方婚姻状况、支付对价情况以及接受赠与财产动机方面是否均善意且无过错，进行综合认定，并在裁判文书中予以详细论证和说明。

若受赠人对赠与人的婚姻状况不知情，即本文选取的样本中涉及的“被小三”情形，对于此类案件，本文认为，从赠与人行为目的而言，其赠与财产系抱有不正当目的，因此，一般而言，此类行为可认定为违反公序良俗，部分地区法院亦持此观点。值得注意的是，实践中往往可通过重点审查受赠人对于“不知情”是否存在过错予以补强论证。

2．客观条件

一是标的物性质。此类案件中，就标的物而言，可能影响案件定性的因素为财产金额和属性。

首先，财产金额影响赠与人的处分权限。一般而言，夫或妻一方对家庭事务有平等的处理权，同时，夫妻一方在婚姻关系存续期间以个人名义为家庭日常生活需要所负的债务，属于夫妻共同债务，而在婚姻关系存续期间以个人名义超出家庭日常生活需要所负的债务，不属于夫妻共同债务。对“家庭事务”或“家庭日常生活需要”的界定标准，在缺乏其他证据予以证明的情形下，最直观的方式为金额的衡量。因此，如向“网红”小额“打赏”行为，若属于未超出日常生活所需的小额消费，那么根据现有法律规则，此类行为可认定为有效，该结论亦与《最高人民法院关于适用〈中华人民共和国民法典〉婚姻家庭编的解释（二）（征求意见稿）》第五条体现的精神相符，[19] 即打赏行为仅在情节严重的情形下，方可影响婚姻过错方认定。

其次，标的物的属性影响物权变动效果。物权权属的变动，因其属于动产还是不动产而有所区别。一般来说，对动产而言，交付意味着所有权的变动；对不动产而言，完成所有权变更登记即完成所有权变动。因此，在婚内对外赠与类纠纷中，若赠与人系无权处分，可能需要依照善意取得规则认定所有权是否发生变更时，标的物的属性便显得尤为重要。

二是行为要件。婚内对外赠与类纠纷中公序良俗原则具体化条件中的行为要件是指赠与人转让财产是否有偿或以明显不合理低价，该要件直接影响到善意取得是否成立。值得注意的是，赠与类纠纷中，受赠人往往无需支付对价，或者仅需支付明显不合理的低价，因此，善意取得规则通常无法在此类案件中适用。

3．结果条件：行为后果

通过对本文裁判样本的分析、归纳，各地法院适用公序良俗原则处理此类案件时，在行为结果的论证方面做法比较趋同，普遍将“严重违反夫妻忠诚义务”或“严重违背夫妻共有财产制度”作为论述要点。

当公序良俗原则通过上述具体化条件转化成具体行为模式后，后续论证才能得以展开，并趋于完善。该过程可用文字表述为：夫妻一方为维系不正当男女关系（主观条件：行为目的），擅自将夫妻共同财产（客观条件：标的物性质）无偿或以明显不合理低价转让（客观条件：行为要件）他人，严重违反夫妻忠诚义务的（结果条件：行为后果），该行为违反公序良俗，行为无效。

需承认的是，公序良俗原则的适用并非按图索骥，而需进行具体化分析。当具体应用到个案中时，若需要在例外情形下适用公序良俗原则，则必须承担该情形下的论证义务，[20] 将具体化过程通过严密论证的方式予以体现。

---

[19] 《最高人民法院关于适用〈中华人民共和国民法典〉婚姻家庭编的解释（二）（征求意见稿）》第五条第四款：夫妻一方未经另一方同意，明显超出家庭一般消费水平打赏，严重损害夫妻共同财产利益，另一方以对方存在挥霍夫妻共同财产为由，请求在婚姻关系存续期间分割共同财产的，或者在离婚分割夫妻共同财产时对打赏一方少分或者不分的，人民法院应依法予以支持。

[20] 参见林来梵、张卓明：《论法律原则的司法适用》，载《中国法学》2006 年第 2 期。

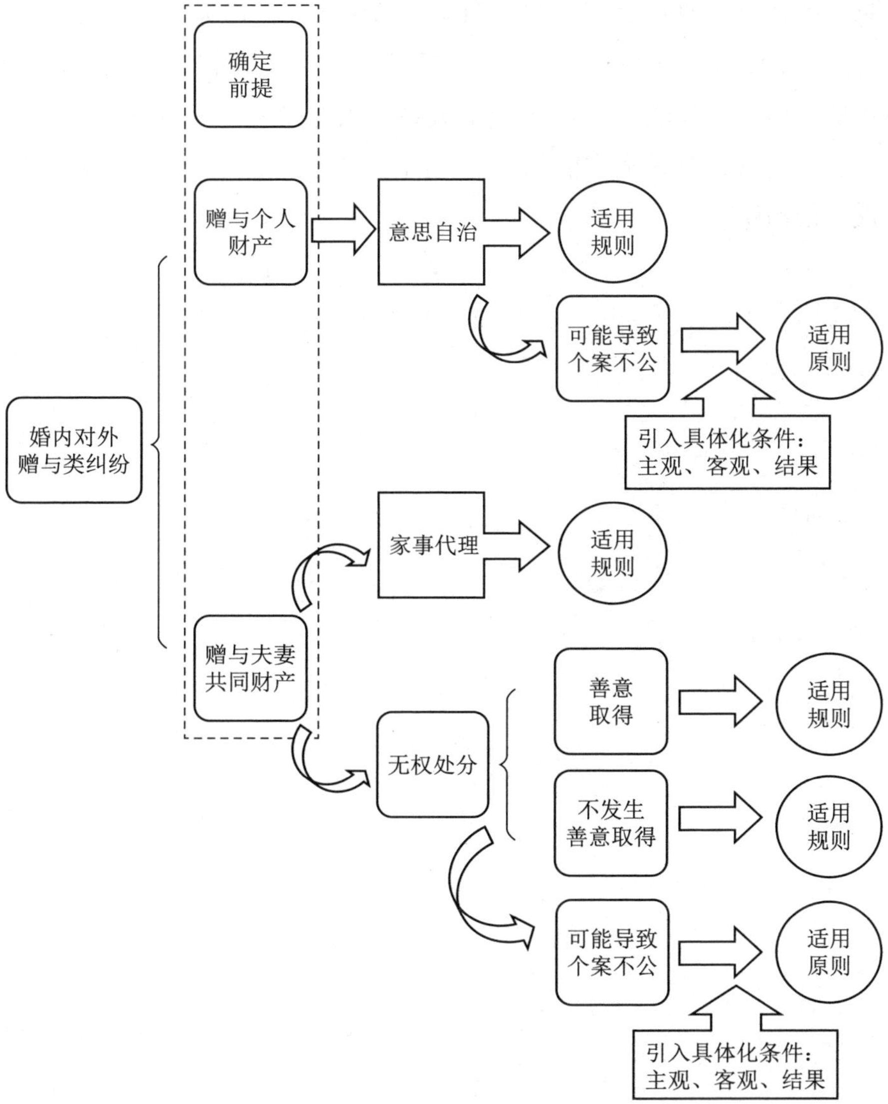

图 2　婚内对外赠与类案件法律适用思维导图

四、结语

婚内对外赠与类案件是法律规则与公序良俗原则“冲突”的高发领域，同时也为平衡法律规则和法律原则的适用顺位带来充分的实践成果和重要的参考价值。在适用顺位方面，应遵循适用法律规则为前提，并据此作出预判，根据预判结果决定公序良俗原则是否适用。通过对司法实践的归纳、总结，可提炼出适用公序良俗原则所需查明的具体化条件，作为法庭事实调查的重要内容，同时，具体化条件在类案中具有相对确定性和普适性。通过“实践—提炼—再实践验证”，亦存在将该具体化条件发展成为某一条法律规则的可能。这个过程，既是成文法的完善之路，亦是法院践行公正司法、推动法治发展的使命所在。

最有利于未成年人原则视角下隔代探望权之类型化解释

——基于近十年民事裁判文书的实证分析

白　云　施良聪*

一般意义上，常将祖父母或外祖父母，对其孙子女或外孙子女行使探望权称为“隔代探望权”。我国《民法典》第一千零八十六条仅对离婚后不直接抚养子女的父或母一方的探望权作出了相关规定，对祖父母或外祖父母等其他近亲属能否行使探望权并未作出直接规定。① 在《民法典》出台前的讨论中，基于我国的历史文化和社会需求，婚姻家庭编历经三次审核，隔代探望权的存废问题一直备受关注和争议。一审稿和二审稿对于设立隔代探望权都持肯定态度，而三审稿最终持否定态度，将相关规定予以删除。当前《民法典》亦延续了三审稿的态度，将探望权的主体范围限定为父母，② 并未包括（外）祖父母。对于《民法典》这一未予规定而司法实践中屡见不鲜的情形，通过实证研究将进一步发现，我国各地法院在个案裁判中存有较大分歧，故亟须总结司法经验教训，通过完善民事法律，为其构建实体性权益和程序性诉之利益的强制性保障。

* 白云，法律硕士，上海市静安区人民法院未成年人与家事案件综合审判庭副庭长。施良聪，华东政法大学法律学院硕士研究生。本文获最高人民法院关于“全面加强未成年人司法保护”主题征文一等奖。

① 《民法典》第一千零八十六条规定，离婚后，不直接抚养子女的父或者母，有探望子女的权利，另一方有协助的义务。行使探望权利的方式、时间由当事人协议；协议不成的，由人民法院判决。父或者母探望子女，不利于子女身心健康的，由人民法院依法中止探望；中止的事由消失后，应当恢复探望。

② 为书写简洁，下文的“父母”即指代（外）祖父母的子女、（外）孙子女的父母。

一、问题之提出

在我国现行法律中，探望权仅在我国《民法典》第一千零八十六条中有明文规定，即离婚后不直接抚养子女的父亲或母亲一方，享有的对于未成年子女探望、联系、会面、交往、短期共同生活的权利，是特指离婚后不直接抚养未成年子女的父亲或母亲一方，基于其与未成年子女的亲子关系而享有探望未成年子女的权利。而《民法典》对已经成年的无民事行为能力人或者限制行为能力人的探望权，以及除父母子女关系以外的其他亲属关系的探望权，并没有直接规定。此外，《民法典婚姻家庭编司法解释（一）》第六十五至六十八条仅对父母亲的探望权问题作出规定，也未提及“隔代”探望权。司法实践之中，通常只有在特定条件下，才可被允许提起，如祖父母、外祖父母对父母无力抚养的未成年孙子女、外孙子女尽了抚养义务，其定期探望孙子女、外孙子女的权利应当得到尊重，并有权通过诉讼方式获得司法保护。当然，若对“隔代”探望权的含义作字面推演，则其更广维度上除了包括（外）祖父母对（外）孙子女的探望权，也应当包括（外）孙子女对（外）祖父母的探望权，且司法实践中确有此类情况，③亦有相关包括（外）孙子女在内的对老年人近亲属探望现象的理论研究。④但本文研究将限定于（外）祖父母对（外）孙子女的“隔代”探望权这一种情形，因为考虑到若把此种法律情形分析透彻，就可以在一定程度上转化适用于（外）孙子女对（外）祖父母的探望权纠纷等案件之中，并且实践中祖辈对孙辈的“探望不能”现象更为广泛；同时，这两种情形在民事法律原则最根本的遵照上存有一定互斥性，这在后文中将会提及，因而本文将研究重心聚焦于（外）祖父母对（外）孙子女的隔代探望这一模型上更为熨帖。

在本文研究中，借助“中国裁判文书网”“人民法院案例库”“北大法宝”“威科先行”等数据库，以“民事”“探望权纠纷”等为案由，以“隔代

③ 参见赵某1、赵某2等诉赵某5、赵某6探望权纠纷案，安徽省泗县人民法院（2017）皖1324民初3016号民事判决书；窦某1、窦某2诉窦某3探望权纠纷案，北京市第一中级人民法院（2019）京01民终4670号民事判决书。

④ 参见邹龙妹、李春双：《老年人近亲属探望权的正当性和基本原则》，载《求是学刊》2021年第2期。

探望”“（外）祖父母”“（外）孙子女”为关键词并截止到2023年12月31日展开检索，共得到近十年来的民事裁判文书238份，经过筛选，按照文书的裁判时间合并重复案例，同时对无关案件予以排除，共得到符合研究需要的民事判决书、裁定书以及执行文书等生效裁判文书98份，合计涉及73起以“探望权纠纷”为主要案由的民事纠纷案件。

通过对这73起诉讼案件样本的检索、归纳，可以发现由于民事法律的空缺以及各案事实、纠纷实质的不同，一系列有关隔代探望权的理论见解和实务举措都亟待商榷，从各地法院审理相关诉讼时存在的巨大差异便可见一斑。第一，一些法院仅基于法律规则的空白，即（外）祖父母并非法律规定的行使探望权的主体，就直接否定了隔代探望民事权益在当前社会中存在的可能性和合理性，甚至在（外）祖父母失独的案件中也有此举。例如，在“李某某、高某某诉王某某探望权纠纷案”中，⑤法院认为（外）祖父母并非法律规定的行使探望权的主体，因此，（外）祖父母要求行使对李某的探望权与法律既有规定不符，故不予支持该探望权。第二，一些法院虽肯认特殊情形下隔代探望权益的立足空间，但结合对案件事实的解释，最终判决（外）祖父母在当前案件中并不能对（外）孙子女行使隔代探望；而在类似情形下，其他法院则判决（外）祖父母可以隔代探望其（外）孙子女。例如，在“韩某诉贾某探望权纠纷案”中，⑥法院首先表明现有法律并未有关于（外）祖父母对（外）孙子女行使探望权的相关规定，故韩某要求探望其孙女的诉讼请求没有法律依据；再论述韩某亦没有抚养孙女的事实，因此驳回韩某的全部诉讼请求。而在多数“失独老人”隔代探望权纠纷案件裁判中，法院通常考量是否符合最有利于未成年人原则、老年人权益保护以及公序良俗，至于是否对等要求（外）祖父母具有先在的隔代抚养行为，则在所不问。第三，隔代探望权的制度性规定虽未纳入《民法典》的法律规范范畴，但并不意味着法院在审理此类纠纷时处于完全无法可依的境地。“法无禁止即可为”的私法自治法理、监护制度的延伸价值、直系血亲亲属身份权益的保护、未成年人利益最大化的

⑤ 参见李某某、高某某诉王某某探望权纠纷案，山东省郯城县人民法院（2019）鲁1322民初4272号民事判决书。

⑥ 参见韩某诉贾某探望权纠纷案，北京市房山区人民法院（2020）京0111民初4713号民事判决书。

司法理念、公序良俗在司法实践中的运用，均成为法院进行裁判的依托，但也导致法院适用中的灵活随意和逻辑上的不自洽，这将在第三部分具体论述。

结合当前民事诉讼中无论是实务上捉襟见肘的现象，还是理论上仍不充分的研究来看，必须从认识论到法律方法论上重新检视隔代探望权益之正当性，以及在审慎对待隔代探望纠纷所处的涉未、涉老家事司法领域之中，“最有利于未成年人原则”是否具备根本性地位，这一原则与其他法律原则、道德伦理之间是否存在统领与附随关系，最后，在司法裁判中如何有效推行之。

二、隔代探望权作为第一性民事权益的正当性考察

（一）作为身份权益的隔代探望权

1. 司法实践中的权益确认

据本文研究中所检索的案例显示，隔代探望权的可诉性纠纷业已在民事司法中得到多数法院的肯认。近十年来，我国法院每年均会受理有关“隔代探望权”纠纷的民事诉讼，“隔代探望权”的有无在“实然”层面已为司法活动所确认：其一，在案件数量分布方面，先是在2013年至2018年逐年递增，至2018年至2021年间达到峰值，平均每年有11至12起（2020年受新冠疫情影响仅有6起），这反映出起初“隔代探望权”纠纷之司法裁判尚不能提供稳定的诉讼预期，而在2021年后略有回落至年均6起，可能是新的诉讼理念及前诉相似案件效力的辐射影响，也可能是新的裁判文书还未上传至有关数据库所致。其二，在地域上，我国26个省份的法院对隔代探望相关纠纷曾作出生效裁判，其中法治建设发展较为先进的地区，上海市各级法院13件、江苏省各级法院8件、北京市各级法院7件，文书数量居于前三位。其三，在审判程序的分布上，除2份文书因分别作为四川省高级人民法院和新疆维吾尔自治区高级人民法院的典型案例发布而无法识别其审判程序外，其余96份裁判文书共计包括一审程序57件、二审程序27件、再审程序9件、执行程序3件，而同一案件进入二审、再审程序的比例为26.4%，占据73件样本的比重超过四分之一。可见，实务中关于“隔代探望权”已不单单局限于权益之有无，而是依据不同案件事实，得到了更广泛的讨论。

2．民法理论上的弹性吸收

在民法理论上，隔代探望权可作为民事“利益”被吸纳进民事“权益”的保护范围之内。第一，依据《民法典》第一千一百六十五条规定，侵权责任的救济对象既包括权利，也包括利益；其第一千一百六十四条规定“本编调整因侵害民事权益产生的民事关系”，将侵权责任保护范围由旧《侵权责任法》的“概括 + 列举”式修改为“概括式”，力求实现对民事权益的全面保护。⑦故“等人身、财产权益”之兜底性条款所规范的范围，就是在行动自由与权益保护之间寻找均衡点；而身份性权益虽非典型绝对权，但其对外关系上显示了绝对权的性质，在对内关系上具有相对权的性质，处于被不断“发现”的状态，⑧体现了“弹性制度”的思考立场。⑨在我国立法和司法的整体话语体系下，隔代探望权作为父母亲权的延展，其同时又已具备充足的司法实践土壤，故当然可以作为一项民事“利益”得到法律保障和救济。第二，身份权益的最大特点在于，其行使不仅是为权利人的利益，还是为了满足相对方的利益。⑩而将隔代探望权作为一项身份权益予以行使，既符合探望权的身份性权利特征，同时也是对（外）祖父母和（外）孙子女利益需求的共同满足，兼具“最有利于未成年人”原则和老年人权益保护的双重含义。第三，对于特定民事主体而言，自身享有某一权利意味着他人须履行对应之义务。与探望权相对的，是父母对子女的抚养义务；同理，（外）祖父母“隔代探望权益”对应的是（外）孙子女的“隔代赡养义务”，与“隔代抚养义务”是不同概念。《民法典》第一千零七十四条规定了隔代赡养、抚养的法定情形，⑪既然对应之义务已为法律所规定，那么就应当有“隔代探望权益”的立

⑦ 杨立新：《民法典对侵权责任规则的修改与完善》，载《国家检察官学院学报》2020 年第 4 期。

⑧ 参见段厚省：《论身份权请求权》，载《法学研究》2006 年第 5 期；史尚宽：《民法总论》，中国政法大学出版社 2000 年版，第 21 页。

⑨ 参见曹险峰：《我国侵权责任法的侵权构成模式——以“民事权益”的定位与功能分析为中心》，载《法学研究》2013 年第 6 期。

⑩ 曹思婕：《〈民法典〉视野下探望权属性探析》，载《现代法学》2022 年第 3 期。

⑪《民法典》第一千零七十四条第一款规定，有负担能力的祖父母、外祖父母，对于父母已经死亡或者父母无力抚养的未成年孙子女、外孙子女，有抚养的义务。第二款规定，有负担能力的孙子女、外孙子女，对于子女已经死亡或者子女无力赡养的祖父母、外祖父母，有赡养的义务。

足空间。通常情形下，（外）祖父母能够尽到情理之中的隔代抚养义务，而社会仅对（外）孙子女科以家庭伦理层面最低的隔代赡养义务，故当前我国社会基本没有关于隔代赡养、抚养的一般性纠纷。与此相比，（外）祖父母隔代探望的身份利益可能会因为子女死亡或者离异等事实障碍，无法在家庭伦理层面得以通畅实现，破坏祖孙关系的同时也内部瓦解家庭和谐，且这种现象广而有之，故亟须民事法律通过“身份权益”的确认，为其构建实体性权益和程序性诉之利益的强制性保障。

值得注意的是，有观点认为，失独老人的（外）孙子女对失独老人的遗产往往享有代位继承权，那么在赋予（外）孙子女代位继承遗产权利的同时，以赋予探望权的形式保障老人的精神养老需求，以此来证成隔代探望权益的合法性、正当性。[12]此观点值得商榷。事实上，在家事领域中，探望权和继承权的权利性质并不能简单等同。探望权属于身份性权利；而继承权的本质是一种概括性取得权，属于民法上取得权之一种，不可简单归属于人身权或财产权其中之一。[13]司法中有关隔代探望权证成的“权利义务对等性”路径，将探望权利义务关系与继承权利义务关系混为一谈，并不具备逻辑推演的充要性。

（二）作为第一性权益的隔代探望权

在证成隔代探望作为一项身份权益的正当性后，下面将以“吴某甲、杨某甲诉屈某甲探望权纠纷案”“王某甲、李某某诉魏某某探望权纠纷案”和“孙某甲、黄某某诉孙某乙、马某某探望权纠纷案”等三则案例各自的民事二审裁定书为分析范本，进一步讨论隔代探望权益的性质。“吴某甲、杨某甲诉屈某甲探望权纠纷案”的二审法院审理认为，[14]上诉人吴某甲、杨某甲系未成年人杨某丙的祖父母，被上诉人屈某甲系未成年人杨某丙的母亲，吴某甲、

[12] 参见徐某、李某诉倪某隔代探望权纠纷案，江苏省无锡市中级人民法院（2015）锡民终字第1904号民事判决书。此案为江苏省首例失独老人“隔代探望权”纠纷案，并作为江苏法院2015年度典型案例向社会公布。

[13] 参见章正璋：《继承权法律保护的六个疑难问题探析》，载《现代法学》2012年第4期。

[14] 参见吴某甲、杨某甲诉屈某甲探望权纠纷案，贵州省贵阳市中级人民法院（2016）黔01民终2674号民事裁定书。

杨某甲之子（杨某丙之父）已亡故，上诉人吴某甲、杨某甲的起诉符合民事诉讼法的相关规定，一审裁定驳回上诉人的起诉不符合法律规定，据此结合《民事诉讼法》第一百七十一、一百七十五条之规定，在撤销原裁定的同时，指令由第一审人民法院审理。此案中，根据二审法院在裁定书中的表述，其赋予（外）祖父母以隔代探望权，是由于吴某甲、杨某甲之子无法实现探望权而对这一探望权的救济，也就是前述中（外）祖父母对于监护人探望权的“代位型”或者“代为型”行使，[15]其基于“利益补偿请求权”而产生本案中相应诉权，成为本案的适格当事人。与此相反，“王某甲、李某某诉魏某某探望权纠纷案”的二审法院审理则认为，[16]通过对王某甲、李某某提交的四川省平昌县（2018）川1923民初2660号民事判决书等起诉材料的审查，可确认本案是一起探望权纠纷，王某甲、李某某作为王某乙的祖父母，起诉王某乙的母亲魏某某，要求行使对孙女王某丙的探望权，与本案是有直接利害关系的公民。王某甲、李某某的起诉符合《民事诉讼法》之规定，人民法院应当予以受理。至于在实体上是否能够支持王某甲、李某某的诉讼请求，则应当在审理后通过判决确定。一审以王某甲、李某某并非本案的适格原告为由驳回上诉人的起诉不当，二审法院经审理予以纠正。同时，在“孙某甲、黄某某诉孙某乙、马某某探望权纠纷案”中，[17]二审法院也认为二上诉人孙某甲、黄某某主张探望孙女的诉讼请求，符合《国民事诉讼法》规定的起诉条件，原审法院作出不予受理裁定不当，应予纠正。足见我国部分地区的法院已默认了隔代探望权是祖父母正当的身份权益，而并不是由于探望权无法实现的进一步权益推演。

以上三则案例中，二审法院在裁定书中的说理虽殊途同归，但不免引起进一步思考，即隔代探望权之产生究竟是发轫于对探望权之司法救济，还是由于（外）祖父母作为民事法律关系的主体，所天然享有的“身份权益”？

---

⑮ 参见庄绪龙：《“隔代探望”的法理基础、权利属性和类型划分》，载《法律适用》2017年第23期。

⑯ 参见王某甲、李某某诉魏某某探望权纠纷案，四川省巴中市中级人民法院（2020）川19民终1304号民事裁定书。

⑰ 参见孙某甲、黄某某诉孙某乙、马某某探望权纠纷案，辽宁省大连市中级人民法院（2015）大立一民终字第320号民事裁定书。

易言之，将隔代探望权定性为第一性权益，还是第二性权益。⑱虽然对于上述两例司法审判活动而言，它们的裁判结论是一致的，但是揭开裁判结论之“面纱”，对于隔代探望权益性质认识的不确定性可能会导致法院对于数个同类案件的裁判无法自洽，继而引起局部的“公信力危机”。正如吴英姿教授所指出的，司法对纠纷的解决遍布社会各个领域，这导致“社会大众最容易通过司法感知国家制度。于是，司法制度能否有效发挥作用，常常被社会大众用于检验国家能否公正高效地满足社会利益需求”。⑲

从法理上分析，第一性权益（原有权益）是法律所明确规定的或由法律授权的主体依法通过积极活动而创设的基础性、事前性法律权益，不依赖其他权益而独立存在。第二性权益（救济权益、衍生权益）的产生仅基于他人原权益侵害而发生的补救权利，其为民事权益提供一种恢复和补救的机制。应当认为，隔代探望权是第一性权益，（外）祖父母对其（外）孙子女“自始”享有隔代探望权。只是在一般情形下，监护人依据《民法典》监护制度和第一千零八十六条之规定，在家庭内部行使探望权时，通常“顺带”实现了（外）祖父母的隔代探望利益，故隔代探望权益此时呈现出被“吸收”的外观；而父或母一方死亡、父母离婚等特殊情形下，隔代探望利益之实现，则又需要相对独立于监护人探望权来行使。因此，“（外）祖父母对父母已经死亡或者父母无力抚养的对未成年（外）孙子女尽了抚养义务，其定期探望（外）孙子女的权利应当得到尊重和支持，并有权通过诉讼方式获得司法保护”的裁判观点，⑳并非在例外情形下对父母亲权的替代行使，而应当被视作（外）祖父母一方得以胜诉、继续行使该“第一性权益”的证成路径之一。

三、最有利于未成年人原则视角在隔代探望诉讼中的关键性

（一）有利于在隔代探望诉讼中切实保障未成年人利益

一方面，由于未成年人利益的基础性和其自卫能力的有限性，未成年人

⑱ 参见张文显：《法理学》，高等教育出版社、北京大学出版社1999年版，第22页。

⑲ 吴英姿：《司法认同论》，北京大学出版社2022年版，第19页。

⑳ 参见陈某才诉上海市金山区精神卫生中心排除妨害纠纷案，上海市高级人民法院（2020）沪民申1752号民事裁定书；张某、吴某诉刘某探望权纠纷案，新疆维吾尔自治区高级人民法院发布5起未成年人司法保护典型案例之五（2022年）。

利益相比于成年人利益更容易在无形中受到侵害。[21]因此，对于未成年人受损利益的救济，往往依赖于公力救济制度，和监护人等具有完全民事行为能力之主体的私力支持。同时，在隔代探望诉讼中，司法裁判应当以未成年人能够感知到的方式实现。除物质保障、精神需求和健康成长的需要等实体利益外，未成年人的"案件知情权"等程序性权利容易因其思维意识、表达能力较弱而在司法中被选择性忽视。"最有利于未成年人原则"视角的构建，有助于矫正隔代探望司法审判中，对未成年人实体、程序权益保障不足的现象。

另一方面，在隔代探望纠纷案件中，以"最有利于未成年人"原则而非"老年人利益"作为根本基准，能够帮助法官甄别、预防权益的"滥用"现象。否则，易产生"名为（外）祖父母隔代探望，实为（外）孙子女精神赡养"之嫌。例如，如果（外）祖父母诉请时认为（外）孙子女与父或母一方居住在国外，由父或母一方陪同（外）孙子女前往（外）祖父母的住处以达成隔代探望权之目的更为便宜，而法院事实上也如此判决，[22]那么就会产生对于本质上是（外）祖父母的探望行为，还是已经异化为（外）孙子女赡养行为的不同理解，可能会适得其反。

（二）有利于实质性化解父母与长辈间的隔代探望纠纷

法院在针对隔代探望纠纷案件说理时，如表1所示，对"最有利于未成年人原则""老年人权益保护""权利义务对等性""亲权延伸性""法无禁止即可为""监护人决定是否准予近亲属探望之权利""遵照既有约定""对社会传统美德及善良风俗（或公序良俗）、优良家风的遵循"等法律原则或社会原理的列举适用较为灵活、随意，对于存有交叉但各有侧重的相关原则、原理选择适用时鲜见顺位安排的支撑理据，以及逻辑的层进关系。

㉑ 肖建国、李皓然：《民事诉讼中儿童利益最大化原则研究》，载《法律适用》2024年第1期。

㉒ 参见丁某、王某诉白某探望权纠纷案，重庆市渝北区人民法院（2016）渝0112民初5648号民事判决书。

表 1　个案裁判中支持（外）祖父母隔代探望的理据梳理

权益正当性来源（在样本中出现的次数）	裁判依据检视	支持的表现
最有利于未成年人原则（51 次）	《未成年人保护法》第四条规定，保护未成年人，应当坚持最有利于未成年人的原则。处理涉及未成年人事项，应当符合下列要求：（1）给予未成年人特殊、优先保护……（4）适应未成年人身心健康发展的规律和特点；（5）听取未成年人的意见；（6）保护与教育相结合。	（1）探望作为亲属权的重要内容之一，既是成年近亲属对未成年人的法定权利，也是成年近亲属对未成年人的法定义务，其他成年近亲属的精神关怀与物质支持对未成年人人格健全、身心发育成长有着积极意义，能弥补其亲情之缺失，符合《未成年人保护法》的保护原则； （2）（外）祖父母应在不影响孩子生活、学习和尊重孩子意见的前提下，酌情行使探望权。
老年人权益保护（27 次）	《老年人权益保护法》第十八条第一款规定，家庭成员应当关心老年人的精神需求，不得忽视、冷落老年人；第一百一十三条规定，老年人养老以居家为基础，享有家庭成员尊重、关心和照料的权利。	探望孙辈是（失独）老人获得精神慰藉的重要途径之一，有利于老人身心健康，应视为老年人应有之权益。
权利义务对等性（11 次）	《第八次全国法院民事商事审判工作会议（民事部分）纪要》指出，如祖父母、外祖父母对父母已经死亡或父母无力抚养的未成年孙子女、外孙子女尽了抚养义务，其定期探望孙子女、外孙子女的权利应当得到尊重，并有权通过诉讼方式获得司法保护。	（1）当父母已经死亡或无力抚养时，（外）祖父母对于未成年人应尽到抚养义务。如果（外）祖父母一定程度上承担或可能承担义务，基于我国民法基本原则，应赋予及保障（外）祖父母探望未成年人的权利。 （2）失独老人的孙子女对失独老人的遗产往往享有代位继承权。在代位继承遗产的同时，以赋予探望权的形式保障老人的精神养老需求，也符合权利义务的对等性要求。
父母亲权之延伸与补充（13 次）		探望权属于身份权范畴，父母作为孩子的血亲自然拥有探望子女的权利，而祖父母作为孙子女的直系亲属，享有亲属关系上的权利义务，其探望子女的权利应来源于父母的亲权，在亲权无法实现的情况下祖父母的探望可以视为是对亲权的补充。同时，（外）祖父母与（外）孙子女具有基于特殊血缘情感而产生的特殊身份，亦不因父母双方的离婚而消灭。

续表

权益正当性来源（在样本中出现的次数）	裁判依据检视	支持的表现
法无禁止即可为（15次）	《民法典》第十条规定，处理民事纠纷，应当依照法律；法律没有规定的，可以适用习惯，但是不得违背公序良俗。	按照“法无规定不可为，法无禁止即自由”的法治精神和中华民族的传统道德、社会公序良俗，婚姻关系解除后，祖父母探视孙子并非为法律所明确禁止之行为，对于祖父母探望孙子女的诉讼请求不应一概否定，而应该结合具体的情况加以确认。
监护人决定是否准予近亲属探望之单方决定权（7次）	《民法典》第三十四条规定，监护人的职责是代理被监护人实施民事法律行为，保护被监护人的人身权利、财产权利以及其他合法权益等。监护人依法履行监护职责产生的权利，受法律保护……	一般情况下（外）祖父母可随自己的子女一同探望，不另行赋予父母以外的其他人探望权，旨在保护监护人的监护权不受侵害并加重监护人义务。在未成年人有法定监护人的情形下，其他近亲属探望须遵守监护权行使的代际位阶，不得妨碍序位在先的监护人履行监护职责，否则监护人可依法要求中止不当探视。当然，监护人在行使监护权之时亦应为其他近亲属合理探视提供必要之便利。
对离婚协议、调节协议和既有判决之遵照（7次）	（1）《民法典》第一千零七十六条规定，……离婚协议应当载明双方自愿离婚的意思表示和对子女抚养、财产以及债务处理等事项协商一致的意见。 （2）《民事诉讼法》第二百零六条规定，人民法院受理申请后，经审查，符合法律规定的，裁定调解协议有效，一方当事人拒绝履行或者未全部履行的，对方当事人可以向人民法院申请执行。	（1）父母在离婚时所达成的离婚调解协议是双方真实意思表示，在离婚调解协议中已经约定了（外）祖父母享有隔代探望权； （2）原被告在人民调解委员会主持下达成的《人民调解协议书》中明确约定“今后双方共同照顾（外）孙子女学习生活，（外）祖父母享有探望（外）孙子女的权利”，父母应当遵守双方之间达成的协议，准许原告夫妇探望（外）孙子女； （3）此前双方在继承纠纷中，已经就财产及探视方式达成一致，既然是双方真实意思表示，双方均应遵照约定履行。
公序良俗、优良家风的原则，社会主义核心价值观（46次）	（1）《民法典》第八条规定，民事主体从事民事活动，不得违反法律，不得违背公序良俗；以及第十、一百四十三条之规定。 （2）《民法典》第一千零四十三条规定，家庭应当树立优良家风，弘扬家庭美德，重视家庭文明建设……家庭	（1）允许（失独）老人隔代探望、和谐共处履行监护职责与公序良俗、社会公德相符，亦符合本地基本人情和传统家庭伦理善良风情民俗，是对中华民族传统美德的继承与发扬； （2）（外）祖父母对（外）孙子女的关心、照顾，有时并不亚于父母，对未成年人的成长非常重要，有着不可或缺的作用，允许其探望符合公序良俗。

续表

权益正当性来源（在样本中出现的次数）	裁判依据检视	支持的表现
	成员应当敬老爱幼，互相帮助，维护平等、和睦、文明的婚姻家庭关系。 （3）最高人民法院《关于在人民法院工作中培育和践行社会主义核心价值观的若干意见》《关于在司法解释中全面贯彻社会主义核心价值观的工作规划（2018—2023）》指出，须将社会主义核心价值观融入司法裁判与解释中，在法院工作中加强培育和践行社会主义核心价值观。	

此外，由于法官司法时需要面对在多元化原则作出评估和决策的局面，且在数案中难以保持相关法律适用、说理的稳定性，原被告在诉讼中，可能围绕“纯粹”隔代探望纠纷之外的其他事实部分作出辩论、提交证据，以加强或动摇法官在某些方面的内心印象。例如，（外）祖父母在提起探望权益之诉前，可能就已经和父母之间存在家庭亲属之间的继承、财产关系纠纷，乃至相关诉讼，对此部分理应互谅、互让、友好协商，在案外解决较妥，不应影响长辈对晚辈的关心和爱护；而事实上从部分法院的裁判内容来看，父母一方基于非本案事实主张其监护权，可能对（外）祖父母的隔代探望请求享有某种程度的“一票否决权”，却不是基于最有利于未成年人原则，也并不有利于家庭整体，而仅是父或母出自其私人利益的考量。[23] 而若以“最有利于未成年人”作为考量的基准，即（外）祖父母要求探视孙子女，是长辈对晚辈的关心之心和呵护之情的真实体现，父母则可能更多为孩子的健康成长考虑，接受长辈对孩子亲情的表达，有助于矛盾的根本性化解。处于这种司法程序之中，我国的法官更能够以涉案事实为依据，有意识地寻求明智的裁

㉓ 参见路某某诉樊某探望权纠纷案，河北省石家庄市中级人民法院（2019）冀01民终10732号民事判决书。

判。当然在客观结果方面应审慎地认识到，作为结果，这样的裁判或许并不必然符合家庭中某特定个体的利益，但“大可以期望比当前的裁判更具可预测性”。㉔

（三）有利于纠正“监护人义务论”之弊端

有学者认为，在隔代探望纠纷中，通过监护人职责的角度构建“监护人义务论”更符合亲属关系的本质，在隔代探望纠纷案件中能够更好地平衡各方当事人的利益。㉕这种看法存有一定误区。首先，固然我国民法语境下的监护人职责包含权利和义务双重涵义，采“义务论”进路通过话语的转换，不再强调祖父母作为第三人所享有的“权利”，而是更强调父母作为监护人的法定“义务”，这一定程度上减少了法官在“赋权”过程中的论证义务，但是并没有对“隔代探望权”的法律性质作出回答，本质上是对“隔代探望权”的回避，和对（外）祖父母权益保障的刻意淡化。

第二，“最有利于未成年人”原则并非意味着未成年人仅凭不愿或害怕见到其（外）祖父母，就可以当然遮断（外）祖父母的隔代探望权；然而，在监护人义务论视角下，隔代探望“权益”向隔代抚养“义务”靠拢，此时虽然未成年（外）孙子女是值得法庭保护的宝贵而又脆弱之资源，㉖但是隔代探望权可能会因为未成年人一时的任性拒绝，沦为诉讼活动中的牺牲品。同时，这也极易使监护人产生强制要求（外）祖父母履行该“义务”的错觉，（外）祖父母在诉讼中反而有了“后顾之忧”，这悖反了此类家事审判诉讼的基本原理。

第三，不应将民事权益“异化”为一种义务。之所以会产生隔代探望权“义务论”的倾向，与行使权利与履行义务的牵连性有关，㉗然而在当前对于

㉔ See Karl N. Llewellyn, *Some Realism about Realism: Responding to Dean Pound*, 44 Harvard Law Review 1222, 1252(1931).

㉕ 参见李贝：《〈民法典〉时代隔代探望纠纷的裁判思路——从权利进路向义务进路的转向》，载《法商研究》2022 年第 4 期。

㉖ See Bobbe J. Bridge, *Solving the Family Court Puzzle: Integrating Research, Policy and Practice*, 44 Family Court Review 190, 197—198(2006).

㉗《民法典》第一百三十一条规定，民事主体行使权利时，应当履行法律规定的和当事人约定的义务。

隔代探望权来说，其在根本性质上属于权益而非义务，只是在行使权益时涉及对相应义务的履行，即权利的实现过程不可避免地受到履行义务的限制，这也就解释了为何权利义务的对等性在法院说理中亦受到青睐。权利之间存在冲突是正常的，此时应基于“最有利于未成年人原则”等上位原则予以综合裁断，不能因为结论的不确定性就贸然牺牲（外）祖父母所享有的正当民事权益。

综上，探望权制度乃关涉未成年人利益之重要法律安排，在处理“隔代探望权”争议时，必须将未成年（外）孙子女的利益置于首位。社会普遍认同祖辈与孙辈之间存在深厚的隔代亲情。（外）祖父母作为未成年人之重要亲属，在中国传统文化中，常承担隔代抚养之责，以实现家庭天伦之乐。若剥夺未成年人与祖辈进行情感交流之权利，特别是在未成年人之父母一方已故的情形下，将不利于未成年人了解已故父母一方的其他亲属，以及享有来自父系或母系祖辈的关爱与保护。

四、最有利于未成年人原则下隔代探望诉讼的类型化解释进路

（一）隔代探望诉讼类型化解释中应扬弃财产权思维

有学者根据将隔代探望之主张的类型区分为“代位型”“代为型”以及“单纯离婚型”等三种类型。㉘据其理解，“代位型”隔代探望是代位行使亡故子女的探望权；“代为型”探望权则涉及夫妻离婚后，夫妻一方因被判刑、罹患重病或丧失民事行为能力等客观原因，导致无法亲自行使对子女的探望权；“单纯离婚型”探望权情境下，若未直接抚养子女的一方并无合理的客观障碍阻碍其行使探望权，则其父母无权超越既有的探望权框架，另行主张独立的隔代探望权，此举将给直接抚养子女的一方带来不必要的生活安宁权上的重叠负担。同时，祖孙间的情感纽带与精神慰藉并未因之断裂，而是融入了不直接抚养子女一方的探望权之中，故无需再另行赋予其独立的探望权。

㉘ 参见庄绪龙：《“隔代探望”的法理基础、权利属性和类型划分》，载《法律适用》2017年第23期。

但是，这种类型划分值得商榷。其一，这种分类将隔代探望视为对其子女探望权行使不能时的补充，但三种类型存在交叉或者空缺的情形，类型之覆盖并不周延。例如，实务中存在父母离婚后一方死亡，死亡方相对应的（外）祖父母是否可以行使隔代探望权之问题，[29]那么此种情况究竟隶属于"代位型"还是"代为型"并无论及，一味抛出所谓概念可能适得其反。其二，"代位权""代为行使"多见于债权债务关系之中，是具有财产权性质的债法术语，代位权原理并不能直接适用于人身权利义务关系之中。相反，基于原因事实之归纳对隔代探望身份权益的分类，能更有助于权益人实际行权。其三，这种划分在具体论述时，对不同类型（外）祖父母是否可享有并行使探望权依据的准则呈混乱状态，"代为型""单纯离婚型"且不论结论合理性，其中更无对"最有利于未成年人原则"的基本考虑。当然，在隔代探望类型化现象的发现上，这种分类的尝试值得肯定，但足见其并没有涉及前述民事法律原则在各类型隔代探望纠纷中的应有位阶，以及在准则冲突时对的衡量、判断、取舍等。

因此，结合"最有利于未成年人"原则这一根本基准，可以考虑扬弃"代位型""代为型""单纯离婚型"等冗余概念辨析，转而基于对真实案件事实，对其本质深入提炼与概括，重新构建"隔代探望权"纠纷在司法审判中的分类体系，以期达到更为有效的解纷效果。

（二）特殊情形下的隔代探望权

第一，"父母一方死亡"型案件。通过分析历年裁判文书可知，死者是否为（外）祖父母的独生子女、是否曾替已故父或母一方代为行使抚养义务，是实务中说理的核心。对于"非失独老人"隔代探望权纠纷案件，法院可能会考察（外）祖父母是否曾替代父母抚养（外）孙子女，甚至替代"最有利于未成年人"原则，成为动摇法官心证的关键，曾履行抚养"义务"的（外）祖父母，往往更能获得胜诉判决。当然这种做法也得到了《第八次全国法院民事商事审判工作会议（民事部分）纪要》、江苏省高级人民法院《家事

[29] 参见周某甲诉崔某探望权纠纷案，山西省晋中市中级人民法院（2015）晋中中法民终字第1166号民事判决书。

纠纷案件审理指南》等全国或地方规范性文件的支持。[30]而在有关“失独老人”隔代探望权诉讼案件的裁判中，“老年人权益保护”则又超越以最有利于未成年人原则、公序良俗等规范成为说理的关键，至于是否对等要求（外）祖父母具有先在的隔代抚养行为，则在所不问。事实上，还存在一些更复杂的特殊情形，譬如父亲死亡时母亲仍在怀胎，之后孙子女才出生，祖父母无法代为抚养该未成年孙子女，加之祖父母非失独老人，则法院裁判的利益衡量将更为艰涩、混杂，很容易判决外祖父母一方败诉，如前述“韩某诉贾某探望权纠纷案”等。对此，在“父母一方死亡”型案件中，应当以“最有利于未成年人”原则作为基准，辅以老年人权益保护等原则综合考量。新入选人民法院案例库的指导性案例229号“沙某某诉袁某某探望权纠纷案”[31]裁判亦表明，未成年人的父、母一方死亡，祖父母或者外祖父母向人民法院提起诉讼请求探望孙子女或者外孙子女的，人民法院应当坚持最有利于未成年人、有利于家庭和谐的原则，在不影响未成年人正常生活和身心健康的情况下，依法予以支持。可见，我国有关隔代探望的司法探索一直在稳步推进，并力求在案件裁判中达成未成年人利益与家庭整体利益之衡平，突出“最有利于未成年人原则”这一价值导向。同时也要走出（外）祖父母是否曾替代父母行使抚养义务，作为现今可否隔代探望之根本证成指标这一怪圈，因为这并非位于司法裁判的应有范畴之内。

第二，“父母离婚”型案件。根据离婚协议中是否约定隔代探望权益，可以再作如下两种情形讨论。一是父母离婚时，离婚协议中约定（外）祖父

[30] （外）祖父母如承担了一定的抚养义务，向法院诉请探望权，按照当前的文件和已有判例，获得支持的可能性极大。2016年《第八次全国法院民事商事审判工作会议（民事部分）纪要》指出，如祖父母、外祖父母对父母已经死亡或父母无力抚养的未成年孙子女、外孙子女尽了抚养义务，其定期探望孙子女、外孙子女的权利应当得到尊重，并有权通过诉讼方式获得司法保护。江苏省高级人民法院《家事纠纷案件审理指南》第十七条亦规定，探望权的行使主体是不直接抚养子女的父母一方，义务主体是直接抚养子女的父母一方。祖父母、外祖父母主张探望孙子女、外孙子女的，一般不予支持。但祖父母、外祖父母对未成年孙子女、外孙子女尽了抚养义务，其主张探望孙子女、外孙子女的，可以支持。

[31] 参见沙某某诉袁某某探望权纠纷案，陕西省西安市中级人民法院（2021）陕01民终14529号民事判决书。

母隔代探望权的，如“张某甲、张某乙诉侯某某探望权纠纷案”。㉜此时根据《民法典》第一千零七十六条之规定，该约定合法有效。如父母一方拒不履行的，（外）祖父母当然可作为适格原告提起诉讼。二是离婚协议中未约定（外）祖父母隔代探望权，（外）祖父母可否要求随行探望；以及由（外）祖父母本人主张，还是其子女可代为主张，如“岳某某诉李某探望权纠纷案”。㉝此案法院裁判认为，是允许还是阻止孙子女、外孙子女与祖父母、外祖父母的正常交往，直接体现出未成年子女父母的品行；至于父（母）探望（外）孙子女时是否允许（外）祖父母随行，由双方协商决定，故与此案件无关。法院的裁判说理无可厚非，但其没有对这一问题作实质上的说明解释。理论上，这可能将会导致（外）祖父母碍于不是适格主体，提起隔代探望诉讼又不确定可否胜诉，因而只能作为父母探望外孙子女时的“陪衬”，将自己的隔代探望夙愿，尽量裹挟在其子女对（外）孙子女的历次探望之中。也就是说，（外）祖父母虽有第一性隔代探望权益，但因离婚、调解协议未约定，且其权益在外观呈现被探望权“吸收”的样态，难以得到法院的实际支持。当然，若监护权人故意妨碍隔代探望之行为如下文的“高某甲诉高某乙探望权纠纷案”，那么隔代探望在“外部”呈现出独立性，就应得到司法鼓励。

第三，“父母一方死亡”与“父母离婚 / 再婚”竞合型。此时又存在两种情况。一是父或母一方死亡后，另一方再婚的，如“周某某、毕某某诉左某探望权纠纷案”。㉞（外）祖父母在其子女离世后，要求探视（外）孙子女的诉求首先并不必然影响未成年人正常生活和身心健康，且当然符合老年人权益之保护，亦不违背公序良俗、中华民族传统生活习惯，此时（外）祖父母享有隔代探望权。但需注意，父或母一方在孩子年幼时即失去其伴侣，再婚重新组建家庭，与其现任共同抚育子女，在情理层面，（外）祖父母应充分理解并给予力所能及的照顾，在探望时减少对新家庭的打扰。而法理层面，由

㉜ 参见张某甲、张某乙诉侯某某探望权纠纷案，江苏省淮安市中级人民法院（2018）苏08民终768号民事判决书。

㉝ 参见岳某某诉李某探望权纠纷案，天津市宝坻区人民法院（2020）津0115民初6998号民事判决书。

㉞ 参见周某某、毕某某诉左某探望权纠纷案，安徽省休宁县人民法院（2016）皖1022民初1057号民事判决书。

于（外）孙子女之监护人监护职责的加重，会使隔代探望权益之行使受到一定限制。二是父母离婚后，一方死亡之情形，如“周某甲诉崔某探望权纠纷案”。[35]这种情况可以理解为“父母一方死亡”型项下的又一特殊情形，可将案件事实作“倒置”分析。就“父母一方死亡”情形来看，如前所述，无论失独与否，死者父母当然可以行使隔代探望权益。此时，先在的父母离婚事实之介入并不能作为中断事由来抗辩隔代探望权。

（三）一般情形下的隔代探望权

上述内容分析了在死亡、离婚等特殊前提下，隔代探望诉讼的类型化解释。而在该项下，将讨论监护人可正常行权的一般情形。亦即，若无监护人之特殊民事法律事由，法院该准予还是拒绝（外）祖父母探望其（外）孙子女的诉讼请求。可把此问题进一步转化为“一般情形下，（外）祖父母的隔代探望权益能否被监护人探望权所吸收”这一命题。对于此问题并没有唯一固定答案，宽泛而言，在不同社会发展阶段以及相应的民事法律和社会公众朴素观念共同作用下，可能会有相应的较优解。而在我国目前的社会语境中，在消耗更少司法资源和不影响社会公众的文化习惯前提下，同“父母离婚”型案件中，离婚协议中未约定（外）祖父母隔代探望权的情形一样，（外）祖父母通常可随自己的子女一同探望，故不另行在司法保障父母以外的其他人探望权。需注意，此时隔代探望权益在家庭“外部”呈现出被探望权“吸收”的表观，但其在家庭内部仍与监护人之探望权利“相对独立”，这与探望权“对外呈绝对性、对内呈相对性”[36]的性质也有一定干系。如此，亦可在一定程度上保护监护人的监护权不受潜在侵害，或者加重监护人义务。但是，也并不排除如“高某甲诉高某乙探望权纠纷案”所示，[37]若监护权人故意妨碍隔代探望权益之最低限度的正当行使，此时隔代探望便在“外部”呈现出独

---

[35] 参见周某甲诉崔某探望权纠纷案，山西省晋中市中级人民法院（2015）晋中中法民终字第1166号民事判决书。

[36] 参见段厚省：《论身份权请求权》，载《法学研究》2006年第5期；史尚宽：《民法总论》，中国政法大学出版社2000年版，第21页。

[37] 参见高某甲诉高某乙探望权纠纷案，南京市中级人民法院（2015）宁民终字第5785号民事判决书、（2018）苏01民申135号民事裁定书。

立性，那么其诉讼请求须得到法院的支持。

结合上述讨论，一般情形下，监护人依据民事法律规定行使探望权时，（外）祖父母的隔代探望利益呈现出被监护人家庭内部探望权“吸收”的外观；而父或母一方死亡、父母离婚等特殊情形下，隔代探望权益则提供独立于监护人的探望之径，依托权益人之独立行使，以帮助个体和家庭以更加坚韧的姿态穿越阴霾，继续照亮祖辈与孙辈之间不言而喻的深情厚谊。

五、结语

家庭是社会的细胞，家庭和谐是社会和谐的基础。基于公正和和谐理念，对不断涌现的利益需求作出评判，并确认、保护其中合理的权益，是实现法的价值重要途径之一。含饴弄孙、承欢膝下，是人们最朴素的理想情怀之一，（外）祖父母隔代探望（外）孙子女的第一性身份权益，理应得到尊重和保障。支持隔代老人探望权，对于丧子老人是一种慰藉，也有助于孩子健康成长。而在“最有利于未成年人”原则视角的统领之下，案件裁判将兼具情理与法理，符合我国传统家庭伦理和社会道德观念，进一步彰显司法裁判的人文关怀与社会效益。此外，通过实证分析还发现，虽然大部分案件中法院肯认了隔代探望权，但是对具体行使方式和行使时间作了酌定变更，或交由当事人商谈。且执行情况依托于当事人的自我监督，由于外部社会缺失相应的执行机构和执行措施，往往使得生效裁判约束性不够。由此可以预见，以“隔代探望权”为重要构成内容的探望权益制度，在未来仍有巨大的可完善空间。

“数助办案”的法理基础：实体法、证据法与信息法的三维透视

王世轩*

一、问题的提出

利用司法大数据辅助案件审判，即“数助办案”，正是司法大数据重要的应用实践，更是未来数字法院发展的重点。人民法院信息化建设使得司法实践中产生了海量的数据，“法官与当事人在平台上每点击一次鼠标就留下一串数据”。① 这些涉及身份、行为、关系、财产等与审判相关的各方面数据，不断积累成为司法大数据。中国司法大数据应用建设主要聚焦在平台建设、数据汇聚整理、大数据应用推广三个方面，取得了令人瞩目的成就：基于大数据智能服务的审判支持系统和数据共享交换系统、司法审判信息资源库、各级法院大数据信息系统均得到了广泛应用。② 司法大数据建设更是智慧法院建设的重要阶段。③

现阶段，各级法院对数助办案均进行了有益的探索应用。在上海法院建设数字法院的实践中，依托小样本训练抽取引擎和语义分析等技术手段，对全市法院近五年300多万份裁判文书及诉状进行解析，唤醒海量“沉睡”数据，最终形成7.8亿多个结构数据点，并将这些数据和外部共享数据统一汇

* 王世轩，法学硕士，上海市静安区人民法院民事审判庭法官助理。本文获上海司法智库“以数字法院建设推进审判工作现代化”理论研讨会主题征文一等奖。

① 李占国：《“全域数字法院”的构建与实现》，载《中外法学》2022年第1期。

② 刘雁鹏：《中国司法大数据应用的主要成就与理论逻辑》，载《齐鲁学刊》2023年第4期。

③ 李鑫：《智慧法院建设的理论基础与中国实践》，载《政法论丛》2021年第5期。

集至大数据平台。[④] 在司法大数据深度收集、处理、流动的背景下，涉及的相关法律问题也逐渐“浮出水面”，需要进一步的分析与论证，为数字法院建设提供坚实的理论基础。

（一）“数助办案”的现状解析

在数字法院的建设过程中，数助办案的三种模式，纠错式、辅助式和信息式，分别对应不同层次的功能需求，它们共同构成数助办案的组成部分。

1．纠错式数助办案

纠错式数助办案系统基于大量的司法判决文书和相关法律法规数据库，运用机器预设的模型算法对判决书进行拆解，针对某一具体问题进行提示，如案件事实认定遗漏、文书表述错误、遗漏程序步骤等。主要体现为数据的案中碰撞，即对一个具体案件范围内的信息进行碰撞与对比，生成某种结果。例如在一个具体案件的办理过程中，各个阶段往往会在不同的操作平台上进行，而操作平台本身存在数据壁垒，导致法官难以及时发现并依法采取相应的措施。如在强制执行过程中，若执行到位，则应当解除对当事人财产的查封、扣押、冻结等限制措施。而实践中不同财产的控制却依赖于不同平台，与执行办案系统相互独立，即使法官在执行办案系统中进行结案操作，相关财产控制措施可能也并未及时解除。此时，若通过案中的数据碰撞，及时将财产控制系统中的信息同步至办案系统，给法官相应提示，就可避免出现执行完毕但未能解除相关限制措施的情况。[⑤] 即实现纠错的目的。

2．辅助式数助办案

辅助式数据办案聚焦于利用数据科学及人工智能、机器学习等相关技术，协助法官办理案件。此类方式大量应用于刑事案件。如美国法院系统推行的 COMPAS、PSA、LSI-R 等风险判断程序，用以帮助法官确定受害人是否

---

④ 陈凤：《上海法院数字之“变”》，载《人民法院报》2024 年 1 月 4 日。

⑤ 上海法院研发的“执行完毕未解除限制措施提示预警”应用场景，正是为了解决上述问题，详见胡蝶飞：《上海法院“数字变革”的数字背后》，载《上海法治报》2023 年 12 月 12 日。

需要进行审前羁押以及保释等情形，通过将客观标准和主观标准融入算法当中，以提供风险评分。⑥上海市高级人民法院开发的刑事案件智能辅助办案系统（以下简称206系统），正是通过运用相关数字技术，制定统一的证据标准、证据规则并嵌入刑事办案系统，⑦大大提升司法效率，减轻司法人员的工作负担。

3．信息式数助办案

信息式数助办案依赖于数据的案际流动与跨部门流动，为法官审判提供相应的信息，体现为数据的案际流动、院际流动、跨部门流动三类。

案际流动指不同案件中的数据进行碰撞，生成某种结果的数据处理方式。关联案件的相关信息可能会对审判的走向产生影响。例如在离婚诉讼中，系统对案件当事人的其他案件进行检索，重点识别案件当事人可能存在的经济纠纷，向法官推送相关信息，以帮助法官甄别恶意逃债的行为。⑧数据的案际流动可能同时涉及院际流动。

院际流动指数据在不同法院间的流动，包括同级法院间的数据流动与上下级法院间的数据流动。基于诉讼管辖的规定，同一纠纷可能在不同法院起诉、同时涉及多个审判或执行程序。基于大量数据的碰撞与运算，可以就当事人行为、类案信息等形成更加深度的分析，呈现出类似“当事人画像”⑨的运算结果。

跨部门流动主要指法院外数据向法院内流动，前者如自然人死亡、企业注销等信息，由相关管理部门掌握，审判中往往由当事人向法院提供相关证明材料。若当事人隐瞒或遗漏相关信息，则很有可能导致案件出现差错。若相关信息可以由管理部门向法院同步，由法官实时掌握，则会避免上述情况

⑥ 贺泳杰、雷震文：《挑战与应对：人工智能时代的司法审判》，载《贵州民族大学学报（哲学社会科学版）》2022年第1期。

⑦ 崔仕绣：《智慧司法场域下量刑辅助系统之功能辨正》，载《新疆大学学报（哲学社会科学版）》2022年第4期。

⑧ “系统自动筛查‘虚假民间借贷’‘虚假车辆买卖’‘假离婚、真逃债’等11类情形，让虚假诉讼无处遁形。例如，针对债务人借诉讼离婚恶意逃债的情形，系统自动筛查离婚当事人是否涉及其他经济纠纷，向法官发送提示，帮助法官甄别恶意逃债行为”，详见《上海市高级人民法院工作报告》，载《解放日报》2024年1月31日。

⑨《看，大数据如何为涉案当事人“画像”并智能识别“套路贷”?》，载人民法院信息技术服务中心“智慧法院进行时”微信公众号，2019年2月22日发布。

的出现。⑩

（二）“数助办案”的未来方向

数助办案将围绕着先进技术的创新应用、稳健技术的广泛应用展开，并最终实现“数”与“案”的深度融合。首先，是先进技术的创新应用。大数据技术蓬勃发展，以自然语言处理（NLP）、深度学习与模型训练等为代表的各项先进技术已经得到了大量的应用，也取得了实际的成果。先进技术具备创新性、革命性、前瞻性的特点，可以从更深的层面上推进审判的数字化与信息化。司法实践也应当对先进技术抱有开放性的态度。其次，是稳健技术的广泛应用。区块链、云计算、数据采集与处理等技术，已经通过广泛的适用而日趋成熟。对于此类稳健技术，应当努力做到全案由覆盖、全流程覆盖，实现办案全过程的数字化与信息化。

“数助办案”的最终目标并非在于办案的数字化，而在于“数”与“案”的深度融合。“驱动司法制度的全方位变革，并最终实现司法领域从数字赋能到制度重塑的革命性变革”，⑪数字技术不仅帮助案件审判，更影响案件审判，改变了传统的诉讼模式。数字化的数据、电子证据、网络行为痕迹等都可能成为诉讼案件的关键证据，为司法审判提供事实依据。同时，通过数据分析和挖掘技术，可以更准确、高效地处理和运用这些数据，有助于提升诉讼效率，确保司法公正。这不仅要求在数字法院建设的过程中重视对数字技术的引入及应用，还要求在构建相关制度时充分考虑数字技术对办案模式的影响。换言之，数字化或者说“数字”早已经不是提升办案质效的工具，而是成为当代诉讼活动不可或缺的基础与环境。

（三）“数助办案”的基础问题

数助办案的发展不应是盲目的，而应当是有实际可达的愿景以及可行的实施方案，故需要解决数助办案的基础问题，明确其基本原理，构筑好进一

⑩ 如上海法院“自然人死亡丧失诉讼主体资格提示预警”等应用场景，详见胡蝶飞：《上海法院“数字变革”的数字背后》，载《上海法治报》2023 年 12 月 12 日。

⑪ 李占国：《“全域数字法院”的构建与实现》，载《中外法学》2022 年第 1 期。

步探索和推动数助办案的理论基石。

数助办案的本质在于通过大数据分析技术，实现帮助法官办案的目的。而大数据分析的基本原理是，基于过去的数据建立的函数模型，在接收新的信息和输入后，会得到对应的输出，这个输出值是对业务场景中的缺失信息进行填补，⑫ 即“原始数据—加工—生成数据”的模式。换言之，数助办案中的“数”包含两类数据，即原始数据与生成数据。因此，数助办案的实现，需要明确回答以下几个问题：

首先，应充分探讨数助办案的目标适当性问题。不仅要明确何为“办案”，更要充分阐明“办案”运用大数据技术的客观条件，否则，“数助办案”将成为无本之木、无源之水。其次，应当充分研究生成数据为何能为办案所用，即大数据信息的可采性、可靠性、证明力问题，使得生成数据可以依法转换为案件所需的信息；最后，原始数据与生成数据均应当符合现有法律法规，不仅应在个人信息保护、隐私保护的框架下运行，更要符合数据跨部门流动的规范，并采用合理的处理及呈现方式。因此，目标适当性、数据可用性、数据合规性共同构成数助办案的基础问题。

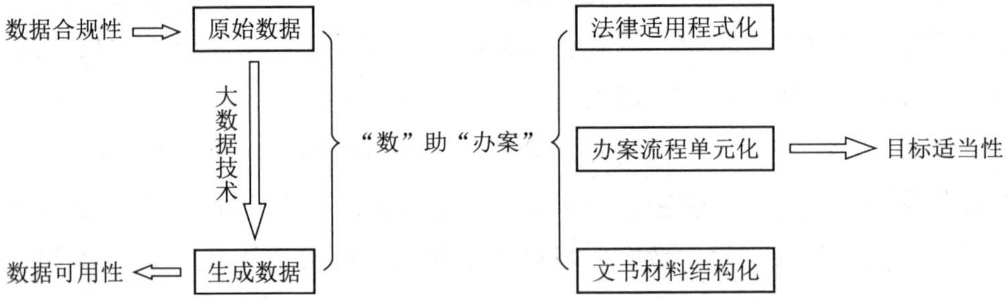

图 1 “数助办案”的全景透视

二、“数助办案”的目的适当性

数助办案的成功建设，以对审判办案本身的“可解构”为前提。法律适用系办案的核心，亦是诉辩争议的焦点，庭审亦围绕法律适用展开。而立案、

⑫ Ajay Agrawal, Joshua Gans & Avi Goldfarb, Prediction Machines: The Simple Economics of Artificial Intelligence, Harvard Business Review Press, 2018, p.105. 转引自刘东亮、闫玥蓉：《大数据分析中的相关性和因果关系》，载《国家法官学院学报》2023 年第 2 期。

送达、证据交换、宣判等程序均以庭审为核心展开，有严格的程序性规范。从立案到结案的过程中，当事人的诉讼行为及法院的职务行为均表现为案卷中的材料，对争议的最终裁决以法律文书的形式得到落实。因此，以法律适用为原点，对案件进行逐项拆解，是将“数字”充分融入审判的基础和前提，更是“办案”的范围和界限。

（一）法律适用程式化

中国正走向法治国家，法治至少具有两方面的特点：首先必须由立法机关来制定法律，其次制定的法律也必须得到实施，而成功实施成文法律的一个关键要素正是它的统一适用。⑬ 成文法国家以“涵摄”作为法律适用的路径，其关键在于法律规范的结构。依不同的标准，可以将法律条文划分为严格规定与衡平规定、任意规定与强行规定、命令行为之规定与授权规定、完全法条、不完全法条等。⑭ 完全法条，又称完整法条或封闭性法条，是指法律条文中明确规定了构成要件及其对应法律效果的法条。这类法条的特点在于，一旦实际案件的事实符合法条所设定的构成要件时，可以直接依据该法条判定当事人的权利义务关系或法律责任，无需再结合其他法条就可以得出明确的法律结论。即“以一般方式描述的案件事实（构成要件）被赋予同样以一般方式描绘的法效果。赋予意指：当构成要件所描述的案件事实存在，法效果即应发生，易言之，即应适用于该具体事件”。⑮ 上述结构可以抽象为“如果—那么”结构，即“如果存在 x（构成要件），那么 y（法律后果）应当发生”或者“如果存在 x（构成要件），那么应当存在 y（法律后果）”。⑯ 因此，在数助办案的实现过程中，就可以通过对“x”与“y”的提取，实现对法律规范的拆解和数字化。

围绕法律规范的结构及涵摄的思路，随着法学研究的进展和司法实务的

⑬ 国家法官学院、德国国际合作机构:《法律适用方法（侵权法案例分析方法）》，中国法制出版社 2015 年版，第 3 页。

⑭ 黄茂荣:《法学方法与现代民法》，中国政法大学出版社 2001 年版，第 122—132 页。

⑮ ［德］卡尔·拉伦茨:《法学方法论》，陈爱娥译，商务印书馆 2003 年版，第 133 页。

⑯ ［德］沃尔夫·旺克:《法律解释》，蒋毅、季红明译，北京大学出版社 2020 年版，第 10 页。

深入，关于法律适用的具体方法也逐步发展。目前，主流法律思维方法主要包括法律关系思维方法、个案类比思维方法、请求权基础思维方法、要件分析方法关联分析法、归入法等。其中，个案类比思维与请求权基础思维存在本质的区别，前者作为英美法系的裁判规则，本质在于类推；后者以司法三段论为基底，本质仍然在于涵摄。⑰因此，个案类比思维无法成为我国法律适用的主要方法。

法律关系思维方法是我国司法实务传统的法律适用方法，得到了广泛的应用。其以案件事实发展的时间线索引导检视思路，因而又称历史方法，基本思路为就案件事实发生的过程，依序检讨其法律关系。⑱随着大陆法系学说的不断引入，请求权基础思维方法的影响逐渐扩大。民事纠纷中，以原告请求被告为某种给付为典型，据以支持原告请求权的规范基础或法律行为，称请求权基础，请求权基础思维即以此展开。⑲实务中的要件分析方法，也叫基础规范分析方法，是指以构成诉讼基础的基础规范作为出发点，通过分析并涵摄规范要件对案件作出裁判的方法，其实质也就是请求权方法，最关键的是以权利基础作为诉讼的出发点，以实体法律规范构成要件分析为基本手段，经过数个步骤作出裁判。⑳

关联分析法作为请求权基础思维方法的“实战版本”，同样进入到学术和实务的视野中。关联分析法又称关系分析法、关联求证法，其主张非同时处理原告与被告讲述的“两个故事”，而是划分不同阶段依次审理，原则是程序先于实体、法律先于事实、原告先于被告，由程序阶段、原告阶段、被告阶段、证据阶段、裁判阶段等五个阶段组成。㉑关联分析方法主要适用于民事案件，这一方法的核心理念是只有存在争议并且与案件结果紧密相关的事实才需要被证明，在我国诉讼法律体系中，“实质真实原则”扮演着重要的角色，法庭对于当事人双方无争议的案件事实也可以进行

⑰ 吴香香:《请求权基础思维及其对手》，载《南京大学学报（哲学·人文科学·社会科学）》2020年第2期。
⑱ 王泽鉴:《民法思维：请求权基础理论体系》，北京大学出版社2009年版，第33页。
⑲ 吴香香:《请求权基础思维及其对手》，载《南京大学学报（哲学·人文科学·社会科学）》2020年第2期。
⑳ 邹碧华:《要件审判九步法》，法律出版社2010年版，第1页。
㉑ 吴香香:《请求权基础：方法、体系与实例》，北京大学出版社2021年版，第18—19页。

查证。[22]

归入法适用的范围更加广泛，是一种可选的法律适用的统一方法，在德国，每一份司法或行政决定都依据此种方法作出。这种方法严格地规定了得出法律结论之前必须遵守的步骤，这些步骤使得法律适用者能够用一种系统的方法来审查案件事实，包含总起、定义、归入、结论四个步骤。并且要求法律是每一次归入的起点和终点。[23]

上述的法律适用方法之间存在区别，但是存在明显的共同点：首先，均围绕着涵摄展开，强调对构成要件的理解和适用；其次，均将法律适用过程依一定的标准明确为具体的数个步骤展开；最后，实践中可能同时交叉不同分析方法用于明确法律适用。因此，无论采用何种法律适用的具体方法，均可以将其具体步骤拆分明确，提炼为“S1、S2、S3……”匹配相应的案件数据，并使用相关的数字技术完成其推理过程，最终得出结论“T”，实现数字技术对法律适用的赋能。

（二）办案流程单元化

办案流程可以细分数个“单元程序”。如在我国诉讼法体系中，案件流程分为诉讼程序、非诉程序、执行程序。以民事诉讼法为例，其诉讼程序包含普通程序、简易程序、调解程序、公益诉讼程序、家事诉讼程序等。其中，普通程序又可以分为起诉与受理、开庭审理前的准备、开庭审理、延期审理、撤诉、缺席判决、反诉、诉讼中止、诉讼终结等。[24]针对其中的“开庭审理”程序，又可以细分为开庭准备、法庭调查、法庭辩论、案件评议和宣告判决等。其中的法庭调查又可细分为当事人陈述、证人作证、出示相关证据、宣读鉴定意见、宣读勘验笔录等几个步骤。[25]

数字技术赋能办案流程，亦需要以办案流程中的每个单元程序作为锚

[22] 国家法官学院、德国国际合作机构:《法律适用方法（合同法案例分析方法）》，中国法制出版社2014年版，第3页。

[23] 国家法官学院、德国国际合作机构:《法律适用方法（刑法案例分析方法）》，中国法制出版社2016年版，第15—18页。

[24] 张卫平:《民事诉讼法》，法律出版社2023年版，第1—10页。

[25] 参见《中华人民共和国民事诉讼法》第一百四十一条。

点，实现数字化与数据化。各地法院对此做出了有益的探索，例如上海法院于2021年3月制定《关于完善全流程网上办案体系促进审判高质量发展的指导意见》，启动并全面推进全流程网上办案体系建设工作，网上立案、在线庭审、庭审记录改革、电子送达、智慧执行等工作上线运行，实现全流程的无纸化与平台互融互通，审判数据实时共享。㉖ 上述全流程网上办案的思路亦是深化数助办案的思路：第一，继续梳理完善所有的单元环节，确保每一个单元程序均可以数字化与数据化，运用区块链及相关技术确保数据的稳定性及不可篡改性；第二，打破各个单元程序的数据壁垒，推动数据的案中碰撞与案际流动，尤其是对于一个特定案件及其关联范围内的信息进行充分碰撞与对比，利用数据实现充分纠错与辅助。

（三）文书材料结构化

文书材料可以分为当事人提供的文书材料、法院依法制作的文书材料两类。在司法实践中，两类文书材料均形成了一定的格式。并且，文书样式的本质不仅是文书写作格式规范，更重要的是对诉讼案件程序的规制，进而对诉讼的审理思路发挥指引，同时可以对审判中的诉讼行为、诉讼程序、案件管理、法律解释、法律适用等发挥规范性指引的作用。㉗ 最高人民法院先后发布大量文书样式规范，如《民事申请再审案件诉讼文书样式》《行政诉讼文书样式（试行）》《人民法院民事裁判文书制作规范》等。上述文书样式均对法律文书提出了结构性的要求。裁判文书作为总结法官审判过程的重要载体，详细记录了案件的审判过程，其中也蕴含法院在案件审理过程中的逻辑脉络，因此可以有效地利用逻辑结构对文书内容进行过滤和控制，从而筛选出文书中的重要信息。㉘ 基于此，文书解构成为司法大数据来源的重点。可以通过文书结构，可以对文书内容进行深度的处理，如通过自然语言处理技术对民事裁判文书中论辩元素进行识别的过程中，正是基于“原告诉称”“被告辩

㉖ 茆荣华：《全流程网上办案体系的实践探索与法理思考》，载“上海高院”微信公众号，2022年12月23日发布。

㉗ 杨凯：《论民事诉讼文书样式实例评注研究的引领供用》，载《中国法学》2018年第2期。

㉘ 余帅、宋玉梅、秦永彬、黄瑞章、陈艳平：《基于审判逻辑步骤的裁判文书摘要生成方法》，载《计算机工程与应用》2024年第4期。

称”“法院查明”“本院认为”和“判决结果”这几个内容的提取，分析裁判文书中出现的论辩信息。[29]

综上所述，数助办案的范围包括数助法律适用、数助办案流程、数助文书材料三个方面，而案件中法律适用程式化、办案流程单元化、文书材料结构化，正是能够在办案中运用数字技术的前提。在数助办案的实践中，要素式审判是体现法律适用程式化、办案流程单元化、文书材料结构化的集大成者。一般认为，要素式审判是指对固定案情的基本事实要素进行提炼、归纳并审理争议焦点、简化裁判文书制作，从而简化审理流程、提高审判效率、实现类案专审简案快审的审判方式，具体包含庭前填写要素表、开展要素式庭审、制作要素式裁判文书三个阶段。[30]沿着要素化的思维方式推动数字技术在办案中的应用，使其不仅仅用于简单案件的审理，而逐步扩展至所有案件，亦是数助办案的发展方向。因此，数助办案具备目标适当性的要求。

三、“数助办案”的数据可用性

通过大数据技术生成的数据如何为办案所用，是实现“数助办案”的关键问题。就生成数据的作用而言，可以分为三类：第一类，作为证据的生成数据，即生成数据可用于证明案件事实；第二类，用于辅助证明的生成数据，即该数据并非直接或间接证明案件事实，而是通过大数据分析的相关技术，辅助现有证据对事实的证明；第三类，非证据相关类生成数据，此类数据与案件事实不相关，但与法律适用或其他需法官决策的事项相关。

（一）作为证据的生成数据

1．生成数据与大数据证据的区别

“数助办案”背景下作为证据的生成数据，并非完全等同于传统意义上的大数据证据。一般而言，所谓大数据证据往往同时涉及三种不同的证据，即大数据集、大数据算法、大数据报告，而“大数据证据”本身仅指代大数据

[29] 王义真、沈雪莹、欧石燕：《民事裁判文书中论辩元素识别研究》，载《数据分析与知识发现》2024 年第 1 期。

[30] 赵飞飞：《我国要素式审判的现状与发展述评》，载“清华大学智能法治研究院”微信公众号，2023 年 12 月 13 日发布。

报告。[31] 关于大数据的运用主要有四种形式，分别指将大数据的载体作为证据、将大数据等量复制的数据副本作为证据、将大数据中的部分数据作为证据、将大数据分析结论作为证据。[32] 实质上，“大数据证据”本身属于中间概念，仅仅是对某一类证据的概括，对于一份具体的材料能否具备证据资格、是否具备相关的证明力、是否具备可采性，须独立按照我国诉讼法所明确的证据规则进行判断，而与其是否构成大数据证据无关。因此，本文不执着于对“大数据证据”这一词汇本身内涵和外延的讨论，而是聚焦于在数字法院建设过程中通过数字技术生成的可以用于案件事实认定的一切数据。

着眼于“数助办案”所使用的大数据技术在事实认定中发挥的作用，可以将用作证据的生成数据分为两类：第一类，运用大数据技术分析收集的证据，指通过数据技术所挖掘出的传统证据；第二类，大数据分析结论，又称大数据报告，系通过数据技术对海量数据进行相关处理后，得出结论并在审判中使用的证据。[33] 两者的表现形式、法律属性、审查判断规则均存在较大差异。

2．生成数据的证据能力

证据能力即证据资格，又称证据的适格性，是指某一材料能够用于证明的能力或者资格，亦即能够被允许作为证据加以调查并得以采纳的资格。[34] 对于第一类生成数据，虽然利用了大数据技术，但从证据材料的表现形式以及运用方法来看，其与传统的证据并无二致。换言之，就此类生成数据而言，大数据技术在于打破了数据壁垒，本质上仍然是寻找证据的工具和方式，对证据本身没有影响。因此，第一类生成数据具备相应的证据资格。

关于上述第二类证据，即大数据分析结论，由于相关法律规范的空白，此类证据的属性存在一定的争议。一般认为，大数据分析结论是在大数据算法对大数据集进行分析后所形成的分析报告，是一种以派生形式出现的证据，

㉛ 周慕涵：《论大数据证据的法律地位》，载《法律科学（西北政法大学学报）》2023 年第 4 期。

㉜ 谢君泽：《论大数据证明》，载《中国刑事法杂志》2020 年第 2 期。

㉝ 郑飞、马国洋：《大数据证据适用的三重困境及出路》，载《重庆大学学报（社会科学版）》2022 年第 3 期。

㉞ 张建伟：《证据法要义》，法律出版社 2014 年版，第 140 页。

与鉴定意见具备一定的相似性，在法律性质上构成意见证据。[35] 有观点认为，此类证据不同于现有的任何证据种类，理性作为独立的证据种类；[36] 亦有观点认为，此类证据并无区别于其他证据的决定性差异，无需新设法定证据种类。[37] 即使相关法律规范空白、定性存在争议，但大数据分析结论的证据资格已经逐渐被接受，亦有法院肯定了大数据分析结果作为证据使用的可用性。[38] 本文认为，应当着眼于案件中具体的大数据分析结论，并且结合证据原理判断其是否具备证据资格。从证据原理上看，证据资格的基本内容包括证据的客观性、关联性、合法性。[39] 具备上述特征的大数据分析结论，当然具备证据资格。

3．生成数据系法院依职权调查的证据

“数助办案”生成数据的特殊性在于，其并非来源于当事人，而来源于数字法院对司法大数据的碰撞与分析。就诉讼法中证据收集的方式而言，一般包括当事人证据收集、法院证据收集，后者又包括根据当事人申请的证据收集、法院依职权的证据收集两类。[40] 数字法院建设中，司法大数据的运算并生成相关数据系后台自动完成，在案件特定节点主动向法官推送，数据的申请与推送无需当事人申请。故从来源上看，与法院依职权的证据收集最为接近，是数字技术便利法官调查取证权的体现。

数助办案的实现似乎是对法官的调查取证权的扩张。关于法官调查取证权的争论，长久以来存在“限缩论”与“扩张论”两种观点：前者秉持程序正义的理念，认为法官调查取证往往会构成对某一方当事人的协助，与法官中立原则形成冲突；后者基于实体正义的立场，认为当事人取证难和举证能力欠缺的背景下，弱化法官调查取证权会损害当事人的实体权益。[41] 在此背

[35] 周慕涵：《论大数据证据的法律地位》，载《法律科学（西北政法大学学报）》2023 年第 4 期。

[36] 郑飞、马国洋：《大数据证据适用的三重困境及出路》，载《重庆大学学报（社会科学版）》2022 年第 3 期。

[37] 黄健：《刑事大数据证据现实论》，载《新疆大学学报（哲学社会科学版）》2023 年第 4 期。

[38] 杨继文、范彦英：《大数据证据的事实认定原理》，载《浙江社会科学》2021 年第 10 期。

[39] 何家宏、刘品新：《证据法学》，法律出版社 2022 年版，第 126 页。

[40] 张卫平：《民事证据法》，法律出版社 2017 年版，第 157—162 页。

[41] 袁中华：《论民事诉讼中的法官调查取证权》，载《中国法学》2020 年第 5 期。

景下，法官调查相关证据时的成本显著降低，甚至无需法官主动调查，在符合预设条件时系统自动触发提示预警。

实际上，数助办案与法官调查取证权的范围争议无关，更不存在违法程序正义之嫌。首先，依职权调查取证并非法官的自由裁量权，而是其法定义务。[42]对法定义务的充分履行必然是法治的应有之义。其次，信息本身并不对应职权范围。在数字时代的大背景下，信息传递的速度和体量呈爆炸式增长，无论是法官还是当事人，能够获得的信息均越来越多。法官正当行使职权，应当聚焦于对此类信息可采性的判断，在恪守当事人平等原则的前提下，让判决建立在更加充分的事实基础上，而非直接拒绝接受相关生成数据，将自己隔绝成为信息孤岛。

（二）非证据类生成数据

除上述作为案件证据的生成数据外，还可用于其他方面：第一类，生成数据辅助司法证明。如上海法院206系统，通过大数据技术在证据推理环节高效组织数据，在证据评价环节辅助证据标准的数据化校验与证明力概率评价的科学化。[43]第二类，生成数据辅助量刑。即通过各类大数据技术提取法律文书要素，进行类案识别和模型训练，用机器学习等人工智能方法形成量刑算法，在此基础上实现量刑预测和偏离度测算。[44]第三类，生成数据统一法律适用。即在强人工智能成熟前，通过大数据构建错案规则，并将其结构化、代码化、平台化，形成案件质量回溯数字共同体以避免法官办理错案。[45]

非证据类生成数据的内容本身并非直接或间接证明案件事实，而是对现有案件材料的有效分析，以辅助法官作出相应决策。因此，此类生成数据不存在证据资格与证据属性的问题，使用此类数据也无须以证据规则为标准。

---

[42] 纵博：《对法官依职权调查取证若干理论问题的澄清》载《法律适用》2023年第10期。

[43] 刘金松：《数字时代大数据辅助司法证明的构造及其风险防控》，载《现代法学》2024年第1期。

[44] 王禄生：《司法大数据与人工智能开发的技术障碍》，载《中国法律评论》2018年第2期。

[45] 陈罗兰：《论数字法院共同体的构建：以人工智能辅助司法为视角》，载《法学》2024年第1期。

而是应当以防范相关技术风险为立场，避免暗箱决策、算法歧视等风险。㊻应当破除对大数据智能产生的非理性崇拜，㊼将此类生成数据准确定位为司法辅助的角色，㊽强调法官的主体地位，消除技术手段的机械主义倾向，对此类生成数据进行独立的判断，避免因数据技术产生新的不公正。

（三）生成数据的“品格证据”风险及应对

品格证据排除规则的主要目的在于防止以被告人品格作为对其定罪的依据。我国表面上不存在品格证据规则，但是在司法实践中，刑事案件中通常会以品格与案件无关为由申请排除证据，民事诉讼中也会以缺乏关联性为基础将品格证据排除在外。㊾传统的法院办案过程中，案件与案件之间、法院与法院之间存在天然的数据壁垒。案件承办人无论是查阅还是调取其他案件的相关材料，若非存在大量的障碍无法实现，就是需要花费大量的成本而难以成行。如前所述，随着全流程网上办案的建立以及数字法院的建设，数据的案际流动与院际流动的壁垒逐渐被打破，只需要符合相关规定，法官就可以足不出户式地调取其他案件的相关信息。甚至不需要法官主动发起，而是系统自主基于大量数据的碰撞与运算，就当事人行为、类案信息等形成更加深度的分析，形成当事人画像直接向法官推送。

系统自动推送信息的方式，完全可能向法官推送案件办理所需以外的其他信息。此类信息并不一定能够成为案件证据，但会影响到法官的心证，进而对裁判结果产生影响。例如，在民间借贷纠纷中，法官收到系统推送的债务人其他的民间借贷纠纷案件的信息，且其他案件中债务人均未能按期归还欠款。这极可能会使法官产生该债务人“总是借钱不还”的刻板印象，由此在本案相关事实真伪不明时作出对该债务人不利的事实认定。因此，法官在收到相关推送时，应当同时警惕该信息可能带来的品格证据风险，具体而言：

㊻ 张玉洁：《人工智能辅助量刑的法律风险与制度建构》，载《学术交流》2023 年第 3 期。

㊼ 刘金松：《数字时代大数据辅助司法证明的构造及其风险防控》，载《现代法学》2024 年第 1 期。

㊽ 孙道萃：《人工智能辅助精准预测量刑的中国境遇——以认罪认罚案件为适用场域》，载《暨南学报（哲学社会科学版）》2020 年第 12 期。

㊾ 易延友：《证据法学：原则、规则、案例》，法律出版社 2017 年版，第 133 页。

第一，应当认识到，品格证据在多数情况下和特定案件事实的关联性较弱，仅在特定的情况下才能够被采纳，决不能无条件予以接受。[50]第二，消除对数据及算法可靠性的“迷信”。生成数据的可靠性取决于原始数据的全面性、算法的公正性、运算的准确性。实践中并非所有数据均参与运算，算法本质上仍然由人设计，不可避免地包含人类的认知偏见，且运算必然存在误差。第三，要认识到生成数据并非全面，避免以偏概全。数字法院的建设并非一蹴而就，数据壁垒也并非在一瞬间被完全打破，因此必然存在信息的偏差。即法官能接收到的信息必然是已经完成数字化的信息，而对于审判有影响的其他尚未数字化的信息难以被法官了解。法官必须对生成数据的非全面性有充分的认识，进而避免作出不当的判断。

四、“数助办案”的数据合规性

面向法院的司法大数据，是法院在司法工作中形成的审判流程、执行信息、法律文书、庭审活动信息、司法政务、司法人事、外部协查等数据的总和及其关联关系，既包括审判执行活动中的案件基本情况等结构化信息，也包括法律文书等半结构化数据，还包括庭审录音录像等非结构化数据。[51]如前所述，大数据分析的基本原理可以概括为“原始数据—加工—生成数据”的模式，即分别涉及数据的收集、处理、提供三个阶段，均应符合我国现行法律中规制数据的相关规范。

（一）数据合规的一般逻辑

1. 数据合规的逻辑起点：个人信息保护

数据合规的逻辑起点在于个人信息的保护。个人信息本质上属于人格利益，基于该权益的性质及维护自然人主体尊严的要求，个人信息本身不能直接被收集、处理和提供。在民法理论中，为保护信息主体的信息自决和人格利益，知情同意原则一直被视为个人信息的保护的帝王条款。《民法典》第

[50] 任惠华、杨立云：《论品格证据——含义、现状与制度设计》，载《甘肃政法学院学报》2010年第7期。

[51] 孙晓勇：《司法大数据在中国法院的应用与前景展望》，载《中国法学》2021年第4期。

一百一十一条明确规定非经依法取得同意（包括但不限于数据主体明确同意）不可使用他人的个人信息。但在大数据时代，数据的收集方式开始向自动化转型、数据的流通与共享拓宽了数据利用的目的，这使得严格遵守知情同意原则的难度更高、成本更大，严格的知情同意原则可能会僵化数据在不同场景中灵活运用的标准。因此，《个人信息保护法》跳出了简单的“信息自决”或“告知同意”二元立法司思维模式，认可个人信息的复杂性并在此基础上确认多样化的合法性基础。[52]《个人信息保护法》第十三条规定了知情同意原则的例外，且第三十四条规定国家机关为履行法定职责处理个人信息，应当依照法律、行政法规规定的权限、程序进行，不得超出履行法定职责所必需的范围和限度。

2．数据合规的基本要求：安全原则

数据的合规处理除了需严格在《民法典》和《个人信息保护法》的框架下进行，现行的《数据安全法》和《数据安全管理办法》均突出强调将安全作为数据收集、处理与提供的前提，建立数据分类分级保护制度。国家根据数据在经济社会发展中的重要程度，以及一旦遭到篡改、破坏、泄露或者非法获取、非法利用，对国家安全、公共利益或者个人、组织合法权益造成的危害程度，对数据实行分类分级保护。因此，在数据合规处理中，需关注开展数据收集、处理、提供的网络系统是否具备妥善保护数据安全的能力，可以通过核查网络系统是否完成网络安全登记保护工作，以及是否具有应急预案等方式判断网络系统的安全保障能力，在具备安全能力的基础上进行数据的收集、处理及提供。

（二）司法大数据的特殊性

司法大数据的合规要求不能简单遵从上述数据合规的一般要求。原因在于，司法大数据在数据目的、数据行为、数据价值上均存在与一般数据完全不同的特征。

1．司法大数据的目的：服务人民

司法大数据以服务人民为根本目的。有观点将中国法院司法大数据的发

[52] 高志宏：《个人信息司法保护的利益衡量》，《当代法学》2024年第1期。

展逻辑归纳为“司法大数据发展方向遵循顶层设计、司法大数据发展的初衷是服务审判管理，司法大数据建设的出发点和落脚点是服务人民”。[53]以人民为中心是司法工作的价值导向，无论是智慧法院、全流程网上办案，抑或是数字法院建设，目的均在于服务人民，充分保障当事人的诉讼权利，力图通过数字技术让人民群众在每一个司法案件中感受到公平正义。未来的司法大数据发展，也将秉持服务司法实践、服务公众需求、服务社会发展的理念，提升司法大数据的应用效能，助力审判体系和审判能力的现代化。[54]

2．司法大数据的价值追求：公正与法治

传统个人信息的保护的利益衡量主要体现为个人信息利益与社会公共利益和企业数据利益之间的冲突与平衡。[55]在数字时代，个人信息的流通会带来巨大的经济效益，信息的广泛利用是不可逆转的时代潮流，个人信息的公共属性也越来越强。[56]而司法大数据本身与企业数据无涉，本质上系个人信息保护与司法需要之间的利益衡量。且司法需要并非一般意义上的公共利益，其蕴含着一般公共利益所不具备的对公正和法治的追求。

3．司法大数据的行为场域：人民法院

司法大数据区别于其他数据的关键，在于其收集、处理、提供均发生在特定场域内，具备收集的特定性、处理的内部性、提供的目的性等特征：首先，数据的收集系当事人参与司法活动时形成，即数据收集的特定性。在数字法院建设的大背景下，当事人提交的各项案件材料都以电子化的形式在系统中进行录入，当事人身份数据、财产数据、关系数据等以高度结构化、要素化的形式构成司法大数据。[57]其次，数据的处理依靠法院内部系统完成，即数据处理的内部性。对于收集到的司法大数据，通过数据识别、要件提取来进行分析比对，依托海量数据类似案件信息和司法大数据的运算，集合法官的集体智慧进行实证法研究和综合衡量。[58]最后，经过大数据技术处理过

[53] 刘彦鹏：《中国司法大数据应用的主要成就与理论逻辑》，载《齐鲁学刊》2023年第4期。
[54] 孙晓勇：《司法大数据在中国法院的应用与前景展望》，载《中国法学》2021年第4期。
[55] 高志宏：《个人信息司法保护的利益衡量》，载《当代法学》2024年第1期。
[56] 李雷：《论数字时代个人信息保护与利用平衡的展开路径》，载《行政法学研究》2024年第1期。
[57] 李占国：《“全域数字法院”的构建与实现》，载《中外法学》2022年第1期。
[58] 马长山：《迈向数字社会的法律》，法律出版社2021年版，第9页。

的司法大数据，最终用于司法办案，即数据提供的目的性。此类数据不仅可辅助法律适用，还可辅助法官决策，能够让数据发声，使数据关联，用大数据思维发现审判规律、提高审判质效。[59]

（三）“数助办案”视野下的司法大数据合规

基于司法大数据在目的、价值追求、行为场域的特殊性，司法大数据对个人信息“合理利用”的范围应远大于一般领域的个人信息的合理利用。首先，对个人信息的保护应适度让位于公正与法治的需要。例如，当事人的婚姻状况、财产信息固然属于司法应保护的法益，但在当事人假借离婚逃避债务的案件中，出于利益衡量的考虑，当事人的个人信息权理应让位于公正与法治。其次，对司法数据的安全性保护应强于商业数据的安全性保护。原因在于，商业数据大多对个人信息进行了去标识化的脱敏处理，使其不能指向特定对象，失去了人格属性，更多体现为财产属性。而对于司法数据而言，如果过度对个人信息进行脱敏化处理，可能会导致无法准确提取案件要素，进而无法得出精确的数据分析，使司法数据冗余，失去利用价值。[60]因此，司法数据往往承载着更多的个人信息，应严格限制在人民法院内部进行流通与利用，并建立科学的人员访问管理和控制制度。司法数据一旦泄露，不仅会导致个人信息权益受损，还会阻碍数字法院的建设进程。

五、结语

“数助办案”的发展需要同时满足三个前提：第一，目的适当性。即划定“办案”的范围，并且“办案”具备适用数字化技术的基础。第二，数据可用性。通过大数据技术生成的相关数据能够为案件所用，无论是作为证据抑或其他信息。第三，数据合规性。即司法大数据的运用符合现行法中关于信息与数据的相关规范。

法律适用程式化、办案流程单元化、文书材料结构化是司法实践的现状，

---

[59] 李阳：《打造智能化时代司法文明新坐标——人民法院智慧法院建设工作综述》，载《人民法院报》2019年3月10日第7版。

[60] 夏庆锋：《网络空间个人信息保护的通知义务完善与动态匿名化》，载《江汉论坛》2022年第3期。

为办案提供了运用数字化技术的可能性和思路，共同构成数助办案的目的适当性。生成数据包括证据类、非证据类，前者的运用须严守证据规则，构成法院依职权调查的证据；后者旨在对法官形成辅助，应正确认识数据与算法可能存在误差，对相关信息进行充分的分析与判断，同时警惕生成数据的“品格证据”风险。司法大数据不同于一般数据，其以服务人民为目的，具备收集的特定性、处理的内部性、提供的目的性等数据行为特征。因此在司法大数据中，对个人信息的保护应适度让位于公正与法治的需要，过度脱敏化会使数据失去运用的价值。基于此，应重视对数据安全的保障，为数字法院的建设打下坚实的基础。

许某东伪造公司、事业单位印章案
——伪造电子印章的行为定性

顾正仰　周子扬*

【关键词】刑事　伪造公司　事业单位印章罪　电子印章　检测报告　贩卖

【基本案情】

2020 年 4 月起，被告人许某东为牟取非法利益，伪造“西安某某医院体检专用章”“上海市某某医院体检专用章”等 39 枚公司、事业单位实体印章或电子印章，用于制作虚假的体检报告、新冠病毒核酸检测报告、病假证明、检验单等。许某东通过某城等网络平台发布广告招揽买家，以每份 40 元至 200 元的价格，将上述伪造的报告和证明贩卖给多人。

上海市静安区人民法院于 2021 年 7 月 28 日作出（2021）沪 0106 刑初 784 号刑事判决，以伪造公司、事业单位印章罪，判处被告人许某东有期徒刑二年，并处罚金人民币一万元；责令退赔违法所得，连同缴获的伪造的公司、事业单位印章，依法一并予以没收。一审判决后，被告人许某东不服判决，提出上诉，后在审理过程中申请撤回上诉。上海市第二中级人民法院于 2021 年 9 月 8 日作出（2021）沪 02 刑终 982 号刑事裁定，准许上诉人许某东撤回上诉。

【裁判理由】

法院生效裁判认为，被告人许某东伪造公司、事业单位 30 枚电子印章及

* 顾正仰，法学学士，上海市静安区人民法院刑事审判庭审判员。周子扬，法律硕士，上海市静安区人民法院刑事审判庭法官助理。本案例入选人民法院案例库。

9 枚实体印章用以制作、出售虚假的核酸检测报告、体检报告等，其行为已构成伪造公司、事业单位印章罪。故法院依法作出如上裁判。

【裁判要旨】

企业、事业单位同时使用的实体印章和电子印章，均属于《刑法》第二百八十条第二款规定的“企业、事业单位的印章”。

【关联索引】

《中华人民共和国刑法》第二百八十条第二款

一审：上海市静安区人民法院（2021）沪 0106 刑初 784 号刑事判决（2021 年 7 月 28 日）

二审：上海市第二中级人民法院（2021）沪 02 刑终 982 号刑事裁定（2021 年 9 月 8 日）

张某唐、朱某婕等诉邵某、朱某芳财产损害赔偿纠纷案

——房屋转租后室内家电设施出现安全故障引发损害时的责任承担

宋东来*

【关键词】民事　财产损害赔偿　房屋转租　家电设施　安全保障

【基本案情】

邵某为涉案房屋产权人，于2001年购得该房屋。2015年9月25日，邵某与朱某芳签订《房屋租赁合同》，约定邵某将涉案房屋出租给朱某芳，租赁期限为6年，自2015年10月7日至2021年10月6日止。双方在《房屋租赁合同》中还约定，如人为造成承租物业及设备损坏，朱某芳应负责维修或赔偿；如在租赁期限内朱某芳将房屋部分或者全部出租给第三方，因第三方使用所产生的法律责任与邵某无关，由朱某芳承担；邵某同意朱某芳装修该房屋并更换家具家电，到期后归邵某所有。2018年，朱某芳将涉案房屋转租给张某唐、朱某婕、张某雨，租赁期限至2021年10月。张某唐与朱某婕为夫妻关系，张某雨系两人的女儿，三人共同居住于涉案房屋内。2020年1月10日凌晨2时许，涉案房屋内发生火灾，造成张某唐、朱某婕、张某雨衣物、生活用品等财物损毁。后经消防部门认定，涉案火灾系因客厅内处于使用状态的立式空调内部发生故障所引起。该空调属于邵某所有，系邵某留在涉案房屋内的家电设施。经现场勘验并结合各方当事人的意见，三原告因涉

* 宋东来，法学硕士，上海市静安区人民法院立案庭副庭长。本案例入选人民法院案例库。

案火灾造成的损失确认为 141542 元。

张某唐、朱某婕、张某雨遂向法院起诉请求判令：邵某、朱某芳连带赔偿张某唐、朱某婕、张某雨财物等损失共计 21 万余元。

邵某辩称，其与张某唐、朱某婕、张某雨之间不存在房屋租赁合同关系，张某唐、朱某婕、张某雨不能直接要求其承担赔偿责任。邵某与朱某芳之间的《房屋租赁合同》约定，朱某芳负责维修涉案房屋内家电设施，并承担涉案房屋使用过程中产生的赔偿责任，故邵某对涉案房屋不存在管理义务。

朱某芳辩称，其对涉案房屋内的设施设备已尽到安全保障义务，火灾发生前涉案空调一直处于安全适用状态；涉案空调属于邵某所有，朱某芳无法预见到该空调出现内部故障引发火灾。

上海市静安区人民法院于 2021 年 3 月 16 日作出（2020）沪 0106 民初 26981 号民事判决：一、邵某应于判决生效之日起十日内支付张某唐、朱某婕、张某雨赔偿款 84925.20 元；二、朱某芳应于判决生效之日起十日内支付张某唐、朱某婕、张某雨赔偿款 56616.80 元；三、张某唐、朱某婕、张某雨的其余诉讼请求不予支持。邵某不服一审判决，提起上诉。后又以各方当事人达成和解协议并已经实际履行完毕为由，申请撤回上诉。上海市第二中级人民法院于 2021 年 5 月 6 日作出（2021）沪 02 民终 4427 号民事裁定，准许邵某撤回上诉。一审判决已生效。

【裁判理由】

法院生效裁判认为：第一，在房屋租赁合同关系中，出租人有义务保障所提供的房屋附属家电设施符合安全适用的标准。出租人将房屋移交给承租人后，承租人又将该房屋转租的，承租人对于次承租人同样负有上述安全保障义务，但并不意味着出租人的该义务全部转移给承租人。该安全保障义务要求房屋出租方根据所提供的家电设施的具体情况，做好日常检修和维护，确保家电设施安全适用，不存在使用风险。家用电器本身存在一定的安全使用年限，随着使用年限的增加，安全性能会降低，使用过程中的风险亦会随之增加。涉案房屋租赁期限较长，邵某作为出租人理应更加谨慎，根据家电设施的使用年限，定期进行检修维护，确保能够保持长期的安全适用性能。

本案火灾系涉案空调不具备安全适用性能，内部出现故障所引发，邵某作为出租人未尽相应义务，未确保其提供的家电设施具备安全适用性能，对于火灾的发生存在过错。朱某芳作为承租人，在其与张某唐、朱某婕、张某雨之间的房屋租赁合同关系中，处于出租人的地位，同样负有向次承租人提供安全适用的家电设施的义务。朱某芳未尽到上述义务，对于火灾的发生同样存在过错。

第二，虽然张某唐、朱某婕、张某雨与邵某之间不存在直接的房屋租赁合同关系，但邵某未尽相应义务，导致损害发生，张某唐、朱某婕、张某雨基于既存的侵权事实，要求邵某承担侵权赔偿责任，并无不当。邵某、朱某芳未尽相应义务的不作为行为共同导致损害后果的发生，应按照各自的过错程度，分别承担相应的赔偿责任。

第三，邵某作为涉案空调所有权人，应更清楚该空调购买时间、是否临近安全使用年限、是否需要进行检修维护。本案中并无证据表明邵某向朱某芳披露过涉案空调的购买使用情况，朱某芳无从得知该空调的确切使用年限。故对于涉案火灾的发生，邵某不作为的过错程度甚于朱某芳。据此，法院认定邵某和朱某芳对于张某唐、朱某婕、张某雨的损失分别承担 60% 和 40% 的赔偿责任。

【裁判要旨】

（1）在房屋租赁合同关系中，出租人有义务保障所提供的房屋及其附属设施符合安全适用的标准。出租人允许承租人转租房屋，并非对出租人权利义务的概括转移。出租人的上述义务并未因房屋转租而转移给承租人。承租人将房屋转租后，相对于次承租人来说，处于“出租人”的地位，对于次承租人同样负有该义务。

（2）若出租人和承租人均未尽到保障房屋附属设施符合安全适用标准的义务，导致次承租人发生损害的，出租人和承租人的行为构成侵权法上的过错。次承租人可以基于侵权事实的存在，要求出租人和承租人按照各自的过错程度承担相应的赔偿责任。对于出租人和承租人的过错程度，应当结合各自预防和防范风险发生的能力予以认定。

【关联索引】

《中华人民共和国民法典》第一千一百六十五条、第一千一百七十二条、第一千一百八十四条（本案适用的是2010年7月1日起施行的《中华人民共和国侵权责任法》第六条、第十二条、第十九条）

一审：上海市静安区人民法院（2020）沪0106民初26981号民事判决（2021年3月16日）

二审：上海市第二中级人民法院（2021）沪02民终4427号民事判决（2021年5月6日）

戚某诉上海市道路运输管理局行政许可案
——行政许可注销程序的合法性审查规则

刘胜芳*

【关键词】行政　行政许可　道路运输经营许可　行政许可注销　程序合法性审查

【基本案情】

原告戚某诉称，原告于2020年年末收到短信通知要求进行网约车运输证延续事宜，原告提交了交强险、乘客意外伤害险等材料进行申请，但因原告未购买上一年度乘客意外伤害险，网约车运输证延续不予通过。原告与被告工作人员沟通后，被告知不能购买过期保险，该问题一直未能得到解决。2021年12月，原告从他人处得知原告的网约车运输证已经被被告注销并公告，注销理由是行政许可有效期届满未延续。但原告是申请了网约车运输证延续的，是被告对原告网约车运输证未作延续。被告作出注销行政行为之前，未对原告进行告知，以便原告行使申辩权；被告作出注销行政行为之后，直接以公告形式进行送达，程序明显违法。

被告上海市道路运输管理局辩称，原告名下车辆的网约车运输证发证日期为2018年3月5日，根据《上海市网络预约出租汽车经营服务管理若干规定》(以下简称《网约车管理若干规定》)第十条的规定，其许可有效期应于2021年3月4日届满。被告于2020年8月10日通过门户网站发布《关于本市网络预约出租汽车许可延续事项办理的公告》(以下简称《延续公告》)，于

* 刘胜芳，法律硕士，上海市静安区人民法院行政及执行裁判庭法官助理。本案例入选人民法院案例库、2023年度上海高院行政审判典型案例。

2021 年 1 月 4 日向原告发送提示短信，告知其网约车运输证有效期即将届满及延续相关事项。原告收到短信后于 2021 年 1 月 7 日和 22 日两次在线申请了车辆运营能力核查，因原告车辆未按照《网约车管理若干规定》第八条第五项投保乘客意外伤害险，其两次申请均未核查通过。2021 年 3 月 4 日，原告车辆的网约车运输证期满失效，被告于 2021 年 11 月 9 日进行了注销，并于同月 15 日在门户网站发布注销公告，行政程序合法。原告车辆丧失网约车经营服务资格的日期是网约车运输证有效期届满之日，注销系被告依职权实施的程序性行政行为，并未对原告的实体权益产生影响。

法院经审理查明：2020 年 8 月 10 日，被告上海市道路运输管理局通过门户网站发布《延续公告》，列明网约车运输证延续工作所依据的法律依据、办理延续工作流程以及网约车运输证有效期届满未延续的法律后果。2021 年 1 月 4 日，被告向原告发送提示短信，告知其办理网约车运输证延续相关事项。2021 年 1 月 7 日，原告通过“一网通办”平台在线申请车辆运营能力核查。经核查，因原告名下车辆未按要求投保乘客意外伤害险，不符合《网约车管理若干规定》第八条第五项的规定，原告核查未通过。被告于同月 13 日向原告发送提示短信，告知其车辆核查未通过的原因以及后续处理途径。嗣后原告再次通过在线方式申请车辆核查，此次核查同样因原告车辆未投保乘客意外伤害险而未予通过，被告于 2021 年 2 月 3 日再次向原告发送了核查未通过的提示短信。此后直至 2021 年 3 月 4 日，原告未再次申请车辆运营能力核查。2021 年下半年，被告对许可有效期届满的网约车车辆数据进行清理，并于同年 11 月 9 日对包括原告名下车辆在内的 467 辆汽车的网约车运输证进行了注销，注销原因为“证件超过有效期，未在规定时间内办理换证手续”。同月 15 日，被告通过门户网站发布注销公告。

上海市静安区人民法院于 2022 年 10 月 20 日作出（2022）沪 0106 行初 614 号行政判决，驳回原告戚某的诉讼请求。宣判后，原告戚某提出上诉，上海市第三中级人民法院于 2023 年 4 月 19 日作出（2023）沪 03 行终 2 号行政判决，驳回上诉，维持原判。

【裁判理由】

法院生效裁判认为，本案的争议焦点主要是在没有法律明确规定的情况下，如何对行政许可注销程序的合法性进行审查。本案中，被告在官网上公开发布《延续公告》，对网约车运输证延续事项的办理条件、办理流程及相关后果作出了明确告知，其中便包括车辆投保乘客意外伤害险的延续条件，原告对此理应知晓。因原告名下车辆在网约车运输证存续期间未投保乘客意外伤害险，不符合运营条件，被告对原告申请许可延续作出不予通过决定并短信告知原告。原告网约车运输证有效期届满之后，被告根据《中华人民共和国行政许可法》(以下简称《行政许可法》)第七十条第一项的规定予以注销，并通过门户网站予以公告。

《行政许可法》第七十条规定了行政许可注销的法定适用情形，但未在执行层面明确相应法定程序。在现行法律尚无明文规定的情况下，可援引法律原则作为审理依据，即在缺乏行政许可注销程序法律法规时可适用正当程序原则这一行政法基本原则以解决程序合法性审查问题。在行政许可注销案件中，注销行为程序合法性的审查应当结合注销事务的告知情况、注销许可的法定类型、注销事务数量、行政机关执法人员数量等因素综合审查。具体到本案中，首先，被告充分履行了注销事务提前告知义务。网约车运输证注销为《行政许可法》第七十条规定的期限届满类型，应当重点审查提醒预告程序，被告已通过短信方式提前告知原告行政许可即将到期的事实，使得原告能够知晓需要申请延续、申请延续规则和不延续带来的注销的不利后果，充分保障了原告的知情权以及通过积极申请延续网约车运输证行政许可的权利。其次，注销事务数量与行政执法人员数量存有较大差距，不应对行政机关科以过高的注销法定程序要求。与原告同时注销的另有466个网约车运输证，机械地对行政机关是否按照陈述、申辩、送达等进行程序合法性审查，既牺牲了行政效率，也无益于行政机关职能的发挥，最终会影响人民群众的获得感。对被告注销行为程序合法性的审查不能偏离程序公正原则所蕴含的行政效率要求。最后，行政许可注销程序的合法性审查应根据个案情况平衡正义与效率的价值取向。行政机关充分、全面履行程序确实能够最大程度实现程序正义，但付出大量的人力、物力成本，牺牲了行政效率，不符合比例原则适当性要求。行政许可已经超期失效，行政注销行为无影响原告合法权益之可能，在此情形下仍要求行政机关安排陈述申辩程序实无价值，且采用公告方式公布已经注销的许可，是在实体权利失效后对其权利外观的确认与终结，充分发挥风险预防功能，维护社会秩序稳定。

综合考虑上述因素，法院生效裁判认定被告依据《行政许可法》第七十条第一项的规定予以注销并通过门户网站予以公告，执法程序合法。

【裁判要旨】

根据《网约车管理若干规定》的规定，网约车运输证有效期为三年，原告取得网约车运输证后，在购买首年度乘客意外伤害险到期后未继续购买，网约车运输证存续的后两年期间，原告名下车辆并不符合网约车运营条件，导致原告两次申请网约车运输证延续均未获通过，最终因行政许可有效期届满未延续而被注销。在法律没有对行政许可注销程序作出相应具体规定的现状下，引入正当程序原则、比例原则对注销程序的合法性进行司法审查是有必要的。在审理行政许可注销案件中，注销行为程序合法性的审查应当结合注销事务的告知情况、注销许可的法定类型、注销事务数量、行政机关执法人员数量等因素综合审查行政许可注销程序的合法性。通过上述司法审查规则，旨在通过平衡程序正义和行政效率，实现保障行政相对人合法权益和构建高效能动服务型政府的双重目标。

【关联索引】

《中华人民共和国行政许可法》第七十条

一审：上海市静安区人民法院（2022）沪0106行初614号行政判决（2022年10月20日）

二审：上海市第三中级人民法院（2023）沪03行终2号行政判决（2023年4月19日）

张某芳诉某区人力资源和社会保障局不予认定工伤决定案

——对职工上下班途中发生交通事故的工伤认定

王昕煜*

【关键词】行政　行政确认　工伤认定　上下班途中　交通事故　合理时间

【基本案情】

原告张某芳诉称，原告丈夫王某林系第三人上海某华电气股份有限公司员工。2022年1月4日，王某林在上班途中发生交通事故致死亡。上海市公安局浦东分局交通警察支队于2022年2月15日出具道路交通事故认定书，认定王某林承担事故同等责任。王某林的死亡符合《工伤保险条例》第十四条第六项规定的应当认定工伤的情形，两被告作出的不予认定工伤决定、行政复议决定缺乏事实依据，明显不当，为保护原告合法权益，起诉请求法院判决：（1）撤销被告某区人社局作出的被诉不予认定工伤决定，并责令其重新作出决定；（2）撤销被告某区政府作出的被诉行政复议决定。

被告某区人社局辩称，王某林并非在上班途中发生非本人主要责任交通事故，发生交通事故的时间不符合上班途中的合理时间，交通事故发生地也不符合从居住地到公司的合理路线；其因工作原因受到交通事故伤害的证据不足。王某林的情形不符合认定工伤或者视同工伤的情形，被诉不予认定工伤决定事实清楚，证据充分，适用法律正确，请求法院驳回原告诉讼请求。

被告某区政府辩称，同意被告某区人社局的意见，被诉行政复议决定事

* 王昕煜，法律硕士，上海市静安区人民法院行政及执行裁判庭法官助理。本案例入选人民法院案例库。

实清楚，证据确凿，适用法律、法规正确，符合法定程序，请求法院判决驳回原告诉讼请求。

第三人上海某华电气股份有限公司述称，请求法院依法判决。

法院经审理查明，第三人上海某华电气股份有限公司注册地在上海市浦东新区。2016年5月，王某林入职第三人。2019年2月22日，第三人与王某林签订劳动合同，约定劳动期限为2019年2月1日至2021年12月31日，工作地点在第三人注册地宣镇东路某号。因王某林2021年12月多在外出差，劳动合同到期后未及时续签，第三人确认至2022年1月4日其与王某林存在劳动关系。王某林租赁房屋居住于上海市某区张桥村利民23组某号。2022年1月4日9时49分许，王某林驾驶电动自行车在上海市申杰路宣新路西约2米处与案外人驾驶的小型越野客车发生交通事故。当日20时许，王某林经医院抢救无效死亡。2022年1月29日，第三人上海某华电气股份有限公司向被告某区人社局申请工伤认定。某区人社局于2022年2月7日受理后开展工伤认定调查，并于同日向第三人发出补充证据通知书，通知其在三十日内提交王某林2022年1月4日发生事故后由公安或交警部门出具的事故责任认定结论。2022年2月15日，上海市公安局浦东分局交通警察支队作出道路交通事故认定，王某林驾驶电动自行车左转弯时未让直行的车辆优先通行造成事故，案外人张某某驾驶小型越野客车超速行驶造成事故，双方的行为对发生本起道路交通事故所起的作用以及过错的严重程度相当，认定双方承担事故同等责任。王某林家属对上述道路交通事故认定提出复核申请。某区人社局在工伤认定调查过程中，由于所涉及的事故在公安交警部门的处理尚未结束，于2022年3月8日作出工伤认定审理中止通知书。2022年3月21日，上海市公安局交通警察总队作出维持原道路交通事故认定的复核结论。因中止原因消除，某区人社局于2022年8月8日作出工伤认定审理恢复通知书。某区人社局在工伤认定程序中对原告张某芳及王某林同事王某婷、陈某祥、张某兵开展了工伤认定调查。原告张某芳在调查笔录中陈述，公司对王某林没有上下班打卡等类似要求，原告听第三人张总说，王某林2022年1月4日早上在车间接了个电话后出去了，当天上午9:04王某林在出租房与原告视频通话，后王某林说有事要出去一会儿，于9:28挂断电话。王某婷、陈某祥、张某兵在调查笔录中陈述，不出差时，王某林的工作时间是上午7点半到下午4点半，公司对王某林考勤管理较为松散，无需打卡，但在规定的工作时间王某林仍需在工厂内工作；2022年1月4日早上8点左右，王某林到一个车间询问同事陈某祥问题，后在8:50左右接到一个电话，离开了工作场所，没有向领导张某兵汇报和请假；事故当天，公司没有对王某林安排外出工作。2022年8月30日，被告某区人社局根据调查情况，认为王某林同志的情况，不符合《工伤保险条例》《上海市工伤保险实施办法》第十四条、第十五条认定工伤或者视同工伤的情形，决定不予认定（或视同）工伤，故作出被诉不予认定工伤决定，对王某林于2022年1月4日受到的交通事故不予认定为工伤。原告不服，向被告某区政府申请行政复议。被告某区政府于2022年9月27日收到原告的行政复议申请后予以受理，并于同年10月10日要求被告某区人社局答复。被告某区人社局同月18日签收后，于同月24日提交行政复议答复意见及证据材料。2022年11月21日，被告某区政府因案情复杂，作出延长行政复议审理期限通知书。被告某区政府经审查，于2022年12月1日作出被诉行政复议决定。

上海市静安区人民法院于2023年4月24日作出（2023）沪0106行初245号行政判决：驳回原告张某芳的诉讼请求。宣判后，张某芳提出上诉。上海市第二中级人民法院于2023年5月18日作出（2023）沪02行终196号行政判决：驳回上诉，维持原判。

【裁判理由】

法院生效裁判认为：根据《工伤保险条例》第五条第二款之规定，被告某区人社局作为浦东新区工伤保险工作的主管部门，具有对其所属行政区域内的工伤认定申请进行处理的法定职权。某区人社局受理原告提交的工伤认定申请后，在法定期限内作出被诉不予认定工伤决定，程序合法。根据查明的事实，王某林在第三人从事售后服务工作，其工作时间是上午7:30至下午4:30，除有出差或被安排其他工作，王某林需要在工厂内工作。2022年1月4日上午，总经理张某兵没有给王某林安排工作，王某林也未向张某兵汇报过当天有其他部门给其派工，故当日上午9时49分许，王某林驾驶电动自行车在上海市申杰路宣新路西约2米处发生交通事故，不属于上下班途中的合理时间。王某林的情况不符合《工伤保险条例》《上海市工伤保险实施办法》

第十四条、第十五条认定工伤或者视同工伤的情形。原告主张当天王某林是在上班途中发生交通事故依据不足。被告某区人社局依据现有证据材料认定王某林所受伤害不构成工伤并无不当。根据《中华人民共和国行政复议法》第十二条第一款之规定，被告某区政府作为被告某区人社局的本级人民政府，具有处理原告向其提出的行政复议申请的法定职责。被告某区政府受理原告的行政复议申请后，依法进行审查，并在法定期限内作出行政复议维持决定，亦无不当。综上，原告要求撤销被诉不予认定工伤决定和被诉行政复议决定的诉讼请求缺乏事实根据和法律依据，法院不予支持。

【裁判要旨】

关于工伤认定中对职工上下班时间的把握，《工伤保险条例》第十四条规定："职工有下列情形之一的，应当认定为工伤：……（六）在上下班途中，受到非本人主要责任的交通事故或者城市轨道交通、客运轮渡、火车事故伤害的。"《最高人民法院关于审理工伤保险行政案件若干问题的规定》第六条对"上下班途中"作出了细化，其中第一项规定"在合理时间内往返于工作地与住所地、经常居住地、单位宿舍的合理路线的上下班途中"。人民法院在审理此类工伤认定案件中，需要从立法本意出发，对于"上下班途中"的认定，应结合用人单位的工作要求、考勤制度等，查明该员工工作日是否需要坐班、是否有比较固定的工作时间、当日是否有领导指派外出工作、外出是否向领导请过假、是否符合常理等情况进行综合评判。《工伤保险条例》是为了保障因工作遭受事故伤害或者患职业病的职工获得医疗救治和经济补偿，促进工伤预防和职业康复，分散用人单位的工伤风险，"上下班途中"认定工伤的规定是基于社会公共利益及公平正义的原则，对因工作原因受到事故伤害认定为工伤所作出的一种延伸，系对职工的一种倾斜性保护，对此应当严格按照法律规定执行，即"上下班途中"的时间应当合理，如果属于非正当合理的时间，即使是在去工作途中受到非本人主要责任的交通事故也无法认定为工伤。

【关联索引】

《中华人民共和国行政诉讼法》第六十九条、第七十九条

一审：上海市静安区人民法院（2023）沪0106行初245号行政判决（2023年4月24日）

二审：上海市第二中级人民法院（2023）沪02行终196号行政判决（2023年5月18日）

刘某铤诉中国人民银行上海分行、中国人民银行不履行征信监管法定职责案

——对个人征信授权事项及授权主体的审查与认定

王　琳*

【关键词】行政　不履行法定职责　征信授权　个人信用报告　电子合同

【基本案情】

原告刘某铤诉称，其系通过“某手机卫士”App 向某公司申请贷款，在申请过程中从未见过“某某银行”字样，也没有页面提示该产品由“某某银行”与“某借条”合作放款。现银行未经原告授权查询其个人信用报告，违反了《征信业管理条例》的规定。被告中国人民银行上海分行（以下简称央行上海分行）未依法履行监管职责，被告中国人民银行（以下简称央行）未尽复议审查义务，故请求法院判决撤销被告央行上海分行的答复意见书及被告央行的行政复议决定，并由两被告承担本案诉讼费用。

被告央行及其上海分行辩称，原告手动勾选“同意并签署”后点击“提交”应视为其浏览、同意并签署了包括《某某银行个人征信查询授权书》在内的相关电子合同，某某银行已取得原告征信查询授权。被告央行上海分行据此答复原告某某银行并未违反《征信业管理条例》，认定事实清楚，证据确凿，被告央行所作行政复议决定亦无不当，请求法院判决驳回原告的诉讼请求。

法院经审理查明：2017 年 11 月 3 日，央行上海分行受理原告刘某铤的征

* 王琳，法学硕士，原上海市静安区人民法院行政及执行裁判庭审判员，现上海市高级人民法院行政审判庭审判员。本案例入选人民法院案例库。

信投诉，原告认为某某银行于 2017 年 7 月 15 日未经本人允许查询其征信报告，要求按照《征信业管理条例》对某某银行进行行政处罚。被告央行上海分行经调查发现，原告于 2017 年 7 月 13 日至 7 月 15 日通过与某某银行合作的“某借条”渠道申请某某银行“安心借条”产品，在此操作过程中，某某银行核验了原告的人脸识别照片、身份证原件、银行卡四要素（姓名、银行卡卡号、手机号码、身份证号码）鉴权等材料，确认为原告本人所操作；在“手机号认证”阶段，需产品申请人手动勾选“同意并签署《征信及综合授权书》，授权查询、报送相关信息至金融信用信息基础数据库”后方可进行下一步操作，点击《征信及综合授权书》可浏览《综合授权书》《某某银行个人征信查询授权书》《某某银行个人信息查询使用授权书》和《个人信息采集及使用通用授权书》等文本；原告在上述手机号认证阶段手动勾选“同意并签署《征信及综合授权书》”并点击“提交”后完成了申请贷款的全部流程，后某某银行于 2017 年 7 月 15 日查询了原告的个人信用报告。被告央行上海分行经核查认为，原告在申请过程中的操作应视为其同意并签署了相关电子合同，某某银行已取得原告的征信查询书面授权，据此查询原告的个人信用报告并未违反《征信业管理条例》的相关规定，遂于 2018 年 4 月 8 日作出《关于刘某铤征信投诉事项的答复意见书》。原告不服，向被告央行申请行政复议，被告央行经审查于 2018 年 6 月 20 日作出复议决定，维持被告央行上海分行所作答复。

上海市静安区人民法院于 2018 年 11 月 15 日作出（2018）沪 0106 行初 52 号行政判决：驳回原告刘某铤的诉讼请求。原告刘某铤不服，提起上诉，上海金融法院于 2019 年 4 月 22 日作出（2019）沪 74 行终 2 号行政判决：驳回上诉，维持原判。

【裁判理由】

法院生效判决认为，本案的主要争议焦点系某某银行是否取得原告的书面授权来查询其个人信用报告。对此，根据《征信业管理条例》相关规定，向金融信用信息基础数据库查询个人信息的，应当取得信息主体本人的书面同意并约定用途；原《合同法》规定可以通过数据电文形式订立合同。本案中，手动勾选同意《征信及综合授权书》为申请贷款的必经环节，点击《征信及综合授权书》可浏览的电子文本中，《某某银行个人征信查询授权书》明确载明由申请人授权某某银行查询其个人信用报告，并承担授权的相关法律后果。原告在庭审中亦确认其点击阅看《征信及综合授权书》后，自主勾选了“同意”并提交完成申请流程，就其没有看到过“某某银行”字样的主张，原告未能提供与被告相反的证据予以证实。因此，原告理应知晓相关内容并书面同意了某某银行查询个人信用报告，被告央行上海分行据此认为某某银行不存在违反《征信业管理条例》的行为，进而作出被诉答复意见，认定事实清楚，适用法律正确，被告央行所作复议维持决定亦无不当。原告作为一名消费者，有权为维护自身合法权益要求行政机关履行监管职责，同时，原告也负有一定的审慎注意义务，全面了解自身的权利义务事项并承担相应的法律后果。

【裁判要旨】

根据《征信业管理条例》相关规定，向金融信用信息基础数据库查询个人信息的，应当取得信息主体本人的书面同意并约定用途。在申请金融产品过程中，手动勾选“阅看及同意”《征信及综合授权书》一般为申请贷款的必经环节，相关授权书已明确载明由申请人授权金融机构查询其个人信用报告，并自行承担授权的相关法律后果。故申请人点击阅看并自主勾选“同意”后提交完成申请流程，即视为其知晓并签署了相关授权书，相关金融机构据此取得征信查询授权，不存在违反《征信业管理条例》规定的情形。

【关联索引】

《征信业管理条例》第十八条

一审：上海市静安区人民法院（2018）沪0106行初52号行政判决（2018年11月15日）

二审：上海金融法院（2019）沪74行终2号行政判决（2019年4月22日）

上海申某国际贸易有限公司、王某等人骗购外汇案

——进口贸易中虚构支付外汇理由申购外汇属于以其他方式骗购外汇

公绪龙*

【关键词】刑事　骗购外汇罪　骗购外汇　其他方法　虚构事实

【基本案情】

上海申某国际贸易有限公司（以下简称申某公司）成立于2002年11月28日，经营地址位于上海市浦东新区金新路，主营货物进出口等业务，被告人王某担任法定代表人，被告人吴某锡担任进口业务负责人。2019年至2021年期间，王某、吴某锡因申某公司经营需要外汇，经人介绍取得他人不需付汇的进口贸易单据，将申某公司虚构为进口货物消费单位向海关清关并取得报关单，使用上述报关单向银行申购外汇，套取美元83万余元后向境外公司账户付汇。

上海市静安区人民法院于2023年12月28日作出（2023）沪0106刑初1523号刑事判决：一、被告单位上海申某国际贸易有限公司犯骗购外汇罪，判处罚金人民币三十万元。二、被告人王某犯骗购外汇罪，判处有期徒刑十个月，缓刑一年六个月。三、被告人吴某锡犯骗购外汇罪，判处有期徒刑十个月，缓刑一年。四、退缴的违法所得，予以没收。宣判后，没有上诉、抗诉，判决已发生法律效力。

* 公绪龙，法律硕士，上海市静安区人民法院刑事审判庭副庭长。本案例入选人民法院案例库。

【裁判理由】

法院生效裁判认为：被告单位申某公司利用他人不需要付汇的进口贸易骗购外汇，被告人王某作为被告单位申某公司直接负责的主管人员，被告人吴某锡作为被告单位申某公司的其他直接责任人员，共同实施了上述骗购外汇行为，数额较大，构成骗购外汇罪。被告单位申某公司在代理进口报关过程中，取得他人不需要付汇的进口贸易单据后，将申某公司虚构为进口货物消费单位向海关清关并取得报关单，使用上述报关单向银行申购外汇的行为，属于"以其他方式骗购外汇"。故法院依法作出如上裁判。

【裁判要旨】

关于骗购外汇罪，《全国人民代表大会常务委员会关于惩治骗购外汇、逃汇和非法买卖外汇犯罪的决定》第一条第一款已列明的两种行为方式，即"使用伪造、变造的海关签发的报关单、进口证明、外汇管理部门核准件等凭证和单据"和"重复使用海关签发的报关单、进口证明、外汇管理部门核准件等凭证和单据"，实质内涵是行为人申购外汇的交易单证无效，申购外汇的理由虚假。对于该款的兜底项"以其他方式骗购外汇"的认定，应当与所列明的两项规定的实质内涵具有相同的特质。将本单位虚构为进口货物消费单位，虽然确实存在真实进口货物，但因消费单位虚假，其所获得的交易单证是无效的；在无需支付外汇的进口贸易中申购外汇，其申购理由虚假。对上述情形，可以认定为"以其他方式骗购外汇"。

【关联索引】

《全国人民代表大会常务委员会关于惩治骗购外汇、逃汇和非法买卖外汇犯罪的决定》第一条

一审：上海市静安区人民法院（2023）沪0106刑初1523号刑事判决（2023年12月28日）

冯某某职务侵占案

——职务侵占罪中犯罪金额的认定

谢文娟*

【关键词】刑事　职务侵占罪　共同犯罪　犯罪金额　犯罪成本

【基本案情】

被告人冯某某于2007年起担任被害单位某上海公司无锡分公司销售员、销售经理，负责银粉的销售工作。2014年9月至2019年3月间，冯某某利用其知晓某上海公司银粉交易客户信息、负责与对方客户洽谈及有权修改银粉销售价格等职务便利，在客户公司与某上海公司的银粉直接交易中加入其伙同杨某（另案处理）实际控制的上海某某物资有限公司、无锡某某科技有限公司、无锡某某新材料科技有限公司作为银粉销售的虚设中间环节，其先通过上述三家公司中的一家公司以正常市场价格与客户公司签订销售合同并收取货款，再以其控制的公司从某上海公司以低价采购银粉，后交付给客户公司，从而侵吞银粉货款差价。经审计，被告人冯某某等人通过上述方式侵吞货款共计1924万余元。

2022年8月23日，被告人冯某某在江苏省无锡市被公安人员抓获。审查起诉阶段，被告人冯某某对上述事实能够如实供述。法院审理期间，被告人冯某某在家属的帮助下向被害单位赔偿553万元并取得谅解。

上海市静安区人民法院于2023年3月31日作出（2023）沪0106刑初3号刑事判决：一、被告人冯某某犯职务侵占罪，判处有期徒刑九年，并处没

* 谢文娟，法律硕士，上海市静安区人民法院商事审判庭审判员。本案例入选人民法院案例库。

收财产人民币四十万元。二、责令继续退赔违法所得，发还被害单位。宣判后，被告人冯某某提出上诉。上海市第二中级人民法院于2023年8月28日作出（2023）沪02刑终550号刑事裁定，驳回上诉，维持原判。

【裁判理由】

法院生效裁判认为：（1）关于同案人员杨某开发客户销售金额、待确认客户购买金额是否计入冯某某犯罪金额。经查，公诉机关系采用冯某某利用其负责银粉销售的职务便利，伙同杨某将其实际控制三家涉案公司作为虚设的中间环节向被害单位低价购买银粉并对外市场价格销售银粉赚取的货款差价来认定指控的犯罪金额。同案人员杨某系受冯某某指使共同利用冯某某职务便利共同实施犯罪行为，同案人员杨某开发客户销售金额、待确认客户购买金额均系冯某某、杨某共同犯罪行为的一部分，二人通过上述方式侵吞银粉货款差价共计1924万余元，不仅有相关证人证言、同案人员供述、产品订购合同、销售合同、银行交易流水等为证，且有被告人冯某某当庭供述印证，综合全案证据，被告人冯某某辩护人的相关辩护意见，与法院查明的事实不符，法院不予采纳。（2）关于被告人冯某某在职务侵占过程中三家涉案企业缴纳的税费是否应从犯罪金额中予以扣除。经查，被告人冯某某为获取银粉货款差价，将本人实际控制的三家涉案公司作为虚设环节加入客户公司与被害单位的银粉交易中，并向被害公司及客户公司均隐瞒其本人系三家涉案公司的实际控制人。被告人冯某某在犯罪过程中缴纳三家涉案公司的税费，是为保证完成银粉交易、获取货款差价，应依法认定系冯某某在犯罪过程中为完成犯罪支付的必要犯罪成本，不应从犯罪金额中扣除。被告人冯某某的辩护人的相关辩护意见，法院不予采纳。

综上，被告人冯某某身为公司工作人员，伙同他人利用职务上的便利，将本单位财物非法占为己有，数额巨大，其行为已构成职务侵占罪，依法应予惩处。被告人冯某某到案后如实供述罪行，自愿认罪认罚，依法可以从轻处罚。被告人冯某某在法院审理期间向被害单位退赔553万元，弥补被害单位部分经济损失，并取得谅解，可以酌情从轻处罚。公诉机关指控被告人冯某某犯职务侵占罪的罪名成立，量刑情节及建议适当，应予采纳。故一、二审法院依法作出如上裁判。

【裁判要旨】

职务侵占罪的犯罪金额应当以行为人实际侵占单位财物的金额作为犯罪金额，依法不扣除为完成犯罪支付的成本。

【关联索引】

《中华人民共和国刑法》第二百七十一条第一款

一审：上海市静安区人民法院（2023）沪 0106 刑初 3 号刑事判决（2023 年 3 月 31 日）

二审：上海市第二中级人民法院（2023）沪 02 刑终 550 号刑事裁定（2023 年 8 月 28 日）

上海某汽车有限公司诉某区市场监督管理局行政处罚案

——保障中小微企业经营权益实质性化解纠纷

胡晓涛*

【关键词】行政　行政处罚　吊销营业执照　送达程序　破产清算　实质性化解

【基本案情】

原告上海某汽车有限公司诉称，2022 年 3 月 17 日，被告某区市场监督管理局向其作出了沪市监嘉处〔2022〕14202100×××× 号吊销营业执照的行政处罚决定书。原告是上海某新媒体公司的全资子公司，现上海某新媒体公司处于破产清算状态，而原告属于破产清算范围。被告作出处罚决定前，原告未收到被告拟作出的行政处罚内容、事实、理由、依据和告知原告依法享有的陈述、申辩、要求听证等权利的书面告知材料，同时原告也未收到书面的处罚决定书。原告认为，被告作出吊销营业执照的行为违反《中华人民共和国行政处罚法》《市场监督管理行政处罚听证办法》等相关法律法规的规定，处罚前并未告知原告处罚决定的事实、理由及依据，未告知依法有要求举行听证的权利，未给原告进行陈述和申辩的机会，严重侵害原告的合法权利。

被告某区市场监督管理局辩称，原告系注册在被告辖区内的企业，因原告未按照规定期限通过企业信用信息公示系统报送 2019 年和 2020 年的年度

* 胡晓涛，法学硕士，上海市静安区人民法院行政及执行裁判庭法官助理。本案例入选人民法院案例库、2022 年度上海法院行政争议实质解决典型案例。

报告，被告分别于2020年7月6日及2021年7月2日作出将原告列入经营异常名录的决定。同时，国家税务总局上海市嘉定区税务局第十四税务所出具的证明显示：原告自2020年6月起未按规定申报纳税。2021年12月16日，被告检查人员去原告住所上海市嘉定工业区某路某号3号楼现场检查，现场检查时未在登记的住所找到原告，上海市某工业区经济发展有限公司出具证明证实原告已与其所在的经济小区失去联系。因此综合上述情况，被告认为原告存在开业后自行停业连续六个月以上的情形。依据《中华人民共和国公司法》第二百一十一条"公司成立后无正当理由超过六个月未开业的，或者开业后自行停业连续六个月以上的，可以由公司登记机关吊销营业执照"的规定，被告拟吊销其营业执照。因在原告登记住所无法找到原告，被告于2022年1月6日制作行政处罚听证告知书并在门户网站公告送达。公告期满后，原告未在五个工作日内申请听证，被告遂于2022年3月17日做出吊销其营业执照的行政处罚决定并在门户网站公告送达。综上所述，被告作出的被诉行政处罚，行政主体适格、事实清楚、证据确凿、适用法律正确、程序合法，故请求法院驳回原告诉请。

法院经审理查明，原告上海某汽车有限公司是一家从事各类展示专用车的改装生产、销售及技术咨询服务的创新型中小微企业，企业的生产资质系经工信部批准，在全国范围内具有稀缺性。2019年、2020年该公司因连续两年未按规定期限报送企业年度报告被某区市场监督管理局列入经营异常名录，经税务部门核实，该企业自2020年6月起即未按照规定申报纳税。后被告前去公司登记住所地进行现场检查，未能找到该公司。综合上述情况，被告认为该公司存在开业后自行停业连续六个月以上的情形，依据《中华人民共和国公司法》规定作出了吊销营业执照的行政处罚，并通过门户网站进行了公告送达。原告不服行政处罚，向法院提起诉讼，请求判令撤销处罚决定，恢复并换发营业执照。

上海市静安区人民法院于2022年12月30日作出（2022）沪0106行初789号行政裁定：准许原告上海某汽车有限公司撤回起诉。

【裁判理由】

上海市静安区人民法院在案件审理过程中，原告表示其属于特许经营的专业技术类民营企业，原本具有较好的发展前景。因受母公司某新媒体公司破产清算的影响，汽车有限公司陷入经营困境，但企业本身具有较高的资质价值，营业执照被吊销不仅影响到企业自身的经营权益，也会损害某新媒体公司破产清算程序中相关债权人的利益。同时，被告在处罚程序中未通过直接送达、邮寄送达方式向公司送达执法文书，直接采用公告方式送达，损害了公司的知情异议权，存在程序瑕疵。原告愿意积极配合法院，希望可以通过本次诉讼恢复经营权限，实现企业财产价值，以便推进母公司某新媒体公司的破产清算程序。法院在厘清案件争议后，对本案涉诉处罚决定的程序进行了梳理，发现被告在执法文书的送达程序上的确存在相应瑕疵，原告反映的企业经营情况及母公司正处于破产清算程序的情况亦属实。鉴于被告在送达程序上确有瑕疵，对原告的企业经营权产生了影响，同时吊销营业执照的处罚会影响企业破产清算程序推进，损害债权人受偿权益等实际情况。法院积极搭建平台与双方进行协商沟通，一方面向被告告知了原告诉讼的实际诉求和经营困难情况，并向其释明了送达程序中存在的瑕疵，另一方面与原告协商，了解企业现阶段的主要困难，并以此为切入点，磋商协调化解方案。经各方反复沟通协商，被告在合理考虑原告公司的客观情况后，承诺尽快帮助原告恢复营业执照并保障其破产清算完成，原告遂向法院申请撤回起诉，本案争议得到实质性解决。

【裁判要旨】

在处理中小微企业吊销营业执照的行政处罚纠纷中，法院应立足审理中查明的事实，考虑到单位经营范围与生产资质的特殊性，如恢复其营业执照既能够保障其经营自主权，最大程度发挥企业价值，同时也可以助力母公司实现债务清偿和破产重整，保障债权人的利益等因素，法院可积极介入展开协调化解，提示行政机关规范执法程序，强化服务意识，体现法治的温度。行政机关在了解企业面临的困境后，帮助企业恢复营业执照，助力企业有效推进破产重整。践行双赢多赢共赢的司法理念，体现人民法院延伸司法职能，对保护中小微企业经营自主权、优化营商环境起到积极示范作用。

【关联索引】

《中华人民共和国行政诉讼法》第六十二条

一审：上海市静安区人民法院（2022）沪0106行初789号行政裁定（2022年12月30日）

某证券股份有限公司诉叶某融资融券交易纠纷案
——融资融券“绕标”行为的责任认定

刘 婷*

【关键词】民事 融资融券交易 融资融券绕标 规避监管 卖者尽责 买者自负

【基本案情】

原告某证券股份有限公司（以下简称某证券）诉称，叶某在某证券处开通融资融券账户，其利用“绕标”手段套取两融资金并违规买入非标的证券“某夫股份”，后因市场风险产生巨额亏损而无力归还融资款。故请求判令：（1）叶某向某证券偿还融资本金6171182.95元；（2）叶某向某证券偿还截至2019年5月8日的融资利息149992.67元；（3）叶某向某证券支付自2018年5月9日起至实际清偿之日止的利息（以6171182.95元为基数，按7.5%×天数/360为标准）；（4）叶某向某证券支付自2018年5月9日起至实际清偿逾期欠款之日止的逾期利息（以逾期欠款金额为基数，按每日万分之五计算）；（5）叶某向某证券支付律师费30000元；（6）本案公证费10000元由叶某承担。

被告叶某辩称，根据《证券公司融资融券业务管理办法》第十八条规定，融资融券业务只能在证券交易所规定的标的证券范围内进行操作，然而，某证券作为证券公司在交易过程中违反监管规定允许客户进行绕标交易，应

---

* 刘婷，法学硕士，上海市静安区人民法院金融审判庭审判员。本案例入选人民法院案例库、2019年度上海法院金融商事审判十大案例、2020年度上海法院精品案例和优秀裁判文书、2021年上海法院第一批参考性案例，获全国法院系统2020年度优秀案例分析二等奖。

承担由此给叶某造成的部分损失。故提起反诉，请求判令：某证券返还叶某2334414.43元，并按照中国人民银行同期贷款利率支付自2018年5月8日起至实际付清之日止的利息损失。

某证券针对叶某的反诉辩称，本案所涉“尤某股份”虽系非标的证券，但叶某通过“绕标”手段套取两融资金变为自有资金，叶某以其信用账户中的自有资金买入的该股票在案涉交易期间属于可充抵保证金证券，根据沪深交易所的《融资融券交易实施细则》，投资者可以在信用证券账户下用自有资金买入可充抵保证金证券，故叶某利用技术手段采取绕标交易从而规避监管，应自行承担损失。而在该股票被实施风险警示后某证券将该股票移出可充抵保证金证券范围，故某证券并不违反监管规定，某证券不具有限制其进行“绕标”操作的法定义务，因此不同意叶某反诉请求。

法院经审理查明：2017年5月18日，原告（反诉被告）某证券与被告（反诉原告）叶某签署《融资融券合同》并约定，叶某信用账户维持担保比例低于130%时且未在下一个交易日补充担保物或偿还融资融券负债，使维持担保比例达到追保线以上的，某证券有权对叶某账户内资产予以强制平仓；同时还约定，若叶某信用账户内证券被实行风险警示，从该证券被实行风险警示之日起的第21个交易日开始，该证券市值折扣调整为0%。签约后，叶某于2017年5月22日至23日期间针对300ETF指数基金等标的证券进行频繁融资融券交易，且通过“绕标”的方式将融资融券款项套取变为自有资金。2017年10月起，叶某用上述通过“绕标”方式获得的自有资金大量买入非标的证券“尤某股份”。2018年2月8日，“尤某股份”被实施风险警示，某证券根据合同约定于2018年3月15日将该股票市值折扣调整为0%，由此导致叶某信用账户维持担保比例低于平仓线130%，并触发强制平仓；此后该股票于2018年3月23日至2018年5月7日期间连续跌停，致使某证券在跌停期间无法实行强制平仓。2018年5月8日，该股票打开跌停板，叶某将该股票自行平仓并产生严重亏损，后叶某无力归还融资款6171182.95元。

上海市静安区人民法院于2019年10月8日作出（2018）沪0106民初字第29128号民事判决：一、叶某应归还某证券融资本金6171182.95元；二、叶某应支付某证券截至2018年6月20日止的融资利息149992.67元、逾期利息135905.57元，以及自2018年6月21日起至实际清偿之日止以融资本金及融资利息之和6321175.62元为基数按日万分之五的标准计算的逾期利息；三、叶某应支付某证券律师费30000元；四、叶某应支付某证券公证费10000元；五、某证券的其他诉讼请求，不予支持；六、叶某的诉讼请求，不予支持。宣判后，双方当事人均未上诉，一审判决已发生法律效力。

【裁判理由】

法院生效裁判认为，本案的争议焦点为某证券是否须为叶某进行融资融券绕标交易操作产生的损失承担责任。

首先，从本案绕标交易模式本身来看，叶某所进行的绕标交易每个步骤均符合现行监管规定。本案中，叶某采用的绕标交易具体操作步骤为：步骤1，先融券300ETF等标的证券，产生融券负债；步骤2，再通过融资买入相同数量的300ETF等，产生融资负债；步骤3，将步骤2融资买入的300ETF等以现券还券的方式偿还步骤1的证券，由此使得融券负债解冻变为自有资金；步骤4，用步骤3套现的自有资金买入“尤某股份”（非标的证券）。由此可见，尽管叶某买入“尤某股份”的最初资金来源确系通过融资融券交易套现获得，但其一开始获取资金的过程均系针对标的证券进行融资交易或融券交易，完全符合《证券公司融资融券业务管理办法》第十八条规定，即客户融资买入、融券卖出的证券，不得超出证券交易所规定的范围。之后，叶某使用以绕标手段获取的自有资金买入“尤某股份”（即操作步骤4），而《上海证券交易所融资融券交易实施细则》《深圳证券交易所融资融券交易实施细则》均规定，投资者可以在信用证券账户下用自有资金买入可充抵保证金证券；而涉案“尤某股份”在叶某购买该股票时属于某证券认可的可充抵保证金证券，因此，此交易模式本身并未违反现行监管规则的明文禁止性规定。

其次，从责任承担来看，证券公司对投资人的交易行为所产生的风险与损失承担责任的前提应基于其未能履行相关法定义务或约定义务。根据上述监管规定，某证券作为证券公司并无限制投资人进行绕标操作的相关法定义务。根据《融资融券合同》约定来看，某证券亦不具有控制绕标的合同义务。且本案中，根据现有的证据材料来看，某证券已尽到投资者适当性审查义务，且对于两融业务投资风险的监控义务亦未超出现有监管规定范围。故，叶某要求某证券承担责任缺乏法律依据或合同依据。

最后，融资融券业务系专业性较强、风险程度较高的投资活动，叶某作为合格投资人系在对融资融券业务具有基本认识和了解的情况下进行相应的投资行为，某证券亦在《融资融券合同》中对投资人参与融资融券交易的投资风险进行风险提示，而叶某自行采取的绕标交易行为却进一步放大了投资杠杆风险，因此叶某采取绕标操作买入非标的证券后产生亏损，应由其个人承担相应的交易风险。

【裁判要旨】

融资融券绕标交易是指投资者利用融资融券交易规则套取资金，买入证券公司规定的标的证券之外的证券，从而规避证券公司对融资融券业务标的范围监管的行为。

融资融券绕标交易的目的虽系为了规避融资融券交易只能针对标的证券的监管限制而获益，但仍须从交易模式的本身出发判断其是否具有违反监管法规的情形；只要绕标行为的每个交易环节均不违背现行监管规定，就不应认定证券公司具有严格法定义务去限制投资人参与绕标交易。

从责任承担来看，证券公司对投资人从事规避监管的投资行为是否承担责任的前提应基于其是否已履行相关法定或约定义务。倘若证券公司在整个交易过程中已充分履行其法定或约定义务，则绕标交易产生的损失应由投资人自行承担。

【关联索引】

《中华人民共和国民法典》第八条（本案适用的是 2017 年 10 月 1 日施行的《中华人民共和国民法总则》第八条）

《中华人民共和国民法典》第五百零九条第一款（本案适用的是 1999 年 10 月 1 日施行的《中华人民共和国合同法》第六十条第一款）

一审：上海市静安区人民法院（2018）沪 0106 民初 29128 号民事判决（2019 年 10 月 8 日）

某商银行股份有限公司上海分行诉庄某峰、庄某平等金融借款合同纠纷案

——涉互联网贷款金融借款合同纠纷中金融机构的举证责任认定

钱佳妹　蒋卫丽*

【关键词】民事　金融借款合同　互联网贷款　金融机构　贷款利率举证责任

【基本案情】

原告某商银行股份有限公司上海分行诉称，2019年1月30日，原告与被告庄某峰签订《综合授信协议（小企业版）》，约定原告为被告庄某峰提供9520000元的综合授信额度，额度有效使用期限为2019年1月30日起至2029年1月30日止。同日，原告与被告庄某平、被告庄某颖、被告陆某琴、被告马某爱签订《最高额保证合同》，约定由上述四被告为被告庄某峰自2019年1月30日起至2029年1月30日止在原告处形成的债务本金、利息、复利、罚息、违约金、损害赔偿金以及律师费等债权人实现债权的一切费用和所有其他应付费用在9520000元的最高余额内承担连带担保责任。同日，原告与被告庄某峰、被告庄某平、被告庄某颖、被告陆某琴签订《最高额抵押合同》，约定上述四被告以其坐落于上海市孙农路某弄甲地及乙地房产为被告庄某峰自2019年1月30日起至2029年1月30日止在原告处形成的债务本金、利息、复利、罚息、违约金、损害赔偿金以及律师费等实现债权

* 钱佳妹，法学硕士，上海市静安区人民法院金融审判庭副庭长。蒋卫丽，法学硕士，上海市静安区人民法院金融审判庭审判员。本案例入选人民法院案例库。

的一切费用和所有其他应付费用在9520000元的最高余额内承担最高额抵押担保责任。2019年1月31日，被告庄某峰登录某银行网上银行，在线签订了《借款合同（网签版）》，约定借款额度5300000元，借款额度使用期限为自2019年1月31日至2022年1月30日止，单笔借款期限不超过12个月，还款方式为按月结息，到期还本，结息日为每月的20日，逾期利率上浮50%，利率调整以一个月为一个周期，自基准利率调整后的下一个周期首月的借款对应日起执行调整后的基准利率，浮动幅度不变，该月无借款对应日的，该月最后一日视为借款对应日。2020年3月20日，原、被告签订《借款补充协议（小企业2019年版）》，约定将借款期限到期日变更为2021年3月8日，还款方式由按月结息变更为按半年结息。原告分别于2019年1月31日及2019年3月8日向被告庄某峰放款3300000元及2000000元。2020年2月，该笔贷款开始逾期。原告于2020年12月31日宣布贷款提前到期。

被告庄某峰、庄某平、庄某颖、陆某琴、马某爱均未到庭答辩。

法院经审理查明：2019年1月30日，原告与被告庄某峰签订《综合授信协议（小企业版）》，对授信额度、授信期限等内容作出约定，其中关于借款利率的条款约定为：本协议项下各项具体业务的利率、汇率、费率及相关业务费用，均由双方在具体业务合同中另行约定，并按双方签订的具体业务合同执行。同日，原告与被告庄某平、庄某颖、陆某琴、马某爱签订《最高额保证合同》，约定由上述四被告为被告庄某峰自2019年1月30日起至2029年1月30日止在原告处形成的一系列债权债务合同提供保证担保，合同并对担保的最高余额，保证方式、保证期间、保证范围作出约定。同日，原告与被告庄某峰、庄某平、庄某颖、陆某琴签订《最高额抵押合同》，约定上述四被告以其共同共有的位于上海市孙农路某弄甲地房产，被告庄某峰、庄某平、陆某琴以其共同共有的位于上海市孙农路某弄乙地房产为被告庄某峰自2019年1月30日起至2029年1月30日止在原告处形成的一系列债权债务合同提供抵押担保，合同并对担保的最高余额及抵押范围作出约定。2019年1月31日，原告（甲方）与被告庄某峰（乙方）通过互联网签订《借款合同（网签版）》，合同对借款金额、借款期限、还款方式、违约责任、逾期利率的计收方式、约定送达等作出约定，关于借款利率条款约定为：贷款人有权根据期限、市场供求、风险等因素确定借款利率，由借款人通过贷款人指定的渠道在提款前确认同意上述要素后方可提取该笔借款，借款利率以电子数据记录记载为准；借款期限内如遇中国人民银行贷款基准利率调整，利率调整以一个月为一个周期，自基准利率调整后的下一个周期首月的借款对应日起执行调整后的基准利率，浮动幅度不变，该月无借款对应日的，该月最后一日视为借款对应日。借款人可通过网上银行、手机银行提交提款申请（入账账户为借款人名下，具体由借款人提款时明确），由贷款人审核后发放贷款。借款人应于还款日前在账户上备足当期应付的利息或本金，并不可撤销地授权贷款人于约定的结息日或还本日从该账户主动划收。上述借款合同还载明，双方均认可以电子数据形式提交、确认或签署任何法律性文件的方式以及法律效力，双方均认为贷款人提交的电子数据记录的有效性和证据性，贷款人提交的电子系统所产生和保留记载的数据及交易记录，以及贷款人制作或保留的纸质单据、凭证、记录、电子系统截屏等相关资料，均构成有效证明合同双方之间权利义务关系的确定证据，借款人对此不存在任何异议等。

嗣后，原告于2019年1月31日及2019年3月8日分别向被告庄某峰发放贷款3300000元及2000000元。2020年3月20日，原告与各被告签订《补充协议（小企业2019年版）》，约定将上述两笔借款的还款方式变更为按半年结息，并将其中2000000元这笔借款的到期日变更为2021年3月8日。原告自2019年2月开始从被告庄某峰的账户自助扣款，摘要均载明为“付息”。后因2000000元到期后未能按约归还，原告以诉状送达日即2021年3月24日为贷款提前到期日，主张3300000元的贷款提前到期。审理中，原告提供银行信用风险管理系统截屏，两笔借款系统截屏均显示发生日期为空白，期限为空白，年利率为7.221%，“合同—庄某峰—详情”的合同详情载明，客户名称为庄某峰，业务品种为个人经营贷款（可循环），申请金额为5300000元，期限为36个月，单笔借据最长期限为12个月，逾期罚息利率上浮幅度为50%，客户浮动点数为空白，主合同签订方式为网签合同，提款方式为线上预约提款，基准利率类型为普通利率，基准年利率为4.35%，借款利率LPR执行标准为空白，浮动类型为浮动比率，利率浮动值为66%。审理中，经法院释明，原告未能提供被告庄某峰的提款流程页面，亦未能提供被告庄某峰在提款前确认借款利率的其他证据材料。

上海市静安区人民法院于2021年9月9日作出（2021）沪0106民初

11191号民事判决：一、被告庄某峰应于本判决生效之日起十日内归还原告某商银行股份有限公司上海分行借款本金5226810.81元；二、被告庄某峰应于本判决生效之日起十日内支付原告某商银行股份有限公司上海分行截至2021年3月24日期内利息5646.67元、逾期利息4945.48元，及自2021年3月25日起至实际清偿之日止以本金加期内利息之和为基数，按照全国银行间同业拆借中心公布的贷款市场报价利率加收50%的逾期利率（按照合同约定的调整周期进行调整）计算的逾期利息；三、若被告庄某峰未按时足额履行上述第一、二项付款义务的，原告某商银行股份有限公司上海分行可与被告庄某峰、庄某平、庄某颖、陆某琴协议，以其名下位于上海市孙农路某弄甲地房产进行折价，与被告庄某峰、庄某平、陆某琴协议，以其名下位于上海市孙农路某弄乙地进行折价，或者申请以拍卖、变卖上述抵押物所得价款在最高额9520000元的范围内按照法定顺位进行优先受偿；上述抵押物折价或者拍卖、变卖后，其价款超过债权数额的部分归抵押物所有权人所有，不足部分由被告庄某峰继续清偿；四、被告庄某平、庄某颖、陆某琴、马某爱对被告庄某峰上述第一、二项债务在9520000元限额内承担连带清偿的保证责任。宣判后，双方当事人均未提出上诉，判决已发生法律效力。

【裁判理由】

法院生效裁判认为：合同系当事人意思自治的体现，合同条款系当事人协商一致的具体条文。借款利率是借款合同的核心条款，对借贷双方的权益均有重要影响，故关于借款利率的条款应当明确、肯定、完整，条款之间不能相互矛盾。案涉《综合授信协议（小企业版）》约定，本协议项下各项具体业务的利率由双方在具体业务合同中另行约定，并按双方签订的具体业务合同执行。案涉《借款合同（网签版）》未明确约定借款利率，仅约定借款利率的调整周期及贷款人有权根据期限、市场供求、风险等因素确定借款利率，由借款人通过贷款人指定的渠道在提款前确认同意上述要素后方可提取该笔借款，借款利率以电子数据记录记载为准。故贷款人对于借款人在提取借款前确认的借款利率具体标准负有举证责任，并对贷款人处留存的关于借款利率的电子数据记录系属借款人提款前确认的内容负有举证责任。现原告未能提供有力证据证明被告庄某峰在提款前已就相关借款利率进行确认，原告主动从被告庄某峰的账户上扣划利息的行为不能推定为被告庄某峰对借款利率的确认，原告经法院释明未能提供提款流程的相关证据材料。故而，案涉借款合同关于利率的约定系属约定不明。现原告未能举证证明就借款利率与被告庄某峰达成补充协议，法院根据交易方式、交易习惯、市场利率等因素确定本案借款利率为中国人民银行公布的同期同档次贷款基准利率，并根据合同约定的调整周期进行调整。

【裁判要旨】

互联网贷款引发的金融借款合同纠纷中，金融机构对合同约定的借款利率负有举证责任，并对金融机构内部系统电子数据系由双方合意达成负有举证责任，金融机构主动扣款的金额不能推定为借款人认可的借款利率。互联网贷款合同对具体的借款利率约定不明，且当事人不能达成补充协议的，按照当地或者当事人的交易方式、交易习惯、市场利率等因素确定利率。

【关联索引】

《中华人民共和国民法典》第六百八十条

《最高人民法院关于适用〈中华人民共和国民法典〉时间效力的若干规定》（法释〔2020〕15号）第一条

一审：上海市静安区人民法院（2021）沪0106民初11191号民事判决（2021年9月9日）

尹某等诉赵某合伙合同纠纷案

——微信公众号的网络虚拟财产属性和价值认定

吴 晶 林 彬*

【关键词】民事 合伙合同 网络虚拟财产 微信公众号 价值认定 收益法 酌定

【基本案情】

原告尹某、袁某、张某诉称：2016年1月，尹某、袁某、张某和赵某口头达成一致意见，约定以赵某名义申请注册Z微信公众号，四人合伙运营，通过撰写软文或好物笔记的方式为品牌推广营销，以获取广告收入。自2016年7月盈利以来，该微信公众号的年收入达300余万元。但自2017年7月起，赵某擅自更改账户密码，并扣留收入，导致该微信公众号无法正常运营，各方为此发生争议。尹某、袁某、张某遂诉至法院，请求判令：Z微信公众号由赵某继续运营，赵某按该微信公众号的价值折价补偿尹某、袁某、张某各100万元，并依法分割微信公众号的所有经营所得。

被告赵某辩称：（1）各方不存在合伙关系，无需分配经营所得。Z微信公众号由赵某申请、注册并享有使用权。尹某、袁某、张某虽然在文章撰写、发稿上与赵某有合作，但不能据此认定各方共同享有该微信公众号。（2）微信公众号是个人向公众发布信息的账号，没有商业属性，虽然实践中有主体以此获取商业利益，但前述行为违反了平台协议。微信公众号的价值具有不

* 吴晶，法学硕士，上海市嘉定区人民法院党组成员、副院长。林彬，法学硕士，上海市静安区人民法院商事审判庭副庭长。本案例入选人民法院案例库、2021年第三届全国法院优秀裁判文书、2024年第6期《中国应用法学》。

确定性，不应确认微信公众号的价值并进行分配。（3）即便Z微信公众号具有价值，亦应按照2018年6月13日的价值计算折价补偿款，2017年7月产生纠纷至2018年6月期间各方行为造成的Z微信公众号价值降低不应在折价补偿款中考虑。

法院经审理查明：2016年1月，尹某、袁某、张某和赵某以微信群聊的方式商定共同设立Z微信公众号，并共同讨论确定微信公众号LOGO、收入分配方式等。随后赵某以个人名义申请注册Z微信公众号，并开立银行账户作为公共账户，申请公共邮箱作为文章发布审核、业务运营的沟通平台。Z微信公众号分别以四人名字设立专栏，内容则以四人分别或合署发表文章的形式呈现。四人与广告商确定品牌合作、费用支付等事项后，通过撰写软文或好物笔记的方式为品牌推广营销，以获取广告收入。自2016年7月至2017年7月，Z微信公众号收入300余万元，四人已就部分收入进行分配。2017年7月，因各方发生分歧，赵某修改账户密码，未再继续分配收入。自2017年7月13日起，尹某、袁某、张某未再参与Z微信公众号的运营，该微信公众号暂停更新，直至2017年12月24日赵某恢复更新。2017年7月13日，Z微信公众号粉丝数量为94700；2018年6月13日，Z微信公众号粉丝数量为83790。

2017年11月6日，尹某、袁某、张某曾向山东省青岛市市北区人民法院提起诉讼后申请行为保全。该院裁定赵某停止对Z微信公众号的全部修改、删除、发布信息、迁移等使用权限。2018年6月29日，深圳市腾讯计算机系统有限公司（以下简称腾讯公司）对Z微信公众号进行了封号。2018年7月5日，山东省青岛市市北区人民法院裁定解除保全措施。腾讯公司收到裁定书后将Z微信公众号解封。

本案审理中经当事人申请，法院依法委托上海某资产评估有限公司出具《资产价值分析报告》，采取收益法进行评估，认定Z微信公众号使用权在价值分析基准日的市场价值为400万元。

尹某、袁某、张某和赵某确认，如果经审查认定各方之间构成合伙关系，则均同意合伙关系于2018年6月13日解除。

上海市静安区人民法院于2019年5月6日作出（2018）沪0106民初17926号民事判决，Z微信公众号由赵某继续运营，赵某折价补偿尹某、袁某、张某各 85 万元；对已有收入进行分配，由赵某支付尹某、袁某、张某撰稿费、导流费、招商费、平台收入以及分红款等（具体金额略）。一审宣判后，赵某不服，以未签订合伙协议及微信公众号使用权属仅属于初始注册主体、收益及折价补偿分配不公等理由提起上诉。上海市第二中级人民法院于 2019 年 10 月 14 日作出（2019）沪 02 民终 7631 号民事判决：驳回上诉，维持原判。

【裁判理由】

本案的主要争议焦点是：尹某、袁某、张某和赵某以 Z 微信公众号作为载体，其合作方式是否构成合伙关系，以及 Z 微信公众号的属性和价值如何认定。

一、各方之间是否构成合伙关系

微信公众号作为一种新型的电子商务运营模式，虽在出资种类、经营方式、收入结构等方面均存在特殊性，但究其实质，本案各方之间仍符合个人合伙的基本特征。第一，共同商定。原、被告之间并未订立书面协议，但各方共同商定 Z 微信公众号的 LOGO 设计、收入分配方式等重要事项，在 Z 微信公众号发布的文章中宣称该微信公众号属于四人。无论对内还是对外，原、被告已经共同确定合伙的意思表示。第二，共同出资。微信公众号由于特殊的经营模式，无须以资金等实物出资作为前提，而是以微信公众号为平台，通过撰写文章投入智力成果或以劳务方式出资，为微信公众号积攒人气获取商机。本案中原、被告通过发文、招商、引流等方式为 Z 微信公众号带来收入，已履行出资义务。第三，共同管理。原、被告共同协商 Z 微信公众号的经营事项，通过公共邮箱进行文章审核、业务洽谈，邮箱密码由四人共同掌握，对收入均有查看、管理以及协商处分的权利。可见，Z 微信公众号的经营活动由各方共同参与、决定。第四，共负盈亏。Z 微信公众号主要通过发表软文或好物笔记的方式获取广告收入。原、被告就收入是否全部进入公共账户、如何分配进行了讨论，实际上也对部分收入在四人之间进行了分配，并明确 Z 微信公众号对外没有债务。

综上所述，原、被告以劳务形式出资合伙经营 Z 微信公众号，共同商定、执行和监督经营活动，按约分配合伙财产，共负盈亏，已具备个人合伙的实质要件，本案各方之间构成合伙关系。鉴于本案各方均同意合伙关系于2018年6月13日终止，法院予以确认。

二、Z微信公众号的财产属性认定

首先，Z微信公众号具有独立性。微信公众号是个人或企业在微信公众平台上申请的应用账号，设立之初仅是一组数据。后因设置账号名称，确立账号主体，具有了区别于其他网络资源或现实财产的独立性。本案中，Z微信公众号有自己的标识、栏目架构以及运营理念、文化，既区别于网络运营商提供的运行环境、微信公众平台提供的运营平台，也与其他网络用户的资源相区别，具有独立性。

其次，原被告对Z微信公众号具有支配性。微信公众号虽然存在于虚拟的网络空间中，但可以通过对账号设置密码来控制微信公众号的运营，防止他人对微信公众号上的资料进行修改、增删。本案中，尹某、袁某、张某和赵某通过密码进入Z微信公众号后台，发表文章、回复评论，对Z微信公众号进行管理，具有支配性。

最后，Z微信公众号具有财产的价值属性。从运营实际看，案涉各方投入大量时间、精力，对Z微信公众号产生了劳动价值。从经营方式看，本案当事人通过Z微信公众号发布引人关注的内容，吸引了一定数量的粉丝关注而具有了传播力、影响力，进而为广告商带来购买力和宣传力，有广告投放价值。从盈利模式看，随着平台功能的深入开发，微信公众号不再局限于单一承载、发布信息的传统自媒体形式，功能得以不断拓展，集多种盈利模式于一体。本案中，当事人通过Z微信公众号发表软文或撰写好物笔记宣传商品，以获取广告收入、导流收入，有商业盈利价值。

因此，微信公众号是具有独立性、支配性、价值性的网络虚拟财产。

三、Z微信公众号的价值界定

Z微信公众号的价值是尹某、袁某、张某和赵某合伙经营期间累计的资产，属于合伙财产的范畴，在合伙关系终止时应予以分割。关于Z微信公众号的价值，评估机构采用收益法，即根据以往盈利情况，假设仍按照原状态继续经营，估测未来预期收益的现值，确定至2017年7月13日发生争议时的市场价值为400万元。考虑到自评估时点2017年7月13日至2018年6月13日合伙关系终止期间，微信公众号的持续运营状态、传播力和影响力、智力和劳动成本的投入等因素均已发生变化，因此应当综合考量以上因素后确定Z微信公众号的最终价值。具体分析如下：

其一，Z微信公众号的运营状态间断导致未来发展趋势不明。Z微信公众号自2016年1月起运营，2016年7月开始盈利至2017年7月期间收入300余万元。2017年7月13日本案各方之间发生争议后，Z微信公众号停止更新，直至2017年12月24日恢复，其间该微信公众号的收入减少，商业盈利价值受损。其二，Z微信公众号的影响力和传播力降低导致广告投放价值降低。原被告2017年11月6日涉讼，2018年6月29日至2018年7月5日期间遭遇封号，粉丝数量由2017年7月13日发生争议时的94700，降至2018年6月13日合伙关系终止时的83790，为广告商带来购买力和宣传力减弱。其三，Z微信公众号运营主体减少导致劳动价值减少。微信公众号的价值除取决于一般资产评估时考虑的客观因素外，还依赖于运营方投入的智力和劳动成本。本案各方合伙关系终止后运营主体由四人变更为一人，带来劳动成本增加，导致相应的劳动价值减少。综上，法院酌定Z微信公众号至本案各方合伙关系终止2018年6月13日时的价值为340万元。鉴于本案各方均同意该微信公众号由赵某继续运营，赵某需相应折价补偿尹某、袁某、张某各85万元。

【裁判要旨】

微信公众号是具有独立性、支配性、价值性的网络虚拟财产。微信公众号作为合伙运营的对象，其价值在合伙关系终止时应予以分割。微信公众号的价值在通过收益法评估资产价值的基础上，还需结合网络虚拟财产自身特点，综合考量微信公众号的持续运营状态、影响力和传播力的变化、与智力和劳动成本的依赖程度等影响因素后合理确定。

【关联索引】

《中华人民共和国民法典》第一百二十七条（本案适用的是2017年10月

1 日施行的《中华人民共和国民法总则》第一百二十七条）

《中华人民共和国民法典》第九百六十七条、第九百六十九条（本案适用的是 1987 年 1 月 1 日施行的《中华人民共和国民法通则》第三十条、第三十二条）

一审：上海市静安区人民法院（2018）沪 0106 民初 17926 号民事判决（2019 年 5 月 6 日）

二审：上海市第二中级人民法院（2019）沪 02 民终 7631 号民事判决（2019 年 10 月 14 日）

韩某涛诉上海某旅行社服务有限公司侵害作品信息网络传播权纠纷案

——当事人自认的权利取得方式与《作品登记证书》载明不符时人民法院应当严格审查版权权属来源

吴晓婕　戴志洲*

【关键词】民事　著作权权属　侵权　知识产权　著作权　信息网络传播权　作品登记证书

【基本案情】

原告韩某涛诉称，韩某涛经某省版权局审核，被登记为“某湿地”摄影作品的作者及著作权人。2022 年 5 月韩某涛发现被告上海某旅行社服务有限公司未经授权在其管理运营的网站中擅自使用涉案作品，故诉至法院，请求判令：被告停止侵权、公开赔礼道歉并赔偿经济损失及维权费用 10000 元。

被告上海某旅行社服务有限公司辩称：（1）原告未能举证证明其系涉案作品的合法权利人。其提交的多份《图片内容买断合同》内容自相矛盾，无法形成完整闭合证据链，且未能证明已履行完毕；原告提供的《作品自愿登记证书》载明事项与原告自述相矛盾，原告还应提供图片原件、首次发表证明、创作过程说明等证据证明其系涉案作品合法权利人。（2）被告系合理使用涉案作品，没有侵权故意，系为介绍西溪湿地的生活面貌，并非为获取不正当利益，构成合理使用；且包含涉案作品的文章阅读量仅为 12，被告不可能获得违法收益，对比公开出售的同一图片，数字用途授权许可费用仅为 30

* 吴晓婕，法学学士，上海市静安区人民法院商事审判庭审判员。戴志洲，法学硕士，上海市静安区人民法院商事审判庭法官助理。本案例入选人民法院案例库。

元。故不同意原告全部诉请。

法院经审理查明：微信公众号某某行记的账号主体为被告上海某旅行社服务有限公司，该公众号于 2019 年 3 月 19 日发布一篇介绍旅游项目、服务标准等内容的文章并配有包含涉案作品在内的若干张图片。2022 年 7 月 29 日，某省版权局颁发《作品登记证书》载明：作者及著作权人均为韩某涛。根据某图片网站网页截屏显示，与涉案作品一致的摄影作品格式为 JPG，版权并非原告，TIFF 大小为 57.1 MB。

上海市静安区人民法院于 2023 年 8 月 28 日作出（2022）沪 0106 民初 41050 号民事判决：驳回原告韩某涛全部诉讼请求。宣判后，原、被告均未提起上诉。本案判决已发生法律效力。

【裁判理由】

根据原告韩某涛提交的《作品登记证书》，显示涉案作品作者系韩某涛，但该载明事项与韩某涛自认涉案作品著作权系通过受让方式取得相矛盾。根据国家版权局 1994 年 12 月 31 日发布的《作品自愿登记试行办法》规定，我国实行的是作品自愿登记制度，作品登记证书可以作为著作权归属的初步证明，但登记并非取得著作权的前提，本案中韩某涛未能进一步就涉案作品首次发表情况、创作过程、同系列其他拍摄图片等情况予以举证，证明其系涉案作品的作者，故该《作品登记证书》不能证明原告系涉案作品的作者。同时，根据我国著作权法规定，作者可以将著作权中的财产性权利转让给他人，受让著作财产权的人亦可以成为“著作权人”。韩某涛向法院提交的多份《图片买断合同》不仅内容相互矛盾，且不能形成完整证据链，无法证明韩某涛依据上述合同取得涉案作品著作权中的财产性权利。综合某图片网站公开出售与涉案作品相同的图片 TIFF 大小远大于原告向法院提供的图片，法院认为韩某涛并非涉案作品的著作权人，无法就被告转发涉案作品之行为主张相应权利，故对原告的全部主张不予支持。

【裁判要旨】

《作品登记证书》载明的作者主张著作权，但对于其所自认的权利取得方式与《作品登记证书》载明的事项不符时，人民法院应严格审查其权属来源。

当事人无法提供涉案作品底稿、原件、首次发表情况、创作过程以及取得权利的合同等证据的，法院对其诉讼主张不予支持。

【关联索引】

《中华人民共和国著作权法》第九条、第十条第三款、第十一条第二款、第三款

《最高人民法院关于审理著作权民事纠纷案件适用法律若干问题的解释》（法释〔2002〕31号，2020年修正）第七条

一审：上海市静安区人民法院（2022）沪0106民初41050号民事判决（2023年1月16日）

李某诉某银行上海市静安支行、陈某如、孙某敏等案外人执行异议之诉案
——以虚假租赁合同主张房屋附租约拍卖的人民法院不予支持

王平文　郭金帅*

【关键词】民事　执行异议之诉　附租约拍卖　租赁真实性　租金支付　大额现金

【基本案情】

陈某如、孙某敏共同向某银行上海市静安支行（以下简称某银行静安支行）贷款7000000元，提供其名下某处房屋作为担保，并于2013年2月18日办理房产抵押登记证明。该项债权除抵押物担保以外，还设有保证担保。届期，陈某如、孙某敏未履行还款义务，担保人亦未履行相应的担保责任。后某银行静安支行诉至上海市静安区人民法院（以下简称静安法院），静安法院判决陈某如等履行还款义务。因各被告未按期履行生效判决书确定的付款义务，某银行静安支行向静安法院申请强制执行。

2018年3月，静安法院依法裁定拍卖陈某如名下某处房屋以清偿债务。案外人李某提起执行异议之诉，主张其与陈某如于2011年1月1日签订房屋租赁合同，期限为2011年1月1日至2026年12月31日，合同签订后，该处房屋一直由其占有使用，并提供《房屋租赁合同》、租金收据、物业费、电费、燃气费缴纳凭证等证明所述内容，请求法院对该处房屋附租约拍卖。

* 王平文，法学学士，上海市静安区人民法院行政及执行裁判庭审判员。郭金帅，法学硕士，上海市静安区人民法院行政及执行裁判庭法官助理。本案例入选人民法院案例库。

上海市静安区人民法院于2021年2月3日作出（2020）沪0106民初15730号民事判决：驳回原告李某的诉讼请求。宣判后，李某提起上诉，上海市第二中级人民法院于2021年6月28日作出（2021）沪02民终5769号民事判决：驳回上诉，维持原判。

【裁判理由】

本案争议焦点在于原告李某是否自2011年1月1日起享有涉案房屋承租权。

根据法律规定，案外人提起执行异议之诉的，案外人应当就其对执行标的享有足以排除强制执行的民事权益承担举证证明责任。法律之所以作此规定，主要基于以下考虑：第一，执行异议之诉因案外人不服执行异议裁定而提起，审理对象是案外人对执行标的是否享有足以排除人民法院的强制执行的权利，应由对执行标的主张权利的案外人对其主张承担举证证明责任。这也是“谁主张，谁举证”的举证证明责任分配原则的要求。第二，人民法院在执行程序中对执行标的采取查封、扣押、冻结等执行措施的依据为判断权属的一般标准或者常态，如不动产登记、动产占有、银行账户名称等。即人民法院对执行标的采取强制执行措施一般意味着从执行标的的权利外观看，被执行人享有权利。案外人主张其享有阻止执行的权利，理应承担举证证明责任。第三，从与证据的接近程度来看。执行异议之诉的标的是案外人是否有权请求排除对执行标的采取的强制执行措施，而这一诉讼标的的基础是案外人与被执行人谁对该执行标的享有实体权利，二者的权利是否相互排斥，谁的权利具有优先性。由于申请执行人并不掌握案外人和被执行人之间对该执行标的权属法律关系的证据，相对于申请执行人而言，案外人距离权利相关证据更近，举证更易。第四，当事人原则上不应对消极事实承担举证证明责任。在案外人执行异议之诉中，申请执行人主张应当继续执行，均以否定案外人对执行标的的权利主张为前提。而对于案外人对执行标的的权利主张不成立这一消极事实，不应由申请执行人承担举证证明责任。即使申请执行人举出相关证据，目的也是对抗案外人的权利主张，性质为抗辩。故由案外人承担举证证明责任符合举证证明责任分配的一般原理。

本案中，根据原告李某提供的现有证据，案涉房屋租赁合同约定承租方一次性支付15年租金720000元，且全部以现金形式在签订合同当日支付完毕，既不合常理，也不符合交易习惯。另物业费回单凭证仅反映2018年和2019年物业费，电费、燃气费缴纳凭证截屏照片亦不能充分反映出缴款人及账户信息。以上证据均不足以证明李某与被执行人之间自2011年1月1日起建立起了真实的房屋租赁合同关系，且原告李某未能提供相关证据证明其已于2011年1月开始实际占有系争房屋的其他证据，故原告李某对执行标的不享有足以排除强制执行的民事权益。

【裁判要旨】

（1）针对抵押房产进行拍卖时，案外人以租赁合同主张房屋应当附租约拍卖并提供了相应证据的，人民法院应当首先审查租赁行为的真伪。对于以虚假租赁合同主张房屋附租约拍卖的，人民法院不予支持。

（2）对于租赁行为真伪的审查，具体可以从以下几方面进行：一是查明租赁合同签订的时间。对于在查封或者设置抵押权之前签订的合同，应结合其他证据判定其是否属于"倒签"行为。重点审查是否存在一次性签订超长租赁期限的情形。二是查明房屋的实际占有使用状况。占有是租赁权公示的一般表现形态，可以结合物业费、水电煤、装修协议等证据综合判定案外人是否实际占有使用房屋。三是查明租金支付情况。实际支付租金是判断租赁关系具有真实性的重要依据。对于大额租金的支付，应以银行转账凭证为据。对声称以现金结算，并一次性支付全部租金的主张，由于明显不符合日常交易习惯，一般不予采信。

【关联索引】

《最高人民法院关于适用〈中华人民共和国民事诉讼法〉的解释》第三百零九条、第三百一十条（法释〔2015〕5号，2022年修正。本案适用的是2021年1月1日施行的《最高人民法院关于适用〈中华人民共和国民事诉讼法〉的解释》第三百一十一条、第三百一十二条）

一审：上海市静安区人民法院（2020）沪0106民初15730号民事判决（2021年2月3日）

二审：上海市第二中级人民法院（2021）沪02民终5769号民事判决（2021年6月28日）

邵某、支某聚众淫乱、传播淫秽物品案

——为聚众淫乱活动招募参与人而传播淫秽物品的应当实行数罪并罚

*顾正仰　周子扬**

【关键词】刑事　聚众淫乱罪　传播淫秽物品罪　牵连犯　数罪并罚

【基本案情】

2019 年 6 月至 2021 年 3 月间，被告人邵某与其女友支某拍摄淫秽照片后，由邵某以“某先生”的账号多次发布在某网络论坛上。邵某在发布淫秽照片的帖子内留下联系方式及组织淫乱活动信息，以便招募他人共同进行淫乱活动。通过上述方式，邵某先后两次招募陌生男子与支某共同进行聚众淫乱活动。具体分述如下：（1）2019 年 6 月某日，由被告人邵某组织，与支某及一陌生男子三人在重庆市渝中区解放碑附近酒店内进行聚众淫乱活动。（2）2021 年 3 月某日，经被告人邵某组织，由支某及多名陌生男子在重庆市南岸区南滨路附近民宿内进行聚众淫乱活动。

被告人邵某还在聚众淫乱活动中拍摄淫秽照片，活动结束后，持续将照片发布在网络论坛上，以期招募更多人员共同参与聚众淫乱活动。被告人支某在明知邵某拍摄淫秽照片系用于网络论坛发帖的情况下，仍然配合拍摄淫秽照片，并且同意邵某发布。经鉴定，网络论坛内发布的 7 个涉案帖子内的淫秽图片共计 88 张，点击数累计达 110 万余次。

2021 年 4 月 24 日，被告人邵某在重庆市九龙坡区某街道某小区被抓获。

---

* 顾正仰，法学学士，上海市静安区人民法院刑事审判庭审判员。周子扬，法律硕士，上海市静安区人民法院刑事审判庭法官助理。本案例入选人民法院案例库。

同日，邵某将被告人支某的住址告知公安人员，并带领公安人员在重庆市沙坪坝区某街道某桥某号将支某抓获归案。到案后，二名被告人对上述犯罪事实供认不讳。

上海市静安区人民法院于2021年9月8日作出（2021）沪0106刑初975号刑事判决：一、被告人邵某犯传播淫秽物品罪，判处有期徒刑八个月；犯聚众淫乱罪，判处拘役五个月；决定执行有期徒刑八个月。二、被告人支某犯传播淫秽物品罪，判处有期徒刑六个月，缓刑一年。三、缴获的作案工具依法予以没收。宣判后，被告人邵某提出上诉。二审审理过程中，邵某自愿申请撤回上诉。上海市第二中级人民法院于2021年12月15日作出（2021）沪02刑终1145号刑事裁定：准许上诉人邵某撤回上诉。

【裁判理由】

《中华人民共和国刑法》第三百零一条第一款规定："聚众进行淫乱活动的，对首要分子或者多次参加的，处五年以下有期徒刑、拘役或者管制。"第三百六十四条第一款规定："传播淫秽的书刊、影片、音像、图片或者其他淫秽物品，情节严重的，处二年以下有期徒刑、拘役或者管制。"被告人邵某为了实施聚众淫乱的违法犯罪活动，在互联网上发布与支某共同拍摄的淫秽照片，并配有淫秽文字与组织活动信息招募他人共同参与聚众淫乱活动，其行为已构成聚众淫乱罪和传播淫秽物品罪。上述内含淫秽物品的帖子点击数高达110万余次，其传播范围并不局限于参与聚众淫乱行为的人员，而是在互联网上向不特定公众广泛传播，犯罪所造成的危害后果影响大、范围广。传播淫秽物品的行为有损公众的身心健康，更是存在有害于青少年健康成长的潜在危险，严重破坏了网络公共秩序。虽然传播淫秽物品行为与聚众淫乱行为之间具有一定的手段和目的关系，但二者系两个独立的行为，分别侵害不同的法益，均各自破坏社会公共秩序，应当分别被评价为传播淫秽物品罪与聚众淫乱罪，实行数罪并罚。

【裁判要旨】

在互联网上发布淫秽物品，招募他人共同参与聚众淫乱活动的，一方面传播淫秽物品通过互联网向不特定人传播，有损不特定公众的身心健康，严重破坏社会管理秩序；另一方面聚众淫乱违背传统伦理道德观念，严重破坏公序良俗。鉴于两个行为所侵害法益并不相同，应当分别评价、独立构成犯罪，以传播淫秽物品罪与聚众淫乱罪进行并罚。

【关联索引】

《中华人民共和国刑法》第六十九条、第三百零一条、第三百六十四条

一审：上海市静安区人民法院（2021）沪0106刑初975号刑事判决（2021年9月8日）

二审：上海市第二中级人民法院（2021）沪02刑终1145号刑事裁定（2021年12月15日）

倪某晶等人诈骗案

——设局诈赌行为性质的认定

顾正仰　周子扬*

【关键词】刑事　诈骗罪　赌博罪　设局诈赌　诱骗参赌

【基本案情】

2015 年 12 月，被告人倪某晶与被害人刘某相约赌博，倪某晶经与被告人陆某某事先预谋，由陆某娟假设赌局，被告人朱某劲等人扮演赌徒，被告人陈某甲扮演赌场借款人，被告人陈某乙负责使用专用工具“出千”诈赌。倪某晶将刘某诱至赌局，伙同其他被告人共同假装赌博，刘某不断下注，在一个多小时内“输掉”人民币约 200 万元（币种下同）。刘某为归还“赌债”，其本人及亲友共计向倪某晶转账 188.7 万元。倪某晶收款后，将部分钱款交由陆某娟分赃，大部分被倪某晶花用。2019 年 1 月，陈某乙陪同刘某向公安机关报案，并如实供述犯罪事实。同年 3 月，倪某晶、陆某娟、朱某劲、陈某甲等人陆续被抓获归案。

上海市静安区人民法院于 2019 年 12 月 27 日作出（2019）沪 0106 刑初 1720 号刑事判决：被告人倪某晶犯诈骗罪，判处有期徒刑十二年，并处罚金人民币十万元（其余判项略）。宣判后，在法定期限内没有上诉、抗诉，判决已发生法律效力。

---

* 顾正仰，法学学士，上海市静安区人民法院刑事审判庭审判员。周子扬，法律硕士，上海市静安区人民法院刑事审判庭法官助理。本案例入选人民法院案例库。

【裁判理由】

本案争议焦点为被告人倪某晶等人的行为构成赌博罪还是诈骗罪。赌博罪中的赌博行为，本质上是一种射幸行为，其偶然性注定了赌博的胜负是待定的。本案中的“赌博”，只是倪某晶等人非法占有他人钱财的手段，胜负完全可以由倪某晶等人通过专用工具予以控制。倪某晶等人分工明确，设计虚构赌博场景，针对特定对象刘某，以进行赌博为诱饵，以控制赌局胜负的方式非法占有他人钱财，倪某晶等人的行为均符合诈骗罪构成要件。

【裁判要旨】

被告人以非法占有为目的，通过设置虚假赌局控制输赢结果，让被害人产生正在参与真实赌博、存在赢钱可能的错误认知，诱骗被害人不断付出赌资，上述设局诈赌行为不具有赌博射幸行为的偶然性特征，而是符合诈骗罪构成要件，应当按照诈骗罪定罪处罚。

【关联索引】

《中华人民共和国刑法》第二百六十六条

一审：上海市静安区人民法院（2019）沪 0106 刑初 1720 号刑事判决（2019 年 12 月 27 日）

上海某休闲保健有限公司诉上海市浦东新区人力资源和社会保障局认定工伤决定案
——关于向法人送达行政法律文书的具体规则

刘胜芳*

【关键词】行政　行政确认　送达认定　起诉期限审查　认定工伤

【基本案情】

原告上海某休闲保健有限公司诉称，被告上海市浦东新区人力资源和社会保障局（以下简称浦东人社局）送达文书的地址周康路某地并非原告地址，收件人刘某楠虽曾任原告第一分公司店长职务，但其收件时已并非原告员工，原告未收到被诉的认定工伤决定，而是直至2021年11月与第三人张某霞进入劳动仲裁程序时才知晓存在被诉的认定工伤决定。原告第一分公司在2020年5月底便已解散，张某霞于2020年6月22日发生交通事故与原告无关。被告在未通知原告的情况下，依据第三人张某霞提交的虚假证据作出被诉认定工伤决定违法，请求法院判决撤销被诉认定工伤决定。

被告浦东人社局辩称，被告于2020年9月15日向原告邮寄送达《关于提交张某霞受伤书面情况的函》，原告第一分公司门店店长刘某楠于同月24日向被告提交了《否认张某霞工伤情况说明函》《准予注销登记通知书》，主张原告第一分公司已于2020年8月6日注销，但未否认张某霞在2020年6月22日上班途中发生交通事故的事实，也未就门店隶属问题提供相关证据。

---

* 刘胜芳，法律硕士，上海市静安区人民法院行政及执行裁判庭法官助理。本案例入选人民法院案例库。

被告所作认定工伤决定事实清楚，证据充分，程序合法，请求法院驳回原告诉讼请求。

第三人张某霞述称，原告所说的2020年5月底其第一分公司解散与事实不符，当时第三人被店长刘某楠告知门店将整体搬迁至周康路某地，也就是第三人发生交通事故时的上班地点。被诉认定工伤决定书认定事实清楚，适用法律正确，请求法院驳回原告诉讼请求。

法院经审理查明：第三人张某霞系原告第一分公司员工，刘某楠系原告第一分公司店长。2020年6月22日，张某霞骑电动自行车上班途中发生交通事故，其本人不承担事故责任。同年9月10日，张某霞向被告浦东人社局申请认定工伤，被告受理后，于当日依照张某霞提供的送达地址（周康路某地）向原告第一分公司寄送《关于提交张某霞受伤书面情况的函》。同月24日，被告收到落款为刘某楠的《否认张某霞工伤情况说明函》，该说明函认为原告第一分公司与张某霞之间的合同性质系劳务合同，不适用《工伤保险条例》的规定，且原告第一分公司已注销，在法律上已不存在公司主体，请求被告驳回张某霞的工伤认定申请，该说明函下部注明："由于公司已注销，没有公章。"刘某楠随函另提交了一份原告第一分公司于2020年8月6日进行注销的《准予注销登记通知书》。被告经调查，于同年11月9日作出认定工伤决定，认定张某霞上班途中发生交通事故为工伤，并再次以刘某楠为收件人邮寄认定工伤决定。2021年12月，原告不服被告所作认定工伤决定，向法院提起行政诉讼。

上海市静安区人民法院于2022年11月8日作出（2022）沪0106行初367号行政裁定：驳回原告上海某休闲保健有限公司的起诉。宣判后，上海某休闲保健有限公司提起上诉，上海市第二中级人民法院于2023年2月3日作出（2022）沪02行终336号行政裁定：驳回上诉，维持原裁定。

【裁判理由】

本案的争议焦点在于，被告是否向原告实际送达了被诉的认定工伤决定。这直接决定了原告的起诉是否已过起诉期限。

一是向何地送达属于有效送达。送达的目的是保障当事人的知情权，实务中认可向法人约定地址、实际经营地或工商登记地送达法律文书均为有效送达。但实际经营地与工商登记地不一致时，应参照民事诉讼文书送达规则予以确认。经过依法登记或备案的法人住所地具有公示效力，法院基于对公示信息的信赖进行送达应为有效送达。在实际经营地有所变更的情况下，法人应承担向有关机关申请变更住所地登记或备案的义务，在未变更之前的公示地址仍具有法律效力。住所地登记公示效力不仅限于民事诉讼，亦可适用于审查行政文书送法程序的合法性。本案中，被告仅根据第三人提供的原告地址，在未与原告核实确认的情况下径直向与原告注册地不同的地点送达材料，被告的送达程序存在明显瑕疵，但寄送后原告相关负责人员予以签收，被告的送达程序瑕疵被补证，其送达行为效力并不因此受到影响。

二是何人签收属于有效送达。《最高人民法院关于适用〈中华人民共和国民事诉讼法〉的解释》第一百三十条对向法人送达作出了相应的规定，向法人或者其他组织送达诉讼文书，应当由法人的法定代表人、该组织的主要负责人或者办公室、收发室、值班室等负责收件的人签收或者盖章，拒绝签收或者盖章的，适用留置送达。法律规范中对行政文书送达方式一般没有规定，上述规定是司法程序中向法人送达法律文书的要求，在行政诉讼中，对行政机关文书送达程序的审查也应当遵守该规定的精神。行政机关向法人送达文书并不要求一律由公司法定代表人本人签收，主要负责人、公司办公室、收发室、值班室等负责收件的人签收即可。从职能上来看，主要负责人、办公室、收发室、值班室都是具有获知收取、传递法人邮件信息的职责，对外具有被授权收发信件之权力外观。实践中，许多法人组织规模较小、架构松散，其主要负责人员应当也具有收取法人信件的权力外观，第三人有理由相信其能够将信件内容传递是法人决策层。如果行政相对人想否定送达的有效性，应当自行举证签收人无签收之授权，通常仅限于签收人并非本公司员工。本案中，收件人作为原告的管理人员，是原告第一分公司店长，是主要负责人之一，收件人属于签收义务人范围，具有签收之授权，其签收行为可视为原告已经收到工伤认定决定，知晓其内容。原告虽主张收件时其并非原告员工，但结合收件人答复内容、工作内容、资金流动等事实，对原告主张事实难以采信。该收件人的签收行为是有效的，被告送达属于有效送达。

综上，被告虽未向原告实际经营地、注册地址有效送达工伤认定决定，但向邮寄地址送达后，原告负责人实际收到了该工伤认定决定，视为法人已经知晓该行政行为内容，送达行为仍属有效。原告 11 月已经实际收到被告邮寄的工伤认定决定，但其迟至次年 12 月才向法院提起行政诉讼，显已超过起诉期限。

【裁判要旨】

法律文书的送达决定了行政诉讼起诉期限起算时点，是行政诉讼审查的重要内容。对行政文书送达法人的效力审查，应当结合法人送达地址和法人送达对象综合判断送达程序的有效性。法人注册地址具有公示效力，行政文书邮寄至法人注册地址，由法定代表人、主要负责人、负责相关事项的工作人员、收发室签收的，应当视为依法送达签收。行政机关仅根据第三方提供的法人地址，不与受送达法人进行核实，直接送达材料的，送达程序违法，通常不应当视为已经送达。但受送达法人主要负责人收到送达材料，并以回函等实际行为认可行政文书送达效力的，视为行政机关进行了有效送达。

【关联索引】

《工伤保险条例》第十四条

《上海市工伤保险实施办法》第十四条

一审：上海市静安区人民法院（2022）沪 0106 行初 367 号行政裁定（2022 年 11 月 8 日）

二审：上海市第二中级人民法院（2023）沪 02 行终 336 号行政裁定（2023 年 2 月 3 日）

刘某尧诉上海市杨浦区市场监督管理局、上海市杨浦区人民政府不履行法定职责案

——公众基于登记机关就公司登记事项所作的公示而产生的信赖利益受法律保护

王剑晖　潘寅颖*

【关键词】行政　不履行法定职责　涉互联网平台经济　消费投诉管辖权　实质性化解

【基本案情】

原告刘某尧诉称，原告在某公司网店购买羽绒服一件，但该公司超 48 小时未发货，经催促后仍借故拒绝发货。原告于 2022 年 10 月 8 日通过全国 12315 平台向被告上海市杨浦区市场监督管理局投诉，要求退款并处罚。被告上海市杨浦区市场监督管理局于 2022 年 10 月 18 日告知原告"不予受理"，理由为某公司实际经营地为江苏省常熟市，不属于其管辖范围。原告于 2022 年 12 月 17 日向被告上海市杨浦区人民政府依法提起行政复议，该机关于 2023 年 3 月 15 日作出复议决定，维持被告上海市杨浦区市场监督管理局的行政行为。原告认为，案涉买卖合同由原告与某公司通过网购平台达成，原告使用其名下信用卡通过支付宝向某公司（而非其分支机构）直接支付货款。该公司在网购平台上公示的经营资质信息显示经营主体为"某实业有限公司"（而非其常熟分公司），住所位于上海市杨浦区。因此，案涉买卖合同应当认定为由原告与住所位于上海市杨浦区的某公司签署，被告上海市杨浦区市场

* 王剑晖，法学硕士，上海市静安区人民法院执行局局长。潘寅颖，法学硕士，上海市静安区人民法院行政及执行裁判庭审判员。本案例入选人民法院案例库。

监督管理局依法对案涉消费者权益纠纷具有管辖权。

被告上海市杨浦区市场监督管理局辩称，某公司在登记的住所上海市杨浦区设有行政办公场所。因经营需要，某公司在江苏省常熟市设立分公司，网购平台旗舰店售出商品的售后以及网站运营由某公司常熟分公司负责，常熟系某公司实际经营地。根据《市场监督管理投诉举报处理暂行办法》第十二条第二款规定，对电子商务平台内经营者的投诉，由其实际经营地县级以上市场监督管理部门处理，故被告上海市杨浦区市场监督管理局对原告的投诉不具有处理权限。综上所述，被告上海市杨浦区市场监督管理局作出的不予受理决定，行政主体适格、事实清楚、证据确凿、适用法律正确、程序合法，请求法院驳回原告诉请。被告上海市杨浦区人民政府维持了该不予受理决定。

经法院调解，本案纠纷得到实质性解决。原告遂向法院申请撤回起诉。上海市静安区人民法院于 2024 年 3 月 21 日作出（2023）沪 0106 行初 949 号行政裁定：准许原告刘某尧撤回起诉。

【裁判理由】

法院审理中，厘清案件争议后，对本案事实进行梳理，向被告上海市杨浦区市场监督管理局释明有关法律法规。通常情况下，公司的住所应当是主要办事机构所在地，只能有一个，且应当在公司登记机关辖区内。根据《中华人民共和国民法典》相关规定，法人的实际情况与登记事项不一致的，不得对抗善意相对人。公众基于登记机关就公司登记事项所作的公示而产生的信赖利益受法律保护。本案中，与刘某尧发生交易的是某公司，原告选择向某公司的营业执照上登记的住所地的县级市场监督管理部门投诉，并无不妥。被告上海市杨浦区市场监督管理局在调查中，某公司已经明确杨浦区是该公司所在地，主要处理总公司办公事宜，该地址也是某公司营业执照登记的住所，故某公司的注册地与实际经营地一致。某公司将商品售后服务这一事项专门交由其常熟分公司办理，并不改变总公司的实际经营地。被告上海市杨浦区市场监督管理局根据公司某一经营业务确定实际经营地，没有事实和法律依据。

在诉讼过程中，法院积极搭建平台与双方沟通协调，一方面向两被告释法说理，指出其事实认定与法律适用方面的不当之处；另一方面与原告沟通，并将原告撰写的《关于进一步完善对平台内经营者投诉处理的法治观察建议》呈送两被告，取得原告的认可和信任。在此基础上，找准案件调解切入点，认清诉讼各方核心诉求。刘某尧称提起诉讼的主要目的系为解决多点经营导致消费者投诉无门、程序空转的情况；被告上海市杨浦区市场监督管理局也认识到了履职过程中的不足之处。

经法院多次释法明理，协调沟通，原告针对网络平台经营者实际经营中存在的住所地与实际经营地分离以及有多个实际经营地的问题，向被告上海市杨浦区市场监督管理局发出《关于进一步完善对平台内经营者投诉处理的法治观察建议》：（1）建议市场监督管理部门层报上级，在一定范围内明确“实际经营地”的概念及认定问题，避免发生程序空转；（2）加强平台经营者信息公示，如“实际经营地”非“住所地”的，增加公示订单的“实际经营地”信息，便于消费者有效维权，减少行政争议；（3）贯彻落实“群众路线”及“便民原则”，在尚无明确条文时，商家“实际经营地”因多地经营或“住所”无经营行为等问题，认定存在一定争议的，依照法律原则，可受理的市场监督管理部门应先受理，发现确实不属于本部门管辖的，再向有管辖权的部门移送。通过法院搭建的协调化解平台，被告上海市杨浦区市场监督管理局收到该建议后，将建议呈报上海市市场监督管理局，以期从规则层面规制涉电商平台纠纷案件管辖，从源头化解争议。本案纠纷得到实质性解决。原告遂向法院申请撤回起诉。

【裁判要旨】

行政案件审理中，法院要树立以个案“破冰”促动整体“破局”的理念，找到纠纷的症结所在，在实质性化解个案的同时，预防化解一批类案。若因对法律法规理解不同导致纠纷，法院应当深入释法说理，积极在投诉人与行政机构之间架起沟通的桥梁，适时引导投诉人向行政机关提出合理化建议，力促行政机关作出积极回应，实现政通人和，实质性化解纠纷。

在电子商务平台经营纠纷中，消费者向市场监督管理机关投诉时，即可根据《市场监督管理投诉举报处理暂行办法》第十二条第二款规定，在电子商务平台实际经营地县级以上市场监督管理部门对平台内经营者进行投诉，也可以根据《民法典》第六十五条“法人的实际情况与登记事项不一致的，不得对抗善意相对人”的规定，在电子商务平台企业注册登记地县级以上市场监督管理部门对平台内经营者进行投诉。

【关联索引】

《中华人民共和国民法典》第六十五条

《中华人民共和国行政诉讼法》第六十二条

一审：（2024）沪 0106 行初 949 号行政裁定（2024 年 3 月 21 日）

上海市静安区某花园业主委员会诉黄某某排除妨害纠纷案

——业主大会、业主委员会对《民法典》第二百八十六第二款规定的损害他人合法权益的行为是否享有诉权的认定

冯　旭　唐莹琪*

【关键词】民事　排除妨害　业主大会　业主委员会　物业管理职能　诉权

【基本案情】

原告诉称，黄某某系上海市静安区某小区业主，其长期使用小区地下一层车库东面 ×7 号、×8 号部位（以下简称系争部位）用于停放车辆。上海市静安区某花园业主委员会认为，系争部位并非小区建筑区划内规划用于停放汽车的车位，系占用业主共有的道路或者其他场地用于停放汽车的车位，依法应当属于业主共有，黄某某无权使用，其行为侵害了小区业主对业主共有车位使用、收益的权利，故上海市静安区某花园业主委员会依据《中华人民共和国民法典》第二百八十六条提起诉讼，请求法院判令：黄某某返还上海市静安区某花园业主委员会系争部位并支付相应占有使用费。

被告黄某某辩称，系争部位并非小区规划的公共道路，也非其他公共场所、公用设施或物业服务用房，原本应属开发商所有，是开发商对原车道改造后划分自行命名编号而得，后由开发商根据公司奖励条例赠与黄某某使用。

* 冯旭，法学硕士，上海市静安区人民法院民事审判庭审判员。唐莹琪，法律硕士，上海市静安区人民法院民事审判庭法官助理。本案例入选《中国法院 2024 年度案例》。

上海市静安区人民法院于2021年11月17日作出（2021）沪0106民初17000号民事裁定：驳回上海市静安区某花园业主委员会的起诉。上海市静安区某花园业主委员会不服一审裁定，提出上诉。上海市第二中级人民法院于2022年2月9日作出（2022）沪02民终1025号民事裁定：驳回上诉，维持原裁定。

【裁判理由】

法院生效裁判认为：上海市静安区某花园业主委员会称其对与业主黄某某之间的排除妨害纠纷享有诉权，并无法律上的依据。从现行法律来看，业主委员会对业主损害他人合法权益的行为，依法可以请求行为人停止侵害、排除妨碍、消除危险、恢复原状、赔偿损失，但不宜取代全体业主以民事权利主体的身份参加民事诉讼。

本案的裁判要旨进一步明确了业主大会和业主委员会的诉讼主体资格问题。《中华人民共和国民法典》第二百八十六条是关于业主的基本义务及业主大会和业主委员会制止业主损害他人合法权益行为的规定。从物权法律制度的立法过程和司法实践来看，除以业主撤销权纠纷为例的法律明确规定的场景外，一般仍不宜确定业主大会或业主委员会具有民事诉讼主体资格。

（一）制度沿革与条文理解

《中华人民共和国民法典》第二百八十六条对于业主大会和业主委员会是否针对相关行为具备诉权的规定是相当明确的，该条第一款规定了业主的基本义务，第二款赋予业主大会和业主委员会制止损害他人合法权益行为的物业管理和监督权能，第三款则明确了救济途径为向有关行政主管部门报告或者投诉。显然，该条文并未赋予业主大会和业主委员会在该事项下享有诉权。

研究制度沿革也能帮助更好地理解现有规定。原《中华人民共和国物权法》对此事项的规定见于第八十三条，而《中华人民共和国民法典》将原有规定细分并完善为第二百八十六条、第二百八十七条，第二百八十六条围绕业主的基本义务展开，第二百八十七条则明确了对业主合法权益的保护。但不论是原《中华人民共和国物权法》第八十三条还是《中华人民共和国民法典》第二百八十六条，均未赋予业主大会和业主委员会针对相关事项享有诉权。

（二）业主大会和业主委员会的物业管理职能

为了更好地促进建筑物区分所有权体系的运转，设立业主大会和业主委员会并赋予其相应的物业管理和监督权能，是必不可少的。业主对专有部分享有的所有权与其对共有部分所享有的共有和共同管理的权利并非割裂的，相反，业主在行使相应权利时难免会互相影响。例如，业主在家中播放音乐，其对专有部分空间的利用自然地通过声音传递到共有部分；又或者，业主在公共楼道中堆积废弃物，气味的传递也会影响到专有部分的使用。这种影响的不断叠加，会导致权利义务的不断交织，也会导致共有部分相关权利的行使难以由个体实现。侵权行为发生时，会涉及更多的权利义务主体，义务主体难以界定，而权益受到损害的业主虽有权请求行为人承担民事责任，但其可能因为“搭便车”心理或者畏难情绪而怠于行使权利。因而，赋予业主大会和业主委员会相应的物业管理和监督权能，并鼓励其积极履行职能，有利于业主在权利行使发生冲突时及时化解矛盾，减少损害，促进邻里和谐。

（三）业主大会和业主委员会诉权的限缩

业主大会和业主委员会是基于业主的建筑物区分所有权而建立的自治性组织，建筑物区分所有权制度在物权制度中具备其独特性及复杂性，业主大会作为全体业主的代表、业主委员会作为业主大会的执行机构，虽是为了更好地实现业主对专有部分和共有部分享有的不同权利而设立，但其又必然难以完全等同于全体业主，鼓励其积极参与管理事务，一方面必然需要赋予其一定的诉权；另一方面，诉讼手段不应作为其维护业主权利的主要手段。限缩业主大会和业主委员会的诉权，并非要为其履行物业管理职能制造障碍，而是为了避免其滥用权利、激化矛盾。

《中华人民共和国民法典》第二百八十六条旨在提醒业主与相关行为人，在行使其对专有部分排他权利的同时，也有义务避免损害到其他业主对专有部分或共有部分的权益，而业主大会和业主委员会有权利亦有义务介入其中，促进权利行使的平衡。但业主大会和业主委员会不宜就此直接提起诉讼。一方面，业主大会既然代表全体业主，自然也代表着实施了不当行为的业主，业主大会代表多数意见以诉讼方式来对抗基于专有权而实施不当行为的特定业主或相关行为人，其合理性有待商榷；另一方面，诉讼应是民事活动中厘清权利义务的最后手段，诉讼既意味着权利得到保护，也意味着责任需有人承担，不能仅看到业主大会和业主委员会参与诉讼活动以维护业主权利的一面，而忽视其败诉后责任承担也将及于全体业主的可能后果。因此，业主大会和业主委员会应更积极地利用自身管理能力，借助基层自治的协调机制或是诉诸行政机关的执法权力来实现其对业主或相关行为人的管理、监督职能。

【裁判要旨】

业主大会或者业主委员会对《中华人民共和国民法典》第二百八十六条第二款规定的任意弃置垃圾等损害他人合法权益的行为，不享有诉权。

【关联索引】

《中华人民共和国民法典》第二百八十六条

一审：上海市静安区人民法院（2021）沪0106民初17000号民事裁定（2021年11月17日）

二审：上海市第二中级人民法院（2022）沪02民终1025号民事裁定（2022年2月9日）

徐某某诉上海东某餐饮有限公司、吴某堃民间借贷纠纷案

——对内关系中法人“意思表示”的判断标准

林　彬　李甜甜*

【关键词】商事　民间借贷　法定代表人　对内关系　意思表示

【基本案情】

原告徐某某诉称，2019 年 7 月 31 日，法院就吴某亮与上海东某餐饮有限公司买卖合同纠纷一案作出（2019）沪 0106 民初 5927 号民事判决。后上海东某餐饮有限公司提起上诉，因公司账面无资金，上海东某餐饮有限公司通知股东吴某堃及时准备上诉费用，但吴某堃未作任何答复。为了及时行使诉权，上海东某餐饮有限公司向徐某某借款 5348 元用于缴纳上诉费。至今，上海东某餐饮有限公司未归还上述欠款。因吴某堃系上海东某餐饮有限公司唯一股东，在其不能证明财产独立于公司的情况下，应对上海东某餐饮有限公司的借款承担连带责任。故徐某某诉至法院，请求判令：上海东某餐饮有限公司向徐某某返还借款 5384 元，吴某堃对此承担连带清偿责任。

被告上海东某餐饮有限公司未作答辩。

被告吴某堃辩称，不同意徐某某的诉讼请求，徐某某和上海东某餐饮有限公司之间不存在借贷关系，《借款协议》是徐某某单方起草并加盖公章，上海东某餐饮有限公司并未同徐某某之间达成借款合意。

法院经审理查明：上海东某餐饮有限公司系一人公司，股东为吴某堃，

* 林彬，法学硕士，上海市静安区人民法院商事审判庭副庭长。李甜甜，法学硕士，上海市静安区人民法院商事审判庭法官助理。本案例入选《中国法院 2024 年度案例》。

法定代表人为徐某某，经营期间上海东某餐饮有限公司的部分款项进入徐某某个人账户。2019 年 2 月 1 日，吴某亮因买卖合同纠纷起诉上海东某餐饮有限公司和吴某堃，法院经审理判决上海东某餐饮有限公司支付吴某亮货款 272303.80 元，吴某堃承担连带责任。一审判决后，徐某某决定代表上海东某餐饮有限公司提出上诉。后徐某某与上海东某餐饮有限公司形成一份《借款协议》，约定上海东某餐饮有限公司向徐某某借款用于缴纳上诉费，利息按同期中国人民银行贷款基准利率计算，落款处徐某某签字，并由其本人加盖了上海东某餐饮有限公司公章。次日，徐某某支付了上诉费。该案二审判决驳回上诉，维持原判。

上海市静安区人民法院于 2021 年 3 月 25 日作出（2020）沪 0106 民初 34776 号民事判决：驳回徐某某的诉讼请求。一审宣判后，徐某某提出上诉，后又撤回上诉。上海市第二中级人民法院于 2021 年 9 月 28 日作出（2021）沪 02 民终 7844 号民事裁定：准许徐某某撤回上诉。现一审判决已生效。

【裁判理由】

法院生效裁判认为：本案的争议焦点在于徐某某和上海东某餐饮有限公司之间是否存在借款合同关系，上海东某餐饮有限公司是否应向徐某某返还款项。本案虽然存在《借款协议》和支付凭证，但借款关系的成立不应仅仅符合形式要件，更应具备实质要件，即定约主体的适格、借款合意的达成以及款项实际的出借。

首先，合同的订立是两方以上当事人为某种权利义务关系，通过协商而于相互之间达成协议的过程，定约主体应当为两方或两方以上。本案中，《借款协议》载明的主体是徐某某和上海东某餐饮有限公司，但协议签订的过程是徐某某持上海东某餐饮有限公司公章加盖在协议上，不存在另一方参与、磋商协议的过程，因此实际订立协议的主体仅有徐某某一方。

其次，借款合同的成立需要出借人和借款人就借款达成一致的意思表示，各主体之间应当具备借款合意。上海东某餐饮有限公司提起上诉以及向徐某某借款的决定都是徐某某一人所为。徐某某虽然担任上海东某餐饮有限公司法定代表人，在对外的经济交往中，法定代表人以法人名义从事的民事活动，其法律后果由法人承受。但处理对内事宜时，尤其是和法定代表人本人之间发生法律关系时，不能仅以法定代表人的意志作为公司意志。吴某堃作为持有上海东某餐饮有限公司 100% 股权的股东，其同时也是前述案件的当事人，对是否提起上诉亦可作出明确的判断。尤其是对公司是否向徐某某借款一事，更应征得股东吴某堃的同意。但在本案中，仅有徐某某一人的意思表示，不存在借款合意。

最后，借款关系的最终达成需要以出借人向借款人实际出借了款项为必要条件。虽然徐某某通过微信支付了上诉费，但是徐某某亦确认上海东某餐饮有限公司的支付宝和微信绑定了其个人账户，公司诸多营收款进入徐某某账户，对于该部分款项的去向徐某某始终未提供相应证据。鉴于上海东某餐饮有限公司和徐某某的个人财产存在极大混同，徐某某用于支付上诉费的款项来源系上海东某餐饮有限公司营收款还是其自有资金存疑，应承担举证不能的后果，即徐某某未证明其已向上海东某餐饮有限公司实际出借了款项。

综上所述，本案借款协议的定约主体仅徐某某一人，借款的意思表示是由徐某某一人作出，不存在借款合意，用于支付上诉费的款项是否为徐某某所有不明确，因此本案不符合借款关系应具备的实质要件，徐某某和上海东某餐饮有限公司之间的借款关系不成立。上海东某餐饮有限公司无需向徐某某履行还款义务。

【裁判要旨】

人民法院在审理公司与法定代表人之间的民间借贷纠纷案件时，除应具备借款合同的形式要件外，还应审查是否满足定约主体适格、借款合意达成以及款项实际出借等实质要件，综合判断借贷关系是否成立。

【关联索引】

《中华人民共和国民法典》第六百六十七条（本案适用的是 1999 年 10 月 1 日施行的《中华人民共和国合同法》第一百九十六条）

一审：上海市静安区人民法院（2020）沪 0106 民初 34776 号民事判决（2021 年 3 月 25 日）

二审：上海市第二中级人民法院（2021）沪 02 民终 7844 号民事裁定（2021 年 9 月 28 日）

张某立、罗某危险驾驶案

——追逐竞驶致财产损失的司法认定

顾正仰　周子扬*

【关键词】刑事　危险驾驶　追逐竞驶　故意毁坏财物　数罪并罚

【基本案情】

公诉机关指控，2020 年 8 月 24 日 10 时 20 分许，被告人罗某驾车送妻子就医途中，与驾车的被告人张某立因车辆让行问题而互相斗气，当行至上海市南北高架北向南广中路下匝道时，张某立驾驶车辆两次强行插到罗某车辆前方，在罗某踩刹车之际又快速驶离，随后两车在广中路至大宁路路段加速追逐竞驶，在该路段限速 30 km/h 的情况下，张某立驾驶车辆车速达到 67 km/h—73 km/h 之间，罗某驾驶车辆车速达到 75 km/h—81 km/h 之间。当行驶至大宁国际商业广场前方路段时，张某立再一次准备向左侧变道插到罗某车辆前方，罗某不顾家人劝阻，加速行驶撞击张某立车尾左后侧，张某立在没有减速的情况下继续沿原车道行驶，罗某再次加速撞击张某立车辆左侧后门部位，导致对方车辆失控，最后横停在上海市第十人民医院门口。案发当时案发地点人员车流密集，二人行为造成附近路段交通堵塞。经鉴定，张某立驾驶的小型轿车直接物质损失为 13263 元；罗某驾驶的小型轿车直接物质损失为 11298 元。被告人罗某妻子贾某英流产系自身因素所致，与本次外伤无因果关系，不宜进行损伤程度鉴定。

2020 年 12 月 7 日，被告人张某立、罗某到大宁路派出所投案，并如实

* 顾正仰，法学学士，上海市静安区人民法院刑事审判庭审判员。周子扬，法律硕士，上海市静安区人民法院刑事审判庭法官助理。本案例入选《中国法院 2024 年度案例》。

供述自己的罪行。2021 年 1 月 7 日，被告人张某立与罗某家属对双方直接物质损失赔偿问题达成一致，并出具谅解书。

公诉机关认为被告人张某立、罗某在道路上驾驶机动车追逐竞驶，情节恶劣；被告人罗某故意毁坏他人财物，数额较大；应当以危险驾驶罪追究被告人张某立的刑事责任，以危险驾驶罪、故意毁坏财物罪追究被告人罗某的刑事责任，实行数罪并罚。被告人张某立、罗某犯罪以后自动投案，如实供述自己的罪行，系自首。要求依照《中华人民共和国刑法》第一百三十三条之一、第二百七十五条、第二十五条第一款、第六十九条、第六十七条第一款及《中华人民共和国刑事诉讼法》第十五条之规定，依法追究被告人张某立、罗某的刑事责任。建议判处被告人张某立拘役六个月，可以适用缓刑，并处罚金；建议以危险驾驶罪判处被告人罗某拘役六个月，并处罚金，以故意毁坏财物罪判处被告人罗某有期徒刑七个月，两罪并罚，可以适用缓刑。

被告人张某立及辩护人对起诉指控的基本事实无异议，请求对张某立从轻处罚。

被告人罗某及辩护人对起诉指控的基本事实无异议，请求对罗某从轻处罚。

法院经审理查明：2020 年 8 月 24 日 10 时 20 分许，被告人张某立驾驶小型汽车行驶至中环共和新路立交桥汇入南北高架路处，遇送妻子贾某英就医途中的被告人罗某驾驶小型汽车沿南北高架路由北向南行驶。张某立因双方行驶车道合并时，罗某未让行而产生不满。后两人从广中路下匝道驶出南北高架路，并沿共和新路由北向南继续行驶过共和新路广中路路口时，张某立在前方道路通畅且无需变道的情况下，故意驾驶车辆从左侧强行插入罗某车辆前方并制动。罗某被迫驾驶车辆向左变道后避开张某立车辆。当双方行驶过共和新路大宁路路口时，张某立再次驾驶车辆加速行驶超过罗某车辆，后又连续两次向左变道逼迫罗某车辆减速。罗某为报复张某立，不顾贾某英的劝阻，亦驾车加速向右变道与张某立车辆相撞。张某立在车辆被撞击后仍沿原车道行驶，罗某随即再次加速撞击张某立车辆左侧后门部位，并导致张的车辆失控，横停在主干道上。经查，该路段限速 30 km/h，事故导致案发地点及附近路段交通堵塞。

经鉴定，张某立的车辆与罗某的车辆撞击前，张某立驾驶车辆车速达到

67 km/h—73 km/h 之间，罗某驾驶车辆车速达到 75 km/h—81 km/h 之间。被告人罗某妻子贾某英案发当日的流产系自身因素导致，与本次外伤无因果关系，不宜进行损伤程度鉴定。经勘验，张某立驾驶的小型轿车直接物质损失为 13263 元；罗某驾驶的小型轿车直接物质损失为 11298 元。

2020 年 12 月 7 日，被告人张某立、罗某主动至公安机关投案，并如实供述了上述犯罪事实。2021 年 1 月 7 日，两名被告人就双方车辆的直接物质损失赔偿达成了一致意见。

上海市静安区人民法院于 2021 年 4 月 26 日作出（2021）沪 0106 刑初 137 号刑事判决：一、被告人张某立犯危险驾驶罪，判处拘役五个月，并处罚金人民币一万元；二、被告人罗某犯危险驾驶罪，判处拘役五个月，并处罚金人民币八千元。

一审判决后，原公诉机关上海市静安区人民检察院认为判决适用法律错误，提起抗诉，上海市人民检察院第二分院支持抗诉。上海市第二中级人民法院于 2022 年 8 月 5 日作出（2021）沪 02 刑终 686 号刑事裁定：驳回抗诉，维持原判。

【裁判理由】

法院生效裁判认为：

一、关于两名被告人是否构成危险驾驶罪

现有证据可以证明，被告人张某立、罗某为斗气泄愤，置公共交通安全于不顾，在公共道路上先后为超越对方而超速驾车后强行变道。其中，被告人张某立先后三次恶意别车，挑起事端；被告人罗某为报复张某立亦两次变道撞击张某立的车辆，导致事故的发生，并造成一定程度上公共秩序的混乱。两名被告人追逐竞驶的行为均符合危险驾驶罪的构成要件。

但针对公诉机关认为罗某在撞击张某立发生之前已存在追逐竞驶的超速、闯红灯等行为，成立危险驾驶罪。结合在案的客观证据行车记录视频反映，在发生撞击之前，罗某采取的是躲避张某立别车的动作，并无追逐竞驶的主观故意，不构成危险驾驶犯罪。至于罗某在发生撞击之前闯黄灯超速变道的行为，结合罗某车上载着有流产征兆的妻子需紧急送医的实际情况，以及特

地变道不再和张某立共用一个车道的行为上分析，其目的并非和张某立追逐竞驶，而是尽快摆脱张某立的别车挑衅，以将妻子送医。因此，罗某在撞击张某立车辆之前不存在和张某立追逐竞驶、互相飙车的主观故意和客观行为，不构成危险驾驶罪，公诉机关意见不成立。

二、关于被告人罗某是否构成故意毁坏财物罪

综观全案，张某立为泄愤驾车加速超越罗某并别车，在罗某主动避让之后，又连续两次加速强行并道，共计三次连续的恶意别车，已证明其主动将自己和他人的生命健康与财产安全陷入危险境地，甚至对于危害结果具有间接故意。

反观罗某被张某立再次别车时，由于被激怒，采取不再躲避而是往右打方向和张某立车辆争抢车道的措施，进而和张某立车辆发生碰撞，此时可认定罗某对张某立产生了追逐竞驶的主观故意，可认定罗某在此时成立危险驾驶罪，且车辆碰撞损失后果也是危险驾驶行为过程中产生的，应将该车损后果作为危险驾驶罪的后果一并考量，而非另外单独成立故意毁坏财物罪。

综合上述两点，罗某的行为评价为危险驾驶罪一罪更为妥当。从犯罪的主观故意和客观行为上看，适用危险驾驶罪比故意毁坏财物罪更能完整涵摄、恰当评价罗某的犯罪心理、行为和后果，且危险驾驶罪中规定的“情节恶劣”罪状也可涵盖本案的车损。何况张某立也应对罗某撞击车辆而造成的财产损失承担部分责任。公诉机关认为罗某构成故意毁坏财物罪的意见，法院不予采纳。

三、关于两名被告人的量刑

从犯罪结果看，最终被告人罗某的行为直接造成两名被告人车辆的财产损失。然而探究本案的起因，系张某立连续三次恶意别车的主动挑衅，且其对两车相撞造成财产损失亦具有间接的故意，在量刑时应酌情从重处罚。被告人张某立、罗某犯罪以后自动投案，如实供述自己的罪行，系自首，依法可以从轻处罚。根据两名被告人的犯罪事实、情节，均不宜适用缓刑，对公诉机关的量刑建议，法院不予采纳。

综上，法院认为，被告人张某立、罗某在道路上驾驶机动车追逐竞驶，

情节恶劣，其行为均已构成危险驾驶罪，依法应予惩处。

【裁判要旨】

在道路上驾驶机动车追逐竞驶，情节恶劣的作为危险驾驶罪的犯罪构成要件一般并没有争议。而针对追逐竞驶行为造成危害结果扩大的情形，需要根据主观与客观两方面进行衡量，是否构成其他犯罪。从主观上，根据案发时行为人的行为动机、行为方式、行为目的来判断行为人是否意图侵害除道路交通安全秩序以外的法益，包括他人的人身、财产安全、公共安全等。从客观上，需要结合犯罪造成的危害结果、现实危险、抽象危险等各个方面综合评价犯罪行为的危害性。行为人仅具有追逐竞驶的主观故意，而客观上造成其他车辆的财产损失或者较轻的人身伤害时，应将损害后果作为危险驾驶罪的后果一并考量，而非另外单独成立故意毁坏财物罪或者故意伤害罪。适用危险驾驶罪能完整涵摄、恰当评价相应的主观故意、造成的实害后果以及可能产生的具体危险等，危险驾驶罪中规定的“情节恶劣”罪状已将上述结果涵盖其中。

【关联索引】

《中华人民共和国刑法》第一百三十一条、第二百七十五条

一审：上海市静安区人民法院（2021）沪0106刑初137号刑事判决（2021年4月26日）

二审：上海市第二中级人民法院（2021）沪02刑终686号刑事裁定（2022年8月5日）

张某某诉曾某某网络侵害虚拟财产纠纷案
——请求赔偿网络虚拟财产应以存在损害后果为前提

徐丹阳　杨钦云*

【关键词】民事　网络侵害虚拟财产　代练　侵权　经济损失　损害后果

【基本案情】

原告张某某诉称，2021 年 11 月 15 日，原告张某某向被告曾某某支付代练费 3000 元，并约定被告为原告的某耀游戏账号（营地 ID：7043×××5）提供代练服务，以原告的某耀账号中的 2 个英雄（“马某”和“镜某”）分别获得 1 个小国标作为代练成功的标志。原告明确告知被告，代练过程中不能使用外挂，但 2021 年 11 月 17 日，因被告使用外挂，导致原告的某耀账号被封停至 2022 年 5 月 16 日 21 时 16 分 53 秒。账号封停期间，原告失去对其游戏账号管理、使用和处分的权利，由此带来了侵权后果。原告的损失包括游戏体验减损和经济损失，其中经济损失包括原告向被告支付的代练费 3000 元，因被告实施侵权行为导致原告账号价值贬损而造成经济损失 23888 元。原告的账号在被封停之前拥有全部 387 个皮肤中的 384 个，基本属于满皮肤账号，然而，被告使用外挂导致原告账号封停期间，某耀平台共上线 38 个皮肤，原告错过了获取其中 18 个限定皮肤与前述“高某离·玩某某龙”“干某某邪·胡某某子”等 2 个皮肤的机会。原告遂诉请判令被告赔偿原告经济损失 26888 元。

* 徐丹阳，法学硕士，上海市虹口区人民法院行政及执行裁判庭审判员。杨钦云，法学硕士，上海市静安区人民法院商事审判庭法官助理。本案例入选《中国法院 2024 年度案例》。

被告曾某某辩称，确认原告曾于2021年11月15日向被告支付代练费3000元，认可其为原告代练并在代练过程中使用外挂导致原告账号封停，原告确实对被告说过在代练过程中不能使用外挂，被告自身亦知悉游戏中不能使用外挂。但是，账号被封停并不影响原告日后再使用该账号。封停仅导致原告永久无法获得“沙某某僧·某摩”这一皮肤，而其他皮肤都有机会在返场时获得，原告经济损失远未达到其主张的金额。此外，《某讯游戏许可及服务协议》中已经明确约定账号不能买卖和提供给他人使用，故原告对其经济损失的产生也有过错，双方应当各半承担责任。

法院经审理查明：某耀游戏中的英雄，系用户可以操作使用的人物；某耀游戏中的皮肤，系游戏中英雄的装束或形象。若游戏账号中拥有的英雄及皮肤越多，则用户在游戏中的选择性越广。截至起诉时，原告的某耀账号中拥有全部387个皮肤中的384个，另拥有全部107个英雄中的106个。仅缺少3个新出不久的皮肤和1个新出不久的英雄。2021年11月15日，原告与被告约定，被告为原告的某耀账号提供代练服务，代练费为3000元，代练目标为原告账号中的“马某”和“镜某”等2个英雄分别获得1个小国标。同日，原告通过支付宝向被告支付代练费3000元。2021年11月17日，被告不顾原告禁止使用外挂的提示，在代练过程中使用外挂致原告账号被封停至2022年5月16日21时16分53秒。封停期间，某耀游戏共上线38个新皮肤，其中“沙某某僧·某摩”这一皮肤永久无法获得，故原告的账号再无成为满皮肤账号的可能性。

2022年6月14日，在中国网络游戏服务网（5173.com）中有关苹果系统微信区某耀游戏账号的“商品信息”中，拥有405个皮肤、109个英雄、300个5级铭文的某耀游戏账号挂牌出售价格为16000元（原告提供截屏中的价格为15000元）；拥有417个皮肤、109个英雄、300个5级铭文的某耀游戏账号挂牌出售价格为13800元；拥有403个皮肤、109个英雄、360个5级铭文的某耀游戏账号挂牌出售价格为13500元。用户注册某耀游戏账号时，需阅看并点击同意《某讯游戏许可及服务协议》之内容。《某讯游戏许可及服务协议》第2.6条约定：“游戏账号是某讯按照本协议授权您用于登录、使用某讯游戏及相关服务的标识和凭证，其所有权属于某讯。您仅根据本协议及《QQ号码规则》《某讯微信软件许可及服务协议》《微信个人账号使用规范》、相关账号使用协议以及某讯为此发布的专项规则享有游戏账号的使用权。您不得将游戏账号以任何方式提供给他人使用，包括但不限于不得以转让、出租、借用等方式提供给他人作包括但不限于直播、录制、代打代练等商业性使用。否则，因此产生任何法律后果及责任均由您自行承担，且某讯有权对您的游戏账号采取包括但不限于警告、限制或禁止使用游戏账号全部或部分功能、删除游戏账号及游戏数据及其他相关信息、封号直至注销的处理措施，因此造成的一切后果由您自行承担。”

上海市虹口区人民法院于2022年6月30日作出（2022）沪0109民初5702号判决：被告曾某某应于本判决生效之日起十日内向原告张某某支付6000元。一审宣判后，原、被告均未提起上诉，一审判决已生效。

【裁判理由】

法院生效裁判认为：本案的情形属于侵权损害赔偿责任中的过错责任。双方达成代练的约定，曾某某为张某某的游戏账号提供代练服务，此后曾某某当然负有妥善使用张某某游戏账号的合同义务。而曾某某却在代练过程中使用外挂导致张某某游戏账号被封，其行为属于违反约定义务而实施侵权，而且主观上存在明显过错。故此，本案关键在于审查损害后果要件。

一、损害后果需是行为人的侵权行为所导致

侵权损害赔偿责任中的损害后果，需为侵权行为所导致，也即需要同时满足损害后果要件和因果关系要件。理论界对于因果关系要件存在“必然因果关系说”和“相当因果关系说”。目前，我国大多数学者采“相当因果关系说”，王利明教授对该学说解释为，在因果关系认定上，需由法官进行一定“法律上的价值判断”。最高人民法院公报案例对此作详尽阐释，即法官需判断如下要件：（1）若无此行为，即不会产生损害。（2）若有此行为，则通常均得产生此后果。

本案中，张某某的诉讼请求包括主张曾某某返还代练费。代练费系双方达成代练合意后由张某某向曾某某支付的合同对价，若曾某某未完成合同义务，且张某某以违约为基础主张赔偿，则该笔代练费当然作为因曾某某违约而造成张某某的损失。然而，张某某明确在本案中以侵权为其请求权基础，

若无曾某某使用外挂导致张某某账号被封的侵权行为，难言曾某某定能完成合同义务。故此，张某某支出的代练费并非因曾某某侵权行为所导致，张某某不能基于侵权主张返还代练费。

二、非财产性损害后果中仅有严重精神损害可赔偿

侵权损害赔偿责任中的损害后果，需为财产性损害后果或精神损害，而精神损害需以“严重”二字为前提。损害分为财产性损害和非财产性损害，其中非财产性损害是指没有财产价值，无法以金钱加以计算，也无法基于市场的真实交易将其物化为具体财产类型的损害。非财产性损害中包括精神损害，在行为人侵犯他人身体权、健康权等人身权益或侵害具有人身意义特定物时，可能导致被侵权人遭受严重精神损害，从而产生精神损害赔偿。有学者认为，侵害具有人身意义特定物系指具有精神寄托的、与人格属性相联系的特定物遭到毁损或灭失。除精神损害之外的其他非财产性损害均不属于侵权损害赔偿中损害后果的范畴。被侵权人主张精神损害赔偿的，应明确其请求并就其严重性予以举证。

本案中，张某某提及因曾某某的侵权行为导致其游戏体验方面有所减损。张某某的账号中拥有较多皮肤，在该账号封停期间，张某某不能使用该账号获得游戏体验，其体验感确有减损。但是，游戏体验没有财产价值，只能作为非财产性损害，而张某某未将体验减损作为经济损失以主张，亦未明确主张精神损害赔偿，且该损害不属于具有人身意义特定物遭受侵犯。因此，张某某在游戏体验方面的减损不能作为侵权损害赔偿责任的损害后果。

三、财产性损害后果需真实存在

侵权损害赔偿责任中的财产性损害后果，需真实存在。财产性损害又称为“经济损失”，是指具有财产价值，能够以金钱加以计算的损害。一般认为，除侵犯人身权益、侵犯具有人身意义的特定物而产生的严重精神损害可赔偿外，侵权行为所产生的损害后果只能是财产性损害。财产性损害分为直接损失和间接损失，直接损失是已得利益之丧失；间接损失是虽然受害时不存在，但如果受害人未受损害，则通常情况下必然得到的利益的丧失。无论直接损失还是间接损失，纳入侵权损害赔偿范畴的财产性损害后果应当真实

存在。

本案中，张某某的诉讼请求包括主张曾某某支付其游戏账号价值贬损的差价。张某某为此提供了账号交易平台在张某某账号封停前后，与张某某游戏账号相类似账号的挂牌价格作为参考，即张某某主张的财产性损害实为间接损失。但是，游戏玩家在注册账号时已经同意了游戏运营方制定的服务协议，该协议并非无效格式条款。协议中约定游戏账号不能转让、出租、借用，故账号不能被交易。张某某主张的账号贬损系参照账号的"市场价值"，存在"市场"的前提是物品可以被交易，而游戏账号本不能交易，没有"市场"，更无"市场价值"。虽然现实中有人买卖游戏账号，但买卖双方就账号达成一致的交易价格，不能当然作为账号的市场价值或作为侵权损害赔偿责任的损害后果。同时，张某某游戏账号中的物品并未因账号封停而有所减少，故张某某亦不存在直接损失。因此，张某某主张游戏账号价值贬损的损害后果并未实际产生。

【裁判要旨】

侵权损害赔偿责任中的损害后果，包括因侵权行为导致受害人遭受经济损失或精神损害。当事人主张的经济损失并非侵权行为所导致，或经济损失并未实际产生的，人民法院不予支持。当事人主张的非财产性损害后果不属于可赔偿范围的，人民法院亦不予支持。

【关联索引】

《中华人民共和国民法典》第一百二十七条、第一百五十六条、第四百九十六条、第四百九十七条

《中华人民共和国民事诉讼法》第十三条

一审：（2022）沪 0109 民初 5702 号民事判决（2022 年 6 月 30 日）

朱某毅申请撤销朱某裕监护人资格案
——监护人严重损害被监护人财产利益认定及处理

李海有　刘丰瑾*

【关键词】民事　申请撤销监护人资格　监护人　转移财产　严重侵害

【基本案情】

申请人朱某毅称，监护人朱某裕侵占被监护人朱某萍的房产和所有银行存款，未公布监护期间被监护人的财产收支情况，严重侵害被监护人合法权益，故请求判令：撤销朱某裕监护人资格，并指定申请人为朱某萍的监护人。

被申请人朱某裕称，为帮助被监护人朱某萍理财，故将被监护人78万元转入妻子账户；提取被监护人养老金43万元均用于朱某萍治疗疾病和日常生活，由于证据意识不强，很多票据没有保存，现在只能提供16万余元的票据。

法院经审理查明：被监护人朱某萍，女，汉族，户籍地上海市静安区陕西北路某房屋，朱某萍长期患有精神分裂症，未婚未育，无民事行为能力，父母均已报死亡，2015年11月至2016年4月、2017年1月至2023年3月16日在上海市某精神卫生中心治疗，其余时间在上海某护理院护理。被监护人朱某萍与申请人朱某毅、被申请人朱某裕系兄弟妹妹关系。2015年11月，经朱某毅、朱某裕等兄妹协商一致，居委会指定朱某裕为朱某萍监护人。2017年5月起，朱某裕管理被监护人朱某萍的身份证、户口本、银行存折等

* 李海有，法学硕士，上海市静安区人民法院未成年人及家事案件综合审判庭副庭长。刘丰瑾，法律硕士，上海市静安区人民法院未成年人及家事案件综合审判庭法官助理。本案例入选2024年度上海法院百例精品案例。

证件及财产；同年7月，朱某裕在未告知其兄弟妹妹的情况下，擅自将朱某萍全部银行存款78万余元转入妻子账户；在监护期间，朱某裕还陆续从朱某萍的养老金、补贴等账户提取所有银行存款合计43万余元，但仅提供16万余元的医疗费及康复费用票据。

上海市静安区人民法院于2024年3月19日作出（2023）沪0106民特660号民事判决：撤销朱某裕为朱某萍的监护人资格，指定朱某毅为朱某萍的监护人。本判决为终审判决，已经发生法律效力。

【裁判理由】

法院生效裁判认为：监护权既是监护人的权利，也是其义务。监护人代理被监护人实施民事法律行为要遵循两条原则：一是被监护人利益最大化原则，即监护人行使监护权时应将被监护人的利益考量放在首位，保护被监护人的人身权利、财产权利以及其他合法权益；二是尊重被监护人意见原则，即在被监护人的认知范围内，最大程度尊重被监护人的意思自治。上述两条原则是人民法院认定申请人是否能够胜任监护人身份的重要依据。成年人的监护应当将对人身和财产的照管相结合，从而提高被监护人的生活质量。怠于行使监护权、滥用监护权的情形通常表现为：监护人擅自出售、出租被监护人的住房，且擅自将收益收归己有；侵吞、藏匿、转移、私分被监护人的财产等。

本案中，朱某裕对于朱某萍的财产侵害主要表现在：首先，朱某裕无正当理由私自转移了朱某萍的全部存款，经法院多次释明后才将朱某萍银行存款转回朱某萍账户；其次，监护人提取43万余元，朱某萍长期住院治疗和康复，朱某裕却只能提供16万余元医疗及护理票据，剩余27万余元去向不明，也无其他账目及支出凭证予以佐证。最后，朱某裕在财产监管履职方面存在重大瑕疵，在长达六年的监护期内，不仅未提供具体支出明细等账册，亦未向包括申请人在内的亲友报告履行监护职责事项的情况。此外，朱某裕称自己腿脚不好，监护事宜主要委托其妻处理，故朱某裕的身体状况也并不适宜继续担任朱某萍的监护人。综合考虑朱某裕的上述诸多行为，其已经构成严重侵害被监护人合法权益的情形，因此人民法院依法判决撤销朱某裕的监护人资格。

根据我国法律规定，有权申请撤销监护人资格的主体较为广泛，包括被监护人的近亲属，也包括其他依法具有监护资格的主体：居民委员会、村民委员会、学校、医疗机构、妇女联合会、残疾人联合会、未成年人保护组织、依法设立的老年人组织、民政部门等。以上个人和组织，或因特定关系而负有某种保护被监护人利益免遭侵害的法定职责，或多与被监护人生活联系密切，具有及时发现监护人监护中存在问题的可能性。本案中，来院申请撤销监护人资格的主体系朱某萍的哥哥，其主体适格。

鉴于朱某毅有强烈意愿担任朱某萍的监护人，结合朱某萍的实际人身照管及现状情况等因素，综合考虑朱某毅的监护意愿、身体状况和经济情况是否适宜履行监护人职责，人民法院从被监护人利益最大化的角度考虑，指定由朱某毅担任朱某萍的监护人。

【裁判要旨】

失智、失能老人的监护问题广受社会关注，监护权对监护人来说，既是一项权利，更多是一项职责，管理和保护被监护人的财产是监护人的重要职责。监护人在履行监护职责过程中，应当遵循最有利于被监护人原则和尊重被监护人真实意愿的原则。财产权是公民的基本权利之一，特别是失智、失能老人往往属于弱势群体，经济状况本就不好，在管理被监护人的财产过程中，坚持善良管理人标准，选择最有利于被监护人的方案和措施，使被监护人的利益最大化，尽可能确保被监护人财产的安全和保值、增值。

本案处理旗帜鲜明剥夺原监护人的监护资格，依法有效保障失智、失能老年人的合法权益，为社会树立保障老人合法权益、互帮互助的家庭风气、减少监护纠纷具有一定的积极意义和宣传价值；同时有助于营造老有所养、老有所安的社会氛围，具有良好的法律效果和社会效果。

【关联索引】

《中华人民共和国民法典》第二十八条、第三十一条、第三十四条、第三十五条、第三十六条

特别程序：上海市静安区人民法院（2023）沪 0106 民特 660 号民事判决（2024 年 3 月 19 日）

上海某芙娱乐有限公司诉丁某企业承包经营合同纠纷案

——先行判决制度的适用条件

陈树森　林　彬　周子宣*

【关键词】商事　企业承包经营合同　合同解除　先行判决

【基本案情】

原告上海某芙娱乐有限公司诉称，2021 年 5 月 23 日，原告上海某芙娱乐有限公司（以下简称某娱乐公司）与被告丁某签署《承包合作协议》，约定由丁某承包经营某娱乐公司的项目，承包费 67 万元 / 月，丁某承担承包期间的运营费用。协议签署后，某娱乐公司按约将项目交给丁某运营。但丁某长期拖延支付承包费以及水电费、垃圾清运费、推广费等运营费用。2022 年 3 月 10 日，某娱乐公司通知丁某案涉协议于 2022 年 3 月 18 日解除，并要求丁某返还经营场所、支付款项。但丁某均未履行，故某娱乐有限公司诉至法院，请求法院判令：确认案涉《承包合作协议》于 2022 年 3 月 18 日解除，丁某向某娱乐公司交还财务账簿、财务 U 盾以及位于上海市静安区江某路某弄某广场北里二层、三层的场所；丁某向某娱乐公司支付承包费、水电费、垃圾清运费、推广费，并承担违约金等。

审理中，丁某当庭认可案涉协议于 2022 年 3 月 18 日解除，但却拒绝将

* 陈树森，法学博士，上海市高级人民法院综合处处长。林彬，法学硕士，上海市静安区人民法院商事审判庭副庭长。周子宣，法律硕士，上海市静安区人民法院商事审判庭法官助理。本案例入选 2024 年度上海法院百例精品案例、2025 年上海法院法治化营商环境建设典型案例。

经营场所交还某娱乐公司。某娱乐公司认为，丁某无理占用经营场所长达一年有余，致使某娱乐公司无法正常使用，亦未收到承包费，损失不断扩大。该经营场所系某娱乐公司向案外人上海某投资管理有限公司承租而来，某娱乐公司需要支付租赁费，且租赁期限将至，若丁某不能尽早返还，将对续租事宜产生重大不利影响，故某娱乐公司迫切希望收回房屋。而本案其他诉请涉及各项费用，双方分歧较大且需进一步补证。基于此，某娱乐公司请求法院先行判决：某娱乐公司与丁某之间签订的《承包合作协议》于 2022 年 3 月 18 日解除；丁某立即向某娱乐公司交还经营场所。

被告丁某辩称：认可案涉协议于 2022 年 3 月 18 日解除，但不同意返还经营场所。丁某目前仍在该场所经营，虽然没有依据，但由于对款项的支付双方存在争议，故认为返还条件尚未成熟。此外，丁某不同意返还财务账簿和 U 盾，某娱乐公司没有证据证明已将其交付丁某。对某娱乐公司先行判决的申请，丁某认为本案疑难复杂，事实尚未查清，案涉协议效力存疑，整案所涉金额也未确定，不符合先行判决的适用条件。某娱乐公司与上海某投资管理有限公司是否续租与本案的处理无关。

法院经审理查明，2021 年 5 月 23 日《承包合作协议》载明：某娱乐公司项目承包给丁某管理运营，期限至 2023 年 12 月 23 日。丁某应向某娱乐公司支付承包费 67 万元 / 月；逾期支付的，按照日千分之三的标准承担违约责任；单次付款逾期超过 30 日或逾期付款超过 3 次的，某娱乐公司有权书面通知丁某解除协议，没收履约保证金，并要求赔偿损失。丁某自行承担承包期间的运营成本、管理费用等。租赁协议解除或终止时，丁某应当将项目公章、材料、场地、设备等恢复原状交还某娱乐公司。协议甲方载明孟某（某娱乐公司法定代表人 / 持股 100% 股东），签字人员为郭某，乙方载明丁某，签字人员为丁某。审理中某娱乐公司、丁某均确认，本协议的主体为某娱乐公司和丁某。某娱乐公司明确认可郭某有权代理某娱乐公司与丁某签订上述协议。

嗣后，某娱乐公司项目由丁某实际承包，在上海市静安区江场路某广场北里二层、三层场所经营，该场所系某娱乐公司从上海某投资管理有限公司处租赁。

2021 年 9 月 5 日至同年 10 月 21 日，某娱乐公司多次催促丁某支付承包费、租金、推广费、水电费等。2022 年 3 月 10 日，某娱乐公司法定代表人孟某再次致函丁某表示其拖欠的费用已逾期远超 30 日，构成严重违约，根据协议约定，某娱乐公司通知丁某《承包合作协议》于 2022 年 3 月 18 日解除，并要求丁某将经营场所恢复原状后于 2022 年 3 月 18 日连同属于某娱乐公司的证照、公章、财务资料等一并返还，并支付未付欠款。

审理中，某娱乐公司就公司账户、U 盾的使用、控制情况、保底费是否需另行支付等事项，丁某就案涉《承包合作协议》项下已支付的款项金额、构成以及相应的付款凭证等事项，均表示需要进一步举证、质证或者核实情况。

上海市静安区人民法院于 2023 年 6 月 13 日作出（2023）沪 0106 民初 18499 号民事判决：一、确认某娱乐公司与丁某签订的《承包合作协议》于 2022 年 3 月 18 日解除；二、丁某应于本判决生效之日起十日内向某娱乐公司交还位于上海市静安区江某路某弄某广场北里二层（NL2×0 号）、三层（NL3×9 号）的场所。一审宣判后，丁某提出上诉。上海市第二中级人民法院于 2023 年 11 月 13 日作出（2023）沪 02 民终 9839 号民事判决：驳回上诉，维持原判。

【裁判理由】

法院生效裁判认为，本案争议焦点为某娱乐公司的先行判决申请应否支持。具体分析如下：

1. 本案先行判决诉请的相关事实是否已经清楚

案件的审理必须以事实为根据，以法律为准绳。先行判决亦应在该部分诉请所涉事实已经清楚的前提下，依照法律规定可以就该部分先行判决。本案中，《承包合作协议》系郭某代某娱乐公司与丁某签订，对于郭某的代理权某娱乐公司明确认可，且该协议内容双方已经实际履行，可见该协议系当事人的真实意思表示，并不违反法律、行政法规的强制性规定，故依法成立且有效。审理中，双方一致确认案涉协议已于 2022 年 3 月 18 日解除。《承包合作协议》约定，协议解除时，丁某应当将场地恢复原状交还某娱乐公司。丁某亦认可其目前仍在该场地经营没有依据。因此，就某娱乐公司申请先行判决所涉的相关事实已经查明。

2．本案先行判决的诉请是否具有紧迫性、必要性

先行判决的主要目的在于使部分权利义务关系、部分争议结束不确定状态，防止损失进一步扩大，及时保障当事人的合法权益。本案中，某娱乐公司和丁某就各自是否存在违约、承包费的金额、丁某是否应当承担垃圾清运费和推广费、某娱乐公司是否曾将财务账册、U盾交付丁某等均存在较大分歧，双方尚需进一步补证、核实事实，尚不满足全案判决的条件。而双方均确认案涉《承包合作协议》已于2022年3月18日解除，丁某没有法律依据地继续占用案涉场所，于某娱乐公司而言将导致经济损失不断扩大，既无法自行使用案涉场所或承包给他人盈利，又需要继续向上海某投资管理有限公司支付租金。于丁某而言，在确认合同已经解除、没有依据继续占用案涉场所的情况下，仍坚持拒不交还场所，显属不诚信的行为，如若允许丁某继续在不当行为中获益，不仅严重损害相对方的合法权益，破坏市场主体的契约意识和规则意识，更不利于构建依法诚信经营的营商环境。因此，某娱乐公司申请先行判决具有紧迫性、必要性。

3．本案先行判决的诉请是否具有可分性

先行判决的本质是针对案件中事实已经清楚的部分先行作出判决，先行判决所涉及的诉请与其他未予判决的诉请之间能够相互分离、独立裁判，先行判决结果不受未予判决部分的影响，先行判决的处理亦不影响未予判决部分的继续审理。本案中，某娱乐公司申请先行判决的诉请系关于确认案涉合同解除、返还经营场所，而其他诉请则为款项支付，以及财务账册、U盾的返还。两者能够分离成不同的相对独立的部分，分别主张，分别裁判。先行判决的诉请不受其他诉请的影响；在对前者先行判决后，其他诉请仍可继续审理，不影响未予判决部分的后续处理。

综上所述，某娱乐公司的先行判决诉请应予以支持。

【裁判要旨】

先行判决的适用应当满足以下三个条件：一是与先行判决诉请有关的事实已经清楚，但尚不满足全案判决的条件；二是先行判决的诉请与其他诉请之间相互独立，具有可分性；三是先行判决的诉请具有相当的紧迫性，存在先行判决的必要性。

【关联索引】

《中华人民共和国民事诉讼法》第一百五十六条

一审：上海市静安区人民法院（2023）沪 0106 民初 18499 号民事判决（2023 年 6 月 13 日）

二审：上海市第二中级人民法院（2023）沪 02 民终 9839 号民事判决（2023 年 11 月 13 日）

吴某某辩护人伪造证据案
——辩护人伪造证据罪中“情节严重”的认定

葛立刚　陈　茜*

【关键词】刑事　辩护人伪造证据罪　情节严重　立功　法益

【基本案情】

2021 年 1 月 8 日，上海某自动化科技有限公司实际控制人李某因犯虚开增值税专用发票罪，被上海市黄浦区人民法院一审判处有期徒刑四年。同年 1 月 15 日，李某向上海市第二中级人民法院提出上诉，被告人吴某某担任其二审辩护人。

为帮助上诉人李某获取检举立功情节，从而减轻刑期并取得缓刑，被告人吴某某与李某的妻子王某经事先共谋，于 2021 年 2 月 18 日至同年 2 月 25 日间，由王某出资，吴某某雇用齐某，通过在上海市静安区共和新路某小区齐某临时租赁居住地放置冰毒，并由吴某某向公安机关代为报案的方式，共同伪造李某检举齐某涉嫌非法持有毒品犯罪的证据。2021 年 2 月 25 日，上海市公安局静安分局以齐某涉嫌非法持有毒品罪立案侦查。次日，吴某某向上海市第二中级人民法院递交了律师会见笔录、立案告知书、受案回执等检举立功材料。2021 年 4 月 1 日，齐某因涉嫌非法持有毒品罪被移送上海市静安区人民检察院审查起诉。同年 7 月 14 日，上海市第二中级人民法院经开庭审理，裁定驳回李某的上诉，维持原判。

2022 年 11 月 14 日，被告人吴某某被公安机关抓获。其到案初未能如实

* 葛立刚，法学博士，上海市静安区人民法院刑事审判庭审判员。陈茜，法学硕士，上海市静安区人民法院刑事审判庭审判员。本案例入选 2024 年度上海法院百例精品案例。

供述，后在审查起诉阶段及法院审理过程中如实供述了主要犯罪事实。

上海市静安区人民法院于 2023 年 12 月 29 日作出（2023）沪 0106 刑初 1264 号刑事判决：一、被告人吴某某犯辩护人伪造证据罪，判处有期徒刑三年；二、追缴违法所得予以没收。一审宣判后，被告人吴某某在法定期间内未上诉，公诉机关未抗诉，一审判决已发生法律效力。

【裁判理由】

法院生效裁判认为："情节严重"是辩护人伪造证据罪法定刑升格的条件，但何为"情节严重"，相关法律及司法解释并无明确规定，实践中需要根据一定标准，在具体案件中作出具体的判断。被告人吴某某的行为是否属于"情节严重"，也是本案中控辩双方的争议焦点所在。有观点认为不应认定情节严重的理由主要在于，伪造的立功证据最终未被法院采信，未造成错判的严重后果；本案的社会影响远不及李庄案，李庄案中也未认定情节严重，举重以明轻，本案亦不应认定。笔者则持相反观点，认为被告人吴某某通过制造新的毒品犯罪伪造检举立功证据，手段恶劣，严重影响刑事诉讼活动的正常进行，应当认定情节严重。具体分析如下：

一、辩护人伪造证据罪中"情节严重"的判断标准

本案系辩护人与他人共同帮助当事人伪造立功证据的犯罪，按照通说，对辩护人和他人分别按照各自罪名认定，即辩护人成立辩护人伪造证据罪，他人成立帮助伪造证据罪，故本案中对被告人吴某某认定辩护人伪造证据罪，在审理过程中并无争议。按照《刑法》第三百零六条的规定，辩护人伪造证据情节严重的，应当升格法定刑，在有期徒刑三年以上予以量刑。是故，是否认定情节严重，直接决定对被告人的处罚尺度。显然不能因为"情节严重"没有明确规定，而在实践中一律不予认定，但也不能盲目认定，应当遵循一定的标准和方法。

尽管"情节严重"的标准在个罪中的表现形式不尽相同，但从法益保护的角度看，同类及近似罪名"情节严重"的认定应有相近甚至相同的参照标准，如此才能反映对同类法益的侵害程度。参照同类罪名"情节严重"的既有规定，是确定辩护人伪造证据罪"情节严重"的可行路径。辩护人伪造证

据罪规定于《刑法》第六章第二节妨害司法罪中，该节涉及15个罪名，将“情节严重”作为法定刑升格条件的有11个罪名，其中虚假诉讼罪，窝藏、包庇罪，掩饰、隐瞒犯罪所得、犯罪所得收益罪，拒不履行判决、裁定罪等4个罪名已有相关司法解释对“情节严重”的标准进行了明确。综合分析后不难发现，本节罪名中对“情节严重”的认定标准重点集中在犯罪的潜在危害、行为手段的恶劣程度及危害后果等方面。例如窝藏、包庇罪中，被窝藏、包庇的人可能判处无期徒刑以上刑罚的，或犯危害国家安全犯罪等特定犯罪且可能被判处10年有期徒刑以上刑罚的，就应认定情节严重，被窝藏、包庇的犯罪恶劣程度显然体现了犯罪的潜在危害；多次窝藏、包庇，或者窝藏、包庇多名犯罪的人的，认定情节严重，则属于手段恶劣的情况；虚假诉讼罪中，以捏造的事实提起民事诉讼致使他人因为不执行人民法院基于捏造的事实作出的判决、裁定，被采取刑事拘留、逮捕措施或者受到刑事追究的，认定情节严重，则是以危害后果为标准。对于本案涉及的辩护人伪造证据罪中“情节严重”的认定，可以参照上述认定思路。

进言之，通过参考同类罪名，辩护人伪造证据罪的“情节严重”标准可以从被帮助的当事人的犯罪严重程度、行为人的手段恶劣程度、造成的危害后果等方面予以判断。

二、本案中“情节严重”的具体判断

基于上文确定的三个标准，法院认为，从被帮助的当事人的犯罪严重程度、造成的危害后果两个方面进行判断，难以认定本案被告人的行为达到情节严重；但从行为人的手段恶劣程度考量，应当认定情节严重，具体展开如下：

第一，从被帮助的当事人的犯罪严重程度看，如果当事人所犯罪行触及危害国家安全犯罪、恐怖主义犯罪等特定的严重犯罪的，或者犯其他罪但可能判处的刑期较重的，为该类犯罪的当事人伪造证据的，一般应当认定为情节严重。本案被帮助的当事人李某所犯罪名为虚开增值税专用发票罪，并非属于上述特定严重罪名，且李某一审被判处有期徒刑四年，刑期不是特别重，故不论是从被帮助犯罪的罪名性质还是可能被判处的刑罚判断，都不宜认定情节严重。

第二，从危害后果看，如果伪造的证据被法院采信，导致错判后果，应当认定情节严重。本案中，相关法院因为据以立功的线索、材料来源合法性存疑而未采信，导致错判结果未发生，故本案亦不具备该情形。

第三，从行为手段看，行为人的犯罪手段恶劣，严重妨害刑事诉讼的正常进行的，应当认定情节严重。从本案的犯罪手段看，为帮助当事人实现减轻刑罚的目的，被告人吴某某不仅利用律师身份，违反监管规定，伙同家属王某向当事人非法提供虚假的检举立功线索，更利用齐某组织和策划了一个新的犯罪，且其组织、策划的新罪本身涉及对社会秩序破坏严重的毒品犯罪，还造成齐某被刑事追究，严重影响刑事诉讼活动的正常进行，应当认定情节严重。

据此，虽然被帮助的当事人所犯并非严重犯罪，也未造成错判的严重危害后果，但各行为人的手段显属恶劣，严重妨害刑事诉讼活动的正常进行，应当认定被告人的行为属于情节严重。

三、实践中认定“情节严重”还应注意的问题

上述认为不应认定“情节严重”的观点在实践中具有一定的代表性，反映的问题也具有相当的普遍性，司法认定中应予注意：

第一，“情节严重”的标准只需具备其一即可认定。“情节严重”通常不是依据单一的标准，只要符合多个判断标准中的一个，就可以认定。正如本案中，按照被帮助的当事人的犯罪恶劣程度、实际危害后果判断，本案尚不足以认定“情节严重”，但不能据此否认本案中存在“情节严重”的情形，也即“情节严重”的判断标准是多维的，只有否定了所有的情形，才可以排除“情节严重”的成立。

第二，认定“情节严重”应当符合社会公众的一般观念。在司法解释没有明确“情节严重”的情形时，司法实践中认定“情节严重”应当坚持必要性原则，从案件处理的实际效果判断认定“情节严重”是否符合罪责刑相适应原则，是否符合社会公众的一般观念。如果司法判断违背常情常理，或者对于“情节严重”是否认定存在较大认识分歧，则宜采取保守立场，不宜轻易认定。本案中，被告人伪造检举立功的手段行为不仅单独涉嫌犯罪，而且是社会危害性相对较大的毒品犯罪，并使毒品流入社会。同时，从后果上看，

虽然伪造的相关证据未被法院采信，但伪造的毒品犯罪本身使本来无罪的齐某因为毒品犯罪受到刑事追究，严重浪费和消耗了刑事司法资源，更严重抹黑了律师队伍。故将被告人吴某某的犯罪行为认定为情节严重，符合社会公众的一般观念。

第三，社会影响、舆论情况等不能作为“情节严重”的认定依据。从本质上来讲，“情节严重”反映的是犯罪对法益的侵害程度。而舆论、社会影响等，不能直接反映行为本身的社会危害性及行为人的人身危险性，更不能反映法益侵害程度，故不宜作为“情节严重”的认定标准。相对李庄案，本案受媒体、舆论的关注度确实有所不及，但不影响对本案吴某某罪责程度的考量，不应以此作为刑罚量调整的基准。

综上，本案中认定被告人吴某某的行为属于情节严重，符合相近罪名的明确规定，能够体现该案犯罪手法的法益侵害程度，同时也符合社会公众的一般认知，上述生效判决依据“情节严重”对被告人判处刑罚无疑是恰当的。

【裁判要旨】

辩护人与他人共同帮助当事人伪造证据的，对辩护人应当以辩护人伪造证据罪定罪处罚。对于该罪中“情节严重”的认定，可以从被帮助的当事人的犯罪恶劣程度、行为人的手段恶劣程度、造成的危害后果等方面进行判断。伪造的证据未被采信，未造成错判后果，但行为手段恶劣，严重影响刑事诉讼活动正常进行的，应当认定为“情节严重”。

【关联索引】

《中华人民共和国刑法》第三百零六条

一审：上海市静安区人民法院（2023）沪 0106 刑初 1264 号刑事判决（2023 年 12 月 29 日）

河北精某动漫文化传播股份有限公司诉上海市闸北区某烟杂店侵害商标权纠纷案

——合法来源抗辩的认定暨诉讼合理性的评价

郭　芬*

【关键词】民事　侵害商标权　合法来源抗辩　维权成本　无过错抗辩　注意义务　非正常批量诉讼案件　诉讼合理性

【基本案情】

原告河北精某动漫文化传播股份有限公司系全国首批百家动漫企业，在第 16 类文具商品上先后注册了第 13013569 号商标“叶罗丽”、第 36117720 号商标“叶罗丽”。原告以核心原创品牌“叶罗丽”为中心，形成了全产业链，并于 2021 年 1 月 10 日开发出叶罗丽盲盒自动铅上市售卖，淘宝零售价格为 9.90 元。2021 年，经原告调查发现，被告上海市闸北区某烟杂店未经原告授权，在经营的店铺中销售侵犯涉案商标注册商标专用权的盲盒笔。

原告河北精某动漫文化传播股份有限公司诉称，被告未经授权，擅自销售大量侵犯涉案注册商标专用权的盲盒笔。原告遂诉请判令被告赔偿经济损失 25000 元及维权成本 5000 元。

被告上海市闸北区某烟杂店辩称，认可侵犯原告商标权，但不同意原告要求赔偿的诉讼请求。理由在于：（1）销售时间短，数量少。被告店铺是由经营者的家中一个小间改造而成，面积约 10.44 平方米，两年前开始转型售卖文具和玩具，仅在附近小学放学的时候营业 1 至 2 小时。（2）被告并不知

---

* 郭芬，法学硕士，上海市静安区人民法院商事审判庭审判员。本案例入选 2024 年度上海法院百例精品案例。

道“叶罗丽”是商标。因电视中播放叶罗丽的动画片才购进侵权商品。（3）被告系通过合法渠道购买被诉侵权商品。被告系在上海市城隍庙批发市场中位于丽某路1号悦某商厦3楼的九马某某店铺购进，批发价一支2.30元，售价5元。且，2022年2月，在上海市静安区司法局及市场监督管理局告知被告侵权一事之后，被告已经按照要求停止销售侵权商品。另，经此一事，被告在进货时亦注意避免侵犯商标权的行为再发生。

针对被告抗辩，原告认为，被告提供的单据没有公章，且在网络上并未查到九马某某的信息，不认可被告证据的真实性，同时认为被告从不正规的批发市场进货，构成恶意侵权，不能免除赔偿责任。

上海市静安区人民法院于2022年12月20日作出（2022）沪0106民初30388号民事判决：驳回原告河北精某动漫文化传播股份有限公司的全部诉讼请求。一审判决后，河北精某动漫文化传播股份有限公司上诉。上海知识产权法院于2024年1月2日作出（2022）沪73民终204号民事判决：驳回上诉、维持原判。

【裁判理由】

法院生效裁判认为：本案的争议焦点在于被告是否合法取得被诉侵权商品。合法来源抗辩实质是无过错抗辩，而无过错抗辩在本案中关键在于被告购进被诉侵权商品时是否尽到合理注意义务。注意义务是指为避免造成损害而加以合理注意的法定责任，且注意义务的合理确定需在维护市场交易安全和保障市场主体合法权益之间寻求平衡。从本案综合因素分析：（1）从涉案商标的知名度分析，该商标为动漫形象，受众群体多为中小学生；且带涉案商标的盲盒笔面世时间短。（2）从商品价格分析，被告购进时批发单价尚属合理。（3）从被告所属职业群体分析，被告为个体工商户经营者，并非专业文具商或大型连锁文具商，零售文具用品的时间亦不长，故其辨识侵权商品的能力不强。（4）从被告进货渠道分析，上海市城隍庙批发市场系一般大众熟悉且年代久远的商品批发市场。（5）从被告经营规模等分析，其店铺面积小，每日销售时间短，所售对象固定且相对有限，其对原告造成的损害相对微小。从以上因素分析，被告注意义务程度应相对较低，综合本案案情判断，被告已尽到合理注意义务，且销售时不知被诉侵权商品侵害知识产权。故对于原告要求被告赔偿经济损失的诉讼请求，不予支持。

关于原告要求被告赔偿维权成本的诉讼请求，考虑到本案是原告批量维权诉讼中之一，该类诉讼存在共同支出合理开支的情况，为防止权利人获得维权支出的赔偿额高于实际维权支出而多重获利，法院应更审慎评估相关诉讼主张的合理性；同时考虑到原告与生产商已达成和解，已经通过打击侵权源头实现了知识产权保护和救济的目的。由于原告并未提供支出凭证，应承担举证不能的责任，故对于该项诉请亦不予支持。

需要指出的是：

一、对于“合法来源抗辩”制度的适用

“合法来源抗辩”制度在司法实践中认定较少，尤其在被告为小微零售商的案件中，几乎成为“僵尸条款”，但这类案件恰恰在基层知识产权审判中常见。

合法来源抗辩成立的条件取决于两个因素：一方面需要被告能证明其为“合法取得”，另一方面需要法院判断被告是否具有主观过错。这两方面的取证对于小微零售商来讲，都很困难。

（一）关于客观要件的审查：如何证明“合法取得”？

《中华人民共和国商标法实施条例》第七十九条第四项规定：“下列情形属于商标法第六十条规定的能证明该商品是自己合法取得的情形：（一）有供货单位合法签章的供货清单和货款收据且经查证属实或者供货单位认可的；（二）有供销双方签订的进货合同且经查证已真实履行；（三）有合法进货发票且发票记载事项与涉案商品对应的；（四）其他能够证明合法取得涉案商品的情形。”但是，在实践中，由于在小商品批发市场领域存在商品种类繁多、货源丰富、数量庞大、流通成本较低、流通效率较高等特点，导致相关交易在一定程度上欠缺规范性、严谨性。本案被告即面临同样的困境，不能提供以上形式的相关证据，只能提供一些手写自制且没有供货方签字或盖章的单据。原告对被告提供的证据不予认可。

张琪教授在文章中指出：“实现司法公正是人民法院的神圣使命。但是，公正的实现却是一个复杂的、充满悖论的过程。我们可以用一个简单的问题

来表明公正的复杂性：如果司法像自动售货机一样简单，公正还会是一个问题吗？常识告诉我们，当然不会。”本案没有落入“机械司法”的窠臼，简单地对被告的证据不予采纳，而是根据案件实际情况，判断被告证据存在较大的真实可能性，并在原告、被告共同参与下实地调查，确认被告合法取得。

（二）关于主观要件的审查：被告是否具有主观过错？

《最高人民法院关于知识产权民事诉讼证据的若干规定》第四条规定："被告的经营规模、专业程度、市场交易习惯等，可以作为确定其合理注意义务的证据。”本案从商品价格、被告所属职业群体、进货渠道、经营规模等分析，综合被告注意义务程度应相对较低，结合本案案情判断，被告已尽到合理注意义务，且销售时不知被诉侵权商品侵害知识产权。本案将法律条文具体化为详细的说理，在类案中具有示范效应。

二、对于过度维权案件维权成本的考量

合法来源抗辩仅为免除赔偿责任的抗辩，而非不侵权抗辩。侵权行为确实存在，对于权利人因指控侵权而产生的合理维权费用应得到支持。那么对于本案中原告维权成本是否支持呢？

通过对于原告的维权成本请求的支持与否，传递司法对于本次诉讼合理性的评价，符合司法的本质属性。司法应基于正当性、合理性和必要性，在法律框架内追求法律效果和社会效果的统一。本案系过度批量诉讼案件之一，在全国具有代表性。司法系社会资源，具有稀缺性，不合理的诉讼不仅一定程度上影响司法效率，还会引致消极的社会效果。在认定被告构成合法来源抗辩的基础上，回归合法来源抗辩制度的立法本意，从裁判的示范效应出发，法院对于原告维权成本的诉讼请求进行了审慎考量：

（一）合法来源抗辩制度的立法本意

合法来源抗辩制度的立法本意在于：“一方面系为激励善意销售者积极披露产品来源信息，另一方面也是对善意销售者基于正常市场交易秩序所产生的信赖利益的保护。”

（二）本案具体情况的考量

（1）加强知识产权保护，应当树立正确的维权导向，引导知识产权权利人积极向侵权源头的生产商主张权利，合法、合理进行维权；（2）原告与生产商已达成和解，已经通过打击侵权源头实现了知识产权保护和救济的目的；（3）双方纠纷在本次诉讼之前经相关行政机关介入后被告态度良好、已停止侵权行为，其侵权行为危害相对微小；（4）原告经法院举证要求仍不能提供任何支出凭证，无法酌情确定本次诉讼支出成本，考虑到本案是原告批量维权诉讼中之一，该类诉讼存在共同支出合理开支的情况，为防止权利人获得维权支出的赔偿额高于实际维权支出而多重获利，法院应更审慎评估相关诉讼主张的合理性。

综合以上因素，法院认为原告诉讼的合理性不充分。故从原告并未提供支出凭证，应承担举证不能的责任角度，未支持维权成本请求。

【裁判要旨】

（1）在侵害商标权纠纷中，对于小商品经营者提出的合法来源抗辩，应充分考虑小商品买卖非规范性的交易特点，并合理界定被告的注意义务。

（2）在侵害商标权纠纷中，如系批量维权案件且成立合法来源抗辩，可以综合案件情形，对诉讼合理性予以评价，不具有合理性的诉讼可不予支持关于维权成本的请求。

【关联索引】

《中华人民共和国商标法》第三条第一款、第五十七条第三项、第六十四条第二款

《中华人民共和国商标法实施条例》第七十九条第四项

《最高人民法院关于知识产权民事诉讼证据的若干规定》第四条

一审：上海市静安区人民法院（2022）沪0106民初30388号民事判决（2022年12月20日）

二审：上海知识产权法院（2023）沪73民终204号民事判决（2024年1月2日）

徐某诉许某保管合同纠纷案

——老年人自主管理财产子女不得无理阻碍

白　云　姜　悦*

【关键词】民事　保管合同　老年人财产　父母子女　自主管理

【基本案情】

原告徐某诉称，原告徐某与被告许某系母子关系，徐某系九旬高龄老人，早年间徐某家的老房子拆迁后，便一同与儿子许某共同居住。许某称因母亲年事已高，为便于母亲徐某存取钱款和生活开支，提议将其存款放在自己处代为保管，后徐某陆续将共计 70 万元积蓄交给许某代为保管，同时明确表示该笔积蓄用于徐某自己日后养老就医。后来，徐某、许某双方因生活琐事产生矛盾，徐某不再希望许某代为保管积蓄，要求许某返还 70 万元。许某拒绝返还，双方多次协商未果。原告诉至法院，请求判令被告许某向原告徐某返还 70 万元。

被告许某辩称，第一，其从来没收到过所谓原告徐某放在其处保管的钱款，之前原、被告共同生活，互相有一定的钱款往来，原告的日常衣食住行、看病等费用均系被告在负担，花销远比原告给付的多。第二，徐某提供相应银行单据的款项来源广泛，并没有证据证明曾向被告交付钱款，所提供的录音中对话也系徐某自问自答。第三，关于保管合同关系，原、被告间从未有书面、微信、短信等证据证明双方达到了保管合同关系，故所谓的保管关系

* 白云，法律硕士，上海市静安区人民法院未成年人及家事案件综合审判庭副庭长。姜悦，法律硕士，上海市静安区人民法院未成年人与家事案件综合审判庭法官助理。本案例入选最高人民法院老年人权益保护典型案例。

系不存在的。综上，徐某的诉请没有事实依据，请求法院予以驳回。

法院经审理查明：原告与被告系母子关系，原告徐某自2018年5月2日起至2019年7月3日止，陆续分4笔以银行卡取现、银行卡转账、现金等多种形式交付于许某共计70万元。徐某在通话中多次确认该钱款目前仍在许某处代为保管，许某亦在通话录音中表示若徐某躺到了，钱款没办法拿该怎么办等意思表示，徐某希望被告将钱款归还自己，均被许某以各种理由拒绝。

上海市静安区人民法院于2024年1月6日作出（2023）沪0106民初33767号民事判决：被告许某应自本判决生效之日起十日内返还原告徐某70万元。一审宣判后，许某提出上诉。上海市第二中级人民法院于2024年5月13日作出2024沪02民终4703号民事判决：驳回上诉，维持原判。

【裁判理由】

法院生效裁判认为：徐某虽系高龄老年人，但其具有完全民事行为能力，有权占有、管理自己的财产。徐某要求许某返还代为保管的钱款，许某理应及时返还。徐某与许某虽未订立书面的保管合同，但结合在案转账记录、通话录音等证据，许某在通话录音中正面回应过徐某"你存在我这里有70万元"，亦曾表示过不向徐某返还钱款也是有原因的，这样做才是对母亲负责，故法院认定许某确实受徐某委托代为保管案涉70万元。

综上，在法理上，徐某出于对许某的信任，将积蓄交于子女保管，其有权随时取回自己的保管物；在情理上，徐某系高龄老人，无论为何家庭原因，均不能剥夺其自主决定个人财产如何处分的权利。徐某诉请许某返还保管的70万元钱款，合法有据，法院应予支持。

【裁判要旨】

老年人依法享有的财产权利和处分自由。现实生活中，不少老年人都有一定的积蓄或财产。由于种种原因，容易发生子女干涉父母自主管理、处分财产的情况，由此也引发不少家庭矛盾和纠纷。按照法律规定，具有完全民事行为能力的老年人享有自主管理处分自己财产的权利，子女应当尊重和配合，不得无理拒绝和阻碍。人民法院保护老年人依法享有的财产权利和处分自由，既有利于彰显法律对老年人的权利保护，也有利于引导家庭成员树立正确的财产观念。

【关联索引】

《中华人民共和国民法典》第八百八十八条、第八百九十九条

一审：上海市静安区人民法院（2023）沪 0106 民初 33767 号民事判决（2024 年 1 月 6 日）

二审：上海市第二中级人民法院 2024 沪 02 民终 4703 号民事判决（2024 年 5 月 13 日）

张某诉上海某欣物业管理发展有限公司提供劳务者受害责任纠纷案

——银发打工人因提供劳务人身损害的权益保护

白　云　刘丰瑾*

【关键词】民事　提供劳务者受害责任纠纷　老年人　提供劳务　人身损害　损害赔偿

【基本案情】

2015年，原告张某到了退休年龄后，依旧在被告上海某欣物业管理发展有限公司（以下简称某欣物业公司）从事高压电工与水电工的维修工作，服从某欣物业公司管理并领取劳务报酬，但某欣物业公司从未与张某签订劳务合同。2020年4月，张某独自一人在更换地下生活用水水箱进水阀的过程中，脚踩竹梯横档突然断裂，导致其摔伤并多根肋骨骨折。张某入院接受治疗后，经鉴定被评为十级伤残。但张某与某欣物业公司始终就赔偿事宜未能达成一致。

原告张某诉称，原告张某在提供劳务过程中受到了人身损害，理应得到赔偿。关于责任的主体，被告某欣物业公司曾向法院举证提供某资物业管理有限公司（以下简称某资物业公司）与原告张某所签订的劳务合同，并否认被告和原告有事实劳务关系。嗣后原告向法院举证提供了自2016年8月至2020年11月30日被告连续支付原告劳动报酬的银行流水。直至开庭前，被

* 白云，法律硕士，上海市静安区人民法院未成年人及家事案件综合审判庭副庭长。刘丰瑾，法律硕士，上海市静安区人民法院未成年人及家事案件综合审判庭法官助理。本案例入选中国老龄协会2023年度全国老年人权益保护典型案例。

告某欣物业公司又主动承认与原告存在劳务关系，并愿意承担（包括某资物业公司）全部责任。因此，原告张某的相关损失均应由被告某欣物业公司负担。原告张某诉请判令被告某欣物业公司赔偿其医疗费、住院伙食补助费、护理费、残疾赔偿金、鉴定费等共计12万余元。

被告某欣物业公司辩称，被告某欣物业公司从未和原告张某签订过相关合同，故双方不存在劳务关系，张某受伤与某欣物业公司无关。同时，某欣物业公司表示张某的操作不符合相关安全规范，故张某发生的人身损害系由其自身过错造成，不应由某欣物业公司承担相关责任。此外，张某在起诉前曾自行委托进行伤残评定，该鉴定对伤情事实的认定、伤残评级皆与审理中司法委托鉴定的意见有出入，因此被告某欣物业公司对两次鉴定的结论均不予认可。

上海市静安区人民法院于2022年9月2日作出（2022）沪0106民初8926号民事判决：被告某欣物业公司应赔偿原告张某各项经济损失共计12万余元。一审判决后，某欣物业公司上诉。上海市第二中级人民法院于2023年6月1日作出（2023）沪02民终3511号民事判决：驳回上诉，维持原判。

【裁判理由】

法院生效裁判认为：劳务关系是指劳动者与用工者之间根据口头或书面约定，由劳动者向用工者提供一次性的或者特定的劳动服务，由用工者依约向劳动者支付报酬的法律关系。用人单位与其招用的已经依法享受养老保险待遇或领取退休金的人员发生用工争议，向人民法院提起诉讼的，人民法院应当按劳务关系处理。提供劳务者因劳务受伤，可就医疗费、误工费、护理费、交通费、住院伙食补助费、营养费、残疾赔偿金等项目请求赔偿。本案中，张某五年来一直根据某欣物业公司的指示从事维修工作，受物业公司的日常管理并领取物业公司发放的劳务报酬，虽张某与某欣物业公司之间未签订过劳务合同，但根据张某的工作时间、劳动场所、工资收入等可以认定双方成立事实上的劳务关系。

用工安全不仅关系到员工的生命财产安全，也关系到企业的稳定发展与社会和谐。关于用工安全我国制定了一系列的法律法规如《安全生产法》《职业病防治法》以及劳动安全标准。用人单位应根据法律法规以及劳动安全标准，制定符合自身实际情况的劳动安全规范，包括岗位安全职责、安全操作规程、职业病危害防护措施等，并定期开展安全宣传教育活动，提高员工的安全意识和技能水平。事发当天，某欣物业公司作为雇佣单位，仅安排张某一人从事水箱维修工作，当时张某所使用的竹梯为物业公司所提供的劳动用具，张某确系在完成某欣物业公司所布置工作任务时受伤。某欣物业公司作为雇佣单位，未能提供安全生产条件，采取安全防护措施和必要的安全警示教育，因此某欣物业公司对张某的损害后果具有过错，张某的人身损害与某欣物业公司存在因果关系，某欣物业公司应当对张某的损害后果承担赔偿责任。

被侵权人对同一损害的发生或者扩大有过错的，可以减轻侵权人的责任。有关过失相抵的构成要件，应从主观和客观两方面进行考察。主观构成要件方面主要指主观上具有过错和过失。客观构成要件方面，即被侵权人行为与损害结果是否具有相对应的因果关系，对损害结果的发生和损害结果的扩大形成助力。在适用过失相抵规则时，既要考虑过错程度的轻重，又要比较原因力的强弱。某欣物业公司抗辩张某在工作过程中应找寻其他工作人员或者其他保洁人员进行保护，但又表示事发时在该工作场所内就原告一个人从事维修水箱工作。对此，张某根据某欣物业公司的指示安排从事工作，若此时要求张某寻找其他工作岗位人员进行保护未免过于苛责，且张某多年来从事维修工作中始终使用的是在本案断裂的竹梯，某欣物业公司并未提供符合安全规范的工具，因此本案难以构成过失相抵的情形。

2022 年 1 月 6 日，原告张某申请法院委托鉴定，某司法鉴定所出具鉴定意见认为，张某第 4—5、7—11 肋骨骨折（共 7 根），评定为十级伤残。伤后治疗休息 120 日，护理 60 日，营养 60 日。因鉴定意见当中认定张某共 7 根肋骨骨折与原告当天病史临床记载 6 根肋骨骨折有出入，被告某欣物业公司申请对某司法鉴定所进行问询。某司法鉴定所出具《情况说明》表明鉴于肋骨骨折当天影像只显示 6 根骨折，经过一段时间后，骨折局部出现骨膜反应或骨痂生成，或伤后活动造成骨折处发生部分移位等，通过特殊技术的摄片（如 CT 单根肋骨薄层扫描图像重组等），可以使原先未发现的骨折或骨折后的愈合情况得到清晰的显示。根据骨折发生后的演变、修复、塑形等规律，结合其实际的动态变化，骨折部位临近，骨痂生长形态基本一致，符合同一时期骨折愈合过程改变影像特征，所以原告共 7 根肋骨骨折，伴 2 处畸形愈合，故评定十级伤残。因此法院认为司法鉴定意见书具有客观性和权威性，符合证据规则，应当为法院所采信，并作为定案的证据。最后，法院认定张某的合理损失包括医疗费、交通费、住院伙食补助费、护理费、残疾赔偿金、精神损害抚慰金、鉴定费各项经济损失共计 12 万余元。

【裁判要旨】

公民的生命权、身体权、健康权受法律保护。用人单位与其招用的已经依法享受养老保险待遇或者领取退休金的人员发生用工争议而提起诉讼的，人民法院应当按劳务关系处理。本案中，根据张某多年来的工作状态以及工资收入情况，可确定张某与某欣物业公司之间存在支配与被支配关系，故尽管双方并未签订过劳务合同，亦应认定存在劳务关系。张某在提供劳务时造成损害的，应由雇主承担赔偿责任。

【关联索引】

《最高人民法院关于适用〈中华人民共和国民法典〉时间效力的若干规定》第一条

2010 年《中华人民共和国侵权责任法》第六条、第十六条

2004 年《最高人民法院关于审理人身损害赔偿案件适用法律若干问题的解释》第十一条、第十七条

一审：上海市静安区人民法院（2022）沪 0106 民初 8926 号民事判决（2022 年 9 月 2 日）

二审：上海市第二中级人民法院（2023）沪 02 民终 3511 号民事判决（2023 年 6 月 1 日）

汕头市安某玩具实业有限公司、朱某侵犯著作权案

——非一比一精确复制仿真玩偶行为的认定

龚　雯*

【关键词】刑事　侵犯著作权罪　仿真玩偶　作品　刑民交叉

【基本案情】

CNB33 款芭比娃娃系著作权人美某有限公司（以下简称美某公司）创作的立体美术作品。该作品于 2013 年 5 月 7 日创作完成，于 2014 年 10 月 6 日公开发表。美某公司根据该作品制作、生产系列玩具，并在市场上销售。

被告单位汕头市安某玩具实业有限公司（以下简称安某公司）于 2016 年 3 月 3 日注册成立，主营业务为生产、销售玩具娃娃、过家家玩具等儿童玩具产品。自 2016 年起，安某公司未经著作权人美某公司许可，生产、制造与芭比娃娃构成复制关系的玩具娃娃，并对外销售。被告人朱某系安某公司实际经营人，全权管理公司业务，并招募员工负责生产、销售等工作。2021 年 4 月 26 日，公安机关在朱某处查扣涉案安某、阿某娃娃若干。其中，99044 款阿某娃娃与 CNB33 款芭比娃娃构成复制关系，侵权复制品数量共计 1997 件。

2021 年 4 月 26 日，被告人朱某被公安机关抓获。朱某到案后如实供述了上述犯罪事实。

---

* 龚雯，法律硕士，原上海市静安区人民法院刑事审判庭庭长，现上海市松江区人民法院党组成员、副院长。本案例入选中国外商投资企业协会优质品牌保护工作委员会 2023—2024 年度知识产权十佳刑事案例。

公诉机关认为，芭比娃娃系列玩具以其独特的场景构思和造型组合展现出创作者鲜明的审美表达，具备独创性，应当认定为立体美术作品。被告单位安某公司以营利为目的，未经著作权人许可，复制发行他人美术作品，有其他严重情节，被告人朱某作为直接负责的主管人员，均应当以侵犯著作权罪追究其刑事责任。被告单位安某公司、被告人朱某认罪认罚，可以从宽处理。被告人朱某伙同他人实施犯罪，并在共同犯罪中起主要作用，系主犯。被告单位安某公司、被告人朱某到案后能如实供述，可以从轻处罚。建议判处被告单位安某公司罚金人民币五万元，判处被告人朱某有期徒刑二年，并处罚金，可以适用缓刑。

被告单位诉讼代表人杜某、被告人朱某对量刑建议没有异议且签字具结。

法院经审理查明：CNB33 款芭比娃娃系著作权人美某公司创作的立体美术作品。该作品于 2013 年 5 月 7 日创作完成，于 2014 年 10 月 6 日公开发表。美某公司根据该作品制作、生产系列玩具，并在市场上销售。

被告单位安某公司于 2016 年 3 月 3 日注册成立，主营业务为生产、销售玩具娃娃、过家家玩具等儿童玩具产品。被告人朱某系安某公司实际经营人，全权管理公司业务，并招募员工负责生产、销售等工作。经营期间，安某公司未经著作权人美某公司许可，生产、制造与 CNB33 款芭比娃娃构成复制关系的 99044 款阿某娃娃。

2021 年 4 月 26 日，被告人朱某被公安机关抓获。当日，公安机关在朱某处查扣涉案阿某娃娃共计 1997 件。朱某到案后如实供述了上述犯罪事实。

上海市静安区人民法院于 2023 年 8 月 16 日作出（2023）沪 0106 刑初 545 号刑事判决：一、被告单位安某公司犯侵犯著作权罪，判处罚金人民币五万元；二、被告人朱某犯侵犯著作权罪，判处有期徒刑二年，缓刑二年，并处罚金人民币五万元；扣押在案的侵权商品、犯罪工具等，依法予以没收。一审宣判后，被告人未上诉，公诉机关未抗诉。一审判决已生效。

【裁判理由】

法院生效裁判认为：著作权人美某公司创作的芭比娃娃系列玩具，以其独特的场景构思和造型组合，呈现出创作者鲜明的审美表达，属于具有独创性的立体美术作品。被告单位安某公司以营利为目的，生产、制造与 CNB33

款芭比娃娃实质性相似的99044款阿某娃娃，属未经著作权人许可，复制发行他人美术作品，有其他严重情节，被告人朱某作为直接负责的主管人员，其行为均已构成侵犯著作权罪，依法应予惩处。公诉机关指控的罪名成立，法院予以支持。在共同犯罪中，被告人朱某起主要作用，系主犯。被告人朱某能如实供述自己的罪行，对被告单位安某公司亦可认定具有如实供述情节，依法对被告单位安某公司、被告人朱某可以从轻处罚。根据被告人的犯罪事实、情节、认罪悔罪态度等，可以适用缓刑，采纳公诉机关的量刑建议及辩护人的相关辩护意见。

【裁判要旨】

仿真娃娃玩偶取材于真实的人物形象，但无论是其脸部、人物造型，包括各类配件的陈设方式，均可以通过鲜明的色彩搭配和丰富的配件组合等体现出创作者明确的审美表达，因此，可以作为受法律保护的具有独创性的作品。对于此类并非百分百精准复制的侵权作品，应当在保护独创性的基础上，充分考虑被告人的主观动机，以整体与局部相结合原则、比例原则为评判标准，判断作品是否属于实质性相似，进而判断行为人是否构成侵犯著作权罪。

【关联索引】

《中华人民共和国刑法》第二百一十七条第一项、第二百二十条

一审：上海市静安区人民法院（2023）沪0106刑初545号刑事判决（2023年8月16日）

宫某钧假冒注册商标案

——假冒未实际使用的注册商标构成假冒注册商标罪

公绪龙*

【关键词】刑事　假冒注册商标罪　注册商标　同一商品　实际使用

【基本案情】

公诉机关指控，2021 年 3 月至 2023 年 4 月间，被告人宫某钧在明知未经注册商标所有人许可的情况下，购入原材料和商标标识后指使他人制作各类假冒“博某某”品牌注册商标的服饰，并在淘宝网店和微信朋友圈对外进行销售。2023 年 5 月 5 日，公安机关在被告人宫某钧位于北京市某区方庄街道某园的住处查获 50 余件带有“博某某”品牌注册商标的服饰等，经鉴定均系侵犯相关注册商标专用权的假冒商品。经审计，已销售金额人民币 400 余万元，待销售金额人民币 10 余万元。

被告人宫某钧辩称，其假冒的商标系“博某某”品牌在国外注册、使用的商标，不认可指控的罪名。宫某钧辩护人认为宫某钧系假冒“博某某”品牌在国外注册使用的商标，该商标虽然也在国内注册但并未实际使用，且宫某钧假冒的骑士图案与注册商标并不完全一样，故宫某钧不构成假冒注册商标罪。

法院经审理查明：2021 年 3 月至 2023 年 4 月间，被告人宫某钧在明知未经注册商标所有人许可的情况下，购入原材料和商标标识后指使他人制作各类假冒“博某某”品牌注册商标“B××B××L××”、骑士图案的服饰，并

* 公绪龙，法律硕士，上海市静安区人民法院刑事审判庭副庭长。本案例入选中国外商投资企业协会优质品牌保护工作委员会 2023—2024 年度知识产权十佳刑事案例。

在淘宝网店和微信朋友圈对外进行销售。2023 年 5 月 5 日，公安机关在被告人宫某钧位于北京市某区某园二区 3 号楼 5 单元 102 室的住处查获 50 余件带有“博某某”品牌注册商标的服饰等，经鉴定均系侵犯相关注册商标专用权的假冒商品。经审计，宫某钧已销售金额人民币 400 余万元，待销售金额人民币 10 余万元。

上海市静安区人民法院于 2023 年 1 月 16 日作出（2023）沪 0106 刑初 997 号刑事判决：一、被告人宫某钧犯假冒注册商标罪，判处有期徒刑五年，并处罚金人民币二百万元；二、追缴违法所得，连同查获的违禁品，予以没收。一审宣判后，被告人宫某钧提出上诉。上海市第三中级人民法院于 2024 年 2 月 23 日作出（2024）沪 03 刑终 3 号刑事裁定：驳回上诉，维持原判。

【裁判理由】

法院生效裁判认为：被告人宫某钧伙同他人未经注册商标所有人许可，在同一种商品上使用与其注册商标相同的商标，情节特别严重，其行为已构成假冒注册商标罪，依法应予惩处。“B××Y”“B×× B×× L××”、骑士图案商标均系博某某有限公司在我国合法注册且处于有效期内的商标，核准使用于服装商品，依法应受法律保护。“博某某”品牌市场知名度高，被告人宫某钧未经授权在制作、销售的服装类商品上所使用的商标标识不管是图形元素、排列、组合，还是文字组合，又或者是文字、图形的组合，与权利人博某某公司注册的商标标识在视觉上基本无差别，足以误导公众。根据《最高人民法院、最高人民检察院关于办理侵犯知识产权刑事案件具体应用法律若干问题的解释（三）》第一条的规定，应当认定为《刑法》第二百一十三条规定的“与其注册商标相同的商标”。

【裁判要旨】

我国合法注册并处于有效期内的商标，在其核准使用的范围，依法应当受到刑事保护。注册商标是否实际使用，虽然可能成为免予民事赔偿的抗辩理由，但无法否定侵权行为的成立，也不是刑法商标类犯罪的构成要件。

【关联索引】

《中华人民共和国刑法》第二百一十三条

一审：上海市静安区人民法院（2023）沪 0106 刑初 997 号刑事判决（2023 年 11 月 16 日）

二审：上海市第三中级人民法院（2024）沪 03 刑终 3 号刑事裁定（2024 年 2 月 23 日）

光某证券股份有限公司诉虞某股权转让纠纷案

——新三板公司终止挂牌，其控股股东、实际控制人作出的股权回购承诺不因控股股东或实际控制人身份关系的变化而免责

李　超*

【关键词】民事　股权转让　新三板　控股股东　实际控制人　股权回购

【基本案情】

原告光某证券股份有限公司诉称，2017年，原告光某证券股份有限公司（以下简称光某证券公司）参加了浙江中某科技股份有限公司（以下简称中某科技公司，系新三板挂牌公司）的股票定向增发，并取得中某科技公司89万股股票，支付总价2492万元。后因中某科技公司股票终止挂牌，原告作为异议股东要求中某科技公司股东、实际控制人被告虞某履行股权回购义务。现原告诉请判令：被告虞某向原告支付股权回购款24920000元及逾期付款利息（以本金24920000元为基数按全国银行间同业拆借中心公布的一年期贷款市场报价利率即LPR自2021年1月17日起计算至实际给付之日，暂计至2023年5月25日的付款利息为2194496.16元），并支付原告律师费损失10万元及保全担保费损失15152元。

被告虞某辩称，对原告诉请的股权回购款本金及利息计算金额无异议，不同意承担律师费和保全担保费，不认可原告诉请。虞某自2019年10月16日被采取强制措施后，公司后续公告并非被告本人意思表示，原告应向公告

---

* 李超，法学硕士，上海市静安区人民法院金融审判庭审判员。本案例入选2023年度上海法院金融商事审判十大案例。

主体主张。虞某持有的公司股权已经转让，已非公司实际控制人，不再具有回购义务。

法院经审理查明，2017 年 1 月 18 日，中某科技公司《股票发行情况报告书》载明：本次发行完成后……虞某通过直接或间接方式共持有本公司 74.13% 股份，仍为公司控股股东和实际控制人。

2019 年 7 月 12 日，虞某出具《承诺》，载明本人或指定的第三方对异议股东持有的公司股份按照以下方式进行回购："（一）回购对象条件：1. 公司 2019 年第二次临时股东大会股权登记日登记在册的股东。2. 未参加审议本次终止挂牌事项股东大会或参加审议本次终止挂牌事项股东大会未投赞成票的股东。3. 不存在损害公司利益情形的股东。4. 异议股东所持公司股份不存在质押、司法冻结等限制自由交易的情况。满足前述所有条件的股东可以要求回购，其要求回购股份的数量以公司 2019 年第二次临时股东大会股权登记日，由中国证券登记结算有限责任公司出具的《证券持有人名册》记载的信息为准……"

2019 年 7 月 15 日，中某科技公司发布《董事会决议公告》，载明审议通过《关于申请公司股票在全国中小企业股份转让系统终止挂牌的议案》等。同日，中某科技公司发布《异议股东权益保护公告》，其中载明的回购对象条件、回购价格、回购申报有效期限以及联系方式等内容均与前述《承诺》一致。

2019 年 7 月 15 日，中某科技公司发布《承诺公告》，载明："承诺开始日期：2019 年 7 月 31 日；承诺履行期限：2019 年第二次临时股东大会召开日起一个月内；承诺结束日期：2019 年 8 月 30 日；承诺主体：虞某；承诺主体与挂牌公司的关系：控股股东、实际控制人；承诺内容：虞某承诺于本承诺函签署之日起 30 日内，对回购相对人提出的回购请求，按以下约定对其所持股份实施回购：1. 回购相对人：审议公司股票终止挂牌事宜股东大会的异议股东；2. 回购承诺期间：股东大会审议通过后 30 日内……6. 承诺内容自本公告发布之日起生效。新增承诺事项的原因：公司已申请公司股票在全国中小企业股份转让系统终止挂牌，为充分保障异议股东的合法权益，公司控股股东、实际控制人做出上述补充承诺。"

2019 年 8 月 1 日，中某科技公司发布《股东会决议公告》，载明审议通过《关于申请公司股票在全国中小企业股份转让系统终止挂牌的议案》《关于申请公司股票终止挂牌对异议股东权益保护措施的议案》等。

2019 年 8 月 19 日，光某证券公司向中某科技公司及其实际控制人虞某发出《异议股东回购申请说明书》，载明光某证券公司未参加临时股东大会，符合“异议股东”认定，光某证券公司根据中某科技公司公告要求，在指定时间内向虞某提出异议股东回购申请。同月 21 日，虞某向光某证券公司出具《签收确认函》，确认已收到上述《异议股东回购申请说明书》。

2020 年 1 月 14 日，全国中小企业股份转让系统有限责任公司发布《关于中某科技公司股票终止挂牌的公告》，决定自同月 17 日起终止中某科技公司股票挂牌。同月 16 日，中某科技公司发布《终止挂牌公告》，公司股票自同月 17 日起在股转系统终止挂牌。

2019 年 11 月 5 日，中某科技公司董事会决议，因虞某涉及经济犯罪不能履行职务，同意虞某辞去公司董事长等职务；2020 年 6 月，虞某将所持公司股份转让给案外人，虞某仅持 300 万股，持股占比 4.4%；2020 年 7 月，虞某将 300 万股转让给案外人，持股比例为 0；现中某科技公司法定代表人为卿某。

上海市静安区人民法院于 2023 年 8 月 3 日作出（2022）沪 0106 民初 22095 号民事判决：一、被告虞某应于判决生效之日起十日内支付原告光某证券公司股权回购款 24920000 元及逾期付款利息（以本金 24920000 元为基数按全国银行间同业拆借中心公布的一年期贷款市场报价利率自 2021 年 1 月 17 日起计算至实际给付之日止），虞某支付股权转让款后，案涉股权归虞某所有，光某证券公司应配合办理相关股权变更手续；二、被告虞某应于判决生效之日起十日内支付原告光某证券公司律师费损失 10 万元；三、原告光某证券公司其余诉请不予支持。一审判决后，原、被告双方第三人均未上诉，一审判决已生效。

【裁判理由】

法院生效裁判认为：因中某科技公司申请公司股票在全国中小企业股份转让系统终止挂牌，为充分保障异议股东的合法权益，公司控股股东及实际控制人虞某出具《承诺》回购异议股东股份。虞某 2019 年 7 月 12 日出具的

《承诺》，主体清晰，内容明确，意思表示真实，该回购承诺一经作出即生效。中某科技公司并就此发布了《异议股东权益保护公告》《承诺公告》，挂牌公司的对外公告应当具有公示效力，公众及投资者对公告具有信赖利益。按照《承诺》及公告要求，光某证券公司系中某科技公司在册股东，未参加临时股东大会，符合公告载明的“异议股东”范围，有权要求虞某按照《承诺》及相应公告回购其股权。

虞某关于其现已不是中某科技公司控股股东及实际控制人，故不再具有股权回购义务的抗辩主张，法院不予认同。第一，本案《承诺》系由虞某个人作出，回购义务主体明确，回购承诺意思表示真实，且未经撤回或撤销，也不存在其他违法无效的情形。故虞某应当履行其承诺，回购异议股东股权。第二，虞某作出《承诺》后，光某证券公司已明确按照要求提出回购申请，该回购义务系虞某的合同义务，即使虞某主张应由公司变更后的实际控制人等其他主体履行回购义务，合同义务（债务）的变更及转让也应取得相对人（债权人）的同意。而本案中债权人并未同意变更或转让。第三，作为承诺时的公司控股股东、实际控制人，虞某作出回购承诺后并不因身份关系变化而免责。公司的实际控制人，一般指公司控股股东，或虽不是公司股东，但是可以通过协议、投资或其他方式，能够对公司的经营、决策造成决定性的影响，对公司产生实际支配的人。实际控制人通过股权代持、关联关系、出具承诺等方式对支配公司事务并对市场和投资者产生重大影响。中某科技公司作为新三板挂牌公司，市场主体对其实际控制人作出的承诺具有信赖利益，虞某的回购义务不因其公司实际控制人身份关系的变化而免除。否则，公司的控股股东、实际控制人均可在作出相关承诺后通过改变股权份额或实际控制人身份关系等方式而脱责。

【裁判要旨】

新三板公司申请终止挂牌的情况下，公司控股股东及实际控制人出具回购异议股东股份的《承诺》，并经公司发布公告确认。该承诺不同于投资方利用优势地位在上市公司定向增发等再融资过程中与上市公司及其控股股东、实际控制人订立的“定增保底”性质条款，未违反证券法公平原则和相关监管规定，故一经作出即生效。即便《承诺》公告后公司控股股东、实际控制人因客观原因发生变更，但《承诺》确定的回购合同义务（债务）的变更及转让应取得相对人（债权人）的同意，在未与相对人协商一致的情况下，原控股股东、实际控制人之回购义务不因其在承诺后身份关系的变化而免除。

司法实践中，涉及新三板挂牌公司的股权回购纠纷屡见不鲜。《最高人民法院关于为深化新三板改革、设立北京证券交易所提供司法保障的若干意见》明确，在上市公司定向增发等再融资过程中，对于投资方利用优势地位与上市公司及其控股股东、实际控制人或者主要股东订立的“定增保底”性质条款，因其赋予投资方优越于其他同种类股东的保证收益特殊权利，变相推高中小企业融资成本，违反证券法公平原则和相关监管规定，人民法院应依法认定该条款无效。而本案系新三板挂牌公司因申请终止挂牌，公司控股股东、实际控制人出具回购承诺引发的纠纷，不同于上述“定增保底”性质的条款。本案判决对所涉股权回购承诺的性质、效力作出司法认定，明确公司控股股东及实际控制人在作出股权回购承诺后，即使控制地位、身份关系发生改变仍应履行股权回购义务，为维护中小股东或异议股东合法利益提供了有力的司法保障，对今后此类案件的审理具有积极的借鉴意义。

【关联索引】

《中华人民共和国民法典》第一百三十九条、第一百四十条、第一百四十三条、第五百零九条

《中华人民共和国公司法》第二百一十六条

一审：上海市静安区人民法院（2022）沪 0106 民初 22095 号民事判决（2023 年 8 月 2 日）

金某诉倪某棠等被继承人债务清偿纠纷案
——适用必留份规则，确保未成年人利益最大化

盛玉英　陈知刊*

【关键词】民事　被继承人债务清偿　必留份规则　未成年人利益最大化

【基本案情】

原告金某诉称，原告金某与倪某杰为朋友关系。2021 年年底，倪某杰向原告表示年底工程项目资金周转困难，需要借款周转，遂于 2021 年 12 月 2 日向原告借款 2000000 元，约定 2022 年 1 月 20 日还款。后原告凑齐 2000000 元借款给倪某杰。还款到期后，倪某杰逾期未还款，多次拖延还款时间。经原告多次讨要，倪某杰于 2022 年 2 月 16 日还给原告 150000 元。2022 年 3 月，原告曾向上海市宝山区人民法院起诉要求倪某杰还款。因倪某杰于 2022 年 5 月 21 日报死亡，故原告撤诉。倪某杰的法定继承人包括其妻子即被告裘某瑄、儿子即被告倪某棠、父亲即被告倪某、母亲即被告黄某菊。为维护自身权益，原告提起诉讼，请求判令：（1）四被告在继承倪某杰的遗产范围内共同归还原告借款本金 1850000 元；（2）四被告在继承倪某杰的遗产范围内共同支付原告借款违约金，以本金 1850000 元为基数，自 2022 年 1 月 21 日起至还清之日止，按同期全国银行间同业拆借中心公布的一年期贷款市场报价利率的两倍计算。

被告裘某瑄、被告倪某棠共同辩称，被告裘某瑄发现倪某杰于 2018 年年

---

* 盛玉英，法律硕士，上海市静安区人民法院未成年人与家事案件综合审判庭审判员。陈知刊，法律硕士，上海市静安区人民法院未成年人与家事案件综合审判庭法官助理。本案例入选 2023 年度上海法院十大涉民生典型案例。

底出轨，故被告裘某瑄与倪某杰自2019年起分居直至倪某杰死亡。2019年起倪某杰与案外人长期同居，且育有一子，后该孩子夭折。被告裘某瑄、被告倪某棠推测倪某杰系因其生前开展的经营活动导致其背负巨额债务才自杀身亡，认可倪某杰尚欠原告借款本金1850000元，但应与被告裘某瑄、被告倪某棠举证的《居间协议》中到期债务500000元相抵销。案涉违约金过高，要求按同期全国银行间同业拆借中心公布的一年期贷款市场报价利率计算违约金。被告裘某瑄放弃继承倪某杰的遗产，但愿意配合处理倪某杰的债务。被告倪某棠系未成年人，不放弃继承倪某杰的遗产，希望在倪某杰的遗产范围内为其保留一定的份额，作为其未来生活的保障。以上海2022年城镇居民人均消费支出48111元为标准，夫妻各承担孩子一半的消费支出，即24055.5元，孩子目前9岁，还需要保留9年抚养费，总计216499.50元。

被告倪某、被告黄某菊共同辩称，被告倪某、被告黄某菊认可倪某杰尚欠原告借款本金1850000元，原告应支付倪某杰的剩余500000元中介费已经到期，故应将该笔500000元在本案中抵销。案涉违约金过高，要求按同期全国银行间同业拆借中心公布的一年期贷款市场报价利率计算，时间计算到倪某杰死亡之日止。被告倪某、被告黄某菊目前年事已高，且患病，退休金只能勉强维持生活，要求在倪某杰的遗产范围内为其两人保留一定的份额，以每人每月2000元，计算到被告倪某、被告黄某菊各80岁止。

针对被告裘某瑄、被告倪某棠、被告倪某、被告黄某菊的辩称意见，原告金某称：（1）要求被告裘某瑄承担清偿责任。（2）《居间协议》不是居间合同，原告只是委托倪某杰帮忙购买房屋，因倪某杰未按要求完成购买新房事宜，故原告未支付余下的500000元，关于此，不同意在本案中一并处理。（3）考虑到倪某杰已死亡，同意将违约金调整为按照同期全国银行间同业拆借中心公布的一年期贷款市场报价利率的两倍计算。（4）关于保留遗产份额问题，原告对被告倪某棠表示同情，若法院从保护儿童权益角度为被告倪某棠保留必要的遗产份额，原告没有意见，具体份额由法院依法确定。原告尊重法院判决，也同意依法执行。被告倪某与被告黄某菊有养老金，两人的养老金加起来有12000元，足以保障两人的日常生活，不同意为被告倪某与被告黄某菊保留必要的遗产份额。

法院经审理查明：被告裘某瑄与倪某杰系夫妻，生育一子即被告倪某棠。

被告倪某棠于2013年3月27日出生，尚未成年。被告倪某、被告黄某菊系倪某杰的父母。倪某杰于2022年5月21日报死亡。

2021年7月19日，原告与倪某杰签订《居间协议》，载明："甲方：金某……乙方：倪某杰……甲方通过乙方居间操作购买项目为上海绿地海珀外滩三期住宅房产，房产价值约为人民币4000万元……"同日，原告的妻子刘某某转账给倪某杰500000元。2021年10月28日，原告的妻子刘某某转账给倪某杰200000元，原告转账给倪某杰500000元。2021年10月29日，原告转账给倪某杰300000元。

落款日期为"2021年12月2日"的《借条》载明："借条甲方（出借人）：金某……乙方（借款人）：倪某杰……今乙方通过银行转账方式向甲方借款贰佰万元人民币整，借款用途为个人借贷。借款约定于2022年1月20日归还。如逾期未归还，乙方应当以未归还借款为基数，每日千分之一标准，向甲方支付延迟支付违约金。并且乙方应当支付甲方为挽回损失所产生的律师费、诉讼费、保全费、公证费等所有费用。若产生纠纷，由甲方所在地人民法院管辖。"该《借条》落款甲方处原告签字，乙方处倪某杰签字。同日，原告转账给倪某杰1000000元。2021年12月3日，原告转账给倪某杰200000元。2021年12月4日，原告转账给倪某杰100000元。2021年12月11日，原告妻子刘某某转账给倪某杰700000元。

2022年2月16日，倪某杰转账给原告150000元。

原告曾诉至上海市宝山区人民法院要求倪某杰归还本案借款。因倪某杰死亡，原告于2022年6月7日撤回起诉。

落款日期为2022年5月20日的《放弃继承声明书》载明："声明人：裘某瑄……郑重承诺，自愿自始放弃继承被继承人倪某杰的全部遗产……"

中国工商银行被告裘某瑄名下账号6222021001014××××××内2022年1月1日至2022年12月12日期间的明细单显示被告裘某瑄平均月工资收入1万元左右。

上海银行被告倪某名下账号620522004504××××××内2022年11月1日至2022年12月13日期间个人账户交易明细显示，2022年11月11日统筹养老金收入7607.10元；2022年12月11日统筹养老金收入7607.10元。

兴业银行被告黄某菊名下账号622908211444××××××内2022年12

月9日的借记卡交易明细显示，2022年12月9日社保费收入4684.50元。

审理中，原告的妻子刘某某到庭称，2021年12月11日，刘某某系代原告转给倪某杰700000元，该笔700000元刘某某不会向倪某杰的法定继承人主张相关权益。

上海市静安区人民法院于2023年4月10日作出（2022）沪0106民初34535号民事判决：一、在倪某杰的遗产范围内，为被告倪某棠保留必要的遗产份额160000元后，被告倪某棠、被告倪某、被告黄某菊于本判决生效之日起十日内在继承倪某杰的遗产范围内共同归还原告金某借款本金1850000元；二、被告倪某棠、被告倪某、被告黄某菊于本判决生效之日起十日内在继承倪某杰的遗产范围内共同支付原告金某违约金，以本金1850000元为基数，自2022年1月21日起至付清之日止，按同期全国银行间同业拆借中心公布的一年期贷款市场报价利率的两倍计算；三、对原告金某的其余诉讼请求，不予支持。一审判决后，各方当事人均未上诉，一审判决已发生法律效力。

【裁判理由】

法院生效裁判认为：公民生前所欠债务应由其个人合法财产予以偿还，公民死亡后由其法定继承人在继承遗产的范围内偿还其生前所欠债务。继承人以所得遗产实际价值为限清偿被继承人依法应当缴纳的税款和债务。

本案中，第一，关于民间借贷法律关系。原告与倪某杰于2021年12月2日签订的《借条》系双方真实意思表示。《借条》签订后，原告分别于2021年12月2日、2021年12月3日、2021年12月4日转账1000000元、200000元、100000元给倪某杰，原告的妻子刘某某于2021年12月11日转账700000元给倪某杰，截至2021年12月11日，原告已经按约履行借款义务。对此，四被告均予以认可，故法院认定原告与倪某杰之间的2000000元民间借贷法律关系成立，且不违反法律、行政法规的禁止性规定，合法有效，倪某杰理应恪守履行还款义务。

第二，关于还款情况。原告和倪某杰约定借款于2022年1月20日归还，期限届满后，倪某杰未按约履行还款义务，构成违约。原、被告均认可倪某杰于2022年2月16日已归还原告150000元，尚有1850000元未归还，且有相关证据予以佐证，法院予以确认。

第三，关于债务抵销问题。当事人互负债务，该债务的标的物种类、品质相同的，任何一方可以将自己的债务与对方的到期债务抵销。当事人互负债务，标的物种类、品质不相同的，经协商一致，也可以抵销。四被告共同称，原告与倪某杰之间有《居间协议》，原告尚有到期中介费 500000 元未支付给倪某杰，故要求《居间协议》中的 500000 元与本案借款抵销。原告则称，原告与倪某杰之间不是居间合同，只是原告委托倪某杰帮忙购买房屋，故《居间协议》中的 500000 元不同意在本案中一并处理。对此，法院认为，当事人互负债务，标的物种类、品质相同，或者经协商一致，可以抵销。关于《居间协议》中的 500000 元属于中介费抑或其他费用双方各执己见，原告和倪某杰的微信聊天记录中亦未明确该笔费用与本案借款互相抵销，且《居间协议》中的 500000 元与本案属于不同的法律关系，原告亦不同意在本案中一并处理，故四被告要求《居间协议》中的 500000 元与本案借款抵销，法院不予采纳。本案中对《居间协议》中的 500000 元不做处理，四被告可依法另行解决。

第四，关于清偿责任人的范围。继承人放弃继承的，对被继承人依法应当缴纳的税款和债务可以不负清偿责任。被告裘某瑄向法院提交《放弃继承声明书》，承诺自愿放弃继承被继承人倪某杰的全部遗产，并在审理中再次明确表示放弃继承倪某杰的全部遗产，于法不悖，法院予以准许。被告裘某瑄放弃继承倪某杰的遗产，故对倪某杰的债务不负清偿责任。原告坚持要求被告裘某瑄承担清偿责任，于法无据，法院不予支持。被告倪某棠、被告倪某、被告黄某菊均不放弃继承倪某杰的遗产，原告要求被告倪某棠、被告倪某、被告黄某菊在继承倪某杰的遗产范围内清偿倪某杰的债务，法院予以支持。

第五，关于违约金的问题。当事人可以约定一方违约时应当根据违约情况向对方支付一定数额的违约金。约定的违约金过分高于造成的损失的，人民法院可以根据当事人的请求予以适当减少。原告与倪某杰在《借条》中约定“以未归还借款为基数，每日千分之一标准，向甲方支付延迟支付违约金”，原告要求以本金 1850000 元为基数，按同期全国银行间同业拆借中心公布的一年期贷款市场报价利率的两倍计算违约金。四被告则认为违约金过高，要求按同期全国银行间同业拆借中心公布的一年期贷款市场报价利率计算违约金。对此，法院认为，在确立违约责任时，应当同时考虑违约金的补偿性与惩罚性的双重属性，综合借贷履行情况、当事人的过错程度、预期利益以及给守约方造成的损失情况，原告以同期全国银行间同业拆借中心公布的一年期贷款市场报价利率的两倍计算违约金，尚属合理，法院予以支持。原告要求违约金自2022年1月21日起计算至清偿之日止。被告倪某、被告黄某菊则以违约金的约定是原告与倪某杰之间的约定为由要求违约金自2022年1月21日起计算至倪某杰死亡之日止。对此，法院认为，债务人死亡并不能引起违约金停止计算的法律效果，故被告倪某、被告黄某菊辩称违约金在倪某杰死亡时停止计算，无法律依据，法院不予采纳。原告要求违约金计算至付清之日止，法院予以支持。

第六，关于保留遗产份额问题。分割遗产，应当清偿被继承人依法应当缴纳的税款和债务；但是，应当为缺乏劳动能力又没有生活来源的继承人保留必要的遗产。本案中，被告倪某棠系未成年人，缺乏劳动能力，且被告倪某棠的母亲被告裘某瑄收入不高，从未成年人利益最大原则出发，应在倪某杰的遗产范围内为其保留一定的遗产份额，作为其未来生活的保障。原告对此亦无异议，故被告倪某棠要求在倪某杰的遗产范围内为其保留一定的遗产份额，法院予以支持。至于为被告倪某棠保留的具体遗产份额，法院根据被告倪某棠的实际需要、被告倪某棠的母亲的负担能力和当地的实际生活水平予以酌定。倪某杰虽系被告倪某与被告黄某菊的独生子，但被告倪某与被告黄某菊有养老金可以维持生活，且被告倪某与被告黄某菊之间可以相互扶养，故被告倪某与被告黄某菊要求在倪某杰的遗产范围内为其保留一定的份额，法院不予支持。

【裁判要旨】

当未成年人作为继承人在被继承人债务清偿纠纷案件中提出在被继承人的遗产范围内为其保留必要的遗产份额时，应从未成年人利益最大化、个体生存权优先出发，在查明未成年人的父母一方死亡，另一方的收入确实不足以负担未成年人的生活费用时，可适用必留份规则，结合被继承人的遗产及负债情况，在被继承人的遗产范围内为其保留必要的遗产份额，助力未成年人健康成长，从而体现法院对弱势群体的人文关怀，使司法有力度更有温度，使判决符合社会主义核心价值观的内在要求，实现法律效果与社会效果的统一。

【关联索引】

《中华人民共和国民法典》第一百一十九条、第五百六十八条、第五百六十九条、第五百八十五条、第六百七十五条、第六百七十九条、第一千一百五十九条、第一千一百六十一条

一审：上海市静安区人民法院（2022）沪0106民初34535号民事判决（2023年4月10日）

崔某诉郑某彧离婚纠纷案
——涉父母抢夺、藏匿子女案件的处理思路及方法

程一婧*

【关键词】民事　离婚　抢夺、藏匿子女　家庭教育令　责令返还儿童

【基本案情】

原告崔某诉称，原告崔某、被告郑某彧于2010年自行相识，于2015年7月1日登记结婚，于2017年9月6日生育一女名郑某辰。由于双方系异地恋爱，婚前缺乏了解。被告性格强势，缺乏包容，婚后经常因生活琐事与原告争吵，且特别粗暴。被告及其父母对原告及原告母亲缺乏基本尊重，屡次当着孩子辱骂原告。故原告于2022年1月7日携女儿离家，与被告分居至今。分居期间，被告更换塘祁路房屋门锁，原告无法入内取回个人物品，原告联系被告，被告置之不理。2022年8月，被告向上海市宝山区人民法院起诉离婚，后撤诉。2023年1月24日，被告组织指使他人强行从原告父亲处抢走女儿并藏匿。原告认为夫妻感情已经破裂，且被告行为对孩子造成伤害，故诉至法院，请求判令：（1）原告与被告离婚；（2）女儿郑某辰随原告共同生活，被告每月支付抚养费6000元；（3）依法分割夫妻共同财产。

被告郑某彧辩称，不同意原告的诉请。双方在家庭矛盾中均有态度言行过激行为。2022年1月，原告在未经被告同意且未告知被告的情况下，擅自将女儿带走，并在2022年2月开学之际没有按时送女儿上幼儿园。之后幼儿园老师发现郑某辰学籍被迁出，被告才知晓。被告多次询问原告，却始终不

---

* 程一婧，法律硕士，上海市静安区人民法院未成年人与家事案件综合审判庭审判员。本案例获2023年度上海法院涉民生典型案例提名奖。

知女儿下落，不得不于2022年8月向上海市宝山区人民法院起诉离婚。起诉后，原告带女儿回上海，并转学上了另外一个幼儿园，但始终不肯告知居住地址。2022年9月，被告只能至新幼儿园看望女儿，但原告报警。在警察的协调下，原告表示可以考虑让被告回家探望孩子，但之后原告未兑现，被告依然只能在学校每月见到孩子两次。幼儿园老师告知被告女儿时常闷闷不乐。因此被告在2023年1月24日找人将女儿从原告父亲处带走。被告同意离婚，要求女儿随被告共同生活，抚养费由法院依法判决，同意依法分割夫妻共同财产。

法院经审理查明：崔某与郑某弢于2015年7月1日登记结婚，于2017年9月6日生育一女名郑某辰。婚后，双方因性格不合，经常为生活琐事发生激烈争吵。2022年1月，崔某发现家里门锁被郑某弢调换，在未告知郑某弢的情况下，将郑某辰带回崔某老家，并擅自将郑某辰学籍转至老家，郑某弢多方寻找无法得知郑某辰下落。同年9月，崔某将郑某辰带回上海，双方在郑某辰新学校门口发生争执，在警方调解下，双方就探望事宜达成初步口头协议，但未能实际履行。2023年1月，郑某弢带四五人，趁崔某父亲带郑某辰散步，强行围堵崔某父亲并抢走郑某辰，之后将郑某辰藏匿于外地。双方名下有夫妻共同财产塘祁路房屋、塘祁路车位、大宁路房屋、宝马车辆（含车牌）等。

上海市静安区人民法院于2023年11月27日作出（2023）沪0106民初22238号民事判决：一、准予原告崔某与被告郑某弢离婚；二、离婚后，双方所生之女郑某辰随原告崔某共同生活；被告郑某弢自2023年12月起按月给付郑某辰抚养费5000元；三、上海市静安区大宁路房屋产权归原告崔某所有；原告崔某支付被告郑某弢财产折价款1307804元；四、上海市宝山区塘祁路房屋及上海市宝山区塘祁路车位产权归被告郑某弢所有；被告郑某弢支付原告崔某财产折价款3092290元；五、宝马牌小型轿车及车牌归被告郑某弢所有；被告郑某弢支付原告崔某财产折价款130000元；六、离婚后，原告崔某（携女）、被告郑某弢住房自行解决。一审宣判后，被告郑某弢提起上诉。上海市第二中级人民法院于2024年2月19日作出（2024）沪02民终1114号民事判决：驳回上诉，维持原判。

【裁判理由】

法院生效裁判认为：原、被告婚后因生活琐事经常发生争吵致夫妻感情失和，尤其在双方藏匿、抢夺子女后，矛盾加深。双方均认为夫妻感情已经破裂，无和好可能，应准予离婚。原、被告未能妥善处理婚姻家庭中产生的矛盾，均有藏匿、抢夺孩子的错误行为，经法院开展家庭教育指导后，双方能够认识自身错误，纠正不当行为，从有利于未成年人的角度，和平理性协商孩子的抚养探望事宜，并在案件审理期间按照约定执行，给予孩子稳定的学习生活环境。关于离婚后子女抚养问题，考虑到原、被告的教育背景、经济收入、住房条件相当，郑某辰为女孩，且其目前主要随原告共同生活，由被告定期探望，郑某辰继续随原告共同生活有利于维系稳定的学习生活模式，故综合原、被告情况及郑某辰生活状态，郑某辰随原告共同生活更为适宜。抚养费根据被告收入及郑某辰实际需要酌定为5000元。原、被告一致同意探望问题由双方自行协商，于法不悖，予以准许。关于夫妻共同财产分割，综合财产性质、出资情况、财产使用状态、原告携女共同生活、维护妇女儿童利益等，对塘祁路房屋、塘祁路车位、大宁路房屋、宝马车辆（含车牌）给予适当分割。

【裁判要旨】

（1）制发家庭教育令，维护双方合理的探望权。发生离婚纠纷时，孩子不应成为父母离婚议价的筹码，更不应通过抢夺、隐匿孩子的方式提高获得抚养权的概率。法院可通过制发家庭教育令，对有抢夺、隐匿子女的父母进行法庭教育，及时纠正当事人的违法行为，并通过诉中调解，促使双方达成诉中抚养探望协议，维护双方合理的探望权。

（2）引领社会价值，给予抢夺、藏匿子女行为负面评价。目前法律规定了不可以抢夺、藏匿孩子，但对于一方抢夺、藏匿孩子所承担的责任尚无明确规定。人民法院在审理相关案件时，将抢夺、藏匿未成年子女的行为作为确定直接抚养权的不利因素，充分发挥判决对社会价值的导向作用。

（3）注重心理疏导，积极防止损害发生。引入心理疏导机制，引导当事人将有利于未成年人健康成长放在首位，理性看待离婚后的抚养及探视问题，通过心理疏导工作调适未成年人心理状态，降低违法行为对其造成的不良影响，切实将未成年人利益最大化落实到位。

【关联索引】

《中华人民共和国民法典》第一千零七十九条、第一千零八十四条、第一千零八十五条、第一千零八十七条

一审：上海市静安区人民法院（2023）沪0106民初22238号民事判决书（2023年11月27日）

二审：上海市第二中级人民法院（2024）沪02民终1114号民事判决书（2024年2月19日）

上海市某协会诉上海市某研究所房屋租赁合同纠纷案

——表见代表的认定及适用

郇　鑫*

【关键词】民事　房屋租赁合同　表见代表　越权代表　相对人非善意

【基本案情】

原告上海市某协会诉称，1987 年 10 月，原告依法成立，被告上海市某研究所作为成立时的六个发起单位之一，系原告副理事长单位。2002 年因原告办公场地差，被告主动提出让原告搬至上海市静安区天目中路某号 306 室、308 室房屋办公。2007 年 1 月，被告当选为原告的会长单位。同年双方签署相关约定，约定原告继续租用上述房屋，被告以房租抵付会费。待条件好转会压缩房租或免费提供必要的办公场地。之后双方按照该约定执行。2010 年至 2017 年，双方多次签订《房屋租赁合同》，原告一直承租被告所有的上海市静安区天目中路某号 304 室、308 室（以下简称系争房屋），并实际使用上海市静安区天目中路某号 311 室房屋。2017 年 12 月，双方签订《补充协议》，明确将上海市静安区天目中路某号 311 室房屋纳入租赁范围，租赁期限调整为三年，期限自 2018 年 1 月 1 日至 2020 年 12 月 31 日，租金不变，抵扣被告应付会费。2018 年 1 月被告法定代表人变更。2018 年 9 月 28 日，被告发出通知，要求包括被告在内的各承租人在 2018 年 12 月 31 日前搬清所有自有物品。原告认为双方签订的《补充协议》合法有效，被告应当按照《补充协

* 郇鑫，法学硕士，上海市静安区人民法院审判监督庭法官助理。

议》继续履行合同，故请求判令：要求被告继续履行原、被告双方于2017年订立的《房屋租赁合同》以及2017年12月订立的《关于房屋租赁补充协议》至2020年12月31日。

被告上海市某研究所辩称，被告要求原告按照双方签订的《房屋租赁合同》于2018年12月31日到期后搬离系争房屋，符合合同约定及法律规定。《补充协议》被告没有盖章，合同未生效，且被告对其真实性存有异议。徐某海在《补充协议》上签字不构成表现代理，且徐某海作为被告的法人，未经被告股东公司同意签订合同，违反强制性规定，为无效合同。《补充协议》可能系原告与被告前法人徐某海串通，损害了被告利益。故不同意原告全部诉讼请求。

法院经审理查明：上海市某协会为社团法人，上海市某研究所自2007年当选为上海市某协会的会长单位，之后一直由上海市某研究所的法定代表人同时担任上海市某协会的法定代表人。自2002年开始，上海市某研究所将自有的系争房屋出租于上海市某协会，合同约定的租金用以抵充上海市某研究所应当向上海市某协会缴纳的会费。2017年之前，租赁合同双方一年一签，并由双方代表签字、加盖公章。2017年12月18日，时任上海市某研究所法定代表人的徐某海退休，但上海市某协会的法定代表人未到改选时间，故徐某海仍担任上海市某协会的法定代表人。2017年12月，徐某海以上海市某研究所法定代表人的身份与上海市某协会签署了租赁合同的补充协议，将租赁期限变更为三年，并增加了租赁部位。2018年1月底，徐某海与新任所长办理交接手续，移交了公章，办理了财务事项、办公室事务（含租赁合同）等工作的交接手续。但系争租赁合同的补充协议，徐某海于2018年9月方随会议记录等文件移交于上海市某研究所。因系争房屋所在地块可能被列入征收范围，上海市某研究所于2018年9月底张贴公告，告知大楼的各租赁户，合同即将于2018年12月31日期满，出于单位未来整体运营规划的考虑，所有房屋租赁期满后将暂不对外出租。上海市某协会即提出双方之间存有补充协议，租期未到。上海市某研究所经核查后，确认补充协议的复写件包含在2018年9月的移交清单内，即向上海市某协会提出异议。后上海市某协会诉至法院，要求继续履行原、被告双方于2017年订立的《房屋租赁合同》以及2017年12月订立的《关于房屋租赁补充协议》。

上海市静安区人民法院于2018年12月26日作出（2018）沪0106民初

43425 号民事判决：一、确认上海市某协会与上海市某研究所于 2017 年就上海市静安区天目中路某号 304 室、308 室签订的《房屋租赁合同》继续履行至 2018 年 12 月 31 日止；二、上海市某协会要求确认《关于房屋租赁补充协议》继续履行的诉讼请求不予支持。一审宣判后，上海市某协会上诉，后申请撤回上诉。上海市第二中级人民法院于 2019 年 3 月 22 日作出（2019）沪 02 民终 1555 号民事裁定：准许上海市某协会撤回上诉。

【裁判理由】

法院生效裁判认为，原、被告签订的《房屋租赁合同》是当事人的真实意思表示，合法有效，双方均应恪守履行。现原告要求按照《补充协议》继续履行双方的租赁合同，但被告对于《补充协议》的效力不予认可，综合在案证据及双方在审理中的陈述，对于《补充协议》的效力作如下分析：首先，根据双方的陈述，2017 年就系争房屋签订的租赁合同，原告于 2017 年 11 月方才送交被告方盖章确认，但如按《补充协议》落款时间及徐某海陈述的签订时间（2017 年 12 月 6 日），在租赁合同原告送交被告盖章后仅一个月的时间，原告就再行提出修改租赁合同中租赁范围及租期等主要条款的要求；经询问，徐某海一方面表示，其已过退休年龄，在 2017 年 12 月 18 日宣布之前并不知晓上海市某研究所更换法人的事情，但又陈述《补充协议》系上海市某协会秘书长戴某找到其签订的，签订的原因为戴某怕新所长不熟悉工作，所以就想与其确定秘书处的办公用房。徐某海关于被告法人更换的陈述前后不一，且原告方明知徐某海的身份，仍未按照之前租赁合同签订的流程，就与徐某海签署了《补充协议》。其次，根据原、被告间签订的租赁合同，被告方系由张某建作为代表签订租赁合同，对此徐某海亦予以确认，徐某海并未介入过租赁合同的签署，且参照过往的租赁合同，双方均有代表人签字并加盖公章。而《补充协议》的签署，徐某海在并未要求原负责租赁合同的人员签名，且徐某海在代表上海市某研究所签名前，亦未告知其余领导班子成员。再次，根据双方的陈述，徐某海在 2018 年 1 月底前一直保管有被告的公章，且按徐某海的陈述，至少 2017 年 12 月 6 日至 12 月 18 日间其并不知晓职务任免事宜，此时在《补充协议》上加盖公章本不存在任何障碍。而且在 2018 年 1 月交接时，徐某海将包含租赁合同的事宜均移交给了新任所长，但《补充协议》却直到 2018 年

9月才移交，其认为曾将《补充协议》的事宜口头告知了新所长，但被告予以否认，原告亦无法提供相应证据予以佐证。最后，根据租赁合同中的约定，协议经双方签字盖章后生效，且原告及徐某海在审理中亦确认，《补充协议》为草签协议，之后会以盖章的形式进行确认。综合上述因素，难以认定原告、徐某海代表被告在签署《补充协议》时为善意，且结合原、被告间之前的租赁合同均有代表人签字、盖章的惯例及原告自认《补充协议》为草签协议需另行加盖公章的陈述，《补充协议》并未生效。故原告要求确认《补充协议》继续履行的诉讼请求缺乏事实和法律依据，不予支持。

【裁判要旨】

在日常的经济活动中，法人或者其他组织的经济活动均是通过其法定代表人或负责人进行的。而法人的组织章程往往对法定代表人、负责人的职权范围进行了规定，但为维护交易安全及保护合同相对方的利益，该规定不应对合同相对方产生约束力。但如订立合同过程中，相对方知道或者应当知道法定代表人系超越权限与其订立的合同，则相对方具有明显恶意，合同的效力就不应及于法人。

【关联索引】

《中华人民共和国民法典》第六条、第七条（本案适用的是2017年10月1日施行的《中华人民共和国民法总则》第六条、第七条）

《中华人民共和国民法典》第一百五十八条（本案适用的是2017年10月1日施行的《中华人民共和国民法总则》第一百五十八条、1999年10月1日施行的《中华人民共和国合同法》第四十五条）

《中华人民共和国民法典》第四百六十五条、第四十四条、第五十条（本案适用的是1999年10月1日施行的《中华人民共和国合同法》第八条、五百零二条、第五百零四条）

一审：上海市静安区人民法院（2018）沪0106民初43425号民事判决（2018年12月26日）

二审：上海市第二中级人民法院（2019）沪02民终1555号民事裁定（2019年3月22日）

以“月月行”促“案案清”“事事明”在全周期司法公开中深度践行全过程人民民主

吴文磊　沈　烨　杨志刚　向　阳*

近年来，静安区人民法院以获评全国“为群众办实事示范法院”为动力，以开展人大代表“走进法院　走近法官”系列活动为契机，着力构建人大代表监督“月月行”工作机制，以全周期司法公开深度践行全过程人民民主，以全过程人民民主力促实现全场域司法公正，在“案清事明”的氛围中努力追求“案结事了政通人和”的效果。通过旁听庭审全类型覆盖、审判环节全链条公开、监督方式全方位拓展等举措，全面拓展人大代表司法监督的时段、类型、环节和方式，主动打造更大范围、更宽领域、更深层次、更高水平的司法公开机制，持续推动全过程人民民主在司法领域的制度化、规范化、程序化。

一、背景缘由

为深入贯彻落实党的二十大精神和习近平总书记关于发展全过程人民民主的重要论述，按照市委“打造全过程人民民主最佳实践地”的要求，静安区人民法院认真践行全过程人民民主重大理念，努力创新司法民主实践的方式方法，积极争取市高院和区人大相关部门的支持，在人大代表“走进法院　走近法官”系列活动的基础上，充分考虑部分区人大代表提出“希望增

* 吴文磊，上海市静安区人民法院办公室主任。沈烨，法学硕士，上海市静安区人民法院审判监督庭庭长。杨志刚，上海市静安区人民法院办公室副主任。向阳，法学硕士，上海市静安区人民法院审判监督庭法官助理。本文入选上海市全过程人民民主司法实践典型案（事）例（第一批）。

强对法院工作了解”的意见和建议，积极探索人大代表沟通联络常态化机制。

二、基本做法

（一）代表来院全周期监督：每月定期开展人大代表“走进法院　走近法官”系列活动

静安区人民法院常态化开展人大代表“走进法院　走近法官”系列活动，每月轮流邀请辖区内14个街镇代表组的代表走进法院旁听案件、参观座谈，认真听取代表们的意见建议。自2023年3月起至2024年12月，人大代表“走进法院　走近法官”系列活动已举办19场，实现每月全周期覆盖，邀请市、区、镇三级人大代表230人次来院，受到区人大的充分肯定和代表们的一致欢迎。

（二）旁听庭审全类型覆盖：旁听观摩庭审涵盖刑事、民事、商事、行政等各条线的典型案件

人大代表来院旁听的案件涵盖该院管辖的刑事、民事、商事、金融、行政、知识产权等各个领域的典型案件，便于代表们更为直观深入地掌握各部门法的功能差异，并通过案情分析社会经济发展现状、研判问题成因和对策，从而更好地履行监督职能。

（三）审判环节全链条公开：监督环节横跨立案、审判及执行等阶段

在立案环节，代表们参观立案大厅，亲自体验“指尖立案”一站式智能诉讼服务，对智慧法院建设的便捷性和人性化立案给予高度评价。在审判环节，代表们通过旁听庭审，近距离感受法庭的庄严环境，全面点评庭审活动的规范程度，直观了解法官的庭审驾驭、释法析理以及矛盾化解能力，可以更为深入有效地监督法院履职尽责。在执行环节，代表们观摩执行法官咨询接待，听取讲解执行程序和流程，见证执行法官攻坚克难腾退房屋、锲而不舍兑现当事人“真金白银”。对于社会舆论关注的重点案件，根据部分代表的建议还建立了结果反馈机制，形成司法公开的监督闭环。

（四）监督方式全方位拓展：积极开展案（事）例评选、座谈交流、上门走访等活动

人大代表"月月行"工作机制，不仅包含观摩庭审，还通过开展案（事）例评选、举行座谈交流、上门走访以及举行公众开放日活动等方式，实现人大代表对司法审判工作的全方位履职监督。静安区人民法院以区人大开展的"关于法治化营商环境专项监督调研"为契机，开展"我为营商添砝码"主题活动，以邀请人大代表参与优化营商环境案（事）例评选、参加知识产权司法保护座谈会等方式，不断丰富监督内涵，提升监督实效。目前已邀请人大代表参加营商环境重点工作座谈会1场、推进法治化营商环境新闻发布会1场，点评典型案例2期。各党组成员主动上门走访市人大代表15人，及时通报法院工作，通过广泛深入听取意见建议，并及时反馈整改落实情况，确保"听真、改准、走深、做实"。

三、主要成就

一是细化监督安排，推动形成周密完备、行之有效、动态闭环的工作程序。静安区人民法院在人大代表"月月行"的过程中不断修改打磨活动形式、活动计划、活动保障等方面工作方案，并逐步形成了活动邀请、会务保障、建议梳理、落实反馈等各环节工作闭环，按月度对人大代表来院安排予以规范细化，按次数对联络活动建立专门台账，形成代表联络工作的规范程序。

二是深化监督内涵，逐步完善多方参与、形式多样、功能叠加的工作规范。人大代表监督"月月行"，从主体来说，不仅邀请了三级人大代表，还有人大相关领导来院，相关案件审判也与代表所在行业、领导分管领域息息相关，对多方齐抓共管解决案件背后的疑难问题具有重要意义；从形式上看，不仅有代表旁听庭审、执行见证的常规安排，还有组织案（事）例评选、召开新闻发布会、举办公众开放日活动等创新举措；从实效上看，人大代表来院不仅是依法履职监督的重要方式，更是赋能法院高质量发展的关键一环。

三是强化监督实效，着力打造内部监督、外部治理、内外协同的配套机制。一方面，针对代表意见涉及的重点领域和关键环节，配套建立专项整改机制，切实推动立案及时、保全精准、执行到位；另一方面，邀请人大代表、

企业家代表共同研商社会治理中的难点堵点问题，以市场主体的“需求清单”制定人民法院的“履职清单”，采取制发风险提示书、审判白皮书、司法建议，参与立法意见征集等方式有效助力社会治理。

四、典型意义

一是有效畅通人民群众通过人大代表反映诉求的表达渠道。人大代表是沟通联系人民法院与人民群众血肉联系的一座桥梁。代表们将前期汇总收集的各项诉求通过来院监督“月月行”予以反馈，能够及时推动人民法院各项工作的改进与完善，持续提增人民群众对法治建设的获得感和满意度。

二是切实激发人大代表对司法工作监督的职能作用。人大代表从每年集中视察到每月一次的来访，人民法院从原先的“积极参与”到当前的“主动发起”，既加深代表对法院工作的认识和理解，从而有的放矢地履行代表职责；又能促进法院干警养成在监督下规范执法办案的习惯，推动实现“他律”向“自律”的发展变化。

三是充分展现司法机关做深做实全过程人民民主的具体路径。人民法院接受人大监督是宪法责任，人大代表来院监督是将全过程人民民主融入司法履职的重要方式。“月月行”工作机制全面拓展了监督的案件类型、办案阶段和方式方法，深刻践行了全覆盖、全链条和全方位的全过程人民民主。

图书在版编目(CIP)数据

审判实践与探索 ：静安法院2024年度调研成果精粹 / 上海市静安区人民法院编. -- 上海 ：上海人民出版社，2025. -- ISBN 978-7-208-19540-0

Ⅰ. D926.22

中国国家版本馆CIP数据核字第2025RIU477号

责任编辑 史尚华
封面设计 夏 芳

审判实践与探索：静安法院2024年度调研成果精粹
上海市静安区人民法院 编
孙 静 主编
董礼洁 副主编

出 版 上海人民出版社
(201101 上海市闵行区号景路159弄C座)
发 行 上海人民出版社发行中心
印 刷 上海商务联西印刷有限公司
开 本 720×1000 1/16
印 张 36
插 页 2
字 数 558,000
版 次 2025年6月第1版
印 次 2025年6月第1次印刷
ISBN 978-7-208-19540-0/D・4507
定 价 148.00元